Cyflwyniad i

ES YR

ERN

1890–1990

Alan Farmer

Hodder & Stoughton

Cyflwyniad i

HANES YR EWROP FODERN

1890–1990

Alan Farmer

Hodder & Stoughton

AELOD O GRŴP HODDER HEADLINE

CYDNABYDDIAETHAU

Y fersiwn Saesneg

An Introduction to European Modern History 1890-1990 gan Alan Farmer

Cyhoeddwyd yn 2000 gan Hodder and Stoughton Educational

Hawlfraint © 2000 Alan Farmer

Golygydd: Keith Randell

Cysodwyd gan Wearset, Boldon, Tyne and Wear.
Argraffwyd ym Mhrydain Fawr ar gyfer Hodder & Stoughton Educational, 338 Euston Road, Llundain NW1 3BH gan J. W. Arrowsmith Ltd., Bryste.

Y fersiwn Cymraeg hwn

© ACCAC (Awdurdod Cymwysterau, Cwricwlwm ac Asesu Cymru), 2005

Cyhoeddwyd gan y Ganolfan Astudiaethau Addysg (CAA), Prifysgol Cymru Aberystwyth, Yr Hen Goleg, Aberystwyth, SY23 2AX (http://www.caa.aber.ac.uk), gyda chymorth ariannol ACCAC

Cyfieithydd: **Siân Owen**
Golygydd: **Gwenda Lloyd Wallace**
Ymgynghorydd: **Deryth Davies**
Dylunydd: **Gary Evans**
Argraffwyr: **Argraffwyr Cambria**

Diolch i Noel Davies ac Euryn Madoc-Jones am eu harweiniad gwerthfawr.

ISBN 1 85644 875 4

Hoffai'r cyhoeddwyr ddiolch i'r unigolion, sefydliadau a chwmnïau canlynol am ganiatâd i atgynhyrchu darluniau hawlfraint yn y llyfr hwn:

Y clawr: Milwyr Ffrengig yn gorffwyso, 1916 gan C.R.W. Nevinson, © trwy garedigrwydd stad yr arlunydd / www. Bridgeman.co.uk.

akg-images: tud. 150 (ch); akg-images / ullstein bild: tud. 294; Bildarchiv Preußischer Kulturbesitz, Berlin: tud. 33; Y Llyfrgell Brydeinig (Marc Silff LD6) © Solo Syndication / *Daily Mail* 6/3/1946: tud. 301 (t); © Mirrorpix / Will Dyson, *Daily Herald* 13/5/1919/ Centre for the Study of Cartoons and Caricature, Prifysgol Caint, Caergaint: tud. 106; © Solo Syndication / David Low / *Evening Standard* / Centre for the Study of Cartoons and Caricature, Prifysgol Caint, Caergaint: tud. 230, 302; Corbis: tud. 9, 121 (t), 163, 220, 259, 274, 279; David King Collection: tud. 27, 32, 84, 85 (g), 188; Getty Images: tud. 20, 85 (t), 96, 109, 121 (g), 150 (d), 172, 237; Imperial War Museum: tud. 73, 75, 156; Punch Ltd.: tud. 231, 301 (g).

Yn ogystal, hoffai'r cyhoeddwyr ddiolch i'r canlynol am ganiatâd i atgynhyrchu deunydd yn y llyfr hwn:

Curtis Brown Ltd., Llundain, ar ran Stad Syr Winston S. Churchill, © Winston S. Churchill, am ddetholiad o *The Second World War: Volume 1 – The Gathering Storm* gan Winston S. Churchill, Cassell Plc, 1948; Gwasg Prifysgol Exeter am ddetholiadau o *Nazism 1919 – 1945: A Documentary Reader, Volumes 1 – 4*, gol. J. Noakes a G. Pridham, cyhoeddwyd 1983 – 2001; Time Warner Book Group Ltd. am ddetholiadau o *History of the 20th Century*, Purnell, 1969; Palgrave Macmillan am ddetholiad o *The Illusion of Peace: International Relations 1918-33* gan S. Marks, 1976; NI Syndication Ltd. am ddyfyniadau o *The Times*; Llyfrfa ei Mawrhydi am ddyfyniad o adroddiad Winston Churchill yn Nhŷ'r Cyffredin 6/10/1938; Penguin Books UK Ltd. am addasiadau o dablau o *An Economic History of the USSR*, Alec Nove, llyfrau Pelican, 1969.

Gwnaethpwyd pob ymdrech i olrhain a chydnabod deiliaid hawlfraint. Bydd y cyhoeddwyr yn falch o wneud trefniadau addas gydag unrhyw ddeiliaid na lwyddwyd i gysylltu â hwy.

CYNNWYS

Rhestr Ffigurau

Rhestr Bortreadau

Rhestr Dablau

RHAGAIR

Strwythur

Ar sawl cyfrif, mae'r gyfrol hon yn debyg i'r rhan fwyaf o werslyfrau. Mae wedi cael ei rhannu'n benodau, ac mae pob pennod yn canolbwyntio ar bwnc penodol. Mae'r penodau, yn eu tro, wedi cael eu rhannu'n adrannau gyda phenawdau hunaneglurhaol. Fel sy'n digwydd yn achos y rhan fwyaf o werslyfrau, mae'r awdur wedi trefnu'r penodau yn ôl dilyniant rhesymegol, sy'n golygu y bydd popeth yn gwneud synnwyr os dechreuwch yn nechrau'r llyfr a gweithio trwyddo nes cyrraedd y diwedd. Fodd bynnag, am fod nifer o ddarllenwyr yn 'plymio' i mewn i werslyfrau yn hytrach na'u darllen o'r dechrau i'r diwedd, gofalwyd eich bod yn gallu dechrau ym mha bennod bynnag y dymunwch, heb deimlo ar goll.

Nodweddion Arbennig o fewn y Prif Destun

Pwyntiau i'w Hystyried – ar ddechrau pob pennod, mae'r blwch graddliwiedig hwn yn rhoi gwybodaeth hanfodol ynglŷn â'r ffordd mae'r bennod wedi cael ei threfnu a'r cysylltiad sydd rhwng y gwahanol ystyriaethau a drafodir.

Blychau ystyriaethau – ceir blychau ystyriaethau ym mhob pennod, ac, yn union fel y blychau Pwyntiau i'w Hystyried, fe'u cynlluniwyd er mwyn eich helpu i gael y budd mwyaf o'ch gwaith. Maent yn ymddangos ar ymyl y dudalen, yn union ar ôl y rhan fwyaf o'r penawdau adran rhifedig. Bydd y cwestiynau ym mhob blwch ystyriaethau yn dangos pa ystyriaethau hanesyddol a drafodir yn bennaf o fewn yr adran. Os na cheir blwch ystyriaethau o fewn adran rydych yn bwriadu ei hastudio, trowch yn ôl fesul tudalen nes y byddwch wedi cael hyd i flwch. Bydd hwn yn cynnwys y cwestiynau y bydd yr awdur yn eu hystyried o'r pwynt hwnnw ymlaen, gan gynnwys yr adran rydych ar fin ei darllen.

Blychau – mae adrannau mewn blychau i'w cael ar ymyl y dudalen a hefyd o fewn y testun ei hun. Ym mhob un o'r blychau cewch hyd i bennawd hunaneglurhaol sy'n esbonio cynnwys y blwch. Yn aml iawn, bydd y blychau'n cynnwys esboniadau ar eiriau neu ymadroddion, neu ddisgrifiadau o ddigwyddiadau neu sefyllfaoedd. Wrth ddarllen pennod am y tro cyntaf, mae'n bosibl y byddwch yn penderfynu peidio â thalu gormod o sylw i gynnwys y blychau er mwyn gallu canolbwyntio ar brif neges yr awdur.

Blychau C – mae blychau C yn ymddangos ar ymyl y dudalen ac yn cynnwys un neu fwy o gwestiynau am yr eitem sy'n rhedeg yn gyfochrog. Bwriad y cwestiynau hyn yw eich symbylu i feddwl am ryw agwedd ar y deunydd mae'r blwch yn gysylltiedig ag ef. Yn aml, ceir hyd i'r atebion gorau i'r cwestiynau hyn wrth drafod gyda myfyrwyr eraill.

Blychau gweithgareddau – fel rheol, mae cynnwys blychau gweithgareddau yn fwy cymhleth na'r cwestiynau yn y blychau C, ac yn aml maent yn gofyn i chi wneud gwaith sylweddol, naill ai ar eich pen eich hun neu gydag eraill. Un o'r rhesymau dros gwblhau'r tasgau yw er mwyn cadarnhau'r hyn a ddysgwyd yn barod neu i ehangu a dyfnhau eich dealltwriaeth.

Portreadau – mae'r mwyafrif o'r rhain yn ymwneud ag unigolion sy'n ganolog i'ch dealltwriaeth o'r pwnc dan sylw; mae rhai yn ymwneud â digwyddiadau o bwys arbennig. Mae pob Portread yn debyg o ran y defnydd a geir ynddo. Y ddwy agwedd fwyaf defnyddiol, o bosibl, yw:

▼ **y llinell amser ddyddiedig i lawr ymyl y dudalen; a'r**

▼ **detholiadau o ffynonellau, sy'n rhoi syniad i chi pam mae gwrthrych y Portread yn arbennig o nodedig neu'n ddadleuol iawn**

Mae'r Portreadau hefyd yn ddefnyddiol iawn wrth i chi adolygu.

Adrannau Diwedd Pennod

Mae tudalennau olaf pob pennod yn cynnwys adrannau gwahanol. Dylid astudio'r adran **Gweithio ar ...** yn fanwl unwaith y byddwch wedi gorffen darllen prif destun y bennod am y tro cyntaf. Gan gymryd yn ganiataol eich bod wedi darllen yr adran Pwyntiau i'w Hystyried wrth gychwyn gweithio ar y bennod, a'ch bod wedi dilyn unrhyw gyngor a gafwyd yno wrth ddarllen y bennod am y tro cyntaf, pwrpas yr adran Gweithio ar ... yw rhoi awgrym ynglŷn â ffurf unrhyw waith pellach y byddwch yn ei wneud ar y bennod.

Mae'r adrannau **Ateb cwestiynau ysgrifennu estynedig a thraethawd ar ...** , o'u hystyried fel cyfanwaith drwy'r llyfr, yn ffurfio corff trefnus o waith sy'n cynnig arweiniad ar sut i ateb y mathau hyn o gwestiynau arholiad yn llwyddiannus.

Mae hyn hefyd yn wir am yr adrannau **Ateb cwestiynau seiliedig ar ffynonellau ar ...** adrannau a gynlluniwyd yn ofalus, gan gadw mewn cof sut y bydd angen i chi adeiladu ar y sgiliau yr ydych eisoes wedi'u datblygu yn y maes hwn. Gall yr adrannau hyn fod yn arbennig o werthfawr i chi wrth baratoi ar gyfer arholiad.

Mae rhan olaf pob pennod yn cynnwys adran **Darllen Pellach**. Mae'r rhain yn hanfodol bwysig i chi mewn penodau sy'n ymdrin â phynciau lle mae disgwyl i chi eu deall yn fanwl. Mae'n hanfodol eich bod chi'n darllen mwy nag un llyfr os ydych am wneud yn dda mewn cwrs Hanes. Drwy ddefnyddio deunyddiau a ysgrifennwyd gyda'r un nodau ac amcanion, byddwch yn gweld eich bod yn adeiladu'n gyson ar y sgiliau a'r galluoedd allweddol sydd eu hangen arnoch er mwyn llwyddo. Fodd bynnag, mae modd dod o hyd i lyfrau unigol y gellir eu defnyddio fel arweinlyfr a chydymaith yn ystod eich astudiaethau, a dyma un ohonynt. Un ffordd amlwg iawn mae'n cyflawni hyn yw drwy roi arweiniad manwl i chi ynglŷn â sut i wneud y gorau o'ch amser prin drwy ddarllen yn ehangach.

Adolygu

Cynlluniwyd y gyfrol hon er mwyn rhoi cymorth uniongyrchol i chi yn ystod eich cyfnod o adolygu. Un o'r pethau cyntaf y bydd llawer o fyfyrwyr yn ei wneud wrth gychwyn adolygu pwnc ar gyfer arholiad yw gwneud rhestr o'r 'ffeithiau' mae'n rhaid iddynt eu gwybod. Mae'n well defnyddio llyfr y gellwch ddibynnu arno i greu'r rhestri (gan ei fod yn rhag-weld y posibilrwydd eich bod wedi colli rhywbeth pwysig wrth weithio ar y pwnc yn wreiddiol). Mae'r gyfrol hon yn anelu at fod yn ddibynadwy yn yr ystyr hwn. Os gweithiwch drwy'r bennod sy'n trafod y pwnc rydych ar fin ei adolygu, gan restru'r digwyddiadau a welir yn y 'rhestri digwyddiadau' ar ymyl y dudalen ac mewn rhestri digwyddiadau o fewn blychau, yna gellwch deimlo'n hyderus eich bod wedi darganfod pob ffaith o bwys y bydd angen i chi ei gwybod am y pwnc. Fodd bynnag, bydd angen i chi hefyd wneud rhestr o'r ystyriaethau hanesyddol y gofynnir, o bosibl, i chi ysgrifennu amdanynt. Y ffordd rwyddaf o wneud hyn yw drwy weithio drwy'r bennod berthnasol, a nodi cynnwys y 'blychau ystyriaethau'.

Yn achos pawb, bron, mae cynllunio atebion i'r prif fathau o gwestiynau strwythuredig a thraethawd, ac ateb cwestiynau nodweddiadol (y rhai sy'n gofyn am ysgrifennu estynedig a'r rhai sy'n seiliedig ar ddeunydd ffynhonnell) dan amodau arholiad, yn elfennau pwysig o'r broses adolygu. Y ffordd orau o fanteisio ar gynnwys y llyfr hwn yw drwy weithio drwy'r ddwy set berthnasol o adrannau ar ddiwedd pob pennod (Ateb cwestiynau ysgrifennu estynedig a thraethawd ar … ac Ateb cwestiynau seiliedig ar ffynonellau ar …) mewn ffordd drefnus.

Keith Randell
Golygydd

Y SEFYLLFA FEWNOL: 1890-1914

PWYNTIAU I'W HYSTYRIED

Yn 1890, Ewrop oedd cyfandir mwyaf llwyddiannus y byd a gellir dadlau ei bod wedi cynyddu fwyfwy o ran ei grym a'i chyfoeth rhwng 1890 ac 1914. UDA yn unig allai herio'r oruchafiaeth Ewropeaidd, ac fe wnaeth hynny'n gynyddol. Fodd bynnag, nid yw'n hawdd trafod Ewrop fel cyfangorff. Roedd gwahaniaethau cymdeithasol, economaidd a gwleidyddol mawr yn bodoli rhwng y gwledydd gwahanol, ac felly roedd gwledydd gwahanol yn wynebu heriau gwahanol. Mae'r bennod hon yn edrych yn fanwl ar yr heriau a wynebai bedwar prif bŵer Ewrop (heb gynnwys Prydain) yn y cyfnod 1890-1914. Fe'i rhannwyd yn bum adran. Mae'r adran gyntaf yn trafod tueddiadau cyffredinol o fewn Ewrop. Mae'r adrannau eraill yn trafod yr Almaen, Ffrainc, Awstria-Hwngari a Rwsia.

1 Tueddiadau Cyffredinol o fewn Ewrop

a) Beth oedd y Prif Dueddiadau Economaidd a Chymdeithasol?

i) Y Cynnydd mewn Poblogaeth
Rhwng 1850 ac 1914 cynyddodd poblogaeth Ewrop o 226 miliwn i 468 miliwn. Tueddai'r cynnydd mwyaf i ddigwydd yn ardaloedd tlotaf Ewrop, a byddai'r nifer wedi cynyddu fwy oni bai am ymfudiad blynyddol mwy na miliwn o Ewropeaid i UDA, De America a threfedigaethau newydd dros y môr.

ii) Diwydianeiddio a Threfoli
Roedd gorllewin a gogledd Ewrop yn fwy diwydiannol o lawer na dwyrain a de Ewrop. Erbyn diwedd y bedwaredd ganrif ar bymtheg roedd yr Almaen yn cynhyrchu mwy o lo a haearn na Phrydain ac yn cynhyrchu mwy fyth o ddur, cemegion a thrydan, fel rhan o'r hyn a elwir weithiau yn 'Ail Chwyldro Diwydiannol'. Er bod y diwydiant Ewropeaidd yn tyfu'n gyflym, roedd cyfran Ewrop o allbwn gweithgynhyrchu y byd yn lleihau o ganlyniad i dwf aruthrol yr economi Americanaidd.

YSTYRIAETHAU
Pa mor ddifrifol oedd y problemau cymdeithasol, economaidd a gwleidyddol yn Ffrainc, yr Almaen, Awstria-Hwngari a Rwsia rhwng 1890 ac 1914?

Tyfodd y trefi a'r dinasoedd yn sgil twf diwydiant. Wrth i'r trefi a'r dinasoedd dyfu, cafwyd mwy o swyddi yn y sector gwasanaethau – mewn iechyd, addysg, cludiant ac ati. Roedd angen dulliau dosbarthu adwerth newydd er mwyn ymateb i anghenion defnyddwyr y trefi a'r dinasoedd.

iii) Amaethyddiaeth

Roedd y mwyafrif o Ewropeaid yn parhau i weithio ar y tir. Roedd dulliau ffermio rhannau helaeth o dde a dwyrain Ewrop wedi aros yr un fath ers cenedlaethau. Er bod Ewrop bellach yn cynhyrchu mwy o fwyd, roedd yn mewnforio mwy a mwy o fwyd hefyd.

iv) Cyfathrebu

Roedd mwy o gludiant rhad a chyflym – rheilffyrdd, tramiau, llongau ager – ar gael yn gynyddol. Dechreuwyd cynhyrchu ceir yn yr 1890au, ac erbyn 1914 roedd awyrennau yn bethau cyfarwydd. Yn 1901, anfonodd Marconi y signalau radio cyntaf ar draws Cefnfor Iwerydd.

v) Addysg

Erbyn 1914 roedd addysg gynradd yn rhad ac am ddim, ac yn orfodol ym mhob rhan, bron, o orllewin Ewrop. Roedd y rhan fwyaf o'r bobl a drigai mewn mannau diwydiannol yn llythrennog. Roedd hyn, ynghyd â gwelliannau technegol, yn peri bod mwy o bobl yn prynu papurau newydd a chylchgronau. O safbwynt gwleidyddiaeth a hysbysebu, roedd y wasg boblogaidd rad yn ddylanwadol iawn.

vi) Statws Merched

Roedd statws merched yn newid yn raddol. Er mai dim ond ychydig iawn o ferched oedd yn cael pleidleisio, roedd gan ferched y dosbarth canol a'r dosbarth uchaf fwy o ryddid. Roedd llawer ohonynt yn cael llai o blant er mwyn bod yn rhydd i wneud gweithgareddau eraill. O ganlyniad i'r cynnydd mewn addysg i ferched, roedd modd dilyn gyrfaoedd a fu unwaith yn agored i ddynion yn unig. Er enghraifft, daeth Madame Curie yn wyddonydd byd-enwog. I'r sawl na allai ennill bri Curie, roedd swyddi newydd ar gael fel athrawon neu weithwyr mewn swyddfa. Er hynny, roedd merched gwerinol a'r dosbarth gweithiol yn parhau i weithio yn y cartref o hyd, neu'n gweithio am gyflog isel mewn ffatrïoedd, ar ffermydd neu fel morynion domestig.

b) Beth oedd y Prif Dueddiadau Gwleidyddol?

i) Y Frenhiniaeth

Roedd gan y mwyafrif helaeth o wledydd frenhiniaeth o hyd. Ffrainc oedd yr eithriad pwysig. Er mai cymharol fychan oedd dylanwad gwleidyddol rhai brenhinoedd, roedd *Tsar*iaid Rwsia a *Kaiser*iaid yr Almaen ac Awstria-Hwngari yn eithriadol o bwerus.

SAFONAU BYW YN CODI

Ledled Ewrop, roedd gwahaniaethau mawr yn bodoli rhwng y sawl a oedd yn berchen ar eiddo, a'r rhai heb eiddo. Er hynny, roedd safonau byw a disgwyliad oes Ewropeaid yn gwella.

▼ Ar gyfartaledd, roedd nifer oriau gwaith gweithwyr diwydiannol yn lleihau.

▼ Erbyn 1914 roedd llawer o wledydd wedi dechrau rhoi pensiynau i'r henoed a chyflwyno cynlluniau yswiriant cenedlaethol ar gyfer gweithwyr.

▼ Roedd prisiau bwyd yn disgyn, a gallai Ewropeaid fanteisio ar amrywiaeth eang o gynhyrchion o dramor.

▼ Roedd meddygaeth yn datblygu dulliau mwyfwy gwyddonol o wneud diagnosis ac o iacháu ac anaestheteiddio.

▼ Roedd gan weithwyr diwydiannol fwy o amser hamdden. Roedd rhai teuluoedd yn gallu fforddio gwyliau, a dechreuodd dynion (yn arbennig) gymryd rhan mewn amrywiaeth o chwaraeon a hobïau.

ii) Yr Elit

Yn y mwyafrif o wledydd, roedd gan yr elitau cyfoethog, boed hwy'n dirfeddianwyr traddodiadol neu'n ddiwydianwyr newydd, rym gwleidyddol sylweddol. Yn aml, roeddent yn dal y swyddi uchaf yn y fyddin, y farnwriaeth a'r gwasanaeth sifil.

iii) Democratiaeth Seneddol

▼ Yr unig wledydd heb senedd yn 1900 oedd Rwsia, Twrci a Montenegro. Er hyn, roedd grym y gwahanol seneddau yn amrywio'n fawr, ac roedd rhai ohonynt yn bodoli dim ond er mwyn rhoi sêl bendith ar ddymuniadau'r brenin.

▼ Dim ond yn y Ffindir a Norwy y câi merched bleidleisio.

▼ Sbaen a Sweden oedd yr unig wledydd a ddefnyddiai gyfundrefn ddwy blaid fel Prydain. Mewn rhannau eraill o Ewrop roedd llu o bleidiau'n bodoli. Yn ddieithriad, felly, roedd llywodraethau'n cynnwys clymbleidiau a ffurfid gan wahanol grwpiau.

▼ Nid oedd pawb yn cefnogi democratiaeth seneddol. Roedd rhai ar y dde yn credu y gallai arwain at lywodraeth wan. Roedd rhai ar y chwith yn ei chysylltu â'r dosbarth canol ac yn ymosod ar wleidyddion am beidio â chynrychioli gwir ddiddordebau'r bobl.

c) Problemau a Heriau

i) Problem Cenedligrwydd

Ar ddiwedd y bedwaredd ganrif ar bymtheg gwelwyd cynnydd mewn teimladau cenedlaetholgar ledled Ewrop. Roedd sawl grŵp ethnig lleiafrifol yn byw o fewn gwladwriaethau sefydledig ac yn galw am hunanreolaeth neu annibyniaeth lwyr.

ii) Problem Gwrth-Semitiaeth

Roedd gwrth-Semitiaeth yn gref ledled llawer o ddwyrain Ewrop, yn arbennig yn Rwsia lle roedd y boblogaeth Iddewig yn fawr. Roedd Iddewon Rwsia yn gorfod dioddef nid yn unig y gwahaniaethu yn eu herbyn, a'r arwahanu, ond hefyd ymosodiadau treisgar cyson. Yr enw a roddwyd ar y gwrthryfeloedd terfysglyd hyn oedd pogromau. Ymfudodd degau o filoedd o Iddewon Rwsia i UDA, yr Almaen, Awstria-Hwngari, Ffrainc a Phrydain. Yn y cyfamser, roedd tueddiadau gwrth-Semitaidd yn cynyddu yng ngorllewin a chanolbarth Ewrop. Yn wreiddiol, seiliwyd gwrth-Semitiaeth ar grefydd, ond yn ystod diwedd y bedwaredd ganrif ar bymtheg trodd yn fwyfwy hiliol. Dechreuodd nifer o ddeallusion Almaenig ganu clodydd yr hil Ariaidd (oedd yn cyfateb, er nad oedd yr un peth yn union, i'r hil 'Almaenig'). Yn aml, roedd yr awduron hyn yn wrth-Semitaidd. Erbyn yr 1890au roedd nifer o Almaenwyr yn credu bod Iddewon yn broblem, er nad oedd eu nifer erioed wedi codi uwchlaw un y cant o'r boblogaeth Almaenig. Yn Awstria-Hwngari a Ffrainc, dechreuwyd beio'r Iddewon am bron bopeth oedd o'i le ar gymdeithas yn gyffredinol.

iii) Problem Sosialaeth

Erbyn diwedd y bedwaredd ganrif ar bymtheg, roedd y mwyafrif o sosialwyr dan ddylanwad syniadau Karl Marx. Treuliodd Marx, sef Iddew Almaenig, y rhan fwyaf o ail hanner ei oes ym Mhrydain, lle ysgrifennodd *Das Kapital*, a gyhoeddwyd yn 1867. Yn ôl Marx, roedd pob hanes yn hanes rhyfeloedd dosbarth. Honnai fod y bwlch rhwng y dosbarth canol (y *bourgeoisie*), oedd yn berchen ar yr holl gyfalaf, a'r dosbarth gweithiol diwydiannol (neu'r proletariat), yn cynyddu o hyd. Credai y byddai'r gweithwyr a oedd wedi cael eu hecsbloetio yn codi'n anorfod ac yn dymchwel y *bourgeoisie* a'r gyfundrefn gyfalafol. Ar ôl hynny, yn ôl Marx, byddai'r wladwriaeth yn trefnu'r economi er lles y proletariat. Byddai hyn yn arwain yn y pen draw at gymdeithas ddiddosbarth wedi'i seilio ar berchenogaeth gyhoeddus o'r dulliau cynhyrchu sylfaenol.

Bu farw Marx yn 1883 ond parhaodd ei syniadau i ysbrydoli llawer o weithwyr. Roedd y gweithwyr hynny a oedd yn arddel Marcsiaeth ac yn eu hystyried eu hunain yn bobl a oedd wedi cael eu hecsbloetio (a oedd yn wir yn aml), yn edrych ymlaen at fuddugoliaeth derfynol a mileniwm sosialaidd. Seiliwyd polïsiau'r gwahanol bleidiau sosialaidd, oedd wedi dechrau chwarae rhan flaengar yn y rhan fwyaf o wledydd Ewrop ar ddiwedd y bedwaredd ganrif ar bymtheg, ar athrawiaethau Marcsaidd. Er hyn, ni allai'r arweinwyr sosialaidd (a oedd, gan amlaf, yn ddeallusion dosbarth canol, ac nid yn weithwyr) gytuno ar sut i gyflawni amcanion Marcsaidd. Er bod rhai eithafwyr o blaid chwyldro treisgar, credai'r cymedrolion mai'r ffordd orau o wella bywydau'r proletariat oedd drwy weithio o fewn y gyfundrefn a chydweithio â phleidiau eraill i greu diwygiad cymdeithasol.

Bu anghytuno, hefyd, rhwng undebau llafur sosialaidd. Canolbwyntiai rhai ar ennill cyflogau uwch i'w haelodau a lleihau eu horiau gwaith, tra bod eraill yn fwy chwyldroadol. Credai **syndicalyddion**, a oedd yn gryf iawn yn Ffrainc, Sbaen a'r Eidal, mai'r streic gyffredinol oedd yr arf a fyddai'n dinistrio'r gyfundrefn gyfalafol. Er gwaetha'r streiciau cyffredinol a ddigwyddai mewn nifer o wledydd (yn arbennig yr Eidal), yn ddieithriad safai'r awdurdodau llywodraethol yn gadarn: nid oeddent yn bwriadu ildio i'r gweithwyr milwriaethus. Felly myth oedd effeithiolrwydd y streic gyffredinol, er ei fod yn fyth a ysbrydolai rai gweithwyr a deallusion.

iv) Bygythiad Anarchiaeth

Roedd yr anarchwyr yn fygythiad arall i'r sefydliad. Honnai'r Ffrancwr Pierre Joseph Proudhon, un o sylfaenwyr anarchiaeth, fod 'pob eiddo yn ddwyn'. Yn ogystal, roedd yn gwrthwynebu pob math traddodiadol ar lywodraeth. Byddai ei gymdeithas ddelfrydol yn cynnwys cymunedau bychain a ofalai am eu materion eu hunain gydag ychydig neu ddim cymorth gan weinyddiaeth ganolog. Cynyddodd dylanwad Proudhon ar ddiwedd y bedwaredd ganrif ar bymtheg, a chefnogid y defnydd o fraw gan anarchwyr fel Bakunin yn Rwsia i gael gwared ar sefydliadau mewn bodolaeth. Rhwng 1893 ac 1900 lladdwyd yr Arlywydd Carnot o

---

SYNDICALIAETH

Mudiad llafur milwriaethus oedd hwn, a ddechreuodd yn Ffrainc ond a oedd yn ffynnu hefyd yn yr Eidal a Sbaen. Credai'r syndicalyddion fod rhyfel rhwng y dosbarthiadau cymdeithasol yn anorfod, ac mai'r streic gyffredinol oedd arf cryfaf y gweithwyr.

Ffrainc, yr Ymerodres Elizabeth o Awstria-Hwngari, a'r Brenin Umberto o'r Eidal gan derfysgwyr anarchaidd. Ni lwyddodd gweithredoedd terfysgol o'r fath i ennill cefnogaeth i anarchwyr. Ar sawl cyfrif, roedd anarchiaeth a sosialaeth yn cystadlu yn erbyn ei gilydd. Nid oedd ganddynt yr un amcanion: roedd y sosialwyr yn gobeithio cipio'r wladwriaeth, tra bwriadai'r anarchwyr ei dinistrio. Er hyn, nid oedd sosialaeth ac anarchiaeth yn fudiadau cwbl ar wahân. Roedd gan rai anarchwyr dueddiadau sosialaidd, tra edmygai rhai sosialwyr theori – a gweithredoedd – anarchiaeth. Er bod y dosbarth gweithiol yn tueddu i gefnogi sosialaeth, roedd anarchwyr Sbaen a'r Eidal yn ddigon cryf i herio'r sosialwyr yn y ddwy wlad.

v) Yr Her Ddeallusol

Erbyn diwedd y bedwaredd ganrif ar bymtheg roedd awduron, cyfansoddwyr, arlunwyr a phenseiri yn cwestiynu tybiaethau traddodiadol ac yn chwilio am ddulliau newydd i'w mynegi eu hunain. Pregethai athronwyr megis Nietzche ar yr angen am werthoedd newydd a fyddai'n briodol i'r oes newydd. Er hyn, roedd nifer fawr o Ewropeaid yn amau'r 'newydd' ac yn dal gafael yn yr 'hen'. Mae crefydd yn enghraifft dda o'r frwydr rhwng yr 'hen' a'r 'newydd'. Roedd gan y rhan fwyaf o wledydd eglwys sefydledig o hyd. Yn fras, roedd de Ewrop yn Babyddol, gogledd Ewrop yn Brotestannaidd, a Rwsia'n Uniongred. Er bod y mwyafrif o Ewropeaid yn Gristnogion brwd o hyd, roedd crefydd yn colli ei dylanwad ar ymddygiad y bobl, yn enwedig yn y trefi oedd yn tyfu. Er nad oeddent yn wrth-Gristnogol, roedd rhai gwleidyddion adain chwith yn eithriadol o wrthglerigol ac yn awyddus i leihau, neu i ddinistrio grym yr eglwys sefydledig. Tueddai eglwyswyr, fodd bynnag, i gefnogi'r eglwys sefydledig. Roedd yr Eglwys Babyddol, yn arbennig, yn gwrthwynebu sosialaeth yn ffyrnig.

vi) Y Dde yn erbyn y Chwith

Yn y rhan fwyaf o wledydd roedd yna raniadau gwleidyddol dwfn, a'r rhain, fel rheol, yn seiliedig ar ddosbarth. Er hyn, roedd crefydd, hil a chenedligrwydd yn achosi rhaniadau hefyd. Er mwyn esbonio'r rhaniadau hyn, mae haneswyr yn rhoi'r labeli adain dde neu adain chwith ar grwpiau penodol. Roedd y 'chwith' (gan gynnwys anarchwyr, sosialwyr a rhyddfrydwyr radicalaidd) yn dymuno newid cymdeithas, yn arbennig er lles y bobl ddifreintiedig. Roedd y 'dde' gan amlaf yn genedlaetholgar, yn geidwadol, ac yn aml o blaid llywodraeth gref (dan arweiniad brenin neu frenhines, unben neu elit). Fodd bynnag, mae'r rhaniad hwn rhwng de a chwith yn orgyffredinoliad. Mewn gwirionedd, roedd sawl math o 'dde' a 'chwith' ac yn aml roedd grwpiau a elwid yn 'dde' neu'n 'chwith' yn wahanol iawn i'w gilydd.

CAMSYNIADAU MARCSAIDD

Erbyn 1900 roedd hi'n amlwg, neu fe ddylai fod wedi bod yn amlwg, bod Marx wedi gwneud camgymeriadau ynglŷn â'r rhan fwyaf o bethau – gan gynnwys y syniad bod y gyfundrefn gyfalafol ar fin chwalu.

▼ Tybiai Marx y byddai'r proletariat yn ffyddlon i'w ddosbarth. Daeth yn glir bod hon yn gred ddiniwed. Mewn gwirionedd, roedd nifer fawr o weithwyr yn ddifater ynglŷn â sosialaeth neu'n ei gwrthwynebu.

▼ Credai Marx y dylai diwydianeiddio a chwyldro dosbarth canol ddod cyn y chwyldro gwerinol. Felly, ymddangosai fel pe na bai llawer o botensial i'w syniadau mewn gwledydd fel Rwsia, lle nad oedd llawer o ddiwydiant. Yn eironig, yn Rwsia y bu'r chwyldro gwerinol mwyaf llwyddiannus.

▼ Credai Marx y byddai'r proletariat yn mynd yn dlotach o hyd. Yn lle hynny, roedd safonau byw y mwyafrif o weithwyr yn codi.

GWEITHGAREDD

Saethwch syniadau er mwyn darganfod tri rheswm i esbonio pam roedd llywodraethau Ewropeaidd yn aml yn barod i weithredu'n llym yn erbyn sosialwyr ac anarchwyr.

YSTYRIAETH
Oedd yr Almaen yn 'fodern' neu'n 'gyntefig'?

FFACTORAU OEDD YN HYBU TWF ECONOMAIDD YR ALMAEN

▼ **Cyfundrefn addysg ardderchog.**

▼ **Twf y boblogaeth.** Tyfodd nifer y boblogaeth o 49 i 65 miliwn rhwng 1890 ac 1910.

▼ **Cyfalafiaeth.** Roedd banciau Almaenig yn barod i fuddsoddi llawer o arian mewn diwydiant Almaenig.

▼ **Adnoddau mwynol,** yn enwedig mwyn haearn a glo.

▼ **Cyfundrefn gludo dda,** yn cynnwys afonydd mordwyol, rheilffyrdd a chamlesi.

▼ **Cartelau.** Trefnid llawer o ddiwydiannau Almaenig yn gartelau.

---

2   Yr Almaen Wilhelminaidd

Yn 1871 daeth casgliad o weriniaethau Almaenig at ei gilydd i ffurfio'r Reich (Ymerodraeth) Almaenig. Y 'Canghellor Haearn' Prwsiaidd, Otto von Bismarck, oedd awdur yr uniad Almaenig. Erbyn 1890 roedd yr Almaen i bob golwg yn genedl unedig a chref, gydag economi a oedd yn ail i economi UDA yn unig. Er hynny, mae llawer o ysgolheigion yn credu bod ei chyfundrefn wleidyddol yn gyntefig. Roedd gan y Kaiser Wilhelm II (a roddodd ei enw i'r 'oes Wilhelminaidd') bwerau awtocrataidd o hyd. Beth oedd natur yr Almaen Wilhelminaidd?

a) Prif Ddatblygiadau Cymdeithasol ac Economaidd yr Almaen

Ar ddiwedd y bedwaredd ganrif ar bymtheg, daeth yr Almaen yn wlad ddiwydiannol fawr. Rhwng 1870 ac 1914 bu cynnydd o fwy na 200 y cant mewn cynhyrchu glo tra, yn rhyfeddol, roedd yr allbwn dur 80 gwaith yn fwy nag o'r blaen. Wedi 1890, mae'n bosibl mai'r diwydiant trydan oedd llwyddiant economaidd mwyaf yr Almaen, gan ddarparu traean o allbwn trydan y byd erbyn 1914. Cafwyd gwelliannau tebyg yn y diwydiant cemegion.

Er gwaethaf y cynnydd mewn diwydiant, fodd bynnag, roedd mwy na thraean o'r boblogaeth yn parhau i fyw a gweithio yng nghefn gwlad. Roedd llawer o ffermwyr, mawr a bach, yn erbyn gwerthoedd cymdeithas ddiwydiannol.

b) Pa mor Gryf oedd Cenedlaetholdeb Almaenig?

Roedd cenedlaetholdeb Almaenig yn gryf. Roedd trefoli, addysg, gwell cyfathrebiadau a gwasanaeth milwrol oll wedi helpu i hybu hunaniaeth Almaenig gref. Er hynny, nid oedd yr Almaen yn gwbl unedig. Roedd yn parhau'n genedl wedi'i ffurfio o 25 o wladwriaethau, rhai ohonynt yn elyniaethus tuag at Prwsia (y wladwriaeth gryfaf) ac yn ceisio osgoi cael eu hamsugno i mewn i ddiwylliant Almaenig cenedlaethol. Ar ben hynny, roedd dros chwech y cant o'r boblogaeth yn Bwyliaid, yn Ddaniaid neu'n Ffrancwyr, a bach iawn oedd eu teyrngarwch i'r Almaen.

c) Sut y Llywodraethid yr Almaen?

Roedd yr Almaen yn wladwriaeth ffederal, gyda phwerau a swyddogaethau a gâi eu rhannu rhwng y llywodraeth ffederal (neu Imperialaidd) a'r 25 gwladwriaeth a oedd yn rhan ohoni. Er nad oeddent bellach yn wladwriaethau sofran nac yn rhydd i ymwahanu, roedd ganddynt eu cyfansoddiadau, eu rheolwyr, eu seneddau a'u cyfundrefnau gweinyddol eu hunain. Gallent ddeddfwriaethu ar amrywiaeth eang o faterion, gan gynnwys addysg, iechyd a'r heddlu. Y Cyngor Ffederal (*Bundesrat*) a weinyddai rym y gwladwriaethau yn y llywodraeth ganolog. Prwsia oedd y wladwriaeth fwyaf o bell ffordd, yn cynnwys dwy ran o dair o holl diriogaeth yr Almaen a 60 y cant o'r boblogaeth. Prwsia oedd yn gyfrifol am yr uniad Almaenig yn 1871, a hi fyddai'n rheoli wedi

---

CARTELAU

Cwmnïau rheolaethol mawr oedd cartelau a oedd yn berchen naill ai ar holl ddiwydiant un ardal neu'r holl ffatrïoedd a gyflawnai un broses benodol. Roedd hyn yn golygu y gallai'r cwmnïau osod prisiau a dileu cystadleuaeth.

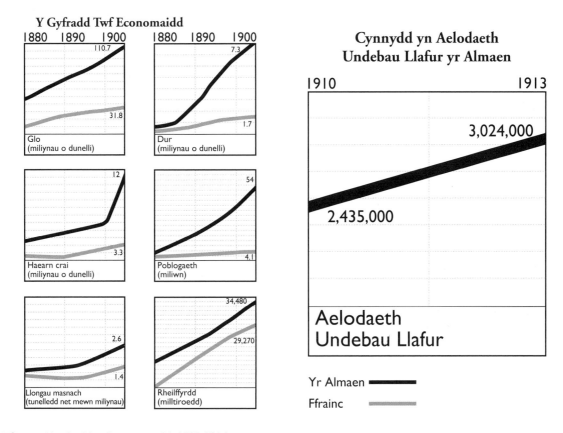

Ffigur 1 Y gyfradd twf economaidd, 1880-1914.

hynny. Yn gyfansoddiadol, roedd gafael Prwsia yn sicr am ddau reswm: yn gyntaf, brenin Prwsia oedd pennaeth yr Ymerodraeth; ac yn ail, roedd gan Prwsia ddigon o rym pleidleisio yn y *Bundesrat* i rwystro unrhyw welliant cyfansoddiadol annymunol.

Roedd y llywodraeth ymerodrol yn rheoli'r lluoedd arfog ac yn gyfrifol am bolisi tramor, bancio, a chodi trethi at ddibenion ymerodrol. Y Kaiser a benodai'r Canghellor, ac roedd hefyd yn bennaeth ar y fyddin. Roedd y Canghellor a gweinidogion Ymerodrol eraill yn gyfrifol i'r Kaiser yn unig. Roedd y Canghellor yn llywyddu'r *Bundesrat*, yn paratoi deddfwriaeth ar gyfer y *Reichstag* (y senedd Ymerodrol) ac yn meddu'r hawl, gyda chaniatâd y Kaiser, i ddiddymu'r corff. Rhwng 1871 ac 1890 Bismarck oedd y Canghellor. Oherwydd ei ddylanwad dros y Kaiser Wilhelm I, roedd ganddo awdurdod llwyr, bron, dros yr Almaen.

Roedd natur llywodraeth gwladwriaeth Prwsia yn hybu awdurdodaeth. Ym Mhrwsia, cefnogid y brenin gan y tirfeddianwyr mawr (*Junkers*) oedd yn tra-arglwyddiaethu ar senedd Prwsia ac yn chwarae rhan bwysig fel arweinwyr yn y gwasanaeth sifil a'r fyddin. Roedd y fyddin yn parhau i chwarae rhan allweddol yng ngwleidyddiaeth yr Almaen a'i chymdeithas. Canmolai llawer o Almaenwyr y fyddin, gan ei gweld fel symbol o bwysigrwydd yr Almaen. Cymerai'r milwyr lw o ffyddlondeb personol i'r Kaiser yn hytrach nag i'r wladwriaeth, ac mewn sawl ffordd roeddent yn annibynnol ar unrhyw reolaeth ac eithrio rheolaeth y Kaiser. Yn yr Almaen Wilhelminaidd, roedd safle cymdeithasol yn dibynnu bron yn llwyr ar safle milwrol.

Er hyn, roedd democratiaeth yn bodoli yn yr Almaen. Roedd gan y *Reichstag*, a etholid gan ddynion y wlad bob pum mlynedd, y gallu i lunio cyfraith ffederal, a'r gallu i wrthwynebu deddfwriaeth. Yn ogystal, roedd rhaid iddi roi sêl ei bendith ar y gyllideb Ymerodrol flynyddol. Yn ystod 'teyrnasiad' Bismarck, ni lwyddodd y gwleidyddion i fanteisio i'r eithaf ar y pwerau hyn. Er hynny, nid oedd y *Reichstag* yn ddi-rym. Bu raid i Bismarck, hyd yn oed, gydweithio'n agos gydag un neu fwy o'r pleidiau mwyaf er mwyn sicrhau mwyafrif yn y *Reichstag*.

Tabl 1 Cyflwr pleidiau'r *Reichstag*, 1890-1914.

	1890	1893	1898	1903	1907	1912
Ceidwadwyr	73	72	56	54	60	43
Ceidwadwyr Annibynnol	20	28	23	21	24	14
Rhyddfrydwyr Cenedlaethol	42	53	46	51	54	45
Pleidwyr Cynnydd	66	37	41	31	42	42
Plaid y Bobl Almaenig	10	11	7	9	7	-
Plaid y Canol	106	96	102	100	105	91
Democratiaid Cymdeithasol	35	44	56	81	43	110
Cenhedloedd: er enghraifft Pwyliaid, Daniaid	38	35	34	32	29	33
Eraill	7	21	41	22	33	19

Pa mor ddemocrataidd oedd yr Almaen?

Prif ffenomen wleidyddol yr oes oedd cynnydd y Democratiaid Cymdeithasol (yr *SPD*). Byddai'r ffordd o drin y blaid a'i syniadau yn ystyriaethau hanfodol ar gyfer Wilhelm a'i Gangellorion. Er bod rhai o aelodau'r *SPD* yn awyddus i ddinistrio'r gyfundrefn gyfalafol, roedd y mwyafrif yn barod i gydweithio â phleidiau eraill er mwyn creu diwygiad cymdeithasol. Bu cynnydd hefyd yn nifer y grwpiau a ymddiddorai mewn materion economaidd ac ideolegol yn yr Almaen. Erbyn 1914 roedd yr Almaen yn meddu ar fudiad undeb llafur mwyaf Ewrop. Roedd gan amaethwyr a diwydianwyr eu carfanau pwyso hefyd, ac roedd gan y Cynghrair Oll-Almaenig, Cymdeithas y Trefedigaethau a Chynghrair y Llynges hwythau amrediad eang o ofynion tra-chenedlaetholgar ac ehangol.

ch) Pa mor Bwysig oedd y Kaiser Wilhelm II?

Wilhelm II oedd y Kaiser rhwng 1888 a Thachwedd 1918. Yn ôl rhai haneswyr, ef sy'n gyfrifol am holl ddigwyddiadau anffodus ei deyrnasiad. Gellir ei weld fel rhywun anaeddfed, ymwthgar, anwadal, oedd yn tueddu i gamfarnu. 'Mae'r Kaiser yn debyg i falŵn', meddai Bismarck. 'Os na wnewch chi ddal gafael yn y llinyn, pwy a ŵyr i ble y bydd e'n mynd.' Cymerai ddiddordeb personol, ymyrgar ym mhopeth, o gynllun llong i gynyrchiadau theatr. Roedd ei lys yn llawn cymeriadau rhyfedd, gan gynnwys ysbrydegydd gyda thueddiadau cyfunrhywiol. Bu farw pennaeth y cabinet milwrol o drawiad ar y galon wrth berfformio ar gyfer yr Ymerawdwr mewn gwisg balerina. Yn aml, byddai Wilhelm yn dewis ei brif swyddogion am resymau personol yn hytrach na rhesymau gwleidyddol: roedd y dynion hyn yn anaddas ar gyfer eu swyddi yn fynych. Mae rhai, fodd bynnag, yn gweld Wilhelm mewn goleuni gwell. Ym marn rhai ysgolheigion, roedd yn rheolwr deallus, cydwybodol, egnïol a brwdfrydig. Mae eraill yn ei ddiystyru, gan ddadlau bod ei fywyd yn un gyfres hir o achlysuron swyddogol, ymarferion milwrol, mordeithiau a theithiau hela, a bod ei ddyletswyddau cymdeithasol yn golygu nad oedd ganddo ddealltwriaeth fanwl o waith y llywodraeth. Er iddo ymyrryd weithiau, meddent, ni chafodd effaith ar gyfeiriad polisi Almaenig. Er hyn, mae'r mwyafrif o haneswyr yn credu bod Wilhelm wedi chwarae rhan ganolog. Yn eu barn hwy, mae'r ffaith mai ef oedd yr un a benodai ac a ddiswyddai bob un o swyddogion gweithredol y Reich a Phrwsia yn dangos mai ef oedd yr un a bennai'r hyn oedd, neu nad oedd, yn bosibl. Ni ellid gwneud unrhyw benderfyniad mawr heb ei gytundeb.

Ffigur 2 Y Kaiser Wilhelm II.

d) Yr Almaen: 1890-1914

Cyn hir, roedd Bismarck a Wilhelm II yn anghydweld ar nifer o faterion, gan gynnwys sut i ddelio â'r sosialwyr. Roedd Bismarck o blaid sefyll yn gadarn yn eu herbyn. Roedd Wilhelm, fodd bynnag, yn dymuno cael ei weld fel ' Ymerawdwr y Bobl' ac felly'n awyddus i ddileu'r ddeddfwriaeth ormesol. Yn y diwedd, ymddiswyddodd Bismarck yn 1890. Nid oedd gan yr un o'i olynwyr ei rym a'i awdurdod ef. Y cyntaf i gymryd ei le oedd Caprivi, milwr Prwsiaidd heb fawr o brofiad gwleidyddol, oedd yn dymuno sefyll uwchlaw pleidiau a diddordebau penodol. Yn fuan, daeth yn amlwg iddo nad oedd hyn yn bosibl. Am rai blynyddoedd, daliodd Wilhelm II ati i ymarfer ei bolisi cymodol tuag at sosialaeth, yn y gobaith y byddai'r consesiynau yn denu'r cymedrolwyr oddi wrth bolisïau eithafol. Fodd bynnag, gan ei fod yn poeni am rym cynyddol yr *SPD*, newidiodd

BETH ADAWODD BISMARCK AR EI ÔL?

Bismarck oedd ffigur mwyaf dylanwadol yr Almaen hyd at 1890. Mewn ymdrech i uno'r wladwriaeth newydd, gwrthdrawodd yn erbyn rhai o brif rymoedd yr Almaen, neu 'gelynion y Reich', fel y'u galwai.

▼ Gwrthdrawodd â'r Eglwys Babyddol.

▼ Gwrthdrawodd â sosialaeth. Yn yr 1880au gellid gwahardd neu ddileu pob corff, cyfarfod a chyhoeddiad sosialaidd. Roedd mesurau o'r fath yn gwneud sosialwyr yn fwy unedig a chwerw. Nid gormes oedd unig dacteg Bismarck. Aeth ati i 'ladd sosialaeth drwy garedigrwydd', gan gyflwyno yswiriant iechyd a damwain, a phensiynau henoed ac anabledd ar gyfer llawer o weithwyr cyflogedig. Er bod croeso i'r gyfundrefn nawdd cymdeithasol hon, ni lwyddodd i ddenu'r gweithwyr oddi wrth sosialaeth.

ei feddwl yn 1894, a phenderfynodd wneud safiad yn erbyn sosialaeth. Gwrthododd Caprivi gefnogi mesur seneddol gwrthsosialaidd newydd, ac ymddiswyddodd.

Roedd Chlodwig, olynydd Caprivi, yn 75 oed. Ni ddisgwylid iddo wrthwynebu polisïau'r Kaiser, ac ni wnaeth hynny. Am nifer o flynyddoedd, Wilhelm oedd yn arwain y llywodraeth, gan reoli'r rhan fwyaf o agweddau ar bolisi. Fodd bynnag, ni lwyddodd i wneud safiad cadarn yn erbyn sosialaeth. Yn 1900 daeth Bülow yn Ganghellor. Roedd yn fwy o ŵr llys nag o wladweinydd, ac aeth ati i feithrin perthynas agos â Wilhelm. Atgyfodwyd polisi Caprivi o ganiatáu consesiynau i'r gweithwyr. Er enghraifft, roedd gan y gweithwyr fwy o hawl i bensiynau ac yswiriant.

Bu argyfwng mawr yn 1908, yn dilyn erthygl yn y *Daily Telegraph* yn nodi dymuniad Wilhelm i feithrin perthynas agosach â Phrydain. Credai aelodau y *Reichstag* nad oedd gan Wilhelm yr hawl i wneud datganiadau mor bwysig ynglŷn â pholisi. Am rai misoedd wedyn soniwyd am leihau grym y Kaiser, ond ni wnaed unrhyw beth yn ei gylch gan na allai'r *Reichstag* gytuno ar ddewis arall derbyniol. Roedd y berthynas rhwng Bülow a Wilhelm yn dechrau dirywio, ac yn 1909 ymddiswyddodd y Canghellor, ar ôl methu sicrhau mwyafrif yn y *Reichstag*. Daeth Bethmann-Hollweg yn ei le.

Yn 1912 yr *SPD*, gyda mwy na 30 y cant o'r bleidlais, oedd plaid fwyaf y *Reichstag*. Fodd bynnag, roedd yr *SPD* yn ei chael yn anodd cydweithio â phleidiau eraill, ac felly cafodd y llywodraeth gyfle i basio'i deddfwriaeth ei hun. Yn 1913, bu argyfwng yn ymwneud â digwyddiad yn Zabern, tref yn Alsace. Roedd milwyr wedi cam-drin y trigolion, a phan aeth rhai ati i wrthdystio yn erbyn gweithredoedd y fyddin fe'u taflwyd i'r carchar. Protestiwyd yn gyhoeddus ac yn swyddogol, ond ni weithredodd Wilhelm nes i lywodraethwr Alsace fygwth ymddiswyddo. Yn lle cosbi'r milwyr, fe'u hanfonodd i ffwrdd i wneud ymarferion. Er bod digwyddiad Zabern yn dangos grym y fyddin, dangosai, hefyd, na allai'r Kaiser a'r fyddin anwybyddu barn y cyhoedd yn llwyr.

dd) Modern neu Gyntefig?

Ar sawl cyfrif, erbyn 1914 roedd yr Almaen yn parhau'n frenhiniaeth awdurdodaidd o hyd, a'r pŵer yn dal yn nwylo Wilhelm II a'r hen elitau. Er hyn, nid oedd ewyllys y Kaiser yn cyfrif am bopeth. Ni allai llywodraethau Almaenig anwybyddu'r *Reichstag* ac roedd gofyn iddynt grafu mwyafrifoedd digonol er mwyn pasio deddfwriaeth. Gan fod nifer aelodau'r *SPD* o fewn y *Reichstag* yn cynyddu, cynyddodd eu hawl i drafod polisïau'r llywodraeth. Câi'r Kaiser ei feirniadu'n gyson ac roedd gan y wasg Almaenig lawer o ryddid. Ac nid oedd Wilhelm mewn safle digon cryf i gosbi ei feirniaid. Ni allai wneud dim mwy na breuddwydio am ddefnyddio'r fyddin yn erbyn yr *SPD*. Mae modd dadlau, felly, bod potensial yn bodoli yn yr Almaen ar gyfer datblygu democratiaeth ymhellach.

GWEITHGAREDD

'I ba raddau oedd yr Almaen yn "flaengar" o safbwynt yr economi ond yn "gyntefig" o ran gwleidyddiaeth?'

Trywydd awgrymedig eich ateb:

▼ Pwysleisiwch fod yr Almaen yn 'flaengar' o ran ei heconomi (yn ôl safonau'r cyfnod).

▼ Mae'r 'gwleidyddol gyntefig' yn fwy cymhleth. Yn gyntaf, rhaid i chi ddiffinio 'cyntefig'. Er mwyn dadl, meddyliwch am 'gyntefig' fel rhywbeth awtocrataidd yn hytrach na democrataidd. Hyd yn oed wedyn, nid yw'n gwestiwn hawdd! Mae angen ateb sy'n cynnwys 'oedd' a 'nac oedd'. Oedd ... roedd yr Almaen yn awtocratig ... Nac oedd ... roedd yr Almaen yn ddemocratiaeth o fath.

---

3 Y Drydedd Weriniaeth

Yn 1870-1 dioddefodd Ffrainc ddau ysgytwad difrifol: colli'r rhyfel yn erbyn Prwsia (a cholli Alsace-Lorraine) a rhyfel cartref byr (y Comiwn). Daeth y Drydedd Weriniaeth i fodolaeth o ganlyniad i'r digwyddiadau hyn. Dyma'r rheswm, efallai, pam na fu hi erioed yn boblogaidd iawn. Er hynny, goroesodd. Pam – a pha mor llwyddiannus oedd hi?

> **YSTYRIAETHAU**
> Beth oedd y problemau a wynebai'r Drydedd Weriniaeth? Pam y bu iddi oroesi? Pa mor llwyddiannus oedd hi?

a) Y Sefyllfa Gymdeithasol ac Economaidd

i) Y safbwynt negyddol

▼ Roedd cynnydd diwydiannol Ffrainc yn arafach na chynnydd yr Almaen.

▼ Roedd colli dyddodion mwyn haearn Alsace-Lorraine yn ergyd drom.

▼ Prin bod poblogaeth Ffrainc wedi tyfu. Yn 1871 roedd 37 miliwn o bobl yn Ffrainc. 39 miliwn yn unig oedd yno yn 1911.

▼ Roedd y proletariat yn fwyfwy milwriaethus.

ii) Y safbwynt cadarnhaol:

▼ Ceid amrywiaeth o fewn yr economi. Roedd ei chryfderau traddodiadol, sef bwyd, gwin ac eitemau moethus, yn cael eu cynhyrchu o hyd. Ar ben hynny, roedd diwydiant trwm yn tyfu'n gyflym, ac ar yr un pryd roedd diwydiannau newydd (er enghraifft trydan a chemegion) yn datblygu.

▼ Llwyddodd tollau uchel i amddiffyn cynhyrchwyr Ffrengig.

▼ O 1897 ymlaen, cafodd Ffrainc gyfnod o ffyniant. (Rhoddwyd yr enw *'la belle époque'* – y dyddiau da – ar y cyfnod.) Cododd y safon byw. Roedd y disgwyliad oes yn uwch hefyd: roedd yn uwch na'r hyn oedd yn yr Almaen yn 1914.

▼ Roedd y gymdeithas yn weddol sefydlog. Gweithiai mwy na hanner poblogaeth Ffrainc ar y tir o hyd. Roedd yr hen ddosbarth pendefigaidd yn ddibwys o safbwynt economaidd a gwleidyddol. Roedd y mwyafrif o ffermwyr Ffrainc yn berchen ar eu ffermydd – bychain – eu hunain. Y nhw oedd craidd sefydlog y gymdeithas yn Ffrainc.

Tabl 2 Cymhariaeth o gynhyrchiad haearn crai a dur, fesul blwyddyn, 1890-1910 (1000 tunnell fetrig).

Haearn crai	y DU	yr Almaen	Ffrainc
1890	8,033	4,037	1,970
1900	9,003	7,549	2,714
1910	10,380	14,793	4,032

Dur	y DU	yr Almaen	Ffrainc
1890	3,637	2,161	566
1900	5,130	6,645	1,565
1910	6,374	13,698	3,506

b) Sut oedd Ffrainc yn cael ei Llywodraethu?

Roedd gan Ffrainc arlywydd yn hytrach na brenin. Câi ei ethol am gyfnod o saith mlynedd gan y Cynulliad Cenedlaethol, ac i raddau roedd yn arweinydd mewn enw'n unig. Ni allai bleidleisio i atal deddfwriaeth, na diddymu'r Cynulliad Cenedlaethol. Roedd y Cynulliad yn cynnwys Siambr y Dirprwyon a'r Senedd. Roedd y Senedd yn geidwadol gan amlaf. Roedd gofyn bod y 300 seneddwr yn 40 oed neu'n hŷn; etholid 225 ohonynt am naw mlynedd ac etholid 75 seneddwr ychwanegol am oes gan y Cynulliad ymadawol. Câi pob oedolyn gwrywaidd bleidleisio i ethol Siambr y Dirprwyon. Dyma lle roedd y grym gwirioneddol: roedd gweinidogion yn atebol i'r corff hwn.

Wedi 1871, cynyddodd nifer y pleidiau gwleidyddol ac nid oedd llawer o ddisgyblaeth o fewn y pleidiau. O ganlyniad, ni allai Siambr y Dirprwyon sicrhau mwyafrif pendant yn aml, a newidiai'r llywodraethau yn rhyfeddol o gyflym. Fel rheol, nid oedd y newidiadau hyn yn peri newidiadau mawr o ran polisi: yn wir, roedd y rhan fwyaf o'r llywodraethau yn mynd a dod heb basio unrhyw fesurau pwysig. Fodd bynnag, roedd gwahaniaethau pwysig yn bodoli rhwng yr adain dde a'r chwith, ac ar adegau o argyfwng, byddai'r gwahaniaethau hyn yn gorfodi'r ddwy garfan i safleoedd anghymodol. Roedd y gwahaniaethau hyn yn seiliedig ar grefydd yn ogystal â dosbarth. Roedd y dde, a gefnogid ar y cyfan gan yr Eglwys Babyddol, yn dueddol o ddrwgdybio democratiaeth, gan ffafrio trefn a llywodraeth gref. Roedd y chwith yn amddiffyn y Weriniaeth ac yn tueddu i fod yn **wrthglerigol**. Er bod tensiynau rhwng y dde a'r chwith yn denu sylw yn aml, fel rheol roedd y cydbwysedd grym yn nwylo'r dirprwyon a oedd yn y canol.

c) Pa mor Ddifrifol oedd Bygythiad yr Adain Dde?

i) Y Cadfridog Boulanger

Yn 1886 penodwyd Georges Boulanger yn Weinidog Rhyfel. Siaradai am ryfel o ddial yn erbyn yr Almaen, ac ym marn llawer o'r adain dde roedd Boulanger yn ail Napoleon, yn wladgarwr pur a godai uwchlaw

---

GWRTHGLERIGIAETH
Roedd gwrthglerigiaeth yn gwrthwynebu dylanwad gwleidyddol, cymdeithasol ac economaidd yr eglwys, yn enwedig dylanwad yr Eglwys Gatholig, Babyddol. Roedd gwrthglerigiaeth yn elfen bwysig yng ngwleidyddiaeth Ffrainc, yr Eidal a Sbaen ar ddiwedd y 19eg ganrif a dechrau'r 20fed ganrif.

diddordebau dibwys ac annheilwng y gwleidyddion. Pan gollodd ei swydd yn 1887, roedd y Weriniaeth fel petai mewn perygl, cymaint oedd ei boblogrwydd. Yn 1888 safodd fel ymgeisydd mewn nifer o isetholiadau, ac enillodd gyfres o fuddugoliaethau trawiadol. Mynnodd fath newydd ar lywodraeth, unbennaeth yn y bôn, a fyddai'n gweithio i sicrhau 'undod, mawredd a ffyniant y famwlad'. Daeth ei lwyddiant etholiadol i'w anterth yn 1889, pan enillodd yr holl bleidleisiau mewn isetholiad ym Mharis. Pe bai wedi dewis arwain torf frwdfrydig, byddai wedi gallu dymchwel y llywodraeth. Ond roedd arno ofn. Pan ddechreuodd y llywodraeth ddwyn achos yn ei erbyn am frad, ffodd i Wlad Belg a diflannodd ei gefnogaeth. Roedd maint aruthrol y gefnogaeth a roddwyd i Boulanger yn dangos pa mor sylweddol oedd y grymoedd – cymysg – oedd yn gwrthwynebu'r Weriniaeth.

ii) Sgandal Panama

Yn 1879 roedd Ferdinand de Lesseps wedi ceisio adeiladu Camlas Panama. Nid oedd digon o arian ar gael i gwblhau ei broject ac felly, yn 1888, pleidleisiodd y Siambr dros fenthyciad cyhoeddus sylweddol i helpu Cwmni Camlas Panama. Ni chafwyd hyd i ddigon o fuddsoddwyr, fodd bynnag, a daeth y cwmni i ben. Yn 1892, datgelwyd bod arian budr a gwleidyddion llwgr wedi bod yn hybu buddiannau'r cwmni. Achosodd y sgandal sinigiaeth gyffredinol ynglŷn â phobl yn y byd cyhoeddus. Arweiniodd hefyd at gynnydd mewn gwrth-Semitiaeth yn Ffrainc, yn bennaf am mai dau Iddew oedd yn gyfrifol am lawer o'r llwgrwobrwyo. Roedd y gymuned Iddewig yn Ffrainc yn fechan – dim ond 80,000 yn yr 1890au – ond mynnai'r grwpiau adain dde cenedlaetholgar, oedd yn awyddus iawn i fwrw bai am broblemau amlycaf Ffrainc, mai'r Iddewon oedd yn gyfrifol a'u bod yn mynd ati'n fwriadol i danseilio gwerthoedd Ffrengig.

iii) Helynt Dreyfus

Yn 1894 cafodd Dreyfus, yr Iddew cyntaf i fod yn rhan o Staff Milwrol Ffrainc, ei arestio a'i roi ar brawf mewn llys am ddatgelu cyfrinachau i'r Almaen. Fe'i cafwyd yn euog, ac fe'i dedfrydwyd i garchar am oes ar Devil's Island. Ar y pryd, ni thalwyd llawer o sylw i'r ddedfryd, ac eithrio gan y sawl a gredai ei fod yn haeddu cael ei saethu. Fodd bynnag, erbyn 1897 roedd hi'n amlwg bod Dreyfus wedi cael ei ddedfrydu ar sail tystiolaeth simsan. Gwyddai'r arweinwyr milwrol nad oedd y treial wedi cael ei gynnal yn gywir ac felly roeddent yn gyndyn o'i gynnal eto. Fodd bynnag, bu'n rhaid gwneud hynny pan ddaeth yr Is-gyrnol Picquart o hyd i dystiolaeth yn dangos mai'r Uwch-gapten Esterhazy oedd yn gyfrifol am werthu cyfrinachau milwrol i'r Almaenwyr. Yn 1898 mynnodd Esterhazy dreial i brofi nad oedd yn euog. O ganlyniad i dystiolaeth ffug Cyrnol Henry o'r Adran Cudd-ymchwil, fe'i cafwyd yn ddieuog yn fuan iawn.

Yn dilyn hyn, cyhoeddwyd erthygl gan y nofelydd Emile Zola yn y papur newydd radicalaidd *L'Aurore,* yn cyhuddo swyddogion milwrol unigol o wyrdroi trefn cyfiawnder. Achosodd hyn gynnwrf mawr.

Gwelwyd Dreyfus fel symbol, gan greu teimladau chwerw a hollti'r genedl yn ddwy. Ar y cyfan, roedd y chwith yn cefnogi Dreyfus, a'r dde yn ei erbyn. Credai'r 'gwrth-Ddreyfusiaid' fod enw da'r fyddin yn bwysicach nag euogrwydd neu ddiniweidrwydd un dyn (yn enwedig Iddew!) Yn awr, dechreuodd lwc Dreyfus newid. Cyfaddefodd Cyrnol Henry mai ef oedd wedi cysylltu Dreyfus â'r drosedd, a lladdodd ei hun. Gwelodd Esterhazy na allai ddianc bellach, a chyfaddefodd ei euogrwydd. Erbyn hyn, roedd yn amlwg fod Dreyfus yn ddieuog a bod arweinwyr y fyddin wedi cydweithio i'w gael yn euog, ond roedd y gwrth-Ddreyfusiaid yn dal i wrthod derbyn y gwirionedd. Oherwydd y teimladau cryf a godwyd gan yr achos, roedd rhai yn ofni y byddai'r fyddin yn cipio awdurdod. Yn lle hynny, daeth llywodraeth Radicalaidd gref i rym, dan arweiniad Waldeck-Rousseau, oedd yn benderfynol o sicrhau cyfiawnder. Gostegwyd yr elfennau aflonydd o fewn y fyddin a chafwyd gwared ar rai o'r swyddogion. Yn 1899 daethpwyd â Dreyfus adref a chynhaliwyd achos llys arall gan y fyddin. Er syndod, fe'i cafwyd yn euog unwaith eto, ond fe'i rhyddhawyd oherwydd 'amgylchiadau a oedd yn lleihau ei fai'. Yn awr, ymyrrodd y llywodraeth, a rhoddwyd pardwn llawn i Dreyfus.

Chwerwyd bywyd y genedl gan achos Dreyfus am sawl blwyddyn wedi hynny. Trodd y dde yn fwy gwrth-Semitaidd; trodd y chwith, a feiai'r Eglwys am yr helynt, yn fwy gwrthglerigol. Pasiwyd nifer o fesurau yn erbyn yr Eglwys gan y Radicaliaid, y blaid wleidyddol gryfaf o lawer hyd at 1914. Yn 1905 pasiwyd Deddf Ymwahanu yn datgan nad oedd y wladwriaeth bellach yn gyfrifol am gynnal yr Eglwys Babyddol, a bu raid i'r Eglwys dalu ei chyflogau clerigol ei hun.

Ar ôl 1900, lleihaodd ond ni ddiflannodd y bygythiad o'r adain dde. Roedd aelodau *Action Française* Charles Maurras yn genedlaetholwyr, yn wrth-Semitaidd ac yn wrthseneddol, gan gredu mai'r ffordd i achub Ffrainc oedd drwy ailsefydlu'r frenhiniaeth. Er nad oedd yn gref, ceid rhywfaint o gefnogaeth i *Action Française* o ganlyniad i ddadrithiad cyffredinol ynglŷn â gwleidyddiaeth a gwleidyddion.

ch) Pa Mor Ddifrifol oedd Bygythiad yr Adain Chwith?

Roedd y proletariat Ffrengig yn gymharol fychan ac nid oedd gan y mwyafrif o ffermwyr Ffrainc lawer o ddiddordeb yn athrawiaethau Marx. Er hyn, ymledodd syniadau sosialaidd. Erbyn 1900 roedd nifer o bleidiau sosialaidd bychain yn bodoli ac yn cweryla ymhlith ei gilydd. Yn 1904-5 cytunodd y prif grwpiau sosialaidd i ffurfio plaid unedig. Er i'r blaid newydd ategu ei phenderfyniad i 'sosialeiddio dulliau cynhyrchu', roedd yn barod i weithio o fewn y gyfundrefn seneddol. Bu'n gymharol lwyddiannus, gan ennill 54 sedd yn 1906 a 103 yn 1914.

Dadleuai prif gorff yr undebau llafur (yr *CGT*) o blaid syndicaliaeth chwyldroadol, gan gredu mai streic gyffredinol oedd y ffordd orau o ddinistrio'r gyfundrefn gyfalafol. Wedi 1906, cafwyd cyfres o streiciau treisgar. Weithiau defnyddid milwyr yn erbyn y streicwyr, a charcharwyd rhai o arweinwyr yr undebau.

d) Diweddglo

Ar yr olwg gyntaf, mae'n anodd deall sut y bu i'r Drydedd Weriniaeth oroesi. Nid oedd llawer o Ffrancwyr yn ei hoffi. Ar yr ochr dde, roedd llawer yn chwilio am arweinyddiaeth gref, tra oedd sosialwyr chwyldroadol y chwith yn dymuno 'dinistrio'r' gyfundrefn. Roedd y Weriniaeth fel petai'n siglo o un argyfwng i'r llall. Eto, fe oroesodd. Gellir dadlau iddi wneud hynny am mai dyma'r math o lywodraeth oedd yn creu'r rhwyg lleiaf ymhlith y bobl. O ddewis, roedd yn well gan y mwyafrif y Weriniaeth na chyfundrefn fwy adain dde neu chwith. Erbyn 1914 roedd y bygythiad o'r dde wedi lleihau, ac roedd y syndicalyddion ar y chwith yn cynrychioli lleiafrif bychan yn unig o'r boblogaeth.

A fu'r Drydedd Weriniaeth yn fwy o lwyddiant nag o fethiant? Mae modd dadlau o blaid hynny. Roedd y ffaith iddi oroesi yn llwyddiant ynddo'i hun. Yn economaidd, roedd Ffrainc wedi ennill tir, a bu rhywfaint o ddiwygio cymdeithasol o safbwynt iechyd cyhoeddus, amodau gwaith ac yswiriant cenedlaethol. Bu Ffrainc yn llwyddiannus mewn ffyrdd eraill hefyd. Roedd llawer o ddynion Ffrainc yn falch o'u campau celfyddydol, diwylliannol a deallusol, ac o'u hymerodraeth – a oedd yn ail i ymerodraeth Prydain yn unig.

GWEITHGAREDD

Er mwyn profi eich dealltwriaeth, ystyriwch y cwestiwn canlynol: 'Pam oedd gwleidyddiaeth y Drydedd Weriniaeth yn ymddangos mor ansefydlog?'

Trywydd awgrymedig eich ateb:

▼ Roedd Ffrainc wedi'i rhannu'n wleidyddol. Roedd y Drydedd Weriniaeth yn adlewyrchu'r rhaniadau chwith-dde.

▼ Roedd nifer fawr o bleidiau yn bodoli. Roedd hi'n anodd, felly, i lywodraethau ennill mwyafrif dros bawb.

▼ Edrychwch yn fanwl ar y bygythiadau o'r dde a'r chwith.

▼ Oedd y Weriniaeth yn fwy sefydlog nag y mae hi'n ymddangos weithiau?

---

4 Awstria-Hwngari

YSTYRIAETH
Pa mor ddifrifol oedd problem y cenhedloedd?

Erbyn 1890, roedd Awstria-Hwngari (yr Ymerodraeth Hapsbwrgaidd) yn cynnwys mwy na 40 miliwn o bobl, ac yn eu plith, 11 o genhedloedd gwahanol (gweler Ffigur 3). Yn 1867, pan fynnodd Hwngari ei hannibyniaeth, cytunodd yr Ymerawdwr Franz Joseph i'r Cyfaddawd, fel y'i gelwir, a rannodd yr Ymerodraeth yn ddwy, un yn perthyn i Awstria a'r llall i Hwngari. Wedi 1867, roedd Awstria-Hwngari, mewn materion mewnol, yn ddwy wladwriaeth yn hytrach nag un mewn gwirionedd. Er hyn, roedd gan y ddwy wlad yr un brenin: roedd Franz Joseph yn Ymerawdwr Awstria ac yn Frenin Hwngari. Oherwydd hyn, gelwir Awstria-Hwngari yn Frenhiniaeth Ddeuol o bryd i'w gilydd. Beth oedd y prif broblemau a wynebai'r Frenhiniaeth Ddeuol?

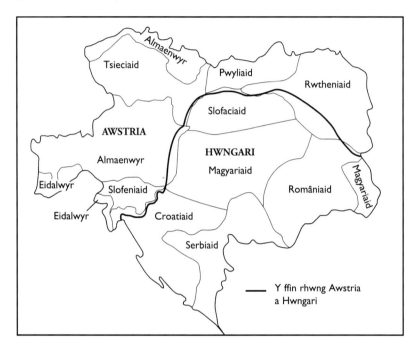

Ffigur 3 Lleoliadau cenhedloedd o fewn Ymerodraeth Awstria-Hwngari.

Cenhedloedd Ymerodraeth Awstria-Hwngari

Seiliwyd y ffigurau ar gyfrifiad 1910.

Almaenwyr
Nifer: 12,000,000 (23 y cant o'r boblogaeth)
Ym marn yr Almaenwyr, roedd yr Ymerodraeth yn Almaenig yn anad dim, a'r Almaenwyr eu hunain oedd yr hil bwysicaf o'i mewn. Almaeneg oedd iaith y llys, y wladwriaeth a'r fyddin.

Magyariaid
Nifer: 10,000,000 (20 y cant o'r boblogaeth)
Dyma grŵp ethnig unigol mwyaf Hwngari, ond roeddent yn ffurfio llai na hanner y boblogaeth.

Tsieciaid
Nifer: 6,500,000 (12 y cant o'r boblogaeth)
Ar eu cryfaf yn Bohemia a Morafia, roedd y mwyafrif ohonynt yn dymuno cael cyfansoddiad ffederal lle byddai ganddynt statws a fyddai'n cymharu â statws y Magyariaid.

Pwyliaid

Nifer: 5,000,000 (10 y cant o'r boblogaeth)
Roedd gan y Pwyliaid hawliau hunanlywodraethol sylweddol yn Galisia. Er bod rhai yn hawlio Gwlad Pwyl annibynnol, gwyddent nad oedd hyn yn debygol o ddigwydd. Roedd y mwyafrif ohonynt yn ffyddlon i'r Ymerodraeth Hapsbwrgaidd.

Rwtheniaid

Nifer: 4,000,000 (9 y cant o'r boblogaeth)
Trigai'r mwyafrif yn Galisia, lle roedd y Pwyliaid yn tra-arglwyddiaethu arnynt. Nid oedd unrhyw ymdeimlad cryf o genedlaetholdeb Rwthenaidd.

Croatiaid

Nifer: 2,500,000 (5 y cant o'r boblogaeth)
Roedd Croatiaid yn byw yn Awstria a Hwngari, gan fwynhau hawliau hunanlywodraethol. Gobeithiai rhai Croatiaid greu gwladwriaeth Slaf y De annibynnol, yn cynnwys Croatiaid, Serbiaid a Slofeniaid.

Serbiaid

Nifer: 1,500,000 (3 y cant o'r boblogaeth)
Erbyn 1914 roedd llawer o Serbiaid yn ystyried Serbia fel eu mamwlad.

Slofeniaid

Nifer: 1,250,000 (2.5 y cant o'r boblogaeth)
Gwerinwyr Pabyddol oeddent ar y cyfan, ac nid oedd y mwyafrif yn dymuno ennill eu hannibyniaeth.

Slofaciaid

Nifer: 2,000,000 (4 y cant o'r boblogaeth)
Nid oedd llawer o gydweithredu rhwng y Slofaciaid (a drigai yn Hwngari) a'r Tsieciaid (a drigai yn Awstria).

Eidalwyr

Nifer: 750,000 (1.5 y cant o'r boblogaeth)
Roeddent yn byw ar y ffin â'r Eidal, ac nid oedd digon ohonynt i achosi problemau mawr.

Româniaid

Nifer: 3,250,000 (6.5 y cant o'r boblogaeth)
Yn wahanol i Serbia neu'r Eidal, nid oedd România'n dymuno 'achub' yr ardaloedd Românaidd o fewn yr Ymerodraeth.

Iddewon

Nifer: 2,250,000 (llai na 5 y cant o'r boblogaeth)
Roedd yr Iddewon yn byw yn y dinasoedd mwy, ac yn chwarae rhan bwysig yn yr economi ac mewn diwylliant a chyllid.

Mwslimiaid

Nifer: llai na 500,000 (1 y cant o'r boblogaeth)
Roedd y mwyafrif ohonynt yn byw yn Bosna-Hercegovina. Caent ryddid i arfer eu ffydd, ac ar y cyfan roeddent yn ffyddlon i'r Ymerodraeth.

Tabl 3 Cynhyrchiad glo a haearn crai Awstria-Hwngari cyn y Rhyfel Byd Cyntaf.

Cynhyrchiad glo y pen (tunelli) yn 1913	
UDA	5.10
Prydain Fawr	4.01
Yr Almaen	3.85
Ffrainc	1.59
Awstria-Hwngari	**1.17**
Yr Eidal	0.35
Rwsia	0.32

Treuliant haearn crai (miliynau o dunelli) yn 1910	
UDA	27.8
Yr Almaen	14.1
Prydain Fawr	9.1
Ffrainc	4.1
Rwsia	3.0
Awstria-Hwngari	**2.1**
Yr Eidal	0.6

a) Y Broblem Amlgenhedlig

Mae llawer o haneswyr wedi dadlau bod dadfeiliad yr Ymerodraeth Hapsbwrgaidd yn anorfod oherwydd y nifer o genhedloedd o fewn ei ffiniau. Yn eu barn hwy, cyflymu'r broses hon yn unig a wnaeth y Rhyfel Byd Cyntaf. Mae rhai hyd yn oed yn credu mai methiant Awstria-Hwngari i ddelio â'r problemau a godai o genedlaetholdeb Slafiaid y De a achosodd y rhyfel. Nid yw pob hanesydd yn cytuno. Mae Alan Sked, er enghraifft, wedi dweud: 'mewn gwirionedd ni bu unrhyw bwysau mewnol rhwng 1876 ac 1914 i geisio cael gwared ar y Frenhiniaeth.' 'Nid yw cwymp y Frenhiniaeth yn dilyn dadfeiliad o reidrwydd,' meddai Sked. Er hyn, mae'n debyg y byddai Sked, hyd yn oed, yn cydnabod bod llawer o'r pethau pwysig a ddigwyddodd yn Awstria a Hwngari ar ôl 1890 yn gysylltiedig â phroblemau a achoswyd gan y gwahanol genhedloedd.

b) Y Prif Broblemau Cymdeithasol ac Economaidd

Ar y cyfan, roedd Hwngari'n amaethyddol o hyd. Roedd tirfeddianwyr yn berchen ar lawer o'r tir ac roedd y dulliau ffermio yn gyntefig ar y cyfan. Yn Awstria roedd diwydiant yn datblygu. Yn Bohemia, oedd yn cynnwys dyddodion mawr o lo a haearn, roedd traean o'r boblogaeth, bron, yn gweithio mewn diwydiant. Fodd bynnag, ni ddylid gorliwio graddfa'r ddiwydiannaeth. Yn 1890, 20 y cant o Awstriaid yn unig oedd yn byw mewn trefi oedd yn cynnwys dros 5,000 o bobl. Fel ym mhob man arall, roedd y proletariat Awstriaidd yn dioddef oherwydd cyflogau isel, cartrefi gwael ac oriau gwaith hir. Roedd mwyafrif y bobl o fewn yr Ymerodraeth yn werinwyr tlawd. Yn nwyrain Hwngari, roedd anllythrennedd yn gyffredin, a chyfraddau marwolaethau babanod ymhlith yr uchaf yn Ewrop.

c) Sut y Llywodraethid Awstria-Hwngari?

Roedd trefniadau cyfansoddiadol Cyfaddawd 1867 yn gymhleth.

▼ Roedd gan yr Ymerawdwr lawer o rym o hyd: gallai wysio neu ddiddymu'r senedd, penodi gweinidogion a rheoli drwy archddyfarniad mewn argyfwng.

▼ Roedd polisi tramor, amddiffyn a chyllid yn nwylo un fyddin Ymerodrol a thri Chydweinidog. Roedd y Cydweinidogion yn atebol i Ddirprwyaethau o Awstria a Hwngari. Rhaid oedd cael cytundeb y Dirprwyaethau er mwyn caniatáu'r cyllid angenrheidiol.

▼ Roedd gan Awstria a Hwngari ill dwy eu gweinidogion a'u seneddau eu hunain, a reolai bopeth o fewn eu ffiniau. Ar bapur, o leiaf, roedd gan Awstria a Hwngari elfennau o ddemocratiaeth.

▼ Yn Awstria roedd Tŷ Uchaf (yn cynnwys pendefigion, eglwyswyr, a'r sawl a benodid gan yr Ymerawdwr) a Thŷ Isaf etholedig (*Reichsrat*). Cyn 1896 nid oedd gan y mwyafrif o bobl bleidlais. Rhoddodd ad-drefniadau 1896 y bleidlais i 5 miliwn yn ychwaneg o bobl ond gan sicrhau, ar yr un pryd, fod y grym yn parhau yn nwylo'r dosbarth canol ac uchaf. Hefyd, bychan iawn oedd grym y *Reichsrat*. Talai gweinidogion fwy o sylw i'r Ymerawdwr nag i fwyafrif seneddol.

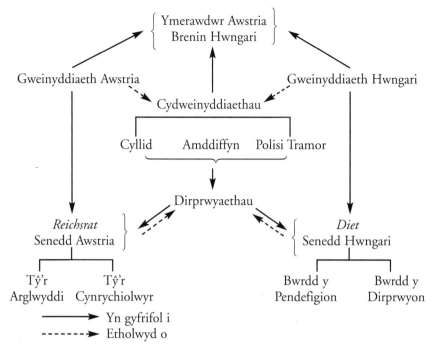

Ffigur 4 Trefniadaeth gyfansoddiadol Awstria-Hwngari.

▼ Ceid trefniadau tebyg yn Hwngari. Unwaith eto, roedd dau dŷ: Tŷ Uchaf i'r elit a Thŷ Isaf wedi'i ethol. Cyn 1908, trethdalwyr Magyar yn unig a gâi bleidleisio.

ch) Beth oedd y Prif Argyfyngau Gwleidyddol?

Mae hanes mewnol Awstria-Hwngari yn gymhleth am nad yw'n hanes un genedl yn unig. Mae'n hanes dwy genedl – os nad mwy.

i) Awstria

Roedd y cystadlu parhaus rhwng y cenhedloedd yn fwrn ar lywodraethau Awstria. Drwy ganiatáu consesiynau bychain i'r Tsieciaid a'r Pwyliaid, sicrhaodd yr Iarll Taaffe, Prif Weinidog Awstria rhwng 1879 ac 1893, gefnogaeth ceidwadwyr yr Almaen, Gwlad Pwyl a Tsiecoslofacia (clymblaid o'r enw y Cylch Haearn). Fodd bynnag, cynyddodd yr alwad gan Tsiecoslofacia am ymreolaeth: yn etholiad 1891 enillodd y 'Tsieciaid Ifainc' cenedlaetholgar holl seddau Bohemia. Yn 1893, yn dilyn terfysgoedd gan Tsieciaid oedd yn gwrthwynebu rheolaeth Awstria, ystyriodd Taaffe y posibilrwydd o ymestyn yr etholfraint, gan gredu y byddai'r werin Dsiecaidd yn llai cenedlaetholgar na'i dosbarth canol. Dychrynwyd cefnogwyr ceidwadol Taaffe gymaint gan y syniad hwn fel y pleidleisiwyd yn erbyn ei fesur seneddol, ac fe'i diswyddwyd gan Franz

FRANZ JOSEPH

Daeth Franz Joseph yn Ymerawdwr yn 1848, pan oedd yn 18 oed. Yn ei farn ef, roedd yn Ymerawdwr drwy ewyllys Duw, ac felly ni chredai fod ganddo ddyletswydd i ufuddhau i ewyllys y bobl. Wrth heneiddio, aeth yn fwy anhyblyg ei ffordd, gan wrthod, er enghraifft, defnyddio dyfeisiau newydd fel y ffôn. Roedd yn un am draddodiad ac ymddwyn yn gywir. Yr unig eithriad i hyn oedd ei fercheta: gallai dreisio hyd yn oed yn ei chwedegau. Mae'n hawdd beirniadu Franz Joseph am fethu datrys problemau'r Weriniaeth Ddeuol. Rhaid derbyn, fodd bynnag, ei fod yn gydwybodol ac yn weithgar, a'i fod wedi llwyddo i ennyn teyrngarwch llawer o'i bobl. Ar sawl cyfrif, ef a ymgorfforai undod gwleidyddol yr Ymerodraeth.

Ffigur 5 Franz Joseph.

Joseph. Yn 1895, ar ôl dwy flynedd o anhrefn, daeth Pwyliad, sef yr Iarll Badeni, yn brif weinidog. Arweiniodd ei ymdrechion yn 1897 i ymestyn hawliau ieithyddol y Tsieciaid i'w gwymp. Nid oedd yr Almaenwyr yn dymuno cael eu gorfodi i fod yn ddwyieithog er mwyn gallu gweithio i'r llywodraeth yn Bohemia. Collodd Badeni ei swydd, a dilëwyd y mesur seneddol. Penderfynodd ei olynydd, von Korber, reoli drwy archddyfarniad – hynny yw, drwy basio cyfreithiau heb ofyn am gytundeb y senedd – hyd at 1907.

Yn 1907 rhoddwyd y bleidlais i bob dyn. Gwthiwyd y mesur hwn trwodd gan Franz Joseph, er gwaethaf gwrthwynebiad cryf y boned. Yn ôl pob golwg, bwriadai'r Ymerawdwr ddod â'r dosbarth canol Tsiecaidd i drefn. Fel Taaffe, gobeithiai y byddai'r dosbarth gweithiol yn pryderu mwy am ddiwygio cymdeithasol na'r galwadau am ymreolaeth, ac y byddai bwgan Marcsiaeth yn dychryn y dosbarth canol Tsiecaidd cymaint nes peri iddynt gefnogi'r Ymerodraeth. Ni wireddwyd ei obeithion yn llwyr. Roedd mudiadau dosbarth gweithiol yn parhau i fod yn llai pwysig na mudiadau cenedlaethol. Ni wnaed unrhyw ymdrech go iawn i ffurfio plaid sosialaidd unedig. Roedd gan Blaid y Democratiaid Cymdeithasol Tsiecaidd, er enghraifft, fwy o ddiddordeb yn hawliau gweithwyr Tsiecaidd na hawliau gweithwyr yn gyffredinol. Ar ôl 1907, roedd y sefyllfa wleidyddol yn fwy dryslyd ac anhydrin nag erioed. Yn 1911, roedd 50 plaid – rhai wedi'u seilio ar genedl, eraill wedi'u seilio ar ddosbarth – yn cystadlu am 516 sedd. Gan fod cymaint o bleidiau bychain yn bodoli, nid oedd modd ffurfio clymblaid gyda mwyafrif o seddau.

ii) Hwngari

Yn 1902-3 gwrthododd senedd Hwngari gefnogi cais i gynyddu maint a chyllideb y gyd-fyddin oni bai fod gorchmynion yn yr iaith Fagyar yn cael eu rhoi i'r catrodau Magyaraidd. Roedd hyn cystal â mynnu byddin Hwngaraidd ar wahân, a gwrthododd Franz Joseph gydsynio. Enillodd y Pleidwyr Annibyniaeth, a fynnai annibyniaeth oddi wrth yr Ymerodraeth Hapsbwrgaidd, etholiad 1905. Gan fod senedd Hwngari yn parhau i wrthwynebu cynyddu'r fyddin, penododd Franz Joseph ei brif weinidog ei hun, anfonodd filwyr i chwalu'r senedd, ac aeth ati i reoli drwy archddyfarniad. Er i'w weithredoedd hybu cenedlaetholdeb Magyaraidd, nid oedd gan y Pleidwyr Annibyniaeth ddigon o gefnogaeth i wrthwynebu'r 'unbennaeth frenhinol' hon. Erbyn 1910 roedd llawer wedi colli ffydd ynddynt.

Er gwaetha'r anghytundeb ymhlith y Magyariaid ar fater annibyniaeth, roedd pob un yn benderfynol o gynnal safle pwerus y Magyariaid o fewn Hwngari. Daeth yr iaith Fagyar yn orfodol ym mhob ysgol, ac ataliwyd traddodiadau, gwyliau a gwisgoedd lleol. Caniatawyd rhai agweddau ar ymreolaeth i'r Croatiaid yn unig; roedd ganddynt eu llysoedd barn, eu hysgolion a'u heddlu eu hunain. Cadarnhawyd rheolaeth y Magyariaid drwy ddeddfau etholiadol a waharddai'r grwpiau ethnig eraill, i bob pwrpas, rhag pleidleisio. Er bod pleidlais ar gael i bawb ar ôl 1908, ni châi neb ond y sawl a lwyddai i basio prawf llythrennedd yn yr iaith

Fagyar bleidleisio. Yn etholiadau 1910, wyth sedd yn unig allan o fwy na 400 a enillwyd gan Anfagyariaid.

Mae'r Magyariaid wedi cael eu gweld weithiau fel dosbarth llywodraethol gormesol a geisiai gadw trefn ar uchelgeisiau cenedlaetholgar Slafaidd. Ym marn rhai, achosodd hynny densiynau mawr o fewn yr Ymerodraeth gyfan. Fodd bynnag, nid yw'r ffeithiau'n profi hyn. Er i'r hiliau lleiafrifol ddioddef oherwydd anffafriaeth hiliol, ni chafwyd unrhyw wrthwynebiad trefnus i reolaeth Fagyaraidd. Nid oedd y Magyariaid yn eu cyfrif eu hunain yn hil unigryw. Os oedd pobl yn dymuno eu gwella eu hunain, yr unig beth oedd yn ofynnol oedd dysgu'r iaith Hwngaraidd. Roedd rhai grwpiau'n fodlon cael eu cymhathu. Pentrefi pellennig a gwledig Slofacia, Rwthenia a'r tiroedd Slafaidd deheuol yn unig a lwyddodd i osgoi cael eu dylanwadu'n fawr gan y Magyariaid. Fodd bynnag, nid oedd y gwerinwyr lledlythrennog hyn, oedd yn gyndyn o dderbyn newidiadau, yn fygythiad mawr.

d) A oedd yr Ymerodraeth Hapsbwrgaidd mewn Perygl yn 1914?

Yn 1908 dathlodd Franz Joseph 60 mlynedd ar yr orsedd. Disgrifiodd *The Times* uchafbwynt y dathlu yn Wien fel a ganlyn:

> Ar 12 Mehefin, mewn gorymdaith a barhaodd am fwy na thair awr, cyfarchwyd yr Ymerawdwr gan 12,000 o'i ddeiliaid, o bob hil ac iaith, mewn gwisgoedd o gyfnodau hanesyddol gwahanol, a phawb yn dangos eu teyrngarwch drwy weiddi cyfarchion yn uchel … roedd y bobl … yn cymeradwyo wrth wylio pob hil a chlan yn mynd heibio, gan ddeall nad cyd-deyrngarwch i linach gyffredin ym mherson Sofran hybarch yn unig oedd yn eu huno, ond hefyd hanes, buddiannau, gelynion a thynged gyffredin.

Ffynhonnell A

Nid yw hyn yn awgrymu bod yr Ymerodraeth Hapsbwrgaidd ar fin dymchwel. Yn 1914 roedd ar y Tsieciaid eisiau ymreolaeth, nid annibyniaeth. Roedd anghytundeb yn bodoli ymhlith Slafiaid y De, sef y Croatiaid, y Serbiaid a'r Slofeniaid. Gellir gweld llofruddiaeth Franz Ferdinand yn Sarajevo ym Mehefin 1914 (gweler tudalennau 53-4) fel gweithred grŵp bychan oedd yn cynrychioli rhai o Serbiaid Bosna yn unig. Y Rhyfel Byd Cyntaf yw'r enghraifft orau o deyrngarwch y bobl i'r Ymerodraeth. Ymladdodd y mwyafrif o bobl fel rhan o'r fyddin Hapsbwrgaidd drwy gydol y rhan fwyaf o'r rhyfel. Efallai nad oedd ganddynt lawer o ddewis. Er hynny, gellid bod wedi disgwyl mwy o wrthryfeloedd a gwangalondid pe bai'r Ymerodraeth dan unrhyw fygythiad oherwydd brwydro cenedlaetholgar o fewn ei ffiniau.

GWEITHGAREDD

Edrychwch yn fanwl ar Ffigur 3. Atebwch y cwestiynau canlynol:

a) Pam y gellid gweld Awstria-Hwngari fel dwy genedl ar wahân?
   [5 marc]
b) Pam y gellid gweld Awstria-Hwngari fel un genedl? **[5 marc]**
c) I ba raddau roedd Awstria-Hwngari yn ddemocrataidd?
   [10 marc]

YSTYRIAETHAU
Beth oedd y problemau a wynebai Rwsia? Pa mor llwyddiannus oedd y llywodraeth wrth geisio datrys y problemau hyn? Oedd chwyldro ar fin digwydd yn Rwsia yn 1914?

5 Rwsia

Tua diwedd y bedwaredd ganrif ar bymtheg llusgai Rwsia y tu ôl i'r mwyafrif o wledydd cryf Ewrop. Roedd yr arafwch hwn yn cael ei adlewyrchu hyd yn oed yng nghalendr Rwsia, oedd 13 diwrnod ar ôl gweddill Ewrop. Er mai'r arafwch hwn, ym marn llawer, oedd yn gyfrifol am Chwyldroadau 1917, nid yw arafwch bob amser yn arwain at chwyldro. Yn wir, y gwrthwyneb sy'n wir fel rheol. Mae'n bosibl dadlau nad oedd Rwsia mor gyntefig â hynny mewn gwirionedd. Er hynny, roedd hi'n amlwg fod Rwsia'n wynebu nifer o broblemau.

a) Problem Maint

Yn 1890, Rwsia oedd y wlad fwyaf yn y byd o ran ei harwynebedd – roedd yn cynnwys un rhan o chwech o arwynebedd tir y byd. Erbyn 1900 roedd tua 129 miliwn o bobl yn byw o fewn ymerodraeth Rwsia. Roedd ei maint yn fantais, ond hefyd yn anfantais. Un o'r problemau oedd anhawster cyfathrebu. Yn aml, ni fyddai'r gorchmynion a ddeuai o'r brifddinas, St Petersburg, yn cyrraedd mannau anghysbell yr

Tabl 4 Prif genhedloedd Ymerodraeth Rwsia, 1897 (miliynau).

Rwsiaidd Mawr	55.6	Lithwanaidd	1.2
Wcrainaidd	22.4	Armenaidd	1.2
Pwylaidd	7.9	Românaidd/Moldafaidd	1.1
Rwsiaidd Gwyn	5.8	Estonaidd	1.0
Iddewig (yn ôl ffydd)	5.0	Mordfinaidd	1.0
Kirgiz/Kaisataidd	4.0	Georgaidd	0.8
Tartaraidd	3.4	Tajicaidd	0.3
Ffinnaidd	3.1	Tyrcmenaidd	0.3
Almaenig	1.8	Groegaidd	0.2
Latfiaidd	1.4	Bwlgaraidd	0.2
Bashciraidd	1.3		

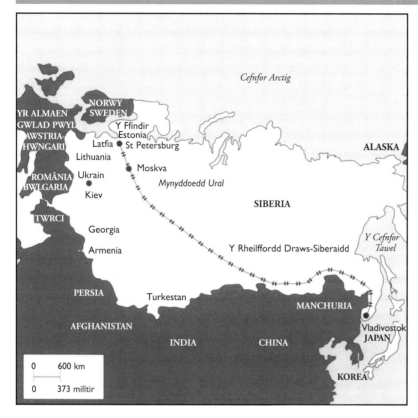

Ffigur 6 Ymerodraeth Rwsia yn 1905.

Ymerodraeth. Roedd y ffaith fod Rwsia'n ymerodraeth yn broblem arall.
Roedd llai na hanner poblogaeth yr ymerodraeth yn eu hystyried eu
hunain yn Rwsiaid, a mynnai rhai cenhedloedd eu hannibyniaeth. Tua
diwedd y bedwaredd ganrif ar bymtheg ceisiodd llywodraethau Rwsia
orfodi'r rhai nad oeddent yn Rwsiaid i fabwysiadu iaith a thraddodiadau
Rwsia. Yr enw ar y polisi hwn oedd Rwsieiddio.

b) Problemau Economaidd a Chymdeithasol

i) Y Sefyllfa Economaidd
Yn ei hanfod, roedd Rwsia'n wlad amaethyddol – ac mewn sawl ardal nid
oedd eto wedi profi chwyldro amaethyddol. Ni wneid llawer o ymdrech i
amrywio'r cnydau nac i arbrofi â dulliau newydd. Roedd y mwyafrif o
werinwyr yn perthyn i *mir* (math ar gomiwn) a olygai bod darn o dir yn
eiddo i bawb yn hytrach nag i unigolyn. Ailddosberthid tir yn gyson yn
ôl dylanwad neu faint teulu. O ganlyniad, nid oedd gan ffermwyr
gymhelliad i ffermio'r tir yn effeithlon. Pe gwnaent hynny, roedd perygl y
byddai teulu arall yn cipio eu lleiniau o dir. Roedd y ffaith nad oedd

▼ Ar ddiwedd y bedwaredd ganrif ar bymtheg, ceisiodd cyfres o weinidogion, yn arbennig Sergei de Witte (1892-1903), hybu diwydiannaeth Rwsia.

▼ Roedd llywodraethau Rwsia yn cefnogi adeiladu rheilffyrdd. Erbyn 1905, roedd 40,000 o filltiroedd wedi cael eu hadeiladu, gan gynnwys y rheilffordd Draws-Siberaidd (a adeiladwyd rhwng 1891 ac 1904) a oedd yn 4,000 o filltiroedd o hyd, ac yn rhedeg o St Petersburg i Vladivostok.

▼ Roedd adeiladu rheilffyrdd yn golygu bod modd cyrraedd y cyfoeth o fwynau oedd yn Rwsia, ac roedd hefyd yn hybu diwydiannau fel glo, haearn a dur.

▼ Roedd Rwsia'n denu buddsoddiad sylweddol o dramor.

▼ Roedd tollau uchel yn diogelu diwydiant Rwsia.

digon o dir ar gyfer yr holl werinwyr yn broblem arall. Rhwng 1877 ac 1917 cynyddodd poblogaeth Rwsia 50 y cant: ond 10 y cant yn unig oedd y cynnydd o ran y tir y gellid ei ffermio.

Roedd yn amlwg bod yn rhaid i Rwsia ddiwydianeiddio. Pe digwyddai hynny, gallai'r boblogaeth oedd yn weddill symud i mewn i'r trefi, a gallai diwydiant gynhyrchu'r gwrteithiau a'r peiriannau ar gyfer y ffermwyr. Yn anffodus, er bod Rwsia'n gyfoethog o ran ei hadnoddau naturiol, roedd hi'n gyntefig o ran ei diwydiant. Er hyn, mae'n bwysig peidio â gorbwysleisio cyntefigrwydd diwydiant Rwsia.

ii) Y Sefyllfa Gymdeithasol

Ar un adeg, rhoddid yr enw *ffiwdal* ar gymdeithas Rwsia gan haneswyr Marcsaidd. Mae'n anodd diffinio'r term ffiwdal. Yn ôl un diffiniad, mae gan gymdeithas ffiwdal reolwr gwan, pendefigaeth gref, dosbarth canol gwan, llawer o daeogion a dim proletariat. Yn ôl y diffiniad hwn, *nid* oedd Rwsia'n ffiwdalaidd ar ddiwedd y bedwaredd ganrif ar bymtheg.

▼ Nid oedd Tsariaid Rwsia'n wan o bell ffordd.

▼ Nid oedd pendefigion Rwsia'n gryf o gwbl. Er bod rhai ohonynt yn eithriadol o gyfoethog, roeddent o dan fawd y tsar – nid fel arall. Nid oedd y pendefigion yn unedig chwaith. Nid oedd pob un ohonynt yn Rwsiad (roedd nifer yn Bwyliaid) nac yn dirfeddiannwr mawr. Erbyn 1905, nid oedd tir gan hanner y bendefigaeth etifeddol. Ac nid oedd pob un yn bendefig etifeddol chwaith. Roedd nifer ohonynt yn bendefigion gwasanaethol. Cawsant deitl yn sgil eu swydd. Roedd tad Lenin, er enghraifft, yn bendefig am ei fod yn arolygwr ysgolion.

▼ Roedd y dosbarth canol yn cynyddu o ran ei faint a'i ddylanwad.

▼ Roedd mwy nag 80 y cant o Rwsiaid yn werinwyr – nid yn daeogion. Yn 1861 roedd Alecsander II wedi rhyddhau (neu ryddfreinio) y taeogion. Fodd bynnag, ar ôl 1861 nid oedd gwerinwyr yn gwbl rydd nac yn gyfartal. Roedd ganddynt statws cyfreithiol ar wahân. Ar ben hyn, roedd yn rhaid iddynt dalu (dros gyfnod o 49 mlynedd) am yr holl dir a 'roddwyd' iddynt. Y *mir* oedd yn gyfrifol am gasglu'r ad-daliad. Roedd y gwerinwr, i bob pwrpas, ynghlwm wrth y *mir*, ac ni châi adael heb ganiatâd henaduriaid y pentref. Roedd safon byw y mwyafrif o werinwyr yn isel iawn. Er hyn, roedd rhai, drwy lwc neu waith caled, yn llwyddo i godi yn y byd, fel arfer drwy gael gafael ar fwy o dir. Erbyn 1905 roedd tua thri chwarter tir âr Rwsia yn nwylo'r gwerinwyr. Ar ben hyn, dechreuodd y gwahaniaethu cyfreithiol ddod i ben yn yr 1890au.

▼ Datblygodd y proletariat law yn llaw â diwydiant Rwsia. Dioddefai gweithwyr Rwsia amodau tebyg i weithwyr pob gwlad arall oedd yn diwydianeiddio, gan weithio oriau hir am gyflogau isel. Roedd yr amodau byw yn y trefi oedd yn tyfu yn ddifrifol.

c) Problemau Gwleidyddol Rwsia

Roedd y grym yn gyfan gwbl yn nwylo'r tsar. Yn 1890 roedd Rwsia'n un o dair gwlad Ewropeaidd yn unig oedd heb senedd. Alecsander III oedd y tsar yn 1890. Rheolai gyda chymorth ei weinidogion personol ei hun, byddin fawr, heddlu cudd dethol (yr *Okhrana*), a chefnogaeth yr Eglwys Uniongred. Roedd Rwsia'n unbennaeth. Er hyn, nid oedd yn cyfyngu cymaint ar y bobl ag y credir.

▼ Roedd biwrocratiaeth Rwsia yn aneffeithiol. Roedd diffyg llywodraeth leol yn cyfyngu ar effeithiolrwydd y llywodraeth.

▼ Er bod Rwsia'n cael ei gweld fel gwladwriaeth heddlu, roedd maint yr heddlu yn gymharol fychan. Er bod chwyldroadwyr yn cael eu gyrru i Siberia, roedd yr amodau byw yno yn well nag yng nghyfnod Stalin.

▼ Roedd math ar ddemocratiaeth yn bodoli yn Rwsia. Yn 1864 sefydlwyd cynghorau llywodraeth leol (*Zemstvos*) i reoli addysg ac iechyd, ynghyd â materion eraill. Yn 1870 sefydlwyd cynghorau trefol.

ch) Chwyldroadwyr Rwsiaidd

Ar ddiwedd y bedwaredd ganrif ar bymtheg, roedd chwyldroadwyr yn mynnu newidiadau. Yn yr 1870au roedd myfyrwyr delfrydgar wedi 'mynd at y bobl' er mwyn ceisio annog y gwerinwyr i fynnu eu hawliau personol. Nid oedd y *narodnik*, sef y myfyrwyr poblyddol yma, yn ennyn cefnogaeth y bobl. Tueddai'r gwerinwyr dryslyd eu rhoi yn nwylo'r heddlu. Dechreuodd rhai myfyrwyr droi at drais, gan lofruddio aelodau amlwg o'r llywodraeth. Yn 1881 llofruddiwyd Alecsander II gan derfysgwyr. Ni newidiodd hynny'r sefyllfa. Roedd ei fab, Alecsander III, yn unben digyfaddawd a aeth ati i ddial ar y chwyldroadwyr. Gwnaeth ei fab, Nicholas II, yr un peth. Daeth y gobeithion ynghylch creu senedd i ben. Bu raid i'r grwpiau chwyldroadol weithredu yn y dirgel, ond ni wnaethant ddiflannu. Erbyn dechrau'r ugeinfed ganrif roedd nifer o grwpiau fel hyn yn bodoli.

d) Pam y bu Chwyldro yn 1905?

O ganlyniad i gyfres o gynaeafau gwael, cynyddodd yr anniddigrwydd erbyn dechrau'r ugeinfed ganrif. Yn 1904, aeth Rwsia i ryfel yn erbyn Japan, a hynny, yn y bôn, oherwydd bod y wlad yn anghytuno ynglŷn â phwy ddylai reoli Manchuria a Korea. Cafodd Rwsia drafferthion mawr wrth frwydro yn y Dwyrain Pell, a threchwyd ei byddinoedd ar dir a môr. Gwaethygodd problemau economaidd Rwsia o ganlyniad i'r rhyfel rhwng Rwsia a Japan, a chollodd y bobl eu ffydd yn y llywodraeth. Yn ystod hydref 1904, lansiwyd ymgyrch gan ryddfrydwyr dosbarth canol a oedd yn mynnu senedd. Ar 22 Ionawr 1905, arweiniodd y Tad Gabon wrthdystiad heddychlon, yn cynnwys 200,000 o bobl, i Balas y Gaeaf, gan obeithio cyflwyno deiseb i'r Tsar Nicholas II, yn gofyn iddo unioni cam y gweithwyr. Saethodd y milwyr at y gwrthdystwyr gan ladd neu glwyfo cannoedd o bobl ar ddiwrnod a alwyd yn Ddydd Sul y Gwaed.

> **CHWYLDROADWYR CYMDEITHASOL (ChC) (SRs)**
> Roedd yr ChC, y grŵp chwyldroadol mwyaf, yn gobeithio y byddai'r gwerinwyr yn peri chwyldro. Roedd aelodau'r ChC yn gwbl gytûn ar ddau beth yn unig, sef eu gwrthwynebiad i'r gyfundrefn dsaraidd a'r angen am ailddosbarthu tir. Roedd rhai ChC yn cefnogi terfysgaeth fel modd i gyflawni eu hamcanion.

A fu chwyldro yn 1905? **C**

BOLSIEFIGIAID A MENSIEFIGIAID

Yn 1903, holltodd y DC. Mewn cyfarfod yn Llundain, cefnogodd y mwyafrif o'r dirprwyon Lenin. O ganlyniad, gelwid 'plaid' Lenin yn Folsiefigiaid (gwŷr y mwyafrif). Gelwid gwrthwynebwyr Lenin – gan gynnwys Plekhanov, a'i cyhuddodd o arddel uchelgeisiau unbenaethol – yn Fensiefigiaid (gwŷr y lleiafrif).

Pam oedd Rwsiaid dosbarth canol yn aml yn ymuno â grwpiau chwyldroadol?

DEMOCRATIAID CYMDEITHASOL (DC) (SDs)

Gosodai rhai chwyldroadwyr eu ffydd yn y proletariat. Plekhanov oedd y Marcsydd Rwsiaidd cyntaf. Yn 1898, sefydlodd Blaid y Democratiaid Cymdeithasol. Roedd 'Plaid' yn enw aruchel. Naw dirprwy yn unig oedd yn bresennol pan lansiwyd y blaid, ac nid oedd yr un ohonynt yn weithiwr. Nid oedd Plekhanov yn cefnogi'r defnydd o fraw. Cytunai â Marx fod buddugoliaeth y proletariat yn anochel: nid oedd angen gwneud dim mwy nag aros i hynny ddigwydd. Roedd rhai o'i ddilynwyr yn llai amyneddgar, gan gynnwys Vladimir Ilyich Ulyanov, a fabwysiadodd yr enw Lenin pan aeth ar ffo. Roedd Lenin yn dod o deulu dosbarth canol, a daeth yn chwyldroadwr pan oedd yn fyfyriwr. Ar ôl cael ei arestio a threulio rhai blynyddoedd yn Siberia, fe'i halltudiwyd, ac aeth i'r Swistir ac yna i Lundain, lle bu'n olygydd ar y papur newydd Marcsaidd, *Iskra* (y Wreichionen). Yn 1902 cyhoeddodd bamffledyn o'r enw *What Is to be Done?* Daeth i'r casgliad y dylai Marcswyr Rwsia geisio 'gwthio' hanes i'r cyfeiriad iawn (hynny yw, i'r chwith). Yn ei farn ef, gallai grŵp elit o chwyldroadwyr, oedd wedi eu harwain yn dda (ac yntau'n arweinydd) wneud y 'gwthio' yma.

Hyd hynny, roedd gweinidogion Nicholas yn cael eu beio am y problemau, ond yn awr roedd llawer yn beio Nicholas ei hun. (Yn eironig iawn, nid oedd Nicholas yn y palas ar y pryd, ac nid oedd wedi gorchymyn y 'gyflafan'.)

Yn ystod y misoedd canlynol, cynyddodd yr anniddigrwydd yn Rwsia. Bu mwy o lofruddiaethau, daliai'r rhyddfrydwyr ati i alw am senedd, bu llawer o streiciau, cipiwyd tir gan y gwerinwyr, a mynnai'r ardaloedd hynny nad oeddent yn Rwsiaidd eu hannibyniaeth. Wrth i gyfraith a threfn ddirywio, ni allai Nicholas ddibynnu ar deyrngarwch y lluoedd arfog. Roedd ei filwyr gorau yn ymladd yn erbyn Japan. A dweud y gwir, bu sawl miwtini ymhlith criwiau ar y Môr Du. Yng Ngorffennaf, sefydlodd yr ChC undeb, sef 'Undeb Gwerinwyr Rwsia Gyfan'. Ym mis Hydref, ffurfiodd arweinwyr y gweithwyr gynghorau (neu sofietau) i geisio cydgysylltu'r streiciau, gyda'r un pwysicaf yn St. Petersburg. Roedd llawer o chwyldroadwyr blaengar, megis Lenin, yn alltudion pan ddechreodd yr aflonyddwch. Digwyddodd y chwyldro, os dyna oedd, er eu gwaethaf, yn hytrach nag o'u herwydd.

Roedd Rwsia fel petai'n chwalu. Yn awr, fodd bynnag, aeth Nicholas ati'n fedrus iawn i roi trefn ar bethau. Diswyddodd nifer o weinidogion amhoblogaidd, a gwahodd Witte yn ei ôl. Yn gyntaf, trefnodd Witte gytundeb heddwch â Japan. Nid oedd Cytundeb Portsmouth yn un anrhydeddus o bell ffordd (enillodd Japan y rhan fwyaf o'r tir dadleuol) ond yn awr, o leiaf, roedd milwyr ffyddlon yn gallu dychwelyd i ddelio â'r problemau mewnol. Yna, mynnodd Witte bod Nicholas yn sefydlu senedd. Yn gyndyn iawn, cytunodd Nicholas i wneud hyn drwy arwyddo Maniffesto Hydref 1905. Yn ogystal, caniataodd nifer o hawliau dinesig

NICHOLAS II

-Portread-

Yn 1894, daeth Nicholas II yn tsar, gan ddilyn ei dad, Alecsander III. Fel rheol, mae haneswyr yn ei feirniadu. Yn aml, fe'i gwelir fel dyn gwan, anwadal, dan ddylanwad ei wraig, Alecsandra, a aned yn yr Almaen. Er tegwch i Nicholas, etifeddodd sefyllfa anodd. Ymdrechodd i wneud ei waith yn gydwybodol, a phenododd rai gweinidogion galluog. Bu'n anlwcus ar sawl cyfrif. Gwelwyd hyn yn ystod ei goroni, pan fu farw cannoedd o bobl ar ôl cael eu gwasgu gan y dyrfa. Roedd yn anlwcus am fod ei unig fab, Alecsis, yn dioddef o hemoffilia. Er hyn, roedd Nicholas yn gyfrifol am rywfaint o'i anlwc. 'Fy mwriad yw amddiffyn egwyddor awtocratiaeth yn ddiwyro, fel fy nhad', meddai yn Ionawr 1895. Parhaodd i ddilyn polisïau gormesol ei dad, gan gynnwys y mesurau i Rwsieiddio.

Yn 1912, ysgrifennwyd y disgrifiad canlynol o Nicholas II gan yr Iarll Witte, a fu'n Weinidog Cyllid rhwng 1892 ac 1903 ac yn Brif Weinidog yn 1905.

> Nid oes gan reolwr na ellir ymddiried ynddo, sy'n bodloni heddiw ar rywbeth y bydd yn ei wrthod yfory, y gallu i lywio llong y wladwriaeth i mewn i harbwr tawel. Ei wendid mawr yw ei ddiffyg ewyllys truenus. Er bod ei fwriad yn dda ac er nad yw'n anneallus, mae'r diffyg hwn yn peri ei fod yn gwbl anghymwys i fod yn rheolwr unbenaethol, dirwystr ar bobl Rwsia.
>
> *Ffynhonnell B*

Nid oedd Nicholas yn hoffi Witte nac yn ymddiried ynddo. Diswyddodd ef yn 1903 ac eto yn 1905.

GWEITHGAREDD

Pam y gellir ystyried bod tystiolaeth Witte yn a) ddibynadwy b) annibynadwy?

(gan gynnwys yr hawl i siarad ac i ymgynnull yn ddirwystr). Er i'r consesiynau hyn blesio'r rhyddfrydwyr, ni ddaethant â'r 'chwyldro' i ben. Yn Nhachwedd, bu streic gyffredinol yn St Petersburg, ac yn Rhagfyr bu gwrthryfel arfog yn Moskva. Yn y diwedd, defnyddiwyd grym i roi terfyn ar yr helyntion. Yn Rhagfyr 1905 gwasgarwyd sofiet St Petersburg ac arestiwyd y mwyafrif o'i arweinwyr. Chwalwyd gwrthryfel Moskva: lladdwyd 500-1,000 o bobl yn ystod y brwydro. Yn ystod gaeaf 1905-6 defnyddiodd y milwyr drais i ddod â threfn yn ôl i gefn gwlad. Roedd y chwyldro wedi methu. Er hyn, arweiniodd at un newid mawr. O hyn ymlaen, byddai gan Rwsia senedd, sef y *Duma*.

dd) Oedd Rwsia'n troi'n Frenhiniaeth Gyfansoddiadol?

Rhwng 1906 ac 1914 bu pedwar *Duma*. Fodd bynnag, gellir dadlau nad oedd fawr ddim democratiaeth yn bodoli yn Rwsia mewn gwirionedd.

▼ Yn ôl Deddfau Sylfaenol Mai 1906, roedd y Tsar yn parhau i reoli'r lluoedd arfog. Roedd ganddo'r hawl i ddiddymu'r *Duma*, ac i reoli drwy ordinhad pan nad oedd y *Duma*'n cyfarfod. Ar ben hynny, byddai'n parhau i ddewis ei weinidogion ei hun.

▼ Y tŷ isaf yn unig mewn corff deddfwriaethol dwy-siambr oedd y *Duma*. Penodid y tŷ uchaf yn bennaf gan y Tsar.

▼ Diddymwyd y ddau *Duma* cyntaf yn fuan am eu bod yn rhy radicalaidd ym marn Nicholas. Yn awr, dechreuodd llywodraeth y Tsar ymyrryd â'r deddfau etholiadol, gan ddadryddfreinio, mewn hanfod, y gwerinwyr a'r gweithwyr diwydiannol. Roedd y trydydd *Duma*, a gyfarfu yn niwedd 1907 ac a oedd yn llawn ceidwadwyr, yn barod i gydweithio â Peter Stolypin, Prif Weinidog newydd Nicholas. Roedd y pedwerydd *Duma*, a etholwyd yn 1912, yn fwy ceidwadol fyth.

Fodd bynnag, er bod Rwsia'n unbennaeth o hyd, roedd wedi cymryd cam ar hyd llwybr democratiaeth. Wedi 1907 gallai'r *Duma* ddylanwadu rhywfaint ar benderfyniadau gweinidogion. Defnyddiodd ei hawl i holi gweinidogion a thrafod cyllid y wladwriaeth. Gellir dadlau bod y *Duma* wedi cymryd camau cychwynnol addawol a fyddai, yn y man, wedi arwain at gyfundrefn lywodraethol fwy cynrychioladol a phwerus.

e) Oedd Rwsia'n Wladwriaeth Heddlu Ormesol?

Ni pheidiodd y gormes ar ôl 1905. Rhwng 1905 ac 1909 dienyddiwyd mwy na 2,500 o bobl. Erlidid yr undebau llafur ac weithiau saethid gweithwyr a oedd ar streic, er enghraifft ym meysydd aur Lena yn 1912. Parhaodd y sensoriaeth, ac roedd yr *Okhrana* yn gweithredu o hyd. Arhosodd arweinwyr chwyldroadol fel Lenin a Trotsky yn alltud yn hytrach na wynebu'r perygl o gael eu carcharu yn Siberia. Er hyn, mae modd gorbwysleisio maint y gormes. Yn groes i'r disgwyl, ychydig iawn o sensoriaeth a fu. Yn ogystal, gallai pleidiau adain chwith ymladd etholiadau'r *Duma*, ac fe wnaethant hynny, er nad oedd fawr o obaith o lwyddiant. Cymerid camau treisgar yn erbyn chwyldroadwyr mewn ymateb i'w trais hwy. Yn 1908 yn unig, lladdwyd 1,800 heddwas gan derfysgwyr. Yn 1911, llofruddiwyd y Prif Weinidog Stolypin.

f) Diwygiadau Tir

Roedd Stolypin yn benderfynol o greu dosbarth o ffermwyr llewyrchus (cwlaciaid, *kulaks*), yn y gobaith y byddent yn cefnogi'r tsar ac yn rhwystro chwyldroadau rhag digwydd yn y dyfodol. Wedi 1906 anogai'r llywodraeth y gwerinwyr i brynu eu tir eu hunain oddi wrth y *mir*au neu gan dirfeddianwyr cyfoethog. Sefydlwyd Banc Tir ar gyfer benthyg arian i werinwyr. Erbyn 1914 roedd mwy na 30 y cant o werinwyr wedi gadael y *mir* ac yn berchen ar eu tir eu hunain. Erbyn 1914 ychydig iawn o weithredu chwyldroadol a wnâi'r gwerinwyr, yn ôl pob golwg. Ofnai llawer o chwyldroadwyr, gan gynnwys Lenin, y byddai'r diwygiadau tir yn llwyddo i gyflawni eu nodau gwleidyddol.

Er hyn, ni ddylid gorbwysleisio effaith y diwygiadau tir. Roedd y gwerinwyr yn gymharol lewyrchus ar ôl 1910 o ganlyniad i gynnydd mewn prisiau amaethyddol, ac nid oherwydd diwygiad Stolypin. Roedd y mwyafrif o werinwyr ynghlwm wrth y *mir* o hyd. Ar ben hyn, er bod rhai gwerinwyr yn ffynnu, roeddent yn gwneud hynny ar draul eraill. Roedd y gwerinwyr tlotach, rhai ohonynt bellach yn weithwyr heb dir, yn ddig oherwydd cyfoeth y cwlaciaid. Yn ôl safonau Ewrop, roedd y rhan fwyaf o werinwyr yn parhau yn ddifrifol o dlawd.

ff) Pa mor Bwysig oedd Datblygiad Diwydiannol Rwsia?

Parhaodd datblygiad diwydiannol Rwsia ar ôl 1905, gyda chymorth benthyciadau aruthrol o dramor. Roedd gan y wlad warged masnach a chyllid ac roedd amodau byw a gwaith y mwyafrif o weithwyr yn gwella.

(a)

Cynhyrchiad grawn Rwsia (miliynau o dunelli)*	
	Grawn
1890	36
1900	56
1910	74
1913	90

*Rwsia Ewropeaidd yn unig

(b)

Buddsoddiadau o dramor yn Rwsia (rwblau)	
1893	2,500,000
1897	80,000,000
1898	130,000,000
1913	2,200,000,000

(c)

Y gyfradd twf ddiwydiannol 1880-1914 (% cyfartalog fesul blwyddyn)	
Rwsia	3.5
Yr Almaen	3.75
UDA	2.75
DU	1

(ch)

Cynhyrchiad diwydiannol 1914 (miliynau o dunelli)						
	Rwsia	Ffrainc	Yr Almaen	UDA	DU	Safle Rwsia
Glo	36	40	190	517	292	5ed
Haearn crai	4.6	5.2	16.8	31	10.4	5ed
Dur	4.8	4.6	18.3	31.8	7.8	4ydd

Yn ogystal, roedd Rwsia'n ail yn y byd o ran cynhyrchu olew, ac yn bedwerydd o ran mwyngloddio aur.

(d)

Twf rheilffyrdd Rwsia (mewn cilometrau)			
1881	1891	1900	1913
21,228	31,219	53,234	70,156

Tabl 5 Perfformiad economaidd Rwsia.

RWSIA: 1890-1914

1894	Nicholas II yn dod yn Tsar;
1903	Rhannu'r DC; ffurfio'r Bolsiefigiaid a'r Mensiefigiaid;
1905	Cyflafan Sul y Gwaed;
1905 -6	'Chwyldro';
1906	*Duma* Cyntaf Rwsia;
1907 -11	Stolypin yn Brif Weinidog

Er hyn, yn 1914 roedd Rwsia'n gymdeithas amaethyddol o hyd yn ei hanfod. Er bod amodau byw yn gwella, roedd y rhan fwyaf o weithwyr yn parhau'n dlawd. O 1912 ymlaen, cynyddodd yr anniddigrwydd diwydiannol. Roedd y cynnydd yn nifer y proletariat yn golygu bod mwy o botensial ar gyfer chwyldro Marcsaidd.

g) Oedd Rwsia ar Drothwy Chwyldro yn 1914?

Mae'n anodd credu bod chwyldro ar fin digwydd yn 1914. Roedd Lenin yn fwyfwy digalon, am resymau da. Rhwng 5,000 a 10,000 o bobl yn unig oedd yn Folsiefigiaid, ac roedd y mudiad yn llawn hysbyswyr a roddai wybodaeth i'r heddlu. Roedd arweinwyr yr ChC a'r Mensiefigiaid yn ddigalon hefyd. Roedd Nicholas II yn ymddangos yn boblogaidd unwaith eto. Yn 1913, dathlodd ef a'i deulu drichanmlwyddiant y llinach Romanofaidd, ac roedd y croeso'n ymddangos yn gynnes ble bynnag yr aent. Fodd bynnag, er nad chwyldro, efallai, fyddai tynged anorfod y Rwsia dsaraidd, roedd y problemau cymdeithasol, economaidd a gwleidyddol difrifol yn parhau. 'O blith prif lywodraethau Ewrop, nid oedd gan yr un gyn lleied o hygrededd yng ngolwg y bobl y byddai'n rhaid iddi eu harwain, cyn hir, i mewn i ryfel, â llywodraeth Nicholas II', meddai'r hanesydd Hans Roger.

GWEITHGAREDDAU

Edrychwch yn fanwl ar Dabl 5. Atebwch y cwestiynau canlynol:

1. Ym mha ffordd mae'r ystadegau'n awgrymu bod economi Rwsia yn 1914 a) yn gref, a b) yn wan? **[20 marc]**
2. Pam nad yw'r ystadegau hyn, o reidrwydd, yn dweud y cyfan am berfformiad economaidd Rwsia? **[10 marc]**

▼ Gweithio ar y Sefyllfa Fewnol: 1890-1914

Ar ôl darllen y bennod dylech fedru ateb y cwestiynau canlynol. Sylwch nad oes atebion cywir neu anghywir. Byddwch â digon o hyder i ddod i'ch casgliadau eich hun (sydd wedi'u seilio ar dystiolaeth dda, wrth gwrs).

1. Ai'r Almaen, Ffrainc, Awstria-Hwngari neu Rwsia a wynebai'r problemau mwyaf rhwng 1890 ac 1914? (Rhaid ystyried Rwsia ac Awstria-Hwngari, yn naturiol. Oedd problemau economaidd a chymdeithasol Rwsia yn fwy na phroblem cenhedloedd Awstria-Hwngari?)

2. Pa wlad a lwyddodd orau i ddatrys ei phroblemau? (Roedd yr Almaen a Ffrainc i'w gweld yn weddol lwyddiannus. A ellir dadlau bod Rwsia ac Awstria-Hwngari yn wynebu problemau mwy difrifol, a'u bod wedi llwyddo i'w datrys i raddau helaeth?)

3. Pa gyfundrefn oedd yr un fwyaf tebygol o gwympo yn 1914?

Ateb Cwestiynau Ysgrifennu Estynedig a Thraethawd ar y Sefyllfa Fewnol: 1890–1914

Ystyriwch y cwestiwn canlynol: 'Erbyn 1914 roedd cwymp Awstria-Hwngari yn debygol, os nad yn anorfod'. Ydych chi'n cytuno?

Peidiwch â phoeni am y ffaith fod y cwestiwn wedi'i seilio ar ddyfyniad. Yn aml, mae cwestiynau o'r fath yn haws eu hateb na chwestiynau diddyfyniad. Peidiwch â meddwl bod rhaid i chi gytuno â'r dyfyniad. Does dim rhaid! Un ffordd dda o ymateb i'r cwestiwn yw drwy ystyried pa ffactorau fyddai wedi gallu peri bod y cwymp Hapsbwrgaidd yn bosibl/anorfod. Roedd problem y cenhedloedd yn peri bod Awstria a Hwngari eisoes yn ddwy wlad ar wahân i bob pwrpas. Gwaeddai cenhedloedd eraill (yn arbennig y Tsieciaid a Slafiaid y De) am ymreolaeth. A do, chwalodd yr Ymerodraeth Hapsbwrgaidd yn 1918. Er hynny, gellir dadlau nad oedd ar fin cwympo yn 1914. Nid oedd llawer o'r grwpiau cenedlaethol yn mynnu eu hannibyniaeth. Petai'r Tsieciaid neu Slafiaid y De wedi creu mwy o helynt, mae'n bosibl y byddai'r Ymerodraeth wedi'i diwygio'i hun fel y gwnaeth yn 1867. Gellir dadlau mai'r unig reswm dros gwymp yr Ymerodraeth oedd y ffaith fod Awstria-Hwngari wedi colli'r Rhyfel Byd Cyntaf (ac nid oedd hyn yn anorfod o bell ffordd). Rhaid i chi gyflwyno dwy ochr y ddadl cyn crynhoi a rhoi barn ystyriol.

Ateb Cwestiynau Seiliedig ar Ffynonellau ar y Sefyllfa Fewnol: 1890–1914

Syr – Yr ydym ni, weithwyr a thrigolion St Petersburg, ein gwragedd a'n plant a'n rhieni oedrannus, diymgeledd, yn dod ger eich bron, Syr, i geisio gwirionedd, cyfiawnder ac amddiffyniad. Fe'n gorfodwyd i gardota, fe'n gormeswyd; rydym bron â marw … Erbyn hyn byddai'n well gennym farw na pharhau i ddioddef trueni annioddefol. Yr ydym wedi rhoi'r gorau i weithio ac wedi dweud wrth ein meistri na fyddwn yn ailddechrau nes y byddant yn cydsynio â'n gofynion. Nid ydym yn gofyn llawer: lleihau ein horiau gwaith i wyth awr, rhoi lleiafswm cyflog o rwbl y dydd, a chael

Ffynhonnell C Dyfyniad o ddeiseb Gapon yn 1905.

gwared ar oriau ychwanegol … Mae swyddogion wedi difetha'r wlad a'i harwain i mewn i ryfel cywilyddus. Nid oes gennym ni, y gweithwyr, yr hawl i farnu ynglŷn â sut y dylid gwario'r trethi aruthrol a gymerir oddi arnom … Dinistriwch y wal sydd rhyngoch Chi a'ch pobl. Gorchmynnwch bod etholiadau ar gyfer Cynulliad Cyfansoddol yn cael eu cynnal dan amodau sy'n caniatáu pleidlais gydradd a chudd i bawb.

Ffynhonnell Ch Alecsandra Kollontai, merch oedd wedi ymuno â'r Bolsiefigiaid, ac a orymdeithiodd gyda'r gwrthdystwyr nes cyrraedd y sgwâr o flaen Palas y Gaeaf.

Sylwais fod milwyr ar gefn ceffylau yn sefyll o flaen Palas y Gaeaf ei hun, ond ni welai neb arwyddocâd arbennig i hynny. Roedd pob un o'r gweithwyr yn heddychlon ac yn ddisgwylgar. Roeddent yn dymuno i'r Tsar neu un o'i weinidogion eurweog pwysicaf ymddangos o'u blaen a chymryd y ddeiseb ddiymhongar … Yn gyntaf gwelais y plant, a ergydiwyd [gan fwledi reiffl] ac a lusgwyd i lawr o'r coed … Clywsom sŵn pedolau. Marchogodd y Cosaciaid i mewn i ganol y dorf, gan eu slaesio â'u sabrau fel gwallgofion. Roedd yr anhrefn yn ofnadwy.

Ffynhonnell D Cofnod o ddyddiadur Nicholas II, 22 Ionawr 1905.

Diwrnod poenus! Bu anhrefn difrifol yn St Petersburg am fod gweithwyr wedi dymuno dod i Balas y Gaeaf. Bu'n rhaid i filwyr saethu mewn sawl man yn y ddinas; anafwyd a lladdwyd llawer. Dduw mawr, mae hyn mor boenus a thrist! Daeth Mama o'r dref, ac aeth yn syth i'r Offeren. Cefais ginio gyda'r lleill. Es am dro gyda Misha. Arhosodd Mama dros nos.

Ffynhonnell Dd Ffotograff yn dangos Sul y Gwaed.

Ffynhonnell E Cartŵn Almaenig yn 1905, yn dangos digwyddiadau Sul y Gwaed.

▼ CWESTIYNAU AR FFYNONELLAU

1. Yn ôl Ffynhonnell C, pam oedd y bobl yn gorymdeithio? **[5 marc]**

2. I ba raddau mae Ffynhonnell Ch yn ffynhonnell ddibynadwy? **[5 marc]**

3. Beth mae Ffynhonnell D yn ei awgrymu am agwedd Nicholas II? **[5 marc]**

4. Edrychwch yn fanwl ar Ffynonellau Dd ac E. Pwy a'u 'gwnaeth', yn eich barn chi, a pham? **[15 marc]**

5. I ba raddau mae'r ffynonellau'n a) cytuno b) anghytuno? **[10 marc]**

6. Gan ddefnyddio'r holl ffynonellau a'ch gwybodaeth eich hun, esboniwch beth ddigwyddodd ar 'Sul y Gwaed'. **[20 marc]**

Pwyntiau i'w nodi ynglyn â'r cwestiynau

Cwestiwn 1 Dyma gwestiwn clir, o fath darllen a deall. Mae popeth sydd ei angen arnoch yn y detholiad.

Cwestiwn 2 Mae'r ffynhonnell yn ymddangos yn 'wreiddiol' gan fod ei hawdur yno ar y pryd. Gellir tybio bod yr awdur yn awyddus i gondemnio'r llywodraeth. Fan lleiaf, mae'n cynnig tystiolaeth o'r agwedd Folsiefigaidd tuag at Sul y Gwaed.

Cwestiwn 3 Mae'n hawdd dweud bod y ffynhonnell hon yn dangos nad oedd Nicholas II yn poeni llawer am y gyflafan. Efallai nad yw hynny'n wir, fodd bynnag. Mae'n mynegi gofid ynghylch y digwyddiadau. Pa mor hir oedd ei gofnodion dyddiadur fel arfer? A yw hyn yn fwy neu'n llai na'i sylwadau arferol? A oedd yn gwneud sylwadau ar ddigwyddiadau personol neu wleidyddol fel rheol? Byddai gofyn i chi ddarllen ei ddyddiaduron er mwyn ateb y fath gwestiynau. Ond ni ddylai hynny eich rhwystro rhag gofyn y cwestiynau!

Cwestiwn 4 Mae rhywun yn gyfrifol am dynnu ffotograffau a chartwnau – ac am reswm arbennig, fel rheol. Meddyliwch am leoliad y ffotograffydd. Meddyliwch am y farn a fynegir yn y cartŵn.

Cwestiwn 5 Er bod modd i ffynonellau anghytuno ynglŷn â'r math o filwyr a gymerodd ran yn y gyflafan, gall fod pob un ohonynt yn rhoi 'gwir' bersbectif.

Cwestiwn 6 Dyma gyfle i chi ddangos eich gwybodaeth am 'Sul y Gwaed'. Wrth ateb cwestiynau sy'n gofyn i chi ddefnyddio eich gwybodaeth eich hun, mae'n syniad da cymryd yn ganiataol bod hanner y marciau i'w cael am dynnu gwybodaeth o'r ffynhonnell, a hanner am gynnig gwybodaeth ychwanegol.

Darllen Pellach

Llyfrau yng nghyfres *Access to History* Hodder and Stoughton
I gael gwybodaeth am Ffrainc darllenwch *France: The Third Republic 1870-1914* gan Keith Randell. Ar gyfer yr Almaen, dechreuwch gyda'r penodau perthnasol o *From Bismarck to Hitler: Germany 1890-1933* gan Geoff Layton. Ar gyfer Awstria-Hwngari a Rwsia, mae *The Hapsburg Empire* gan Nick Pelling a *Reaction and Revolutions: Russia 1881-1924* gan Michael Lynch ill dau yn cynnig cyflwyniad ardderchog.

Cyffredinol
Ar Ewrop: 1890-1914 mae'r penodau perthnasol yn y llyfrau canlynol yn arbennig o dda: *Years of Change: Europe 1890-1945* gan Robert Wolfson a John Laver (Hodder & Stoughton) ac *Europe 1880-1945* gan J.M. Roberts, 1962 (Longman). Ar Ffrainc, rhowch gynnig ar *France 1870-1919* gan R. Gildea, 1988 (Longman) a *France 1814-1914* gan R. Tombs, 1996 (Longman). I gael gwybodaeth am yr Almaen rhowch gynnig ar *Imperial Germany: 1871-1918* gan S. Lee, 1998 (Routledge) a *Bismarck and the German Empire* gan L. Abrahams, 1995 (Routledge). Ar gyfer Awstria-Hwngari, mae'n hanfodol darllen *The Decline and Fall of the Hapsburg Empire 1815-1918* gan A. Sked, 1989 a *The Dissolution of the Austro-Hungarian Empire 1867-1918* gan J.W. Mason, 1996 (y ddau wedi'u cyhoeddi gan Longman). Ar Rwsia, rhowch gynnig ar *Russia in the Age of Modernisation and Revolution 1881-1917* gan H. Rogger, 1983 (Longman), *The Origins of the Russian Revolution* gan A. Ward, 1993 (Routledge), *The End of Imperial Russia, 1855-1917* gan P. Waldron, 1997 (Macmillan) a *The Russian Revolution* gan R. Service, 1999 (Macmillan).

GWREIDDIAU'R RHYFEL BYD CYNTAF

PENNOD 2

PWYNTIAU I'W HYSTYRIED

Mae'r bennod hon yn edrych yn fanwl ar achosion y Rhyfel Byd Cyntaf. Mae'r cyflwyniad yn rhoi'r cefndir. Mae'r ddwy adran gyntaf yn trafod achosion dyfnaf y rhyfel. Mae adrannau 3 a 4 yn delio ag achosion diweddarach tra bod adran 5 yn trafod y digwyddiadau yng Ngorffennaf/Awst a daniodd y rhyfel. Ceisia adrannau 6 a 7 rannu'r bai. Ewch yn eich blaen yn araf, fesul adran, ac erbyn y diwedd dylai fod gennych eich ateb eich hun i'r cwestiwn allweddol: pwy neu beth oedd ar fai am gychwyniad y Rhyfel Byd Cyntaf?

Ar 28 Mehefin 1914, llofruddiwyd yr Archddug Franz Ferdinand, etifedd coron Awstria-Hwngari, yn nhref Sarajevo yn Bosna. O fewn chwe wythnos roedd y rhan fwyaf o Ewrop yn rhyfela. Ers 1914 mae haneswyr wedi dod i amryw o gasgliadau ynglŷn â gwreiddiau'r Rhyfel Byd Cyntaf. Ym marn rhai, ni ellid cael digwyddiad mor fawr heb achosion mawr. Ond ym marn eraill, damwain a ddigwyddodd o ganlyniad i gyfres o ddigwyddiadau anffodus yng Ngorffennaf 1914 oedd y rhyfel. Mae'r cyfrifoldeb am y rhyfel yn bwnc dadl o hyd ymhlith haneswyr. Yn 1919 beiodd y Cynghreiriaid buddugol ryfelgarwch Almaenig am y rhyfel. Cyn hir, fodd bynnag, roedd Lloyd George, arweinydd Prydain yn ystod y rhyfel, yn dadlau na fu unrhyw wlad unigol yn gyfrifol am y rhyfel. Bydd y bennod hon yn ceisio esbonio pam roedd llofruddiaeth Franz Ferdinand wedi sbarduno rhyfel.

YSTYRIAETHAU
Ai damwain oedd y Rhyfel Byd Cyntaf, neu ddigwyddiad anorfod? Pa wlad neu wledydd oedd fwyaf cyfrifol am y rhyfel?

Y Pwerau Ewropeaidd

Yr Almaen

Yr Almaen oedd gwlad gryfaf Ewrop. Seiliwyd grym yr Almaen ar ei chryfder diwydiannol, a hefyd ar ei byddin ragorol.

Ffrainc

Ailsefydlodd Ffrainc ei hun yn gyflym wedi colli rhyfel Ffrainc a Phrwsia (1870-1). Erbyn 1890 roedd ganddi fyddin o faint tebyg i fyddin yr Almaen a llynges oedd yn ail i lynges Prydain yn unig. Yn ogystal, roedd ganddi ymerodraeth fawr dramor. Er bod rhai o

wladweinwyr Ffrainc yn dal i freuddwydio am ailfeddiannu Alsace-Lorraine (a gollwyd i'r Almaen yn 1871) roedd y mwyafrif ohonynt yn poeni mwy am ennill cynghreiriaid er diogelwch yn erbyn yr Almaen.

Rwsia

Roedd poblogaeth Rwsia'n ddwywaith maint poblogaeth yr Almaen ac roedd ganddi'r fyddin fwyaf yn Ewrop. O safbwynt ei diwydiant, fodd bynnag, roedd Rwsia'n wan.

Awstria-Hwngari

Nid oedd Awstria-Hwngari yn gryf o ran ei heconomi, a hi oedd yr unig bŵer Ewropeaidd heb ymerodraeth dros y môr.

Prydain

Roedd Prydain yn gweld ei hun fel grym byd-eang yn hytrach na grym Ewropeaidd. Roedd ei hymerodraeth yn ymestyn dros 20 y cant o arwynebedd tir y byd a hi hefyd oedd yn berchen ar lynges fwya'r byd. Er hynny, roedd ei byddin yn fechan: hi oedd yr unig bŵer Ewropeaidd nad oedd yn gweithredu gorfodaeth filwrol.

Yr Eidal

Roedd gan yr Eidal, sef y gwannaf o'r pwerau mawr, uchelgeisiau Affricanaidd a Chanoldirol.

Ffigur 7 Ewrop yn 1890.

1 Cystadlu am y Trefedigaethau

Nid oedd gan y pwerau Ewropeaidd lawer o ddiddordeb mewn trefedigaethau am ran helaeth o'r bedwaredd ganrif ar bymtheg. Rhwng 1815-70, Ffrainc a Phrydain yn unig a geisiai ehangu eu tiroedd tramorol. Er i Brydain gyfeddiannu llawer o dir, gwnaeth hynny o'i hanfodd braidd. Ym marn nifer o wladweinwyr Prydain, roedd y trefedigaethau'n 'feini melin am ein gyddfau'. Fodd bynnag, newidiodd y sefyllfa yn ystod tri degawd olaf y ganrif. Ymestynnodd gwladwriaethau Ewrop eu rheolaeth dros ddarnau enfawr o Affrica ac Asia. Roedd unrhyw diriogaeth, bron, yn werth ei chyfeddiannu. 'Ehangu yw popeth', meddai'r imperialydd Prydeinig Cecil Rhodes. 'Pe bawn i'n gallu, mi fyddwn i'n cyfeddiannu'r planedau.' Rhwng 1870 ac 1900 ychwanegodd Prydain 4.25 miliwn o filltiroedd sgwâr a 66 miliwn o bobl at ei hymerodraeth; ychwanegodd Ffrainc 3.5 miliwn o filltiroedd sgwâr a 26 miliwn o bobl; ychwanegodd Rwsia 0.5 miliwn o filltiroedd sgwâr a 6.5 miliwn o bobl. Roedd ymerodraeth newydd yr Almaen yn cynnwys miliwn o filltiroedd sgwâr a 13 miliwn o bobl. Yn ychwanegol at hyn, enillodd Gwlad Belg a'r Eidal diriogaeth yn Affrica.

a) Beth oedd Achos yr 'Imperialaeth Newydd'?

i) Symbyliad Economaidd

Mor gynnar â 1902 roedd J.A. Hobson, radicalydd o Loegr, yn dadlau bod 'ffolineb trychinebus' imperialaeth yn bodoli am fod y sawl oedd â buddiannau masnachol – cwmnïau arfau, busnesau mawr, bancwyr – yn hybu ehangiad yr ymerodraeth er eu lles eu hunain. Aeth Lenin, y chwyldroadwr Rwsiaidd, ymhellach drwy ddadlau bod imperialaeth yn ganlyniad naturiol i gyfaliaeth fodern, a oedd erbyn hyn dan reolaeth cyfunedau enfawr. Roedd y cyfunedau hyn o blaid meddiannu'r trefedigaethau am eu bod yn awyddus i fuddsoddi cyfalaf dramor a rheoli defnyddiau crai. Nid yw dadleuon Hobson a Lenin yn llwyddo i argyhoeddi. Yn ôl pob golwg, nid oedd cysylltiad amlwg rhwng allforio cyfalaf ac ehangiad imperialaidd. Buddsoddodd Ffrainc, er enghraifft, lai na saith y cant o'i chyfalaf tramorol yn ei threfedigaethau. Nid yw honiad Lenin bod cyfunedau enfawr yn rheoli diwydiant Ewrop yn dal dŵr chwaith. Er mai Prydain oedd yn berchen ar yr ymerodraeth fwyaf, nid oedd ganddi lawer o gyfunedau mawr. Nid oedd gan yr hyn o gyfunedau a geid yn Ewrop lawer o ddylanwad dros bolisïau imperialaidd eu gwledydd, ac ni chefnogent y polisïau hynny bob amser chwaith.

Nid yw'n wir dweud nad oedd unrhyw gymhellion economaidd y tu cefn i ehangiad imperialaidd. Ar ddiwedd y bedwaredd ganrif ar bymtheg, bu mwy a mwy o gystadlu am farchnadoedd. Roedd gan y mwyafrif o wledydd (ac eithrio Prydain) dollau uchel i amddiffyn eu masnach. Ofnai Prydain y byddai'n colli'r cyfle i ennill marchnadoedd posibl pe bai'r gwledydd eraill yn cael gafael ar ormod o drefedigaethau. Mae'n ddiddorol nodi mai dim ond canran bychan iawn o ddefnyddiau crai gwledydd Ewrop oedd yn dod o'u trefedigaethau a bod masnach drefedigaethol yn gyfrifol am ran fechan yn unig o gyfanswm eu masnach

**Y CAIS AM
DDIOGELWCH**

Un o ganlyniadau pwysig rheoli
ardal oedd ei fod yn hybu'r
awydd i reoli ardaloedd
cyfagos, er mwyn diogelwch.
Aeth Prydain ati i ddiogelu ei
buddiannau ei hun pan ddaeth
yn ymwybodol o uchelgeisiau
trefedigaethol Ffrainc wedi
1871. Er enghraifft,
meddiannodd yr Aifft er mwyn
diogelu'r llwybr i India. Wedi
meddiannu'r Aifft, roedd yn
awyddus i reoli Sudan er mwyn
amddiffyn ffin ddeheuol yr Aifft
a tharddle afon Nîl.

dramor. Er hyn, ar y pryd roedd y mwyafrif yn cymryd yn ganiataol y
byddai'r trefedigaethau'n cynnig manteision economaidd yn y dyfodol.

ii) Cenedlaetholdeb

Datblygodd cysylltiad agos rhwng cenedlaetholdeb a bri cenedlaethol.
Ystyrid y trefedigaethau'n symbolau o statws. Nid y llywodraeth a'r élit yn
unig oedd yn frwd dros drefedigaethau. Roedd y werin genedlatholgar
yn cymeradwyo ehangiad imperialaidd hefyd. Roedd y wasg boblogaidd,
awduron llwyddiannus a chyfansoddwyr caneuon oll yn adlewyrchu
ac/neu'n hybu'r awydd am ymerodraeth. Roedd llawer o imperialwyr yn
Ddarwiniaid Cymdeithasol hefyd. Aethant ati i gymhwyso syniadau
Darwin ynglŷn ag esblygiad at gydberthynas y gwledydd. Roedd
gwledydd yn ymladd er mwyn bodoli: y cryfaf a'r mwyaf iach yn unig a
oroesai. Rhaid i wladwriaethau ehangu eu hymerodraethau neu bydd
eraill yn eu goddiweddyd. Dyma ran o araith Prif Weinidog Prydain, yr
Arglwydd Salisbury, yn 1898:

Ffynhonnell A

> Yn fras, gellwch rannu cenhedloedd y byd yn ddwy garfan, y rhai
> sy'n byw a'r rhai sy'n marw. Ar un ochr fe gewch y gwledydd
> mawr gyda'u grym aruthrol, sy'n cynyddu o ran eu grym fesul
> blwyddyn, yn cynyddu o ran eu cyfoeth, o ran eu hawdurdod ac o
> ran perffeithrwydd eu trefniadaeth. Mae'r rheilffyrdd wedi peri bod
> ganddynt y gallu i ganolbwyntio holl rym milwrol eu pobl ar fan
> penodol ac i gynnull byddinoedd o faint a chryfder y tu hwnt i
> freuddwydion y cenedlaethau a fu. Mae gwyddoniaeth wedi gosod
> arfau sy'n fwy dinistriol o hyd yn nwylo'r byddinoedd hynny …
> Ochr yn ochr â'r trefniadaethau ardderchog hyn, na ellir, yn ôl
> pob golwg, leihau eu grym ac sy'n peri bod yna gystadleuaeth am
> hawliau na ellir ei datrys ac eithrio drwy ddyfarniad gwaedlyd yn y
> dyfodol – ochr yn ochr â'r rhain ceir nifer o gymunedau na allaf
> ond eu disgrifio fel rhai sy'n marw.

iii) Ystyriaethau Dyngarol

Credai llawer o Ewropeaid ei bod yn ddyletswydd ar y bobl 'ddatblygedig'
i wareiddio'r rhai llai ffodus. O ran eu rôl fel carfanau pwyso, roedd
cymdeithasau cenhadol yr un mor bwysig â buddiannau ariannol. Aeth
tua 40,000 o genhadon Pabyddol ac 20,000 o genhadon Protestannaidd i
Asia ac Affrica gyda'r bwriad o Gristioneiddio a gwareiddio.

iv) Damwain

Yn y rhuthr am drefedigaethau, gweithredid yn fynych mewn adwaith i
amgylchiadau penodol yn unig, ac nid o ganlyniad i bolisïau rhesymegol.
Yn aml, deuai'r ysgogiad i ehangu oddi wrth y rhai a oedd yno ar y pryd
– cenhadon, milwyr, fforwyr a dynion busnes, yn hytrach nag arweinwyr
gwleidyddol Ewrop. Crëwyd ymerodraeth Ffrengig enfawr yng ngorllewin

Affrica, er enghraifft, o ganlyniad i weithredoedd byddin drefedigaethol Ffrainc, a weithredai'n groes, yn aml, i'r cyfarwyddiadau o Baris.

b) Yr Ymgiprys am Affrica

Yn 1880 tua degfed ran yn unig o Affrica oedd wedi'i chyfeddiannu gan wladwriaethau Ewropeaidd. Erbyn 1900, degfed ran yn unig oedd yn rhydd o reolaeth Ewropeaidd. Yn aml, hawliai'r pwerau Ewropeaidd diriogaethau heb boeni llawer am realiti'r berthynas rhwng y llwythau.

> **YSTYRIAETH**
> **Beth oedd prif ganlyniadau'r 'ymgiprys am Affrica'?**

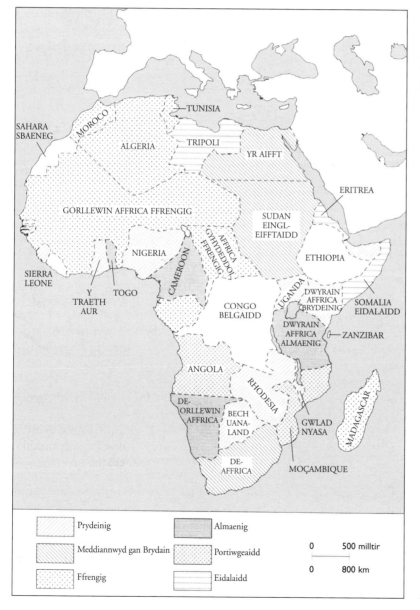

Ffigur 8 Affrica yn 1914.

Prif fannau cythryblus Affrica yn yr 1890au

▼ **Y gystadleuaeth rhwng Prydain a Ffrainc yng Ngorllewin Affrica.** Roedd posibilrwydd, bob amser, y byddai cadlywyddion penboeth grymoedd cystadleuol yn gwrthdaro.

▼ **Y gystadleuaeth rhwng Prydain a Ffrainc am Sudan.** Yn 1898 bu gwrthdaro rhwng ymgyrchwyr Ffrengig a byddin Brydeinig lawer mwy yn Fashoda. Yn y diwedd, gorfodwyd y Ffrancwyr i dynnu'n ôl ac ildio pob hawl i'r tir ar hyd afon Nîl.

▼ **Uchelgeisiau Eidalaidd yn Ethiopia.** Dinistriwyd yr uchelgeisiau hyn yn 1896 pan drechwyd byddin Eidalaidd yn cynnwys 25,000 o filwyr ym mrwydr Adowa.

▼ **Rhyfel y Boer.** Yn 1899 aeth Prydain i ryfel yn erbyn Boeriaid y Transfâl. Enillodd Prydain yn 1902.

YSTYRIAETH
Beth oedd prif ganlyniadau'r 'ymryson' am China?

c) Yr 'Ymryson' am China

Rhwng 1895 ac 1905 China oedd canolbwynt y gystadleuaeth ryngwladol. Roedd China, gyda'i phoblogaeth o fwy na 400 miliwn, fel petai'n cynnig potensial economaidd aruthrol. Cystadleuai busnesau Ewropeaidd, Americanaidd a Japaneaidd yn ffyrnig am gontractau rheilffordd a hawliau mwyngloddio. Ystyrid bod llwyddo i ennill consesiynau economaidd yn arwydd o ddylanwad gwleidyddol. Roedd yr 'ymryson am China' yn frwydr am fri yn gymaint ag am elw, felly.

Yn achos Japan a Rwsia, roedd yna ystyriaethau gwleidyddol pwysicach na bri yn unig. Am nifer o resymau economaidd a strategol, roedd Rwsia'n benderfynol o reoli'r taleithiau Chineaidd, Manchuria a Korea. Roedd gan Japan uchelgeisiau yn Korea hefyd. Ar ddiwedd y bedwaredd ganrif ar bymtheg, roedd Japan wedi moderneiddio'n gyflym, ac erbyn yr 1890au roedd ganddi fyddin a llynges gref. Cafwyd ôl-effeithiau mawr yn sgil ei buddugoliaeth yn erbyn China yn 1894-5. Cwynodd Rwsia bod enillion Japan yn bygwth buddiannau Rwsia, a gorfodwyd Japan i roi'r gorau i'w chais am benrhyn Liaotung. Yn awr, ceisiai Rwsia amddiffyn China. Yn gyfnewid am hyn, caniataodd llywodraeth China yr hawl i Rwsia adeiladu rheilffordd ar draws Manchuria. Yn ogystal, yn 1898 caniataodd China brydles 25 mlynedd i Rwsia ar benrhyn Liaotung.

Aeth pwerau Ewropeaidd eraill ati i feddiannu 'cylchoedd buddiannau'. Yn 1897 cipiwyd Kiaochow gan yr Almaen. Bu Ffrainc fwyaf prysur yn yr ardaloedd hynny a oedd gyfagos at ei hymerodraeth yn Indo-China. Ceisiodd Prydain gadw ei safle hirsefydlog yng nghanolbarth China. Yn 1900 ysgubodd terfysgoedd yn erbyn tramorwyr (a elwid yn Wrthryfel y Bocswyr) drwy China. Dros dro, anghofiwyd am y cystadlu Ewropeaidd ac anfonwyd byddin ryngwladol i Peking, gan ryddhau'r llysgenadaethau oedd dan warchae a dial yn llym ar y gwrthryfelwyr. Yn awr, yn ôl pob golwg, byddai'r pwerau yn rhannu China. Roedd Prydain ac UDA yn gwrthwynebu hyn, fodd bynnag, gan gefnogi polisi Drws Agored a fyddai'n golygu bod yr holl bwerau yn rhoi'r gorau i fynnu

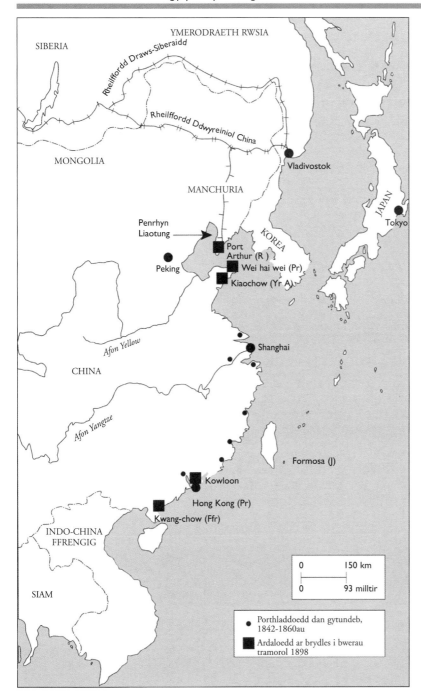

Ffigur 9 China a'r Dwyrain Pell.

YMERODRAETH RWSIA

SIBERIA

Rheilffordd Draws-Siberaidd

Rheilffordd Ddwyreiniol China

MONGOLIA

Vladivostok

MANCHURIA

JAPAN

Penrhyn
Liaotung

Tokyo

KOREA

Port
Arthur (R)

Peking

Wei hai wei (Pr)

Kiaochow (Yr A)

Afon Yellow

Shanghai

CHINA

Afon Yangtze

Formosa (J)

Kowloon

Hong Kong (Pr)

Kwang-chow (Ffr)

INDO-CHINA
FFRENGIG

SIAM

0	150 km
0	93 milltir

• Porthladdoedd dan gytundeb,
1842-1860au

■ Ardaloedd ar brydles i bwerau
tramorol 1898

hawliau neilltuedig yn eu cylchoedd buddiannau eu hunain.

Cafodd Rwsia, oedd yn gobeithio creu 'perthynas arbennig' â China o
hyd, fwy fyth o gonsesiynau economaidd yn Manchuria yn 1900-1.
Roedd Japan yn poeni am bolisi Rwsia, ac felly cynigiodd ryddid i Rwsia
yn Manchuria, yn gyfnewid am ryddid Japan yn Korea. Gwrthododd

Rwsia'r cynnig. Pan fethodd trafodaethau pellach, ymosododd Japan yn annisgwyl ar lynges Rwsia yn Port Arthur yn Chwefror 1904. Dyma ddechrau Rhyfel Rwsia-Japan. Yn fuan, roedd Japan wedi meddiannu Korea ac wedi gosod gwarchae ar Port Arthur. Cipiwyd y dref o'r diwedd yn Ionawr 1905 ac aeth Japan ymlaen i drechu'r brif fyddin Rwsiaidd ym Mukden. Ym mis Mai 1905 dinistriwyd llynges Rwsiaidd y Baltig, oedd wedi hwylio hanner ffordd o gwmpas y byd, ym mrwydr Tsushima. Yn awr, gorfodwyd Rwsia i drefnu heddwch, gan dderbyn bod Korea yn un o gylchoedd buddiannau Japan. Wedi rhyfel Rwsia-Japan, daeth y posibilrwydd y gallai Rwsia reoli gogledd China i ben. Ar ôl 1905, nid oedd gan y prif bwerau ddiddordeb mawr yn nhiriogaeth gydnabyddedig China.

ch) Pa mor Ddifrifol oedd y Cystadlu am y Trefedigaethau?

Ar brydiau, roedd y cystadlu am drefedigaethau wedi niweidio'r berthynas rhwng y pwerau Ewropeaidd yn ddifrifol. Fodd bynnag, mae modd dadlau bod y cystadlu hwn wedi galluogi'r pwerau mawr i fwrw eu llid o bellter diogel, heb niweidio'i gilydd yn ormodol.

2   Yr Hyn a Adawodd Bismarck

a) Amcanion Bismarck

Ar ôl 1871, roedd yr Almaen yn tra-arglwyddiaethu ar Ewrop. Roedd Bismarck wedi creu Ymerodraeth Almaenig ac yn awr roedd yn bwriadu ei diogelu. Un bygythiad amlwg i heddwch oedd y posibilrwydd y gallai Ffrainc ddechrau rhyfel o ddial (i adfer Alsace-Lorraine). Fodd bynnag, nid oedd Ffrainc yn beryglus ar ei phen ei hun. Byddai perygl yn codi dim ond pe bai'n cynghreirio ag Awstria-Hwngari neu Rwsia. Yna byddai'r Almaen yn wynebu rhyfel ar ddau ffrynt. Pe bai Awstria-Hwngari a Rwsia'n rhyfela yn erbyn ei gilydd dros eu buddiannau yn y Balcanau, gallai Ffrainc fanteisio ar y cyfle a chynghreirio â'r naill neu'r llall. Felly, aeth Bismarck ati i gynnal perthynas dda â Rwsia ac Awstria-Hwngari ac i leihau'r gwrthdaro yn y Balcanau.

b) Problem y Balcanau

'Dyn sâl Ewrop' oedd yr Ymerodraeth Otomanaidd (neu Dwrcaidd). Bu'r ymerodraeth enfawr, amlgenhedlig hon yn dirywio drwy gydol y bedwaredd ganrif ar bymtheg. Roedd awdurdod y llywodraeth Dwrcaidd yn awdurdod mewn enw yn unig mewn sawl man – yn arbennig yn y Balcanau. Yma, roedd pobl o genhedloedd a chrefyddau gwahanol yn cyd-fyw mewn casineb. Am fod buddiannau'r pwerau mawr yn yr ardal yn gwrthdaro, ni cheir ateb syml i'r 'Cwestiwn Dwyreiniol': beth i'w wneud ynglŷn â'r Ymerodraeth Otomanaidd.

▼ Ceisiai Rwsia, a oedd yn wrth-Dwrcaidd yn ôl traddodiad, helpu'r ardaloedd Ewropeaidd oedd yn parhau dan reolaeth Twrci i ennill eu hannibyniaeth (fel y gwnaeth Groeg, Serbia a Român eisoes). Cefnogai llawer o Rwsiaid banslafiaeth. Yn ogystal, ceisiodd Rwsia elwa ar wendid Twrci. Yn benodol, gobeithiai reoli'r Culfor, gan sicrhau llwybr rhydd i'w llongau rhwng y Môr Du a'r Môr Canoldir.

▼ Er bod Awstria-Hwngari yn hapus i elwa ar wendid Twrci, nid oedd am weld Rwsia'n ehangu ei phŵer yn y Balcanau. Roedd hefyd yn amau cenedlaetholdeb Slafaidd, oedd yn fygythiad i'w hymerodraeth amlgenhedlig ei hun.

▼ Roedd Groeg, Bwlgaria a Serbia yn dyheu am gyfeddiannu tiriogaeth Dwrcaidd ond nid oedd ganddynt y grym milwrol i wneud hynny. Roedd eu huchelgeisiau'n gwrthdaro, ac felly ni allent gynghreirio â'i gilydd.

> **PANSLAFIAETH**
>
> Mudiad oedd hwn a hybai'r hil Slafaidd a'r Eglwys Uniongred. Credai'r panslafiaid mai cenhadaeth hanesyddol Rwsia oedd amddiffyn a rhyddhau poblogaeth Slafaidd y Balcanau.

c) Polisïau Bismarck

Yn 1872-3 cefnogodd Bismarck y cytundeb newydd a grëwyd, sef Cynghrair y Tri Ymerawdwr (neu'r *Dreikaiserbund*), a oedd yn cynnwys yr Almaen, Rwsia ac Awstria-Hwngari. Roedd argyfwng y Balcanau yn 1875-8 yn peri ei bod hi'n anodd i Bismarck gynnal perthynas dda ag Awstria-Hwngari a Rwsia ar yr un pryd. Dewisodd weithio'n agosach gydag Awstria-Hwngari. Yn ôl telerau Cynghrair Deublyg 1879, cytunodd Awstria-Hwngari a'r Almaen i roi cefnogaeth lwyr i'w gilydd pe bai Rwsia'n ymosod. Canlyniad y cytundeb oedd creu math o floc 'Almaenig' yn Ewrop. Er hyn, ym marn Bismarck nid oedd y cytundeb yn wrth-Rwsiaidd o reidrwydd. I'r gwrthwyneb, gobeithiai y byddai Awstria-Hwngari ddiogelach yn fwy parod i gydweithredu â Rwsia. Roedd hefyd o'r farn y byddai'r Cynghrair Deublyg yn codi digon o ofn ar Rwsia nes peri iddi wella'i pherthynas â'r Almaen. Roedd hyn yn gywir. Yn 1881, arwyddodd yr Almaen, Rwsia ac Awstria-Hwngari *Dreikaiserbund* newydd, yn sicrhau niwtraliaeth y partneriaid pe bai un ohonynt yn mynd i ryfel yn erbyn pŵer arall. Yn 1882, ymunodd yr Eidal â'r Almaen ac Awstria-Hwngari yn y Cynghrair Triphlyg

Roedd yr Almaen mewn safle cryf iawn yng nghanol yr 1880au, ac felly roedd Bismarck yn rhydd i droi ei sylw at fentrau yn y trefedigaethau, rhywbeth y bu yn erbyn ei wneud cyn hynny. O ganlyniad, cafodd yr Almaen ymerodraeth Affricanaidd oedd yn cynnwys De-orllewin Affrica, Togo, Cameroon a Dwyrain Affrica. Y peth pwysicaf ym marn Bismarck, fodd bynnag, oedd diogelwch yr Almaen yn Ewrop. Yn 1890 mynnodd fod meithrin dealltwriaeth dda â Phrydain yn bwysicach na Dwyrain Affrica gyfan.

Daeth cyfundrefn gynghreiriol Bismarck dan fygythiad o ganlyniad i argyfwng arall yn y Balcanau yn 1887. Gan ofni cynghrair rhwng Rwsia a Ffrainc, trefnodd Bismarck gynghrair cyfrinachol rhwng Rwsia a'r Almaen – y Cytundeb Ailyswirio fel y'i gelwid. Roedd Wilhelm II, a ddaeth i rym yn 1888, yn amau gwerth y Cytundeb Ailyswirio, ac o ganlyniad i'r anghydweld ynglŷn â'i adnewyddu, ymddiswyddodd Bismarck yn 1890.

ch) Diweddglo

Mae anghytundeb yn parhau o hyd ynglŷn â'r hyn a gyflawnodd Bismarck o ran polisi tramor. Yn ôl ei feirniaid, ni fu'n llwyddiannus iawn. Er iddo gadarnhau safle ynysig Ffrainc, roedd hi'n parhau'n chwerw. Erbyn 1890 roedd ei gyfundrefn gynghreiriol gymhleth yn ymddangos yn fregus. Mae modd dadlau bod y Cytundeb Ailyswirio yn anghyson ac yn beryglus. Yn hytrach na gweithredu fel mecanwaith oedd yn caniatáu i'r Almaen reoli Awstria-Hwngari, roedd y Cynghrair Deublyg yn cyfyngu ar ddewisiadau diplomyddol yr Almaen, gan ei llusgo, yn y pen draw, i ryfel yn 1914. Cafodd anturiaethau Affricanaidd Bismarck ganlyniadau tymor hir annymunol hefyd, gan godi awch y bobl Almaenig am drefedigaethau, a thrwy hynny achosi dirywiad yn y berthynas â Phrydain. Mae modd dadlau, felly, bod Bismarck wedi gadael problemau difrifol ar gyfer ei ddilynwyr.

Er hyn, mae dadl edmygwyr Bismarck yn gryfach. Maent yn cytuno â'i amcanion ac yn dadlau iddo gyflawni'r mwyafrif ohonynt. Llwyddodd i gydweithio ag Awstria-Hwngari ar y naill llaw a Rwsia ar y llall, ac, ar y cyfan, roedd ar delerau da â Phrydain. Roedd modd gweithredu ei 'gyfundrefn', gyda gofal. Roedd Rwsia, er enghraifft, yn barod i adnewyddu'r Cytundeb Ailyswirio yn 1890. Dan ofal Bismarck, roedd yr Almaen mewn safle diogel a chafodd Ewrop ugain mlynedd o heddwch. Gwastraffodd ei olynwyr ei waith da. Yn wahanol i Bismarck, ni lwyddasant i reoli eu huchelgeisiau eu hunain (na rhai Awstria). Mae'n annheg beio Bismarck am eu methiant.

POLISI TRAMOR BISMARCK: 1871-90

1871 creu Ymerodraeth yr Almaen;
1879 Y Cynghrair Deublyg;
1882 Y Cynghrair Triphlyg;
1887 Y Cytundeb Ailyswirio;
1890 Bismarck yn ymddiswyddo.

GWEITHGAREDD

I roi prawf ar eich dealltwriaeth, ystyriwch y cwestiwn canlynol:
'Pa mor llwyddiannus oedd polisi tramor Bismarck yn y cyfnod 1871-90?'

Trywydd awgrymedig eich ateb:
▼Beth oedd prif amcanion Bismarck? Oedd yr amcanion hyn yn rhesymol?
▼Beth wnaeth Bismarck i geisio cyflawni ei amcanion?
▼Pa mor llwyddiannus oedd Bismarck o ran cyflawni ei amcanion?

3 Cydberthynas gwledydd Ewrop: 1890–1907

YSTYRIAETH
Beth oedd effaith yr Almaen ar gydberthynas y gwledydd wedi 1890?

a) 'Llwybr Newydd' yr Almaen

Bwriad y 'Llwybr Newydd' a fabwysiadwyd gan Caprivi, olynydd Bismarck, rhwng 1890 ac 1894 oedd symleiddio polisi Almaenig drwy gael gwared ar yr ymrwymiadau cymhleth oedd yn rhan o gyfundrefn Bismarck. Seiliwyd y penderfyniad mwyaf hanfodol – sef gwrthod cynnig Rwsia i adnewyddu'r Cytundeb Ailyswirio – ar y gred nad oedd yn cyd-fynd ag ymrwymiad yr Almaen i Awstria-Hwngari ac y byddai'n digio Prydain, gwlad yr oedd yr Almaen yn gobeithio ei pherswadio i ymuno â'r Cynghrair Triphlyg. Yn 1890 cafwyd cytundeb rhwng Prydain a'r Almaen oedd yn caniatáu i'r Almaen gymryd Heligoland (ynys ym Môr y Gogledd) yn gyfnewid am ildio ei hawliau yn Zanzibar a Dwyrain Affrica. Ofnai Rwsia a Ffrainc fod cynghrair cyfrinachol yn bodoli rhwng Prydain a'r Almaen, a theimlent yn fwy ynysig fyth. Dechreuasant glosio'n raddol oherwydd hyn. Roedd y broses yn araf ac nid oedd yn un anorfod yn sicr, yn enwedig gan fod y Tsar Alecsander III yn gyndyn o greu cynghrair â'r Ffrainc weriniaethol.

b) Cynghrair Ffrainc-Rwsia

Ffrainc gymerodd y cam cyntaf tuag at greu cynghrair â Rwsia. Gwellodd y berthynas rhwng y ddwy wlad o ganlyniad i'r cymorth ariannol a roddwyd gan Ffrainc, ac yn 1891 dechreuodd y trafodaethau o ddifrif. Un o'r problemau mawr oedd y ffaith fod Ffrainc yn dymuno cynghrair penodol yn erbyn yr Almaen, tra bod Rwsia'n dymuno cytundeb cyffredinol yn erbyn Prydain. Yn y diwedd gwnaed dau gytundeb. Roedd cytundeb gwleidyddol 1891 yn wrth-Brydeinig o ran ei fwriad, gan olygu y byddai Ffrainc yn ochri gyda Rwsia pe digwyddai anghytundebau godi yn ymwneud â'r ymerodraethau. Yng nghynulliad milwrol 1892, addawodd Ffrainc a Rwsia gefnogi ei gilydd pe bai'r Almaen yn ymosod ar y naill neu'r llall ohonynt. O'r diwedd roedd Ffrainc yn rhydd o'r cwarantin y bu'n rhaid iddi ei ddioddef oherwydd Bismarck, ac yn awr roedd yr Almaen yn wynebu y posibilrwydd o ryfel ar ddau ffrynt.

c) Y berthynas rhwng Prydain a'r Almaen: 1890-6

Ar y pryd nid oedd llywodraeth yr Almaen yn ystyried bod cynghrair Ffrainc-Rwsia'n beryglus iawn. I'r gwrthwyneb, ei gobaith oedd y byddai'r cynghrair yn gorfodi Prydain i ymuno â'r Cynghrair Triphlyg. Roedd yr argoelion yn dda. Ar y cyfan, roedd Prydain yn wrth-Rwsiaidd ac yn wrth-Ffrengig, ac felly teimlai'n ynysig. Er hyn, gan ofni y byddai'n rhaid iddi ymuno â rhyfel Ewropeaidd er mwyn amddiffyn buddiannau'r Almaen, chwiliai Prydain am gyfeillgarwch yn hytrach na chynghrair llawn â'r wlad honno. Yn sgil eu methiant i sicrhau cynghrair â Phrydain, dechreuodd arweinwyr yr Almaen bwyso a gorfodi. Roedd hyn yn gamgymeriad. Cythruddwyd gwladweinwyr Prydain gan dôn ormesol

CYRCH JAMESON
Yn Rhagfyr 1895 arweiniodd Dr Jameson, gweinyddwr Cwmni Prydeinig De Affrica, fyddin o 470 milwr o Bechuanaland i mewn i'r Transfâl, gyda'r bwriad o ddisodli'r llywodraeth Foer. Bu'r cyrch yn fethiant llwyr. Bu raid i Cecil Rhodes, Prif Weinidog Cape Colony, ymddiswyddo oherwydd y gefnogaeth ddirgel a roddodd i'r anturiaeth.

diplomyddiaeth Almaenig. Roedd yr un peth yn wir am bolisi Almaenig, yn enwedig pan ddechreuodd yr Almaen ymyrryd mewn materion ymerodrol. Daeth y math hwn o ddiplomyddiaeth i'w benllanw yn Ionawr 1896 gyda Thelegram Kruger, yn dilyn **Cyrch Jameson**. Barnwyd bod telegram Wilhelm i Kruger, arlywydd y Boeriaid, yn cefnogi annibyniaeth y Transfâl, yn dangos ymyrraeth annerbyniol ym materion imperialaidd Prydain. Erbyn 1896 roedd y berthynas rhwng Prydain a'r Almaen wedi dirywio'n ddifrifol.

ch) *Weltpolitik*

Yn 1896 cyhoeddodd Wilhelm II "Na ddylid gwneud unrhyw benderfyniad yn ymwneud â'r byd heb ymyrraeth yr Almaen a'r Ymerawdwr Almaenig". Fe welir hyn yn aml fel man cychwyn 'polisi byd-eang' (*Weltpolitik*) newydd, sef polisi oedd yn fwriadol yn gwrthod 'polisi cyfandirol' Bismarck. Bellach, roedd y pwyslais ar ehangu tiriogaethau dros y môr. Yn 1897 dywedodd Bülow, gweinidog tramor newydd yr Almaen: 'Nid ydym yn dymuno bwrw cysgod dros bawb arall, ond rydym ni, hefyd, yn hawlio ein lle yn yr haul'. Roedd Wilhelm yn dyheu am weld yr Almaen yn dod yn un o brif bwerau'r byd, fel Prydain. Roedd

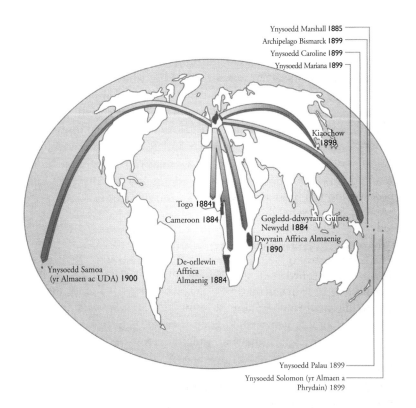

Ffigur 10 Weltpolitik: ehangiad yr Almaen dros y môr

nifer o Almaenwyr yn cytuno ag ef. Erbyn diwedd yr 1890au roedd tri mudiad grymus yn canolbwyntio ar hybu dylanwad yr Almaen yn y byd – Y Cynghrair Pan-Almaenig, Y Cynghrair Trefedigaethol Almaenig, a Chynghrair y Llynges.

Honnai'r hanesydd Almaenig Fritz Fischer fod rhyw fath o brif gynllun y tu ôl i'r *Weltpolitik*. Yn ei farn ef, roedd yn cynnwys tair prif elfen: y gyntaf oedd y llynges, a fyddai'n arwydd o statws yr Almaen fel un o bwerau'r byd, a thrwy hynny'n denu'r bobl i gefnogi'r Kaiser; yr ail oedd y cynllun ar gyfer ymerodraeth fawr yng Nghanolbarth Affrica, yn cynnwys y Congo a threfedigaethau Portiwgeaidd Angola a Moçambique; y drydedd oedd cynllun i greu rhanbarth economaidd yng nghanolbarth Ewrop dan reolaeth yr Almaen ac yn cynnwys Awstria-Hwngari, gwladwriaethau'r Balcanau a'r Ymerodraeth Otomanaidd. Yn cyd-fynd â hyn oedd y cynllun i gysylltu'r ardal gyfan â'i gilydd drwy gyfrwng rheilffordd o Berlin i Baghdad.

Yn ôl beirniaid Fischer, fodd bynnag, nid oedd dim mwy na dyhead annelwig am gael bod yn un o rymoedd y byd y tu ôl i'r cais am *Weltpolitik*. Mae'n ymddangos mai prif amcan Bülow oedd creu argraff ar y bobl a'r Kaiser gyda llond llaw o fuddugoliaethau diymdrech, lle roedd ymddangosiad yn bwysicach na realiti. Ar y cyfan, felly, roedd polisi tramor yr Almaen ar ôl 1897 yn manteisio ar bob cyfle i ymarfer 'cysylltiadau cyhoeddus'.

Tueddai arsylwyr cyfoes i ddal y Kaiser yn gyfrifol am fympwyaeth diplomyddiaeth yr Almaen. Roedd hyn yn rhannol gywir. Roedd Wilhelm yn gymeriad cymhleth, a'i hwyliau yn newid yn gyflym. (Gwelwyd hyn yn glir yn ei berthynas cas a chariad â Phrydain.) Fodd bynnag, er bod gan y Kaiser rym sylweddol, ni chanolbwyntiai'n gyfan gwbl ar bolisi tramor. Roedd gan weinidogion tramor lawer mwy o reolaeth ar faterion bob dydd. Nid Wilhelm, felly, oedd yr unig un ar fai am y diffyg amcanion clir o fewn diplomyddiaeth yr Almaen.

d) Polisi Prydeinig: 1898-1902

Roedd yn anorfod y byddai Prydain yn ystyried uchelgeisiau imperialaidd yr Almaen a datblygiad llynges fawr Almaenig yn her. Moeth yn unig oedd llynges o safbwynt yr Almaen: i Brydain, roedd yn hanfodol. Roedd Prydain yn benderfynol o gynnal ei goruchafiaeth ar y môr, ac felly aeth ati i adeiladu llawer o longau. Roedd yn anorfod y byddai'r bygythiad o du'r Almaen yn cynyddu'r amheuon rhwng Prydain a'r Almaen ac yn peri dirywiad yn eu perthynas. Roedd barn y bobl Brydeinig ac Almaenig, dan ddylanwad y wasg boblogaidd, ac a ddylanwadai arni, yn adleisio barn y llywodraeth, a daeth yn ffactor pwysig yn y berthynas rhwng Prydain a'r Almaen. Yn yr Almaen, cyrhaeddodd gwrth-Brydeindod ei benllanw, yn ôl pob tebyg, yn ystod Rhyfel y Boer. Erbyn 1902 roedd barn gyhoeddus y boblogaeth Brydeinig yn troi'n fwyfwy yn erbyn yr Almaen.

Wedi ei siomi â'r Almaen, trodd Prydain at Japan er mwyn ceisio atal uchelgeisiau Rwsia yn China. Roedd cynghrair Prydain-Japan yn 1902 fel petai'n dynodi diwedd polisi Prydain o osgoi 'cynghreiriau maglyd' yn ystod cyfnod o heddwch. Er hyn, roedd Prydain yn dal i fod wedi'i

---

LLYNGES YR ALMAEN

Credai Wilhelm fod yn rhaid i'r Almaen feddu ar lynges fawr os oedd am fod yn un o brif bwerau'r byd. Yn 1898 ac 1900, felly, pasiwyd dwy Ddeddf y Llynges a luniwyd yn benodol i greu fflyd gref ar gyfer brwydr. Y bwriad oedd defnyddio'r fflyd fel 'lifer *Weltpolitik*'. Os gallai'r Almaen 'ddylanwadu ar' (h.y. bygwth) Prydain, yna gallai ddylanwadu ar yr holl fyd.

RHYFEL Y BOER

Rhwng 1899 ac 1902 rhyfelai Prydain yn erbyn Boeriaid gweriniaethau y Transfâl a'r Orange Free State yn Ne Affrica. Yn y diwedd, trechwyd 60,000 o Foeriaid gan 300,000 o filwyr Prydain. Cydymdeimlai'r mwyafrif o Ewropeaid â'r Boeriaid gorchfygedig. Clywyd sôn hyd yn oed am ffurfio Cynghrair Cyfandirol yn erbyn Prydain. Yn sydyn nid oedd 'arwahanrwydd gogoneddus' Prydain yn ymddangos mor ogoneddus. Dan yr amgylchiadau hyn, cynigiodd Joseph Chamberlain, Ysgrifennydd y Trefedigaethau, gynghrair rhwng Prydain a'r Almaen. Methodd ymdrechion Chamberlain i sicrhau'r cynghrair. Gwrthodai Prydain ymuno â'r Cynghrair Triphlyg (nod yr Almaen) o hyd. Gwrthodai'r Almaen ymuno â chynghrair yn erbyn Rwsia (nod Prydain).

hynysu oddi wrth ei chydymgeiswyr cyfandirol. Yn wir, wedi sicrhau'r cynghrair â Japan, gallai Prydain yn ddiogel, yn ôl pob golwg, gadw'n glir o gysylltiadau Ewropeaidd.

dd) *Entente* Prydain a Ffrainc

Fodd bynnag, gweithredodd cynghrair Prydain-Japan fel catalydd ar gyfer gwella'r berthynas rhwng Prydain a Ffrainc. Oherwydd y tensiwn cynyddol rhwng Rwsia a Japan, ofnai Prydain a Ffrainc y byddent yn cael eu gorfodi i ymwneud â'r gwrthdaro am eu bod yn gynghreiriaid i'r gwledydd hynny. Felly, roedd cytundeb o ryw fath yn ymddangos yn angenrheidiol. Digwyddodd hyn yn Ebrill 1904 pan ddatrysodd y ddwy wlad y mwyafrif o'u problemau trefedigaethol. Cytunodd Ffrainc i oruchafiaeth Prydain yn yr Aifft, ac yn gyfnewid am hyn roedd Prydain yn barod i dderbyn bod Moroco'n gylch dylanwad Ffrengig. Nid oedd yr *entente* yn gynghrair: ni chanolbwyntiwyd ar unrhyw elyn ac ni chynlluniwyd unrhyw weithredu ar y cyd. Er hyn, roedd yr *entente* yn dangos awydd y ddwy wlad i ddod â chwerylon y gorffennol i ben a pharodrwydd i gydweithredu yn y dyfodol. Er nad oedd bwriad gwrth-Almaenig i'r *entente*, roedd ynddi oblygiadau difrifol i'r Almaen.

e) Moroco: Yr Argyfwng Cyntaf, 1905-6

Roedd gweinidogion yr Almaen yn barod i beri argyfwng ynghylch gobaith Ffrainc o greu cylch dylanwad iddi hi ei hun yn Moroco. Ym Mawrth 1905 glaniodd Wilhelm II yn Tangier, un o borthladdoedd Moroco, gan ddatgan yn ddramatig ei fod yn bwriadu amddiffyn annibyniaeth Moroco. Yn Ebrill, mynnodd llywodraeth yr Almaen gynhadledd ryngwladol er mwyn adolygu sefyllfa Moroco. Gweithredai polisi Almaenig ar ddwy lefel. Ar yr wyneb, roedd yr Almaenwyr yn mynnu 'tegwch i bawb' a'r hawl i chwarae rhan yn nhynged Moroco. Ond eu nod dirgel oedd gwanhau, os nad dinistrio, *entente* Prydain a Ffrainc. Byddent yn gwneud hyn drwy ddangos nad oedd Prydain yn gynghreiriad dibynadwy na theilwng. Tybid y byddai Ffrainc yn colli'r bleidlais mewn cynhadledd ryngwladol gan y byddai'n well gan wledydd eraill egwyddor y 'drws agored' yn hytrach na thra-arglwyddiaeth Ffrainc yn Moroco. Byddai Ffrainc wedi'i chywilyddio i'r fath raddau nes y byddai ei harweinwyr yn gweld bod yn rhaid cydweithredu â'r Almaen, ac nid Prydain. Er mwyn cyflawni hyn, byddai'n rhaid cynnal y tensiwn hyd nes y byddai llywodraeth Ffrainc yn ildio i hawliadau'r Almaen. Gweithredwyd y polisi ymosodol hwn drwy gydol haf 1905, ac fe'i hatgyfnerthwyd gan fygythiad distaw rhyfel.

Cytunodd y Cabinet Ffrengig i hawliadau'r Almaen am gynhadledd a fyddai'n cyfarfod yn 1906 yn Algeciras. Felly, roedd yr Almaen wedi ennill buddugoliaeth ddiplomyddol. Er hyn, nid oedd Cynhadledd Algeciras yn llwyddiant o bell ffordd. Cafodd Ffrainc gefnogaeth Prydain drwy gydol yr argyfwng. Awstria-Hwngari yn unig a gefnogodd yr Almaen, ac o ganlyniad, cadarnhaodd Ffrainc ei safle yn Moroco, gan reoli'r economi a'r heddlu i bob pwrpas. Roedd Algeciras, felly, yn ergyd i fri'r Almaen. Ar ben hynny, roedd argyfwng Moroco wedi cryfhau, yn hytrach na gwanhau, *entente* Prydain a Ffrainc. Daeth cyfeillgarwch â Ffrainc yn un o egwyddorion sylfaenol llywodraeth Ryddfrydol newydd Prydain. Yn 1906, awdurdododd Syr Edward Grey, yr Ysgrifennydd Tramor, 'sgyrsiau milwrol' er mwyn trafod sut y gallai Prydain helpu Ffrainc pe bai'r Almaen yn ymosod arni.

f) Yr *Entente* Driphlyg

Roedd Grey yn argyhoeddedig y gallai'r Almaen fod yn fygythiad, ac felly'n benderfynol o wella perthynas Prydain â Rwsia. Dechreuwyd trafod cytundeb rhwng Prydain a Rwsia yn 1906. Trafodwyd tri rhanbarth dadleuol: Persia, Tibet ac Afghanistan. Trefnwyd cytundeb yn 1907. Rhannwyd Persia'n dair ardal: ardal Rwsiaidd, ogleddol; ardal Brydeinig, ddeheuol; ac ardal niwtral yn gwahanu'r ddwy. Cytunodd y ddwy wlad i beidio ag ymyrryd ym materion mewnol Tibet ac Afghanistan mewn unrhyw ffordd a fyddai'n anfanteisiol i Brydain neu Rwsia. Er i Rwsia dwyllo, a thorri'r cytundeb Persiaidd yn gyson, gweithiodd Grey yn galed i geisio cynnal perthynas dda â Rwsia. Roedd hyn yn arwydd mai Ewrop oedd canolbwynt polisi Prydeinig bellach, ac nid yr Ymerodraeth.

ff) Y Sefyllfa yn 1907

Erbyn 1907 roedd Ewrop wedi'i rhannu'n ddau floc. Oherwydd hyn, roedd yr Almaen yn llawer llai diogel nag y bu yn 1890. Llunwyr polisïau'r Almaen oedd yn bennaf cyfrifol am y sefyllfa hon. Rhwng 1897 ac 1907 roedd Bülow a'r Kaiser wedi gweithredu polisi annoeth, oedd yn aml yn bryfoclyd. Nid oedd y *Weltpolitik* wedi ychwanegu llawer o diriogaeth (ac eithrio llond llaw o ynysoedd yn y Cefnfor Tawel) i ymerodraeth yr Almaen dros y môr. Drwy adeiladu llynges fawr, roedd yr Almaen wedi dieithrio Prydain, ac erbyn 1907 Awstria-Hwngari oedd ei hunig gynghreiriad cadarn. Er bod y Cynghrair Triphlyg yn cael ei adnewyddu'n gyson, nid oedd gan yr Almaen lawer o ffydd yn yr Eidal – am reswm da. Yn 1902, roedd yr Eidal a Ffrainc wedi cytuno i aros yn niwtral pe bai ymosodiad yn digwydd ar y naill neu'r llall.

GWEITHGAREDD

I roi prawf ar eich dealltwriaeth, ystyriwch y cwestiwn canlynol: 'Pa mor llwyddiannus oedd polisi tramor yr Almaen yn y cyfnod 1890-1907?'

Trywydd awgrymedig eich ateb:
▼Beth oedd amcanion yr Almaen ar ôl 1890? Oedd ei hamcanion yn rhai rhesymol?
▼Sut aeth yr Almaen ati i wireddu ei hamcanion?
▼I ba raddau yr oedd yr Almaen wedi cyflawni ei hamcanion erbyn 1907?

Y PRIF DDIGWYDDIADAU: 1890-1907

1894	Cynghrair Ffrainc-Rwsia;
1898	Y Gyntaf o Ddeddfau Llynges yr Almaen
1899-	
1902	Rhyfel y Boer;
1904	*Entente* Eingl-Ffrengig;
1905	Moroco: yr Argyfwng Cyntaf;
1906	Cynhadledd Algeciras;
1907	yr *Entente* Driphlyg.

YSTYRIAETH
Pa mor ddifrifol oedd y
tensiynau rhwng prif
bwerau Ewrop yn
1908-1913?

4 Y Tensiwn yn Cynyddu, 1908–13

a) Argyfwng Bosna yn 1908

O ganlyniad i gytundeb rhwng Awstria-Hwngari a Rwsia yn 1897, bu llai o densiwn yn y Balcanau am fwy na deng mlynedd. Er hyn, pryderai Awstria-Hwngari yn fawr am y sefyllfa yn Serbia. Breuddwydiai nifer o wleidyddion Serbia am uno'r holl Serbiaid o fewn Serbia Fwy. Gan fod dwywaith cymaint o Serbiaid yn yr Ymerodraeth Hapsbwrgaidd a Bosna-Hercegovina (talaith a oedd, mewn theori, yn perthyn i Dwrci o hyd, ond a weinyddid gan Awstria-Hwngari ers 1878) ag oedd yn Serbia ei hun, yr unig ffordd y byddai Serbia yn gallu llwyddo i gyflawni ei huchelgeisiau fyddai ar draul Awstria-Hwngari. Yn 1903 dymchwelwyd y llinach Serbaidd bro-Awstriaidd a daeth cyfundrefn bro-Rwsiaidd i gymryd ei lle. Ceisiodd Awstria-Hwngari ddwyn pwysau economaidd ar Serbia, gan waethygu'r berthynas rhwng y ddwy wladwriaeth.

Yn y cyfamser, yn dilyn ei methiant yn y Dwyrain Pell, trodd Rwsia ei sylw'n ôl at y Balcanau. Roedd yn arbennig o awyddus i sicrhau bod ei llongau rhyfel yn gallu teithio o'r Môr Du i'r Môr Canoldir drwy'r Culfor. Ym Medi 1908 cyfarfu Izvolsky, Gweinidog Tramor Rwsia, ag Aehrenthal, Gweinidog Tramor Awstria-Hwngari. Roedd Aehrenthal yn

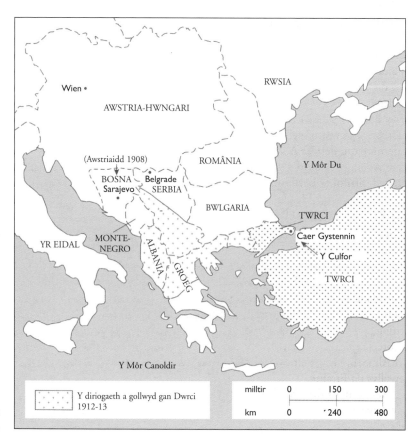

Ffigur 11 Y Balcanau yn 1900 ac 1914

barod i ystyried taro 'bargen' â Rwsia, yn y gobaith o gyfeddiannu Bosna-Hercegovina. Roedd cyfundrefn newydd, o'r enw **y Tyrciaid Ifainc**, wedi dod i rym yn ddiweddar yn Nhwrci. Un o amcanion y Tyrciaid Ifainc oedd dod â Bosna-Hercegovina yn ôl dan reolaeth lwyr Twrci. Pe bai Awstria'n cyfeddiannu'r taleithiau, ni fyddai modd gwneud hyn, a byddai gobeithion Serbia o'u hennill yn dod i ben hefyd. Yn gyfnewid am gefnogaeth Awstria ar fater y Culfor, cytunodd Izvolsky i Awstria gyfeddiannu Bosna.

Pan achubodd Awstria-Hwngari y blaen ar Rwsia, a chyhoeddi ei bod wedi cyfeddiannu Bosna ym mis Hydref 1908, honnodd llywodraeth Rwsia na wyddai unrhyw beth am 'fargen' Izvolsky, a rhoddodd orchymyn iddo gefnogi Serbia a gwrthwynebu gweithred Awstria-Hwngari. Gan honni fod Aehrenthal wedi ei dwyllo, galwodd Izvolsky am gynhadledd ryngwladol i drafod y sefyllfa. Ni thalodd Awstria-Hwngari unrhyw sylw i'r alwad. Cynyddodd y tensiwn pan fynnodd Twrci iawndal a bygythiodd Serbia ryfel. Yn Ionawr 1909 addawodd yr Almaen gefnogaeth lawn i Awstria-Hwngari. Parhaodd y tensiwn hyd Mawrth 1909, pan gydnabyddodd Rwsia, yn gyndyn iawn, gyfeddiannaeth Bosna. Chwalwyd ei gobeithion ynglŷn ag ennill mynediad rhwydd drwy'r Culfor, a theimlai gywilydd a dicter.

b) Cystadleuaeth Lyngesol rhwng Prydain a'r Almaen

Yn 1906 lansiodd Prydain y *Dreadnought*, llong ryfel newydd oedd yn well nag unrhyw long arall ar y môr o ran ei chyflymder, ei harfau a'i chryfder. Yn fuan, roedd gan yr Almaen ei rhaglen *Dreadnought* ei hun ac ymddangosai fel petai goruchafiaeth sylweddol Prydain ar y môr bellach yn ddibwys. Yn awr, roedd gofyn i Brydain ddechrau o'r dechrau i ennill goruchafiaeth unwaith eto. Yn 1908, yn dilyn ei chynnig i leihau'r gwario ar y llynges, bu raid i'r llywodraeth Ryddfrydol ildio i farn y cyhoedd a derbyn y galw am wyth llong ryfel newydd. Methodd ymdrechion i drefnu cytundeb â'r Almaen ynghylch adeiladu llai o longau. O ganlyniad, parhaodd y gystadleuaeth ddrud i greu llynges, gan achosi niwed difrifol i'r berthynas rhwng Prydain a'r Almaen.

c) Moroco: yr Ail Argyfwng, 1911

Ym Mai 1911 meddiannwyd Fez, prifddinas Moroco, gan filwyr Ffrengig yn dilyn gwrthryfel yno. Ymddangosai fel petai Ffrainc ar fin meddiannu Moroco, rhywbeth a fyddai wedi torri cytundeb Algeciras a arwyddwyd yn 1906. Yng Ngorffennaf 1911, daeth cynfad Almaenig, y *Panther*, i borthladd Agadir yn Moroco, i amddiffyn Almaenwyr a'u heiddo yn ôl pob golwg. Mewn gwirionedd, y bwriad oedd 'perswadio' Ffrainc i roi tiriogaeth i'r Almaen fel iawndal, yn gyfnewid am i'r Almaen gydnabod protectoriaeth Ffrainc dros Moroco. Roedd Kiderlen, Gweinidog Tramor yr Almaen, yn gobeithio gwneud 'strôc dda', gan ennill bri i'r Almaen ac ewyllys da Ffrainc.

Roedd llywodraeth Ffrainc yn gymodol: gobeithiai wella ei pherthynas â'r Almaen ac roedd yn barod i dalu'r hyn a ystyriai'n bris teg am ewyllys da yr Almaen. Ond pan ofynnodd Kiderlen am y cyfan o'r Congo

Y TYRCIAID IFAINC
Roedd hon yn blaid o fewn yr Ymerodraeth Otomanaidd. Roedd ei harweinwyr yn gobeithio diwygio, moderneiddio a chryfhau'r Ymerodraeth.

CANLYNIADAU ARGYFWNG 1908-9
▼ Bu raid i Serbia ildio a chydnabod cyfeddiannaeth Bosna. Er i lywodraeth Serbia addo y byddai'n gymdoges dda, roedd mudiadau cudd yn bodoli a gysylltai wladgarwyr Serbaidd yn Bosna â chenedlaetholwyr yn Serbia.
▼ Dirywiodd y berthynas rhwng yr Almaen a Rwsia'n gyflym wedi i'r Almaen roi ei chefnogaeth i Awstria-Hwngari. Erbyn 1909, mae'n siŵr bod Bismarck yn troi yn ei fedd. Nid oedd yr Almaen wedi hybu'r argyfwng yn Bosna, ond ni chredai fod ganddi unrhyw ddewis arall ond cefnogi ei hunig gynghreiriad: erbyn hyn, roedd y gynffon Awstriaidd fel petai'n ysgwyd y ci Almaenig.

Ffrengig, roedd yn amhosibl cael cytundeb cyfeillgar. Ei gamgymeriad mawr, fodd bynnag, oedd anwybyddu Prydain. Poenai Prydain fod yr Almaen yn defnyddio'i grym i flacmelio Ffrainc, ac nid oedd yn barod i anwybyddu'r digwyddiad yn ymwneud â'r *Panther*. Ddiwedd Gorffennaf, cyhoeddodd Lloyd George, aelod pwerus o'r Cabinet a fu'n bleidiol i'r Almaenwyr yn y gorffennol, barodrwydd Prydain i gefnogi Ffrainc i'r eithaf. Cadwyd y llynges Brydeinig ar wyliadwraeth, ac ymddangosai fel petai rhyfel ar fin datblygu rhwng Prydain a'r Almaen. Daeth yr argyfwng i ben yn fuan. Yn ôl cytundeb a arwyddwyd rhwng Ffrainc a'r Almaen yn Nhachwedd, enillodd yr Almaen ddwy lain bitw o dir yn y Congo Ffrengig. Roedd dulliau llawdrwm Kiderlen wedi arwain at ychydig o enillion yn unig i'r Almaen, a'r pris oedd cynyddu'r tensiwn.

ch) Rhyfeloedd y Balcanau

Yn 1911 aeth yr Eidal i ryfel yn erbyn Twrci, gan obeithio ennill dylanwad yn Tripoli (Libya heddiw). Rhoddodd llwyddiant yr Eidal hwb i uchelgeisiau gwladwriaethau bychain y Balcanau o ran ehangu eu tiriogaethau. Yng ngwanwyn 1912 trefnwyd cynghrair rhwng Serbia a Bwlgaria. Ymunodd Groeg a Montenegro â'r cynghrair (a elwid yn Gynghrair y Balcanau) yn yr hydref. Nid oedd gan wladwriaethau'r Balcanau fawr ddim yn gyffredin ac eithrio eu dyhead i yrru'r Tyrciaid allan o Macedonia a rhannu'r ysbail ymysg ei gilydd. Ym mis Hydref 1912, aeth gwledydd Cynghrair y Balcanau i ryfel yn erbyn Twrci. Trechwyd y Tyrciaid yn gyflym ac fe'u gyrrwyd allan o Ewrop (ond nid o Gaer Gystennin). Arwyddwyd cadoediad yn Rhagfyr 1912. Yn union wedi arwyddo'r cytundeb heddwch (yn Llundain ym mis Mai 1913) ymosododd Bwlgaria ar Serbia, o ddicter am iddi golli rhai o'i henillion drwy dwyll. Yn awr, ymunodd Groeg, România a Thwrci yn Ail Ryfel y Balcanau, ar ochr Serbia. Trechwyd Bwlgaria'n gyflym ac fe'i gorfodwyd i ildio'r rhan fwyaf o'r hyn a enillodd yn Rhyfel Cyntaf y Balcanau.

Prif ganlyniadau Rhyfeloedd y Balcanau

▼ Er llwyddo i gadw troedle yn Ewrop, roedd Twrci wedi colli'r rhan fwyaf o'i thiriogaeth Ewropeaidd. Gan wynebu'r posibilrwydd o ymosodiad gan Groeg a Bwlgaria, chwiliodd am wlad gref i'w hamddiffyn. Atebodd yr Almaen ei galwad. Wedi 1913 roedd gan ymgynghorwyr Almaenig ddylanwad sylweddol yn Nhwrci.

▼ Roedd Bwlgaria'n wannach, ac yn ddig.

▼ Bu Rhyfel y Balcanau'n argyfwng annisgwyl a pheryglus o safbwynt y pwerau mawr. Roeddent wedi ymdrechu i dawelu'r argyfwng trwy ddylanwadu ar y cytundeb heddwch. Prif achos y tensiwn ymhlith y pwerau mawrion oedd penderfyniad Awstria-Hwngari i greu Albania annibynnol er mwyn rhwystro Serbia rhag ennill safle ar Fôr Adria. Drwy fygwth rhyfel, llwyddodd Awstria-Hwngari i gyflawni ei nod.

> ▼ Erbyn 1913 roedd poblogaeth Serbia wedi dyblu ac roedd y wlad yn agosáu at gyflawni ei huchelgais o greu Serbia Fwy.
>
> ▼ Credai llawer o arweinwyr Awstria-Hwngari fod yn rhaid 'dinistrio' Serbia er mwyn sicrhau parhad yr Ymerodraeth Hapsbwrgaidd.

d) Y Ras Arfau

Yn 1912 rhoddodd yr Almaen raglen lyngesol fwy uchelgeisiol ar waith, ac ar ben hyn cytunodd y *Reichstag* i gynyddu byddin yr Almaen fwy na 30 y cant, gyda chynlluniau ar gyfer cynyddu pellach. Nid yw'n syndod bod hyn wedi gorfodi pwerau'r *entente* i ystyried eu grym milwrol eu hunain. Yn 1913 cynyddodd Ffrainc ei chonsgripsiwn milwrol o ddwy flynedd i dair. Yn ogystal, rhoddodd Rwsia raglen uchelgeisiol ar waith, gyda'r nod o gynyddu maint ei byddin.

PRIF DDIGWYDDIADAU 1908-13

1908	Argyfwng Bosna;
1911	Moroco: yr Ail Argyfwng;
1912	Rhyfel Cyntaf y Balcanau;
1913	Ail Ryfel y Balcanau.

GWEITHGAREDD

Ystyriwch y cwestiwn canlynol: 'Pam oedd digwyddiadau yn y Balcanau mor fygythiol yn y cyfnod rhwng 1908 ac 1913?'

Trywydd awgrymedig eich ateb:

▼Pwysleisiwch y ffaith fod dau floc pŵer yn Ewrop.

▼Pwysleisiwch y ffaith fod gan y pwerau mawr amcanion gwrthdrawiadol yn y Balcanau.

▼Edrychwch yn fanwl ar argyfwng 1908.

▼Edrychwch yn fanwl ar ryfeloedd y Balcanau yn 1912-13.

---

5 Argyfwng Gorffennaf

a) Y Llofruddiaeth yn Sarajevo

Ychydig o bobl, ar ddechrau 1914, a ragwelai ryfel mawr. Nid oedd Rhyfeloedd y Balcanau wedi achosi gwrthdaro rhwng y pwerau mawr. Yna, ar 28 Mehefin, aeth yr Archddug Franz Ferdinand, etifedd coron Awstria-Hwngari, i ymweld â Sarajevo yn Bosna. Nid oedd yn gynllun

YSTYRIAETH
Pam oedd llofruddiaeth Franz Ferdinand wedi arwain at ryfel?

doeth. Roedd gan derfysgwyr Serbaidd, oedd yn gwybod ers misoedd am yr ymweliad, ddigon o amser i gynllunio llofruddiaeth. Ar 28 Mehefin roedd o leiaf hanner dwsin o derfysgwyr Bosnaidd yn Sarajevo, yn chwilio am gyfle i ladd Franz Ferdinand. Methodd yr ymosodiad cyntaf, pan geisiwyd bomio car yr Archddug. Fodd bynnag, pan gymerodd y *chauffeur* brenhinol y troad anghywir, cafodd Gavrilo Princip gyfle annisgwyl i saethu Franz Ferdinand a'i wraig.

Syfrdanwyd Ewrop gyfan gan y llofruddiaeth. Roedd gwrthdaro rhwng Awstria-Hwngari a Serbia yn ymddangos yn anorfod bellach. Er bod Princip yn Fosniad ac felly'n ddeiliad Awstriaidd, credwyd iddo ef, a'r terfysgwyr eraill, dderbyn arfau a chefnogaeth gan Serbia. Felly rhoddodd y llofruddiaeth esgus perffaith i Awstria-Hwngari weithredu'n filwrol yn erbyn Serbia. Cytunodd Hotzendorf, Pennaeth Staff Milwrol Awstria, yr Iarll Berchtold, y Gweinidog Tramor, a'r Ymerawdwr Franz Joseph ynglŷn â'r angen i sicrhau enw da Awstria-Hwngari (ac efallai ei pharhad) drwy ddial yn llym ar Serbia – hyd yn oed pe byddai hynny'n golygu mentro mynd i ryfel yn erbyn Rwsia.

b) Y 'Siec Wag'

Ar 5-6 Gorffennaf addawodd y Kaiser a'i Ganghellor, Bethmann-Hollweg, gefnogaeth lawn i Awstria-Hwngari, pa gamau bynnag a gymerai yn erbyn Serbia. Dyma'r 'siec wag' fel y'i gelwid. Yn wir, aeth Wilhelm a Bethmann-Hollweg ymhellach: argymhellodd y ddau y dylid gweithredu ar unwaith yn erbyn Serbia. Tybient na fyddai Nicholas II yn cefnogi llofruddiaeth aelod hŷn cyd-deulu brenhinol. O ganlyniad, ac yn y gobaith o ennill buddugoliaeth ddiplomyddol fawr, roedd llywodraeth yr Almaen yn barod i fentro – er nas disgwyliai – rhyfel ar draws Ewrop. Er i'r Almaen ei hannog i 'weithredu ar unwaith', ni wnaeth Awstria-Hwngari unrhyw beth. Yn wir, am dair wythnos, ni chafwyd unrhyw arwydd bod Ewrop yn nesáu at argyfwng mawr. Aeth y Kaiser ar wyliau hwylio. Ni wnaeth yr Almaen unrhyw gynlluniau byrbwyll ar gyfer rhyfel. Ni fu unrhyw ddychryn ym Mhrydain, Ffrainc na Rwsia. Yn wir, ni chafwyd argyfwng gwirioneddol hyd 23 Gorffennaf.

c) Yr Wltimatwm

Pan gyflwynodd Awstria-Hwngari yr wltimatwm i Serbia ar 23 Gorffennaf, syfrdanwyd nifer o weinidogion tramor gan ei lymder. Rhaid oedd derbyn y deg hawliad yn gyfan gwbl o fewn 48 awr (er bod Awstria-Hwngari'n siŵr na fyddai Serbia'n eu derbyn). Roedd ateb medrus llywodraeth Serbia ar 25 Gorffennaf i'w weld yn gymodol – ym marn Wilhelm II hyd yn oed. Er hyn, gwrthododd y Serbiaid yr hawliad pwysicaf, sef caniatáu'r hawl i swyddogion Hapsbwrgaidd ddod i Serbia er mwyn cymryd rhan mewn ymchwiliad i farwolaeth Franz Ferdinand. Wedi'i hatgyfnerthu â sicrwydd o gefnogaeth Rwsia, roedd llywodraeth Serbia yn barod i fentro, a hyd yn oed yn disgwyl rhyfel. Gan nad oedd Serbia wedi derbyn yr wltimatwm yn ddiamod, torrodd Awstria-Hwngari bob cysylltiad diplomyddol, gan orchymyn paratoi rhan helaeth o'i byddin ar gyfer rhyfel.

Pam oedd Awstria-Hwngari wedi oedi cyhyd cyn gweithredu?

▼ Roedd Awstria-Hwngari wedi gobeithio darganfod tystiolaeth glir yn dangos y rhan a gymerodd llywodraeth Serbia yn y llofruddiaeth. Methodd wneud hynny. Yn eironig iawn, ni ellir gwadu bod swyddogion Serbaidd, os nad llywodraeth Serbia, wedi chwarae rhan yn y cynllwyn. Roedd Cyrnol Dimitrijevic, Pennaeth Gwasanaeth Cudd-ymchwil Milwrol Serbia, yn ymwybodol o'r cynllun i lofruddio (er nad oedd yn disgwyl iddo lwyddo!). Yn ogystal, gadawodd swyddogion Serbaidd i'r llofruddwyr – arfog – groesi i mewn i Bosna. Fodd bynnag, nid oedd gan Pasic, Prif Weinidog Serbia, unrhyw gysylltiad â'r llofruddiaeth. Yn wir, roedd casineb mawr yn bodoli rhyngddo ef a Dimitrijevic.

▼ Ni lwyddodd yr Awstriaid i argyhoeddi gweinidogion Hwngari o'r angen am weithredu milwrol tan 16 Gorffennaf.

▼ Roedd Poincaré a Vivani, Arlywydd a Phrif Weinidog Ffrainc, yn mynd ar ymweliad gwladol â Rwsia ar 20-23 Gorffennaf. Nid oedd Awstria-Hwngari yn awyddus i roi'r cyfle i arweinwyr Rwsia a Ffrainc gydgynllwynio. Ni weithredodd y llywodraeth Hapsbwrgaidd hyd nes bod Poincaré a Vivani yn teithio'n ôl ar long i Ffrainc.

ch) Yr Argyfwng yn Gwaethygu

Ar 24-25 Gorffennaf cyhoeddodd Rwsia ei bwriad i gefnogi Serbia. Roedd hyn yn dyngedfennol. Ym marn Sazonov, Gweinidog Tramor Rwsia, roedd wltimatwm Awstria yn her fwriadol. Yn ôl pob golwg, roedd y pwerau 'Almaenig' yn bygwth cydwladwriaeth Slafaidd. Roedd enw da Rwsia yn y Balcanau yn y fantol: pe bai'n troi ei chefn ar Serbia, byddai safle Rwsia yn y Balcanau yn 'dymchwel yn llwyr'. Roedd llywodraeth Rwsia'n benderfynol o sefyll yn gadarn, ac felly cytunodd i weithredu'n filwrol ar raddfa eang. O weld difrifoldeb y sefyllfa, anfonodd Syr Edward Grey gyfres o apeliadau taer i Berlin ar 27 Gorffennaf, gan obeithio perswadio'r Almaenwyr i gefnogi cynhadledd ryngwladol a fyddai'n ceisio datrys yr argyfwng. Ni wrandawodd yr Almaen nac Awstria-Hwngari ar ei alwadau: nid oedd gan Awstria unrhyw ffydd yng nghynadleddau'r pwerau mawr ac nid oedd am adael i Brydain gyfryngu. Ar 28 Gorffennaf cyhoeddodd Awstria-Hwngari ryfel ar Serbia, a'r diwrnod canlynol ymosododd ei gynfadau ar Belgrade.

Yn awr, roedd y Kaiser (a oedd newydd ddychwelyd o'i fordaith) a Bethmann-Hollweg fel petaent yn ailystyried. Ar 29-30 Gorffennaf gwnaeth Bethmann-Hollweg ymdrechion byrhoedlog i ffrwyno Awstria-Hwngari, ond erbyn hyn ni allai'r gwladweinwyr reoli digwyddiadau a oedd yn carlamu yn eu blaen. Dechreuodd arweinwyr milwrol wneud y penderfyniadau.

Ar 28 Gorffennaf gorchmynnodd Rwsia ymfyddiniad rhannol er mwyn rhwystro Awstria-Hwngari. Gwyddai staff milwrol Rwsia y gallai ymfyddiniad rhannol rwystro effeithiolrwydd ymfyddiniad cyffredinol, pe bai angen hynny'n ddiweddarach, ac felly galwodd am ymfyddiniad llawn. Petrusodd arweinwyr Rwsia, oedd yn dal i obeithio osgoi rhyfel â'r Almaen. Anfonodd Nicholas II delegram at Wilhelm ar 29 Gorffennaf yn gofyn am ei gymorth i geisio atal rhyfel. Er gwaethaf tôn gyfeillgar Wilhelm, roedd ateb llysgennad yr Almaen yn dangos yn glir y byddai unrhyw ymfyddiniad gan Rwsia, waeth pa mor rhannol, yn sbarduno ymfyddiniad yr Almaen. Ar 29-30 Gorffennaf, ceisiodd Nicholas a'i weinidogion benderfynu a ddylid gorchymyn ymfyddiniad llawn neu rannol. Nid oedd angen dadlau. Un o brif amcanion ymfyddiniad rhannol oedd tawelu'r Almaen. Gan nad oedd yr Almaen yn fodlon aros yn dawel, yr unig ddewis ar ôl oedd ymfyddino'n llawn neu wneud dim. Ar 30 Gorffennaf, gyda chefnogaeth Ffrainc, cytunodd Nicholas II y dylid ymfyddino'n llawn. Ni ddeallodd Rwsia na Ffrainc yn llwyr fod rhyfel yn awr yn anorfod. Roeddent yn parhau i obeithio y

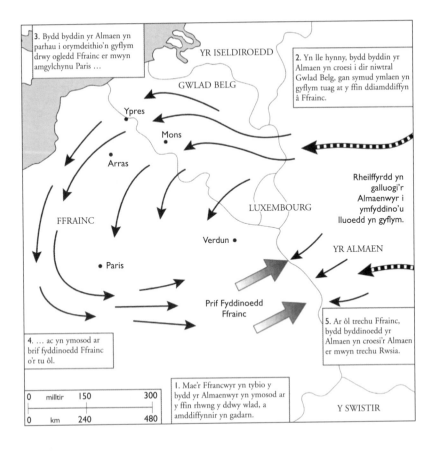

Ffigur 12 Cynllun Schlieffen.

byddai'r Almaen ac Awstria-Hwngari yn barod i drafod telerau cytundeb. Rhoddwyd terfyn ar y gobeithion hyn gan gynlluniau milwrol yr Almaen.

Er syndod, dim ond un cynllun yn unig oedd gan yr Almaen i ddelio â rhyfel mawr. Dyfeisiwyd y cynllun hwn gan Schlieffen, Pennaeth y Staff Milwrol rhwng 1891 ac 1908. Er mwyn datrys y broblem o ymladd rhyfel ar ddau ffrynt, roedd Schlieffen wedi cynllunio ymosodiad agoriadol aruthrol ar Ffrainc (drwy Wlad Belg) gydag un safiad yn unig ar y Ffrynt Dwyreiniol. Gobeithiai fanteisio ar arafwch ymfyddiniad Rwsia. Erbyn y byddai byddin Rwsia'n barod i symud, byddai'r Almaen wedi trechu Ffrainc, a byddai'n symud ei milwyr i'r dwyrain. Os câi Rwsia'r cyfle i ymfyddino, byddai cynllun Schlieffen mewn perygl o fethu.

d) Rhyfel!

Yn awr, mynnodd yr Almaen fod Rwsia yn rhoi'r gorau i'w gweithgareddau milwrol yn erbyn yr Almaen ac Awstria-Hwngari o fewn 12 awr. Pan na chafwyd ateb, cyhoeddodd yr Almaen ryfel ar Rwsia ar 1 Awst, a dechreuodd ymfyddino ei milwyr. Gofynnwyd i Ffrainc am addewid o niwtraliaeth. Pan na ddaeth yr addewid, cyhoeddodd yr Almaen ryfel ar Ffrainc ar 3 Awst. Yn y cyfamser, ar 2 Awst, mynnodd llywodraeth yr Almaen daith ddirwystr i'w milwyr drwy Wlad Belg. Gwrthododd llywodraeth Gwlad Belg 'gais' yr Almaen. O ganlyniad, goresgynnodd yr Almaen Wlad Belg. Cafodd yr ymyriad â niwtraliaeth Gwlad Belg (a warantwyd gan y pwerau mawr yn 1839) effaith fawr ar Brydain. Er bod Grey a'r Prif Weinidog Asquith yn dymuno bod Prydain yn cefnogi Ffrainc, roedd mwy na hanner y Cabinet yn erbyn ymyrraeth o'r fath. Fodd bynnag, roedd y Cabinet bron yn unfryd wrth gytuno y dylai Prydain ymladd er mwyn amddiffyn Gwlad Belg. Credai'r 'chwith' y dylid cefnogi'r gwledydd bychain a chadarnhau cyfraith ryngwladol. Roedd y 'dde' yn ymwybodol o bwysigrwydd strategol Gwlad Belg. Ers canrifoedd, prif amcan polisi Prydain oedd sicrhau na fyddai unrhyw un o'r pwerau mawrion yn rheoli'r Iseldiroedd. Yn awr, mynnodd Prydain fod milwyr yr Almaen yn gadael Gwlad Belg. Pan anwybyddwyd yr wltimatwm hwn, aeth Prydain i ryfel yn erbyn yr Almaen ar 4 Awst.

Ni chyhoeddodd Awstria-Hwngari ryfel ar Rwsia tan 6 Awst, ac ni chyhoeddodd Prydain a Ffrainc ryfel ar Awstria-Hwngari tan 12 Awst. Erbyn hynny, roedd pob un o bwerau mawr Ewrop, ac eithrio yr Eidal, yn rhyfela. (Ofnai'r Eidal rym y llynges Brydeinig, ac felly rhoddodd esgusion da dros anwybyddu ei hymrwymiadau i'r Cynghrair Triphlyg.) Roedd pawb yn disgwyl na fyddai'r rhyfel yn para'n hir. Edrychai Tywysog Coronog yr Almaen ymlaen at 'ryfel bywiog a difyr'.

PRIF DDIGWYDDIADAU HAF 1914	
28 Mehefin	llofruddio Franz Ferdinand;
5-6 Gorffennaf	'siec wag' yr Almaen i Awstria-Hwngari;
23 Gorffennaf	wltimatwm Awstria-Hwngari i Serbia:
28 Gorffennaf	Awstria-Hwngari yn cyhoeddi rhyfel ar Serbia;
1 Awst	yr Almaen yn cyhoeddi rhyfel ar Rwsia;
3 Awst	yr Almaen yn cyhoeddi rhyfel ar Ffrainc;
4 Awst	Prydain yn cyhoeddi rhyfel ar yr Almaen.

6   Pa Wlad fu'n Bennaf Cyfrifol am y Rhyfel Byd Cyntaf?

a) Cyfrifoldeb yr Almaen

Yn 1919 gorfodwyd yr Almaen i dderbyn Erthygl 231 o Gytundeb Versailles (y cymal Euogrwydd Rhyfel, fel y'i gelwir):

Ffynhonnell B

> Mae'r Llywodraethau Cynghreiriol a Chysylltiol yn datgan, ac mae'r Almaen yn derbyn, ei chyfrifoldeb a chyfrifoldeb ei chynghreiriaid am achosi yr holl golledion a'r difrod a ddioddefwyd gan y Llywodraethau Cynghreiriol a Chysylltiol a'u cenhedloedd o ganlyniad i'r rhyfel a orfodwyd arnynt gan ymosodiad yr Almaen a'i chynghreiriaid.

Wedi 1919, dadleuai'r mwyafrif o Almaenwyr fod hyn yn annheg. Ar y cyfan, cytunai haneswyr yr Almaen na fu unrhyw bŵer unigol yn gyfrifol am y rhyfel. Er hyn, yn yr 1960au tynnodd yr hanesydd Almaenig Fritz Fischer nyth cacwn am ei ben pan feiodd yr Almaen am ddechrau'r rhyfel.

Prif ddadleuon Fischer:

▼ Gan ofni llwyddiant sosialaeth yn yr Almaen, dilynai'r dosbarthiadau llywodraethol bolisi bri ar raddfa fyd-eang. Eu bwriad oedd tynnu sylw oddi ar densiynau mewnol a denu pobl i gefnogi'r gyfundrefn sefydledig.

▼ Cyn 1914 roedd gan yr Almaen fwriadau ehangol nid annhebyg i rai Hitler.

▼ Penderfynodd Cyngor Rhyfel yn Rhagfyr 1912 y dylai'r Almaen lansio rhyfel ehangol cyn gynted ag y deuai cyfle da.

▼ Roedd yr Almaen yn gobeithio ac yn disgwyl y byddai rhyfel yn dilyn oherwydd iddi gefnogi Awstria-Hwngari yn Ngorffennaf 1914.

Beirniadaeth ar ddadl Fischer:

▼ Roedd Bülow a Bethmann-Hollweg ill dau wedi diystyru rhyfel fel ateb i broblem sosialaidd y wlad.

▼ Ni ddilynodd yr Almaen bolisi cydlynol yn ystod y blynyddoedd cyn 1914.

▼ Ni phenderfynodd llywodraeth yr Almaen fynd i ryfel yn Rhagfyr 1912. Roedd y Cyngor Rhyfel yn cyfarfod yn anghyson, ac nid oedd y Canghellor yn bresennol.

▼ Ni wnaeth yr Almaen unrhyw baratoadau pendant ar gyfer rhyfel ar ôl 1912. Roedd y gefnogaeth a roddodd i Awstria-Hwngari yn 1912-13 yn syndod o fach.

▼ Drwy ganolbwyntio ar yr Almaen yn unig, mae Fischer yn gwyrdroi'r darlun o'r sefyllfa ddiplomyddol yng Ngorffennaf 1914. Roedd llunio polisi yn fater pwysig mewn gwledydd eraill hefyd.

Er hyn, hyd yn oed os gwrthodir dadl Fischer, gellir parhau i ddal yr Almaen yn gyfrifol am y rhyfel.

▼ O ganlyniad i bolisïau ymosodol yr Almaen, cynyddodd y tensiwn a dirywiodd cydberthynas y gwledydd ar ôl 1897, gan godi digon o ofn ar Ffrainc, Rwsia a Phrydain nes peri iddynt ffurfio aliniad amddiffynnol.

▼ Anogodd yr Almaen Awstria i fod yn ddigyfaddawd yng Ngorffennaf 1914.

▼ Yn 1914, roedd rhai o arweinwyr milwrol yr Almaen yn cefnogi rhyfel ataliol.

▼ O ganlyniad i Gynllun Schlieffen, byddai ymfyddiniad yr Almaen yn golygu rhyfel.

▼ Drwy oresgyn Gwlad Belg, daeth yr Almaen â Phrydain i mewn i'r rhyfel.

b) Cyfrifoldeb Awstria

▼ Gorliwiodd y llywodraeth Hapsbwrgaidd y bygythiad o du Serbia. Nid oedd poblogaeth Serbia'n ddim mwy na degfed ran poblogaeth Awstria-Hwngari. Roedd wedi dioddef colledion mawr yn ystod Rhyfeloedd y Balcanau ac roedd ei byddin a'i heconomi mewn cyflwr enbyd.

▼ Mabwysiadodd arweinwyr Awstria bolisi rhyfelgar. Yn 1913-14 anogodd Hotzendorf, Pennaeth y Staff Milwrol, ryfel yn erbyn Serbia.

▼ Ceisiodd Awstria-Hwngari elwa ar lofruddiaeth Sarajevo. Nid oedd angen llawer o anogaeth oddi wrth yr Almaen.

▼ Cyfrannodd Awstria-Hwngari at yr argyfwng drwy oedi ar ôl llofruddiaeth Sarajevo cyn rhoi wltimatwm i Serbia. Mae'n bosibl y byddai ymosodiad sydyn ar Serbia wedi gallu arbed rhyfel.

▼ Awstria-Hwngari oedd y pŵer cyntaf i ddefnyddio grym.

c) Cyfrifoldeb Rwsia

▼ Roedd Rwsia'n analluog (ac efallai'n anfodlon) i rwystro neu reoli cenedlaetholdeb Serbaidd/Slafaidd.

▼ Dylanwadwyd ar benderfyniad Serbia i wrthod yr wltimatwm Awstriaidd gan addewid o gefnogaeth oddi wrth Rwsia.

▼ Cafodd penderfyniad Rwsia i ymfyddino ganlyniadau trychinebus.

ch) Cyfrifoldeb Ffrainc

Mae'n anodd beio Ffrainc am y rhyfel. Erbyn 1890 ni cheid cymaint o ymgyrchu i adennill Alsace-Lorraine, ac ni ddangosodd Ffrainc unrhyw awydd am ryfel o ddial wedi hynny. Er i Ffrainc addo cefnogi Rwsia yn 1914 (rhyw fath o 'siec wag' Ffrengig), nid anogai Rwsia i frwydro.

Roedd Arlywydd a Prif Weinidog Ffrainc ill dau ar long rhwng 23 a 29 Gorffennaf, ac felly ni allent ddylanwadu ar y digwyddiadau.

d) Cyfrifoldeb Prydain

Beiwyd Grey am beidio â gwneud digon i sicrhau heddwch. Er hyn, mae'n anodd gweld sut y gallai fod wedi gwneud mwy. Codi sgwarnogod yw dweud y gallai fod wedi atal ymosodiadau'r Almaen drwy roi ar ddeall y byddai Prydain yn cefnogi Ffrainc. Roedd arweinwyr yr Almaen yn disgwyl ymyrraeth Prydain – ac nid oeddent yn poeni llawer yn ei gylch! Gan mai 150,000 o filwyr yn unig (hanner maint byddin Gwlad Belg) oedd ym Myddin Ymgyrchol Prydain, nid oedd yn debygol o amharu ar Gynllun Schlieffen.

dd) Cyfrifoldeb Serbia

▼ Cyn 1914 amharwyd ar sefydlogrwydd y Balcanau gan ehangiad ymosodol Serbia.

▼ Gallai llywodraeth Serbia fod wedi derbyn yr wltimatwm gan Awstria.

e) Diweddglo

Mae'n annhebygol bod unrhyw un o'r gwledydd wedi cynllunio neu ddymuno rhyfel cyffredinol yn 1914. Nid yw barn Fischer, sef bod yr Almaen wedi cychwyn y rhyfel yn fwriadol, yn argyhoeddi. (Pan ofynnodd Bülow i Bethmann-Hollweg, yn fuan wedi cychwyn y rhyfel, sut y bu iddo ddatblygu, atebodd Bethmann-Hollweg 'Pe bawn i 'mond yn gwybod'.) Fodd bynnag, er nad oedd yn gwbl gyfrifol am y rhyfel, mae'n ymddangos bod mwy o fai ar yr Almaen nag ar unrhyw bŵer arall. Roedd oportiwnistiaeth, oedd yn elfen amlwg a chyson yn niplomyddiaeth yr Almaen wedi 1890, yn nodwedd amlwg o wladweinyddiaeth yr Almaen yng Ngorffennaf 1914. Drwy roi 'siec wag' i Awstria-Hwngari, roedd yr Almaen yn dangos ei bod yn barod i fentro rhyfel cyffredinol. Mabwysiadodd arweinwyr yr Almaen y strategaeth eithriadol beryglus hon gydag agwedd a oedd bron yn ddidaro. O ganlyniad, erbyn diwedd Gorffennaf, roedd yn rhaid i'r Almaen ddewis rhwng mynd i ryfel neu ddioddef gwarth diplomyddol. Yr Almaen ei hun oedd yn gyfrifol am ei chyfyng-gyngor.

GWEITHGAREDD

Ffurfiwch chwe thîm – yr Almaen, Awstria-Hwngari, Rwsia, Prydain, Ffrainc a Serbia. Mae gan bob tîm ddwy dasg: a) paratoi achos yn amddiffyn eu gwlad a b) llunio nifer o gwestiynau ar gyfer y timau/gwledydd gwrthwynebol. Yna, dylai pob gwlad gymryd ei thro yn y 'doc'. Yn gyntaf, dylai capten pob tîm ddarllen y ddiffynneb. Yna, rhaid i'r timau eraill ofyn cwestiynau. Mae'r timau'n batio yn eu tro. Ar y diwedd, dylai pob tîm benderfynu pwy oedd fwyaf ar fai, gan roi marc o 6 i'r wlad sydd fwyaf cyfrifol am y rhyfel yn eu barn hwy, 5 marc i'r nesaf, ac ati. Cynhaliwch bleidlais i weld pa wlad sy'n ennill y bleidlais fwyaf ac sydd felly'n cael ei beio fwyaf am y rhyfel.

7 Beth oedd Prif Achosion y Rhyfel?

a) Pa mor Bwysig oedd y Sefyllfa yn y Balcanau?

Roedd uchelgeisiau gwrthdrawiadol Awstria-Hwngari a Rwsia yn y Balcanau wedi cynyddu'r tensiwn ers blynyddoedd. Er hyn, erbyn 1914 y gwrthdaro rhwng Awstria a Serbia oedd y mater hanfodol. Roedd gan genedlaetholdeb Serbaidd y potensial i fygwth yr Ymerodraeth Hapsbwrgaidd. Cyfatebai anfodlonrwydd Serbia ynglŷn ag Awstria yn cyfeddiannu Bosna-Hercegovina i ddychryn Awstria o weld twf Serbia o ganlyniad i Ryfel y Balcanau. Yn y pen draw, dechreuodd y Rhyfel Byd Cyntaf fel brwydr i benderfynu ar ddyfodol y Balcanau. Gwnaeth Awstria-Hwngari a'r Almaen gais i reoli'r ardal: penderfynodd Rwsia eu hatal.

b) Pa mor Bwysig oedd y Gyfundrefn Gynghreiriol?

I raddau, gellir priodoli'r ffaith fod yr anghytundeb rhwng Awstria a Serbia wedi troi'n rhyfel cyffredinol i'r gyfundrefn gynghreiriol. Gellir gweld hyn fel arwydd o ansicrwydd, yn ogystal â ffactor a gyfrannai at yr ansicrwydd hwnnw. Mae modd dadlau bod y gyfundrefn gynghreiriol yn cyfyngu ar hyblygrwydd ymateb y pwerau mawr i argyfyngau. Y diffyg hyblygrwydd hwn a barodd i'r Almaen oresgyn Ffrainc mewn ymateb i fygythiad Rwsia yn 1914.

Er hyn, mae'n bosibl gorbwysleisio anhyblygrwydd y gyfundrefn gynghreiriol. Er enghraifft, yn Awst 1914 gwrthododd yr Eidal gefnogi ei phartneriaid yn y Cynghrair Triphlyg. Nid oedd yr *Entente* Driphlyg yn gynghrair hyd yn oed. Nid oedd gan Brydain unrhyw ymrwymiadau penodol. Yn 1914, ni wyddai unrhyw un yn iawn beth fyddai ymateb Prydain i'r argyfwng. Nid yw hyn yn syndod: hyd nes i'r Almaen oresgyn Gwlad Belg, ni allai cabinet Prydain gytuno ynglŷn â sut y dylai Prydain weithredu. Er i nifer o haneswyr ar ôl 1914 ddadlau bod rhyfel yn ganlyniad anorfod i'r gyfundrefn gynghreiriol, mae'n ddiddorol nodi bod llawer o haneswyr yr oes yn credu ei bod wedi helpu i gynnal yr heddwch drwy greu cydbwysedd grym.

c) Pa mor Bwysig oedd 'Anarchiaeth Ryngwladol'?

Wedi 1918, roedd gwleidyddion cwbl annhebyg i'w gilydd, megis Lenin a'r Arlywydd Americanaidd Woodrow Wilson, yn cytuno bod bodolaeth gwladwriaethau cenedlaethol, a geisiai eu lles eu hunain yn lle cydweithredu er lles Ewrop gyfan, yn siŵr o arwain at ryfel yn y pen draw. Fodd bynnag, er bod 'anarchiaeth ryngwladol' wedi bod yn ffactor amlwg mewn materion Ewropeaidd ers o leiaf 1871, roedd Ewrop wedi mwynhau 40 mlynedd o heddwch yn ystod y cyfnod hwn. Rhannwyd Affrica'n heddychlon a datryswyd y sefyllfa yn China o ganlyniad i ddiplomyddiaeth henffasiwn. Ar ben hynny, cyn 1914 tueddai'r pwerau Ewropeaidd i 'gydweithredu' er mwyn cynnal yr heddwch: roedd yn arferiad i ymateb i argyfyngau drwy gynnal cynadleddau rhyngwladol er mwyn datrys problemau ar y cyd. (Cafwyd cynadleddau yn 1906 ac 1912-13.) Arwydd o'r tensiwn cynyddol, nid ei achos, oedd dadfeiliad y 'cytgord' yn 1914.

ch) Pa mor Bwysig oedd y Ras Arfau?

Honnwyd bod ras arfau yn bodoli yn Ewrop cyn 1914, a bod hyn wedi peri bod rhyfel yn anorfod. Fodd bynnag, petai ras arfau'n arwain at ryfel bob tro, ni fyddai'r byd wedi dod drwy'r Rhyfel Oer. Gellir dadlau bod y cyfoeth o arfau yn Ewrop yn 1914 wedi gweithredu fel arf ataliol. Ar ben hynny, ni ddechreuodd y mwyafrif o'r pwerau gynyddu maint eu byddinoedd tan ar ôl 1912. Er hyn, does dim dwywaith bod y diwygiadau i fyddin Rwsia, y disgwylid eu cwblhau erbyn 1917, wedi peri pryder mawr i'r Almaen, yn gymaint felly nes bod rhai o arweinwyr milwrol y wlad yn gweld synnwyr mewn rhyfel ataliol yn erbyn Rwsia. Ni ellir amau, chwaith, fod y gystadleuaeth rhwng Prydain a'r Almaen ar y môr wedi helpu i chwerwi'r berthynas rhwng y ddwy wlad. I raddau helaeth, roedd parodrwydd Prydain i fynd i ryfel yn 1914 yn ffrwyth y teimladau gwrth-Almaenig a gododd yn ystod y gystadleuaeth rhwng y llyngesau.

d) Pa mor Bwysig oedd Ymfyddiniad Milwrol?

Cyfrannodd ymfyddiniad milwrol – neu 'rhyfel yn ôl amserlen' yng ngeiriau A.J.P. Taylor – yn sylweddol at gychwyn y rhyfel yng Ngorffennaf/Awst 1914. Roedd Taylor yn dadlau mai cynlluniau cystadleuol ar gyfer ymfyddino oedd yn gyfrifol, bron yn llwyr, am gychwyn y rhyfel. Pe bai'r Almaen yn caniatáu amser i Rwsia ymfyddino, ni fyddai modd gweithredu Cynllun Schlieffen. Roedd llwyddiant yr Almaen yn dibynnu ar weithredu'n gyflym. Er mwyn caniatáu ymfyddiniad cyflym, cynlluniwyd amserlenni rheilffyrdd manwl: nid oedd modd newid y rhain yn rhwydd heb ddrysu popeth. Roedd cynlluniau'r Almaen i ymfyddino yn golygu rhyfel ar unwaith, bron. Er bod cynlluniau'r Almaen yn hanfodol, nid oeddent yn unigryw: roedd cynlluniau rhyfel pob un o'r pwerau mawr yn dibynnu ar amserlenni rheilffyrdd a threfnu milwyr yn gyflym. Tybiwyd – yn anghywir – y byddai'r ochr a allai ymfyddino'n gyflym a tharo'r ergyd gyntaf yn ennill. Ar ddiwedd Gorffennaf, felly, wrth i'r gwledydd ddechrau ymfyddino, sylweddolodd y diplomyddion nad oedd ganddynt fawr o ryddid wrth drafod.

dd) Pa mor Bwysig oedd Cystadleuaeth Gyfalafol?

Honiadau haneswyr Marcsaidd:

▼ Roedd gwleidyddion yn weision bach i ddiwydianwyr ac arianwyr pwysig.

▼ Gallai diwydianwyr, yn arbennig cynhyrchwyr arfau, elwa'n fawr drwy hybu rhyfel.

▼ Yn anorfod, roedd y gystadleuaeth wyllt rhwng cystadleuwyr masnachol am farchnadoedd a defnyddiau crai wedi arwain at 'ryfel imperialaidd'.

Y farn wrth-Farcsaidd

▼ Ni cheir unrhyw dystiolaeth yn dangos bod diwydianwyr ac arianwyr yn pwyso am ryfel. Yn wir, roedd y mwyafrif yn gwrthwynebu rhyfel, gan wybod y gallent fod ar eu colled yn hytrach na'u hennill.

▼ Nid yw'r farn fod gwladwriaethau cyfalafol yn rhwym o gymryd rhan mewn rhyfeloedd i ennill yr hawl i ddefnyddiau crai y trefedigaethau yn cyd-fynd â'r ffeithiau. Am ran helaeth o'r amser, roedd y prif gystadlu'n digwydd rhwng Prydain a Ffrainc a Rwsia – nid rhwng Prydain a'r Almaen. Mae'r ffaith fod cystadlaethau imperialaidd Prydain â Ffrainc a Rwsia wedi cael eu datrys yn dangos na ellir cyffredinoli wrth honni bod y fath gystadlaethau'n arwain at ryfel. Yn wir, erbyn 1914 roedd y mwyafrif o'r problemau imperialaidd wedi cael eu datrys.

e) Pa mor Bwysig oedd Cenedlaetholdeb?

Roedd cenedlaetholdeb yn rym sylweddol ym mhob gwlad Ewropeaidd, bron. Fe'i hybwyd gan addysg dorfol, y wasg boblogaidd a chan garfanau pwyso adain dde. Dechreuodd damcaniaethau y Darwiniaid Cymdeithasol ynghylch goroesiad y cymhwysaf ddylanwadu ar y meddwl cenedlatholgar. Er enghraifft, roedd llawer o Almaenwyr yn eu gweld eu hunain fel y genedl gymhwysaf. Breuddwydiai rhai am uno'r holl Almaenwyr o fewn gwladwriaeth Almaenig Fwy a fyddai wedyn yn tra-arglwyddiaethu ar genhedloedd 'israddol' dwyrain Ewrop. Roedd gan banslafiaeth naws hiliol hefyd. Yn ogystal, roedd cenedlaetholdeb y Balcanau yn broblem fawr – yn enwedig gan nad oedd y ffiniau'n cyfateb i grwpiau cenedlaethol. Yn eironig, pleidleisiai'r mwyafrif o bobl Ewrop dros bleidiau sosialaidd a rhyddfrydol – nid cenedlaethol – cyn 1914, ac roedd mudiad heddwch rhyngwladol cryf yn bodoli ledled Ewrop. Fodd bynnag, daeth y gwrthdystiadau heddwch yn ninasoedd Ewrop i ben tua diwedd Gorffennaf 1914 – fe'u disodlwyd gan dorfeydd bonllefus, cenedlatholgar wrth i deyrngarwch cenedlaethol gymryd lle cydlyniad ar sail dosbarth. Ceir argraff fawr yn Awst 1914 o genhedloedd unedig ac o filwyr yn mynd i ryfel yn llawen. Bu'r cydsynio ymddangosiadol genedlaethol hwn o gymorth i ennill y gefnogaeth a gynhaliai (ac a gyfyngai, o bosibl) y llywodraethau yn 1914.

f) Pa mor Bwysig oedd Argyfyngau Mewnol?

Awgrymwyd bod yr Almaen, Awstria-Hwngari a Rwsia, oedd yn wynebu problemau mewnol difrifol, yn awyddus am ryfel er mwyn uno'u cenhedloedd ac osgoi chwyldro. Nid yw'r farn hon o gymorth. Y sefyllfa ryngwladol ddirywiol, ac nid datblygiadau mewnol, sy'n esbonio amseru'r rhyfel. Goresgyniad o'r tu allan, ac nid chwyldro o'r tu mewn, oedd y gwir fygythiad ym marn y llywodraethau.

ff) Ai Damwain oedd y Rhyfel, ynteu Damwain yn aros i Ddigwydd?

Mae rhai haneswyr yn cymharu Ewrop yn 1914 â chasgen bowdr ar fin ffrwydro. Mae eraill yn fwy sgeptig. Yn ôl A.J.P. Taylor, nid oedd llawer o resymau mawr dros y rhyfel. Damwain oedd hi, meddai: os rhywbeth, amserlenni'r rheilffyrdd oedd ar fai. Heb amheuaeth, nid yw esboniadau dwfn, ar eu pen eu hunain, yn ddigonol i esbonio pam y bu i'r rhyfel ddechrau pan wnaeth. Pe na bai Franz Ferdinand wedi cael ei lofruddio yn 1914, ni fyddai'r rhyfel wedi digwydd. Er hyn, rhaid deall y datblygiadau a ddigwyddodd cyn 1914 er mwyn deall pam y bu i'r llofruddiaeth honno arwain at ryfel Ewropeaidd. Roedd y rhyfel yn ddamwain, ond roedd hefyd yn ddamwain oedd yn aros i ddigwydd.

g) Diweddglo

Yn 1914, ofnai pob un o'r pwerau mawr fod eu buddiannau hanfodol dan fygythiad – buddiannau yr oedd yn werth mynd i ryfel er eu mwyn. Honnai pob un ohonynt eu bod yn ymladd rhyfel er mwyn eu hamddiffyn eu hunain, ac ar un ystyr roedd hynny'n wir: roedd cymhellion pob un wedi'u seilio'n fwy ar ansicrwydd ac ofn y byddai eraill yn ehangu eu tiroedd nag ar eu hawydd i ehangu eu tiroedd eu hunain. Credai pob un ohonynt na fyddai'r rhyfel yn un hir ac mai gorau amddiffyn, ymosod. Roedd pob un yn anghywir: ni fu'r rhyfel yn fyr, a daeth yn amlwg mai gorau amddiffyn, amddiffyn. Pe bai arweinwyr Ewrop wedi deall yr erchylltra a oedd o'u blaenau, mae'n sicr na fyddent wedi gweithredu fel y gwnaethant yn 1914.

▼ Gweithio ar Wreiddiau'r Rhyfel Byd Cyntaf

Wrth geisio deall achosion digwyddiad hanesyddol, mae'n fuddiol, bob amser, ystyried:
- ▼ Beth oedd y prif achosion tymor hir (rhagamodau)?
- ▼ Beth oedd y prif achosion tymor canolig (presipitinau)?
- ▼ Beth oedd y prif achosion tymor byr (sbardunau)?

Efallai y bydd dadl yn codi ynghylch union ystyr rhagamod (o'i gyferbynnu â phresipitin) ac union ystyr presipitin (o'i gyferbynnu â sbardun). Peidiwch â phoeni am hyn. Mae'r rhaniadau'n arwynebol i raddau. Eu prif bwrpas yw rhoi trefn ar eich meddyliau. Ceisiwch ddeall beth, yn eich barn chi, oedd y prif ragamodau, presipitinau a sbardunau a arweiniodd at y Rhyfel Byd Cyntaf. A oedd unrhyw un o'r rhagamodau yn ddigon i beri bod rhyfel yn anorfod? I ba raddau oedd y rhyfel i'w weld yn agos erbyn 1914? A ellid neu a ddylid bod wedi osgoi'r rhyfel yn 1914?

Ateb Cwestiynau Ysgrifennu Estynedig a Thraethawd ar Wreiddiau'r Rhyfel Byd Cyntaf

Ystyriwch y cwestiwn canlynol: 'I ba raddau y dylid dal yr Almaen yn gyfrifol am ddechrau'r Rhyfel Byd Cyntaf?'

Un ffordd o drin y cwestiwn hwn yw drwy ystyried y dadleuon hanesyddiaethol yn gyntaf. Beth fu barn haneswyr ynglŷn â chyfrifoldeb yr Almaen? (Mae daliadau Fischer yn arbennig o bwysig.) Yna gallech ddefnyddio'r cynllun a amlinellwyd yn yr adran flaenorol, gan edrych yn fanwl ar bolisi'r Almaen yn y tymor hir, canolig a byr. Bydd raid i chi hefyd ddweud rhywbeth am gyfrifoldeb gwledydd eraill. Os nad oedd yr Almaen yn gyfrifol, pwy – neu beth – oedd? Yn olaf, rhaid i chi ddod i gasgliad. Byddwch yn ddigon dewr i ddweud eich barn. Beth yw'r brif dystiolaeth o blaid eich dadl?

Ateb Cwestiynau Seiliedig ar Ffynonellau ar Wreiddiau'r Rhyfel Byd Cyntaf

… cefais ganiatâd gan y Kaiser i hysbysu ein rhadlonaf fawrhydi y gallwn ddibynnu, yn yr achos hwn fel ym mhob achos arall, ar gefnogaeth lwyr yr Almaen … gwyddai'n bendant y byddai Herr von Bethmann-Hollweg yn cytuno ag ef. Yn enwedig o ran ein gweithredu yn erbyn Serbia. Ond ym marn y Kaiser ni ddylid oedi cyn gweithredu. Heb amheuaeth, bydd agwedd Rwsia yn elyniaethus, ond bu'n paratoi am hyn ers blynyddoedd, a phe na ellid osgoi rhyfel rhwng Awstria-Hwngari a Rwsia, gallem efallai deimlo'n argyhoeddedig y byddai'r Almaen, ein hen gynghreiriad ffyddlon, wrth ein hochr. Ar y pryd, nid oedd Rwsia'n barod o gwbl am ryfel, a byddai'n meddwl ddwywaith cyn brwydro … pe baem yn wirioneddol wedi gweld yr angen am weithredu'n rhyfelgar yn erbyn Serbia, byddai ef [y Kaiser] yn edifar pe na baem yn elwa ar y foment hon, sydd gymaint o'n plaid.

Ffynhonnell C adroddiad o'r sgwrs a gynhaliwyd yn Berlin ar 5 Gorffennaf 1914 rhwng Wilhelm II a'r llysgennad Awstriaidd, Iarll Szogyeny, ac a anfonwyd gan Szogyeny at Berchtold, Gweinidog Tramor Awstria.

Nid yw Awstria'n bwriadu goddef gweithgareddau tanseiliol y Serbiaid mwyach, na chwaith agwedd gyson heriol ei chymdoges fechan yn Belgrade ... Mae hi'n ymwybodol iawn ei bod hi wedi colli sawl cyfle, a bod cyfle iddi weithredu o hyd, er na fydd hi, o bosibl, yn gallu gwneud hynny ymhen rhai blynyddoedd. Yn awr, mae Awstria'n mynd i herio Serbia, ac mae hi wedi dweud hyn wrthym ... Ac nid ydym, ar hyn o bryd, wedi gorfodi Awstria i ddod i'r penderfyniad hwn. Ond ni ddylem geisio ei hatal chwaith. Pe baem yn gwneud hynny, byddai gan Awstria (a ninnau ein hunain hefyd) yr hawl i'n ceryddu, am ddwyn oddi arni ei chyfle olaf i'w hailsefydlu ei hun yn wleidyddol. Ac yna byddai'n nychu ac yn dadfeilio'n fewnol yn gyflymach fyth. Byddai ei safle yn y Balcanau wedi diflannu am byth. Yn ddiamau, byddwch yn cytuno â mi na allwn *ni*, hyd yn oed, yn anuniongyrchol, ganiatáu goruchafiaeth absoliwt Rwsia yn y Balcanau. Mae cynnal Awstria ... yn rheidrwydd arnom am resymau mewnol ac allanol.

    Rhaid i ni geisio lleoleiddio'r gwrthdaro rhwng Awstria a Serbia. Mae ein llwyddiant yn hyn o beth yn dibynnu ar Rwsia'n gyntaf, ac yn ail, ar allu cynghreiriaid Rwsia i ddylanwadu o blaid cymedroldeb. Po fwyaf penderfynol fydd Awstria, mwyaf brwd fydd ein cefnogaeth iddi, a mwyaf llonydd fydd Rwsia. Bydd rhywfaint o gynnwrf yn St Petersburg, wrth gwrs, ond ar y cyfan, nid yw Rwsia'n barod i ymladd ar hyn o bryd. Ac ni fydd Ffrainc na Lloegr yn awyddus am ryfel ar hyn o bryd. Yn ôl pob tystiolaeth gymwys, bydd Rwsia'n barod i ymladd mewn rhai blynyddoedd. Yna, bydd hi'n ein dinistrio oherwydd maint ei byddin: yna bydd hi wedi adeiladu ei llynges yn y Môr Baltig, a'i rheilffyrdd strategol.

Ffynhonnell Ch   ysgrifennwyd gan Jagow, Ysgrifennydd Gwladol yr Almaen, at y Tywysog Lichnowsky, llysgennad yr Almaen yn Llundain, ar 18 Gorffennaf 1914.

▼ CWESTIYNAU AR FFYNONELLAU

1. Edrychwch yn fanwl ar Ffynonellau C ac Ch. I ba raddau maent yn cytuno â'i gilydd? **[10 marc]**
2. I ba raddau y gellir dibynnu ar Ffynhonnell C? **[10 marc]**

Pwyntiau i'w nodi ynglŷn â'r cwestiynau

Cwestiwn 1 Mae'r ddwy ffynhonnell yn awgrymu bod yr Almaen wedi cefnogi penderfyniad Awstria-Hwngari i weithredu. I ba raddau mae'r ffynonellau'n amrywio o ran eu pwyslais?

Cwestiwn 2 Sylwch fod geiriau Wilhelm yn cael eu hadrodd. A fyddai Szogyeny wedi gallu newid pwyslais yr hyn a ddywedodd Wilhelm?

Darllen Pellach

Llyfrau yng nghyfres *Access to History* Hodder and Stoughton
Ceir triniaeth ddefnyddiol iawn yn *Rivalry and Accord: International Relations 1870-1914* gan John Lowe. Mae hefyd yn werth darllen yr adrannau perthnasol ar bolisi tramor yn *Reaction and Revolutions: Russia 1881-1924* gan Michael Lynch, *From Bismarck to Hitler: Germany 1890-1933* gan Geoff Layton, *France: The Third Republic 1870-1914* gan Keith Randell a *Britain and the European Powers 1865-1914* gan Robert Pearce.

Cyffredinol
Mae'r llenyddiaeth ar wreiddiau'r rhyfel yn ddi-ben-draw. Mae *The Origins of the First World War* gan R. Henig, 1993 (Routledge) yn rhoi cyflwyniad byr, safonol. Rhowch gynnig hefyd ar *The Outbreak of the First World War: 1914 in Perspective* gan D. Stevenson (Macmillan). Mae astudiaethau manylach yn cynnwys *The Origins of the First World War* gan J. Joll, 1992 (Longman), *Decisions for War, 1914* gan K. Wilson (gol.), 1995 (UCL Press) a *The Origins of the First World War* gan H.W. Koch (gol.), 1984 (Macmillan). Rhaid bod yn ofalus wrth ddarlllen llyfrau Fischer, *Germany's War Aims in the First World War*, 1967 a *War of Illusions*, 1972 (y ddau wedi'u cyhoeddi gan Chatto & Windus).

PENNOD 3

EFFAITH Y RHYFEL BYD CYNTAF

PWYNTIAU I'W HYSTYRIED

Yn y bennod hon, byddwch yn astudio hynt a chanlyniadau'r Rhyfel Byd Cyntaf. Er i'r brwydro ddigwydd ar hyd a lled y byd, gan ymwneud â nifer o genhedloedd y tu hwnt i Ewrop, roedd y frwydr yn un Ewropeaidd yn ei hanfod. Dechreuodd – a digwyddodd y rhan fwyaf o'r brwydro – yn Ewrop. Cafodd effaith aruthrol ar Ewrop. Rhannwyd y bennod hon yn gyflwyniad a phum adran. Mae'n bosibl y byddwch yn canolbwyntio ar un o'r adrannau hynny yn hytrach na'r cwbl. Gellir darllen yn gyflym trwy'r adrannau hynny sy'n cynnig cefndir yn unig i'ch prif faes diddordeb. Fodd bynnnag, ni fyddai'n ddoeth eu hanwybyddu'n llwyr. Mae'r gallu i osod eich gwybodaeth mewn cyd-destun eang yn fantais wrth astudio unrhyw bwnc hanesyddol. Er enghraifft, ni ellwch ddeall yn iawn yr hyn a ddigwyddodd yn Rwsia yn 1917 neu gytundeb heddwch 1919 os nad oes gennych rywfaint o wybodaeth am y rhyfel.

Yn Awst 1914 aeth pob un o bwerau mawr Ewrop (ac eithrio yr Eidal) i ryfel. Ychydig o ryfeloedd mewn hanes a fu mor boblogaidd ar y cychwyn. Ledled Ewrop, roedd llanciau'n rhuthro i ymrestru. Roedd bron pawb o'r farn na fyddai'r rhyfel yn para'n hir. Fodd bynnag, ni ddatblygodd yn ôl y disgwyl. Dirywiodd yn rhyfel athreuliol ar raddfa na welwyd mo'i fath o'r blaen. Cafodd miliynau o filwyr eu lladd neu eu clwyfo'n ddifrifol. Mae haneswyr yn dadlau ynghylch nifer o agweddau ar y rhyfel. Y cwestiwn allweddol cyntaf yw, pam y bu iddo bara mor hir? Pe bai wedi gorffen cyn 1916, mae'n annhebygol y byddai'r Tsar Nicholas II wedi cael ei ddiorseddu ym Mawrth 1917. Pe na bai Chwyldro Mis Mawrth wedi digwydd, mae y tu hwnt i amgyffred y byddai'r Bolsiefigiaid wedi dod i rym yn Nhachwedd 1917. Un o weithredoedd cyntaf y llywodraeth Folsiefigaidd oedd tynnu Rwsia allan o'r rhyfel, rhywbeth a fyddai wedi gallu newid canlyniad y rhyfel yn hawdd. Fodd bynnag, yn 1917 ymunodd UDA â'r rhyfel ar ochr y Cynghreiriaid. A yw dyfodiad UDA yn esbonio buddugoliaeth y Cynghreiriaid yn 1918? Ar ôl ennill y rhyfel, bu raid i'r buddugwyr greu heddwch. Mae canlyniadau eu hymdrechion – Cytundeb Heddwch Versailles – wedi peri dadleuon ymhlith haneswyr fyth oddi ar hynny.

1 Pam oedd y Rhyfel Wedi Para mor Hir?

YSTYRIAETH
Pam na ddaeth y Rhyfel Byd Cyntaf i ben yn 1914, 1915 neu 1916?

a) Methiant Cynllun Schlieffen

Yn Awst/Medi 1914 roedd Cynllun Schlieffen ar fin llwyddo. Rhoddodd Ffrainc ei Chynllun XVII ei hun ar waith: ei nod oedd ailgipio Alsace-Lorraine. Ym Mrwydr y Ffiniau, pladuriwyd milwyr Ffrainc gan ynau peiriant a magnelaeth Almaenig. Ar ôl tair wythnos, roedd Ffrainc wedi dioddef 300,000 o golledion. Yn y cyfamser, aeth 1.5 miliwn o filwyr yr Almaen yn eu blaen drwy Wlad Belg. Nid aeth popeth o blaid yr Almaenwyr, fodd bynnag. Cafwyd gwrthwynebiad sylweddol gan y Belgiaid a'r Fyddin Ymgyrchol Brydeinig, oedd yn cynnwys 150,000 o filwyr, ac arafwyd symudiadau'r Almaenwyr oherwydd hyn. Yn fwy difrifol, ymfyddinodd Rwsia ei milwyr yn gynt na'r disgwyl, a gyrrodd Moltke (Pennaeth Staff Milwrol yr Almaen) filwyr o Ffrainc/Gwlad Belg i Ddwyrain Prwsia er mwyn arafu ymosodiad Rwsia. O ganlyniad, roedd yr ymosodiad Almaenig yn y gorllewin yn wannach. Symudwyd milwyr Ffrengig yn gyflym o Lorraine i amddiffyn Paris. (Yn eironig, pe bai Ffrainc wedi cael mwy o lwyddiant ym Mrwydr y Ffiniau, mae'n debyg y byddent wedi colli eu gafael ar Paris!) Ar 5 Medi, ymosododd Joffre, y Cadlywydd Ffrengig, ar ystlys ddiamddiffyn yr Almaenwyr. Gelwir yr ymladd, a barhaodd ar hyd yr wythnos ganlynol, yn Frwydr y Marne. Yn y diwedd, collodd Moltke ei hyder a gorchmynnodd ei filwyr i encilio hyd at afon Aisne. Yma, agorwyd ffosydd. Er i'r Ffrancwyr ennill brwydr hanfodol, ni allent elwa fawr ddim arni. Methodd eu holl ymdrechion i dorri drwy'r rhengoedd Almaenig. Yn awr, aeth y ddwy ochr ati i geisio gorasgellu ei gilydd mewn ras i feddiannu porthladdoedd y Sianel. O ganlyniad i wrthwynebiad sylweddol Ffrainc a Phrydain ym mrwydr gyntaf Ypres, cadwodd y Cynghreiriaid eu gafael ar y porthladdoedd allweddol. Wedi hyn, agorodd y ddwy ochr ffosydd, ac erbyn 1914 roedd rhwydwaith o ffosydd yn ymestyn yr holl ffordd o'r Sianel i'r Swistir.

CYNLLUN SCHLIEFFEN

Byddai'r lluoedd Almaenig yn ysgubo drwy Wlad Belg a Luxembourg, gan gipio Paris a threchu Ffrainc mewn 42 diwrnod. Yna, byddai'r milwyr Almaenig yn croesi'r Almaen unwaith eto ac yn delio â'r Rwsiaid. Roedd y Cynllun yn un peryglus iawn. Wrth i gyfran helaeth o'r fyddin Almaenig symud i'r gorllewin, roedd yr Almaen ei hun yn agored i ymosodiadau o Rwsia. Ar ben hynny, roedd saith rhan o wyth o'r lluoedd Almaenig oedd yn y gorllewin yn rhwym o ysgubo drwy Wlad Belg; dim ond wythfed rhan ohonynt a adawyd yn yr Almaen i wrthsefyll yr ymosodiadau a ddisgwylid gan y Ffrancwyr.

b) Datblygiadau ar y Ffrynt Dwyreiniol yn 1914

Mewn ymateb i apeliadau Ffrainc, ymosododd y Rwsiaid ar yr Almaenwyr yn Nwyrain Prwsia a'r Awstriaid yn Galisia. Byddai'r 'stêm-roler' Rwsiaidd wedi gallu cipio Berlin ac ennill y rhyfel i'r Cynghreiriaid. (Roedd teirgwaith cymaint o filwyr Rwsiaidd ag oedd o filwyr Almaenig.) Fodd bynnag, trechodd Hindenburg a Ludendorff un o fyddinoedd Rwsia yn Tannenburg (yn Awst) ac un arall wrth Lynnoedd Masuria (ym Medi). Cafodd y Rwsiaid fwy o lwyddiant o lawer yn erbyn yr Awstriaid, gan ennill Brwydr Lemburg yn Awst/Medi, dinistrio hanner byddin Awstria-Hwngari drwy wneud hynny, a meddiannu llawer o Galisia. Aeth misoedd cyntaf y rhyfel yn wael i Awstria-Hwngari. Erbyn Rhagfyr 1914 roedd ei lluoedd wedi cael eu herlid o Serbia hefyd. Ymunodd Twrci, oedd yn wrth-Rwsiaidd ac yn hyderus y byddai'r Almaen yn fuddugoliaethus, â'r rhyfel ym mis Hydref 1914.

PRIF DDIGWYDDIADAU'R RHYFEL: 1914	
Awst	Brwydr y Ffiniau;
Awst	Brwydr Tannenburg;
Medi	Brwydr y Marne;
Medi	agorwyd y ffosydd cyntaf ar afon Aisne;
	Brwydr Llynnoedd Masuria;
Hydref-Tachwedd	'Y ras am y môr;
	brwydr gyntaf Ypres.

Tabl 6 Y cydbwysedd grym yn 1914.

	Prydain Fawr	Ffrainc	Rwsia	Yr Almaen	Awstria-Hwngari
Poblogaeth	46,407,037	39,601,509	167,000,000	65,000,000	49,882,231
Nifer o filwyr parod wrth ymfyddino	711,000[1]	3,500,000	4,423,000[2]	8,500,000[3]	3,000,000
Llynges fasnachol (tunelledd net llongau ager)	11,538,000	1,098,000	486,914	3,096,000	559,784
Llongau rhyfel (wedi ac yn cael eu hadeiladu)	64	28	16	40	16
Llongau rhyfel cyflym	121	34	14	57	12
Llongau tanfor	64	73	29	23	6
Gwerth masnach dramor, y flwyddyn (£)	1,223,152,000	424,000,000	190,247,000	1,030380,000	198,712,000
Cynnyrch dur, y flwyddyn (tunelli)	6,903,000	4,333,000	4,416,000	17,024,000	2,642,000

[1] Gan gynnwys yr ymerodraeth [2] Ymfyddiniad diymdroi [3] Uchafswm mewn argyfwng

Ffigur 14 Ymladdwyr y Rhyfel Byd Cyntaf.

	1914	1915	1916	1917	1918
Y Pwerau Canol					
Awstria-Hwngari	Gorff				Tach
Bwlgaria		Hyd			Medi
Yr Almaen	Awst				Tach
Twrci	Tach				Hyd
Y Pwerau Cynghreiriol					
Ffrainc	Awst				Tach
Gwlad Belg[1]	Awst				Tach
Prydain Fawr	Awst				Tach
Groeg					MehTach
Yr Eidal		Mai			Tach
Portiwgal			Mawrth		Tach
Japan	Awst				Tach
Montenegro[2]	Gorff				Tach
România			Awst Rhag		Tach
Rwsia	Gorff			Mawrth	
Serbia[2]	Gorff				Tach
UDA				Ebrill	Tach

[1] Roedd Gwlad Belg gyfan, bron, ym meddiant yr Almaen o hydref 1914 ymlaen.

[2] Yn ystod gaeaf 1915-16 dinistriwyd statws Montenegro a Serbia fel gwladwriaethau annibynnol, ond aeth y rhyfel gerila yn ei flaen, ac roedd gan y ddwy wladwriaeth lywodraethau alltud.

c) Cryfder Cyfartal

Manteision y Cynghreiriaid

▼ Roedd gan y Cynghreiriaid fwy o filwyr. Roedd gan Rwsia y fyddin fwyaf yn Ewrop. Gallai Prydain a Ffrainc hefyd alw ar eu hymerodraethau i yrru milwyr.

▼ Roedd Prydain yn berchen ar lynges gryfa'r byd. Rhoddodd warchae llyngesol ar yr Almaen.

▼ Gallai Prydain a Ffrainc gael gafael ar adnoddau o bob rhan o'r byd.

Manteision y Pwerau Canol

▼ Roedd gan yr Almaen y fyddin orau yn Ewrop, gyda llawer o filwyr hyfforddedig wrth gefn.

▼ Roedd yr Almaen yn meddu ar lynges gref. Pe bai Prydain yn colli ei rheolaeth ar y moroedd, byddai'n colli'r rhyfel gan y byddai newyn yn ei gorfodi i ildio yn fuan.

▼ Roedd gan y **Pwerau Canol** fantais o ran eu llinellau cyfathrebu mewnol. Gallent symud milwyr o un ffrynt i'r llall drwy gyfrwng eu cysylltiadau rheilffordd ardderchog.

▼ Er bod gan y Cynghreiriaid fwy o filwyr, nid oedd gan y fyddin Rwsiaidd arfau digonol, ac ni fyddai'r fyddin wirfoddol Brydeinig yn barod i ymladd tan 1916.

▼ Yr Almaen oedd grym diwydiannol mwyaf Ewrop.

▼ O ganlyniad i'r symudiad ymlaen gan yr Almaen yn 1914, collodd Ffrainc ei phrif ardal ddiwydiannol.

Y PWERAU CANOL

Y term a ddefnyddid i ddisgrifio'r Almaen ac Awstria-Hwngari (ac yn ddiweddarach, yr Ymerodraeth Otomanaidd a Bwlgaria).

C

Pam oedd yr Almaen wedi colli'r rhyfel ar ôl brwydr y Marne ym marn Moltke?

ch) Natur y Rhyfel

i) Y Rhyfel ar y Tir

Yn Awst 1914 roedd y ddwy ochr yn barod i ymosod. Costiodd hyn yn ddrud iawn iddynt, yn bennaf am fod y reiffl aildanio, y gwn peiriant a magnelaeth yn caniatáu cynnydd ym mhellter, dwyster a chywirdeb y saethu. Ar bob ffrynt, ond yn enwedig ar y Ffrynt Gorllewinol, agorwyd ffosydd gan y ddwy ochr. Roedd y ffosydd yn lleoedd uffernol. Bu raid i'r milwyr ddioddef dolur traed y ffosydd, llau, llygod mawr, peledu, saethwyr cudd, ac ymosodiadau gan y gelyn. Daeth systemau'r ffosydd yn fwy cymhleth, yn enwedig ar ochr yr Almaenwyr, wrth i'r rhyfel fynd yn ei flaen. Ar y cyfan, roedd yr Almaenwyr yn well am ddygymod ag ymladd mewn ffosydd. Gwnaent well defnydd o weiren bigog, ac aethant ati i ddatblygu gwell gynau peiriant, ac adeiladu daeardai enfawr oedd yn ddigon dwfn i wrthsefyll ymosodiadau dwysaf y magnelau.

Ymateb cyntaf cadlywyddion pob ochr i sefyllfa ddiddatrys y ffosydd oedd galw am fwy o fagnelau trymion. Fodd bynnag, ni ddaethpwyd â'r sefyllfa ddiddatrys i ben drwy gynyddu'r magnelu. Anaml iawn y byddai'n dinistrio maglau'r weiren bigog, nid oedd yn lladd milwyr mewn daeardai dwfn, rhybuddiai'r gelyn ynglŷn ag unrhyw ymosodiad oedd ar fin digwydd, ac ar ben hynny, roedd yn corddi'r tir y byddai'n rhaid i'r gwŷr traed ei groesi'n ddiweddarach.

Roedd y mwyafrif o gadfridogion y Cynghreiriaid yn parhau o blaid ymosod. (O safbwynt gwleidyddol, roedd hi'n anodd i'r Ffrancwyr ymddwyn yn amddiffynnol o gofio bod deg y cant o'u tiriogaeth yn

Ffigur 15 Amodau'r Ffrynt Gorllewinol.

DULLIAU NEWYDD O RYFELA

▼ Defnyddiodd yr Almaenwyr nwy gwenwynig am y tro cyntaf yn 1915, yn ail frwydr Ypres. O ganlyniad, roedd yr amodau yn y ffosydd yn waeth fyth.

▼ I gychwyn, ni chafodd y tanciau, a ddyfeisiwyd gan Brydain ac a ddefnyddiwyd am y tro cyntaf mewn brwydr ym Medi 1916, lawer o effaith ar y brwydro. Ni allent symud yn gynt na 4 milltir yr awr, ac roeddent yn tueddu i dorri i lawr. Nid adeiladodd yr Almaen lawer o danciau. Yn 1918 yn unig y cafodd tanciau effaith sylweddol ar y rhyfel.

▼ Chwaraeai awyrennau ran gynyddol bwysig yn y rhyfel. Ar y cychwyn, fe'u defnyddid ar gyfer archwiliad strategol. Yn fuan, fodd bynnag, roeddent yn cario bomiau a gynau peiriant, ac yn gallu ymosod ar y lluoedd islaw. Er mwyn amddiffyn eu gofod awyr, datblygodd y ddwy ochr awyrennau 'ymladd'. Erbyn 1918 roedd gan y Llu Awyr Brenhinol (RAF) 22,000 o awyrennau ac ymron 300,000 o bersonél. Er hyn, ni chafodd awyrennau effaith sylweddol ar ganlyniad unrhyw frwydr.

nwylo'r Almaenwyr.) Roedd synnwyr cyffredin fel petai'n awgrymu y dylai'r milwyr fedru torri trwodd pe bai digon ohonynt yn cael eu gyrru i le bychan, fel bod mwy ohonynt yno na'r gelyn. Fodd bynnag, roedd y sefyllfa'n fwy cymhleth na hyn. Pan gadwai'r milwyr yn agos at ei gilydd wrth groesi tir, caent eu pladurio. Os symudent ymlaen mewn trefn agored, collai'r swyddogion reolaeth arnynt. Hyd yn oed os torrent drwy'r llinell amddiffynnol gyntaf, byddent yn wynebu ail linell bob tro, ac roedd hi'n weddol hawdd i'r cadfridogion oedd yn amddiffyn lenwi'r bylchau drwy ddefnyddio milwyr wrth gefn. Ni fyddai gan y cadfridogion oedd yn ymosod, a ddibynnai ar wifren deligraff, weiarles gyntefig neu negeswyr, gysylltiad cyson â'r frwydr unwaith y byddai wedi dechrau, ac nid oedd hi'n hawdd cadw gafael ar filwyr a oedd wedi torri drwy linellau'r gelyn.

Roedd y brwydro ar y Ffrynt Dwyreiniol yn llai disymud na'r brwydro ar y Ffrynt Gorllewinol. Llwyddai byddinoedd oedd yn ymosod i chwalu llinellau'r gelyn. Fodd bynnag, roedd hynny'n golygu colledion mawr fel rheol. Yn ddieithriad, byddai'r milwyr oedd yn symud ymlaen yn gorfod arafu ac aros am nad oedd cyflenwadau ar eu cyfer. Yn y cyfamser, meddiannai'r milwyr oedd yn encilio safleoedd newydd.

Mae'n hawdd beio arweinwyr pob ochr am fethu meddwl am syniadau i ddatrys y sefyllfa, ond hyd yn oed wrth edrych yn ôl, mae'n anodd gweld ateb i'r broblem. Yn ystod y rhyfel, arbrofodd pob byddin â thactegau ac arfau newydd, ond heb fawr o lwyddiant.

ii) Y Rhyfel ar y Môr

Cyn 1914 roedd Prydain a'r Almaen wedi gwario miliynau o bunnoedd er mwyn adeiladu llyngesau mawr. Yn 1914, roedd brwydr fawr ar y môr fel petai'n anorfod. Ond ni ddigwyddodd. Bu rhai brwydrau bychain ar y môr, yn gynnar yn y rhyfel, wrth i'r llynges Brydeinig gael gwared ar longau masnach a llongau ymladd yr Almaen. Nid oedd yr Almaenwyr yn fodlon mentro eu llynges Gefnfor yn erbyn y Llynges Fawr Brydeinig (a oedd yn fwy o faint). Yn ogystal, roedd y ffrwydron (sef cyfrwng newydd a chymharol rad o frwydro ar y môr) a osodwyd yn y dŵr yn rhwystro llongau Almaenig rhag hwylio. Y perygl mwyaf o du'r Almaen oedd y llongau tanfor a suddai longau masnach y Cynghreiriaid mewn ymdrech i newynu Prydain hyd at ildio. Fodd bynnag, o ganlyniad i ymgyrch y llongau tanfor, suddwyd llongau niwtral hefyd. Protestiodd UDA, sef partner masnachol pwysicaf Prydain. Pan suddodd y *Lusitania* ym Mai 1915, bu farw 1,100 o bobl, gan gynnwys 128 Americanwr, ac o ganlyniad, rhoddodd yr Arlywydd Woodrow Wilson wltimatwm i'r Almaen. Gan nad oedd am fentro rhyfel yn erbyn UDA, cytunodd yr Almaen y byddai'n rhoi'r gorau i'w defnydd digyfyngiad o longau tanfor. Fodd bynnag, parhaodd i adeiladu mwy o longau tanfor er mwyn gallu cynnal ymgyrch fwy dwys yn y dyfodol, pe bai angen hynny.

d) Rhyfel Diarbed

Nid oedd y Rhyfel Byd Cyntaf yn gwbl 'ddiarbed'. Er y cafwyd rhywfaint o fomio o'r awyr a pheledu o bellter, nid ymosodwyd ar y mwyafrif o sifiliaid. Er hyn, roedd yn 'rhyfel diarbed' yn yr ystyr ei fod wedi cyffwrdd â bywydau bron pawb a drigai yn y gwladwriaethau Ewropeaidd oedd yn rhyfela.

A fyddid wedi gallu osgoi colli cynifer o filwyr?

i) Ymfyddino

Roedd nifer aruthrol o ddynion yn gwasanaethu yn y byddinoedd arfog. Ymfyddinodd Prydain (a ddechreuodd gonsgriptio yn 1916) 12.5 y cant o'i dynion, yr Almaen 15.4 y cant a Ffrainc 16.9 y cant.

ii) Y Ffrynt Economaidd

Gan fod yr ochr a gynhyrchai'r nifer mwyaf o ynau ac arfau rhyfel yn fwy tebygol o ennill, ymestynnodd pob llywodraeth ei dylanwad dros ei heconomi. Roedd prinder gweithwyr ym mhob man. Roedd angen dynion nid yn unig ar gyfer byddinoedd, ond hefyd ar gyfer diwydiant ac amaethyddiaeth. Cymerwyd lle'r dynion gan ddirprwy weithwyr, yn enwedig merched, ac roedd hyn yn gymorth i lenwi'r bwlch yn y gweithlu diwydiannol. Fodd bynnag, roedd yn rhaid ymdrechu'n gynyddol i gadw'r cydbwysedd rhwng cyflenwi anghenion y milwyr a sicrhau bod gan y boblogaeth sifil ddigon o adnoddau er mwyn cynnal eu morâl yn ystod adegau o galedi mawr. Roedd ymateb pob cenedl i ofynion economaidd y rhyfel yn wahanol.

Ym Mhrydain, yn y man, cyflwynwyd rheolaeth ar brisiau, cymorthdaliadau i ffermwyr, dogni bwyd, a hyd yn oed reolaeth ar oriau agor y tafarndai. Roedd cynnyrch Prydain yn ystod y rhyfel – 240,00 o ynau peiriant, 25,000 o fagnelau, 3,000 o danciau a 55,0000 o

Ffigur 16 Y rhyfel arfau.

awyrennau – yn nodedig. Llwyddodd i wneud hyn heb greu ffatrïoedd dan reolaeth wladol, na drafftio llafur sifil ar raddfa eang. Er mwyn cynyddu ei chynnyrch ar gyfer y rhyfel, bu raid i lywodraeth Ffrainc ddadfyddino tua 500,000 o weithwyr medrus o'r fyddin, a dechreuwyd rheoli llafur yn 1915. Llwyddodd Ffrainc i gynyddu maint ei chynnyrch ar gyfer y rhyfel, er gwaethaf colli llawer o'i pherfeddwlad ddiwydiannol. Erbyn 1918, roedd diwydiannau Ffrainc wedi cynhyrchu 50,000 o awyrennau a 4,800 o danciau.

Yn yr Almaen, roedd Adran Defnyddiau Crai y Rhyfel yn defnyddio grym mawr – drwy gyfeirio'r gweithlu, rheoli'r rheilffyrdd, rhoi cychwyn ar ddogni a rheoli prisiau, a thrwy ddosbarthu adnoddau i ddiwydiannau oedd yn cystadlu am ddefnyddiau crai prin (o ganlyniad i warchae y Cynghreiriaid). Ar ôl 1916 roedd pob gwryw Almaenig rhwng 17 a 60 oed yn rhwym o wasanaethu yn y rhyfel, boed hynny yn y sector milwrol neu ddiwydiannol. Fodd bynnag, ni feddiannodd y llywodraeth Almaenig y ffatrïoedd yn llwyr. Yn hytrach, cydweithiodd y busnesau mawr â'r llywodraeth (gan wneud elw mawr o hynny). Tra bu cynnydd aruthrol mewn cynnyrch ar gyfer y rhyfel, dioddefodd defnyddwyr yr Almaen yn arw: yn fuan, roedd prinder o bopeth, bron. Arweiniodd hyn at chwyddiant uchel.

Bu Prydain a Ffrainc yn fwy llwyddiannus na'r Pwerau Canol a Rwsia yn eu hymdrechion i ddygymod â'r rhyfel economaidd, yn bennaf am fod adnoddau'r byd yn agored iddynt. Yn anad dim, gallent brynu llawer iawn o ddefnyddiau gan UDA. Erbyn 1916 roedd gwerth y fasnach rhwng America a'r Cynghreiriaid yn syfrdanol – $3,214 miliwn (o'i gymharu â $280 miliwn yn achos y Pwerau Canol).

Yn gyffredinol, bu'r rhyfel yn gyfrifol am fwy a mwy o ddioddefaint gartref. Ledled Ewrop, llusgai cyflogau'r gweithwyr y tu ôl i brisiau. Yn fwy difrifol, roedd bwyd yn aml yn brin. Roedd hyn yn ganlyniad i gyfres o gynaeafau gwael, problemau cludo, prinder gweithwyr fferm, y defnydd o geffylau ar gyfer y rhyfel, a phrinder cemegion i ffrwythloni'r tir. Yn eironig, er gwaethaf ei dibyniaeth ar fewnforion, Prydain a ddioddefodd leiaf. Wrth i'r rhyfel barhau, cafodd problemau economaidd effaith fawr ar forâl y bobl.

iii) *Propaganda a Sensoriaeth*

Roedd pob llywodraeth yn gweld yr angen i ddefnyddio propaganda (a sensoriaeth) i gynnal morâl. Defnyddid posteri, papurau newydd a'r sinema i argyhoeddi pobl fod y rhyfel yn mynd yn dda a bod yr achos yn cyfiawnhau'r aberth. Portreadid y gelyn fel dihirod. Er enghraifft, cyhuddodd Prydain filwyr Almaenig o gyflawni gweithredoedd anfad yng Ngwlad Belg, yn cynnwys treisio lleianod a thrywanu babanod ar fidogau. Roedd y rhain yn gelwyddau noeth (ond effeithiol). Mewn gwirionedd, roedd y nifer o weithredoedd anfad a ddigwyddodd mewn ardaloedd a feddiannwyd gan y gelyn yn gymharol fychan. Yn hyn o beth, roedd y Rhyfel Byd Cyntaf yn wahanol i'r Ail Ryfel Byd.

dd) Sefyllfa ddiddatrys: 1915

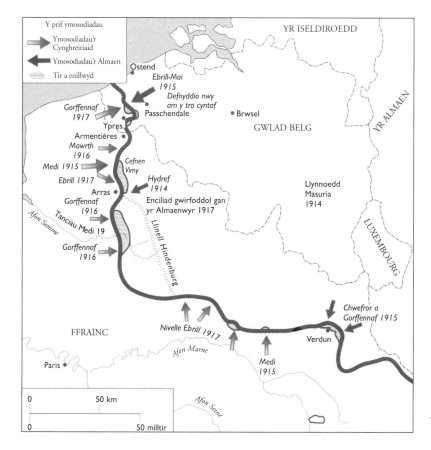

Ffigur 17 Y Ffrynt Gorllewinol, 1915-18.

▼ Ar y cyfan, gweithredodd yr Almaenwyr yn amddiffynnol ar y Ffrynt Gorllewinol. Lansiodd Prydain a Ffrainc gyfres o ymosodiadau mawr – ac aflwyddiannus – drwy gydol y flwyddyn.

▼ Ym Mhrydain, roedd nifer o ddynion pwysig (yn enwedig Winston Churchill) yn argyhoeddedig mai'r ffordd orau i ennill y rhyfel oedd drwy agor ffrynt iau newydd yn y Balcanau. Eu nod cyntaf, fodd bynnag, oedd cael gwared ar Dwrci. Drwy wneud hyn, gellid agor y Culfor i lyngesau'r Cynghreiriaid, a sicrhau bod gan Rwsia ffordd gyflenwi hanfodol. Yn anffodus, roedd ymgyrch y Dardanelles (neu Gallipoli) yn un gyfres o gyfleoedd coll. Erbyn i un o fyddinoedd y Cynghreiriaid gyrraedd ym mis Ebrill, roedd amddiffynfeydd Twrci yn barod. Dioddefodd lluoedd y Cynghreiriaid, oedd wedi'u dal ar flaenlaniad cul, 200,000 o golledion cyn rhoi'r gorau i'r fenter yn Ionawr 1916.

▼ Ymunodd yr Eidal â'r rhyfel ar ochr y Cynghreiriaid ym Mai 1915. Yn ôl Cytundeb Llundain, cytundeb cyfrinachol, addawyd, ar draul Awstria-Hwngari, y byddai'r Eidal yn derbyn Trentino, y Tyrol, Trieste, Istria a Gogledd Dalmatia. Er bod gan yr Eidal ddwywaith cymaint o filwyr, ni lwyddodd i dorri drwy amddiffynfeydd cryf yr Awstriaid ar hyd afon Isonzo.

	PRIF DDIGWYDDIADAU'R RHYFEL: 1915
Ebrill	glaniadau'r Cynghreiriaid yn Gallipoli;
Mai	suddo'r *Lusitania*;
Mai	yr Eidal yn ymuno â'r rhyfel;
Mai – Medi	yr Almaenwyr yn ymosod ar Wlad Pwyl;
Medi – Hydref	methiant ymosodiadau'r Cynghreiriaid ar y Ffrynt Gorllewinol.

▼ Yn 1915, lansiodd yr Almaen ymosodiad mawr yn y dwyrain, gan orfodi'r Rwsiaid i gilio ar ruthr gwyllt. Er hyn, ni lwyddodd yr Almaen i gael gwared ar Rwsia'n gyfan gwbl.

▼ Ar ôl derbyn addewid y câi Facedonia Serbaidd, ymunodd Bwlgaria yn y rhyfel, ac ym mis Hydref meddiannwyd Serbia gan filwyr yr Almaen, Awstria a Bwlgaria. Glaniodd byddin Brydeinig-Ffrengig yn Salonika, gan obeithio rhoi cymorth i'r Serbiaid, ond fe'i gorfodwyd yn ôl pan geisiodd ennill tir.

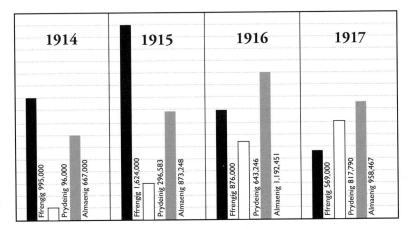

Ffigur 18 Colledion ar y Ffrynt Gorllewinol.

1914	1915	1916	1917
Ffrengig 995,000 / Prydeinig 96,000 / Almaenig 667,000	Ffrengig 1,624,000 / Prydeinig 296,583 / Almaenig 873,248	Ffrengig 876,000 / Prydeinig 643,246 / Almaenig 1,192,451	Ffrengig 569,000 / Prydeinig 817,790 / Almaenig 958,467

BRWYDR JUTLAND

Prif frwydr y rhyfel ar y môr, 1916. Gadawodd Llynges Gefnfor yr Almaen ei phorthladd, gan wynebu'r Llynges Fawr Brydeinig. Cymerodd 250 o longau ran yn y brwydro, yn cynnwys 28 *Dreadnought* Brydeinig ac 16 *Dreadnought* Almaenig. Suddodd y llynges Almaenig fwy o longau Prydeinig (14 o'u cymharu ag 11) a lladdodd fwy o forwyr Prydeinig (6,000 o'u cymharu â 2,500). Ar ôl hyn, fodd bynnag, enciliodd yn ôl i'w phorthladd gan aros yno, i bob pwrpas, tan 1918.

---

e) Y Sefyllfa Ddiddatrys yn Parhau: 1916

i) Verdun

Penderfynodd Falkenhayn, y Cadlywydd Almaenig, ymosod ar Verdun, caer oedd yn symbolaidd bwysig ac y gellid ymosod arni o bob ochr. Nid oedd yn amcan ganddo geisio torri trwodd mewn gwirionedd. Gan fentro y byddai'r Ffrancwyr yn barod i amddiffyn y lle, costied a gostio, roedd yn gobeithio gwaedu'r fyddin Ffrengig yn 'wyn'. Lansiwyd yr ymosodiad Almaenig yn Chwefror: saethodd 1,400 o ynau 100,000 o sieliau ar safleoedd Ffrengig bob awr. Er gwaetha'r newyn, y nwy a'r peledu, nid oedd y Ffrancwyr am ildio. Eu cri, eu galwad i uno, oedd 'Ni chânt ddod ymlaen'. Dyma oedd gobaith Falkenhayn. Fodd bynnag, dioddefodd yr Almaenwyr golledion mawr hefyd, wrth i fwy a mwy o filwyr Almaenig gael eu sugno i mewn i'r brwydro. Cylchdrodd Pétain yr adrannau a oedd yn gorfod dioddef peledu'r Almaenwyr: o ganlyniad, dioddefodd bron 75 y cant o filwyr traed Ffrainc arswyd Verdun.

ii) Y Somme

Erbyn 1916 roedd byddin Brydeinig o fwy na miliwn o filwyr wedi cael ei hyfforddi ac yn barod i ymladd. Mewn ymdrech i helpu'r Ffrancwyr, lansiodd y Cadfridog Haig ymosodiad ar y Somme. Ni chafodd y pelediad rhagarweiniol, dros gyfnod o ddeg diwrnod, lawer o effaith, ac ar ddiwrnod cyntaf y brwydro (1 Gorffennaf), collodd Prydain bron 60,000 o filwyr. Aeth y brwydro ymlaen am bum mis arall. Enillodd lluoedd arfog y Cynghreiriaid saith milltir o dir ar y mwyaf.

iii) Ymosodiad Brusilov

Ym Mehefin, lansiodd y cadlywydd Rwsiaidd, Brusilov ymosodiad mawr. Er mwyn eu dal yn ddiarwybod, ni saethodd fagnelau cyn ymosod, ac ysgubodd ei luoedd ymlaen mewn sawl man, gan olygu na allai'r gelyn symud ei adnoddau'n rhwydd. Torrodd yr ymosodiad drwy linellau Awstria-Hwngari, ond ni chafodd gymaint o lwyddiant yn erbyn yr Almaenwyr. Ymunodd România â'r rhyfel ar ochr y Cynghreiriaid, gan orliwio llwyddiant y Rwsiaid a gobeithio ennill Transilvania. Fe drechwyd ei lluoedd yn fuan. Pan gipiwyd Bucureşti ym mis Rhagfyr, daeth ymgyrch filwrol România i ben.

iv) Y Sefyllfa erbyn Diwedd 1916

Ar ddiwedd 1916, fel ar ei dechrau, roedd y sefyllfa ddiddatrys yn parhau. Methiant fu ymdrechion yr Americanwyr i gyfryngu. Ym Mhrydain, daeth Lloyd George yn Brif Weinidog yn lle Asquith. Yn yr Almaen, penodwyd y Cadfridogion Hindenburg a Ludendorff yn lle Falkenhayn. I bob pwrpas, roeddent yn unbeniaid milwrol, er nad oeddent bob amser yn effeithiol. Honnai'r Cadfridog Ffrengig, Nivelle, a ddaeth yn lle Joffre, ei fod yn gwybod sut i ennill y rhyfel. Yn Nhachwedd, bu farw'r Ymerawdwr Hapsbwrgaidd, Franz Joseph. Gwyddai ei olynydd, Karl, y gallai Awstria-Hwngari ddadfeilio pe bai'r rhyfel yn parhau, ac felly aeth ati'n gyfrinachol i weld sut oedd y gwynt yn chwythu. Yn Rwsia, fodd bynnag, y gwelwyd y blinder mwyaf o ganlyniad i'r rhyfel.

PRIF DDIGWYDDIADAU'R RHYFEL: 1916	
Chwefror – Awst	Brwydr Verdun
Mai – Mehefin	Brwydr Jutland
Mehefin – Hydref	ymosodiad Brusilov
Gorffennaf – Tachwedd	Brwydr y Somme

GWEITHGAREDD

Profwch eich dealltwriaeth o Adran I drwy ateb y cwestiwn canlynol: 'Pam nad oedd y Rhyfel Byd Cyntaf wedi dod i ben erbyn 1916?'

Saethwch syniadau ar y prif bwyntiau y gellid eu cynnwys yn eich ateb. Meddyliwch am wyth i ddeg o benawdau y gellid eu troi'n baragraffau addas ar gyfer eich traethawd. Yna, ysgrifennwch ddiweddglo o ddim mwy nag wyth i ddeg o frawddegau, yn crynhoi eich ateb.

---

2   Chwyldro Mis Mawrth yn Rwsia

a) Pa mor Effeithiol oedd Ymdrech Ryfel Rwsia, 1914-17?

Torrodd ton o hysteria cenedlaetholgar dros Rwsia, fel a ddigwyddodd mewn gwledydd eraill, ar ddechrau'r rhyfel. Oherwydd y rhaniadau cymdeithasol, yr economi wan a rhychwant cyfyng y gefnogaeth wleidyddol, roedd y gyfundrefn dsaraidd yn agored iawn i straen brwydr hir. Mae haneswyr yn parhau i ddadlau ynglŷn ag effeithiolrwydd ymdrech ryfel Rwsia.

RASPUTIN

Credai Alecsandra fod gan y gŵr hwn, a honnai ei fod yn ŵr sanctaidd, y gallu i helpu Alecsis, ei hunig fab, a ddioddefai o hemoffilia. Dilynai gyngor Rasputin ar faterion gwleidyddol, ac weithiau byddai'n penodi a diswyddo gweinidogion yn ôl ei awgrymiadau ef. Roedd castiau Rasputin – yn enwedig ei anlladrwydd meddw a rhywiol – yn ddigon i ddieithrio'r pendefigion a'r dosbarthiadau proffesiynol yr oedd eu cefnogaeth mor hanfodol i'r llywodraeth. Yn Rhagfyr 1916, llofruddiwyd Rasputin mewn modd hynod gan grŵp o bendefigion adain dde, a honnent eu bod yn gobeithio arbed enw da'r teulu brenhinol.

i) Y Safbwynt Negyddol

▼ Ni chafodd y fyddin lwyddiant mawr. Yn 1914 trechwyd y Rwsiaid yn Tannenburg a Llynnoedd Masuria. Yn 1915 gyrrwyd lluoedd Rwsia allan o Wlad Pwyl a gwladwriaethau'r Baltig. Nid oedd ganddynt arweinwyr effeithiol ac erbyn diwedd 1916 roedd y fyddin wedi dioddef 7 miliwn o golledion. Nid yw'n syndod bod morâl y milwyr wedi disgyn yn isel iawn.

▼ Ni allai diwydiant Rwsia ddygymod â'r sefyllfa. Roedd y fyddin a'r boblogaeth sifil yn brin o'r mwyafrif o nwyddau. Llusgai cyflogau'r gweithwyr y tu ôl i brisiau, a chynyddodd streiciau.

▼ Ni allai amaethyddiaeth ddygymod. Erbyn 1917, roedd prinder bwyd yn y prif drefi.

▼ Ni allai llywodraeth Rwsia ddygymod. Yn ystod y rhyfel bu ansefydlogrwydd mawr ymhlith gweinidogion. Er enghraifft, rhwng Awst 1915 a Chwefror 1917 cafwyd pedwar Prif Weinidog a thri Gweinidog Rhyfel yn Rwsia. Daeth y *Duma*'n fwy beirniadol o hyd o'r ffordd y câi'r rhyfel ei gynnal. Ym Medi 1915, penododd Nicholas ei hun yn Gadbennaeth y fyddin. Roedd hyn yn gamgymeriad. O hyn ymlaen, câi ei gysylltu'n uniongyrchol â methiannau ei luoedd. Ar ben hynny, nid oedd bellach yn treulio llawer o amser yn Petrograd (enw newydd y brifddinas – roedd St. Petersburg yn swnio'n rhy Almaenig). Gadawodd Nicholas ei wraig awtocrataidd (Almaenig!), Alecsandra i reoli yn ei le, a rhoddodd hi enw drwg i'r teulu brenhinol oherwydd dylanwad Rasputin.

ii) Y Safbwynt (Mwy) Cadarnhaol

▼ Yn ôl yr hanesydd Norman Stone, roedd byddin Rwsia wedi ymladd yn eithaf da. Yn 1914, bu'n llwyddiannus yn erbyn Awstria-Hwngari a Thwrci. Ni chafodd ei maeddu gan yr Almaenwyr yn 1915. Gan ddilyn traddodiad byddinoedd Rwsia, cyfnewidiodd dir am amser sawl tro. Yn 1916, bu ymosodiad Brusilov yn gymorth i leihau'r pwysau ar ffryntiau eraill. Yn rhinwedd ei swydd fel Cadbennaeth, rhoddai Nicholas ddyrchafiad i swyddogion cymwys yn gyson. Nid oedd colledion Rwsia, yn ôl cyfran, yn fwy na cholledion gwledydd eraill. Nid oedd y fyddin ar fin gwrthryfela ar ddechrau 1917.

▼ Llwyddodd diwydiant Rwsia i ddygymod yn hynod o dda. Erbyn 1916, roedd y cynnyrch sieliau wedi codi 2,000 y cant, a'r cynnyrch reifflau wedi codi 1,100 y cant. Er ei bod yn gwbl ddibynnol ar ei hadnoddau ei hun, llwyddodd Rwsia i ymfyddino ac arfogi mwy na 14 miliwn o filwyr.

▼ Nid oedd y sefyllfa amaethyddol yn drychinebus. Er i nifer fawr o werinwyr fynd i ryfel, roedd y merched, y plant a'r dynion hŷn yn llwyddo i gynhyrchu o hyd. Cyn 1914, roedd llawer o gnydau grawn Rwsia wedi cael eu hallforio: ni ddigwyddai hyn mwyach. O ganlyniad, mae'n debyg bod gan Rwsia fwy o fwyd ar ôl 1914 na chyn hynny. Y brif broblem oedd cludo'r bwyd i'r trefi.

▼ Llwyddodd llywodraeth Rwsia i ddygymod yn weddol dda. Bu mwy o ddemocratiaeth yn Rwsia yn ystod y rhyfel na chyn hynny. Yn lleol, cydweithiai Pwyllgorau Trefol a Diwydiannau Rhyfel â'r llywodraeth. Eisteddodd y *Duma* am ran helaeth o'r rhyfel, ac roedd ganddi rywfaint o ddylanwad dros benderfyniadau'r Tsar wrth iddo ddewis ei weinidogion. Gorliwiwyd dylanwad Alecsandra a Rasputin ill dau.

b) Chwyldro Mis Mawrth

Erbyn 1916-17 roedd llywodraeth y Tsar dan fygythiad. Yn Petrograd a Moskva roedd y nifer o streiciau a gwrthdystiadau yn erbyn prinder bwyd a thanwydd yn cynyddu. Roedd teyrngarwch garsiwn Petrograd, oedd yn cynnwys 340,000 o filwyr, yn peri pryder hefyd. Fel y mwyafrif o boblogaeth Petrograd, roedd y milwyr yn oer ac yn newynog, ac ar ben hynny roeddent yn annisgybledig.

Fodd bynnag, nid oedd cwymp Nicholas yn anorfod. Roedd cefn gwlad Rwsia'n gymharol sefydlog. Roedd y mwyafrif o'r arweinwyr chwyldroadol yn alltudion. Er bod yna ryddfrydwyr o fewn y *Duma* a feirniadai Nicholas, roedd arnynt ofn ei ddisodli ar ganol rhyfel. Pe bai Nicholas wedi gallu dal ymlaen drwy'r gaeaf (y cyfnod gwaethaf o ran prinder bwyd a thanwydd), efallai y byddai wedi goroesi. Ond daeth ei gwymp o ganlyniad i ddigwyddiadau Mawrth 1917.

> **YSTYRIAETH**
> **Oedd Chwyldro Mis Mawrth yn ddigymell?**

Mawrth 1917

3 Mawrth Aeth gweithwyr dur ar streic.

7 Mawrth Gadawodd Nicholas Petrograd er mwyn ymweld â phencadlys y fyddin ym Mogilev, 400 milltir i ffwrdd.

8 Mawrth Daeth mwy o weithwyr i'r strydoedd ar gyfer Diwrnod Rhyngwladol y Merched.

9 Mawrth Bu gwrthdaro rhwng yr heddlu a streicwyr.

10 Mawrth Parlyswyd Petrograd gan streic gyffredinol. Gwrthryfelodd rhai o unedau'r fyddin, gan ymuno â'r streicwyr. Ni allai cadlywydd byddin Petrograd ddweud pa unedau oedd yn parhau i fod yn deyrngar.

11 Mawrth Roedd Petrograd mewn anhrefn llwyr. Erbyn hyn, roedd mwy na 100,000 o filwyr wedi ymuno â'r terfysgwyr. Ymddiswyddodd cabinet y Tsar.

12 Mawrth Sefydlwyd Pwyllgor Dros Dro gan aelodau'r *Duma* er mwyn ceisio rheoli digwyddiadau. Yn y cyfamser, sefydlwyd Sofiet gan y gweithwyr.

13 Mawrth Ceisiodd Nicholas ddychwelyd i Petrograd. Dargyfeiriwyd ei drên i Pskov gan weithwyr rheilffordd oedd ar streic. Galwodd swyddogion y *Duma* a chadlywyddion mwyaf y fyddin ar i Nicholas ildio'i goron. (Yn ôl y cadlywyddion, ni ellid dibynnu ar y fyddin.)

15 Mawrth Ildiodd Nicholas y goron ar ei ran ei hun ac (yn groes i'r disgwyl) ar ran ei fab Alecsis. Roedd swyddogion y *Duma* wedi tybio mai Alecsis fyddai'r Tsar newydd.

16 Mawrth Gwrthododd yr Archddug Michael (brawd Nicholas) dderbyn y goron, oni bai fod Cynulliad Cyfansoddol yn ei chynnig iddo. Roedd y Fonarchiaeth Romanov ar ddod i ben.

c) Diweddglo

Chwaraeodd y rhyfel ran dyngedfennol yng nghwymp Nicholas. Sbardunwyd y chwyldro, a ddigwyddodd bron yn ddigymell, gan chwyddiant uchel, prinder bwyd, colledion mawr y rhyfel a theimlad o anobaith. Gweithredwyr llawr ffatri Petrograd oedd yn gyfrifol, i raddau helaeth, am ddenu'r gweithwyr allan i'r strydoedd, ond nid oeddent yn dilyn polisi cydlynol. (Roeddent yn perthyn i amryw o bleidiau chwyldroadol.) Er nad oedd swyddogion y *Duma* wedi trefnu'r chwyldro mewn unrhyw ffordd, ni ruthrasant i gefnogi Nicholas. Roedd yr anfodlonrwydd milwrol yn hanfodol bwysig hefyd. Er na wrthryfelodd y fyddin, roedd annibynadwyedd unedau o garsiwn Petrograd yn hollbwysig. Felly, hefyd, y diffyg cefnogaeth a gafodd Nicholas gan y prif gadfridogion pan oedd mewn angen.

> **C**   I ba raddau y dylid beio Nicholas am ei gwymp ei hun?

GWEITHGAREDD

Ystyriwch y cwestiwn canlynol: 'Pam y daeth y llinach Romanov i ben ym Mawrth 1917?' Ailddarllenwch Bennod 1 (adran 4) er mwyn darganfod problemau tymor hir Rwsia. Yna, ysgrifennwch ddau baragraff yn crynhoi'r sefyllfa rhwng 1914 ac 1917: dylai un ohonynt drafod effaith y rhyfel, a'r llall ddigwyddiadau Mawrth 1917.

> **YSTYRIAETH**
> Pam oedd y Bolsiefigiaid wedi gallu dod i rym yn Nhachwedd 1917?

3   Chwyldro Mis Tachwedd

a) Y Llywodraeth Dros Dro

Ym Mawrth 1917, daeth Llywodraeth Dros Dro i rym. Er i Gadlywyddiaeth y Fyddin dderbyn ei hawdurdod, nid oedd ganddi sail gyfreithiol mewn gwirionedd: yn syml, grŵp o aelodau'r *Duma* oedd wedi'u penodi eu hunain oedd hi. Byddai'r llywodraeth yn parhau'n un dros dro hyd nes y gellid trefnu etholiadau ar gyfer Cynulliad Cyfansoddol. Arweinydd y Llywodraeth Dros Dro gyntaf oedd y rhyddfrydwr, y Tywysog Lvov. (Alecsander Kerensky oedd yr unig sosialydd yn y llywodraeth newydd.) Daeth rhyddfrydiaeth llywodraeth Lvov i'r amlwg yn fuan iawn. Aeth ati i gael gwared ar y gosb eithaf, rhyddhau carcharorion gwleidyddol, rhoi terfyn ar wahaniaethu ar sail dosbarth, cenedl neu grefydd, a chaniatáu rhyddid barn. Dros nos, roedd gan Rwsia fwy o ryddid nag unrhyw un o'r gwladwriaethau eraill oedd ynghlwm â'r rhyfel.

b) Pa Broblemau a Wynebai'r Llywodraeth Dros Dro?

Daeth mis mêl y Llywodraeth Dros Dro i ben o fewn dim. Yn fuan, roedd hi'n amlwg ei bod yn wynebu problemau anferth, gan gynnwys, uwchlaw popeth, y rhai a oedd wedi cyfrannu at gwymp Nicholas II.

i) Disgwyliadau Mawr

Codwyd disgwyliadau pobl Rwsia gan Chwyldro Mis Mawrth. Byddai'n anodd cyflawni'r disgwyliadau hyn – yn enwedig ar ganol rhyfel. Gohiriwyd etholiadau ar gyfer y Cynulliad Cyfansoddol sawl gwaith: nid oedd yn hawdd trefnu etholiadau ar ganol rhyfel. Yn ogystal, roedd y Llywodraeth Dros Dro yn gyndyn o fynd i'r afael â diwygio tirddaliadaeth ar raddfa fawr cyn i'r Cynulliad gyfarfod a thra bod y rhyfel yn parhau. Credai nad oedd ganddi ddewis arall ond parhau â'r rhyfel. Roedd anrhydedd Rwsia yn y fantol. Ar ben hynny, daeth gobaith am fuddugoliaeth yn sgil dyfodiad UDA i'r rhyfel yn Ebrill 1917. Roedd benthyciadau ariannol enfawr gan y Cynghreiriaid yn gymhelliad arall dros barhau i frwydro.

ii) Grym Deublyg

O'r cychwyn cyntaf, heriwyd grym y Llywodraeth Dros Dro gan y sofietau (cynghorau). Roedd y rhain yn cynrychioli gweithwyr, gwerinwyr a milwyr, a dechreuasant godi'n ddigymell ym Mawrth 1917, gan ymledu'n gyflym. (Erbyn Ebrill roedd 67 o sofietau yn Siberia yn unig.) Roedd y sofiet pwysicaf yn Petrograd. Fe'i rheolid, yn y lle cyntaf, gan Fensieifigiaid a Chwyldroadwyr Cymdeithasol (ChC), ac roedd yn fwy adain chwith na'r Llywodraeth Dros Dro. Yn ogystal, roedd ganddo fandad mwy poblogaidd. Roedd garsiwn Petrograd, pwyllgorau'r ffatrïoedd (hwythau hefyd yn ymledu) ac undebau llafur yn cydnabod awdurdod y sofiet o flaen awdurdod y Llywodraeth Dros Dro. Heb ganiatâd y sofietau, ni ellid mentro gwneud fawr ddim. (Mae haneswyr yn cyfeirio at hyn fel 'Grym Deublyg'.) Gwelwyd enghraifft o rym y sofiet mor gynnar â 15 Mawrth pan gyhoeddodd Sofiet Petrograd Orchymyn Rhif 1. Galwai hwn am sefydlu pwyllgorau milwyr ym mhob uned filwrol: byddai'r rhain yn gyrru dirprwyon i Sofiet Petrograd ac yn derbyn gorchmynion gwleidyddol gan y corff hwnnw'n unig.

Fodd bynnag, mae'n bosibl gorliwio'r tensiynau rhwng y Llywodraeth Dros Dro a Sofiet Petrograd. Gwelai'r mwyafrif o aelodau'r Sofiet yr angen i gefnogi'r Llywodraeth Dros Dro er mwyn atal adlach o du'r adain dde, yn enwedig chwyldro gan y fyddin. Yn wir, roedd y Sofiet yn cyd-weld â'r mwyafrif o weithredoedd y Llywodraeth Dros Dro, gan gynnwys parhau â'r rhyfel. Roedd gan rai dynion (megis Kerensky) ddylanwad sylweddol o fewn y Llywodraeth Dros Dro a Sofiet Petrograd fel ei gilydd.

iii) Methiant Cyfraith a Threfn

Cynyddodd y terfysgoedd yng nghefn gwlad yn ystod yr haf. Ni allai tirfeddianwyr mawr rwystro'r gwerinwyr rhag cipio'u stadau. Mewn mannau eraill, llwyddodd grwpiau cenedlaethol amrywiol (y Ffiniaid, er enghraifft) i ennill eu hannibyniaeth, i bob pwrpas, ar Rwsia.

iv) Problemau yn y Trefi

Gwaethygodd argyfwng economaidd y trefi. Mynnodd gweithwyr ddiwrnod gwaith yn para dim mwy nag wyth awr, cyflogau uwch, a'r hawl i redeg y ffatrïoedd. Gwnaethant hyn mewn cyfnod o argyfwng. Roedd y prinder defnyddiau crai yn cynyddu, gan olygu bod llai o gynhyrchu diwydiannol a mwy o ffatrïoedd yn cau. Roedd mwy o chwyddiant yn golygu mwy o anniddigrwydd. O ganlyniad, bu gwrthdaro ffyrnig rhwng pwyllgorau'r ffatrïoedd a chyflogwyr.

v) Problemau o fewn y Fyddin

Tanseiliwyd cyfundrefn reoli'r fyddin gan ddylanwad pwyllgorau'r milwyr. Dechreuodd y swyddogion golli eu hawdurdod.

vi) Rhaniadau

Ceid dwy garfan o fewn y Llywodraeth Dros Dro, sef y rhai ar y chwith (oedd yn dymuno gweld diwygiadau cymdeithasol) a'r rhai ar y dde (oedd yn dymuno gweld ailsefydlu cyfraith a threfn). Erbyn Mai, roedd Llywodraeth Dros Dro fwy adain chwith wedi cael ei ffurfio. Roedd ganddi waith go galed o'i blaen os oedd am gadw ei hawdurdod yn wyneb gweithredu uniongyrchol gan weithwyr a gwerinwyr. Yn ogystal, roedd yn wynebu her sylweddol gan y Bolsiefigiaid.

LENIN

-Portread-

Daw'r disgrifiad canlynol o Lenin gan John Reed, newyddiadurwr (a sosialydd) Americanaidd yn Petrograd yn 1917. Mae ei lyfr, *Ten Days that Shook the World*, yn glasur.

Corff byr, pwt, gyda phen mawr yn isel ar ei ysgwyddau, yn foel ac yn chwyddedig. Llygaid bach, trwyn eithaf smwt, ceg lydan, helaeth a gên fawr. Wedi'i wisgo mewn dillad llwm, a'i drywsus yn llawer rhy hir iddo. Anhrawiadol, er yn eilun y dorf, yn derbyn mwy o gariad a pharch na'r rhan fwyaf o arweinwyr hanesyddol, o bosibl. Arweinydd poblogaidd rhyfedd – arweinydd yn sgil ei ddealltwriaeth yn unig: di-liw, digyfaddawd a digyffro, ond â'r gallu i esbonio syniadau dwfn mewn geiriau syml. Agorai ei geg fawr yn llydan wrth siarad, gan ymddangos fel pe bai'n gwenu; pwysai ymlaen er mwyn pwysleisio. Dim ystumiau. Ac o'i flaen, mil o wynebau diniwed yn edrych i fyny yn addolgar.   *Ffynhonnell A*

Ffigur 19 Lenin yn siarad yn gyhoeddus yn Petrograd, 1917. Mae Trotsky i'r chwith iddo, yn pwyso yn erbyn y llwyfan.

1870 fe'i ganed yn Vladimir Ilyich Ulyanov (Lenin oedd ei ffugenw) i rieni dosbarth canol;

1893 ymunodd â grŵp chwyldroadol yn St Petersburg, lle gweithiai fel cyfreithiwr;

1897 cafodd ei alltudio i Siberia, lle priododd Nadezhda Krupskaya, oedd yn gyd-Farcsydd;

1900 gadawodd Rwsia; ni ddychwelodd tan 1917 (ac eithrio am ychydig wythnosau yn 1905);

1902 cyhoeddodd *What Is to Be Done?*, ac ynddo pwysleisiai'r hyn y dylai plaid elit ei wneud i greu chwyldro;

1903 achosodd rwyg rhwng y Bolsiefigiaid a'r Mensiefigiaid;

1914 ymsefydlodd yn y Swistir;

1917 dychwelodd i Rwsia a threfnodd y Chwyldro Bolsiefigaidd;

1917 unben comiwnyddol
-24 Rwsia;

1924 bu farw.

Ffigur 20 Paentiad comiwnyddol yn dangos Lenin yn cyrraedd Gorsaf y Ffindir, Petrograd, Ebrill 1917.

c) Dychweliad Lenin

Ym Mawrth 1917, nid ymddangosai fel petai'r Bolsiefigiaid ar fin dod i rym. Roedd gan y blaid lai nag 20,000 o aelodau ac roedd y rhan fwyaf o'i harweinwyr dramor. Er i'r mwyafrif o Folsiefigiaid ddychwelyd o'u

Edrychwch yn fanwl ar y tair enghraifft yn y blwch portread, a disgrifiad Reed o Lenin.

1. A yw Reed i'w weld o blaid Lenin? Ceisiwch gyfiawnhau eich ateb.
   [5 marc]
2. Pa un o'r ffynonellau sy'n rhoi'r argraff fwyaf dibynadwy o Lenin yn 1917? Ceisiwch gyfiawnhau eich ateb.
   [15 marc]

METHIANT MILWROL

Ar ddiwedd Mehefin 1917, daeth ymosodiad newydd o du'r Rwsiaid i ben yn drychinebus. Pallodd pob disgyblaeth o fewn y fyddin. Dechreuodd y milwyr anwybyddu (ac weithiau lladd) swyddogion, ac encilio yn eu heidiau. Mynnodd arweinwyr milwrol weld ailsefydlu'r gosb eithaf a rheoli dylanwad pwyllgorau'r milwyr.

---

halltudiaeth, o ganlyniad i amnest cyffredinol, ni allai Lenin (oedd yn y Swistir) wneud hynny. Cafodd gymorth gan yr Almaenwyr. Gan dybio y byddai'n gwneud ei orau i roi terfyn ar ymrwymiad Rwsia i'r rhyfel, trefnwyd iddo groesi'r Almaen mewn trên arbennig. Cyrhaeddodd Petrograd ganol mis Ebrill.

Pynciau Ebrill

Pennodd Pynciau Ebrill Lenin strategaeth Folsiefigaidd newydd.

▼ Roedd Lenin yn disgwyl gweld gweithredu chwyldro'r proletariat ar unwaith.

▼ Ni chaniateid unrhyw gydweithredu â'r Llywodraeth Dros Dro neu sosialwyr cymedrol. Byddai'n rhaid i'r sofietau reoli, a byddai'n rhaid i'r Bolsiefigiaid reoli'r sofietau.

▼ Ar ôl dod i rym, byddai'r Bolsiefigiaid yn dod â'r rhyfel 'imperialaidd' i ben.

▼ Cyhoeddodd Lenin y byddai'r holl dir yn nwylo'r gwerinwyr. (Yn yr ystyr y byddai'n caniatáu tir i bob *mir* – nid i werinwyr unigol.)

Dechreuodd cefnogaeth i'r Bolsiefigiaid gynyddu. Gyda chymorth ariannol yr Almaenwyr, lansiodd y Bolsiefigiaid ymgyrch effeithiol drwy gyfrwng posteri a phapurau newydd. Ond roedd rhaglen y Bolsiefigiaid (a grynhowyd yn y sloganau 'Heddwch, Bara, Tir' a 'Grym i'r Sofietau') yn fwy poblogaidd na'r propaganda hyd yn oed. Y Bolsiefigiaid oedd yr unig blaid a addewai ddiwedd i'r rhyfel, a'r unig blaid sosialaidd nad oedd wedi cael ei llygru drwy ymwneud â'r Llywodraeth Dros Dro. Roedd gweithwyr ffatrïoedd yn arbennig o gefnogol i'r Bolsiefigiaid. Er hyn, roedd y Bolsiefigiaid yn grŵp lleiafrifol o hyd. Pan gyfarfu Cyngres Sofietau Rwsia Gyfan yn Petrograd ym Mehefin 1917, roedd gan y Bolsiefigiaid 105 o ddirprwyon, yr ChC 285 a'r Mensiefigiaid 248.

ch) Dyddiau Gorffennaf

Ymddiswyddodd Lvov yng Ngorffennaf, a daeth y drydedd Llywodraeth Dros Dro, oedd yn fwy adain chwith fyth, i rym dan arweiniad Kerensky. Ar unwaith, roedd sialens o'i blaen. Ganol mis Gorffennaf, bu terfysgoedd difrifol yn Petrograd. Nid yw'n glir ai'r Bolsiefigiaid oedd yn gyfrifol ai peidio. Heb os, nid Lenin a'u trefnodd. Fodd bynnag, mae'n wir bod y mwyafrif o'r terfysgwyr yn cefnogi'r Bolsiefigiaid. Tra oedd Lenin yn troi yn ei unfan, a'r terfysgwyr yn ymladd ymhlith ei gilydd, ailsefydlwyd trefn gan filwyr a oedd yn deyrngar i Kerensky. Beiodd Kerensky y Bolsiefigiaid am yr helyntion, a chyhoeddodd dystiolaeth yn awgrymu bod Lenin yn gweithredu ar ran yr Almaenwyr. Carcharwyd arweinwyr y Bolsiefigiaid (ffodd Lenin i'r Ffindir er mwyn osgoi cael ei arestio) a gwaharddwyd papurau newydd Bolsiefigaidd.

d) Kerensky

Roedd Kerensky'n wynebu problemau aruthrol. Roedd yr Almaenwyr yn symud ymlaen, roedd byddin Rwsia yn ymddangos fel petai ar fin chwalu, ac roedd y sefyllfa economaidd yn dirywio. O ystyried y sefyllfa, mae modd cydymdeimlo â Kerensky. Gellir dadlau na fyddai'r un sosialydd rhyddfrydol neu gymedrol wedi gallu rheoli digwyddiadau ar y pryd. Fodd bynnag, mae hefyd yn bosibl ei weld fel rhywun annigonol – gwleidydd cyfrwys heb fawr o allu.

dd) Helynt Kornilov

Yn awr, penododd Kerensky y Cadfridog Kornilov fel Cadbennaeth, gan ei gyfarwyddo i ailsefydlu trefn o fewn y fyddin. Credai Kornilov fod angen sefydlu llywodraeth gryfach yn Rwsia. O ganlyniad, mynnodd y dylid gwahardd streiciau a disgyblu gweithwyr yn llymach. Tra bu Kerensky'n petruso (ymddangosai fel petai'n cytuno, i raddau, â syniadau Kornilov), dechreuodd Kornilov yrru milwyr i gyfeiriad Petrograd er mwyn adfer trefn yn y brifddinas, gan honni ei fod yn ymateb i orchymyn gan Kerensky. Fodd bynnag, cyhoeddodd Kerensky fod Kornilov yn fradwr, ac anogodd bob dinesydd teyrngar i arfogi er mwyn amddiffyn y ddinas. Gan feddwl bod gweithred Kornilov yn arwydd o'r adlach adain dde, hirddisgwyliedig, unodd y grymoedd adain chwith. Rhyddhawyd arweinwyr Bolsiefigaidd o'r carchar, a ffurfiodd Sofiet Petrograd a'r pwyllgorau ffatri eu hunedau Gwarchodlu Coch eu hunain (llawer ohonynt yn gefnogol i'r Bolsiefigiaid) er mwyn delio â'r perygl. Dinistriodd gweithwyr rheilffordd y cledrau cyn i fyddin Kornilov gyrraedd, tra aeth gweithwyr eraill i gyfeillachu â'r milwyr. Diflannodd byddin Kornilov yn gyflym, ac fe'i harestiwyd ef.

Bu canlyniadau pwysig i helynt Kornilov. Roedd arweinwyr y fyddin wedi digalonni'n llwyr erbyn hyn. Ym marn y mwyafrif o swyddogion, roedd Kerensky'n ddi-asgwrn-cefn: nid oeddent yn debygol o'i gynorthwyo yn y dyfodol. O ganlyniad i'r helynt, gwanhawyd safle Kerensky mewn ffyrdd eraill – er enghraifft, bu'n gymorth i atgyfodi'r Bolsiefigiaid. Roedd Bolsiefigiaid amlwg (gan gynnwys Trotsky, a ymunodd â Lenin o'r diwedd) wedi gwneud llawer i ennill cefnogaeth er mwyn amddiffyn Petrograd. Y Bolsiefigiaid a gafodd y clod am atal chwyldro Kornilov. Ar ben hynny, roedd llawer o gefnogwyr y Bolsiefigiaid bellach yn cludo arfau.

e) Y Sefyllfa ym mis Hydref 1917

Erbyn Medi roedd gan y Bolsiefigiaid fwyafrif yn Sofiet Petrograd. Chwaraeodd Trotsky ran hanfodol. Roedd yn gadeirydd ar Sofiet Petrograd, ac ar ben hynny ef oedd arweinydd y Pwyllgor Chwyldroadol Milwrol (PChM) (MRC), a sefydlwyd ym mis Hydref i drefnu'r gwrthwynebiad i unrhyw fygythiadau gan y dde yn y dyfodol. Roedd gan y PChM, a oedd yn gefnogol i'r Bolsiefigiaid er nad yn gwbl Folsiefigaidd, gysylltiadau pwysig â garsiwn Petrograd a morwyr llynges y Baltig.

Yn ôl pob golwg, y Bolsiefigiaid fyddai'r blaid fwyaf yn ail Gyngres Sofietau Rwsia Gyfan, a fyddai'n cyfarfod yn Nhachwedd 1917. Gan fod

gan y corff hwn yr hawl i ddatgan bod awdurdod y Llywodraeth Dros
Dro yn ddi-rym, nid oedd rhaid i'r Bolsiefigiaid, yn ôl pob golwg, wneud
dim mwy nag aros i'r grym ddisgyn i'w dwylo. Fodd bynnag, dymunai
Lenin weld y Bolseifigiaid yn cipio grym yn eu rhinwedd eu hunain *cyn*
i'r Gyngres gyfarfod a chyn etholiadau Tachwedd ar gyfer y Cynulliad
Cyfansoddol (a orchmynnwyd, o'r diwedd, gan Kerensky). Tua diwedd
mis Hydref, dychwelodd Lenin i Petrograd ac argyhoeddodd y pwyllgor
canolog Bolsiefigaidd fod 'yr awr wedi cyrraedd' ar gyfer chwyldro
Bolsiefigaidd. Yna, aeth Lenin yn ei ôl i'r Ffindir, gan adael Trotsky i
gynllunio. Nid oedd y Bolsiefigiaid gystal am drefnu ag yr awgrymwyd
gan y propaganda diweddarach. (Nid oedd Lenin wedi pennu dyddiad ar
gyfer y chwyldro!) Nid oedd Lenin a Trotsky, hyd yn oed, yn cytuno ar
bopeth. Yn hytrach na chipio grym cyn i'r Gyngres agor, roedd Trotsky'n
bwriadu cydamseru'r gwrthryfel Bolsiefigaidd â'r agoriad hwnnw.

f) Chwyldro Mis Tachwedd

Drwy ragymosod yn gynnar yn Nhachwedd, ceisiodd Kerensky gael
gwared ar bapurau newydd Bolsiefigaidd ac arestio Bolsiefigiaid amlwg.
O ganlyniad, gorfodwyd y Bolsiefigiaid i ymateb. Ar 7 Tachwedd, yn ôl
gorchymyn Trotsky, meddiannwyd safleoedd strategol yn Petrograd gan
filwyr y PChM. Prin bod unrhyw wrthwynebiad. Yn wir, ni wyddai'r
mwyafrif o bobl Petrograd fod unrhyw beth anarferol yn digwydd. Nid
ymosodwyd ar unwaith ar Balas y Gaeaf, sef cartref y Llywodraeth Dros
Dro: ychydig gannoedd o ddarpar swyddogion a milwyr benywaidd yn
unig oedd yn ei amddiffyn. Gyda'r hwyr yn unig y saethodd y llong ryfel
Aurora ar y Palas. Portreadwyd hyn fel digwyddiad arwrol gan
bropagandwyr y Bolsiefigiaid: y rhagarweiniad i ymosodiad y
Gwarchodlu Coch ar Balas y Gaeaf yn gynnar ar 8 Tachwedd. Ond
mewn gwirionedd, saethodd yr *Aurora* fwledi gwag, ac roedd yr
ymosodiad ar y Palas yn fatsien wleb. Roedd Kerensky wedi ffoi o
Petrograd oriau cyn hynny, mewn ymdrech ofer i chwilio am filwyr
teyrngar. Erbyn y nos, roedd y rhan fwyaf o'i weinidogion wedi ffoi
hefyd, ac roedd amddiffynwyr Palas y Gaeaf wedi mynd adref. Gweithred
symbolaidd yn unig oedd cipio'r Palas.

Pan gyfarfu Cyngres y Sofietau yn hwyr ar 7 Tachwedd, cyhoeddodd
Lenin gwymp y Llywodraeth Dros Dro. Cydnabyddodd y Gyngres, a
oedd yn cynnwys mwyafrif Bolsiefigaidd o 60 y cant, gyfreithlondeb
llywodraeth newydd – Cyngor Comisariaid y Bobl – dan arweiniad
Lenin. Roedd pob un o'r Comisariaid yn Folsiefig. Yn ymarferol, ystyr
'Grym i'r Sofietau' oedd 'Grym i'r Bolsiefigiaid'. Gadawodd dirprwyon yr
ChC a'r Mensiefigiaid y Gyngres mewn diflastod.

ff) Cytundeb Brest-Litovsk

Ar unwaith, dechreuodd Lenin drefnu cytundeb heddwch â'r Almaen.
Arwyddwyd cytundeb, o'r diwedd, ym Mawrth 1918. Yn ôl telerau
Cytundeb Brest-Litovsk, collodd Rwsia ei thiriogaethau Pwylaidd,
Ukrain, gwladwriaethau'r Baltig a'r Ffindir (Ffigur 21).

g) Diweddglo

Ar ôl 1917, honnai'r mwyafrif o haneswyr Marcsaidd mai chwyldro poblogaidd gan y gweithwyr oedd Chwyldro Mis Tachwedd. Fodd bynnag, dadleuai'r mwyafrif o haneswyr y Gorllewin fod clic bychan, trefnus o Folsiefigiaid wedi llwyddo i ddod i rym drwy dwyllo'r bobl gyffredin. Yn ôl y mwyafrif o haneswyr, (boed nhw'n Farcsaidd neu'n Orllewinwyr), roedd Lenin yn athrylith strategol oedd wedi cyflawni ei gynlluniau ar gyfer chwyldro yn ôl canllawiau a luniwyd yn 1902. Nid yw'r esboniadau ynglŷn â chynllwyn na phoblyddiaeth yn dal dŵr yn llwyr. Nid y Bolsiefigiaid oedd y blaid fwyaf poblogaidd yn Rwsia yn 1917. Cafwyd tystiolaeth o hyn yn etholiadau'r Cynulliad Cyfansoddol yn Nhachwedd: dim ond 25 y cant o'r bleidlais a enillwyd gan y Bolsiefigiaid. Er hynny, ni ellir gwadu poblogrwydd y Bolsiefigiaid yn Petrograd a Moskva erbyn Tachwedd 1917. Erbyn hynny, roedd gan y blaid o leiaf 25,000 o aelodau: bellach, roeddent yn fwy na grŵp bychan, disgybledig o chwyldroadwyr elit a oedd yn hanfodol, yn ôl Lenin ar un adeg, os am gipio grym. Mewn gwirionedd, nid oedd y Bolsiefigiaid, yn 1917, yn ddisgybledig iawn ac nid oedd ganddynt arweinwyr da. Ni wnaeth Lenin lawer, ac eithrio sefydlu llond llaw o egwyddorion arweiniol. Nid oedd hyd yn oed yno, yn Rwsia, am ran helaethaf yr wyth mis rhwng Mawrth a Thachwedd. (Chwaraeodd Trotsky, a oedd yn well trefnydd ac areithydd, rôl bwysicach ym mis Hydref/Tachwedd.) Fodd bynnag, roedd gan y Bolsiefigiaid well arweinyddiaeth na'r pleidiau sosialaidd eraill. O ganlyniad i ddiffyg poblogrwydd y Llywodraeth Dros Dro, roedd gwagle grym yn bodoli yn Rwsia. Gwelodd Lenin hyn. Gwyddai'n union beth roedd arno ei eisiau: grym personol iddo ef ei hun ac i'r Bolsiefigiaid, nid gorfod rhannu'r grym. Fel y digwyddodd, bu'n hawdd i'r Bolsiefigiaid gipio'r grym. Byddai cadw'r grym yn fwy o gamp.

RWSIA: MAWRTH-TACHWEDD 1917

Ebrill	Lenin yn dychwelyd i Petrograd;
Gorffennaf	Dyddiau Gorffennaf: Kerensky'n dod yn Brif Weinidog;
Medi	helynt Kornilov;
Tachwedd	y Chwyldro Bolsiefigaidd.

GWEITHGAREDD

Ystyriwch y cwestiwn canlynol: 'Pa mor bwysig oedd rhan Lenin yng nghychwyniad Chwyldro Mis Tachwedd?' Meddyliwch am bedwar neu bump o bwyntiau y gallech eu nodi a) yn pwysleisio pwysigrwydd rôl Lenin a b) yn honni na chwaraeodd ran sylweddol.

---

4   Pam y Trechwyd y Pwerau Canol?

a) UDA yn Ymuno â'r Rhyfel

Erbyn Ionawr 1917, credai'r Gadlywyddiaeth Almaenig fod y Pwerau Canol yn colli'r rhyfel. Roedd y bobl, yn ôl pob golwg, yn newynu hyd at ildio, a'u byddinoedd yn gwanhau o ganlyniad i'r athreuliad. Penderfynodd Hindenburg a Ludendorff mai'r llongau tanfor oedd unig obaith yr Almaen o ennill y rhyfel bellach. Gan wybod eu bod yn mentro

YSTYRIAETH
Pam a sut y trechwyd y Pwerau Canol?

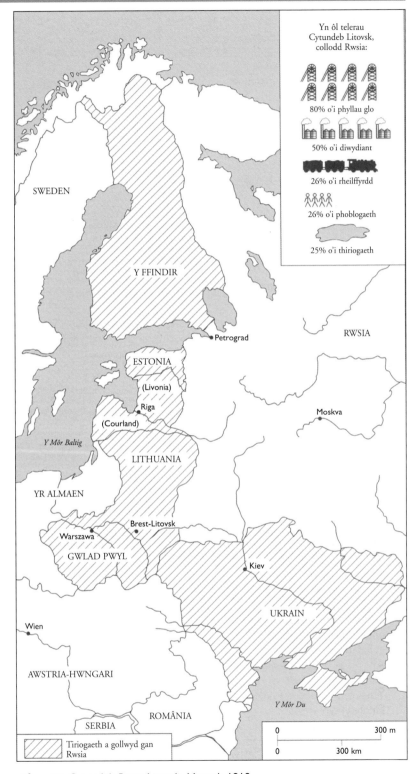

Ffigur 21 Cytundeb Brest-Litovsk, Mawrth 1918.

denu UDA i'r rhyfel drwy roi rhwydd hynt i'w llongau tanfor unwaith
eto, roeddent yn barod i fentro y byddai Prydain yn newynu hyd at ildio
cyn y byddai cymorth milwrol digonol wedi cael cyfle i gyrraedd Ewrop o
UDA. Yn Chwefror 1917, felly, cyhoeddodd yr Almaen y byddai ei
llongau tanfor unwaith eto yn suddo pob llong a hwyliai yn nyfroedd y
Cynghreiriaid.

Ar unwaith, torrodd yr Arlywydd Wilson bob cysylltiad diplomyddol
â'r Almaen. Dechreuodd rhai gwleidyddion a phapurau newydd fynnu
cyhoeddi rhyfel. Petrusodd Wilson. Bu'n gefnogol i'r Cynghreiriaid
erioed, ond eto roedd yn awyddus iawn i osgoi rhyfel. Fodd bynnag, fe'i
gorfodwyd i weithredu. Ym mis Mawrth, anfonwyd telegram oddi wrth
Zimmermann, Ysgrifennydd Gwladol yr Almaen, at y gweinidog
Almaenig yn México (yn addo y byddai México yn derbyn Texas, México
Newydd ac Arizona yn gyfnewid am gyhoeddi rhyfel ar UDA). Cafodd
gwasanaeth cudd-ymchwil Prydain afael ar y telegram ac fe'i cyhoeddwyd
yn UDA. Achosodd don o deimladau gwrth-Almaenig yn UDA.
Symudodd Chwyldro Mis Mawrth Rwsia rwystr pellach i fynediad UDA
i'r rhyfel: yn awr, ymddangosai'r rhyfel, yn fwy nag erioed, fel brwydr
rhwng awtocratiaeth a democratiaeth. Yn ddiweddarach ym mis Mawrth,
ergydiwyd tair llong Americanaidd gan dorpidos. Dyma'i diwedd hi, yn
ôl pob golwg. Ar 6 Ebrill, cyhoeddodd UDA ryfel ar yr Almaen.

Daeth UDA i mewn i'r rhyfel fel 'pŵer cysylltiedig' – nid fel
cynghreiriad i Brydain a Ffrainc. Dangosai hyn benderfyniad Wilson i
gadw pellter rhwng UDA a'r hyn a ystyriai'n uchelgeisiau hunanol
pwerau traddodiadol Ewrop. Ym marn Wilson, ymgyrch i ennill
democratiaeth a rhyddid oedd y rhyfel, ac nid ymrafael aflan am dir a
threfedigaethau. Er gwaetha'r gwahaniaeth mewn pwyslais, bu dyfodiad yr
Americanwyr i'r rhyfel yn hwb aruthrol i'r Cynghreiriaid. Fodd bynnag,
ni fyddai UDA yn gallu symud ei lluoedd am rai misoedd. Oherwydd
hyn, roedd y Pwerau Canol yn parhau'n ffyddiog y gallent ennill y rhyfel.

b) Problemau'r Cynghreiriaid yn 1917

▼ Yn Ebrill, methodd ymdrechion y Cadfridog Nivelle i dorri drwy
linellau cadarn Hindenburg. Gwrthryfelodd cyfran sylweddol o
fyddin Ffrainc. Adferwyd trefn gan Pétain (arwr Verdun), a
gymerodd le Nivelle.

▼ Yng Ngorffennaf, lansiodd lluoedd Prydeinig drydedd frwydr Ypres
(a elwir hefyd yn frwydr Passchendaele). Yn ystod ymosodiad a
barhaodd am bedwar mis, collodd Prydain 500,000 o filwyr:
enillodd bum milltir o laid. Gwelwyd Passchendaele fel symbol o
gyflafan ymddangosiadol ddibwrpas y rhyfel.

▼ Ar y Ffrynt Dwyreiniol, nid oedd Rwsia'n fygythiad milwrol bellach.
O ganlyniad, gallai'r Almaen symud nifer fawr o filwyr i'r gorllewin.

▼ Ym mis Hydref, trechodd lluoedd yr Almaen ac Awstria yr
Eidalwyr yn Caporetto, gan orfodi'r Eidalwyr i ffoi yn ôl 50 milltir.

▼ Bu bron i fentr llongau tanfor yr Almaen lwyddo. Yn Ebrill,
suddwyd un o bob pedair llong oedd yn teithio i borthladdoedd
Prydeinig, ac roedd Prydain mewn perygl o newynu.

Y PRIF DDIGWYDDIADAU: 1917	
Ebrill	UDA yn ymuno â'r rhyfel;
Ebrill-Mai	Ymosodiad Nivelle;
Tachwedd	Brwydr Passchendaele;
Hydref-Tachwedd	Brwydr Caporetto;
Tachwedd	Clemenceau yn dod yn Brif Weinidog.

c) Problemau'r Pwerau Canol yn 1917

▼ Ym Mehefin, ymunodd Groeg â'r Cynghreiriaid. Yn awr, gallai milwyr Cynghreiriol yn Salonika ymosod ar Fwlgaria.

▼ Roedd y Twrciaid yn wynebu gwrthryfel mawr o du'r Arabiaid. Yn y cyfamser, cipiwyd Jerwsalem gan filwyr Prydeinig yn yr Aifft.

▼ Ar y môr, mabwysiadodd Prydain y dull o hwylio mewn gosgordd. Suddwyd llai o longau, a chollwyd mwy o longau tanfor Almaenig o ganlyniad i ddulliau gwell o 'leoli safleoedd'.

▼ Tanseiliwyd morâl trigolion yr Almaen ac Awstria-Hwngari gan brinder bwyd.

ch) Ymosodiad yr Almaenwyr yng Ngwanwyn 1918

Roedd canlyniad y rhyfel yn y fantol yn gynnar yn 1918. Roedd safle'r Almaen ar y Ffrynt Dwyreiniol yn ddiogel. Ond roedd ei chynghreiriaid yn parhau i beri gofid iddi, ac ar ben hynny roedd UDA ar fin gyrru niferoedd mawr o filwyr i gynorthwyo'r Cynghreiriaid. Po hwyaf y rhyfel, gwaethaf fyddai'r sefyllfa. O ganlyniad, penderfynodd arweinwyr milwrol yr Almaen lansio ymosodiad mawr yn y gorllewin yn ystod y gwanwyn. Cynlluniwyd yr ymosodiad yn dda. Ym Mawrth, chwalodd milwyr Almaenig linellau Prydeinig ar y Somme. Bu'r ail ymosodiad yn Fflandrys yn Ebrill yn llwyddiant tebyg. Ym Mai/Mehefin torrodd y trydydd ymosodiad Almaenig drwy linellau Ffrainc ar afon Aisne, gan gyrraedd o fewn 37 milltir i Baris. Fodd bynnag, roedd y milwyr Almaenig yn brin o gefnogaeth a chyflenwadau, ac arafodd a pheidiodd yr ymosodiad wrth afon Marne (fel a ddigwyddodd yn 1914).

Gan wynebu sefyllfa ddifrifol, aildrefnodd y Cynghreiriaid eu strwythur rheoli: penodwyd y Cadfridog Foch yn gadlywydd a fyddai'n gyfrifol am bopeth. Ni phetrusodd Foch. Yn lle gyrru nifer fawr o filwyr i'r frwydr, cadwodd filwyr wrth gefn er mwyn gallu gwrthymosod. Gwnaeth hynny yng Ngorffennaf 1918, gyda llwyddiant ysgubol. Gwthiwyd y fyddin Almaenig yn ei hôl. Ar 8 Awst torrodd lluoedd Prydeinig, yn cynnwys mwy na 600 o danciau, drwy linellau Almaenig yn Amiens. Parhaodd ymosodiad y Cynghreiriaid yn ddiflino, drwy gydol dechrau Medi, ar hyd y ffrynt cyfan.

dd) Ildiad yr Almaenwyr

Gan sylweddoli bod y rhyfel ar ben, ildiodd Hindenburg a Ludendorff eu pŵer yn niwedd Medi, gan adael i'r *Reichstag* reoli. Gwnaethant hyn yn y gobaith y gallai'r Almaen ennill gwell telerau heddwch. Yn ogystal, byddai'r llywodraeth newydd (ac nid arweinwyr y fyddin) yn cael ei beio am golli'r rhyfel. Dan arweiniad y Tywysog Max o Baden, gofynnodd y llywodraeth newydd i Wilson am gadoediad ar sail y 14 Pwynt (gweler tudalen 95). Gwrthodwyd y 14 Pwynt gan arweinwyr Almaenig yn Ionawr 1918 (pan gynigiwyd hwy gyntaf) am eu bod yn parhau i gredu y gellid ennill y rhyfel, ond yn awr roedd telerau'r 14 Pwynt yn ymddangos yn well na'r hyn a fynnai Prydain neu Ffrainc. Er nad oeddent yn fodlon ar y sefyllfa, cytunodd arweinwyr Prydain a Ffrainc y dylid cychwyn ar

d) Gorchfygu Cynghreiriaid yr Almaen: 1918

▼ Ar 30 Medi, ildiodd Bwlgaria.

▼ Parhaodd lluoedd Prydain i symud yn eu blaen yn y Dwyrain Canol. Ar 30 Hydref cytunodd Twrci i gadoediad.

▼ Yn Hydref, chwalwyd yr Awstriaid gan yr Eidalwyr yn Vittorio Veneto. Yn hwyr ym mis Hydref, meddiannwyd Praha gan arweinwyr Tsiecaidd, cyhoeddodd arweinwyr y Serbiaid a'r Croatiaid fod gwladwriaeth Iwgoslafaidd wedi'i sefydlu, a chyhoeddodd Hwngari ei hannibyniaeth. O'r diwedd, bu'n rhaid i lywodraeth Awstria arwyddo cadoediad ar 3 Tachwedd.

drafodaethau. (Ofnent y byddai'r Unol Daleithiau yn trefnu heddwch ar wahân fel arall.) Yn awr, y Kaiser oedd yr unig dramgwydd i heddwch, a mynnodd Wilson y byddai'n rhaid iddo ildio'i rym cyn y gellid trefnu cadoediad. Yn dilyn hyn, bu wythnosau o drafodaethau cudd. Erbyn dechrau Tachwedd, fodd bynnag, roedd yr Almaen yn chwalu. O ganlyniad i sïon y byddai llynges y Cefnfor yn cael ei gyrru allan ar orchwyl mentro-neu-farw yn erbyn y llynges Brydeinig, gwrthryfelodd morwyr Kiel ar 28 Hydref. Ymunodd y gwrthryfelwyr â gweithwyr oedd ar streic, a dechreuodd sofietau ymddangos, ar lun y rhai a welwyd yn Rwsia. Roedd yr Almaen ar drothwy rhyfel cartref. Ar 9 Tachwedd 'ildiodd' Wilhelm II, gan ffoi i'r Iseldiroedd. Ar 11 Tachwedd, derbyniodd llywodraeth sosialaidd newydd yr Almaen delerau cadoediad y Cynghreiriaid, a daeth y Rhyfel Byd Cyntaf i ben am 11.00 y bore.

e) Y Cadoediad

Bwriad telerau'r cadoediad oedd rhoi terfyn ar allu'r Almaen i ymladd. Cafodd milwyr Almaenig orchymyn i dynnu'n ôl i ochr draw y Rhein. Yn ogystal, cymerwyd llawer o adnoddau rhyfel oddi ar yr Almaen, gan gynnwys ei holl longau tanfor a nifer fawr o'i llongau rhyfel a'i llu awyr. Yn olaf, byddai'r gwarchae ar yr Almaen yn parhau hyd nes y byddai telerau'r heddwch wedi cael eu trefnu a'u derbyn. Bu'r cadoediad yn sioc i lawer o Almaenwyr, oedd dan yr argraff eu bod yn ennill y rhyfel. (Roedd y rhan fwyaf o Wlad Belg a darnau helaeth o ddwyrain Ewrop yn nwylo milwyr Almaenig o hyd.) Wedi 1918 honnai cenedlaetholwyr y byddai'r Almaen wedi gallu ennill y rhyfel oni bai am 'droseddwyr Tachwedd' – sosialwyr ac Iddewon – a 'drywanodd yr Almaen yn ei chefn'. Yn ddiamau, roedd gwrthryfeloedd a streiciau Tachwedd 1918 wedi peri ei bod bron yn amhosibl parhau â'r rhyfel. Fodd bynnag, digwyddodd y cadoediad am fod Hindenburg a Ludendorff wedi colli hyder neu, yn fwy cywir, efallai, wedi gweld y goleuni, o sylweddoli na allai'r Almaen ennill.

f) Cost y Rhyfel

Bu farw tua 10 miliwn o filwyr i gyd. Yn ychwanegol, mae'n bosibl bod 5 miliwn o sifiliaid wedi marw o glefydau'n gysylltiedig â phrinder bwyd. Ar ben hyn, lladdwyd miliynau o bobl ledled y byd gan epidemig o'r ffliw yn 1918-19.

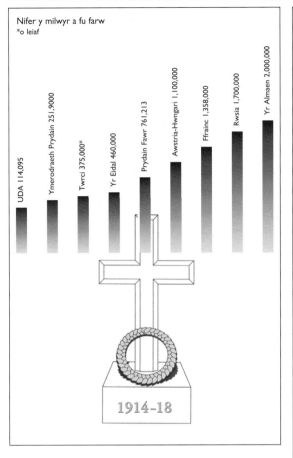

Ffigur 22 Colledion milwrol.

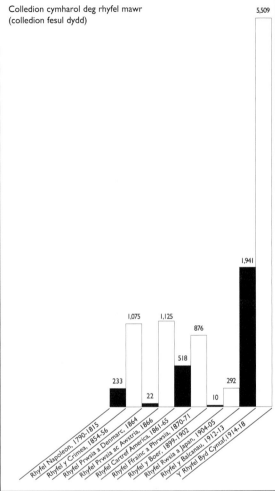

YSTYRIAETHAU
Beth oedd amcanion y cymodwyr? Pa mor llwyddiannus oedd y cytundeb heddwch?

5　Y Cytundeb Heddwch

a) Amcanion Rhyfel y Cynghreiriaid cyn 1919

Yn Awst 1914, nid oedd yr un o'r pwerau Cynghreiriol wedi datgan yn glir beth oedd eu hamcanion rhyfel. Fodd bynnag, wrth i'r rhyfel fynd yn ei flaen, aethant ati i lunio rhai amcanion penodol (a chyfrinachol, yn aml). Er enghraifft, cytunodd Prydain a Ffrainc ynglŷn â pha rannau o'r Ymerodraeth Otomanaidd y byddent yn eu cyfeddiannu. Er mwyn eu perswadio i ymuno â'r Cynghreiriaid, addawyd tiriogaeth Awstro-Hwngaraidd i'r Eidal a România. Yn eironig, roedd hyn yn golygu bod rhyfel a ymladdwyd yn bennaf yn erbyn yr Almaen wedi troi'n rhyfel i ddatgymalu'r Ymerodraethau Otomanaidd a Hapsbwrgaidd!

Roedd Woodrow Wilson wedi amlinellu ei amcanion rhyfel – ei 14 Pwynt – yn Ionawr 1918. Tybiai Wilson ei fod yn gwybod pam y bu i'r rhyfel ddechrau: drwy gael gwared ar yr achosion hynny (cynghreiriaid cyfrinachol a chenedlaetholdeb rhwystredig, er enghraifft) gobeithiai y byddai modd osgoi rhyfel yn y dyfodol. Yn ei farn ef, ni ddylai'r heddwch gynnwys cyfeddiannaeth, na chyfraniadau, nac iawndaliadau cosbol. Ym marn llawer o wladweinwyr Prydeinig a Ffrengig hirben, breuddwydion delfrydgar yn unig oedd y 14 Pwynt. Ond roedd angen cadw cefnogaeth yr Unol Daleithiau, ac ni allent wrthod cynigion Wilson ar unwaith. Yn ddiddorol iawn, erbyn Tachwedd 1918 roedd agwedd Wilson wedi caledu rhywfaint: bellach roedd yn mynnu – a chytunodd yr Almaen – y dylai'r Almaen dalu iawndal 'am bob niwed a wnaed i boblogaeth sifil y Cynghreiriaid'.

b) Y Broses Gymodi

Yn Ionawr 1919, ymgasglodd arweinwyr 32 o wledydd ym Mharis i drefnu heddwch. (Glaniodd Wilson yn Ewrop ar ddydd Gwener 13 Rhagfyr 1918 – rhywbeth a argoelai'n wael, ym marn pobl ofergoelus.) Ymsefydlodd y Gynhadledd yn fuan i ddilyn trefn reolaidd. Gwnaed y rhan fwyaf o'r gwaith manwl gan 58 o gomisiynau a phwyllgorau a grëwyd i ddelio â materion penodol. Gwnaed y prif benderfyniadau gan Gyngor o Ddeg, yn cynnwys prif weinidogion a gweinidogion tramor UDA, Prydain, Ffrainc, Japan a'r Eidal. Fodd bynnag, ni chwaraeai Japan ran fawr. Ei phrif nod oedd ennill tiriogaeth yn Asia. Wedi ennill hyn, nid oedd ganddi ddiddordeb mawr yn y trafodaethau eraill. Ym Mawrth, diddymwyd y Cyngor o Ddeg a daeth Cyngor o Bedwar, yn cynnwys Wilson, Lloyd George, Clemenceau ac Orlando (arweinydd yr Eidal) yn eu lle. Roedd Orlando, fodd bynnag, ar yr ymylon: Lloyd George, Clemenceau a Wilson oedd y gwleidyddion allweddol.

c) Problemau'r Cymodi

▼ Roedd maint aruthrol y dasg o ailadeiladu Ewrop yn frawychus. Roedd anhrefn gwleidyddol ac economaidd (gan gynnwys newyn) mewn sawl man yng nghanolbarth a dwyrain Ewrop.

▼ Roedd yr Ymerawdwr Hapsbwrgaidd, Karl, wedi ildio'r goron, ac yn ystod wythnosau olaf y rhyfel roedd llawer o genhedloedd yr Ymerodraeth wedi cyhoeddi eu hannibyniaeth. Roedd y cenhedloedd o fewn yr hen Ymerodraeth, sef tua dwsin ohonynt, yn byw'n anesmwyth ochr yn ochr â'i gilydd, ac mewn rhai ardaloedd, nid oedd ffiniau clir yn bodoli rhyngddynt. Roedd amryw o grwpiau cenedlaethol yn ymladd dros y ffiniau hyn wrth i'r cymodwyr gyfarfod. Roedd Ewrop arall yn ffurfio, felly, y tu hwnt i reolaeth cymodwyr Paris.

▼ Ofnid y byddai Bolsiefigiaeth yn ymledu i'r gorllewin o Rwsia. Erbyn 1919 roedd y faner goch eisoes yn chwifio dros adeiladau'r llywodraeth ym München a Budapest.

Y 14 PWYNT

1 'Cyfamodau heddwch hysbys, wedi'u llunio'n hysbys'.
2 Y rhyddid i hwylio ar y moroedd.
3 Dileu rhwystrau economaidd rhwng cenhedloedd.
4 Lleihau'r nifer o arfau 'i'r pwyntiau isaf posibl sy'n gyson ag anghenion amddiffynnol y wlad'.
5 Datrys problemau trefedigaethol drwy roi ystyriaeth i anghenion y trefedigaethwyr.
6 Ymgilio o bob tiriogaeth Rwsiaidd.
7 Ymgilio o Wlad Belg.
8 Ymgilio o diriogaeth Ffrengig a throsglwyddo Alsace-Lorraine yn ôl i Ffrainc.
9 Ailosod ffiniau'r Eidal ar hyd 'linellau cenedligrwydd cwbl eglur'.
10 Hunanreolaeth i bobl Awstria-Hwngari.
11 Ymgilio o diriogaeth Românaidd a Serbaidd.
12 Cymryd camau i roi mwy o hunanreolaeth i bobl yr Ymerodraeth Otomanaidd.
13 Creu Gwlad Pwyl a fyddai'n cynnwys yr holl ardaloedd hynny 'na ellid gwadu eu bod yn Bwylaidd': byddai'r Wlad Pwyl newydd yn cael mynediad diogel i'r môr.
14 Sefydlu 'cymdeithas gyffredinol y cenhedloedd'.

Ffigur 23 Y 'Tri Mawr' yn Versailles: David Lloyd George, Georges Clemenceau a Woodrow Wilson.

▼ Ychwanegai'r ymrwymiadau a wnaed yn ystod y rhyfel at gymhlethdod y trafodaethau. Er enghraifft, roedd hi'n amlwg bod yr addewidion a wnaed i'r Eidal er mwyn ei denu i'r rhyfel (gan gynnwys ardaloedd â phoblogaethau mawr o Almaenwyr) yn gwrthdaro yn erbyn egwyddor Wilson o **hunanbenderfyniad**.

▼ Roedd y Tri Mawr dan bwysau sylweddol o du eu gwledydd eu hunain. Galwai'r mwyafrif o bobl Prydain a Ffrainc am ddial. Mynnodd un gwleidydd Prydeinig y dylai'r buddugwyr 'wasgu'r lemwn Almaenig nes bod yr hadau'n gwichian'.

▼ Roedd gan Lloyd George, Clemenceau a Wilson farnau gwahanol ynglŷn â sut orau i sicrhau cytundeb heddwch parhaol.

i) Amcanion Clemenceau

Dymunai Clemenceau weld grym yr Almaen wedi'i leihau yn barhaol, fel na fyddai fyth eto yn fygythiad i Ffrainc. Drwy fynnu heddwch llym, roedd yn mynegi disgwyliadau pob Ffrancwr.

ii) Amcanion Wilson

Y peth pwysicaf ym marn Wilson oedd sefydlu cyfundrefn o gydberthynas gwledydd oedd yn deg ac yn barhaol. Bwriadai sefydlu corff rhyngwladol – **Cynghrair y Cenhedloedd** – i sicrhau y byddai modd datrys dadleuon yn heddychlon yn y dyfodol. Roedd gan Wilson ddau gyrchnod arall yn gysylltiedig â hyn, sef ehangu democratiaeth a sefydlu hunanbenderfyniad.

iii) Amcanion Lloyd George

Roedd Lloyd George wedi rhoi'r argraff, yn ystod ymgyrch etholiadol Rhagfyr 1918, y byddai'n gorfodi'r Almaen i dderbyn telerau heddwch llym. Fodd bynnag, nid oedd mor wrth-Almaenig ag y gobeithiai ac y disgwyliai etholwyr Prydain. Gan sylweddoli'r perygl o chwerwi'r Almaen, roedd Lloyd George yn gyndyn o bwyso'n rhy drwm arni. Ofnai, hefyd, y byddai'r Almaen yn troi at y Bolsiefigiaid pe bai'n cael ei chywilyddio. Felly, er iddo 'siarad yn ddidrugaredd' o flaen y bobl Brydeinig, cefnogai Wilson yn hytrach na Clemenceau wrth drafod y mwyafrif o'r materion allweddol.

ch) Cytundeb Versailles

i) Y Telerau Tiriogaethol

Bu llawer o ddadlau ffyrnig ynglŷn â ffiniau'r Almaen. Yn y lle cyntaf, mynnodd Ffrainc y dylid sefydlu ffin orllewinol yr Almaen ar afon Rhein. Byddai'r ardal ar lan chwith yr afon yn perthyn i Ffrainc neu'n wladwriaeth annibynnol. Roedd Lloyd George a Wilson ill dau yn gwrthwynebu'r syniad hwn, gan gredu y byddai'n creu drwgdeimlad parhaol o du'r Almaen. Roedd lleoliad ffin ddwyreiniol yr Almaen yn fwy dadleuol fyth. Roedd y 14 Pwynt wedi addo creu Gwlad Pwyl annibynnol, a sicrhau bod ganddi lwybr diogel at y môr. Fodd bynnag, nid oedd rhaniad amlwg yn bodoli rhwng yr ardaloedd oedd yn cynnwys poblogaethau Almaenig a'r rhai oedd yn cynnwys Pwyliaid. Dymunai Clemenceau weld Gwlad Pwyl gref, ac roedd yn cefnogi'r hawliau tiriogaethol Pwylaidd mwyaf eithafol. Fodd bynnag, ofnai Lloyd George y byddai'r wladwriaeth newydd yn cynnwys miliynau o Almaenwyr chwerw. O ganlyniad i'w ddylanwad, daeth Danzig (Gdansk heddiw), sef porthladd Almaenig, yn Ddinas Rydd a chynhaliwyd **pleidleisiau gwlad** yn Silesia Uchaf ac Allenstein, gan sicrhau bod yr Almaen yn dal gafael ar rai ardaloedd dadleuol. Er hyn, gwylltiwyd pob Almaenwr, bron, oherwydd colli tir i Wlad Pwyl, yn enwedig y coridor Pwylaidd, a orweddai rhwng Dwyrain Prwsia a gweddill yr Almaen.

Yn y de, gwaharddwyd yr Almaen rhag uno ag Awstria. Pe bai hynny wedi'i ganiatáu, byddai'r Almaen wedi bod mewn safle cryfach yn 1919 nag yn 1914. O ganlyniad, gallai'r Almaen honni nad oedd yr egwyddor o hunanbenderfyniad yn cael ei chaniatáu iddi hi.

Yn ogystal, collodd yr Almaen ei threfedigaethau i gyd. O ganlyniad i bwysau Wilson, byddai cyn-drefedigaethau'r Almaen yn cael eu rheoli fel mandadau. Golygai hyn y byddai'n rhaid i'r pwerau oedd yn rheoli gymryd dymuniadau'r trigolion trefedigaethol i ystyriaeth, ac y dylai'r trigolion hynny ymbaratoi ar gyfer hunanreolaeth.

> **PLEIDLAIS GWLAD**
> Math o refferendwm. Mae'r holl oedolion sy'n byw mewn ardal benodol yn pleidleisio ar fater neu set o gwestiynau penodol.

ii) Diarfogiad yr Almaen

Ni châi'r Almaen gadw ei thanciau na'i hawyrennau, a byddai'n rhaid iddi gyfyngu ei byddin i 100,000 o ddynion. Ni châi fod yn berchen ar longau rhyfel mawr na llongau tanfor. Byddai'n rhaid iddi ildio'r rhan fwyaf o'i llynges i'r Cynghreiriaid. (Fel mae'n digwydd, suddodd y mwyafrif o'r criwiau eu llongau, i ddangos eu hanufudd-dod, yn Scapa Flow, Ynysoedd Orkney, ym Mehefin 1919.)

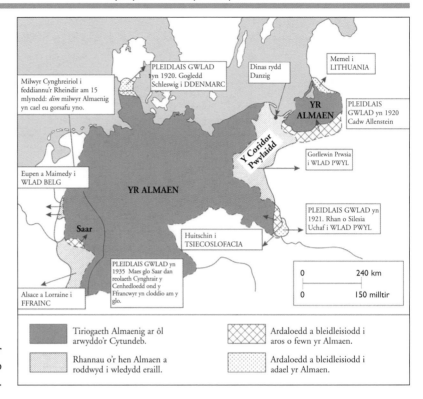

Ffigur 24 Y tiroedd a gollodd yr Almaen o ganlyniad i Gytundeb Versailles.

iii) Iawndal ac Euogrwydd Rhyfel

Yn ôl erthygl 231 bu raid i'r Almaen dderbyn y cyfrifoldeb llawn am achosi'r rhyfel. Roedd y cymal euogrwydd rhyfel hwn – testun casineb yn yr Almaen – yn gweithredu fel sail foesol i hawliau'r Cynghreiriaid am iawndaliadau gan yr Almaen. Y brif broblem oedd penderfynu faint y gallai ac y dylai'r Almaen ei dalu, a sut y dylid rhannu'r arian hwn ymhlith y Cynghreiriaid. Dyma'r mater a achosai'r chwerwder mwyaf. Dymunai Wilson dderbyn iawndal yn seiliedig ar allu'r Almaen i dalu. Fodd bynnag, mynnai pobl Ffrainc a Phrydain y dylai'r Almaen dalu symiau aruthrol o arian a fyddai'n helpu'r Cynghreiriaid i dalu am y rhyfel, a hefyd yn gwanhau'r Almaen yn ariannol am flynyddoedd i ddod. Roedd Lloyd George mewn cyfyng-gyngor. Roedd yn benderfynol y câi Prydain gyfran deg o'r iawndal, a mynnodd (yn llwyddiannus) y dylai'r 'gost' gynnwys colli llongau masnach a thalu pensiynau i'r sawl a adawyd yn anabl, yn weddw neu'n amddifad gan y rhyfel. Er hyn, cytunodd â Wilson y dylai'r Almaen dalu'r hyn y gallai ei fforddio yn unig, a sylweddolai na fyddai'r Almaen yn farchnad dda ar gyfer nwyddau Prydain yn y dyfodol pe bai'n gorfod talu gormod o iawndal. Fodd bynnag, ni allai fentro anwybyddu barn y bobl ym Mhrydain, nac anghofio ei addewid ei hun i wasgu'r "ffyrling olaf" allan o goffrau'r Almaen. Yn y diwedd, sefydlwyd Comisiwn Iawndaliadau i benderfynu faint yn union y dylai'r Almaen ei dalu. Yn 1921, argymhellodd y

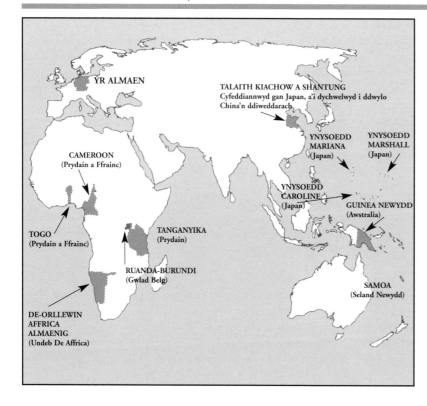

Ffigur 25 Y trefedigaethau
Almaenig a gollwyd.

comisiwn swm o £6,600 miliwn. Er bod hyn yn llawer llai na'r hyn a
obeithiwyd, roedd rhai economegwyr a'r mwyafrif o Almaenwyr yn barnu
(yn anghywir mae'n debyg) bod hyn yn fwy nag y gallai'r Almaen ei
fforddio.

Cwblhawyd Cytundeb Versailles ar frys mawr ddiwedd Ebrill 1919.
Cafodd yr Almaenwyr dair wythnos yn unig ar gyfer ysgrifennu eu
sylwadau, ac aethant ati i ymosod ar bob amod, bron. Yn y pen draw,
fodd bynnag, nid oedd gan yr Almaen unrhyw ddewis ond derbyn y
cytundeb neu wynebu'r perygl o gael ei goresgyn. Arwyddwyd y
Cytundeb o'r diwedd yn Neuadd Ddrychau Versailles, ar 28 Mehefin
1919 – yn yr un union le y datganwyd Ymerodraeth yr Almaen yn 1871.

d) Beirniadaethau ar Versailles

Gellir dadlau bod y problemau a wynebai Ewrop erbyn 1919 mor
sylweddol fel y byddai llunio cytundeb heddwch parhaol wedi bod yn
dasg amhosibl bron, hyd yn oed pe bai'r Tri Mawr wedi cytuno ar
bopeth. Gan gyfeirio at y cymodwyr, dywedodd Gilbery White, aelod o'r
ddirprwyaeth Americanaidd: 'Nid yw'n syndod eu bod wedi llunio
heddwch diffygiol: mae'n syndod eu bod wedi llunio heddwch o gwbl'.
Fodd bynnag, gellir dadlau ynglŷn â pha mor 'ddiffygiol' oedd yr
heddwch mewn gwirionedd.

i) Safbwyntiau Cyfredol

Roedd y Tri Mawr yn ymwybodol bod eu penderfyniadau yn cynnwys gwendidau. Ym marn Wilson a Lloyd George, fodd bynnag, dyma'n union pam y ffurfiwyd Cynghrair y Cenhedloedd. Yn 1919, dywedodd Lloyd George y byddai'r Cynghrair 'yno fel Llys Apêl ar gyfer unioni diffygion, anghysondebau, anghyfiawnderau'. O bosibl, roedd ganddo ormod o ffydd mewn sefydliad nad oedd yn meddu ar y grym i orfodi newidiadau. Ar ben hyn, ni fyddai'r Cynghrair yn cynnwys UDA. Gwrthododd Senedd UDA gadarnhau Cytundeb Versailles, ac felly nid ymunodd UDA â'r Cynghrair. Mewn cyferbyniad, roedd y cytundeb yn boblogaidd ym Mhrydain, ac fe'i derbyniwyd yn y senedd gyda mwyafrifoedd ysgubol. Ar y cyfan, roedd Prydain fel petai wedi ennill yr hyn y gobeithiai amdano o'r cytundeb heddwch. Dinistriwyd grym llyngesol yr Almaen, ac roedd yr Almaen wedi cytuno i dalu iawndal. Yn ôl y farn gyffredinol ym Mhrydain, roedd y cytundeb yn ddi-ildio ond yn deg.

Nid dyma'r farn yn yr Almaen. Honnai Almaenwyr ar draws y sbectrwm gwleidyddol fod y cytundeb yn rhy llym ac yn crwydro'n bell o 14 Pwynt Wilson. Cyn hir, roedd radicaliaid Prydain yn cytuno. Yn 1919 ysgrifennodd yr economegydd J.M. Keynes feirniadaeth hallt o'r cytundeb, yn enwedig y cymalau iawndal, yn ei lyfr dylanwadol, *The Economic Consequences of the Peace.* Dadleuai fod Clemenceau dialgar a Lloyd George cynllwyngar wedi gorfodi Wilson diniwed i gytuno i delerau heddwch oedd yn rhy llym. Cyn hir, daeth yn amlwg bod Lloyd George ei hun yn dechrau amau doethineb y cytundeb, gan ofni bod yr Almaen wedi derbyn triniaeth annheg. Adleisiai nifer o wleidyddion Prydain ei farn ar ôl 1919.

Fodd bynnag, roedd y mwyafrif o Ffrancwyr o'r farn bod y cytundeb yn rhy garedig o lawer. Er mai hi oedd yn bennaf cyfrifol am achosi rhyfel drud, dim ond 13 y cant o'r diriogaeth a ddaliai cyn y rhyfel a 10 y cant o'i phoblogaeth a gollodd yr Almaen. Roedd hi wedi'i hamgylchynu â gwladwriaethau bychain, ansefydlog ar ei ffiniau deheuol a dwyreiniol, ac felly roedd ganddi'r potensial o hyd i fod yn wladwriaeth gryfaf Ewrop. Roedd Clemenceau wedi bod yn barod i dderbyn telerau Versailles ar sail cynnig Wilson a Lloyd George o gynghrair amddiffynnol i Ffrainc. Fodd bynnag, gwrthododd y Senedd gadarnhau'r warant hon, ac wedyn gwnaeth Prydain yr un fath. O ganlyniad, teimlai'r mwyafrif o Ffrancwyr eu bod wedi cael eu bradychu.

ii) Safbwyntiau'r Haneswyr

Mae barn haneswyr wedi atseinio'r beirniadaethau cyfredol. Ym marn llawer ohonynt roedd y cytundeb yn cynnig y telerau gwaethaf posibl – telerau oedd yn rhy llym i gael eu derbyn gan y mwyafrif o Almaenwyr, ac yn rhy garedig i gyfyngu'r Almaen. Mae modd dadlau bod anallu y cymodwyr i ddatrys y broblem Almaenig yn 1919 wedi gosod seiliau'r Ail Ryfel Byd. Wedi Versailles, roedd gan yr Almaen gwynion mawr, a hefyd y potensial i greu problemau yn y dyfodol.

Fodd bynnag, mae modd amddiffyn y cymodwyr. Hyd yn oed wrth

edrych yn ôl, mae'n anodd gweld atebion realistig i'r broblem Almaenig. Yn ddiamau, roedd Cytundeb Versailles yn garedig o'i gymharu â Chytundeb Brest-Litovsk. Gellid cyfiawnhau'r holl diriogaeth, bron, a gollodd yr Almaen (ac eithrio Danzig a'r Coridor Pwylaidd) ar sail cenedligrwydd. (Gadawyd mwy o Bwyliaid dan reolaeth yr Almaen nag o Almaenwyr dan reolaeth Gwlad Pwyl.) Gynt, Awstriaid oedd y mwyafrif o'r Almaenwyr a oedd yn byw y tu allan i'r Almaen (e.e. yn Tsiecoslofacia).

dd) Cytundeb De a Dwyrain Ewrop

Ar ôl arwyddo Cytundeb Versailles, aeth y Tri Mawr adref, gan adael i'r cynrychiolwyr llai amlwg gwblhau'r cytundebau â chynghreiriaid yr Almaen. Roedd eu tasg yn un anodd, o gofio bod yr Ymerodraeth Hapsbwrgaidd wedi dadfeilio, a bod rhyfel cartref yn Rwsia. Byddai rhai o wladweinwyr Prydain a Ffrainc wedi hoffi cadw Ymerodraeth Hapsbwrgaidd o ryw fath, pe dim ond er mwyn cydbwyso Rwsia a'r Almaen. Roedd hyn yn amhosibl, fodd bynnag, o ystyried teimladau cenedlatholgar cryf y bobl a fu'n byw o fewn ffiniau'r ymerodraeth. Roedd y mwyafrif o wladweinwyr y Cynghreiriaid yn cefnogi'r egwyddor o hunanbenderfyniad, ac ymdrechwyd i ailosod ffiniau ar hyd llinellau ethnig. Gorfodwyd y gwledydd a gollodd y rhyfel i dalu iawndal, ac i leihau eu lluoedd arfog.

O ganlyniad i'r cytundebau dwyreiniol, ynghyd â chytundebau amrywiol ar hyd ffiniau Rwsia, crëwyd cadwyn o wladwriaethau newydd o'r Ffindir i Iwgoslafia. Parhawyd i ddadlau ynglŷn â'r ffiniau hyd at ganol yr 1920au. Er i'r cymodwyr wneud eu gorau i weithredu'r egwyddor o hunanbenderfyniad, roedd bodolaeth nifer mor fawr o genhedloedd cymysg yn golygu bod cymunedau mawr ar draws dwyrain Ewrop dan reolaeth pobl o grŵp ethnig gwahanol. Er enghraifft, roedd gan Tsiecoslofacia boblogaeth o 14,500,000, yn cynnwys Tsieciaid, Slofaciaid, Almaenwyr, Hwngariaid, Rwtheniaid a Phwyliaid. Roedd y Tsieciaid mewn lleiafrif yn yr hyn a ystyrient fel eu gwlad hwy. Prin bod unrhyw wlad yn fodlon ar ei chytundeb. Roedd Bwlgaria, Hwngari ac Awstria yn chwerw ac yn achwyn. Roedd llawer o'r gwladwriaethau newydd yn anghytuno ymhlith ei gilydd ynglŷn â ffiniau dadleuol. Roedd hyd yn oed yr Eidal yn anfodlon. Er iddi ennill tiriogaeth gan Awstria, barnai'r mwyafrif o Eidalwyr fod yr enillion hyn yn druenus o fach, o gofio bod 600,000 o Eidalwyr wedi marw yn y rhyfel. Ar ben hyn, nid oedd wedi derbyn yr holl diroedd a addawyd iddi yn 1915.

CYTUNDEB ST GERMAIN

Arwyddwyd y cytundeb ag Awstria ym Medi 1919. Collodd Awstria y Trentino a rhan helaeth o Dde Tyrol ac Istria, gyda Trieste, i'r Eidal, a darnau helaeth o dir i Tsiecoslofacia, Gwlad Pwyl, Iwgoslafia a România. Disgynnodd poblogaeth Awstria o 22 m i 6.5 m.

CYTUNDEB NEUILLY

Fe'i harwyddwyd â Bwlgaria yn Nhachwedd 1919. Collodd Bwlgaria diriogaeth i Iwgoslafia, Groeg a România.

Ffigur 26 Cytundeb y Balcanau a Thwrci, 1919-23.

CYTUNDEB TRIANON

Fe'i harwyddwyd ar y cyd â Hwngari ym Mehefin 1920. Rhoddodd ddwy ran o dair o diriogaeth Hwngari cyn y rhyfel i Tsiecoslofacia, Iwgoslafia a România. Disgynnodd poblogaeth Hwngari o 21m i 7.5m.

CYTUNDEB SÈVRES

Fe'i harwyddwyd ar y cyd â Thwrci yn Awst 1920.

▼ Byddai'r Culfor, a gysylltai'r Môr Du â'r Môr Canoldir yn cael ei ddadfilwrio a'i roi dan oruchwyliaeth ryngwladol.

▼ Byddai'r ardaloedd Arabaidd o fewn yr Ymerodraeth Otomanaidd yn cael eu rhoi fel mandadau i Brydain a Ffrainc. Enillodd Ffrainc Syria a Lebanon. Enillodd Prydain y tiriogaethau a elwir heddiw yn Israel, Gwlad Iorddonen ac Iraq.

▼ Enillodd Groeg Ddwyrain Thracia, Smyrna a nifer o ynysoedd yr Aegea.

e) Rhai o Effeithiau Eraill y Rhyfel

i) Canlyniadau Gwleidyddol

▼ Wedi 1919 roedd Ewrop yn cynnwys gwladwriaethau a gefnogai'r cytundeb heddwch (yn enwedig Ffrainc) a gwladwriaethau oedd yn benderfynol o'i ddiwygio (yn enwedig yr Almaen).

▼ Erbyn 1919 roedd gwagle grym yn bodoli yng nghanolbarth a dwyrain Ewrop. Nid oedd yn debygol y byddai'r gwladwriaethau newydd yn ddigon cryf i wrthsefyll llywodraethau chwerw yr Almaen a Rwsia yn y dyfodol.

▼ O ganlyniad i'r cytundeb, disgynnodd y nifer o bobl a drigai mewn gwladwriaeth lle nad oeddent yn brif genedl o 60 i 30 miliwn. Fodd bynnag, roedd y lleiafrifoedd yn 1919 yn fwy anfodlon, o bosibl, na rhai 1914, a chwiliai llawer ohonynt am gymorth o wladwriaethau cyfagos.

ii) Canlyniadau Economaidd a Chymdeithasol

▼ Bu'r rhyfel yn aruthrol o ddrud. Roedd y mwyafrif o wledydd wedi benthyg arian i dalu amdano. Roedd llawer o wledydd yn ddyledus i Brydain. Roedd Prydain, yn ei thro, mewn dyled i UDA. Roedd yr Almaen yn rhwym o dalu iawndaliadau i Brydain a Ffrainc, ond ar

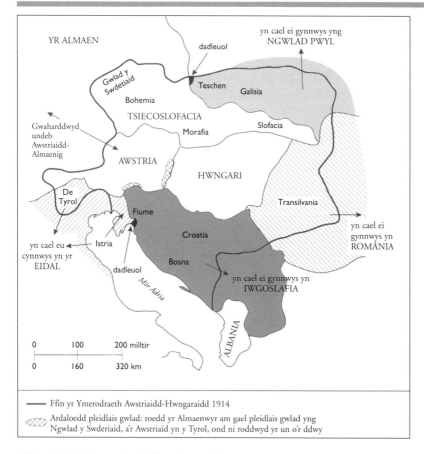

YR ALMAEN

dadleuol

yn cael ei gynnwys yng
NGWLAD PWYL

Gwlad y
Swdetiaid

Bohemia

Teschen   Galisia

TSIECOSLOFACIA

Gwaharddwyd
undeb
Awstriaidd-
Almaenig

Morafia   Slofacia

AWSTRIA

HWNGARI

De
Tyrol

Fiume

Transilvania

yn cael ei
gynnwys yn
ROMÂNIA

yn cael eu
cynnwys yn yr
EIDAL

Istria

Croatia

dadleuol   Bosna

Môr Adria

yn cael ei gynnwys yn
IWGOSLAFIA

ALBANIA

| 0 | 100 | 200 milltir |
| 0 | 160 | 320 km |

——— Ffin yr Ymerodraeth Awstriaidd-Hwngaraidd 1914

Ardaloedd pleidlais gwlad: roedd yr Almaenwyr am gael pleidlais gwlad yng
Ngwlad y Swderiaid, a'r Awstriaid yn y Tyrol, ond ni roddwyd yr un o'r ddwy

Ffigur 27 Yr Ymerodraeth Hapsbwrgaidd gynt: cytundebau St Germain
a Trianon.

yr un pryd derbyniai fenthyciadau gan UDA. Roedd y sefyllfa
economaidd, felly, yn ddryslyd.

▼ Yn ystod y rhyfel, roedd y mwyafrif o lywodraethau wedi argraffu
arian papur, gan hybu chwyddiant.

▼ Arafwyd cynnydd economi Ewrop gan y rhyfel. Cipiwyd
marchnadoedd tramor cwmnïau Ewropeaidd gan gwmnïau
Americanaidd a Japaneaidd.

▼ Gadawyd miliynau o ddynion yn anabl yn gorfforol ac yn seicolegol,
ac roedd niferoedd aruthrol o wragedd yn weddw a phlant yn
amddifad.

▼ Ceir dadlau ffyrnig ynglŷn ag effaith y rhyfel ar rôl merched. Yn
ystod y rhyfel, roedd rhai merched wedi cymryd swyddi dynion –
a'u gwneud cystal â'r dynion. Mae modd dweud, felly, fod merched
yn gyffredinol wedi ennill parch a hunanhyder, rhywbeth a
adlewyrchwyd yn eu hymgyrchu llwyddiannus i ennill y bleidlais ar
ôl 1918. Fodd bynnag, gellir dadlau nad oedd merched yn ddim
mwy na llafur rhad yn ystod y rhyfel. Ar ôl 1918, roedd y mwyafrif
o ferched yn ddigon bodlon i ddychwelyd i'w bywydau domestig.

**CYTUNDEB
LAUSANNE**

Yn 1919-20 arweiniodd Mustafa
Kemal wrthryfel cenedlaethol a
disodli'r llinach Otomanaidd.
Trechwyd Groeg gan Dwrci yn
1921-2 ac arwyddwyd cytundeb
newydd, sef Cytundeb
Lausanne, yn 1923. Hwn oedd
yr adolygiad pwysig cyntaf o'r
cytundeb heddwch.

▼ Adenillodd Twrci lawer o'r
tir a gollwyd i Groeg.

▼ Bellach, nid oedd rhaid iddi
dalu iawndaliadau.

▼ Gweithio ar Effaith y Rhyfel Byd Cyntaf

Drwy ddarllen y bennod hon dylai fod gennych farn ynglŷn â pha wlad a gyfrannodd fwyaf tuag at orchfygu'r Almaen.

▼ Dioddefodd Rwsia y colledion mwyaf.

▼ Chwaraeodd Ffrainc ran fawr drwy gydol y rhyfel. Collodd ddwywaith cymaint o filwyr â Phrydain.

▼ Roedd gwarchae llynges Prydain ar yr Almaen yn hanfodol bwysig. Chwaraeodd y fyddin Brydeinig (y fyddin orau yn Ewrop, o bosibl, erbyn 1918) ran bwysig yn y dasg o orchfygu Twrci a'r Almaen.

▼ Roedd cyfraniad UDA yn hanfodol. Er na fu'r Americanwyr yn gwneud llawer o'r ymladd, roedd y disgwyliad y byddai 300,000 o filwyr newydd yn cyrraedd fesul mis erbyn Awst 1918 yn dychryn yr Almaenwyr. Rhoddwyd hwb i'r Cynghreiriaid a digalonwyd yr Almaenwyr gan ymyrraeth UDA. Ym marn Ludendorff: 'America oedd y ffactor a bennodd ganlyniad y rhyfel.' Ydych chi'n cytuno?

Ateb Cwestiynau Ysgrifennu Estynedig a Thraethawd ar Effaith y Rhyfel Byd Cyntaf

Ystyriwch y cwestiwn canlynol: 'Pam y digwyddodd chwyldro mor fuan ar ôl Chwyldro cyntaf Rwsia yn 1917?'

Y peth cyntaf i'w nodi yw bod y cwestiwn hwn yn ymwneud â Chwyldro Mis Tachwedd, ac nid Chwyldro Mis Mawrth. Mae haneswyr yn dadlau pa un ai gwendidau a chamgymeriadau'r Llywodraeth Dros Dro neu gryfderau a pholisïau llwyddiannus y Bolsiefigiaid fu'n gyfrifol am Chwyldro Mis Tachwedd. Mae'r ddadl yn debyg i drafodaeth am ganlyniad gêm bel-droed. O ystyried y sefyllfa ym mis Mawrth 1917, a oedd hi bob amser yn debygol y byddai'r Bolsiefigiaid yn 'ennill'? A wnaeth y Llywodraeth Dros Dro 'chwarae'n' wael? A wnaeth rhai o'i 'chwaraewyr' allweddol (er enghraifft, Kerensky) ei siomi? A 'chwaraeodd' y Bolsiefigiaid yn dda? Pa mor bwysig oedd Lenin a Trotsky? Gan gymryd yr holl dystiolaeth i ystyriaeth, esboniwch pam y digwyddodd Chwyldro Mis Tachwedd yn eich barn chi.

Ateb Cwestiynau Seiliedig ar Ffynonellau ar Effaith y Rhyfel Byd Cyntaf

Rhaid cael heddwch heb fuddugoliaeth ... Byddai buddugoliaeth yn golygu heddwch a orfodwyd ar y gorchfygedig, telerau'r buddugwr yn cael eu gorfodi ar y sawl a gollodd. Byddai'n rhaid ei dderbyn mewn cywilydd, fel aberth annioddefol dan orfodaeth, a byddai'n pigo ac yn peri drwgdeimlad ac atgof chwerw, seiliau a fyddai'n cynnal yr heddwch, nid yn gadarn, ond megis sugndraeth.

Ffynhonnell B Araith yr Arlywydd Wilson i'r Senedd, 22 Ionawr 1917.

Ni allaf ddychmygu unrhyw beth sy'n fwy tebygol o greu rhyfel yn y dyfodol na bod y bobl Almaenig, sydd wedi profi eu bod yn un o genhedloedd mwyaf grymus ac egnïol y byd, yn cael eu hamgylchynu â nifer o wladwriaethau bychain, llawer ohonynt yn cynnwys pobl nad ydynt erioed wedi sefydlu llywodraeth gadarn, ond gyda phob un yn cynnwys lluoedd o Almaenwyr, yn galw am gael ailuno, unwaith eto, â'u mamwlad ... Gellir cipio trefedigaethau'r Almaen oddi arni, a lleihau nifer ei harfau hyd nes ei bod yn ddim mwy na heddlu, a lleihau maint ei llynges hyd at faint pŵer o'r bumed radd: eto, yn y pen draw, os bydd hi'n teimlo na chafodd chwarae teg ... bydd yn siŵr o fynnu dial mewn rhyw ffordd.

Ffynhonnell C Lloyd George ym Memorandwm Fontainbleu, Mawrth 1919.

Heb amheuaeth, mae'r amodau milwrol a llyngesol yn llym, ond nid ydynt ronyn yn waeth nag y dylent fod, er mwyn sicrhau diogelwch Ewrop a'r byd ... Efallai nad yw'r cymalau sy'n trafod iawndaliadau yr un mor foddhaol. Yn ôl pob golwg, derbynnir yr egwyddor ynglŷn â'r Almaen yn derbyn cyfrifoldeb am yr holl golledion a'r distryw a achoswyd ganddi. Ar yr un pryd, rydym yn clywed bod y Cynghreiriaid yn cydnabod ei hanallu, ac anallu ei chynghreiriaid, i wneud iawn am y colledion a'r distryw hwn.

Ffynhonnell Ch The Times, Mai 1919.

Y tro diwethaf i mi annerch y Tŷ ynglŷn â'r Cytundeb, roedd y prif bwyntiau wedi'u sefydlu. Mentrais ei alw'n 'Gytundeb llym ond teg'. Rwyf yn glynu wrth y disgrifiad hwnnw. Ar sawl ystyr, maent yn delerau ofnadwy i unrhyw wlad orfod eu derbyn. Roedd y gweithredoedd y maent yn eu cosbi yn ofnadwy. Mae'r canlyniadau a ddioddefwyd ar draws y byd yn ofnadwy. Pe baent wedi llwyddo, byddai'r canlyniadau wedi bod yn waeth byth. Beth mae'r telerau hyn yn ei olygu i'r Almaen?

Ystyriwch y telerau tiriogaethol. O safbwynt y tiriogaethau a gymerwyd oddi ar yr Almaen, mae'n adferiad. Defnyddiwyd grym i gipio Alsace-Lorraine o'r wlad yr oedd ei phoblogaeth mor deyrngar iddi. Ai anghyfiawnder yw eu dychwelyd i'w gwlad? Schleswig-Holstein, y twyll gwaethaf o blith dichellion yr

Ffynhonnell D Lloyd George yn annerch Tŷ'r Cyffredin ym Mehefin 1919.

Hohenzollern; dwyn oddi ar wlad fechan, dlawd, ddiamddiffyn, ac yna gadw'r tir, yn groes i ddymuniadau'r bobl, am hanner cant i drigain o flynyddoedd. Rwy'n falch o gael y cyfle i adfer Schleswig-Holstein. Gwlad Pwyl, wedi'i rhwygo'n ddarnau er mwyn bwydo chwant rheibus awtocratiaeth Rwsia, Awstria a Phrwsia. Mae'r Cytundeb hwn wedi ail-wnïo baner rwygedig Gwlad Pwyl.

PEACE AND FUTURE CANNON FODDER

The Tiger: "Curious! I seem to hear a child weeping!"

Ffynhonnell Dd Cartŵn Will Dyson am y Gynhadledd Heddwch.

▼ CWESTIYNAU AR FFYNONELLAU

1. Pa bryderon a fynegir yn Ffynonellau B, C ac Dd ynglŷn â'r cytundeb heddwch? **[10 marc]**
2. Edrychwch yn fanwl ar Ffynonellau Ch a D. Sut maent yn cyfiawnhau'r cytundeb heddwch? **[10 marc]**
3. Gan ddefnyddio eich gwybodaeth eich hun, esboniwch pa un o'r ffynonellau hyn oedd y cywiraf o ran ei ddadansoddiad o'r cytundeb heddwch a'i ganlyniadau tebygol. **[25 marc]**

Pwyntiau i'w nodi ynglŷn â'r cwestiynau

Cwestiwn 1 Mae pob un o'r Ffynonellau yn mynegi pryderon tebyg ond mae Ffynhonnell C yn fwy penodol.

Cwestiwn 2 Mae'n debyg y bydd angen i chi gyfeirio at Ffigur 27 er mwyn ymgyfarwyddo â rhai o'r ardaloedd a enwir yn Ffynhonnell D.

Cwestiwn 3 Weithiau, rhoddir y bai ar gymodwyr 1919 am achosi'r Ail Ryfel Byd. A oedd yr Almaen wedi'i chythruddo cymaint nes bod ail ymryson yn debygol neu'n anorfod? Neu a wnaeth y cymodwyr waith da dan amgylchiadau anodd iawn? Sylwch nad oes ateb cywir nac anghywir i'r cwestiwn hwn. Ansawdd eich dadl sy'n bwysig, ac nid y ffynhonnell a ddewiswch.

Darllen Pellach

Llyfrau yng nghyfres *Access to History* Hodder and Stoughton

Ar gyfer y Rhyfel Byd Cyntaf a'r cytundeb heddwch, rhowch gynnig ar benodau cyntaf *War and Peace: International Relations 1914-45* gan David Williamson. Ar gyfer Chwyldro Rwsia, mae Penodau 5 a 6 yn *Reaction and Revolutions: Russia 1881-1924* gan Michael Lynch yn rhagorol.

Cyffredinol

Rhowch gynnig ar *The Great War 1914-18* gan S.C. Tucker, 1997 (UCL Press) i ddechrau. Mae *The Great War* gan M. Ferro, 1973 (Routledge) a *The First World War* gan A.J.P. Taylor, 1963 (Penguin) yn parhau'n llyfrau da. Ymhlith y goreuon o blith y llyfrau diweddar mae *The Oxford Illustrated History of the First World War* gan H. Strachan, gol., 1998 (OUP) a *The First World War* gan J. Keegan, 1998 (Hutchinson).

Am wybodaeth am y cytundeb heddwch, rhowch gynnig ar *Versailles and After* gan R. Henig, 1995 (Routledge) a phennod gyntaf *The Lost Peace: International Relations in Europe 1918-1939* gan A. Adamthwaite, 1980 (Edward Arnold).

Ar gyfer Chwyldro Rwsia, mae Pennod 13 o *Years of Change: Europe 1890-1945* gan Robert Wolfson a John Laver yn fan cychwyn da. Yn ogystal, rhowch gynnig ar *Russia: 1914-41* gan John Laver yn y gyfres History at Source (Hodder and Stoughton). Mae'n werth darllen Penodau 3-8 yn *The Russian Revolution 1917-1921: A Short History* gan J.D. White, 1994 (Edward Arnold) a Phennod 5 o *The End of Imperial Russia 1855-1917* gan P. Waldron, 1997 (Macmillan). Felly hefyd Benodau 1 a 2 yn *The Russian Revolution* gan S. Fitzpatrick, 1986 (OUP).

YR UNDEB SOFIETAIDD 1917–41

PWYNTIAU I'W HYSTYRIED

Yn dilyn Chwyldro Mis Tachwedd 1917 rheolwyd Rwsia gan Lenin, ac yna Stalin. Eu gweithredoedd yw prif destun y bennod hon. Er bod haneswyr yn tueddu i osgoi defnyddio'r geiriau 'da' a 'drwg', mae gan hanes ddimensiwn moesol a bydd rhaid i chi benderfynu a ydych yn cytuno neu'n anghytuno â bwriadau a gweithredoedd Lenin a Stalin. Rhannwyd y bennod hon yn gyflwyniad a saith adran. Rhaid i chi ddarllen y cyfan. Os ydych chi'n astudio Lenin yn unig, bydd angen i chi wybod rhywbeth am yr hyn a ddigwyddodd ar ôl ei farwolaeth. (I ba raddau yr oedd yn gyfrifol am Staliniaeth?) Os ydych yn astudio Stalin yn unig, rhaid i chi wybod rhywbeth am Lenin. (Ai etifedd Lenin oedd Stalin – fel yr honnai?)

YSTYRIAETH
Pa mor llwyddiannus oedd Lenin a Stalin?

O ystyried y sefyllfa yn Rwsia yn Nhachwedd 1917, mae'n debyg ei bod yn haws ennill grym na'i gadw. Yn awr, roedd yn rhaid i'r Bolsiefigiaid ddatrys y problemau a oedd wedi eu helpu i ddod i rym yn y lle cyntaf. Yn 1918-19, wrth i Ryfel Cartref rwygo Rwsia'n ddarnau, ymddangosai cyfundrefn Lenin yn fregus. Ac eto, fe oroesodd. Mae'r rhesymau dros y goroesiad hwnnw yn un o'r ystyriaethau allweddol. Mae'r rhan a chwaraeodd Lenin, a maint ei lwyddiant cyn ei farwolaeth yn 1924, yn ystyriaeth allweddol arall. Tybiai llawer o bobl mai Trotsky, arwr y Chwyldro a'r Rhyfel Cartref, fyddai olynydd Lenin. Yn lle hynny, daeth Stalin i rym. Ceir dadlau ffyrnig o hyd ynglŷn ag effaith ei raglenni ar gyfer cyfunoli a diwydianeiddio. Felly hefyd ei garthiadau, a arweiniodd at farwolaeth miliynau o bobl. Parhaodd y gyfundrefn a sefydlwyd gan Lenin ac a ddatblygwyd gan Stalin am hanner can mlynedd wedi 1941. Fodd bynnag, mae 1941 yn lle da i gymryd stoc. Dyna'r flwyddyn yr ymosododd yr Almaen Natsïaidd ar Rwsia. Pa mor barod oedd Rwsia am yr ymosodiad? I ba raddau yr oedd Lenin a Stalin, yn unol â'u hamcanion Marcsaidd, wedi creu gwladwriaeth i'r gweithwyr lle rheolid popeth gan y wladwriaeth ar ran y gweithwyr?

1 Rheolaeth y Bolsiefigiaid, 1917–18

a) Y Sefyllfa yn Nhachwedd 1917

Yn Nhachwedd 1917 roedd llywodraeth Lenin yn wynebu llawer o broblemau.

▼ Nid oedd llawer o gefnogaeth i'r Bolsiefigiaid y tu allan i'r prif ddinasoedd.

▼ Roedd llai o gynhyrchu diwydiannol, roedd chwyddiant wedi codi i lefel y tu hwnt i bob rheolaeth, roedd y system gludo wedi'i pharlysu ac roedd y trefi'n brin iawn o fwyd.

▼ Roedd rhai ardaloedd, megis y Ffindir, wedi cyhoeddi eu hannibyniaeth ar Rwsia.

▼ Oherwydd eu hamheuon ynglŷn â Bolsiefigiaeth, roedd y gwledydd Cynghreiriol yn barod i ymyrryd yn Rwsia pe bai Lenin yn trefnu heddwch â'r Almaen.

YSTYRIAETH
Pam y bu i reolaeth y Bolsiefigiaid greu cymaint o anniddigrwydd?

Ffigur 28 Lenin.

b) Gormes ac Unbennaeth

Ar unwaith, mabwysiadodd llywodraeth Lenin ddulliau unbenaethol. Gwaharddwyd pob papur newydd gwrth-Folsiefigaidd ac arestiwyd y gwrthwynebwyr amlwg. Sefydlwyd heddlu cudd newydd, sef y *Cheka*, a chaniatawyd hawliau ysgubol iddo. Nid oedd Lenin yn ddemocrat. Credai bod angen 'arweiniad goleuedig' y Bolsiefigiaid ar y gweithwyr er mwyn eu harwain tuag at sosialaeth. Gan anwybyddu canlyniadau etholiadau'r Cynulliad Cyfansoddol, a ildiodd chwarter ei seddau yn unig i'r Bolsiefigiaid, gorfododd ddiddymu'r Cynulliad o flaen gwn yn Ionawr 1918, wedi sesiwn yn para diwrnod yn unig. Yn dilyn hyn, saethwyd degau o wrthwynebwyr y Bolsiefigiaid mewn gwrthdystiadau ar y strydoedd. Fodd bynnag, er bod Rwsia Folsiefigaidd yn unbennaeth, ni fu llawer o ymyrraeth ganolog yn y taleithiau. Anfonai llywodraeth Lenin delegraffau yn cynnwys ordinhadau chwyldroadol i drefi ledled Rwsia, yn y gobaith y byddai grwpiau lleol yn eu gweithredu. Ufuddhâi rhai, ond fe'u hanwybyddid gan lawer.

	Pleidleisiau	Seddau
ChC	17,490,000	370
Bolsiefigiaid	9,844,000	175
Grwpiau lleiafrifol cenedlaethol	8,257,000	99
ChC ar y Chwith (pro-Folsiefigaidd)	2,861,000	40
Cadetiaid (Democratiaid Cyfansoddiadol)	1,986,000	17
Mensiefigiaid	1,248,000	16
Cyfanswm	41,686,000	717

Tabl 7 Etholiadau ar gyfer y Cynulliad Cyfansoddol, 1917.

c) Polisi Economaidd y Bolsiefigiaid

▼ Atafaelwyd tiroedd yr Eglwys a stadau tirfeddianwyr cyfoethog. Derbyniodd sofietau gwerinwyr lleol gyfarwyddiadau i oruchwylio ailddosbarthiad y tiroedd yn eu hardal hwy. Yn ymarferol, roedd hyn yn rhoi awdurdod swyddogol i'r hyn oedd wedi bod yn digwydd ers Mawrth 1917. Drwy adael i'r gwerinwyr gadw'r tiroedd meddianedig, enillodd Lenin gefnogaeth y gwerinwyr.

▼ Cenedlaetholwyd 'uchelfannau' diwydiant, sef ffatrïoedd mawr, rheilffyrdd, mwynfeydd a banciau. Er bod y ffatrïoedd llai yn annibynnol ar y llywodraeth, fe'u meddiennid gan y gweithwyr yn aml beth bynnag.

▼ Sefydlwyd Prif Gyngor yr Economi Genedlaethol (*Vesenkha*). Ei bwrpas oedd goruchwylio'r economi gyfan.

Ni chafodd y mesurau hyn effaith sylweddol ar drafferthion economaidd Rwsia. Yn y trefi, roedd allbwn y ffatrïoedd yn lleihau o hyd, ac roedd y broblem o gyflenwi bwyd yn gwaethygu.

Datblygiadau pwysig eraill: Tachwedd 1917 – Mawrth 1918

▼ Dilëwyd pob braint dosbarth, rheng a theitl.

▼ Cyhoeddwyd ymwahaniad yr eglwys a'r wladwriaeth.

▼ Roedd yn hawdd cael ysgariad.

▼ Cynigiwyd mwy o annibyniaeth i genhedloedd lleiafrifol.

▼ Mabwysiadodd Rwsia y calendr modern.

▼ Daeth y Blaid Folsiefigaidd i'w hadnabod fel y Blaid Gomiwnyddol.

▼ Moskva oedd prifddinas newydd Rwsia – roedd hi'n llawer haws ei hamddiffyn na Petrograd.

---

ch) Cytundeb Brest-Litovsk

Roedd Lenin wedi addo trefnu heddwch â'r Almaen ar unwaith. Gwaith Trotsky oedd trefnu'r heddwch. Gan obeithio y byddai'r Pwerau Canol yn dymchwel, ac y byddai chwyldro yn dilyn, roedd yn well ganddo oedi nag ildio ar unwaith. Gan deimlo'n rhwystredig o ganlyniad i dactegau Trotsky, symudodd y lluoedd Almaenig yn nes unwaith eto. Gwyddai Lenin fod lluoedd Rwsia yn rhy wan i atal yr Almaen rhag cymryd unrhyw dir a ddymunai, ac felly derbyniodd Gytundeb Brest-Litovsk yn 1918 (gweler tudalen 90). Roedd y Cytundeb yn sarhad ac yn drychineb economaidd. Collodd Rwsia ardaloedd yn cynnwys 26 y cant o'i phoblogaeth, 27 y cant o'i thir âr, a mwy na 70 y cant o'i diwydiant haearn a glo. Roedd Lenin yn parhau i obeithio y byddai'r chwyldro Bolsiefigaidd yn peri i weithwyr wrthryfela ar draws Ewrop. Tybiai, felly. mai trefniant dros dro fyddai Brest-Litovsk: yn sgil chwyldro gwerinol Ewropeaidd, disgwyliai y byddai'r Almaen ac Awstria-Hwngari yn ildio'u hawl i'r budrelw a enillwyd o ganlyniad i'r rhyfel.

GWEITHGAREDD

Saethwch syniadau er mwyn darganfod pedwar neu bum rheswm a allai esbonio'r gwrthwynebiad cynyddol i'r Bolsiefigiaid erbyn 1918.

2 Y Rhyfel Cartref

YSTYRIAETH
**Pam y bu i'r Cochion
ennill y Rhyfel Cartref?**

Roedd llawer iawn o Rwsiaid yn gwrthwynebu rheolaeth Folsiefigaidd ('Goch'). Erbyn diwedd 1918 dim ond Petrograd, Moskva a'r tir a orweddai rhyngddynt a reolai Lenin. Mewn mannau eraill, roedd cymysgfa o wrthwynebwyr wrthi'n sefydlu llywodraethau gwrth-Folsiefigiadd ('Gwyn'). Roedd y Gwynion yn cynnwys cefnogwyr tsaraidd, rhyddfrydwyr, Mensiefigiaid a'r ChC – grwpiau a chanddynt ychydig iawn yn gyffredin ac eithrio eu casineb tuag at y Bolsiefigiaid. Yn ôl y Bolsiefigiaid, roedd y Rhyfel Cartref yn rhyfel rhwng y dosbarthiadau, ond mewn gwirionedd roedd y sefyllfa'n fwy cymhleth o lawer na hynny. Yn ogystal â'r Gwynion (yn amrywio o ran eu harlliw) cafwyd 'Duon' (anarchwyr) a 'Gwyrddion' (grwpiau o werinwyr a wrthwynebai'r Cochion a'r Gwynion fel ei gilydd). Gan fod Rwsia'n wlad enfawr, byddai materion lleol yn derbyn mwy o sylw na materion cenedlaethol yn aml. Roedd rhai grwpiau cenedlaethol oedd eisoes wedi cyhoeddi eu hannibyniaeth ar Rwsia yn barod i ymladd er mwyn cadw eu hannibyniaeth.

a) Dechrau'r Rhyfel

O ganlyniad i weithredoedd y Lleng Dsiecaidd – sef 40,000 o Tsieciaid a wirfoddolodd i ymladd dros Rwsia er mwyn ennill eu hannibyniaeth ar Awstria-Hwngari – daeth yr helyntion i'w hanterth ym Mai 1918. Ar ôl i Rwsia drefnu heddwch, cychwynnodd y Tsieciaid ar eu taith i Vladivostok, gyda'r bwriad o ailymuno â'r Cynghreiriaid ar y Ffrynt Gorllewinol. Ar y ffordd, ymosododd lluoedd Bolsiefigaidd lleol arnynt. Brwydrodd y Tsieciaid yn galed, gan feddiannu rhan helaeth o'r rheilffordd Draws-Siberaidd. Bu llwyddiant y Tsieciaid yn ddigon i gymell gwrthwynebwyr y Bolsiefigiaid i ddangos eu gwrthwynebiad amlwg i Lenin. Erbyn Tachwedd, roedd y Llyngesydd Kolchak, arweinydd y Gwynion, yn rheoli rhan helaeth o Siberia.

b) Ymyrraeth Dramorol

Ym Mawrth 1918, glaniodd lluoedd y Cynghreiriaid ym Murmansk ac Archangel. Yn Ebrill, meddiannwyd Vladivostok gan filwyr Japaneaidd, ac yn fuan daeth milwyr Americanaidd i ymuno â hwy. Yn 1918-19 aeth milwyr Prydeinig i mewn i rannau o dde Rwsia, ac ar yr un pryd hwyliodd llongau rhyfel Prydeinig i mewn i ddyfroedd Rwsiaidd y Baltig ac i'r Môr Du. Sefydlodd y Ffrancwyr orsaf bwysig o amgylch Odessa, un o borthladdoedd y Môr Du. O ganlyniad i ddyfodiad y lluoedd tramorol, ffurfiwyd llywodraethau Gwyn eraill, er enghraifft llywodraeth y Cadfridog Yudenich yn Estonia.

▼ Roedd y Bolsiefigiaid wedi gwladoli nifer fawr o gwmnïau tramorol, wedi rhewi pob ased tramorol, ac wedi cyhoeddi nad oeddent yn bwriadu talu dyledion rhyfel Rwsia.

▼ Addawodd y cyfundrefnau Gwyn y byddent yn parhau i ymladd yn erbyn yr Almaen pe baent yn dod i rym.

▼ Roedd y Cynghreiriaid yn benderfynol o rwystro cyflenwadau rhyfel hanfodol, a fenthycwyd ar un adeg i Rwsia ac a storid yno o hyd, rhag disgyn i ddwylo'r Almaenwyr.

▼ Gobeithiai'r Cynghreiriaid ddinistrio Bolsiefigiaeth (a ystyrid yn fygythiad).

▼ Gobeithiai rhai gwledydd (megis Gwlad Pwyl a România) ennill tir ar draul Rwsia.

c) Buddugoliaeth y Cochion

Ymladdwyd brwydrau tyngedfennol y Rhyfel Cartref yn 1919. Gyrrwyd milwyr Denikin, Kolchak a Yudenich, oedd yn symud yn nes, yn ôl gan luoedd y Cochion; hefyd, ailgipiodd y Cochion Murmansk ac Archangel, a oedd wedi'u gadael gan filwyr y Cynghreiriaid yn yr hydref. Roedd y

TYNGED NICHOLAS AC ALECSANDRA

Ar ôl Chwyldro Mis Mawrth, roedd y cyn-Dsar Nicholas II a'i deulu yn gaethion.

Erbyn canol 1918, roeddent dan arestiad tŷ yn Ekaterinburg, oedd yn ôl pob golwg ar fin disgyn i ddwylo'r Gwynion. Gwelwyd y teulu Romanov (a rhai o'u gweision) yn fyw am y tro olaf ar 16 Gorffennaf. Er gwaethaf datganiad Lenin bod Bolsiefigiaid lleol wedi eu lladd, roedd amheuon yn parhau ynghylch tynged y Romanoviaid. Pan gipiodd lluoedd y Gwynion Ekaterinburg ar 25 Gorffennaf, daethant o hyd i olion dienyddiad mawr yn seler y tŷ lle bu'r teulu brenhinol yn gaethion. Honnodd tîm o ymchwilwyr Gwyn eu bod wedi darganfod cyrff meirw'r teulu, ond roedd llawer yn amau dibynadwyedd eu tystiolaeth. Am rai blynyddoedd wedyn, roedd y gred yn parhau bod un neu fwy o'r teulu brenhinol yn fyw o hyd. Yn 1991 daethpwyd o hyd i esgyrn mewn coedwig yn ymyl Ekaterinburg. Yn ôl y profion DNA, roeddent yn perthyn i'r Romanoviaid.

Ffynhonnell A

rheilffyrdd yn hanfodol ar gyfer symud milwyr i safleoedd allweddol. Nid damwain oedd y ffaith fod y prif frwydrau wedi digwydd yn ymyl pennau rheilffyrdd, na bod Trotsky, Cadlywydd y Cochion, wedi lleoli ei bencadlys mewn trên arbennig oedd yn llawn arfau.

Yn Ebrill 1920, aeth lluoedd Gwlad Pwyl yn bell i mewn i Ukrain, gan gipio Kiev. Fodd bynnag, gyrrwyd y Pwyliaid yn ôl, ac yn eu tro aeth y Fyddin Goch i mewn i Wlad Pwyl, gan obeithio sbarduno gwrthryfel comiwnyddol. Ond, cefnogodd y mwyafrif o'r Pwyliaid eu llywodraeth, gan yrru'r Rwsiaid allan o Wlad Pwyl a pheri iddynt golli rhannau o Belorwsia ac Ukrain wrth gilio. (Arwyddwyd Cytundeb Riga, a bennai'r ffin rhwng Rwsia a Gwlad Pwyl, yn 1921.) Tua diwedd 1920, ymadawodd lluoedd y Gwynion â'r Crimea gyda chymorth y llynges Brydeinig. Er bod y brwydro'n parhau i raddau yn Georgia a Siberia, roedd y Cochion wedi ennill y Rhyfel Cartref.

ch) Pam y bu i'r Cochion Ennill?

i) Y Fyddin Goch
Aeth Trotsky ati i sicrhau bod y Fyddin Goch yn rym sylweddol. Gan anwybyddu gwrthwynebiad nifer o Folsiefigiaid, penododd tua 40,000 o gyn-swyddogion y tsar i hyfforddi ac arwain y fyddin. Fel rhagofal, atodwyd comisariaid gwleidyddol (gweithwyr oedd yn ymroddedig i'r Blaid) i'r fyddin er mwyn adrodd yn ôl ynglŷn â dibynadwyedd y swyddogion. Daethpwyd â'r arfer o ethol swyddogion i ben. Yn fuan, roedd y Fyddin Goch yn bell ar y blaen o ran nifer ei milwyr, effeithlonrwydd ei dulliau o ymladd, a'i morâl.

ii) Y Braw Coch
Roedd y Cochion yn defnyddio braw yn fwy effeithiol na'r Gwynion. Y *Cheka* oedd eu prif gyfrwng. Mae'r hanesydd Martin McCauley yn rhoi syniad o ddulliau'r *Cheka*:

> Yn Kharkov, tynnodd y Checiaid groen pennau eu carcharorion, a chymryd y croen, megis menig, oddi ar eu dwylo … Yn Poltava trywanwyd 18 o fynachod â stanc, a llosgwyd gwerinwyr gwrthryfelgar wrth y stanc. Yn Odessa, câi swyddogion eu berwi a'u rhwygo yn eu hanner.

iii) Rhaniadau Ymhlith y Gwynion
Roedd y Gwynion yn amau ei gilydd ac yn cweryla ymhlith ei gilydd. Roedd y Cochion, ar y llaw arall, yn gymharol unedig.

iv) Arweinyddiaeth
Yn ei swydd fel Comisar Rhyfel, roedd cyfraniad Trotsky tuag at fuddugoliaeth y Bolsiefigiaid yn hanfodol bwysig. Roedd Lenin, a wnâi'r penderfyniadau ynglŷn â'r polisi swyddogol, hefyd yn chwarae rôl allweddol. Nid oedd gan y Gwynion arweinydd a allai gymharu o ran ei statws â Trotsky neu Lenin.

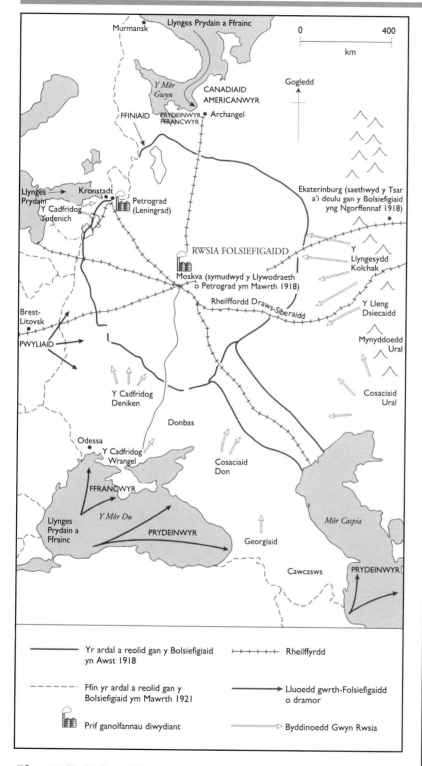

Ffigur 29 Rhyfel Cartref Rwsia, 1918-20.

COMIWNYDDIAETH RYFEL

▼ Daeth pob diwydiant dan reolaeth y wladwriaeth.

▼ Roedd llawer llai o gynhyrchu diwydiannol o ganlyniad i'r system gludo ddryslyd, y prinder dynion am fod llawer wedi cael eu gorfodi i ymuno â'r Fyddin Goch, a'r ffaith fod trigolion y trefi yn ffoi i gefn gwlad i chwilio am fwyd.

▼ Gwaethygwyd problemau diwydiant gan orchwyddiant. Collodd y rwbl ei gwerth o ganlyniad i bolisi'r Bolsiefigiaid o argraffu arian papur.

▼ Ym marn Lenin, y rheswm mwyaf dros gyflwyno comiwnyddiaeth ryfel oedd y prinder bwyd difrifol. Rhoddodd y bai ar y gwerinwyr cyfoethocach (neu'r cwlaciaid), gan eu cyhuddo o gronni eu cyflenwadau grawn er mwyn cadw prisiau'n uchel. (Y gwir oedd nad oedd y gwerinwyr yn gweld pwrpas mewn gwerthu eu cynnyrch nes derbyn pris teg.) Rhwng 1918 ac 1921 gyrrwyd unedau o'r *Cheka* a'r Fyddin Goch i gymryd meddiant o'r grawn trwy orfodaeth. Cafodd hyn ganlyniadau trychinebus. Gan wybod y byddai'r llywodraeth yn mynd â'r cynnyrch oedd dros ben oddi arnynt, cynhyrchai'r gwerinwyr y lleiafswm o rawn. Erbyn 1921 roedd y cynhaeaf grawn yn llai na hanner yr hyn a fu yn 1913. O ganlyniad, bu farw rhyw bum miliwn o bobl o newyn.

v) Amhoblogrwydd y Gwynion

Roedd y mwyafrif o Rwsiaid yn werinwyr. Er nad oedd y mwyafrif ohonynt yn hoffi'r Cochion, roeddent yn casáu'r Gwynion yn fwy byth, gan ofni colli'r tir a enillwyd ganddynt pe bai'r Gwynion yn llwyddo.

vi) Ymyrraeth Tramorwyr

Siomwyd y Gwynion gan y diffyg ymyrraeth o dramor. Dim ond nifer fechan o filwyr a ddaeth o'r mwyafrif o wledydd, ac ychydig iawn o'r rhain a frwydrodd yn erbyn y Cochion. Pan ddaeth y Rhyfel Byd Cyntaf i ben, roedd gan y Cynghreiriaid lai o reswm dros frwydro. Roedd yr arweinwyr hynny a gefnogai groesgad wrth-Folsiefigaidd mewn lleiafrif. Roedd y Cynghreiriaid wedi blino ar ryfel ac yn gyndyn o wynebu ymgyrch hir arall. Ar ben hyn, roedd gan y Cochion lawer o gefnogwyr ym Mhrydain a Ffrainc. At ei gilydd, gellir dadlau bod yr ymyrraeth o dramor wedi bod yn wrthgynhyrchiol yn y pen draw. Roedd yn gas gan Rwsiaid cenedlaetholgar bresenoldeb y tramorwyr, ac mae'n bosibl bod hyn wedi cynyddu'r gefnogaeth i'r Cochion.

vii) Daearyddiaeth

Roedd yr ardaloedd mwyaf poblog, y rhwydwaith rheilffyrdd a'r prif ardaloedd diwydiannol dan reolaeth y Cochion. Gan fod y Gwynion ar wasgar, nid oedd yn hawdd iddynt gyd-drefnu eu hymosodiadau.

d) Beth fu Prif Ganlyniadau'r Rhyfel Cartref?

i) Y Canlyniadau Economaidd

Yn 1918 cyflwynodd Lenin gyfres o fesurau economaidd a elwid, fel cyfangorff, yn 'gomiwnyddiaeth ryfel'. O hyn allan, byddai pob agwedd ar fywyd economaidd yn cael ei ddarostwng i'r dasg o ennill y rhyfel cartref.

ii) Y Canlyniadau Gwleidyddol

Yng Ngorffennaf 1918 cyflwynwyd cyfansoddiad newydd. Mewn theori, Cyngres Sofietau Rwsia Gyfan oedd yr awdurdod pennaf. Mewn gwirionedd, fodd bynnag, gwneid yr holl benderfyniadau pwysig gan Lenin a chylch bychan o gymrodyr a reolai'r Blaid Gomiwnyddol. Daeth hyn yn swyddogol yn 1919, pan ddatganolwyd y grym o uchelfannau'r Blaid, sef y Pwyllgor Gwaith Canolog, yn cynnwys rhai cannoedd o aelodau, i ddau is-bwyllgor pwysig: gwneid penderfyniadau ynglŷn â pholisi swyddogol y Blaid gan y Politbiwro; ac roedd y gweinyddiad mewnol dan oruchwyliaeth yr Orgbiwro. Fwy a mwy, âi penderfyniadau i un cyfeiriad yn unig – o'r pen uchaf i'r gwaelod.

iii) Canlyniadau Eraill

▼ Roedd Rwsia wedi colli tir ar ei ffiniau gorllewinol – y Ffindir, Gwladwriaethau'r Baltig, Besarabia (i România) a thiriogaeth i Wlad Pwyl.

▼ Roedd y mwyafrif o arweinwyr Rwsia ar ôl 1920 wedi ymladd yn y Rhyfel Cartref. Roeddent yn gyfarwydd â defnyddio braw a thrais er mwyn llwyddo yn eu hamcanion.

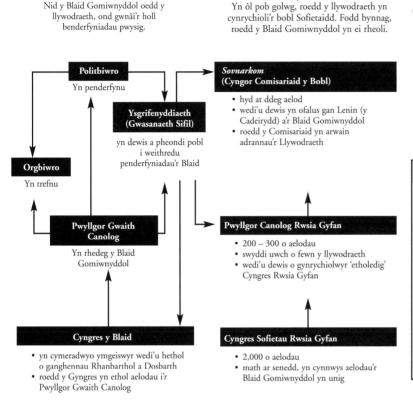

Y Blaid Gomiwnyddol
Nid y Blaid Gomiwnyddol oedd y
llywodraeth, ond gwnâi'r holl
benderfyniadau pwysig.

Y Llywodraeth
Yn ôl pob golwg, roedd y llywodraeth yn
cynrychioli'r bobl Sofietaidd. Fodd bynnag,
roedd y Blaid Gomiwnyddol yn ei rheoli.

Ffigur 30 Rheolaeth
Gomiwnyddol.

Politbiwro
Yn penderfynu

**Ysgrifenyddiaeth
(Gwasanaeth Sifil)**
yn dewis a pheondi pobl
i weithredu
penderfyniadau'r Blaid

***Sovnarkom*
(Cyngor Comisariaid y Bobl)**
- hyd at ddeg aelod
- wedi'u dewis yn ofalus gan Lenin (y
  Cadeirydd) a'r Blaid Gomiwnyddol
- roedd y Comisariaid yn arwain
  adrannau'r Llywodraeth

Orgbiwro
Yn trefnu

**Pwyllgor Gwaith
Canolog**
Yn rhedeg y Blaid
Gomiwnyddol

Pwyllgor Canolog Rwsia Gyfan
- 200 – 300 o aelodau
- swyddi uwch o fewn y llywodraeth
- wedi'u dewis o gynrychiolwyr 'etholedig'
  Cyngres Rwsia Gyfan

Cyngres y Blaid
- yn cymeradwyo ymgeiswyr wedi'u hethol
  o ganghennau Rhanbarthol a Dosbarth
- roedd y Gyngres yn ethol aelodau i'r
  Pwyllgor Gwaith Canolog

Cyngres Sofietau Rwsia Gyfan
- 2,000 o aelodau
- math ar senedd, yn cynnwys aelodau'r
  Blaid Gomiwnyddol yn unig

GWEITHGAREDD

Ystyriwch y cwestiwn:
'Pam y bu i'r Bolsiefigiaid
ennill y Rhyfel Cartref?'
Gwnewch restr o'r
pwyntiau y byddech yn eu
cynnwys yn eich ateb.
Trefnwch y pwyntiau yn ôl
eu pwysigrwydd.
Esboniwch y ddau reswm
pwysicaf yn eich barn chi i
weddill y dosbarth.

---

3 Rwsia: 1920-4

a) Y Sefyllfa yn 1920-1

Ni chafwyd gwared ar y gwrthwynebiad agored i'r Bolsiefigiaid pan
drechwyd y Gwynion. Yn hytrach, cynyddodd y gwrthwynebiad yn
1920-1. Yn y bôn, anniddigrwydd economaidd oedd yn gyfrifol am hyn.

i) Anniddigrwydd y Gwerinwyr
Wrth i'r Fyddin Goch gael ei dadfyddino, gwrthryfelodd y gwerinwyr
ledled Rwsia. (Gwrthwynebai'r gwerinwyr atafaelu'r grawn.) Lladdwyd
miloedd o filwyr cyn y gallwyd ailsefydlu trefn.

ii) Anniddigrwydd y Gweithwyr
Fel y gwelwyd o'r don gynyddol o streiciau, roedd y gweithwyr yn fwyfwy
anniddig. Yn Chwefror 1921 croesodd miloedd o weithwyr Petrograd i
ganolfan lyngesol Kronstadt, gan ymuno â'r morwyr er mwyn hawlio
mwy o ryddid. Etholodd y gwrthdystwyr arweinwyr, a chyhoeddwyd
maniffesto, sef rhestr o ofynion oedd yn cynnwys etholiadau newydd ar

---

YSTYRIAETH
**Pam – ac i ba raddau –
yr enciliodd Lenin oddi
wrth Gomiwnyddiaeth?**

gyfer y sofietau, rhyddid i lefaru, hawliau i undebau llafur, a rhyddau carcharorion gwleidyddol. Gan ofni maint y gwrthdystiad, aeth 60,000 o filwyr y Fyddin Goch ati'n ddidrugaredd i chwalu gwrthryfel Kronstadt ym mis Mawrth.

b) Y Polisi Economaidd Newydd

Penderfynodd Lenin gyfnewid comiwnyddiaeth ryfel am Bolisi Economaidd Newydd (PEN). Yn ei anerchiad i Ddegfed Gyngres y Blaid ym Mawrth 1921, dywedodd:

Ffynhonnell A

> Rydym yn byw dan amgylchiadau o'r fath dlodi a distryw fel bod yn rhaid gosod popeth, am gyfnod, yn ail i'r ystyriaeth sylfaenol hon – cynyddu nifer y nwyddau ar bob cyfrif ...Cyhyd â bod dim chwyldro mewn gwledydd eraill, gwyddom mai'r unig ffordd i achub chwyldro sosialaidd Rwsia yw drwy ddod i gytundeb â'r gwerinwyr ... Rhaid i ni geisio bodloni gofynion y gwerinwyr, sy'n anfodlon ac yn anniddig, a hynny'n anorfod. Yn y bôn, gellir bodloni'r ffermwr bychan drwy wneud dau beth. Yn gyntaf, rhaid i'r perchennog preifat bychan gael rhywfaint o ryddid; ac yn ail, rhaid cyflenwi nwyddau a chynhyrchion ... Gadewch i'r gwerinwr gael ei ddarn bach o gyfalafiaeth, cyn belled â'n bod ni'n cadw'r grym. Nid yw'r llywodraeth Werinol dan unrhyw fygythiad cyn belled â'i bod hi'n dal ei gafael mewn cludiant a diwydiant mawr.

Prif bwrpas y PEN oedd dal gafael ar gefnogaeth y gwerinwyr a'u cymell i gynhyrchu mwy o fwyd. O hyn ymlaen, ni chipiwyd unrhyw fwyd dros ben. Yn awr, gallai'r gwerinwyr werthu'r bwyd hwn er mwyn gwneud elw – yn y lle cyntaf mewn marchnadoedd lleol yn unig, ond yn ddiweddarach i'r trefi drwy gyfrwng dynion canol (a elwid yn **Wŷr y Pen**). Nid dyma'r unig enciliad oddi wrth gomiwnyddiaeth. Mewn ymdrech i wella cynhyrchu diwydiannol, caniataodd y PEN gynhyrchu ar raddfa fechan gan hyd at 20 gweithiwr. Gan synhwyro ansicrwydd nifer o aelodau'r Blaid, pwysleisiai Lenin mai dim ond consesiwn dros dro i gyfalafiaeth oedd y PEN. O ganlyniad i'w awdurdod a'r dirwasgiad economaidd, cefnogodd y Gyngres y PEN.

GWŶR Y PEN

Y term a ddefnyddid i ddisgrifio'r masnachwyr, y crefftwyr, y dynion busnes a'r siopwyr a wnaeth elw ar gefn y PEN.

---

c) Beth oedd Canlyniadau'r PEN?

Roedd realaeth Lenin wedi peri bod anghenion economaidd yn dod o flaen damcaniaeth wleidyddol. Yn anorfod, roedd llai o gydraddoldeb wrth i fasnachwyr a gwneuthurwyr bychain wneud elw, ac wrth i *gwlaciaid* gyflogi gwerinwyr tlotach fel labrwyr. Er bod 'aradeiledd' y wladwriaeth yn sosialaidd, roedd ei sylfaen yn gorwedd ar gefnau miliynau o ffermwyr gwerinol cyfalafol. Erbyn 1923 roedd Trotsky'n condemnio 'camgymeriadau amlwg' polisi economaidd oedd wedi gosod anghenion gwerinol yn ail i ymelwa gwŷr y Pen.

	1913	1921	1922	1923	1924	1925	1926
Grawn (miliynau o dunelli)	81.6*	37.6	50.3	56.6	51.4	72.5	76.8
Haearn (miliynau o dunelli)	4.2	0.1	0.2	0.3	0.75	1.5	2.4
Trydan (miliynau o kW awr)	1.9	0.5	0.8	1.1	1.5	2.9	3.5
Dur (miliynau o dunelli)	4.2	0.2	0.4	0.7	1.1	2.1	3.1
Ffabrigau cotwm (miliynau o fetrau)	2,582	105	349	691	963	1,688	2,286
Cyflog misol cyfartalog gweithwyr trefol (mewn rwblau)	30.5	10.2	12.2	15.9	20.8	25.2	29

Tabl 8 Cynhyrchu yn Rwsia, 1913-26.

*Bu cynhaeaf arbennig o dda yn 1913.

Sylwer: Rhaid deall mae amcangyfrifiad yw'r ystadegau a welir yn y tabl hwn (ac eraill). Yn aml, byddai'r data'n cael ei fesur mewn ffordd anwyddonol, ac yna'n cael ei newid eto at ddibenion gwleidyddol.

Fodd bynnag, mae'r ystadegau'n awgrymu bod economi'r Sofiet wedi gwella'n sylweddol erbyn 1924. Erbyn canol yr 1920au ceid mwy o gynhyrchu grawn a chynhyrchu diwydiannol, ac roedd arian yn fwy sefydlog ei werth. Gan fod safonau byw yn codi, roedd llai o anniddigrwydd. Pan beidiodd y sgwadiau atafaelu ag ymosod ar eu ffermydd, collodd y mwyafrif o werinwyr ddiddordeb mewn gwrthryfela. Roedd llawer llai o streiciau diwydiannol hefyd. (Nid oedd hyn yn syndod, gan fod arweinwyr undebau llafur, yn ddieithriad, yn Gomiwnyddion, a gwrthodent ganiatáu streiciau mewn busnesau oedd yn eiddo i'r wladwriaeth.) Ond nid oedd y PEN yn gwbl lwyddiannus. Gellir dadlau iddo ohirio'r argyfwng amaethyddol yn hytrach na'i ddatrys. Tra oedd y ffermydd yn fach, ni fyddai maint eu cynnyrch yn fawr. Hyd yn oed ar farwolaeth Lenin, roedd ansicrwydd o hyd ynglŷn â pha mor hir y byddai'r PEN yn dal i weithredu, ac a oedd, mewn gwirionedd, yn cynrychioli uchelgeisiau'r Blaid.

ch) Beth oedd y Sefyllfa Wleidyddol erbyn 1924?

Er bod rhywfaint o ryddid economaidd yn bodoli erbyn hyn, nid oedd llawer o ryddid gwleidyddol. Roedd Lenin yn gadarn mai gan y Blaid oedd yr awdurdod mwyaf. Yn 1921 gwaharddwyd pob plaid ac eithrio'r Comiwnyddion. Er i nifer yr heddlu cudd (a elwid bellach yn *GPU*) gael ei gostwng, roedd gwrthwynebwyr y gyfundrefn yn cael eu cosbi o hyd, ac agorwyd rhwydwaith newydd o wersylloedd llafur mewn rhannau anghysbell o Rwsia. Ceisiodd Degfed Gyngres y Blaid rwystro beirniadaeth o'r llywodraeth hyd yn oed o fewn y Blaid ei hun. Gellid hawlio bod unrhyw ddau berson a anghytunai â'r Politbiwro yn ffurfio carfan, ac yna eu diarddel. Y Politbiwro a reolai – a Lenin a reolai'r Politbiwro.

Yn 1917 roedd y Bolsiefigiaid wedi dweud y gallai'r cenhedloedd hynny oedd yn dymuno torri'n rhydd o Rwsia wneud hynny. Yn ystod y Rhyfel Cartref, fodd bynnag, ailorchfygwyd sawl rhan o'r hen ymerodraeth. Gwnaed yr ardaloedd hyn yn Weriniaethau Sofietaidd. Yn 1922 arwyddodd Gweriniaethau Rwsia, Ukrain, Belorwsia a Thrawsgawcasia gytundeb uno. O hyn ymlaen, fe'u gelwid yn Undeb y Gweriniaethau Sosialaidd Sofietaidd (UGSS). Cadwai'r gweriniaethau rywfaint o reolaeth dros faterion lleol, ond gwnaed y mwyafrif o'r penderfyniadau pwysig yn Moskva.

d) Crefydd o Dan Gomiwnyddiaeth

Er bod llywodraeth Lenin yn arddel anffyddiaeth, roedd llawer o Rwsiaid yn parhau'n grefyddol iawn. Ofnai Lenin y byddai'r Eglwys Uniongred yn troi'n ganolfan ar gyfer trefnu gwrthwynebiad i gomiwnyddiaeth pe bai'n gadael llonydd iddi. Gwyddai, fodd bynnag, y byddai'n tynnu nyth cacwn am ei ben, ymhlith Iddewon a Mwslimiaid yn ogystal â Christnogion, pe bai'n ymosod yn ffyrnig ar grefydd. Llwyddodd i ddatrys y sefyllfa drwy ganiatáu rhyddid i gredu ac i addoli, ond gan ddinistrio cyfoeth yr Eglwys ar yr un pryd. Meddiannwyd eiddo'r Eglwys gan y wladwriaeth, a gorfodwyd y clerigwyr i dalu trethi uchel. Gwaharddwyd addysg grefyddol yn yr ysgolion.

<table>
<tr><td colspan="2">YR UNDEB
SOFIETAIDD: 1918-24</td></tr>
<tr><td>1918</td><td>Mawrth: daeth Moskva yn brifddinas newydd;
Cytundeb Brest-Litovsk;
Mai: cychwyn y Rhyfel Cartref;</td></tr>
<tr><td>1920</td><td>diwedd y Rhyfel Cartref;</td></tr>
<tr><td>1921</td><td>gwrthryfel Kronstadt;
cyflwyno'r PEN;</td></tr>
<tr><td>1922</td><td>ffurfio'r Undeb Sofietaidd.</td></tr>
</table>

dd) Polisi Tramor

Wedi 1917 ni allai'r Bolsiefigiaid ddisgwyl llawer o gymorth gan bwerau tramor: roedd y mwyafrif ohonynt yn amheus iawn o gomiwnyddiaeth. Ni chwiliodd Lenin am gyfeillgarwch chwaith. Yn lle hynny, siaradai yn nhermau annog chwyldro ledled y byd. Ym Mawrth 1919 sefydlwyd y Comiwnydd Rhyngwladol (y Comintern) yn Moskva i'r perwyl hwn. Ar ôl 1920, fodd bynnag, roedd dull Lenin o drin polisi tramor yn fwy realistig. Argyhoeddwyd ef gan fethiant chwyldroadau comiwnyddol yn yr Almaen a Hwngari nad oedd yr awr eto wedi dod ar gyfer chwyldro byd-eang. Er gwaethaf bodolaeth y Comintern, roedd polisi Sofietaidd bellach yn ceisio osgoi unrhyw wrthdaro. Yn 1921 ailsefydlwyd cysylltiadau masnachol â Phrydain a nifer o wledydd eraill. Yn ogystal, aeth Rwsia ati i'w hamddiffyn ei hun drwy chwarae ar y gwahaniaethau rhwng y pwerau cyfalafol. Yn 1922 arwyddodd Rwsia a'r Almaen Gytundeb Rapallo. Cytunodd y ddwy 'ysgymun genedl' (fel y'u gelwid gan Lloyd George) i gydweithio'n economaidd.

4   Lenin: Asesiad

Roedd barn cyfoeswyr am Lenin yn amrywio. Yn ôl Stalin:

YSTYRIAETH
Pa mor llwyddiannus oedd Lenin?

> Am 25 mlynedd, mowldiodd y Cymrawd Lenin ein Plaid nes ei hyfforddi, o'r diwedd, i fod yn Blaid y Gweithwyr gryfaf a mwyaf gwrol y byd … Dim ond yn ein gwlad ni y llwyddodd y lluoedd mathredig a dioddefus i ddiosg rheolaeth y tirfeddianwyr a'r cyfalafwyr a'i chyfnewid am reolaeth y gweithwyr a'r gwerinwyr … Mae mawredd Lenin i'w weld yn y ffaith iddo ddangos, mewn ffordd ymarferol, i luoedd gorthrymedig y byd, drwy greu

Gweriniaeth y Sofietau, nad yw rheolaeth tirfeddianwyr a chyfalafwyr yn para'n hir … ac felly taniodd galonnau gweithwyr a gwerinwyr y byd gyda'r gobaith o ryddid.

Ffynhonnell C

Dyma adroddiad *The Times* yn Ionawr 1924.

Roedd yn ddyn a chanddo ewyllys o ddur ac uchelgais anhyblyg, ac ni phetrusai ynglŷn â'i ddulliau, gan drin bodau dynol fel adnoddau ar gyfer cyflawni'i nod … Nid dyma'r lle i fanylu am gyflawniadau ofnadwy Bolsiefigiaeth – yr heddwch cywilyddus â'r Almaen, ysbeilio'r dosbarthiadau addysgiedig a thiriog, y braw hirbarhaol gyda'i filoedd o ddioddefwyr diniwed … Ni bu raid i unrhyw wlad fawr arall ddioddef y fath ddirgryniad mewn cyfnod diweddar … Roedd y Blaid Gomiwnyddol a Chyngor Comisariaid y Bobl ill dau dan reolaeth Lenin yn llwyr … Yn sgil yr arbrawf Comiwnyddol, daeth distryw economaidd, newyn a barbariaeth i Rwsia.

Ffynhonnell Ch

Yn yr un ffordd, mae haneswyr yn anghytuno ynghylch Lenin.

i) Y Farn Negyddol
▼ Roedd Lenin yn unben didrugaredd. Roedd ei wladwriaeth yn fwy gormesol na'r wladwriaeth dsaraidd. Lladdodd ei heddlu cudd fwy na 250,000 o bobl rhwng 1917 ac 1924.
▼ Roedd yn gwbl ddiegwyddor o ran y dulliau a ddefnyddiai i gyflawni ei amcanion.
▼ O ystyried yr amodau byw a fodolai yn Rwsia ar ôl 1917, mae'n anodd gweld sut yr oedd y Chwyldro'n fuddugoliaeth i'r gweithwyr.
▼ Paratodd rheolaeth Lenin y ffordd ar gyfer rheolaeth Stalin. Roedd totalitariaeth greulon Stalin yn ddatblygiad rhesymegol o'r gyfundrefn a sefydlwyd gan Lenin.

ii) Y Farn (Fwy) Cadarnhaol
▼ Mae'r ymdrech daer i oroesi ar ôl 1917 yn esbonio creulondeb gweithredoedd Lenin.
▼ Roedd Lenin yn oportiwnydd medrus. Amlygwyd ei realaeth wleidyddol gan y PEN.
▼ Roedd yn ddiffuant yn ei fwriad i wella safon byw y dosbarth gweithiol.
▼ Mae'n annheg beio Lenin am droseddau Stalin.

5 Dyfodiad Stalin

a) Y Frwydr am Rym
O ddiwedd 1921 ymlaen, cafodd Lenin gyfres o drawiadau, a chollodd ei leferydd am byth ar ôl y trydydd ohonynt ym mis Mawrth 1923. O ganlyniad, dechreuodd saith aelod y Politbiwro frwydro am rym. Ystyrid pedwar ohonynt, sef Trotsky, Stalin, Zinoviev a Kamenev yn olynwyr posibl i Lenin. I bob golwg, Trotsky oedd yr ymgeisydd mwyaf tebygol o lwyddo. Roedd wedi chwarae rhan bwysig yn 1917 ac yn y Rhyfel Cartref, ac roedd yn siaradwr grymus ac yn awdur talentog. Er hyn, roedd ganddo lawer o wrthwynebwyr oedd yn casáu ei haerllugrwydd ac yn ofni y byddai'n ei sefydlu ei hun fel unben milwrol. Roedd Stalin, oedd ym marn Trotsky yn 'ddinod amlwg', mewn safle cryf:

GWEITHGAREDD

Pa un o'r gosodiadau canlynol sy'n gywir, yn eich barn chi: 'Mae Lenin yn haeddu clod am ei fwriadau a'i gyflawniadau' neu 'Roedd Lenin yn drychineb o safbwynt Rwsia'? Esboniwch eich ateb.

▼ Yn rhinwedd ei swydd fel Ysgrifennydd Cyffredinol y Blaid, roedd ganddo rym aruthrol. Roedd yn gyfrifol am benodi miloedd o swyddogion, a rhoddodd swyddi allweddol i'w gefnogwyr ei hun.

▼ Yn ogystal â bod yn weinyddwr galluog (ac yn arbennig o fedrus ar bwyllgorau), roedd Stalin yn wleidydd penigamp, gyda synnwyr amseru ardderchog, a sirioldeb ymddangosiadol oedd yn gwbl gamarweiniol. Cyflwynai ei hun fel ffigur cymedrol ar ganol y Blaid, a weithiai tuag at gonsensws.

Er ei fod yn amau Stalin fwyfwy, ni allai Lenin ddylanwadu llawer ar faterion yn ystod misoedd olaf ei fywyd. Ymunodd Zinoviev, Kamenev a Stalin â'i gilydd yn erbyn Trotsky. Daeth y gwrthdaro o fewn y Politbiwro i'r amlwg pan anfonodd Trotsky lythyr at *Pravda* yn 1923, yn condemnio rheolaeth fiwrocrataidd 'ysgrifenyddion' megis Stalin dros y Blaid. Yn ystod y Drydedd Gyngres ar Ddeg yn Ionawr 1924, condemniwyd Trotsky a'i gefnogwyr am eu carfanyddiaeth. Bu farw Lenin o fewn dyddiau wedyn. Yn y diwedd, fe'i rhoddwyd i orffwys mewn arch wydr mewn mawsolëwm yn Sgwâr Coch Moskva, a rhoddwyd yr enw Leningrad ar Petrograd fel teyrnged iddo.

Cadwyd *Testament* Lenin, oedd yn feirniadol o Stalin, yn hollol dawel. Yn hytrach, rhoddodd Stalin yr argraff fod Lenin ac yntau wedi bod yn gymrodyr agos. Trotsky oedd yr unig un o blith holl arweinwyr y Blaid a gadwodd draw o'r angladd, gan roi'r argraff ei fod yn sarhau'r arwr marw. (Mewn gwirionedd, nid oedd ym Moskva ar y pryd gan ei fod yn gwella o afiechyd. Yn ddiweddarach, honnai fod Stalin wedi ei gamarwain yn fwriadol ynglŷn â dyddiad yr angladd.) Yn awr, bu gwrthdaro rhwng Trotsky a Zinoviev, Kamenev a Stalin ar nifer o faterion pwysig, yn bennaf y cwestiwn o chwyldro parhaol. Ym marn Trotsky, dylai'r Undeb Sofietaidd, yn ogystal â chynyddu ei grym diwydiannol, helpu comiwnyddion gwledydd eraill i ddisodli eu llywodraethau. Roedd y mwyafrif o aelodau'r Blaid o'r farn na fyddai'r polisi hwn yn debygol o lwyddo. Roedd yn well ganddynt bolisi Stalin o gryfhau sosialaeth yn yr Undeb Sofietaidd – 'Sosialaeth mewn un wlad'.

Yn 1925 collodd Trotsky – a oedd bellach wedi'i ynysu'n llwyr – ei swydd fel Comisar Rhyfel. Gwelodd yn fuan fod ganddo ddau gyfaill annisgwyl – Kamenev a Zinoviev. Wedi trechu Trotsky, torrodd Stalin bob cysylltiad â'r ddau ŵr adain chwith ar unwaith, gan ei gysylltu ei hun, yn lle hynny, ag adain dde'r Blaid, dan arweiniad Bukharin, Tomsky a Rykov. Yn 1926 diarddelwyd Trotsky, Kamenev a Zinoviev o'r Politbiwro. Yn 1927 diarddelwyd Trotsky o'r Blaid, ac fe'i halltudiwyd i Ganolbarth Asia. Yn 1929 fe'i halltudiwyd o Rwsia. Roedd y tri aelod newydd o'r Politbiwro – Molotov, Voroshilov a Kalinin – yn gefnogwyr i Stalin. Yn awr, roedd Stalin mewn safle i weithredu yn erbyn Bukharin, Rykov a Tomsky: collodd y tri eu grym. Erbyn 1929, felly, roedd Stalin yn rheoli'r Politbiwro. Fe'i gelwid yn awr, yn syml, yn *vozhd* – yr arweinydd.

Efallai bod gweld y frwydr am rym fel dim mwy nag ymdrechion cwbl sinigaidd Stalin i gyrraedd y copa yn orsymleiddiad. Ni newidiodd

STALIN A TROTSKY

-Portread-

STALIN 1879–1953

1879 fe'i ganed yn Joseph Djugashvili (ffugenw oedd Stalin, yn golygu 'gŵr o ddur'), yn Georgia; roedd ei dad yn grydd; aberthodd ei fam, gwraig grefyddol iawn, lawer er mwyn sicrhau addysg dda iddo;

1894 aeth i'r coleg diwinyddol yn Tiflis, lle roedd ganddo fwy o ddiddordeb mewn syniadau chwyldroadol nag mewn ymuno â'r offeiriadaeth;

1904 ymunodd â'r Bolsiefigiaid;

1905–17 yn raddol, daeth yn bwysicach o fewn y Blaid o ganlyniad i'w waith caled a'i barodrwydd i gymryd rhan mewn ymosodiadau er mwyn cipio arian ar gyfer achos y Blaid;

1912 bu'n gymorth i sefydlu *Pravda* (Gwirionedd), sef papur newydd y Blaid;

Tach 1917 daeth yn Gomisar y Cenhedloedd;

1918–21 rhoddodd drefn ar ranbarth y Cawcasws ar ran y Bolsiefigiaid yn ystod y Rhyfel Cartref;

1922 daeth yn Ysgrifennydd Cyffredinol y blaid Gomiwnyddol.

TROTSKY 1879–1940

1879 fe'i ganed yn Ukrain, yn fab i ffermwr Iddewig;

diwedd yr 1890au derbyniodd ei addysg ym Mhrifysgol Odessa, lle dechreuodd ymddiddori mewn Marcsiaeth; cafodd ei garcharu am gymryd rhan mewn gweithgareddau chwyldroadol;

1902–5 bu'n byw yng ngorllewin Ewrop;

1905 chwaraeodd ran fawr yn Chwyldro 1905 fel arweinydd Sofiet Petrograd;

1907 ffodd dramor; rebel o fath, ond yn fwy o Fensiefig na Bolsiefig;

Awst 1917 ymunodd â'r Bolsiefigiaid o'r diwedd;

Tach 1917 chwaraeodd ran fawr yn Chwyldro Mis Tachwedd;

Mawrth 1918 trefnodd delerau Cytundeb Brest-Litovsk;

1918–25 Comisar Rhyfel; bu'n gyfrifol am greu'r Fyddin Goch a'i harwain i fuddugoliaeth yn y Rhyfel Cartref.

Detholiad o *Testament* Lenin, (a arddywedwyd yn Rhagfyr 1922):

Ers dod yn Ysgrifennydd Cyffredinol, mae'r Cymrawd Stalin wedi casglu grym aruthrol i'w ddwylo, ac nid wyf yn siŵr a yw'n gwybod, bob tro, sut i ddefnyddio'r grym hwnnw gyda digon o ofal. Ar y llaw arall, mae'r Cymrawd Trotsky … yn nodedig nid yn unig am ei nodweddion eithriadol (fel person, ef yw aelod mwyaf galluog y Pwyllgor Canolog presennol) ond hefyd oherwydd ei hunanhyder eithriadol a'i barodrwydd i ymddiddori mewn pethau cwbl weinyddol.

Ffynhonnell D

Ôl-nodyn (a ychwanegwyd yn Ionawr 1923).
Mae Stalin yn rhy anghwrtais, ac mae'r bai yma, sy'n ddigon derbyniol yn ein plith ni'r Comiwnyddion, yn annerbyniol mewn Ysgrifennydd Cyffredinol. Oherwydd hyn, cynigiaf i'r cymrodyr y dylent ddarganfod ffordd o symud Stalin o'r swydd honno a phenodi dyn arall a fydd yn fwy amyneddgar, yn fwy ffyddlon, yn fwy cwrtais, yn llai mympwyol ac yn fwy ystyriol tuag at ei gymrodyr.

Ffynhonnell Dd

GWEITHGAREDD

1. Beth yw amheuon Lenin ynghylch a) Stalin a b) Trotsky?
[10 marc]

2. Pam, yn eich barn chi, y gwnaeth Lenin y sylwadau hyn?
[10 marc]

Y FRWYDR AM RYM:
1924-9

1924 marwolaeth Lenin;
1925 Ionawr: Trotsky'n colli ei
swydd fel Comisar Rhyfel;
Ebrill: mabwysiadodd y
blaid 'Sosialaeth Mewn Un
Wlad';
1927 Trotsky, Zinoviev a
Kamenev yn cael eu
diarddel o'r Blaid;
1929 Trotsky'n cael ei alltudio
o'r Undeb Sofietaidd.

bolisi er mwyn dwyn anfri ar ei gydymgeiswyr yn unig. Nid oes
amheuaeth ei fod yn pryderu am ddatblygiad economaidd Rwsia. Roedd
yn deyrngar i achos chwyldro comiwnyddol. Roedd ganddo ddigon o
falchder i feddwl ei fod yn anhepgor i'r achos hwnnw.

b) Totalitariaeth Stalin

O'r cychwyn cyntaf, mynnai Stalin mai ef oedd etifedd Lenin, a honnai
fod popeth a wnâi yn nhraddodiad Lenin. (Wedi 1924 roedd Lenin
bron yn dduw, a'i eiriau a'i weithredoedd yn 'gyfraith' ym marn
cefnogwyr y Blaid.) Erbyn diwedd yr 1930au, fodd bynnag, roedd y
wladwriaeth a ddatblygwyd gan Stalin yn fwy totalitaraidd na'r un yr
oedd Lenin erioed wedi ei rhag-weld. Yn ôl y cyfryngau, roedd Stalin yn
ddyn doeth, gydag ewyllys o haearn a nodweddion tadol, addfwyn.
Effeithiwyd ar bob rhan o fywyd gan yr ymgyrch bropaganda. Os na
fyddai arlunwyr, awduron a gwneuthurwyr ffilm yn creu gwaith a
ganmolai Stalin a'i lwyddiannau, ni fyddent yn cael cynhyrchu o gwbl.
Roedd cerfddelwau o Stalin ym mhob tref, a lluniau ohono ym mhob
ffatri. Ei athrylith ef oedd y tu ôl i bob llwyddiant. Beiid methiannau ar
eraill. Er i'r cyfryngau roi'r argraff ei fod yn arweinydd hawddgar, mewn
gwirionedd (ac yn enwedig wrth i'w rym gynyddu) roedd yn
gyfrinachgar, yn ddrwgdybus ac yn ddialgar. Cynyddodd ymyrraeth yr
heddlu cudd (a ailenwyd yn *NKVD* yn 1934), gan arestio'r rhai nad
oeddent yn cydymffurfio â'r drefn, cadw golwg ar ddiwydiant a'r lluoedd
arfog, a rhedeg y nifer cynyddol o wersylloedd carcharorion. Nid oedd y
polisi o fraw a thrwytho'r dorf â phropaganda yn gwbl lwyddiannus:
cadwodd llawer o bobl eu ffydd grefyddol a/neu eu synnwyr o
hunaniaeth (nad oedd yn Rwsiaidd). Mae hyn yn awgrymu nad oedd
Stalin yn gallu plygu'r wlad yn gyfan gwbl i'w ewyllys. Hefyd, i ryw
raddau, roedd yn dibynnu ar gefnogaeth y bobl. Roedd nifer o aelodau'r
Blaid yn cefnogi llawer o'r pethau a wnâi. Felly, nid cynnyrch un dyn yn
unig oedd Staliniaeth.

C

Pam, yn eich barn chi,
roedd llawer o Rwsiaid
wedi cefnogi gweithredoedd –
creulon, yn aml – Stalin?

6 Y Newidiadau Economaidd

a) Beth oedd y Sefyllfa yn 1928?

i) Y Sefyllfa Economaidd
Roedd sefyllfa economaidd Rwsia wedi gwella'n gyflym o ganlyniad i'r
PEN. Ond, er bod mwy o gynhyrchu amaethyddol a diwydiannol yn
digwydd yn 1928 nag yn 1913, ni chafwyd cynnydd tebyg ym maes
technoleg. Roedd gwerinwyr yn parhau i ddefnyddio dulliau

YSTYRIAETH
**Pa mor llwyddiannus
oedd mesurau
economaidd Stalin?**

traddodiadol i drin eu darnau o dir. (Roedd traean y ffermydd, bron, heb geffylau nac ychen, heb sôn am dractorau.) O safbwynt diwydiannol, roedd Rwsia'n llusgo'n bell y tu ôl i genhedloedd eraill o ran ei hallbwn a lefelau cynhyrchu, ac yn parhau'n wlad oedd bron yn gyfan gwbl amaethyddol, gyda phedwar o bob pum person yn ennill eu bywoliaeth drwy ffermio. Yn eironig, nid oedd gan yr hyn a elwid yn llywodraeth y gweithwyr lawer o weithwyr mewn gwirionedd. Cytunai pawb, bron, o fewn y Blaid Gomiwnyddol ynglŷn â'r angen i ddatblygu diwydiant. Wedi'r cyfan, roedd Marx o'r farn bod yn rhaid cael cymdeithas ddiwydiannol er mwyn sefydlu cymdeithas sosialaidd. Yn ddieithriad, bron, cytunai'r arweinwyr Sofietaidd fod yn rhaid i'r wladwriaeth arwain y broses ddiwydianeiddio, ond cafwyd anghytundeb mawr ynghylch sut i wneud hyn. Roedd gan y rhai a fu'n gysylltiedig â'r frwydr am rym yn yr 1920au safbwyntiau gwahanol iawn. Ym marn Trotsky, byddai'n rhaid i'r wladwriaeth gryfhau diwydiant gwladol cyn y gellid diwydianeiddio'n llwyddiannus. Roedd Bukharin, fodd bynnag, yn awyddus i beidio â chythruddo'r gwerinwyr, ac felly roedd o blaid parhau â'r PEN.

ii) Problem y Gwerinwyr

Y rhai a elwodd fwyaf ar y Chwyldro oedd y gwerinwyr oedd wedi llwyddo yn eu hamcan i gael mwy o dir. Cyfalafwyr oeddent yn y bôn, heb lawer o ddiddordeb mewn sosialaeth. Er bod cynhyrchiad amaethyddol wedi ffynnu o'r newydd, roedd swm y bwyd a werthid ar y farchnad gryn dipyn yn llai na chyn 1914. Hyd yn oed ym mlwyddyn orau'r PEN, dim ond chwarter lefel 1913 oedd swm yr allforion grawn. Yn fwy difrifol, nid oedd digon o rawn yn cyrraedd y trefi. Bu argyfwng yn 1927 pan werthodd gwerinwyr ddim ond hanner y grawn a werthwyd i astiantaethau gwladol yn 1926. Nid oedd yn bosibl bwydo'r trefi â'r swm hwn o rawn. Er mai prif achos y broblem oedd prisiau isel y grawn, roedd y llywodraeth yn beio methiant y PEN am yr argyfwng grawn. Mewn ymateb i'r argyfwng, gorchmynnodd Stalin ddulliau didostur o feddiannu gorfodol i gipio'r grawn.

b) Y Cynllun Pum Mlynedd Cyntaf

Yn Rhagfyr 1927 cefnogodd Pymthegfed Gyngres y Blaid y syniad o greu Cynllun Pum Mlynedd (CPM) ar gyfer datblygu'r economi gyfan. Dyma ddiwedd swyddogol y PEN. O hyn ymlaen, byddai'r wladwriaeth yn rheoli pob agwedd ar fywyd economaidd. Byddai'r mwyafrif o'r gweithwyr, yn wledig a dinesig, yn cael eu cyflogi gan fusnesau a reolid gan y wladwriaeth. Roedd pwrpas y cynllun yn amlwg: roedd yr Undeb Sofietaidd yn mynd i gael ei diwydianeiddio. Roedd amcanion yr CPM yn syfrdanol, gan gynnwys cynnydd o 250 y cant mewn cynhyrchu diwydiannol a chynnydd o 150 y cant mewn cynhyrchu amaethyddol. Byddai'n golygu cychwyn o ddifri ar gyfunoli ffermydd y gwerinwyr. Mae'r gair 'Cynllun' yn gamarweiniol. Er gwaetha'r targedau manwl a grëwyd ar gyfer pob diwydiant, nid yw set o dargedau (delfrydol) yr un peth â chynllun. Mewn gwirionedd, ychydig iawn o gynllunio a wnaed,

PAM Y BU I STALIN GEFNOGI'R 'AIL CHWYLDRO', FEL Y'I GELWID?

▼ Yn 1927-8 ofnai (heb reswm!) y byddai Prydain, Ffrainc a Gwlad Pwyl yn ymosod. Rhaid oedd meithrin economi ddiwydiannol gref (dyna a gredai) er mwyn llwyddo mewn rhyfel.

▼ Gwelai ei hun fel Ifan Arswydus neu Pedr Fawr cyfoes, a fyddai'n moderneiddio Rwsia a'i throi'n bŵer mawr.

▼ Byddai cynnydd yn nifer y proletariat yn sicrhau cefnogaeth ehangach i gomiwnyddiaeth.

▼ Byddai economi Sofietaidd lwyddiannus yn gwneud argraff dda ar weithwyr ar draws y byd, ac yn cynyddu apêl comiwnyddiaeth.

▼ Roedd llawer o aelodau'r blaid yn cefnogi 'moderneiddio'r' economi Sofietaidd.

ar y cyfan, gan yr arweinwyr. Cymhellodd llywodraeth Stalin y gweithlu, drwy fraw, i ymdrechu'n galetach er mwyn cynhyrchu mwy. Ond digwyddodd hynny o gynllunio ag a gafwyd ar raddfa leol yn hytrach na chenedlaethol, wrth i reolwyr rhanbarthol a rheolwyr safle ymdrechu'n galed i wneud synnwyr o'r cyfarwyddiadau a roddwyd iddynt.

c) Cyfunoliad

i) Pam y bu i Stalin Gyflwyno Cyfunoliad?

Gwyddai Stalin y byddai'n rhaid ariannu'r diwydianeiddio. Os gallai Rwsia allforio mwy o gynnyrch amaethyddol, yna byddai'n gallu prynu peiriannau hanfodol. Er mwyn allforio mwy (yn ogystal â bwydo mwy o weithwyr diwydiannol) byddai'n rhaid i gynnyrch amaethyddol Rwsia gynyddu. Nid oedd y gyfundrefn a fodolai yn debygol o gynhyrchu mwy o fwyd: roedd ffermydd y gwerinwyr yn rhy fach i ddefnyddio cyfarpar modern. Os na newidiai'r sefyllfa, byddai Stalin yn wynebu argyfyngau prinder grawn bob blwyddyn, ynghyd ag anniddigrwydd y ffermwyr gwerinol, yn arbennig y cwlaciaid, oedd yn dueddol o wrthwynebu comiwnyddiaeth. Roedd yn benderfynol o reoli'r gwerinwyr, yn hytrach na gadael iddynt hwy ei reoli ef. Byddai'n llawer haws i'r wladwriaeth reoli miloedd o ffermydd mawr yn hytrach na miliynau o rai llai. Yn ogystal â chynhyrchu mwy o fwyd, byddai angen llai o lafur ar **ffermydd cyfunol**, gan y byddent yn defnyddio dulliau modern. Byddai hyn yn rhyddhau pobl i weithio mewn diwydiant. Mewn gair, roedd cyfunoli fel petai'n lladd sawl aderyn ag un ergyd.

ii) Rhyfela yn erbyn y Cwlaciaid

Ni fu cyfunoliad gwirfoddol yn llwyddiannus. Roedd nifer y ffermydd cyfunol wedi codi o 15,000 yn 1927 i 57,000 yn unig erbyn 1929. Golygai hyn nad oedd dros 90 y cant o'r gwerinwyr wedi ymuno â ffermydd cyfunol eto. Ar ben hynny, yn 1928-9 roedd llai o rawn nag erioed yn cyrraedd y trefi. Yn awr, penderfynodd Stalin weithredu polisi o orfodaeth. Byddai pum miliwn ar hugain o deuluoedd yn cael eu gorfodi i ymuno â 240,000 o ffermydd cyfunol. Ar yr un pryd, byddai'r cwlaciaid yn cael eu dinistrio. Yn Rhagfyr 1929, dechreuwyd cyfunoli a 'dadgwlaceiddio' ar raddfa eang. Yn anorfod, bu gwrthwynebiad ffyrnig i'r cyfunoli, yn enwedig o du'r cwlaciaid a fyddai ar eu colled yn fwy na neb. Roedd y gwrthwynebiad yn arbennig o gryf yn Ukrain. Chwalwyd y gwrthwynebiad yn ddidrugaredd. Amgylchynwyd pentrefi gan yr heddlu cudd ac unedau milwrol a ddefnyddiodd ynau peiriant i orfodi'r pentrefwyr i ildio, cyn cludo'r rhai oedd yn dal yn fyw i fannau anghysbell, lle byddai llawer ohonynt yn marw o newyn a chlefydau.

Erbyn Mawrth 1930 roedd mwy na hanner y gwerinwyr wedi ymuno â ffermydd cyfunol. Ond o safbwynt cynnyrch, roedd y canlyniadau'n drychinebus. Roedd yn well gan lawer o werinwyr ladd eu hanifeiliaid na'u hildio i'r ffermydd cyfunol. Ar ben hynny, daeth yn amlwg bod llawer o'r ffermydd yn hynod o aneffeithiol, a disgynnodd cynnyrch cnydau yn frawychus. Roedd yn amlwg y byddai cyfunoliad yn amharu

FFERM GYFUNOL
Ildiai'r gwerinwyr eu tir yn gyfnewid am ymuno â, a rhannu cynnyrch, fferm gyfunol (neu colchos). Roedd pob colchos yn cael ei redeg gan bwyllgor dan reolaeth y Blaid leol, ac yn gorfod rhoi swm penodol o gynnyrch i'r wladwriaeth am bris sefydlog (isel).

ar broses hanfodol hau'r grawn yn y gwanwyn. Gan wynebu'r
posibilrwydd o newyn trychinebus, newidiodd Stalin ei safiad. Ym
Mawrth 1930, gan feio arweinwyr lleol y Blaid am y gormodeddau,
cyhoeddodd y gallai'r gwerinwyr hynny oedd yn dymuno gadael y
ffermydd cyfunol wneud hynny. Dyna a wnaeth mwy na hanner
ohonynt, gan ailfeddiannu'r rhan fwyaf o'u tir. Er mwyn gwrthweithio'r
datblygiad annisgwyl hwn, rhoddodd Stalin orchymyn i ailddechrau'r
cyfunoli drwy rym yn ystod haf 1930. Erbyn 1935, roedd 94 y cant o'r
tir âr wedi'i gyfunoli.

iii) Canlyniadau Cyfunoli

Gellir dadlau bod Stalin wedi llwyddo yn ei amcanion. Daeth ffermio'n
fwy mecanaidd. Yn 1930 roedd llai na 25,000 o dractorau a 1,000 o
ddyrnwyr medi ar ffermydd Rwsia. Erbyn 1940 roedd 525,000 o
dractorau a 182,000 o ddyrnwyr medi. Erbyn 1940 roedd y cnwd
gwenith 80 y cant yn uwch nag y bu yn 1913. O ganlyniad i gyfunoli,
felly, derbyniai'r trefi oedd yn tyfu gyflenwad cyson o fwyd, roedd grawn
ar gael i'w allforio, roedd mwy o weithwyr ar gael i weithio mewn
diwydiant, ac roedd bywyd cefn gwlad yn awr yn nes at y ddelfryd
gomiwnyddol.

	1928	1929	1930	1931	1932	1933	1934	1935
Grawn (m. o dunelli)	73.3	71.7	83.5	69.5	69.6	68.6	67.6	75.0
Gwartheg (miliynau)	70.5	67.1	52.5	47.9	40.7	38.4	42.4	49.3
Moch (miliynau)	26.0	20.4	13.6	14.4	11.6	12.1	17.4	22.6
Defaid a geifr (miliynau)	146.7	147.0	108.8	77.7	52.1	50.2	51.9	61.1

Tabl 9 Cynnyrch amaethyddol Rwsia, 1928-35.

Amcangyfrifon Gorllewinol yn seiliedig ar ystadegau Sofietaidd yw'r ffigurau hyn.

Fodd bynnag, gellir dadlau bod polisïau Stalin yn drychinebus. Roedd
y gost ddynol yn ddychrynllyd. Rhwng 1931 ac 1933 bu farw dros ddeng
miliwn o bobl o newyn (yn enwedig Wcrainiaid). Mor enbyd oedd y
sefyllfa fel y gorfodwyd rhai rhieni i ladd a bwyta'u plant. Lladdodd
gwraig Stalin ei hun yn 1931, gan feio'i gŵr am y dioddefaint yr oedd
wedi'i achosi i'r Undeb Sofietaidd. Erbyn 1933 roedd y cynnyrch da byw
wedi disgyn i hanner ffigur 1928. Nid oedd y ffermydd cyfunol yn
effeithlon iawn chwaith: amherid ar eu gwaith gan ymyrraeth y
llywodraeth ac nid oedd gan ffermwyr fawr o gymhelliad i weithio'n
galed. Roedd y mecaneiddio, y gwnaed sioe mor fawr ohono, yn araf
iawn yn cyrraedd y ffermydd. Ni dderbyniai'r gwerinwyr lawer am eu
gwaith. Roedd eu cyflogau'n fach, ac anaml iawn y byddai'r addewidion
am yr ysgolion a'r clinigau ar eu cyfer yn cael eu gwireddu.

ch) Diwydiannaeth

i) Y Cynllun Pum Mlynedd Cyntaf

Bwriad yr CPM cyntaf oedd treblu cynnyrch y sector diwydiant trwm (glo, haearn, dur ac olew) a dyblu cynnyrch y sectorau eraill. Mae'n anodd asesu llwyddiant yr CPM cyntaf. Yn ôl propaganda Sofietaidd, roedd y cynllun yn un llwyddiannus, a honnodd Stalin, ar ganol cyfnod y cynllun, ei fod wedi cyrraedd ei dargedau yn barod ac y byddai'n dod i ben flwyddyn yn gynt na'r disgwyl. Ond rhaid bod yn ofalus wrth ystyried yr ystadegau, gan fod swyddogion a rheolwyr lleol yn tueddu i orliwio'r ffigurau cynhyrchu er mwyn rhoi'r argraff o lwyddiant. Nid oes amheuaeth, fodd bynnag, fod yr CPM cyntaf wedi cyflawni camp eithriadol. Roedd rhai o'r projectau, megis y ganolfan fetelegol fawr newydd a sefydlwyd ym Magnitogorsk, yn anferth. (Mae'r hanesydd Sheila Fitzpatrick wedi defnyddio'r term '*gigantomania*', sef addoliad o faint er ei fwyn ei hun, i ddisgrio'r cynlluniau economaidd.) Drwy gyfrwng ymgyrch bropaganda, aethpwyd ati i annog y gweithwyr i ymfalchïo mewn gweithredu'r Cynllun gan y byddai'n cryfhau'r Undeb Sofietaidd ac yn gwella bywydau pawb. Gan ystyried y neges hon o ddifrif, gweithiodd miliynau o weithwyr ifanc oriau hir mewn 'siocfrigadau'.

Er hyn, nid oedd yr CPM cyntaf yn llwyddiant ysgubol o bell ffordd. Rhoddai'r Cynllun bwyslais ar faint yn hytrach nag ansawdd. Yn fwriadol, ni roddid blaenoriaeth i gynhyrchu nwyddau traul, ac ni roddid blaenoriaeth i amodau byw nac amodau gwaith. Daeth cymorthdaliadau i'r di-waith i ben. Gallai salwch arwain at golli swydd. Cyhuddid gweithiwr a wnâi gamgymeriad bychan, megis malu offer yn ddamweiniol, o 'ddifrod'. Ar lefel uwch, gallai'r rheolwyr ffatri hynny nad oeddent yn medru cyflawni eu targedau wynebu achos llys, dan gyhuddiad o fod yn elynion i'r wladwriaeth. Gyrrid heddlu cudd i mewn i'r ffatrïoedd i ysbïo ar reolwyr ac i adrodd yn ôl ynglŷn â'u perfformiad.

Ni chafodd cyflymder y broses ddiwydianeiddio ei arafu o gwbl. (Gweler Ffynhonnell E).

ii) Yr Ail a'r Trydydd Cynllun Pum Mlynedd.

Roedd yr ail CPM yn fwy realistig na'r cyntaf. Gan ddysgu o'u camgymeriadau, mynnodd y cynllunwyr yn awr gynnydd blynyddol o 14 yn lle 20 y cant. Er hyn, roedd problemau yn bodoli o hyd. Bu gormod o gynhyrchu mewn rhai rhannau o'r economi, a rhy ychydig mewn rhannau eraill. O ganlyniad i'r ymdrech i gael gafael ar ddigon o ddefnyddiau, roedd y gystadleuaeth rhwng rhanbarthau a sectorau diwydiannol yn ffyrnig, gan fod pob un ohonynt yn awyddus i beidio â chael eu cyhuddo o fethu cyrraedd eu targedau. Y canlyniad oedd celcio anghynhyrchiol sylweddol ar adnoddau. Hefyd, cafwyd canlyniadau difrifol i'r ffaith bod pawb yn ofni beirniadu'n agored. Gan nad oedd neb yn barod i gydnabod camgymeriadau a wnaed wrth gynllunio neu gynhyrchu, ni chywirid y camgymeriadau nes eu bod yn rhy fawr i'w cuddio. Yna, yn anorfod, chwilid am fychod dihangol.

Gofynnir weithiau, oni fyddai'n bosibl arafu cyflymder y broses o newid … Na, gymrodyr, nid yw'n bosibl! Ni ddylid lleihau'r cyflymder! I'r gwrthwyneb, dylem ei gynyddu gymaint ag y gallwn. Mae'n rhaid i ni wneud hyn am ein bod dan rwymedigaeth i ddosbarthiadau gweithiol y byd. Byddai arafu yn golygu llusgo ein traed; ac mae'r sawl sy'n llusgo'u traed yn cael eu trechu … Mae Rwsia wedi cael ei threchu'n rhy aml … o ganlyniad i'w harafwch milwrol, diwylliannol, gwleidyddol, diwydiannol ac amaethyddol … Rydym hanner can mlynedd hyd at ganrif y tu ôl i'r gwledydd datblygedig. Rhaid i ni wneud iawn am hyn mewn deng mlynedd. Rhaid i ni wneud hyn, neu byddant yn ein mathru dan draed.

Ffynhonnell E Stalin yn siarad yn 1931.

Digwyddodd yr hyn o lwyddiant a fu ym myd diwydiant trwm, lle dechreuodd yr ail CPM elwa ar y ffatrïoedd mawr newydd a grëwyd yn ystod y cynllun cyntaf. Bu cynnydd ardderchog yng nghyfradd twf y sectorau peirianneg a gwaith metel, a threblodd y nifer o dractorau a gynhyrchwyd. Rhoddodd y trydydd CPM, a lansiwyd yn 1938, fwy o bwyslais ar gynhyrchu nwyddau 'moeth', megis radios a beiciau. Ond taflwyd y cynllun i'r cysgod gan fygythiad cynyddol yr Almaen a'r angen am ailarfogi. Yn 1940, felly, gwariwyd 33 y cant o'r gyllideb ddiwydiannol ar amddiffyn y wlad, o'i gymharu â 4 y cant yn 1933.

iii) Llafur Gorfodol

Gyrrid y rhai a gyhuddid o fod yn gwlaciaid, yn ddifrodwyr neu'n elynion i'r wladwriaeth i'r llu o wersylloedd llafur newydd a sefydlwyd, yn aml, ym mannau mwyaf digroeso yr Undeb Sofietaidd. Mae'n bosibl bod tua 12 miliwn o bobl yn gweithio mewn gwersylloedd llafur erbyn 1939. Yn aml, ni fyddai carcharorion, a ddedfrydid i ddeg neu 25 mlynedd fel rheol, yn byw am fwy na dwy flynedd: roedd bwyd a chyflenwadau meddygol yn brin, a'r ddisgyblaeth o fewn y gwersylloedd yn llym. Mantais economaidd fawr y gwersylloedd oedd bod modd gorfodi carcharorion i weithio ar brojectau peryglus mewn ardaloedd lle nad oedd gweithwyr cyffredin yn dymuno mynd.

iv) A Lwyddodd Diwydiannaeth Rwsia?

Y tu ôl i'r propaganda a'r ystadegau amheus, bu cryn gyflawni. Erbyn 1937 roedd swm y cynnyrch diwydiannol wedi cynyddu i bedair gwaith, o bosibl, yr hyn oedd yn 1928. Erbyn 1939, hanner poblogaeth Rwsia yn unig oedd yn byw ac yn gweithio ar y tir. Yn ôl pob golwg, roedd llawer o Rwsiaid yn falch o'u cyflawniadau. Gellir ystyried y ffaith fod Rwsia wedi gallu trechu'r Almaen Natsïaidd ar ôl 1941 fel cyfiawnhad dros ddulliau Stalin. Ar ben hynny, bu gwelliant mewn rhai agweddau ar fywyd yn Rwsia. Gwelwyd dechrau gwasanaeth iechyd elfennol, a bu gwelliant mewn addysg, gan gynnig y cyfle i godi yn y gymdeithas.

Fodd bynnag, er gwaetha'r ffaith eu bod yn rhan o ymgyrch genedlaethol fawr, ni dderbyniodd pobl Rwsia lawer o fanteision materol i'w helpu i oddef caledi'r blynyddoedd hyn. Mae'n eironig, i ryw raddau, fod amodau byw y gweithwyr yn cael nemor ddim sylw mewn gwladwriaeth werinol, fel y'i gelwid. Erbyn 1935, un o bob 20 teulu yn unig ym Moskva oedd yn berchen ar fwy nag un ystafell iddynt eu hunain. Yn y trefi newydd, roedd y broblem yn waeth: yn ddieithriad, câi ffatrïoedd eu hadeiladu cyn cartrefi. I'r mwyafrif o Rwsiaid, roedd yr CPM yn golygu gwaith caled, amodau gwael a cholli rhyddid, o fewn a thu allan i'r gweithle. Roedd safonau byw yn is yn 1941, o bosibl, nag yn 1928. Gellir dadlau nad oedd y broses ddiwydianeiddio wedi'i seilio ar ddealltwriaeth realistig o anghenion Rwsia. Tra canolbwyntid ar gyflogi gweithwyr i weithio ym myd diwydiant trwm, roedd cenhedloedd y Gorllewin yn troi cefn ar ddiwydiannau trwm, yn dechrau defnyddio technoleg fodern, ac yn ymateb i anghenion

---

Y MUDIAD STACANOFAIDD

Yn Awst 1935 cynhyrchodd glöwr o'r enw Alexei Stakhanov bymtheg gwaith y cwota disgwyliedig o lo. (Cuddiwyd y ffaith fod tîm o gynorthwywyr wedi ei helpu i wneud hyn.) Achubodd y Blaid ar y cyfle. Fe'i galwyd yn arwr cenedlaethol ac anogwyd gweithwyr eraill i ddilyn ei esiampl. O wneud hynny, fe'u gwobrwyid â chyflog uwch ac anrhydeddau.

Y GWLAG

Yn 1930 sefydlodd yr heddlu cudd adran arbennig i redeg y gwersylloedd llafur. Fe'i gelwid yn Gwlag. Weithiau, rhoddir yr enw y gwlag ar y gwersylloedd eu hunain.

Y CYNLLUNIAU PUM MLYNEDD

1928	cychwyn yr CPM Cyntaf;
1929	cyflymu'r cyfunoliad a
-30	dinistrio'r cwlaciaid;
1933	cychwyn yr Ail CPM;
1938	cychwyn y Trydydd CPM.

Rhannwch yn grwpiau bychain. Dychmygwch mai gwaith eich grŵp chi yw cynhyrchu syniadau ar gyfer y Politbiwro yn 1928. Rydych wedi cael y dasg o awgrymu polisïau a fydd yn peri bod yr Undeb Sofietaidd yn datblygu'n bŵer diwydiannol modern dros gyfnod o ddeng mlynedd. Pa bolisïau economaidd fyddech chi'n eu cynnig? Esboniwch y rhesymu sydd y tu ôl i'ch awgrymiadau i'r grwpiau eraill.

defnyddwyr. Mae'n bosibl, felly, fod chwyldro economaidd Stalin wedi ymrwymo'r Undeb Sofietaidd i fath ar ddatblygiad oedd yn ei gwneud yn amhosibl iddi gyflawni ei phrif nod, sef dal i fyny â gwledydd datblygedig y byd. Does dim dwywaith fod y broses ddiwydianeiddio wedi arwain at aneffeithlonrwydd yn aml. O gofio bod personél cymwys yn brin, roedd alltudio miloedd lawer o ddynion medrus i wersylloedd llafur yn golled ddifrifol. Hefyd, nid oedd yr Undeb Sofietaidd mor barod am ryfel â'r disgwyl. Roedd llawer o ddinasyddion Sofietaidd wedi dioddef cymaint nes eu bod yn barod i groesawu'r milwyr Natsïaidd fel gwaredwyr. Ar ben hyn, roedd y rhan fwyaf o'r diwydiant Sofietaidd yn dal wedi'i leoli i'r gorllewin o Fynyddoedd Ural, yr ardal fwyaf agored i ymosodiad gan yr Almaen.

Nid oedd Stalin wedi gwneud llawer i hybu cydraddoldeb. O ganlyniad i'r cymhellion a gynigid yn y gweithle, crëwyd elit newydd a gâi ffafriaeth o ran cyflog, cartrefi a thriniaeth feddygol. Yn ogystal, ychydig iawn a wnaeth Stalin i hybu achos rhyddfreinio merched. Ac ystyried bod angen gweithlu cynyddol ar gyfer diwydianeiddio, fe'i gwnaeth yn anos i ferched gael ysgariad neu erthyliad. O ganlyniad, roedd llawer o ferched yn gwneud yr un swydd â dynion yn ystod y dydd (ond yn anaml mewn swyddi uwch) ac yn magu teulu yn ogystal.

7 Y Carthiadau

Roedd Lenin wedi derbyn yr angen i ddefnyddio braw er mwyn dinistrio unrhyw wrthwynebiad, a'r angen am garthiadau er mwyn puro'r Blaid, gan gael gwared ar aelodau oedd yn arddel syniadau neu'n ymddwyn mewn modd a ystyrid yn beryglus. Fodd bynnag, roedd carthiadau Stalin yn wahanol iawn i rai Lenin o ran eu graddfa. Gan ddechrau yn 1934, aeth ati i frawychu cydweithwyr ac aelodau o'r Blaid yn systematig. Bu'r teyrnasiad braw ar ei anterth rhwng 1936 ac 1938. Nid oedd unrhyw un yn ddiogel. Dinistrid pob un a ystyrid yn fygythiad i awdurdod Stalin.

a) Y Carthiadau Cynnar

Yn 1931, cafodd Ryutin, aelod o'r Blaid a gyhoeddodd erthygl yn beirniadu Stalin, ei brofi'n gyhoeddus a'i ddiarddel o'r Blaid, ynghyd â rhai o'i gefnogwyr. Yn 1933-4 carthwyd ymron i filiwn o aelodau'r Blaid, sef traean o'r aelodaeth. Roedd canlyniadau difrifol i hyn gan fod aelodau a garthwyd yn debygol o golli eu swyddi a'u cardiau dogni. Fodd bynnag, anaml y byddai unrhyw un yn cael ei garcharu neu ei ddienyddio o ganlyniad i'r carthiadau hyn.

b) Sioe-brawf 1936

Yn Awst 1936, rhoddwyd Kamenev a Zinoviev ynghyd â 14 arall ar brawf cyhoeddus, dan gyhuddiad o fod â rhan yn llofruddiaeth Kirov ac o gynllwynio i ddisodli'r llywodraeth. Taflodd Vyshinsky, y Prif Erlynydd, enllibion a chyhuddiadau ffug at y rhai a gyhuddwyd. Er mawr syndod (ym marn llawer ar y pryd), plediodd pob un yn euog (gan wybod mai marwolaeth fyddai'r gosb) a darllenasant eu cyffesion gwasaidd yn y llys. Dyma ran o ble olaf Zinoviev:

> Hoffwn ddweud drachefn fy mod yn hollol ac yn gyfan gwbl euog. Rwyf yn euog, gan gymryd ail le i Trotsky yn unig, o drefnu'r bloc hwnnw oedd yn bwriadu lladd Stalin. Myfi oedd prif drefnydd llofruddiaeth Kirov. Fe'n rhybuddiwyd gan y blaid, a welodd i ba gyfeiriad roeddem yn mynd. Fe'n rhybuddiwyd gan Stalin ddegau o weithiau, ond ni wnaethom gymryd sylw. Gwnaethom gynghrair â Trotsky.
>
> *Ffynhonnell F*

Dienyddiwyd pob un o'r 16. Pam y bu i Kamenev, Zinoviev a'r 'Hen Folsiefigiaid' eraill gyffesu? Mae rhai o'r farn bod y dynion yn ystyried eu cyffesiad o euogrwydd fel y weithred olaf o deyrngarwch i Blaid yr oeddent wedi cysegru eu bywydau iddi. Mae'n fwy tebygol bod curo cyson, newynu, diffyg cwsg a bygythiadau yn erbyn eu teuluoedd wedi eu gorfodi i wneud cyffesiadau. Mae'n bosibl eu bod wedi derbyn addewidion na fyddent yn marw pe baent yn cyffesu. Nid yw'n glir pam roedd Stalin wedi mynnu polisi o brofion cyhoeddus. Byddai wedi bod yn symlach trefnu i ladd y dynion. Efallai ei fod yn benderfynol o ddangos graddfa'r cynllwyn yn ei erbyn a thrwy hynny brofi'r angen i barhau â'r carthu.

c) Sioe-brofion 1937 ac 1938

Yn 1937, cyhuddwyd 17 Comiwnydd, a gollfarnwyd ar y cyd fel 'Canolfan Drotsciaidd Wrth-Sofietaidd', o ysbïo ar ran yr Almaen. Yn eu plith oedd Radek a Pyatakov, cyn-ffefrynnau Lenin. Drwy wneud cyffesiad ymgreiniol a daflai'r bai ar gydweithwyr, gan gynnwys ei gyfaill Bukharin, ni fu raid i Radek wynebu'r gosb eithaf, a orfodwyd ar bawb ond tri o'r diffynyddion. Bu farw ddwy flynedd yn ddiweddarach mewn gwersyll llafur. Yn 1938, yn y trydydd prif sioe-brawf, cyhuddwyd Bukharin, Rykov ac 18 'Ceidwadwr-Drotscïad' arall o nifer o droseddau, gan gynnwys ysbïo, a chynllwynio i lofruddio Stalin. Erbyn 1939, yr unig aelod o Bolitbiwro Lenin oedd yn dal yn fyw (ac eithrio Stalin) oedd Trotsky. Fe'i llofruddiwyd yn México yn 1940 gan un o guddweithredwyr Stalin, a blannodd gaib rew yn ei ben.

LLOFRUDDIAETH KIROV

Yn Rhagfyr 1934, llofruddiwyd Kirov, Ysgrifennydd y Blaid, yn Leningrad. Mae'n bosibl fod Stalin wedi gorchymyn hyn. (Dyna a honnai Khruschev, yr arweinydd Sofietaidd, yn 1956.) Roedd Kirov yn ffigur poblogaidd o fewn y Blaid ac felly'n gystadleuydd posibl i'w harwain. Defnyddiodd Stalin lofruddiaeth Kirov fel esgus er mwyn cymryd camau yn erbyn ei elynion. Ar ôl rhoi grymoedd newydd i'r *NKVD* a chyflwyno'r gosb eithaf ar gyfer pob gweithred o derfysgaeth, honnodd Stalin fod cylch eang o 'Drotsciaid a Chwithwyr' wedi trefnu marwolaeth Kirov, a bod yn rhaid eu dwyn i gyfrif. Arestiwyd miloedd, gan gynnwys Kamenev a Zinoviev. Saethwyd llawer.

ch) Carthu'r Fyddin

Ym Mai 1937 cyhoeddodd Vyshinsky fod 'cynllun enfawr' wedi dod i'r amlwg o fewn y Fyddin Goch. Arestiwyd y Marsial Tukhachevsky, Pennaeth y Staff Milwrol, ynghyd â saith cadfridog arall. Cyhuddwyd y dynion o ysbïo ar ran yr Almaen a Japan a'u rhoi ar brawf yn y dirgel. Ar ôl y cyffesiadau defodol, saethwyd pob un. Yn dilyn hyn, cafwyd gwared ar nifer fawr o'r lluoedd arfog.

d) Braw Torfol

Yn wreiddiol, aelodau'r Blaid oedd prif nod y carthiadau. O blith y 1,996 dirprwy a fu yng Nghyngres y Blaid yn 1934, dienyddiwyd 1,108 o fewn y tair blynedd ddilynol. Efelychwyd sioe-brofion Moskva, gyda'u traddodiad o gyhuddiadau, cyffesiadau a'r gosb eithaf, ym mhob un o weriniaethau'r Undeb Sofietaidd. Fodd bynnag, rhengoedd canol ac is cymdeithas a ddioddefodd fwyaf. Roedd unrhyw un oedd yn perthyn i – neu'n gyfeillgar â – y sawl a ddioddefodd y carthiadau mewn perygl. Fel rheol, câi'r rhai oedd dan amheuaeth eu harestio ganol nos ac yna'u harteithio nes eu bod yn cyffesu i droseddau chwerthinllyd. Gyrrid y mwyafrif i wersylloedd llafur, ond ar rai adegau yn 1937-8 saethwyd hyd at 1,000 o bobl y dydd ym Moskva'n unig. Yn eu brys i ddarganfod mwy o gynllwynion, dioddefodd y sawl oedd yn chwilio hefyd. Yn 1936, collodd Yagoda, pennaeth yr *NKVD*, ei swydd ac fe'i saethwyd. Bu Yezhov, ei olynydd, yn y swydd am ddwy flynedd yn unig. Rhwng 1934 ac 1939 mae'n bosibl bod tua 12 miliwn o bobl wedi marw yn y gwersylloedd, neu wedi'u dienyddio.

dd) Beth oedd Cymhellion Stalin?

Mae modd dadlau bod cymhellion Stalin yn rhai rhesymegol. Efallai ei fod yn argyhoeddedig bod cynllwyn i'w ddisodli ar waith. Roedd y carthiadau'n peri bod y Blaid yn gyfan gwbl dan ei reolaeth. Roeddent hefyd yn ddull defnyddiol o frawychu pobl nes eu gorfodi i ddilyn gorchmynion, ac yn ffynhonnell doreithiog o lafur gorfodol. Er hyn, mae'n haws dadlau bod y carthiadau yn hollol afresymol. Mae'r hanesydd Edward Acton wedi disgrifio Stalin fel 'cymysgedd hynod ffiaidd o drachwant am rym, megalomania, sinigiaeth ac amheuaeth'. Roedd yn dal dig dychrynllyd, yn amau pawb o'i amgylch, ac ni phetrusai ynglŷn â defnyddio trais. Ni ddigwyddai'r lladd yn ddiarwybod iddo: câi'r rhestri dienyddio eu gwirio a'u harwyddo ganddo ef yn bersonol.

Heb geisio gwadu mai cyfrifoldeb Stalin oedd hyn yn y pen draw, mae rhai haneswyr wedi holi ai ef oedd yr unig un ar fai am y carthiadau. Maent yn tynnu sylw at y ffaith fod nifer o aelodau'r Blaid wedi cefnogi'r carthiadau. Ar bob lefel o fewn y Blaid, ofnid gwrthchwyldro. Hefyd, gan fod y carthiadau'n golygu bod swyddi'n wag, roedd gwell cyfle am ddyrchafiad. Ar ben hyn, mae'n bosibl nad oedd Stalin yn rheoli digwyddiadau'n llwyr. Ef oedd yr un a benderfynodd lansio'r carthiadau, ond roedd y modd y gweithredid y penderfyniad hwnnw yn dibynnu i raddau helaeth ar gyfundrefnau lleol y Blaid: mae'n bosibl bod rhai wedi

Tabl 10 Dioddefwyr y carthu.

Dyddiad	Y dioddefwyr	Yr hyn a ddigwyddodd iddynt	Y cyhuddiadau
	Prif Arweinwyr y Blaid		
1932	Grŵp Ryutin	Eu diarddel o'r Blaid, eu halltudio	Brad, cynllwynio yn erbyn Stalin
1936	Zinoviev a Kamenev	Sioe-brawf, eu saethu	Llofruddiaeth Kirov, cysylltiadau â Trotsky
1937	Pyatakov, Serebryakov	Sioe-brawf, eu saethu	Ysbïo ar ran yr Almaen a Japan
	Radek, Sokolnikov	Eu hanfon i wersylloedd llafur	Ysbïo ar ran yr Almaen a Japan
1938	Bukharin, Rykov, Krestinsky	Sioe-brawf, eu saethu	Brad
	Swyddogion Eraill y Blaid		
	Bron pob arweinydd plaid a gweriniaeth ym mhob un o weriniaethau'r Undeb Sofietaidd	Eu saethu, neu eu hanfon i wersyll llafur	'Cenedlaetholdeb *bourgeois*', brad
	Y Lluoedd Arfog		
1937-	3 allan o 5 Marsial (gan gynnwys Tukhachevsky)	Eu dienyddio i gyd	Brad
	14 allan o 16 Cadlywydd Milwrol	Eu dienyddio i gyd	Brad
	8 allan o 8 Llyngesydd	Eu dienyddio i gyd	Brad
	60 allan o 67 Cadlywydd Corfflu	Eu dienyddio i gyd	Brad
	11 allan o 11 Dirprwy Gomisar dros Amddiffyn	Eu dienyddio i gyd	Brad
	78 allan o 80 aelod o'r Prif Gyngor Milwrol	Eu dienyddio i gyd	Brad
	Hanner corfflu'r swyddogion (35,000)	Eu saethu neu eu carcharu	Brad
	Y Gwasanaeth Diogelwch		
1937	Yagoda – pennaeth yr *NKVD*	Sioe-brawf (gyda Bukharin), ei saethu	Brad, llofruddiaeth, llygredd
	Swyddogion heddlu uchaf eu safle	Eu saethu neu eu carcharu	Brad, llofruddiaeth, llygredd
1939	Yezhov (olynydd Yagoda)	Ei saethu	Ysbïwr ar ran Prydain, lladd pobl ddiniwed
	Eraill		
1929-39	Hyd at 24 miliwn o bobl	Eu cludo i wersylloedd llafur, bu farw 13 miliwn	Cwlaciaid, troseddwyr, dryllwyr, gwrthod rhoi gwybodaeth am eraill

gwneud mwy na'u 'dyletswyddau'. Yn y diwedd, cyflymodd y braw heb gymorth. Unwaith y sefydlwyd peirianwaith yr heddlu cudd, yr hysbyswyr a gwersylloedd carcharorion, roedd hi'n anodd rhoi terfyn ar y broses.

▼ Gweithio ar yr Undeb Sofietaidd: 1917– 41

Yn ôl Bolsiefigiaid y cyfnod (a chefnogwyr Marcsaidd oddi ar hynny) roedd yr hyn a ddigwyddodd yn Nhachwedd 1917 yn ddim llai na'r bobl yn dod i rym ac yn creu gwladwriaeth newydd lle byddai'r gweithwyr yn rheoli. Fodd bynnag, mae'n fwy rhesymegol i dybio bod y Chwyldro Bolsiefigaidd wedi dwyn grym oddi ar y bobl yn hytrach na'i roi yn eu dwylo. Heb amheuaeth, roedd y gyfundrefn Stalinaidd yn wahanol iawn i'r hyn roedd llawer o Rwsiaid wedi gobeithio amdano yn 1917. Roedd y wladwriaeth yn gormesu ac yn gorfodi dan reolaeth elit y Blaid a biwrocratiaeth gynyddol. Rhaid i Lenin yn sicr ysgwyddo llawer o'r bai am gyfeiriad Rwsia ar ôl 1917. Er bod llawer o haneswyr wedi gwrthod yr awgrym y byddai Lenin wedi cymeradwyo polisïau braw Stalin, mae eraill wedi dangos pa mor dreisgar oedd teyrnasiad Lenin. Mae modd dadlau bod Staliniaeth yn cynrychioli estyniad rhesymegol o'r gyfundrefn a sefydlwyd gan Lenin yn hytrach na gwyrdroad ohoni.

Mae'n anodd dweud unrhyw beth cadarnhaol iawn am Stalin. Erbyn hyn, mae haneswyr Marcsaidd, hyd yn oed, yn ei gondemnio (fel y gwnaeth Trotsky) am fod yn 'dorrwr bedd y Chwyldro'. Efallai ei fod wedi llwyddo i lusgo Rwsia i mewn i'r ugeinfed ganrif. Ond fel y nododd yr hanesydd E.H. Carr: 'Prin erioed y talwyd pris mor warthus o fawr am gyflawniad mor aruthrol.' Rhaid i chi benderfynu drosoch chi'ch hun pa mor aruthrol oedd cyflawniadau economaidd Stalin yn eich barn chi. Heb amheuaeth, roedd y gost o ran bwtsieraeth dorfol, caethiwed a thlodi, yn warthus.

Ateb Cwestiynau Ysgrifennu Estynedig a Thraethawd ar yr Undeb Sofietaidd: 1917– 41

Ystyriwch y cwestiwn canlynol: "Troseddoldeb wedi'i orseddu". A yw hyn yn ddisgrifiad teg o reolaeth Stalin?'

Saethwch syniadau er mwyn creu rhestr o nodweddion cadarnhaol a negyddol rheolaeth Stalin. A yw un yn fwy sylweddol na'r llall? Yna, ysgrifennwch draethawd (o ddim mwy na 1,000 o eiriau) yn cytuno neu'n anghytuno â'r dyfyniad – ac yn esbonio pam.

Ateb Cwestiynau Seiliedig ar Ffynonellau ar yr Undeb Sofietaidd: 1917– 41

Roedd Magnitogorsk yn ddinas a adeiladwyd o ddim. O fewn nifer o flynyddoedd, cloddiwyd hanner biliwn o droedfeddi ciwbig o dir, tywalltwyd pedwar deg dau miliwn o droedfeddi ciwbig o goncrit cyfnerth, gosodwyd pum miliwn o droedfeddi ciwbig o frics tân, a chodwyd chwarter miliwn tunnell o ddur adeiledig. Gwnaed hyn heb ddigon o lafur, na digon o'r defnyddiau mwyaf elfennol. Cyrhaeddodd brigadau o bobl ifanc brwdfrydig o bob cornel o'r Undeb Sofietaidd yn haf 1930 i osod y rheilffordd ac adeiladu argae, gwaith yr oedd yn rhaid ei wneud cyn y gellid dechrau adeiladu'r ffatri ei hun. Yn ddiweddarach, daeth grwpiau o werinwyr a chowmyn lleol i Magnitogorsk oherwydd yr amodau gwael yn y pentrefi yn dilyn cyfunoli. Roedd llawer o'r gwerinwyr yn gwbl anghyfarwydd ag offer a phrosesau diwydiannol. Cyrhaeddodd rhai cannoedd o arbenigwyr a pheirianegwyr o dramor, rhai ohonynt yn ennill cymaint â chan doler y dydd, er mwyn cynghori a chyfarwyddo'r gwaith.

Rhwng 1928 ac 1932 daeth ymron i chwarter miliwn o bobl i Magnitogorsk. Daeth tri chwarter ohonynt o'u gwirfodd, gan chwilio am waith, cardiau bara, gwell amodau. Gorfodwyd y gweddill i ddod ...

Roedd hi'n parhau'n ddifrifol o oer ddechrau Ebrill, roedd popeth wedi rhewi. Erbyn Mai, roedd y ddinas yn nofio mewn llaid. Roedd y Pla Du wedi torri allan yn weddol agos i Magnitogorsk. Oherwydd diffyg maeth eu bwyd a'r gorweithio cyson, nid oedd y bobl yn ddigon gwydn i wrthsefyll y pla. Roedd yr amodau hylendid yn ddychrynllyd.

Ffynhonnell Ff John Scott, Americanwr Comiwnyddol yn gweithio yn Rwsia.

Mae'r data canlynol yn dod o waith E. Zaleski, yr hanesydd economaidd. Seiliwyd ei ganfyddiadau ar ddadansoddiad manwl o ffynonellau Sofietaidd a Gorllewinol:

	1927	1930	1932	1935	1937	1940
Glo (miliynau o dunelli)	35	60	64	100	128	150
Dur (miliynau o dunelli)	3	5	6	13	18	18
Olew (miliynau o dunelli)	12	17	21	24	26	26
Trydan (miliynau o kW awr)	18	22	20	45	80	90

Ffynhonnell G Cynhyrchu diwydiannol Rwsia 1927–40.

▼ CWESTIYNAU AR FFYNONELLAU

1. Edrychwch yn fanwl ar Ffynhonnell Ff. Beth yw'r pethau a) cadarnhaol a b) negyddol mae Scott yn eu dweud am Magnitogorsk? **[10 marc]**
2. A yw Scott yn ffynhonnell ddibynadwy ar gyfer gwybodaeth am amodau Magnitogorsk? Esboniwch eich ateb. **[10 marc]**
3. Pam nad yw ystadegau Ffynhonnell G yn gywir o reidrwydd? **[10 marc]**

Pwyntiau i'w nodi ynglŷn â'r cwestiynau

Cwestiwn 1 Mae Scott yn rhoi disgrifiad byw o'r amodau garw. Mae'n awgrymu'r cymysgedd o ddelfrydiaeth a gorfodaeth a nodweddai'r diwydianeiddio cynnar.
Cwestiwn 2 Roedd Scott yno! Mae hyn yn bwysig. Fodd bynnag, roedd yn Americanwr a hefyd yn Gomiwnydd. I ba raddau y gallai fod yn rhagfarnllyd?
Cwestiwn 3 Ystyriwch pwy gasglodd yr ystadegau.

Darllen Pellach

Llyfrau yng nghyfres *Access to History* Hodder and Stoughton
Mae penodau olaf *Reaction and Revolutions: Russia 1881-1924* gan Michael Lynch yn ffynhonnell ardderchog ar Lenin. Mae penodau cyntaf *Stalin and Khruschev: The USSR 1924-64* gan Michael Lynch yn cynnwys gwybodaeth ardderchog am Stalin.

Cyffredinol
Rhowch gynnig ar Bennod XIII yn *Years of Change: Europe 1890-1945* gan Robert Wolfson a John Laver (Hodder & Stoughton). Mae *Russia 1914-1941* gan John Laver (cyfres History at Source, Hodder & Stoughton) yn cynnwys cyngor defnyddiol ynghylch ateb cwestiynau traethawd a chwestiynau seiliedig ar ffynonellau. Hefyd, rhowch gynnig ar *The Russian Revolution 1917-32* gan S. Fitzpatrick, 1986 (OUP), *A History of the Soviet Union* gan G. Hosking, 1985 (Fontana) a *The Soviet Union 1917-1991* gan M. McCauley, 1993 (Longman). I gael gwybodaeth am Lenin, darllenwch *Leninism* gan N. Harding, 1996 (Macmillan). Am wybodaeth am Stalin, rhowch gynnig ar *Stalin's Russia* gan C. Ward, 1993 (Edward Arnold), *Stalin and Stalinism* gan A. Wood, 1990 (Routledge), a *Stalinism* gan G. Gill, 1998 (Macmillan). Darllenwch *The Great Terror* gan R. Conquest, 1997 (Hutchinson) i wybod mwy am fraw Stalin ac *Into the Whirlwind* gan E.S. Ginzburg, 1967 (Collins) am adroddiad personol ar y dioddefaint.

YR ALMAEN: 1918–39

PWYNTIAU I'W HYSTYRIED

Mae'r bennod hon yn edrych yn fanwl ar ddatblygiadau yn yr Almaen rhwng diwedd y Rhyfel Byd Cyntaf a dechrau'r Ail Ryfel Byd. Mae'n cynnwys cyflwyniad ac wyth adran wedi'u rhifo. Mae'r bennod yn canolbwyntio ar y rhesymau pam y daeth Adolf Hitler i rym yn 1933. Fodd bynnag, mae **natur** y Weriniaeth Weimar cyn 1933 a'r Drydedd Reich wedi 1933 hefyd yn bynciau allweddol o fewn y bennod.

Daeth Gweriniaeth Weimar i fod pan gollodd yr Almaen y rhyfel yn 1918. Profodd y Weriniaeth ddau gyfnod argyfyngus. Daeth drwy'r cyntaf (1919-23). Fe'i dinistriwyd gan yr ail (1929-33). Mae'n destun dadl a ddaeth Gweriniaeth Weimar (a democratiaeth gyda hi) i ben yn 1930 neu 1933. Fodd bynnag, mae'n bwysicach gofyn pam y dymchwelodd y Weriniaeth yn hytrach na phryd. Ac mae cwestiwn arall yn gysylltiedig â'r cwestiwn hwn: pam y daeth Adolf Hitler, arweinydd Plaid Genedlaethol Sosialaidd Gweithwyr yr Almaen (*NSDAP*) neu'r Blaid Natsïaidd, i rym yn 1933? Wedi 1933 sefydlodd Hitler wladwriaeth unblaid lle roedd ganddo rym llwyr, i bob golwg. Ond a oedd ganddo rym llwyr mewn gwirionedd? A oedd Hitler yn unben 'gwan' yn hytrach nag unben 'cryf'? A oedd y **Drydedd Reich** yn wladwriaeth dan arweiniad effeithlon neu'n draed moch? Beth oedd natur Natsïaeth?

Y DRYDEDD REICH

Enw'r Natsïaid ar eu cyfundrefn oedd y Drydedd Reich. Gelwid y cyfnod rhwng 1871 ac 1918, pan reolid yr Almaen gan y Kaiseriaid Wilhelm I a'r II, yn Ail Reich.

1 Gweriniaeth Weimar: 1919-23

YSTYRIAETHAU
Beth oedd y prif fygythiadau i Weriniaeth Weimar? Pam y bu iddi oroesi?

a) A fu Chwyldro Almaenig?

Erbyn mis Tachwedd 1918 roedd yn amlwg bod yr Almaen yn colli'r Rhyfel Byd Cyntaf. Ymledodd gwrthryfel morwyr yn Kiel i borthladdoedd eraill. Ymunodd y milwyr a anfonwyd i ddelio â'r helyntion â'r gwrthryfelwyr, a daeth cynghorau gweithwyr, milwyr a morwyr i fodolaeth ledled yr Almaen. Bu streic gyffredinol yn Berlin a gwelwyd gweithwyr arfog yn crwydro'r strydoedd. Roedd yr Almaen fel petai ar fin dilyn yn ôl traed Rwsia. Ar 9 Tachwedd ildiodd Kaiser Wilhelm II y goron. Daeth Ebert, arweinydd Plaid y Democratiaid Cymdeithasol (*SPD*), yn Ganghellor y weriniaeth newydd. Ar 11 Tachwedd arwyddodd yr Almaen gadoediad â'r Cynghreiriaid.

Roedd Ebert a'i gydweithwyr o fewn yr *SPD* yn gymedrolwyr ac yn dymuno gweithredu o fewn cyfundrefn ddemocrataidd. Fodd bynnag, roedd y Spartacyddion, dan arweiniad Rosa Luxemburg a Karl Liebknecht, yn awyddus i efelychu Bolsiefigiaid Rwsia. Pan ddatblygodd chwyldro Spartacaidd yn Berlin, galwyd y fyddin a'r *Freikorps* i mewn gan Ebert. Erbyn canol Ionawr, ar ôl wythnos o ymladd ar y strydoedd, roedd y gwrthryfel wedi dod i ben a Luxemburg a Liebknecht wedi'u llofruddio. Yn ystod y misoedd canlynol, sathrodd y *Freikorps* ar wrthryfeloedd adain chwith mewn dinasoedd eraill ac ataliwyd Gweriniaeth Sofietaidd Fafaraidd fyrhoedlog. Oherwydd gweithredu llym Ebert, llwyddodd y Weriniaeth newydd i oroesi ei dyddiau cyntaf cythryblus.

Mae modd dadlau a oedd y 'Chwyldro Almaenig' yn chwyldro go iawn. Roedd y Kaiser wedi mynd, a democratiaeth seneddol wedi dod yn ei le. Fodd bynnag, yn dilyn trechu'r Spartacyddion, ni chafwyd chwyldro cymdeithasol. Ni newidiodd strwythur tirfeddiannaeth, ac ni wladolwyd diwydiant.

b) Cyfansoddiad Weimar

Yn Ionawr 1919 etholwyd cynulliad cenedlaethol newydd gan yr Almaenwyr. Enillwyd mwy na 75 y cant o'r pleidleisiau gan y tair plaid a

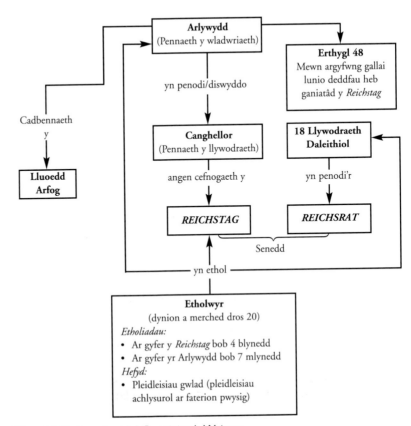

Ffigur 31 Trefn weinyddol Gweriniaeth Weimar.

gefnogai Ebert – yr *SPD*, Plaid y Canol a'r Democratiaid. Gan nad oedd cyfraith a threfn yn bodoli mwyach yn Berlin, cyfarfu'r cynulliad newydd yn Weimar. Wedi i chwyldro'r Spartacyddion gael ei chwalu, symudodd yn ôl i Berlin. Er hyn, cadwodd y llywodraeth newydd ei henw, sef Gweriniaeth Weimar. Cafodd cyfansoddiad newydd sêl bendith y cynulliad, ac fe'i mabwysiadwyd yng Ngorffennaf 1919 (gw. Ffigur 31).

Mae haneswyr wedi beirniadu dwy agwedd ar y Cyfansoddiad:

▼ Mewn argyfwng, gallai'r Arlywydd reoli drwy ordinhad.

▼ Roedd cynrychiolaeth gyfrannol, lle roedd plaid yn derbyn yr un gyfran o seddau yn y *Reichstag* ag o bleidleisiau, yn peri bod y nifer toreithiog o bleidiau yn ei gwneud hi'n anodd i un blaid ennill mwyafrif. Felly, roedd yn rhaid ffurfio llywodraethau clymbleidiol. Fel rheol, nid oedd llywodraethau o'r fath yn para'n hir (gw. Tabl 11).

Dyddiad	Plaid y Canghellor	Canghellor	Arlywydd
1919	SPD	Scheidemann	Ebert (SPD)
1919-20	SPD	Bauer	
1920	SPD	Müller	
1920-1	Plaid y Canol	Fehrenbach	
1921-2	Plaid y Canol	Wirth	
1922-3	Di-blaid	Cuno	
1923	DVP	Stresemann	
1923-5	Plaid y Canol	Marx	
1925-6	Di-blaid	Luther	Hindenburg (Di-blaid)
1926-8	Plaid y Canol	Marx	
1928-30	SPD	Müller	
1930-2	Plaid y Canol	Brüning	
1932	Di-blaid	Papen	
1932	Di-blaid	Schleicher	
1933	Natsi	Hitler	

Tabl 11 Llywodraethau'r Weriniaeth, 1919-33: pleidiau, Cangellorion ac Arlywyddion.

Fodd bynnag, mae modd amddiffyn y Cyfansoddiad.

▼ Roedd yn fwy democrataidd nag unrhyw gyfansoddiad arall yn Ewrop ar y pryd.

▼ Roedd y ffaith fod yr Arlywydd yn gallu cyhoeddi ordinhadau yn sicrhau y byddai'r llywodraeth yn gallu gweithredu mewn argyfwng.

▼ Roedd cynrychiolaeth gyfrannol yn deg. Gellir dadlau a oedd yn gyfrifol am hybu eithafiaeth wleidyddol ai peidio.

c) Y Bygythiad o du'r Chwith a'r Dde

i) Bygythiad yr adain Chwith
Sathrodd y fyddin ar bob ymdrech i greu chwyldro comiwnyddol yn 1920-1 (gweler Ffigur 32).

ii) Bygythiad yr adain Dde
Er nad oeddent yn unedig o bell ffordd, roedd cefnogwyr yr adain dde yn cytuno ar nifer o bethau.

▼ Roeddent o blaid llywodraeth gref ac yn erbyn democratiaeth seneddol.

▼ Credent fod lluoedd anwlatgar – heddychwyr, sosialwyr ac Iddewon – o fewn yr Almaen wedi bradychu'r fyddin yn 1918. Yna, roedd y 'Troseddwyr Tachwedd' hyn wedi derbyn Cytundeb cywilyddus Versailles.

Roedd y dde yn bygwth y Weriniaeth mewn sawl ffordd:

▼ Enillodd pleidiau adain dde seddau yn y *Reichstag*. Cafodd y Cenedlaetholwyr *(DNVP)* 15 y cant o'r bleidlais yn 1920.

▼ Roedd rhai llywodraethau taleithiol (megis Bafaria) dan reolaeth yr adain dde.

▼ Roedd gan yr adain dde gefnogaeth y *Freikorps*.

▼ Roedd swyddogion adain dde y fyddin, a barnwyr a gweision sifil adain dde yn dal eu gafael ar swyddi dylanwadol.

iii) Putsch Kapp
Yn 1920, achosodd yr angen i leihau maint y fyddin anesmwythder mawr ymhlith y fyddin a'r *Freikorps*. Ceisiodd Dr Kapp a'r Cadfridog Luttwitz ecsbloetio'r sefyllfa. Gan arwain 5,000 o filwyr i mewn i Berlin, cyhoeddasant gwymp llywodraeth Weimar. Gwrthododd arweinwyr y fyddin sathru ar y **putsch**. Fodd bynnag, pan aeth gweithwyr yn Berlin ar streic er mwyn dangos eu cefnogaeth i'r llywodraeth, dychrynodd Kapp a ffodd dramor. Daeth y *putsch* i ben. Ond roedd y ffaith ei fod wedi digwydd o gwbl yn dangos bod y Weriniaeth dan fygythiad o du'r adain dde.

PUTSCH
Gair Almaenig yn golygu ymgais arfog i gipio grym.

iv) Terfysgaeth adain Dde
Dadfyddinwyd unedau'r *Freikorps* yn 1920. Fodd bynnag, ailffurfiodd rhai cyn-aelodau yn garfanau llofruddio er mwyn parhau â'r frwydr yn erbyn y chwith. Fel rheol, ni chondemnid eu troseddau gan y barnwyr. Rhwng 1919 ac 1922 bu 376 llofruddiad gwleidyddol – 22 gan y chwith a 354 gan y dde. Dedfrydwyd deg o gefnogwyr yr adain chwith i farwolaeth, ond ni dderbyniodd yr un asasin adain dde y ddedfryd. Ni chosbwyd 326 o'r 354 llofruddiad adain dde.

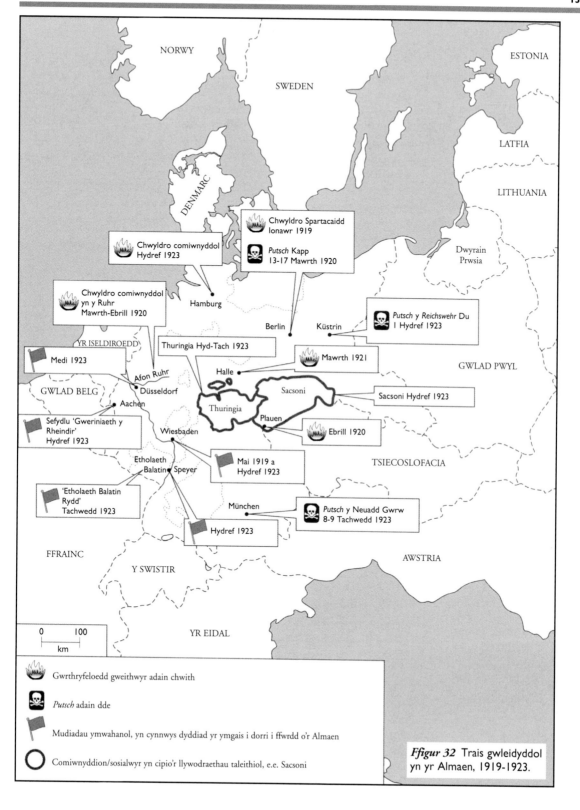

NORWY

SWEDEN

ESTONIA

LATFIA

LITHUANIA

DENMARC

Dwyrain
Prwsia

Chwyldro Spartacaidd
Ionawr 1919

Putsch Kapp
13-17 Mawrth 1920

Chwyldro comiwnyddol
Hydref 1923

Chwyldro comiwnyddol
yn y Ruhr
Mawrth-Ebrill 1920

Hamburg

Berlin

Küstrin

Putsch y Reichswehr Du
1 Hydref 1923

GWLAD PWYL

YR ISELDIROEDD

Medi 1923

Afon Ruhr

Düsseldorf

Thuringia Hyd-Tach 1923

Halle

Mawrth 1921

Sacsoni Hydref 1923

GWLAD BELG

Aachen

Thuringia

Sacsoni

Sefydlu 'Gweriniaeth y
Rheindir'
Hydref 1923

Wiesbaden

Plauen

Ebrill 1920

TSIECOSLOFACIA

Etholaeth
Balatin

Speyer

Mai 1919 a
Hydref 1923

'Etholaeth Balatin
Rydd'
Tachwedd 1923

München

Putsch y Neuadd Gwrw
8-9 Tachwedd 1923

Hydref 1923

FFRAINC

AWSTRIA

Y SWISTIR

0   100

km

YR EIDAL

Gwrthryfeloedd gweithwyr adain chwith

Putsch adain dde

Mudiadau ymwahanol, yn cynnwys dyddiad yr ymgais i dorri i ffwrdd o'r Almaen

Comiwnyddion/sosialwyr yn cipio'r llywodraethau taleithiol, e.e. Sacsoni

Ffigur 32 Trais gwleidyddol
yn yr Almaen, 1919-1923.

ch) Problemau Economaidd ac Ariannol

Erbyn 1919 roedd sefyllfa ariannol yr Almaen yn draed moch.
Gwaethygwyd y sefyllfa pan argraffodd llywodraethau Weimar fwy o
arian, gan hybu chwyddiant (gweler Tabl 12). Roedd y sawl a dderbyniai
incwm sefydlog mewn trafferthion mawr, a honnai'r gweithwyr nad oedd
cyflogau'n dal i fyny â'r prisiau cynyddol. Ond nid oedd pawb ar eu
colled. Llwyddodd rhai i ddefnyddio'r arian chwyddedig i dalu eu
dyledion. Ymelwodd y ffermwyr o ganlyniad i brisiau uchel bwyd. Ni
ddioddefodd diwydiant chwaith. Roedd dibrisiad y marc yn peri bod
nwyddau Almaenig yn rhad dramor a nwyddau tramor yn ddrud yn yr
Almaen. O ganlyniad, roedd galw mawr am nwyddau Almaenig, ac felly
roedd diweithdra'n isel.

Tabl 12 Gwerth y marc
mewn doleri.

Mis	Marciau/doler
Gorffennaf 1914	4.2
Ionawr 1919	8.9
Gorffennaf 1919	14.0
Gorffennaf 1921	76.7
Ionawr 1922	191.8
Gorffennaf 1922	493.2
Ionawr 1923	17,972.0
Gorffennaf 1923	353,412.0
Awst 1923	4,620,455.0
Medi 1923	98,860,000.0
Hydref 1923	25,260,208,000.0
15 Tachwedd 1923	4,200,000,000,000.0

d) Argyfwng 1923

Yn Ionawr 1923 goresgynnodd milwyr Ffrainc a Gwlad Belg y Ruhr
(ardal ddiwydiannol bwysicaf yr Almaen) er mwyn casglu iawndaliadau
nad oeddent eto wedi'u derbyn. Gan nad oedd yn ddigon cryf i ymateb
drwy weithredu, gorchmynnodd llywodraeth Weimar 'wrthwynebiad
di-drais', ac aeth gweithwyr y Ruhr ar streic. Parlyswyd yr economi, a
dechreuodd y llywodraeth argraffu llawer o arian papur. Canlyniad hyn
oedd gorchwyddiant. Erbyn hydref 1923 roedd pobl yn cael eu talu yn ôl
y dydd. Mewn caffis, roedd pris cwpanaid o goffi yn codi wrth iddi gael
ei hyfed. Diflannodd cynilion y dosbarth canol. Difethwyd rhagolygon y
sawl oedd ar incwm sefydlog (megis pensiynwyr). O ganlyniad i'r
argyfwng economaidd, bu argyfwng gwleidyddol:

▼ Meddiannodd y Comiwnyddion Sacsoni a Thuringia.
Gweithredodd Ebert, oedd bellach yn Arlywydd, yn llym a
gostegwyd y terfysg yn gyflym.

▼ Yn ogystal, methodd ymgais i gynnal *putsch* adain dde yn München (gweler tudalen 146).

Yn Awst 1923 daeth Gustav Stresemann, arweinydd Plaid Pobl yr Almaen (*y DVP*), yn Ganghellor. Rhoddodd derfyn ar y gwrthwynebiad di-drais yn y Ruhr, a chan addo dechrau talu'r iawndaliadau unwaith eto, cyflwynodd arian cyfred newydd. O ganlyniad, sefydlogwyd arian cyfred y wlad a gadawodd y milwyr Ffrengig y Ruhr (ymhen amser). Yn 1924 cyflwynodd y Cynghreiriaid Gynllun Dawes, oedd yn caniatáu mwy o amser i'r Almaen dalu'r iawndal, ac yn darparu benthyciad mawr er mwyn helpu'r Almaen i'w hailsefydlu ei hun.

GWEITHGAREDD

Saethwch syniadau ynglŷn ag agweddau cadarnhaol a negyddol y cyfnod rhwng 1919 ac 1923 o safbwynt a) cefnogwr Weimar, b) eithafwr adain dde, c) eithafwr adain chwith.

BLYNYDDOEDD YR ARGYFWNG: 1918-23

1919 Ionawr: chwyldro'r Spartacyddion; etholiad y cynulliad cenedlaethol; Mehefin: Cytundeb Versailles;

1920 *Putsch* Kapp;

1923 Ionawr: meddiannu'r Ruhr; gorchwyddiant; Awst: penodi Stresemann yn Ganghellor; diwedd y 'gwrthwynebiad di-drais'.

---

2   Gweriniaeth Weimar: 1924-32

YSTYRIAETH
Pa mor llwyddiannus fu Gweriniaeth Weimar rhwng 1924 ac 1932?

a) 1924-9: 'Oes Aur'?

Fel rheol, gwelir 1924-9 fel uchafbwynt y Weriniaeth. Llwyddodd (i bob golwg) dan ddylanwad Stresemann, a fu'n Ganghellor am rai misoedd yn 1923 ac yna'n Weinidog Tramor hyd 1929. Fodd bynnag, mae rhai haneswyr yn dadlau ynghylch cryfder gwirioneddol Weimar, o gofio iddi ddadfeilio mor fuan ar ôl 1929.

i) Llwyddiant Economaidd a Chymdeithasol?
Pwyntiau cadarnhaol:
▼ Roedd mwy o hyder yn yr economi o ganlyniad i Gynllun Dawes, a bu llawer o fuddsoddi, yn enwedig gan UDA. Adeiladwyd tai, ffyrdd a chyfleusterau cyhoeddus newydd.
▼ Derbyniodd y ffatrïoedd beiriannau newydd. Dyblodd allbwn diwydiannol yr Almaen rhwng 1923 ac 1929.
▼ Cynyddodd cyflogau o ran eu gwir werth yn flynyddol rhwng 1924 ac 1930. Roedd yr oriau gwaith yn llai a chynyddwyd yswiriant cenedlaethol.
▼ Roedd gan ferched fwy o hawliau. Etholwyd rhai ohonynt i'r *Reichstag*; cymerodd eraill swyddi proffesiynol.

Pwyntiau negyddol:
▼ Roedd adferiad yr Almaen yn dibynnu gormod ar fenthyciadau o'r UD.
▼ Ni ffynnodd y ffermwyr, sef traean o boblogaeth yr Almaen. Disgynnodd prisiau amaethyddol ac roedd cyflogau gweithwyr fferm yn 1929 yn ddim mwy na hanner y cyfartaledd gwladol.
▼ Hyd yn oed yn 1928, sef penllanw'r cynnydd, roedd 1.3 miliwn yn ddi-waith.

▼ Roedd y fantol fasnach yn gyson yn y coch.
▼ Nid oedd pob Almaenwr o blaid hawliau i ferched. Yn eironig, roedd y mwyafrif o ferched yn cefnogi'r pleidiau a bwysleisiai safle traddodiadol y ferch mewn cymdeithas.

ii) Llwyddiant Gwleidyddol?
Pwyntiau cadarnhaol:
▼ Ni wnaed unrhyw ymgais arall i ddisodli'r llywodraeth.
▼ Yn etholiadau 1924 ac 1928 collwyd tir gan bleidiau eithafol y dde a'r chwith.
▼ Pan fu farw Ebert yn 1925, etholwyd y Maeslywydd von Hindenburg, oedd yn 78 oed, yn Arlywydd. I bob golwg, roedd Hindenburg yn ddefnyddiol fel arweinydd mewn enw.

Pwyntiau negyddol:
▼ Roedd y sefyllfa wleidyddol yn parhau'n ansefydlog. Bu saith llywodraeth rhwng 1924 ac 1930. Parhaodd yr hwyaf ohonynt am 21 mis.
▼ Erbyn diwedd yr 1920au nid oedd mor rhwydd i'r pleidiau cymedrol gynghreirio.
▼ Roedd llawer o Almaenwyr yn sinigaidd ynglŷn â gwleidyddiaeth bleidiol.
▼ Gallai ethol Hindenburg fod yn fygythiad. Roedd yn geidwadwr adain dde, ac felly nid oedd yn uniaethu â'r Weriniaeth na'i gwerthoedd.

iii) Llwyddiant Diwylliannol a Chelfyddydol?
Pwyntiau cadarnhaol:
▼ Gellir gweld yr 1920au fel cyfnod creadigol iawn, pan fu llawer o arbrofi ym myd celfyddyd, pensaernïaeth, drama, ffilm, llenyddiaeth a cherddoriaeth. Ffynnai trafodaethau bywiog o ganlyniad i'r rhyddid i fynegi. Roedd Berlin, gyda'i 120 o bapurau newydd a chylchgronau, ei 40 theatr a channoedd o glybiau nos, fel petai wedi disodli Paris fel canolfan ddiwylliannol Ewrop.

Pwyntiau negyddol
▼ Ym marn y chwith, roedd llawer o'r arbrofi yn *bourgeois*, ac yn gwbl amherthnasol i anghenion y dosbarth gweithiol. Ym marn y dde, roedd y datblygiadau newydd yn ddirywiedig ac yn fygythiad i werthoedd traddodiadol. Ym marn llawer o Almaenwyr, roedd Berlin yn slebogaidd, yn llwgr ac yn meddwl am ddim byd ond rhyw.

b) Blynyddoedd yr Argyfwng: 1929-32

i) Yr Argyfwng Economaidd
Ym mis Hydref 1929 roedd cyfnewidfa stoc Efrog Newydd ar Wall Street mewn argyfwng difrifol. Disgynnodd gwerth cyfranddaliadau a chollodd nifer o bobl eu heiddo i gyd. Tynnodd Americanwyr eu buddsoddiadau allan o'r Almaen, ac o ganlyniad aeth miloedd o fusnesau i'r wal. Wrth i'r byd suddo i mewn i ddirwasgiad, roedd hyd yn oed y busnesau oedd wedi goroesi heb fenthyciadau Americanaidd mewn trafferthion. Erbyn 1932 roedd o leiaf 6 miliwn o Almaenwyr yn ddi-waith. Bu'n rhaid i

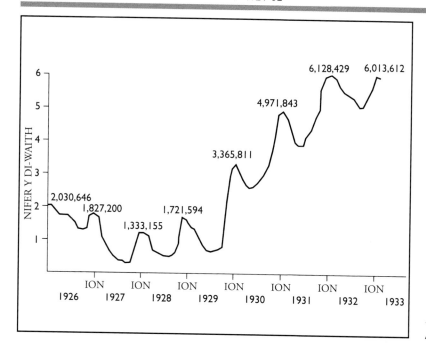

Ffigur 33 Diweithdra yn yr Almaen, 1925-33.

filiynau o rai eraill dderbyn cyflogau isel a gwaith tymor byr. Roedd y sefyllfa'n debyg yng nghefn gwlad, lle gwaethygodd y dirwasgiad amaethyddol.

ii) Argyfwng Gwleidyddol

Tanseiliwyd Gweriniaeth Weimar gan y dirwasgiad. Bu farw Stresemann ym mis Hydref 1929 ac nid oedd neb teilwng ar gael i gymryd ei le. Yn fuan, roedd pleidiau amrywiol 'Clymblaid Fawreddog' 1928 yn ffraeo'n benben. Nid oedd y Canghellor Müller o'r *SPD* yn fodlon torri'r cymorth ariannol i'r di-waith, er mor hanfodol oedd hynny ar gyfer mantoli'r gyllideb ym marn Plaid y Canol a'r *DVP*. Daeth Brüning, sef arweinydd Plaid y Canol, yn Ganghellor yn lle Müller. Heb gefnogaeth yr *SPD*, nid oedd gan gabinet Brüning fwyafrif yn y *Reichstag*. Yn 1930 diddymodd yr Arlywydd Hindenburg y *Reichstag* pan wrthododd gytuno i'r gyllideb. Mewn cyfyng-gyngor, trodd Almaenwyr at bleidiau eithafol yn ystod etholiad 1930. Enillodd y Comiwnyddion (*KPD*) 77 o seddau. Roedd canlyniadau'r Natsïaid yn well fyth. Enillasant 107 o seddau, gan ddod yn ail blaid yr Almaen o ran ei maint. O hyn ymlaen, ni fyddai'n bosibl ffurfio clymblaid gymedrol.

Bu Brüning yn Ganghellor rhwng 1930 ac 1932. Nid oedd ganddo fwyafrif yn y *Reichstag*, ac felly dibynnai ar Hindenburg yn cyhoeddi ordinhadau argyfwng. Gellir dadlau bod democratiaeth yr Almaen wedi dod i ben yn 1930 a gellir gweld Brüning fel lled-unben. Ychwanegodd ei bolisïau economaidd – torri gwariant y llywodraeth a chodi trethi – at y diweithdra cynyddol. Cafodd un llwyddiant yn unig, pan drefnodd yn 1932 fod yr iawndaliadau a dalai yr Almaen yn dod i ben.

GWERINIAETH WEIMAR: 1924-30

1924 Cynllun Dawes;
1925 ethol Hindenburg yn Arlywydd;
1929 marwolaeth Stresemann; Cwymp Wall Street;
1930 Brüning yn dod yn Ganghellor.

GWEITHGAREDD

Trafodaeth: A fyddai Weimar wedi cwympo pe na bai'r Dirwasgiad Mawr wedi digwydd?

YSTYRIAETH
Pa ran gymerodd
Hitler yn esgyniad y
Natsïaid?

3   Esgyniad y Natsïaid, 1919-30

a) Bywyd Cynnar Adolf Hitler

Ganed Hitler yn Awstria yn 1889. Rhwng 1908 ac 1913 bu'n byw bywyd trempyn yn Wien, gan wneud ei fywoliaeth drwy werthu posteri a chardiau post. Yn 1913 symudodd i'r Almaen. Daeth o hyd i'w alwedigaeth drwy ymuno â byddin yr Almaen yn 1914, a chymerodd ran yn nifer o frwydrau mwyaf y Ffrynt Gorllewinol. Ceir dwy ffaith ryfeddol am ei yrfa yn y fyddin: yn gyntaf, daeth drwyddi; ac yn ail, ni ddyrchafwyd mohono yn uwch na safle corporal. (Ym marn y swyddogion uwch ei ben, nid oedd yn addas i fod yn arweinydd!) Roedd yn filwr da, ac enillodd y Groes Haearn am ddewrder. Roedd y rhyfel yn brofiad hanfodol bwysig i Hitler. Cafodd flas ar gymrodoriaeth y ffosydd a'r ffaith fod gan ei fywyd bwrpas. Wrth wella mewn ysbyty ar ôl cael ei wenwyno â nwy, dychrynodd pan glywodd am ildiad yr Almaen. Ysgrifennodd yn ddiweddarach:

> Roedd y cwbl yn ofer, felly. Ofer yr holl aberthu. Ofer yr oriau pan wnaethom ein dyletswydd mewn ofn am ein bywydau. Ofer marwolaeth dwy filiwn o filwyr. Ai dyma bwrpas eu marwolaeth, er mwyn i giang o droseddwyr truenus gael gafael ar y famwlad?

Ffynhonnell A

Ar ôl gadael yr ysbyty, dychwelodd Hitler i München. Denwyd sylw awdurdodau'r fyddin gan ei allu i'w fynegi ei hun a'i gredoau cenedlaetholgar, a rhoddwyd dwy swydd iddo: darlithio i'r milwyr ar addysg wleidyddol; a chadw llygad ar grwpiau eithafol. Ym Medi 1919 anfonwyd ef i ymchwilio i Blaid Gweithwyr yr Almaen, a ffurfiwyd yn Ionawr 1919 gan Anton Drexler. Nod Drexler oedd denu'r dosbarth gweithiol i gefnogi syniadau cenedlaetholgar. Roedd ei 'blaid', a oedd yn cynnwys dim mwy na 55 o aelodau, yn un o blith nifer o grwpiau tebyg oedd yn dechrau ymddangos yn München. Derbyniodd Hitler wahoddiad Drexler i ymuno â'r blaid. Cyn hir, ef oedd ei haelod pwysicaf.

b) Ideoleg Hitler

Mae modd gweld Hitler fel oportiwnydd sinigaidd a ddymunai ennill grym er mwyn grym. Erbyn hyn, fodd bynnag, mae'r mwyafrif o haneswyr yn ei weld fel ideolegydd go iawn, gydag egwyddorion cryf y byddai'n eu harddel hyd at farwolaeth. Heb amheuaeth, gallai fod yn bragmataidd, ac elwai ar bob cyfle pwysig, hyd yn oed os golygai hynny ohirio'i gynlluniau tymor hir. Ond mae modd arddel egwyddorion a dangos medrusrwydd wrth weithredu'n dactegol ar yr un pryd.

    Disgrifiwyd ideoleg Hitler fel 'cyfundrefn enfawr o ddwli bwystfilaidd, Llychlynnaidd', ond roedd rhywfaint o resymeg (greulon) y tu ôl i'w gredoau (nad oeddent yn newydd, o bell ffordd). Yn ei farn ef, roedd bywyd yn frwydr (ystyr *'Mein Kampf'*, sef enw ei lyfr, yw 'Fy Mrwydr') a dim ond y cenhedloedd a'r hiliau a'r unigolion cryfaf fyddai'n goroesi. Credai mai'r Almaen oedd cenedl bwysicaf y byd – neu fe ddylai fod – ac mai'r Almaenwyr oedd – neu ddylai fod – yr hil oruchaf. Ym marn Hitler, yr Iddew oedd gwrthwyneb yr Almaenwr. Beiai'r Iddewon am broblemau'r Almaen a chredai eu bod yn cynllunio i oresgyn y byd. Nid oedd Hitler yn credu mewn cydraddoldeb. Yn union fel roedd rhai cenhedloedd yn well na'i gilydd, roedd rhai unigolion yn uwchraddol hefyd. Roedd angen arweinydd arwrol ar yr Almaen, un fyddai'n mynegi ewyllys y bobl. Dylai'r arweinydd hwnnw ymdrechu i sicrhau bod yr Almaen yn tra-arglwyddiaethu ar Ewrop. Byddai hynny'n golygu ymledu i'r dwyrain, gan feddiannu tir yr hiliau Slafaidd israddol a dinistrio drygioni comiwnyddiaeth yn UGSS. Nid oedd yn poeni ynglŷn â'r ffaith y gallai hyn arwain at ryfel. Yn ei farn ef, rhyfel oedd y 'frwydr' oruchaf.

c) Pam y llwyddodd y Blaid Natsïaidd i'w lansio ei hun yn München ar ôl 1919?

i) Amodau Cenedlaethol

Cafodd eithafiaeth yr adain dde ei hybu oherwydd colli'r rhyfel, gwrthryfel y Spartacyddion, y bygythiad parhaol o'r adain chwith, Cytundeb Versailles a phroblemau economaidd.

ii) Y Sefyllfa yn Bafaria

Yn gynnar yn 1919, cyhoeddodd chwyldroadwyr ar eithaf yr adain chwith fod Bafaria yn wladwriaeth gomiwnyddol, a bu braw 'coch'. Ym Mai 1919 cafodd y *Freikorps* ac unedau o'r fyddin wared ar y comiwnyddion, gan ladd cannoedd yn ystod braw 'gwyn'. Erbyn 1920 roedd Bafaria, dan reolaeth llywodraeth adain dde (dan arweiniad Gustav Kahr), yn hafan ar gyfer eithafwyr adain dde.

iii) Rôl Hitler

Chwaraeodd Hitler ran hanfodol yn yr ymgyrch i sicrhau bod y Natsïaid yn fwy llwyddiannus na grwpiau adain dde eraill Bafaria. Ymddeolodd o'r fyddin, gan ei daflu ei hun i mewn i fyd gwleidyddiaeth, ac yn fuan roedd yn dangos ei allu fel areithiwr yn neuaddau cwrw München.

Yn 1920 cyhoeddodd Hitler Raglen 25 Pwynt (gweler Ffynhonnell Dd) – cymysgfa o genedlaetholdeb a sosialaeth – i gynulleidfa o 2,000 yn seler gwrw Hofbrauhaus. Yn awr, mabwysiadodd Plaid Gweithwyr yr Almaen enw newydd, sef Plaid Genedlaethol Sosialaidd Gweithwyr yr Almaen (*NSDAP*). Yn 1921 daeth Hitler yn arweinydd y blaid. Erbyn 1922 roedd y blaid wedi ennill ei lle fel grŵp adain dde mwyaf a mwyaf trefnus Bafaria, gyda chymorth swyddogion o'r fyddin a gynigiodd recriwtiaid ac arian. Denai cefnogaeth amrywiaeth o bobl, yn enwedig cyn-filwyr ac ideolegwyr ifainc, ac i bob golwg roedd yn blaid a weithredai. Yn 1921 ffurfiodd Hitler yr **SA** (*Sturm-Abteilung* neu stormfilwyr.) Erbyn 1923 roedd Hitler yn adnabyddus yn Bafaria (ond nid yng ngweddill yr Almaen).

Diflannodd fy ngallu i farnu. Gan bwyso ymlaen o'r rostrwm fel petai'n ceisio gwthio ei hunan mewnol i ymwybod y miloedd o'i flaen, cadwai'r dorf, a minnau gyda hwy, dan swyn llesmeiriol oherwydd grym ei argyhoeddiad … anghofiais bopeth ond y dyn; ac yna, wrth edrych o 'nghwmpas, gwelais fod ei gyfaredd yn uno'r miloedd fel un.

Ffynhonnell B Kurt Ludecke yn disgrifio ei ymateb i un o areithiau Hitler yn 1922.

YR SA (STURM-ABTEILUNG NEU STORMFILWYR)

Hwn oedd sefydliad paramilwrol y Natsïaid, ac fe'i sefydlwyd yn 1921. Fe'i gwaharddwyd ar ôl *Putsch* y Neuadd Gwrw ond yna fe'i hailsefydlwyd yn 1925. Gwisgai ei aelodau grysau brown. Ernst Röhm oedd ei arweinydd rhwng 1931 ac 1934. Erbyn 1932 roedd yn cynnwys cannoedd o filoedd o aelodau. Yn ogystal ag amddiffyn cyfarfodydd y Blaid Natsïaidd rhag ymosodiadau, fe'i defnyddid hefyd i ymosod ar wrthwynebwyr gwleidyddol a tharfu ar eu cyfarfodydd.

ch) *Putsch* y Neuadd Gwrw

Yn Nhachwedd 1923 ceisiodd Hitler gipio grym. Roedd y sefyllfa yn yr Almaen yn ffafriol iawn gan fod y Ffrancwyr wedi meddiannu'r Ruhr a'r economi'n dirywio o ganlyniad i orchwyddiant. Roedd Hitler wedi codi'r disgwyliadau o fewn yr *NSDAP* i'r fath raddau nes bod rhaid iddo weithredu er mwyn amddiffyn ei hygrededd. Gwnaeth rywbeth synhwyrol iawn. Ym mis Medi, bu'n gyfrwng i ffurfio Cynghrair Ymladdwyr o grwpiau adain dde. Cafwyd cefnogaeth y Cadfridog Ludendorff, yr arwr rhyfel. Y cynllun oedd ennill grym yn Bafaria ac yna gorymdeithio i Berlin. Roedd y paratoadau'n gymharol drwyadl. Roedd Kahr, arweinydd Bafaria, wedi awgrymu y byddai'n cefnogi'r *putsch*. Pan newidiodd ei feddwl ar y funud olaf, penderfynodd Hitler barhau â'r cynllun beth bynnag.

Ar 8 Tachwedd roedd Kahr yn annerch cynulleidfa fawr yn y Burgerbraukellar yn München. Amgylchynodd aelodau o'r *SA* y seler gwrw a thorrodd Hitler i mewn gan chwifio gwn. Gan gyhoeddi cychwyn y chwyldro cenedlaethol, 'perswadiodd' Kahr i'w gefnogi. Bonllefodd y dyrfa yn y seler gwrw ei chymeradwyaeth. Yna, aeth pethau o chwith. Gadawodd Ludendorff i Kahr a swyddogion eraill ddianc. O dderbyn rhybudd am y sefyllfa, rhoddodd Gweriniaeth Weimar orchymyn i'r awdurdodau Bafaraidd sathru ar y *putsch*. Ar 9 Tachwedd arweiniodd Hitler 3,000 o ddynion i mewn i München, gan obeithio ennill cefnogaeth y dorf. Yn lle hynny saethodd yr heddlu arfog atynt a bu farw 16 o orymdeithwyr. Arestiwyd Hitler, a fu'n ffodus i osgoi cael ei ladd. Yn Chwefror 1924 rhoddwyd Ludendorff ac yntau ar brawf am frad. Daeth Hitler yn ffigur cenedlaethol o ganlyniad i'r achos. Drwy honni ei fod wedi gweithredu fel Almaenwr cenedlatholgar, defnyddiodd yr achos i ennill buddugoliaeth bropaganda. Fe'i cafwyd yn euog a'i ddedfrydu i bum mlynedd mewn carchar. O fewn llai na blwyddyn fe'i rhyddhawyd, yn Rhagfyr 1924.

d) Strategaeth y Natsïaid, 1925-9

Bellach, roedd Hitler yn argyhoeddedig fod yn rhaid i'r Natsïaid ennill grym drwy ddulliau democrataidd. Ysgrifennodd y llythyr hwn pan oedd yn y carchar:

C

Oedd *Putsch* y Neuadd Gwrw yn fethiant llwyr neu'n ymgais ofalus i gipio grym?

Ffynhonnell C

> Pan ddechreuaf weithredu'n ymarferol, bydd gofyn arddel polisi newydd. Yn lle mynd ati i ennill grym drwy gyfrwng chwyldro arfog, rhaid i ni ddal ein trwynau ac ymuno â'r *Reichstag* yn erbyn aelodau Pabyddol a Marcsaidd. Os yw cystadlu drwy bleidlais yn cymryd mwy o amser na chystadlu â gwn, o leiaf bydd eu Cyfansoddiad yn gwarantu'r canlyniadau. Yn hwyr neu'n hwyrach enillwn fwyafrif, ac ar ôl hynny – yr Almaen!

Yn 1925 ailsefydlodd Hitler ei afael ar yr *NSDAP* yn Bafaria. Fodd bynnag, roedd y blaid wedi dechrau ennill cefnogwyr yng ngogledd yr Almaen. Roedd Natsïaid gogledd yr Almaen, dan arweiniad Gregor Strasser, oedd yn awyddus i wneud y rhaglen Natsïaidd yn fwy sosialaidd, yn llai ffyddlon i Hitler. Cafodd Hitler wared ar y gystadleuaeth. Mynnodd deyrngarwch llwyr, ac enillodd gefnogaeth y mwyafrif o'i feirniaid yn 1926. Ar ddiwedd yr 1920au aildrefnodd Hitler ei blaid. Sefydlwyd nifer o adrannau newydd – er enghraifft adrannau ar gyfer yr ieuenctid a merched. Sefydlwyd defodau Natsïaidd cymhleth, a chynhaliwyd rali gyntaf y blaid yn Nuremberg yn 1927. Yn awr, datblygodd Hitler ddelwedd newydd ohono'i hun. Diflannodd y chwyldroadwr eithafol. Bellach, ef oedd y dyn tawel, rhesymol, a ddisgwyliai alwad hanes – galwad a fyddai'n siŵr o ddod yn y man.

Ar ôl methu ennill cefnogaeth llawer o'r gweithwyr diwydiannol, trodd y Natsïaid eu sylw at ffermwyr anghenus gogledd yr Almaen. Ni wnaed hyn mewn pryd ar gyfer etholiad 1928, pan enillodd y Natsïaid ddim mwy na 12 sedd, sef 2.6 y cant o'r bleidlais.

HITLER A'R NATSÏAID: 1919-28	
1919	Hitler yn ymuno â Phlaid Gweithwyr yr Almaen;
1921	ffurfio'r *SA*;
1923	*Putsch* y Neuadd Gwrw;
1924	carcharu Hitler;
1928	y Natsïaid yn ennill 12 sedd yn y *Reichstag*.

GWEITHGAREDD

Ystyriwch y cwestiwn, 'Pa mor bwysig oedd rhan Hitler yn esgyniad y Blaid Natsïaidd rhwng 1919 ac 1928?

Pwyntiau allweddol i'w datblygu:

▼ Y sefyllfa yn yr Almaen a Bafaria;

▼ Cryfder personoliaeth, syniadau ac arweinyddiaeth Hitler;

▼ Arwyddocâd *Putsch* y Neuadd Gwrw;

▼ Strategaeth Hitler ar ôl 1924.

4 Y Natsïaid yn Dod i Rym, 1930–4

a) Y Natsïaid yn Torri Drwodd

**YSTYRIAETH
Pam y daeth y Natsïaid i rym yn yr Almaen?**

Cynyddodd grym y Natsïaid yn sydyn ar ddiwedd 1928 pan ddechreuodd gwerinwyr y gogledd droi at y blaid. Erbyn 1929 roedd y Natsïaid yn ennill 10-20 y cant o'r bleidlais mewn etholiadau gwladol ledled gogledd yr Almaen. Cynyddodd y cefnogaeth i'r Natsïaid yn sgil y cynnydd mewn diweithdra. Yn etholiad Medi 1930 enillodd y Natsïaid 107 o seddau – 18 y cant o'r bleidlais. Dros nos, daethant i fod yn ail blaid fwyaf yr Almaen. Cynyddodd eu cefnogaeth wrth i'r dirwasgiad waethygu. Ym Mawrth 1932, cystadlodd Hitler â Hindenburg am yr arlywyddiaeth. Er iddo golli, enillodd bron 37 y cant o'r bleidlais.

Ym Mai 1932 cafodd Hindenburg wared ar Brüning. Daeth Papen, sef ceidwadwr adain dde anadnabyddus, yn Ganghellor yn ei le. Nid oedd

		Ion 1919	Meh 1920	Mai 1924	Rhag 1924	Mai 1928	Medi 1930	Gorff 1932	Tach 1932	Maw 1933
De	Y Blaid Natsïaidd (*NSDAP*)	–	–	32	14	12	107	230	196	288
	Plaid Genedlaethol yr Almaen (*DNVP*)	44	71	95	103	73	41	37	52	52
	Plaid Pobl yr Almaen (*DVP*)	19	65	45	51	45	30	7	11	2
	Canol (*Z*)	91	64	65	69	62	68	75	70	74
	Y Blaid Ddemocrataidd (*DDP*)	75	39	2	32	25	20	4	2	5
	Democratiaid Cymdeithasol (*SPD*)	165	102	100	131	153	143	133	121	120
	Democratiaid Cymdeithasol Annibynnol (*USPD*)	22	84	–	–	–	–	–	–	–
Chwith	Comiwnyddion (*KPD*)	–	4	62	45	54	77	89	100	81

(YN ERBYN Y WERINIAETH) / (O BLAID Y WERINIAETH)

Tabl 13 Canlyniadau etholiadau cenedlaethol y *Reichstag*, 1919-33.

ganddo gefnogaeth y bobl, ac felly ceisiodd ddod i gytundeb â'r Natsiaid, gan obeithio creu llywodraeth adain dde gyffredinol. Un o'i weithredoedd cyntaf oedd dileu gwaharddiad Brüning ar yr *SA*. Roedd y canlyniadau'n ddisgwyliadwy: cynyddodd y trais (bu farw 86 o bobl mewn brwydrau ar y stryd yng Ngorffennaf). Methodd ymdrechion Papen ennill cefnogaeth Hitler a chyhoeddwyd etholiadau newydd. Yng Ngorffennaf 1932 enillodd y Natsïaid 230 o seddau (37 y cant o'r bleidlais), gan ddod yn blaid fwyaf yr Almaen.

b) Beth oedd Apêl y Natsïaid?

▼ Mewn cyfnod o drallod, roedd y Natsïaid i'w gweld yn cynnig arweinyddiaeth gref a chadarn.

▼ Roeddent yn wrthwynebus iawn i Farcsiaeth.

▼ Gwnaethant addewid i uno'r wlad, i newid y gyfundrefn ddosbarth ac i annog pawb i weithio gyda'i gilydd er lles y wlad. Nid oeddent yn cynrychioli un grŵp â chredoau cyfyng.

▼ Pwysleisient werthoedd traddodiadol, ond gan ymddangos yn ifanc ac yn ddynamig ar yr un pryd.

▼ Roedd mwy o feddwl y tu ôl i syniadau economaidd y Natsïaid nag y mae eu beirniaid yn honni. Roeddent yn addo rhoi cymorthdaliadau i ffermwyr a chreu swyddi ar gyfer gweithwyr di-waith.

▼ Mae llawer o ddadlau ynglŷn ag i ba raddau y cynyddwyd eu cefnogaeth oherwydd eu gwrth-Semitiaeth. Mae rhai haneswyr yn awgrymu bod y Natsïaid wedi gwneud yn fach o'u gwrth-Semitiaeth ar ddechrau'r 1930au. Fodd bynnag, does dim dwywaith bod llawer o Almaenwyr yn wrth-Semitaidd. Ac ni cheisiodd y Natsïaid wneud yn fach o'u gwrth-Semitiaeth chwaith. Iddynt hwy, yr Iddewon (a'r comiwnyddion, oedd cynddrwg â'r Iddewon yn eu barn hwy) oedd yn gyfrifol am holl broblemau'r Almaen.

Pa Almaenwyr a Bleidleisiodd dros y Natsïaid?

Honnai Hitler fod yr *NSDAP* yn blaid *Volk* – sef mudiad oedd uwchlaw rhaniadau dosbarth. Oedd hyn yn wir?

▼ Enillodd yr *NSDAP* gefnogaeth sylweddol y dosbarth canol is, megis athrawon, crefftwyr, gweision sifil a ffermwyr, a deimlai bod y dirwasgiad yn fygythiad, er mai yn anfynych iawn yr oeddent hwy eu hunain yn ddi-waith.

▼ Er bod rhai haneswyr yn honni y byddai gweithwyr yn annhebygol o bleidleisio dros y Natsïaid, mae digon o dystiolaeth i awgrymu bod nifer fawr ohonynt wedi gwneud hynny. Roedd y rhan fwyaf o'r *SA* – roedd mwy na miliwn ohonynt erbyn 1933 – yn dod o'r dosbarth gweithiol.

▼ Roedd gan y Natsïaid gefnogaeth gref yn ardaloedd gwledig a threfi bychain gogledd yr Almaen. Fodd bynnag, roedd rhai trefi mawr ac ardaloedd yn y de yn eu cefnogi hefyd.

▼ Er mai Protestaniaid oedd mwyafrif cefnogwyr y Natsïaid, pleidleisiodd llawer o Babyddion dros Hitler.

▼ Enillodd y Natsïaid bleidlais cyfran fawr o bobl ifanc oedd yn pleidleisio am y tro cyntaf – ond cefnogodd llawer o hen bobl y Natsïaid hefyd.

▼ Roedd dynion yn fwy tebygol o bleidleisio dros y Natsïaid na merched. Nid oedd gan yr *NSDAP* lawer i'w gynnig i ferched ffeministaidd. Ym marn y Natsïaid, dylai merched bryderu am *Kinder, Kirche, Küche* (plant, eglwys a chegin) yn unig. Fodd bynnag, o gofio bod y mwyafrif o'r etholwyr yn fenywaidd, mae'n amlwg bod y Natsïaid wedi denu cefnogaeth sylweddol o blith merched. Roedd llawer o ferched yn cytuno ag agwedd y Natsiaid ynglŷn â gwerthoedd traddodiadol, ac yn weithredol iawn o fewn sefydliadau'r *NSDAP*. Tueddai etholwyr benywaidd i fod yn fwy ceidwadol na'r dynion ac felly roeddent yn llai gwrthwynebus i'r *NSDAP*, hyd yn oed os nad oeddent o reidrwydd yn pleidleisio dros y blaid.

Mewn gair, enillodd y Natsïaid gefnogaeth nifer sylweddol o Almaenwyr o bob math ac o bob dosbarth. Yn yr ystyr honno, roedd yr *NSDAP* yn blaid *Volk* go iawn, fel yr honnai Hitler.

c) Pa mor Effeithiol oedd Propaganda y Natsïaid?

Roedd y Natsïaid yn rhoi pwys mawr ar bropaganda. Defnyddiai Goebbels, cytgordiwr ymgyrchoedd etholiadol Hitler, lu o hen dechnegau a thechnegau newydd. Defnyddid ymgyrchoedd yn y wasg, wedi'u cydgysylltu'n fedrus, i dargedu cylchoedd diddordeb penodol â negeseuon penodol. Gyrrodd y blaid rai o'i phrif siaradwyr, oedd wedi'u hyfforddi i drafod materion lleol, i ardaloedd gwledig – a anwybyddid fel rheol gan y pleidiau eraill. Roedd ralïau'r Natsïaid yn cyfrannu at y cyffro.

Disgrifiodd Frau Solmitz, athrawes ysgol, rali Natsïaidd yn 1932:

Aeth yr oriau heibio, tywynnai'r haul, cynyddodd y disgwyliadau … Daeth 3 o'r gloch. 'Mae'r Führer yn dod!' Mae'r dorf yn cyffroi. Cododd dwylo o gwmpas y llwyfan i gyfarch Hitler … Dyna lle safai Hitler mewn côt ddu syml, yn edrych yn ddisgwylgar ar y dyrfa. Clywyd siffrwd llu o faneri swastica yn codi. Sbardunwyd y floedd 'Heil' gan orfoledd y funud. Yna siaradodd Hitler. Prif syniad: daw cenedl (*Volk*), sef cenedl Almaenig, o blith y pleidiau. Cystwyodd y 'system'… Am y gweddill, ymataliodd rhag gwneud ymosodiadau personol a hefyd addewidion amhenodol a phenodol.

Roedd ei lais yn gryg ar ôl siarad cymaint yn ystod y dyddiau a aeth heibio. Pan ddaeth ei araith i ben, clywyd bonllefau gorfoleddus a churo dwylo. Saliwtiodd Hitler ... daeth sŵn yr 'Anthem Almaenig' dros y trac. Rhoddwyd côt Hitler amdano. Yna aeth i ffwrdd. Cynifer sy'n edrych tuag ato gyda ffydd ddiniwed, gan ei weld yn gymorth, yn iachawdwr ac yn waredwr rhag trallod gormodol.

Ffynhonnell Ch

Ffigur 34 Honnai'r poster hwn fod y Natsïaid yn defnyddio tair carreg sylfaen – *ARBEIT* (gwaith), *FREIHEIT* (rhyddid), *BROT* (bara) – i adeiladu at y dyfodol. Cynigiai'r Iddewon a'r Comiwnyddion 'addewidion, methiant cyfraith a threfn, diweithdra, ordinhadau brys, dirywiad cymdeithasol, llygredd, braw, propaganda, celwyddau' yn unig.

Ffigur 35 Poster etholiadol y Natsïaid, 1932. 'Ferched! Miliynau o ddynion yn ddi-waith. Miliynau o blant heb ddyfodol. Achubwch deuluoedd yr Almaen. Pleidleisiwch dros Adolf Hitler!'

Edrychwch yn fanwl ar y ddau boster etholiadol yn Ffigurau 34 a 35 a'r disgrifiad o rali'r Natsïaid. Beth mae'r ffynonellau hyn yn ei ddweud wrthym am natur apêl y Natsïaid?

ch) A oedd Hitler yn Was Bach Byd Masnach?

Honnai haneswyr Marcsaidd fod Hitler yn was bach byd masnach ac mai cefnogaeth byd masnach oedd y tu cefn i esgyniad Hitler. Fodd bynnag, ni cheir llawer o dystiolaeth bod byd busnes wedi cefnogi Hitler yn sylweddol cyn 1933. Roedd llawer o ddynion busnes yn ei amau, petai dim ond am ei fod yn arwain plaid oedd yn sosialaidd mewn enw (o leiaf). Derbyniodd yr *NSDAP* y rhan fwyaf o'i harian o ganlyniad i ymdrechion ei haelodau – o danysgrifiadau, ffeiriau sborion ac ati. Petai llwyddiant gwleidyddol wedi dibynnu ar arian yn unig, byddai'r *DNVP* – a dderbyniai symiau mawr gan fusnesau – wedi ennill pob etholiad ar ôl 1918.

d) Pa mor Bwysig oedd Rôl Hitler rhwng 1930 ac 1932?

Roedd arweinyddiaeth feseianaidd Hitler yn hanfodol wrth geisio denu a chadw cefnogaeth. Ei awdurdod carismataidd oedd yn cadw'r grwpiau gwahanol o fewn y blaid, gan gynnwys yr *SA* afreolus, gyda'i gilydd. Fodd bynnag, nid oedd yn gwbl lwyddiannus. Roedd ei fethiant i ennill cefnogaeth yr Arlywydd Hindenburg – oedd yn hanfodol er mwyn ennill grym gwleidyddol – yn arwyddocaol iawn. Yn dilyn llwyddiant y Natsïaid yn etholiad Gorffennaf 1932, roedd Hitler yn ffyddiog y byddai Hindenburg yn ei benodi'n Ganghellor. Yn lle hynny, cadwodd Papen ei swydd. Mae gweithredoedd Hitler yn ystod haf 1932 i'w gweld yn anghymodlon neu'n hunanfodlon. Gwrthododd lansio *putsch*, er gwaetha'r ffaith fod ganddo'r gallu erbyn hyn, yn ôl pob tebyg, i gipio grym. Ni wnaeth unrhyw ymdrech i gynghreirio â'r *DNVP* chwaith.

Ym Medi, yn dilyn pleidlais o ddiffyg ffydd yn y *Reichstag*, galwodd Papen am etholiadau newydd. Roedd y blaid Natsïaidd yn brin o arian ac roedd Goebbels yn ei chael hi'n anodd. 'Mae'r gyfundrefn mor flinedig â bataliwn sydd wedi bod ar flaen y gad yn rhy hir' ysgrifennodd. Bu etholiadau Tachwedd 1932 yn ergyd drom i Hitler. Disgynnodd pleidlais yr *NSDAP* (i 33 y cant) ac enillodd 196 o seddau'n unig. I bob golwg, nid oedd yn anorchfygol wedi'r cwbl.

dd) Sut y daeth Hitler yn Ganghellor?

Ym mis Rhagfyr, dywedodd y Cadfridog Schleicher wrth Hindenburg nad oedd y fyddin yn ymddiried yn Papen mwyach. Yn anfodlon iawn, cafodd Hindenburg wared ar Papen. Daeth Schleicher yn Ganghellor, ar ôl sicrhau Hindenburg y byddai ganddo fwyafrif yn y *Reichstag*. Pan fethodd ennill cefnogaeth Hitler, trodd at yr arweinydd Natsïaidd, Gregor Strasser, a awgrymodd y byddai'n fodlon taro bargen. Methodd ymdrechion Schleicher, ond er hynny roedd yr *NSDAP* fel petai'n chwalu. (Gorfodwyd Strasser i adael y blaid.) Ond yn awr aeth pethau o blaid Hitler. Yn gynnar yn Ionawr 1933, wedi'i gynddeiriogi gan ei ddiswyddiad, cychwynnodd Papen drafodaethau cyfrinachol â Hitler a Hugenberg, arweinydd y *DNVP*. Cytunai'r *DNVP* a'r *NSDAP* ar nifer o bethau – cenedlaetholdeb, gwrthgomiwnyddiaeth a'u casineb tuag at Weimar. Ganol mis Ionawr, pan gynhaliwyd etholiadau yn nhalaith Lippe, gwnaeth y Natsïaid bopeth o fewn eu gallu i ddangos eu bod yn rym sylweddol o hyd. Llwyddodd eu strategaeth. Enillasant 39 y cant o'r bleidlais, ac yn awr gallai Hitler ymfrostio bod ei blaid yn ôl ar y llwybr iawn. Ar 28 Ionawr ymddiswyddodd Schleicher. O'r diwedd, cytunodd Hindenburg i dderbyn Hitler. Ar 30 Ionawr daeth Hitler yn Ganghellor a Papen yn Ddirprwy Ganghellor. Roedd ei gabinet yn cynnwys tri Natsi a deg ceidwadwr. Yn Berlin, dathlodd y Natsïaid drwy gynnal gorymdaith enfawr wrth olau ffaglau. 'Mae hi bron fel breuddwyd', ysgrifennodd Goebbels, 'stori tylwyth teg … ganwyd y Reich Newydd … mae'r Chwyldro Almaenig wedi dechrau.'

Y PLEIDIAU ERAILL, 1930-2

▼ Cadwodd Plaid y Canol ei chefnogaeth Babyddol.
▼ Cynyddodd pleidlais y *KPD* gomiwnyddol.
▼ Cadwodd yr *SPD* gefnogaeth y mwyafrif o weithwyr.
▼ Dymchwelodd pleidiau'r *DDP* a'r *DVP* rhyddfrydol. Aeth eu holl bleidleisiau, bron, i'r Natsïaid.
▼ Daliodd y *DNVP* genedlaethol ei gafael yng nghefnogaeth ei hetholwyr traddoddiadol.

e) Etholiad Mawrth 1933

Ni ddechreuodd y chwyldro am rai wythnosau. Daeth Hitler yn Ganghellor mewn modd cyfreithlon – ond Hindenburg a'r fargen a wnaed gyda'r 'hen griw' oedd yn gyfrifol am hynny. Roedd Hugenberg a Papen yn ffyddiog y gallent reoli Hitler, ond nid oeddent wedi sylweddoli maint ei dalentau. O fewn chwe mis, roedd yn unben. Mae'r sawl sy'n ystyried mai oportiwnydd yn unig oedd Hitler yn credu bod hyn wedi digwydd trwy ddamwain. Yn ôl eraill, roedd yn rhan o gynllun manwl. Mwy na thebyg, roedd gan Hitler syniadau pendant ynglŷn â lle roedd yn bwriadu mynd yn 1933, ond nid oedd yn siŵr ynglŷn â sut i gyrraedd yno. Heb amheuaeth, roedd ei gam cyntaf wedi'i gynllunio'n barod. Yn groes i ddymuniadau ei gynghreiriaid o'r *DNVP*, galwodd am etholiadau newydd, gan obeithio ennill mwyafrif i'r Natsïaid yn y *Reichstag*.

Roedd gan y Natsïaid ddwy fantais bwysig wrth ymgyrchu ar gyfer etholiad ym Mawrth 1933. Yn gyntaf, roedd eu cynghrair â'r *DNVP* yn golygu bod ganddynt ddigon o arian. O ganlyniad i hyn, gallai Goebbels gynnal ymgyrch dda. Yn ail, penodwyd 50,000 o'r *SA* gan Göring i ffurfio heddlu arbennig, gan olygu y gallai'r Natsïaid fygwth eu gwrthwynebwyr yn gyfreithlon.

Yna, ar 27 Chwefror, llosgwyd adeilad y *Reichstag* i'r llawr. Daethpwyd o hyd i Van der Lubbe, comiwnydd o'r Iseldiroedd, o fewn y *Reichstag*. Cyfaddefodd mai ef yn unig oedd yn gyfrifol am y tân. Fodd bynnag, honnai'r Natsïaid fod y llosgi yn gynllwyn bwriadol ar ran y comiwnyddion – yn arwydd ar gyfer chwyldro. Bryd hynny (ac yn ddiweddarach) beiodd y comiwnyddion y Natsïaid, gan honni bod y tân wedi rhoi esgus iddynt weithredu yn erbyn y *KPD*. Heb amheuaeth, roedd y tân yn gyfleus iawn i'r Natsïaid. Roedd Hindenburg yn argyhoeddedig bod y *KPD* ymhlyg yn hyn, ac felly cyhoeddodd ordinhad yn gwahardd rhyddid y wasg a'r rhyddid i lefaru a chynnal cyfarfodydd. Arestiwyd aelodau blaenllaw o'r *KPD* ac aelodau adain chwith o'r *SPD*, a gorfodwyd papurau newydd sosialaidd i gau. Ar 5 Mawrth 1933 enillodd y Natsïaid 43.9 y cant o'r bleidlais. Enillodd y *DNVP* 8 y cant. Gyda'i gilydd, roedd gan y ddwy blaid fwyafrif.

f) Sut y Daeth Hitler i Rym?

i) Y Ddeddf Alluogi

Roedd Hitler yn benderfynol nid yn unig o gynyddu ei rym, ond hefyd o ymddangos fel petai'n gwneud hynny'n gyfreithlon. I newid y cyfansoddiad, roedd arno angen mwyafrif o ddwy ran o dair. Gwnaeth hyn drwy atal yr 81 aelod o'r *KPD* rhag cymryd eu seddau yn y *Reichstag*, a thrwy ennill cefnogaeth Plaid y Canol. Drwy wneud hyn, roedd mewn safle i basio'r Ddeddf Alluogi. Yn awr, gallai basio deddfau heb gytundeb y *Reichstag*. Pasiwyd y Ddeddf o 441 pleidlais i 94.

ii) 'Cysoni'

Yn awr dechreuodd y Natsïaid 'gysoni' elfennau gwrth-Natsïaidd y gyfundrefn wleidyddol.

▼ Aildrefnodd Hitler y seneddau taleithiol fel bod gan bob un fwyafrif Natsïaidd. Yn 1934 diddymwyd pob senedd daleithiol.

▼ Ym Mai 1933 diddymwyd yr undebau llafur. O hyn ymlaen, roedd buddiannau'r gweithwyr yn cael eu gwarchod gan y Ffrynt Llafur, a reolid gan y Natsïaid.

▼ Tua diwedd mis Mai 1933 meddiannodd y Natsïaid swyddfeydd yr *SPD* a'r *KPD*, gan gymryd eu harian a chau eu papurau newydd i lawr.

▼ Ym Mehefin-Gorffennaf 1933 diddymodd y pleidiau eraill eu hunain a daeth yr Almaen yn wladwriaeth unblaid (Natsïaidd) swyddogol.

iii) Noson y Cyllyll Hirion

Er hyn, nid oedd popeth dan reolaeth Hitler.

▼ Roedd Hindenburg yn Arlywydd o hyd.

▼ Roedd y fyddin yn parhau'n annibynnol ar y Natsïaid.

▼ Gallai'r *SA*, gyda'i 2 filiwn o aelodau, fod yn fygythiad. Er mor hanfodol oedd ei chymorth pan gipiodd Hitler rym, roedd ei dulliau treisgar yn tueddu i beri annifyrrwch ar ôl 1933. Ar ben hyn, roedd nifer o aelodau'r *SA* wedi'u siomi gan arafwch y newidiadau, ac yn feirniadol o Hitler – gan gynnwys Ernst Röhm, arweinydd yr *SA*. Roedd Röhm yn awyddus i uno'r *SA* â'r fyddin, ac yna reoli'r ddwy garfan. Dychrynwyd Hitler ac arweinwyr y fyddin gan hyn. Gwnaeth Hitler ei orau i gymodi â Röhm, ond heb fawr o lwyddiant. Gan ofni bod Röhm yn cynllunio *putsch*, tarodd Hitler yr ergyd gyntaf. Gyda'r nos ar 30 Mehefin/1 Gorffennaf 1934 – 'Noson y Cyllyll Hirion' – gyrrodd ddidoliadau o'r *SS* i gael gwared ar arweinwyr yr *SA* a thalu'r pwyth yn ôl i elynion eraill. Lladdwyd 200 o bobl, gan gynnwys Röhm, Gregor Strasser a Schleicher. Cefnogodd Hindenburg ac arweinwyr y fyddin weithredoedd Hitler. Ar un ergyd, roedd wedi dileu un bygythiad i'w rym ac wedi ennill cefnogaeth y llall – y fyddin.

> **Y FÜHRER**
> Pan fu farw Hindenburg yn Awst 1934, cyfunodd Hitler swyddi'r Canghellor a'r Arlywydd. O hyn ymlaen fe'i gelwid yn **Führer** (arweinydd). O hyn ymlaen, tyngai gweision sifil ac aelodau'r lluoedd arfog lw o deyrngarwch personol iddo.

ff) Pwy neu Beth oedd Ar Fai am Lwyddiant y Natsïaid?

Mae haneswyr wedi dadlau'n hir ynglŷn â phwy neu beth oedd ar fai am lwyddiant y Natsïaid. Ar un adeg, honnai haneswyr Marcsaidd, yn ddifudd, ei fod yn ymwneud â datblygiad diwydiannol yr Almaen. Nid yw'r farn mai Natsïaeth oedd canlyniad rhesymegol hanes yr Almaen a bod gwendid yn y cymeriad Almaenig o gymorth ychwaith. Mewn gwirionedd, cododd Natsïaeth o ganlyniad i'r sefyllfa a fodolai yn yr Almaen ar ôl 1918: colli'r rhyfel, creu Gweriniaeth Weimar, Cytundeb Versailles, argyfyngau economaidd a'r bygythiad comiwnyddol.

Mae rhai haneswyr yn beio gwendidau Gweriniaeth Weimar am lwyddiant Hitler. Ond gellir dadlau bod cynrychiolaeth gyfrannol – a'r Arlywydd Hindenburg – wedi cadw Hitler rhag dod yn Ganghellor yn gynt. Gellir beio'r *DNVP* am gynghreirio â'r Natsïaid. Ond ar y pryd roedd yn ymddangos yn beth rhesymegol i'w wneud: roedd cyfundrefn Weimar yn gweithredu drwy gyfrwng llywodraethau clymbleidiol. Mae modd beio'r *SPD* a'r *KPD* am fethu cydweithio yn erbyn y Natsïaid. Yn

HITLER YN DOD I RYM, 1930-4

1930 y Natsïaid yn ennill 107 o seddau yn etholiadau'r *Reichstag*;

1932 Gorffennaf: y Natsïaid yn ennill 230 o seddau; Tachwedd: y Natsïaid yn ennill 196 o seddau yn unig; Rhagfyr: Schleicher yn dod yn Ganghellor yn lle Papen;

1933 Ionawr: Hitler yn dod yn Ganghellor; Chwefror: tân yn y *Reichstag*; Mawrth: y Natsïaid yn ennill 288 o seddau; Deddf Alluogi;

1934 Mehefin: Noson y Cyllyll Hirion; Awst: marwolaeth Hindenburg.

YSTYRIAETH
I ba raddau oedd yr Almaen Natsïaidd yn wladwriaeth dotalitaraidd?

lle hynny, treuliodd y ddwy blaid sosialaidd eu hamser yn ymladd ei gilydd. Ond hyd yn oed petaent wedi uno, mae'n annhebygol y byddent wedi rhwystro'r Natsïaid rhag cymryd yr awenau. Er bod modd beio'r bobl Almaenig am bleidleisio dros y Natsïaid, mewn gwirionedd roedd llai na'u hanner wedi gwneud hynny ym Mawrth 1933.

5 Natur Rheolaeth y Natsïaid, 1933–9

a) Sut oedd Hitler yn Arwain?

Roedd sylw Hitler nad oedd lle i ddim ond un ewyllys yn yr Almaen, sef ei ewyllys ef ei hun, a bod yn rhaid i bob ewyllys arall ildio iddi, yn ymgorffori ysbryd y Drydedd Reich. Yn ei farn ef, roedd gwleidyddiaeth yn ymwneud â gweithredoedd dynion mawr, a datrys problemau yn fater o ewyllys. O ganlyniad, gwnaed penderfyniadau o fewn y Drydedd Reich yn ôl mympwy Hitler yn hytrach na threfnau gweinyddol. Er mai ganddo ef yr oedd yr unig wir awdurdod, anaml y cymerai ran yn y trafodaethau bob dydd a arweiniai at lunio polisïau. Cyfarfyddai'r cabinet yn anamlach (cynhaliwyd un yn unig yn 1938) ac ni welai Hitler rai o'i weinidogion am fisoedd ar y tro. Roedd yn well ganddo ei gartref yn Bafaria na Berlin, ac o ganlyniad i hyn, a'i gasineb tuag at waith systematig, roedd gwneud penderfyniadau yn broses anhrefnus iawn yn aml.

b) 'Anarchiaeth Awdurdodaidd'?

Erbyn hyn mae'r mwyafrif o haneswyr yn cytuno na lywodraethwyd y Drydedd Reich yn effeithlon. Tynnant sylw'n benodol at y ffaith fod toreth o fiwrocratiaethau ac asiantaethau yn bodoli ond nad oedd ganddynt berthynas glir â'i gilydd. Ni wnaed unrhyw ymdrech, er enghraifft, i asio sefydliadau'r blaid Natsïaidd a gweinyddiaethau'r wladwriaeth. Gweithredent ochr yn ochr yn anesmwyth, ar bob lefel, gan gystadlu i weithredu polisïau nad oedd Hitler wedi gwneud dim mwy na'u hamlinellu. Roedd y ffaith nad oedd y blaid ei hun yn unedig yn peri bod y sefyllfa'n fwy cymhleth fyth. Fe'i ffurfiwyd o nifer fawr o fudiadau megis Ieuenctid Hitler a'r *SS*, oedd yn awyddus i amddiffyn eu buddiannau eu hunain. Cymlethwyd y sefyllfa ymhellach gan dueddiad Hitler i greu asiantaethau newydd er mwyn cyflymu projectau penodol. Yn fuan, roedd arweinwyr cryf megis

Göring a Himmler wedi creu eu hymerodraethau eu hunain, ac yn anwybyddu pawb ond Hitler.

Aeth yr haneswyr Broszat a Mommsen ymhellach, gan honni bod y system anarchaidd yn rheoli Hitler yn hytrach na'i fod ef yn rheoli'r system. Yn eu barn hwy, felly, dylai haneswyr ganolbwyntio ar strwythur y wladwriaeth Natsïaidd yn hytrach nag ar Hitler ei hun. O'r safbwynt **'strwythurol'** neu **'swyddogaethol'** hwn roedd llawer o fesurau'r gyfundrefn Natsïaidd yn ymatebion sydyn, difeddwl a wnaed dan bwysau, yn hytrach na chanlyniad cynllunio gofalus neu fwriad. Mae Mommsen wedi awgrymu mai 'unben gwan' oedd Hitler a wnaeth ychydig iawn o benderfyniadau ac a gafodd drafferth yn eu gweithredu.

Fodd bynnag, mae'n bosibl bod y swyddogaethwyr wedi gorbwysleisio 'anarchiaeth awdurdodaidd' y Drydedd Reich. Mewn gwirionedd, nid oedd biwrocratiaid y blaid a biwrocratiaid y wladwriaeth yn anghytuno bob tro. Yn ogystal, roedd dynion a weithiai i'r blaid ac i'r wladwriaeth yn gwneud eu gwaith yn gymharol effeithlon. Roedd yr asiantaethau arbennig yn gallu sicrhau bod pethau'n cael eu cyflawni'n gyflym. Yn wir, nid yw'r syniad o 'anarchiaeth awdurdodaidd' yn cyd-fynd â llwyddiant rhyfeddol y Drydedd Reich hyd at 1941. Camddehongliad yw dweud bod Hitler yn 'unben gwan'. Yn y pen draw, ef oedd yn rheoli'r Almaen Natsïaidd. Ni ddymunai – ac ni allai – ymyrryd ym mhopeth. Fodd bynnag, yn y meysydd hynny oedd yn hanfodol bwysig yn ei farn ef, gwnaeth benderfyniadau strategol; ei is-swyddogion oedd yn gyfrifol am drefnu'r manylion. Mae haneswyr wedi synied yn rhy isel am ei allu yn aml. Roedd ganddo rai nodweddion sylweddol, gan gynnwys cof rhagorol a chadernid penderfyniad.

c) I ba Raddau oedd yr Almaen Natsïaidd yn Wladwriaeth Heddlu?

i) Y Schutzstaffel (SS)

Nes i Heinrich Himmler ddod i'w harwain yn 1929, rhan fechan o'r SA yn unig oedd yr SS, a ffurfiwyd yn wreiddiol yn 1925 fel corff elit a fyddai'n gwarchod Hitler. Roedd Himmler yn effeithlon ac yn uchelgeisiol, a'i nod oedd gwneud yr SS yn gyfrifol am gadw trefn ar yr Almaen. Erbyn 1936 roedd yr heddlu i gyd (gan gynnwys y **Gestapo**) yn un dan reolaeth Himmler. Ymunodd dynion yr SS â'r heddlu ac anogwyd yr heddlu i ymuno â'r SS. Fodd bynnag, roedd Himmler yn benderfynol y byddai'r SS yn fwy na gwasanaeth diogelwch yn unig. Ei fwriad oedd creu elit hiliol, a fyddai'n cynrychioli pendefigaeth newydd yr Almaen. Roedd y sawl a ddymunai ymuno â'r SS yn gorfod mynd o flaen Bwrdd Dethol Hiliau a osodai feini prawf llym. Roedd gan Himmler obsesiwn â phurdeb hiliol, ac felly dim ond Ariaid perffaith, tal, gyda gwallt golau a llygaid glas a dderbyniai. Roedd yn rhaid i ddynion yr SS briodi merched o waed Almaenig 'da'. Ufudd-dod digwestiwn i Hitler oedd egwyddor arweiniol yr SS.

Oedd Hitler yn unben gwan?

Ffigur 36 Heinrich Himmler.

ii) Gwersylloedd Crynhoi

Ym Mawrth 1933 sefydlodd Himmler y gwersyll crynhoi cyntaf (i wrthwynebwyr gwleidyddol) yn Dachau. Erbyn haf 1933 roedd yn agos i 30,000 o bobl wedi cael eu rhoi mewn 'caethiwed gwarchodol' heb brawf na'r hawl i apelio. Dachau oedd y gwersyll delfrydol, yn gweithredu system a anelai at dorri ysbryd y carcharorion. Roedd gan warchodwyr y gwersyll – dynion fu'n gwasanaethu yn Unedau Penglog yr *SS* ar ôl 1936 – rym llwyr. Cosbid y carcharorion yn gorfforol fel mater o drefn, ac er eu bod yn newynog, disgwylid iddynt wneud gwaith corfforol trwm. Erbyn 1937 dim ond ychydig filoedd o gomiwnyddion, Iddewon ac 'anghymdeithaswyr' (cardotwyr, troseddwyr diymatal a gwrywgydwyr) oedd ar ôl yn y tri phrif wersyll, sef Dachau, Sachsenhausen a Buchenwald. Roedd rhai ohonynt wedi marw. Roedd eraill wedi cael eu 'diwygio' a'u rhyddhau. Fodd bynnag, cynyddodd nifer yr arestiadau pan feddiannwyd Awstria a Gwlad y Swdetiaid yn 1938. Erbyn Medi 1939 roedd tua 25,000 o garcharorion a thri gwersyll newydd – Flossenburg, Mauthausen a Ravensbruck.

iii) Pa mor Fawr oedd y Braw?

'Braw yw'r offeryn mwyaf effeithlon', meddai Hitler. 'Wna' i ddim ei ildio dim ond am fod criw o faldodwyr gwirion, dosbarth canol yn dewis digio wrtho.' Defnyddiodd ei gyfundrefn drwyadl a chreulon i ormesu ei gelynion. Fodd bynnag, mae modd gorbwysleisio maint y braw Natsïaidd cyn 1939.

▼ Roedd dylanwad yr SS yn gyfyngedig cyn 1939.
▼ Nid oedd y gwersylloedd crynhoi yn wersylloedd difodi cyn 1939.
▼ Roedd y *Gestapo* yn brin o weithwyr ac nid oedd yn gweithredu'n effeithlon iawn yn lleol.
▼ Roedd y sawl a wrthwynebai'r gyfundrefn Natsïaidd yn gallu gadael yr Almaen.

ch) Sut y Rheolai Hitler yr Eglwys a'r Fyddin?

Roedd yn well gan Hitler gydweithio â'r eglwysi na'u gwrthwynebu. Gan ei fod, i bob golwg, yn cefnogi gwerthoedd traddodiadol, roedd yr eglwysi Protestannaidd a Phabyddol yn barod i gydweithio ag ef. Yn 1933 cytunodd y Protestaniaid i uno er mwyn creu 'Eglwys y Reich', ac etholwyd un o'r Natsïaid yn 'Esgob y Reich'. Gwisgai rhai aelodau o Eglwys y Reich – a alwent eu hunain yn 'Gristnogion yr Almaen' – wisg Natsïaidd: eu slogan oedd 'y swastica ar ein mynwes a'r Groes yn ein calon'. Yng Ngorffennaf 1933 gwnaeth Hitler Goncordat â'r Pab. Cytunodd Hitler i ganiatáu rhyddid crefyddol i Babyddion yn gyfnewid am gytundeb y Pabyddion i beidio ag ymyrryd yng ngwleidyddiaeth yr Almaen. Ar y cyfan, ceisiodd arweinwyr Eglwysig osgoi unrhyw wrthdaro â'r gyfundrefn Natsiaidd yn yr 1930au. Bu rhywfaint o wrthwynebiad i ymgyrch wrthglerigol y Natsïaid yn 1936-7 ond roedd y mwyafrif o Gristnogion yn parhau i dderbyn y gyfundrefn Natsïaidd, a hynny gyda brwdfrydedd yn aml.

Nid oedd y fyddin yn fygythiad mawr i Hitler. Roedd ei phrif

GWEITHGAREDD

Trafodaeth: Beth yn union yw gwladwriaeth dotalitaraidd? A oedd yr Almaen Natsïaidd yn fwy totalitaraidd na Rwsia Stalin neu'r Eidal dan reolaeth Mussolini?

swyddogion yn cytuno â llawer o amcanion y Natsïaid, er nad oeddent yn hoff o'r gyfundrefn. Nid oedd gan Hitler hyder mawr yn y cadfridogion oedd yn perthyn i'r 'hen warchodlu'. Yn 1938 cafodd wared ar Blomberg, y Gweinidog Rhyfel, a'r Cadbennaeth Fritsch.

YSTYRIAETH
Pa mor llwyddiannus oedd y Natsïaid o safbwynt yr economi?

6 Economi yr Almaen

Mae llawer o ysgolheigion wedi beirniadu perfformiad economaidd y Natsïaid.

▼ Fe'u hystyrir yn lwcus. Roedd y dirwasgiad ar ei waethaf yn 1932. Erbyn 1933 roedd yr economi'n cryfhau ledled y byd. Ymelwodd Hitler ar hyn.

▼ Gellir dadlau na chryfhaodd yr economi yn sylweddol. Yn ôl rhai, roedd economi'r Almaen mewn sefyllfa mor argyfyngus yn 1939 nes gorfodi Hitler i lansio rhyfel ehangu.

Fodd bynnag, mae modd amddiffyn perfformiad economaidd y Natsïaid:

▼ Yn 1933 roedd ganddynt gynlluniau penodol ar gyfer gwella'r sefyllfa economaidd. Yn y tymor byr, bwriadent greu swyddi drwy wario arian ar weithfeydd cyhoeddus. Yn ogystal, roeddent yn bwriadu amddiffyn ffermwyr drwy godi tollau a chaniatáu cymorthdaliadau. Yn y tymor hir, rhagwelai Hitler economi ynghlwm wrth anghenion rhyfel a bwriadai ennill 'lle i fyw' (*lebensraum*) yn nwyrain Ewrop. Rhoddwyd y cynlluniau hyn ar waith ar ôl 1933.

Tabl 14 Cryfder economi'r Almaen.

a) Mynegai nwyddau diwydiannol a nwyddau traul (1928 = 100)		
	Nwyddau diwydiannol	Nwyddau traul
1928	100	100
1933	56	80
1934	81	91
1936	114	100
1938	144	116

b) Mynegai cyflogau (1936 = 100)	
1928	125
1933	88
1934	94
1936	100
1938	106

c) Gwariant milwrol cymharol yr Almaen a Phrydain (% y CGC)	Yr Almaen	Prydain
1935	8	2
1936	13	5
1937	13	7
1938	17	8
1939	23	22

ch) Incwm cenedlaethol (miliynau o farciau)	
1928	125
1933	88
1934	94
1936	100
1938	106

▼ Nid oedd Hitler yn gaeth i 'theori' economaidd: roedd yn barod i arbrofi.

▼ Cryfhaodd yr economi yn sylweddol ar ôl 1933. Rhwng 1933 ac 1939 cynyddodd cynnyrch diwydiannol yr Almaen i fwy na dwywaith yr hyn a fu, ac roedd nifer y di-waith yn llai nag yng ngweddill Ewrop. Ar ôl 1936, roedd y wlad hyd yn oed yn brin o weithwyr. Roedd yr economi yn ddigon cref i gyflenwi 'gynau' (ar gyfer rhyfel) a 'menyn' (gwell safon byw). Ni cheir unrhyw dystiolaeth bendant i ddangos bod yr economi mewn argyfwng mawr yn 1939.

Ffigur 37 Diweithdra yn yr Almaen, 1933-9.

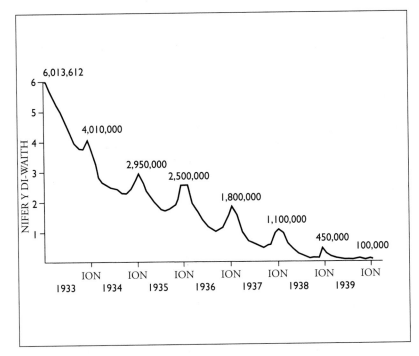

a) Schacht a'r Cynllun Newydd

Roedd polisi economaidd y Natsïaid rhwng 1933 ac 1937 dan reolaeth Dr Schacht, y Gweinidog Economi. Dan arweiniad Schacht, darparwyd arian ar gyfer cynlluniau gwaith amrywiol. Adeiladwyd ffyrdd, cartrefi, ysgolion ac ysbytai newydd. Drwy gyfrwng y Gwasanaeth Llafur Cenedlaethol, daeth llawer o Almaenwyr ifanc o hyd i swyddi. (Ar ôl 1935 roedd yn rhaid i bob dyn rhwng 18 a 25 oed dreulio chwe mis yn y Gwasanaeth Llafur.) Roedd y Natsïaid yn annog merched i aros gartref, ac felly roedd mwy o swyddi ar gael i ddynion. O ganlyniad i'r mesurau hyn, disgynnodd nifer y di-waith i 1.7 miliwn erbyn 1935. Roedd 'Cynllun Newydd' Schacht (1934) yn ymwneud â rheoli pob agwedd ar fasnach, ac yn annog arwyddo cytundebau masnach â gwledydd de-ddwyrain Ewrop a De America.

b) Y Cynllun Pedair Blynedd

Prif nod y Cynllun Pedair Blynedd, a lansiwyd yn 1936, oedd paratoi'r Almaen ar gyfer rhyfel. Amcan allweddol oedd sicrhau bod yr Almaen yn hunangynhaliol o ran ei defnyddiau crai drwy ddatblygu amnewidion synthetig. Rheolid y Cynllun gan Göring, ond ni fu'n llwyddiant ysgubol. Ni chynhyrchwyd cynifer o arfau ag y gobeithiai'r lluoedd arfog, ac ni chyrhaeddwyd y nod o ran cynhyrchu rwber 'synthetig' ac olew chwaith. Fodd bynnag, roedd yr Almaen yn gymharol hunangynhaliol erbyn 1939, ac o ystyried ei llwyddiant yn 1939-40, ni ellir dadlau nad oedd ei lluoedd yn barod am ryfel. O ganlyniad i'r cynnydd mewn gwariant ar arfau, bu ffyniant ar ddiwedd yr 1930au.

c) Pwy oedd ar eu Hennill o Bolisïau Economaidd y Natsïaid?

i) Y Proletariat

Mae'r ystadegau'n awgrymu bod cyflogau gwirioneddol gweithwyr yn is yn 1938 nag oeddent yn 1928. Fodd bynnag, erbyn diwedd yr 1930au, roedd y mwyafrif o weithwyr yn fwy cyfoethog nag oeddent yn 1932. Bu gwelliant mewn amodau gwaith o ganlyniad i raglen 'Harddwch Gwaith' Ffrynt Llafur yr Almaen, ac roedd modd gwneud amrywiaeth eang o weithgareddau y tu allan i oriau gwaith yn sgil y rhaglen 'Nerth trwy Ddiddanwch'.

ii) Gwerinwyr a Ffermwyr Bychain

Er mai'r ffermwyr bychain a enillai'r cyflogau isaf yn yr Almaen, bu rheoli mewnforion a gosod prisiau fferm uwch yn rhywfaint o gymorth iddynt. Roedd propaganda'r Natsïaid yn portreadu ffermwyr fel asgwrn cefn y genedl. Yn eironig iawn, lleihaodd nifer y ffermwyr ar ôl 1933 wrth i bobl adael cefn gwlad er mwyn ennill cyflogau uwch yn y trefi.

iii) Buddiannau Busnes

Er gwaetha'r pryderon ynglŷn ag ymyrraeth gynyddol y llywodraeth, gwnaeth byd masnach lawer iawn o elw.

> **GWEITHGAREDD**
>
> Edrychwch yn fanwl ar Dabl 14 a Ffigur 37. Pa dystiolaeth sy'n dangos bod polisïau economaidd y Natsïaid yn
> a) llwyddiannus?
> b) fethiant?

7 Y Gymdeithas Natsïaidd: Y Wladwriaeth Hiliol

a) Ewgeneg

Yn ôl yr athrawiaeth Natsïaidd, roedd hil Ariaidd a burwyd, ac a ymgorffori bopeth a oedd yn gadarnhaol am y natur ddynol, yn siŵr o lwyddo wrth ymrafael â gwledydd y byd am rym. Rhaid oedd annog 'gwaed' da, ac ar yr un pryd gael gwared ar estroniaid hiliol a'r sawl a ddioddefai o afiechyd meddyliol neu gorfforol. Roedd deddf a basiwyd yn 1933 yn caniatáu diffrwythloni gorfodol ar unrhyw un oedd yn dioddef o afiechyd etifeddol ac/neu a ystyrid yn anffit yn feddyliol neu'n

> **YSTYRIAETH**
> I ba raddau y cynhaliodd y Natsïaid chwyldro cymdeithasol rhwng 1933 ac 1939?

gorfforol. Cyflwynodd meddygon a chyfarwyddwyr ysbytai, cartrefi a charcharau bron 400,000 o enwau yn ystod 1934-5. Diffrwythloni oedd canlyniad 80 y cant o'r achosion (a aeth i lysoedd iechyd newydd). Yn ôl deddf a basiwyd yn 1935, gwaharddid priodas rhwng dau os oedd y naill neu'r llall yn dioddef o ddryswch meddwl neu afiechyd etifeddol.

b) Sut y cafodd Iddewon yr Almaen eu Trin, 1933-9

Yn 1933 roedd tua 500,000 o Iddewon yn yr Almaen, sef llai nag un y cant o'r boblogaeth. I Hitler, roedd gwrth-Semitiaeth yn erthygl ffydd. Er nad oedd wedi paratoi rhaglen wrth-Iddewig fesul cam, nid oedd amheuaeth ei fod wedi cynllunio gweithredoedd pwysig y dyfodol, gan gynnwys gwahardd Iddewon rhag dal swyddi cyhoeddus, gwahardd priodasau rhwng Iddewon ac Almaenwyr, ac ymdrechion i orfodi Iddewon i ymfudo.

i) Y Sefyllfa, 1933-5

Ym Mawrth 1933 ymosododd terfysgwyr Natsïaidd ar lawer o Iddewon a dinistrio eiddo Iddewig. Er ei fod yn gwrthwynebu trais yn swyddogol (am fod hyn yn niweidio'r berthynas â Hindenburg a cheidwadwyr eraill), cefnogai Hitler ddeddfwriaeth wrth-Semitaidd. O Ebrill 1933 pasiwyd llu o ddeddfau yn gwahardd Iddewon rhag dal swyddi penodol. Aeth awdurdodau lleol a chyrff proffesiynol ati i fabwysiadu cynlluniau gwrth-Iddewig hefyd. Yn ogystal, dioddefai'r Iddewon oherwydd ymdrechion y wasg Natsïaidd i annog terfysg. Drwy wneud bywyd yn anodd i'r Iddewon, roedd y Natsïaid yn gobeithio eu gorfodi i ymfudo. Fodd bynnag, roedd nifer o Iddewon yn gyndyn o adael gan na chaent fynd â'u heiddo allan o'r wlad. Ar ben hynny, nid oedd llawer o wledydd yn barod i'w croesawu. Ni chafodd y cynlluniau gwrth-Iddewig eu gwrthwynebu gan fawr neb (yn cynnwys yr arweinwyr eglwysig).

ii) Y Sefyllfa, 1936-9

Yn 1936 cynhaliodd yr Almaen y Gêmau Olympaidd. Gan ofni y byddai gwrth-Semitiaeth amlwg yn peri bod nifer o wledydd yn tynnu'n ôl, mabwysiadodd y llywodraeth agwedd fwy cymedrol. Yn 1937, fodd bynnag, dechreuodd Göring gyhoeddi ordinhadau a barodd gau amrywiaeth mawr o fusnesau Iddewig. Mae'n bosibl bod y gweithgarwch gwrth-Semitaidd wedi llymhau fwyfwy wedi i'r Natsïaid feddiannu Awstria ym Mawrth 1938 (gweler tudalen 216). Curodd a bychanodd y Natsïaid lawer o'r 200,000 o Iddewon yn Awstria, ac ysbeiliwyd eu cartrefi a'u busnesau. Yn Awst 1938 sefydlodd Eichmann Swyddfa Ganolog Ymfudiad yr Iddewon yn Wien. O ganlyniad, gallai'r sawl oedd yn awyddus i ymfudo gwblhau'r broses o fewn diwrnod yn lle wythnosau, fel a ddigwyddai yn yr Almaen. Âi Iddewon o'r Swyddfa gyda fisa ymfudo ond fawr ddim arall. Cymerid bron y cyfan o'u heiddo. Erbyn Tachwedd 1938 roedd tua 50,000 o Iddewon Awstria wedi ymfudo.

Yn ystod gaeaf 1938-9 cafodd nifer o'r deddfau newydd yn erbyn Iddewon eu rhoi ar waith. Er enghraifft, ar ôl 1 Ionawr 1939 ni châi Iddewon gynnal unrhyw weithgaredd busnes annibynnol. Yn ogystal, fe'u gwaharddwyd rhag ymweld â theatrau, sinemâu, cyngherddau a syrcasau. Yn Ionawr 1939 comisiynodd Göring Heydrich, sef prif gynorthwywr Himmler, i 'ganfod yr ateb gorau posibl i'r cwestiwn Iddewig yn ôl yr hyn mae'r amgylchiadau presennol yn ei ganiatáu'. Ymfudiad gorfodol oedd yr ateb. Gan obeithio gwaredu'r Almaen o Iddewon o fewn deng mlynedd, mabwysiadodd Heydrich ddulliau Eichmann. Yn ystod y deuddeng mis ar ôl Tachwedd 1938 gadawodd tua 150,000 o Iddewon yr Almaen.

iii) Diweddglo

Yn ôl haneswyr swyddogaethol, roedd polisi gwrth-Iddewig y Natsïaid rhwng 1933 ac 1939 yn anhrefnus ac yn ddifyfyr. Yn eu barn hwy, derbyniai Hitler pa 'ddatrysiad' bynnag i'r broblem Iddewig oedd yn boblogaidd ar y pryd. Ond mae haneswyr **bwriadol** yn credu, yn fwy perswadiol, mai Hitler oedd prif – os nad unig – ysgogwr gwrth-Semitiaeth. Drwy ei annog i weithredu'n radicalaidd yn erbyn yr Iddewon, roedd gweithredwyr y Blaid yn rhoi llais i'w ddymuniadau. Gellir dadlau bod y Natsïaid wedi dilyn eu hamcanion yn systematig a'u cyflawni'n gyflym: erbyn Medi 1939 roedd tua 70 y cant o Iddewon yr Almaen wedi cael eu gorfodi i ymfudo. Ond gellir dadlau ynglŷn â phen draw polisi Hitler. Mewn araith i'r *Reichstag* yn Ionawr 1939, dywedodd:

> Heddiw, byddaf yn broffwyd unwaith eto: os bydd yr arianwyr Iddewig rhyngwladol oddi mewn a thu allan i Ewrop yn llwyddo i daflu'r cenhedloedd unwaith eto i ganol rhyfel byd, ni fydd hyn yn arwain at Folsiefeiddio'r ddaear, a thrwy hynny fuddugoliaeth yr Iddewon, ond yn hytrach at ddifodiant yr hil Iddewig yn Ewrop.

gweithredwyr Natsïaidd ar unwaith. Ar 9/10 Tachwedd (*Kristallnacht*) dinistriwyd 8,000 o fusnesau Iddewig, llosgwyd 200 o synagogau, ymosodwyd ar gannoedd o Iddewon, a lladdwyd mwy na 90. Gyrrwyd 30,000 o Iddewon i wersylloedd crynhoi. Rhyddhawyd y mwyafrif ohonynt yn ddiweddarach, ond dim ond ar ôl iddynt gytuno i adael yr Almaen. O ganlyniad i *Kristallnacht*, codwyd dirwy aruthrol ar y gymuned Iddewig (fel iawndal am y llofruddiaeth ym Mharis!)

BWRIADOLWYR
Mae haneswyr y safbwynt bwriadol yn credu bod Hitler yn unben oedd mewn safle i wireddu ei fwriadau.

Ffynhonnell D

Ni ellir cymryd y ffaith fod Hitler wedi mynegi'r fath fwriadau fel tystiolaeth ei fod yn benderfynol o gyflawni **hil-laddiad**. Yn wir, o gofio'r pwyslais ar ymfudiad, mae'n annhebygol ei fod yn ystyried llofruddiaeth dorfol ar y pryd.

HIL-LADDIAD
Difodiant hil o bobl.

GWEITHGAREDD

1. Gwnewch sylw ar yr ymadrodd 'ni fydd hyn yn arwain at Folsiefeiddio'r ddaear, a thrwy hynny fuddugoliaeth yr Iddewon'. **[7 marc]**
2. Beth allai Hitler fod wedi'i fwriadu, drwy siarad fel y gwnaeth yn 1939? **[7 marc]**

c) Creu Cymuned y Bobl

Honnai'r Natsïaid eu bod yn creu cymdeithas newydd, 'cymuned y bobl', a fyddai'n rhoi diwedd ar y rhaniadau dosbarth oedd wedi rhwygo'r genedl cyn hynny. O ystyried byrhoedledd cyfnod rheoli'r Natsïaid, prin bod amser i brofi newidiadau tymor hir. Er na chafwyd unrhyw ailddosbarthu sylfaenol ar gyfoeth, roedd y Natsïaid yn ffafrio symudedd cymdeithasol, ac agorwyd cyfleoedd newydd ar gyfer dyrchafiad. At hyn, roedd mwy o Almaenwyr fel petaent yn magu ymdeimlad cynyddol o frawdoliaeth, er bod hunaniaeth y dosbarthiadau yn bodoli o hyd.

ch) Rôl Merched

Anogid merched i adael eu swyddi (fe'u gwthid allan o yrfaoedd megis y gyfraith a meddygaeth) er mwyn priodi a chael plant. Gwaharddwyd erthylu; cyfyngwyd ar y defnydd o ddulliau atal cenhedlu; a chynigid arian er mwyn cymell pobl i gael plant. Enillodd mamau â theuluoedd mawr barch a gwobr, sef Croes y Mamau. Bu'r polisïau Natsïaidd o annog geni plant yn llwyddiant: yn 1936 bu 30% yn fwy o enedigaethau nag a fu yn 1933. Er mwyn hybu eu ffrwythlondeb, anogid merched i roi'r gorau i ysmygu ac i gymryd rhan mewn chwaraeon. Yn eironig, o ystyried amcanion y gyfundrefn, cynyddodd nifer y merched mewn gwaith cyflogedig wrth i'r prinder gweithwyr ddenu llawer o ferched i weithio. Roedd Hitler yn poeni am hyn. Credai o hyd mai lle'r ferch oedd yn y cartref.

8   Apêl y Natsïaid

a) A oedd y Natsïaid yn Boblogaidd?

Nid yw'r ffaith nad oedd llawer o wrthwynebiad agored yn bodoli yn profi bod y mwyafrif o Almaenwyr yn cefnogi gweithredoedd y Natsïaid. Roedd gwrthwynebu'n agored yn anodd oherwydd:

▼ diddymwyd pob sefydliad annibynnol, bron, o fewn y Drydedd Reich;

▼ cosbid gwrthwynebwyr y Natsïaid;

▼ erbyn 1935 roedd gan y Blaid Natsïaidd fwy na 5 miliwn o aelodau a dros 500,000 o swyddogion. O ganlyniad, gallai oruchwylio bron bob dinesydd. Er enghraifft, roedd 400,000 o Wardeiniaid Bloc yn cadw golwg ar eu cymdogion ac yn adrodd yn ôl ynglŷn ag unrhyw ymddygiad amheus.

Er hyn, roedd rheolaeth Natsïaidd i'w gweld yn boblogaidd:

▼ Mae'r dystiolaeth a gasglwyd gan asiantaethau Natsïaidd a grëwyd i fesur y farn gyhoeddus yn awgrymu bod Hitler yn boblogaidd iawn.

YSTYRIAETH

Pa mor boblogaidd oedd y Natsïaid, 1933-9?

▼ Yn 1935 pleidleisiodd 90% o bobl y Saar o blaid dychwelyd i'r Almaen.

▼ Roedd Almaenwyr yn Awstria, Tsiecoslofacia a Gwlad Pwyl yn awyddus i ymuno â'r Drydedd Reich.

Gan gymryd yn ganiataol bod Hitler yn boblogaidd, rhaid gofyn y cwestiwn – pam?

b) Propaganda

Yn 1933 daeth Goebbels yn Weinidog Gwybodaeth a Phropaganda. Dros gyfnod o amser (er nad ar unwaith) daeth ei weinidogaeth yn gyfrifol am reoli llyfrau, y wasg, y radio a ffilmiau. Gan sylweddoli pwysigrwydd y radio fel cyfrwng propaganda, anogodd Goebbels gynhyrchu setiau radio rhad. (Erbyn 1939 roedd Almaenwyr yn berchen ar fwy o setiau radio y pen nag unrhyw wlad arall yn y byd.) Yn ogystal, daeth Goebbels i reoli holl gelfyddyd a diwylliant yr Almaen. Daeth arlunio, cerflunio a phensaernïaeth oll dan reolaeth y llywodraeth. Rhoddwyd y gorau i'r syniad o 'gelfyddyd er mwyn celfyddyd': o hyn ymlaen, roedd yn rhaid i bob celfyddyd wasanaethu'r wladwriaeth. Condemniwyd rhai gweithiau am eu bod yn cael eu hystyried yn 'ddirywiedig'. Gwaharddwyd cerddoriaeth jazz oherwydd ei gysylltiad â phobl dduon.

Cyhoeddodd Goebbels na ddylai unrhyw Almaenwr o fewn y Drydedd Reich ei ystyried ei hun yn ddinesydd preifat. Roedd y gyfundrefn yn annog pobl yn gyson i weithio er lles y cyhoedd ac i gymryd rhan mewn gweithgareddau Natsïaidd. Gwnaed ymdrechion i greu defodau cymdeithasol newydd. Er enghraifft, crëwyd y cyfarchiad 'Heil Hitler' a'r saliwt Natsïaidd gyda'r bwriad o annog pobl i uniaethu â'r gyfundrefn.

Ffigur 38 Joseph Goebbels.

c) Rheolaeth ar yr Ieuenctid

Roedd y Drydedd Reich yn rhoi pwyslais mawr ar gefnogaeth yr ieuenctid. Erbyn 1939 roedd hi fwy neu lai yn orfodol i fod yn aelod o un o Fudiadau Ieuenctid Hitler. Nod y mudiadau hyn oedd sicrhau bod Almaenwyr ifanc yn ffyddlon i'r famwlad a'r Führer. Rhoddai Ieuenctid Hitler bwyslais mawr ar hyfforddiant milwrol. Canolbwyntiai Cynghrair Merched yr Almaen ar iechyd a pharatoi ar gyfer magu teulu. Yn ogystal, defnyddid addysg i wthio syniadau. Diswyddid athrawon nad oeddent yn rhannu'r un ideoleg â'r gyfundrefn. Cafwyd gwared ar addysg grefyddol. Roedd addysg hiliol yn orfodol. Defnyddid pynciau fel hanes i hybu syniadau Natsïaidd. Rhoddid pwyslais mawr ar chwaraeon hefyd.

ch) Cefnogaeth y Bobl

Nid oedd safle Hitler yn yr Almaen yn dibynnu ar fygythion a phropaganda yn unig. Roedd llawer o agweddau ar ei bolisi yn boblogaidd.

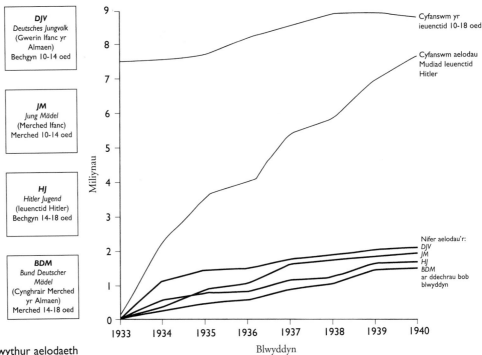

DJV
Deutsches Jungvolk
(Gwerin Ifanc yr
Almaen)
Bechgyn 10-14 oed

JM
Jung Mädel
(Merched Ifanc)
Merched 10-14 oed

HJ
Hitler Jugend
(Ieuenctid Hitler)
Bechgyn 14-18 oed

BDM
Bund Deutscher
Mädel
(Cynghrair Merched
yr Almaen)
Merched 14-18 oed

Ffigur 39 Strwythur aelodaeth
Mudiad Ieuenctid Hitler,
1933-40.

▼ Roedd llawer o Almaenwyr yn cefnogi'r syniad o gymuned genedlaethol unedig.

▼ Roedd Almaenwyr yn ymfalchïo yn llwyddiant polisi tramor Hitler (gweler Pennod 7).

▼ Credai'r mwyafrif fod y Natsïaid wedi gwella'r sefyllfa economaidd.

▼ Ar sawl golwg, nid oedd yr Almaen yn gymdeithas dotalitaraidd ystrydebol. Roedd yn agored i bawb a ddymunai ymweld â hi. (Gwnaed argraff dda ar nifer o ymwelwyr.) Yn ogystal, gallai Almaenwyr deithio tramor yn ddirwystr.

▼ Cyn 1939, roedd gan yr Almaenwyr ffydd grefyddol, bron, yn Hitler. Fe'i hystyrid yn arweinydd mawr, yn 'ddyn y bobl' a weithiai'n ddiflino er lles yr Almaen, ac yn ganolbwynt teyrngarwch ac undod cenedlaethol.

▼ Gweithio ar yr Almaen: 1918-39

Pam y gwrthododd yr Almaen y Weriniaeth Weimar ddemocrataidd?
Roedd y Weriniaeth yn wynebu trafferthion o'r cychwyn gan ei bod yn cynrychioli cywilydd cenedlaethol. Er iddi oroesi argyfwng y blynyddoedd cynnar, ni ellid cuddio ei gwendid gwleidyddol mwyaf – y ffaith fod y llywodraethau clymbleidiol yn newid yn ddychrynllyd o

gyson. Pan ddymchwelodd yr economi o ganlyniad i'r dirwasgiad, collwyd pob ffydd mewn democratiaeth. Efallai nad oedd fawr o obaith i ddemocratiaeth yn null Weimar lwyddo yn yr Almaen ar ôl 1918 sut bynnag. Nid yw hyn yn golygu bod llwyddiant Hitler yn anorfod, ond o gofio'r diffyg ymddiriedaeth yn Weimar a'r ofn a achosid gan Farcsiaeth, nid oedd yn gwbl annisgwyl. Pleidleisiodd 44 y cant o Almaenwyr o blaid Hitler am resymau rhesymegol (neu felly yr ymddangosai ar y pryd). Roedd yr Almaen mewn twll. Roedd Hitler fel petai'n cynnig ffordd allan o'r twll.

Pa mor bwysig oedd Hitler?
Gellir gweld Hitler fel y dyn a lwyddodd, heb gymorth bron, i arwain y Natsïaid i rym ac yna i reoli materion y wlad. Fodd bynnag, mae'n beryglus gorganolbwyntio ar bersonoliaeth Hitler, gan y gall symleiddio datblygiadau cymhleth. Heb os, roedd Natsïaeth yn fwy na Hitleriaeth. Ond fel y dywed Ian Kershaw (sydd ar y cyfan yn gwrthwynebu dehongliad Hitler-ganolog): 'Ni all unrhyw ymgais i ddod i ddealltwriaeth lawn o ffenomen Natsïaeth lwyddo heb wneud cyfiawnder â "y ffactor Hitler".'

A oedd y Drydedd Reich yn wyriad yn hanes yr Almaen?
Mae rhai o'r farn fod unbennaeth Hitler wedi esblygu o gyfundrefn awdurdodaidd Bismarck a'r Kaiser. (Mae'n werth ailddarllen Pennod 1: Adran 2 i weld sut le oedd yr Almaen cyn 1914). Fodd bynnag, i bob golwg, roedd y Drydedd Reich yn wahanol iawn i'r Ail Reich. Roedd Hitler, wrth gwrs, yn benderfynol o greu chwyldro – Natsïaidd.

Ateb Cwestiynau Ysgrifennu Estynedig a Thraethawd ar yr Almaen: 1918-39

Ystyriwch y cwestiwn: 'Pam y methodd Hitler gipio grym yn 1923 ond llwyddo i wneud hynny yn 1933?'
Awgrymir cymharu'r canlynol:
▼ Sefyllfa economaidd a gwleidyddol 1919-23 â sefyllfa 1930-3. Pam oedd y diweithdra uchel yn fwy o broblem na chwyddiant uchel?
▼ Cryfder y blaid Natsïaidd ar ddechrau'r 1920au â dechrau'r 1930au. Pam oedd y blaid yn gryfach o lawer yn gynnar yn yr 1930au? Pa wahaniaeth wnaeth hyn i strategaeth y Natsïaid?

Ateb Cwestiynau Seiliedig ar Ffynonellau ar yr Almaen: 1918-39

1. Mynnwn uno'r holl Almaenwyr, ar sail hawl y bobloedd i benderfynu drostynt eu hunain, i greu Almaen Fwy.
2. Mynnwn ... ddileu Cytundebau Heddwch Versailles a Saint-Germain.

3. Mynnwn dir a threfedigaethau er mwyn bwydo ein pobl a chyfanheddu'r boblogaeth sydd dros ben.
4. Y rhai o waed Almaenig yn unig ... gaiff fod yn aelodau o'r genedl. Ni all Iddewon fod yn aelodau o'r genedl.
8. Rhaid atal pob mewnfudo an-Almaenig o hyn ymlaen.
11. Mynnwn ddileu pob incwm nad yw'n deillio o waith.
14. Mynnwn rannu elw mentrau diwydiannol mawr.
16. Mynnwn ... gymunedu siopau adrannol ar unwaith.

Ffynhonnell Dd Rhai o 25 Pwynt Sosialaeth Genedlaethol, 1920.

Mae pedair blynedd ar ddeg o Farcsiaeth wedi tanseilio'r Almaen. Byddai blwyddyn o Folsiefigiaeth yn distrywio'r Almaen. Byddai ardaloedd cyfoethocaf a phrydferthaf gwareiddiad y byd mewn anhrefn ac yn domennydd o adfeilion ...

    Nid yw'r un gwladweinydd Almaenig o fewn cof erioed wedi gorfod wynebu tasg mor anodd â'r un sydd o'n blaenau yn awr. Ond mae gennym oll hyder di-ben-draw, am fod gennym ffydd yn ein cenedl a'i gwerthoedd tragwyddol. Rhaid i ffermwyr, gweithwyr a'r dosbarth canol uno i gyfrannu'r meini ar gyfer adeiladu'r Reich newydd.

    Tasg gyntaf a mwyaf y Llywodraeth Genedlaethol, felly, fydd adfer undod meddwl ac ewyllys y bobl Almaenig. Bydd yn cadw ac yn amddiffyn y sylfeini sy'n cynnal cryfderau ein cenedl. Bydd yn gwarchod Cristnogaeth yn gadarn, fel sylfaen ein moesoldeb, a'r teulu fel craidd ein cenedl a'n gwladwriaeth. Gan sefyll uwchlaw stadau a dosbarthiadau, bydd yn adfer ymwybyddiaeth ein pobl o'i hundod hiliol a gwleidyddol, ac o'r gofynion sy'n codi o hynny ...

Ffynhonnell E Yr 'Apêl i Genedl yr Almaen' gan Hitler, 31 Ionawr 1933.

▼ CWESTIYNAU AR FFYNONELLAU

1. Gan ddefnyddio'r dystiolaeth yn Ffynonellau Dd ac E a'ch gwybodaeth eich hun, i ba raddau oedd y Blaid Natsïaidd yn blaid genedlaethol a hefyd yn blaid sosialaidd? **[10 marc]**
2. Pa un o'r ddwy ffynhonnell sy'n dangos orau pa raglen y byddai Hitler yn ei rhoi ar waith yn 1933? Esboniwch eich ateb. **[10 marc]**

Pwyntiau i'w nodi ynglŷn â'r cwestiynau

Cwestiwn 1 Wrth ateb, mae'n werth pwysleisio bod Hitler yn fwy o genedlatholwr o lawer nag o sosialydd. Wedi dweud hynny, roedd yn awyddus i greu cymuned genedlaethol lle byddai Almaenwyr (o waed pur) yn cydweithio er lles pawb. Ai dyma 'sosialaeth'?
Cwestiwn 2 *Dylai* Ffynhonnell E ragori ar Ffynhonnell Dd am ei bod yn rhoi gwybodaeth i ni am fwriadau Hitler. Mae'n bosibl bod ei

safbwyntiau wedi newid ers 1920. Fodd bynnag, mae Ffynhonnell Dd yn fwy penodol o lawer. Mae *yn* rhoi syniad o'r hyn mae'r Blaid Natsïaidd yn bwriadu ei wneud os daw i rym. Yn Ffynhonnell E, mae Hitler yn ymosod ar ei elynion, ond yn osgoi ymrwymo'i hun yn ormodol.

Darllen Pellach

Llyfrau yng nghyfres *Access to History* Hodder and Stoughton
Am ymdriniaeth fwy manwl ar Weriniaeth Weimar a dyrchafiad Hitler i rym, darllenwch *From Bismarck to Hitler: Germany 1890-1933* (Penodau 5-7) a *Germany: The Third Reich* (Penodau 2-4) gan Geoff Layton. Er mwyn dysgu mwy am Hitler a'r Drydedd Reich, darllenwch *Germany: The Third Reich* (Penodau 5-6) gan Geoff Layton ac *Anti-Semitism and the Holocaust* (Penodau 2-3) gan Alan Farmer.

Cyffredinol
Mae Pennod 12 o *Years of Change, Europe 1890-1945* gan Robert Wolfson a John Laver (Hodder & Stoughton) yn fan cychwyn da am wybodaeth ar Weriniaeth Weimar ac esgyniad Hitler i rym. Mae *Imperial and Weimar Germany 1890-1933* gan John Laver yn y gyfres History at Source (Hodder & Stoughton) yn cynnig dewis da o ddeunyddiau ffynhonnell. Mae *Weimar and the Rise of Hitler* gan A.J. Nicholls, 1991 (Macmillan) wedi dal ei dir yn dda. Mae *Weimar Germany: The Republic of the Reasonable* gan P. Bookbinder, 1998 (MUP) yn fwy diweddar. Hefyd, rhowch gynnig ar *The Nazi Voter* gan T. Childers, 1983 (Prifysgol Gogledd Carolina) a *The Rise of the Nazis* gan C. Fischer, 1995 (MUP). Mae *The Nazi Seizure of Power: The Experience of a Single Town* gan W.S. Allen, 1989 (Eyre & Spottiswoode) yn hynod o ddiddorol.

Er nad oedd Hitler yn ddim mwy na rhan o'r ffenomen Natsïaidd, mae gofyn deall y dyn. Cyflwyniadau byr yw *Hitler and Nazism* gan D. Geary, 1993 (Routledge), a *Hitler* gan D. Welch, 1998 (UCL). Mae *Hitler and Stalin: Parallel Lives* (HarperCollins) 1992, a *Hitler: A Study in Tyranny* (Penguin), 1962 gan Alan Bullock ill dau yn glasuron. Mae unrhyw beth gan Ian Kershaw yn werth ei ddarllen. Rhowch gynnig ar ei *Hitler* (Longman) neu (ar gyfer yr uchelgeisiol) *Hitler: vol.1, Hubris 1889-1936,* 1998 a *vol. 2, Nemesis 1936-1945,* 1999 (Penguin).

Mae *The Nazi Dictatorship: Problems and Perspectives* gan I. Kershaw, 1985 (Edward Arnold) yn cynnig dadansoddiad o'r dadleuon hanesyddiaethol, tra erys *The Hitler State* gan M. Broszat, 1981 (Longman) yn waith pwysig. Mae'r canlynol yn dda o ran pynciau penodol: *A Social History of the Third Reich* gan R. Grunberger (Penguin), *The Racial State: Germany 1933-1945* gan M. Burleigh a W. Wippermann, 1991 (CUP) a *Nazi Germany and the Jews: The Years of Persecution 1933-39* gan S. Friedlander, 1997 (Weidenfeld & Nicolson). Ar gyfer y casgliad awdurdodol o ddogfennau gweler *Nazism 1919-1945: A Documentary Reader,* 4 Cyfrol, gol. J. Noakes a G. Pridham, 1988 (Prifysgol Exeter).

6 YR EIDAL, SBAEN A FFRAINC: 1918–39

PWYNTIAU I'W HYSTYRIED

Yn y bennod hon byddwch yn ystyried datblygiadau yn yr Eidal, Sbaen a Ffrainc rhwng y rhyfeloedd. Rhannwyd y bennod yn gyflwyniad a phum adran. Mae'r cyflwyniad yn bwrw golwg ar ystyr ffasgaeth. Yn adrannau 2 a 3, edrychir yn fanwl ar Ffasgaeth yn yr Eidal. Mae adrannau 4 a 5 yn trafod Rhyfel Cartref Sbaen, ac yn ystyried beth oedd dylanwad ffasgaeth ar y rhyfel. Mae adran 6 yn edrych ar ddigwyddiadau yn Ffrainc ac yn gofyn pam nad 'aeth' Ffrainc yn ffasgaidd. Ffasgaeth yw thema ganolog y bennod, felly.

Yn 1920 gellid galw pob un, ac eithrio dwy, o'r 28 o wladwriaethau Ewropeaidd yn ddemocratiaethau gan fod iddynt gyfundrefn seneddol a llywodraeth etholedig. Yn yr ugain mlynedd canlynol disodlwyd y mwyafrif ohonynt gan unbenaethau. Erbyn diwedd 1940 dim ond pum democratiaeth oedd ar ôl. Roedd yr unbennaeth gyntaf, sef Rwsia Folsiefigaidd, yn nwylo'r chwith eithaf. Fodd bynnag, er gwaethaf y cysgod comiwnyddol a ddisgynnodd dros nifer o wledydd ar ôl 1918, ni ddaeth comiwnyddiaeth i'r brig yn y gwledydd hynny. Yn y diwedd, roedd pob un o'r unbenaethau (ac eithrio UGSS) yn tarddu o'r dde. Er bod rhai o'r unbenaethau yn cael eu hystyried yn 'geidwadol', mae eraill (yn enwedig rhai yr Eidal a'r Almaen) yn cael eu hystyried yn ffasgaidd. Benito Mussolini, a ddaeth i rym yn yr Eidal yn 1922, oedd yr unben Ffasgaidd cyntaf. (Drwy gydol y bennod defnyddir 'Ff' fawr wrth drafod Ffasgaeth Eidalaidd ac 'ff' fach wrth drafod ffasgaeth fel ffenomen fwy cyffredinol.)

1 Cyflwyniad

a) Beth yw Ystyr Ffasgaeth?

Ni cheir un diffiniad o **ffasgaeth** a dderbynnir yn gyffredinol, na chwaith unrhyw gonsensws ynglŷn â pha gyfundrefnau yn union sy'n haeddu cael eu galw'n ffasgaidd. Yn y cyfnod rhwng y rhyfeloedd, honnai Marcswyr fod y cyfan, bron, o'r unbenaethau adain dde yn ffasgaidd. Heddiw, fodd bynnag, mae'r mwyafrif o haneswyr yn dewis gwahaniaethu rhwng cyfundrefnau ffasgaidd ac unbenaethau ceidwadol (a milwrol yn aml).

FFASGAETH

Daw'r enw o'r gair Eidalaidd *fascio* (lluosog *fasci*), yn golygu grŵp, ac fe'i cysylltid â gwrthryfelwyr. Yn Sicilia yn yr 1890au trefnodd *fasci* o weithwyr adain chwith streiciau yn erbyn perchenogion absennol. Wedi 1918 sefydlodd cenedlaetholwyr eu *fasci* lleol eu hunain er mwyn ymladd y chwith. Pan ffurfiodd Mussolini y *Fascio di Combattimento*, deallodd Eidalwyr fod hwn yn gorff gwrthsefydliadol.

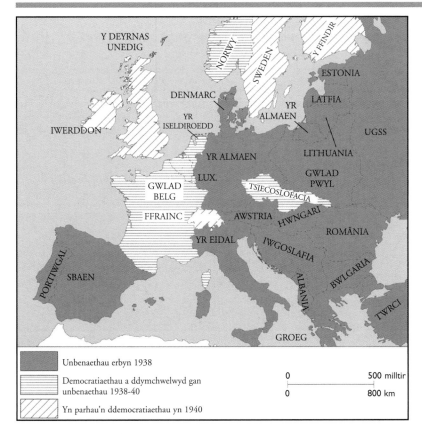

Ffigur 40 Yr unbenaethau Ewropeaidd, 1918-40.

Map legend:
- Unbenaethau erbyn 1938
- Democratiaethau a ddymchwelwyd gan unbenaethau 1938-40
- Yn parhau'n ddemocratiaethau yn 1940

0   500 milltir
0   800 km

Ond nid yw haneswyr yn cytuno, o reidrwydd, ynglŷn â pha unbenaethau oedd yn ffasgaidd a pha rai oedd yn geidwadol. Mae rhai amheuwyr hyd yn oed yn gwadu bod y fath beth yn bodoli â ffenomen ffasgaidd gyffredinol. Yn eu barn hwy, roedd pob mudiad ffasgaidd honedig yn neilltuol ac yn wahanol i'r gweddill, a honnant mai cyfundrefn Mussolini yn unig y dylid ei galw'n Ffasgaidd. Fodd bynnag, er bod gwahaniaethau pendant yn bodoli rhyngddynt, i bob golwg roedd gan yr Almaen Natsïaidd a'r Eidal Ffasgaidd lawer yn gyffredin. A bwrw ein bod ni'n derbyn bod ystyr ehangach i ffasgaeth, a bod Ffasgaeth a Natsïaeth (ac o bosibl Franco-aeth yn Sbaen) yn amrywiadau ar yr un mudiad, beth ddylai fod yn gyffredin rhwng cyfundrefnau er mwyn eu galw'n ffasgaidd?

b) Beth oedd y Prif Syniadau Ffasgaidd?

Mae rhai haneswyr yn mynnu nad oedd ffasgaeth yn ideoleg go iawn, gan ddadlau nad oedd yn waith athronydd mawr a'i bod yn cynnwys cymysgfa anhrefnus o syniadau. Gellir ei gweld fel 'arddull' o reoli yn unig, yn canolbwyntio'n benodol ar reoli'r wasg, symbolau gwleidyddol, ralïau torfol ac ati, heb fawr o sylwedd y tu ôl i'r arddull. Fodd bynnag, roedd y ffasgwyr yn rhannu'r rhan fwyaf o'r syniadau canlynol:

YSTYRIAETH A oedd gan ffasgaeth ideoleg, hynny yw, casgliad cydlynol o syniadau gwleidyddol?

▼ Roeddent yn hynod o genedlaetholgar.

▼ Roeddent yn wrthryddfrydol ac nid oedd ganddynt amynedd â rheolaeth seneddol.

▼ Gobeithient greu cymdeithas newydd (fwy unedig).

▼ Gwrthwynebent gomiwnyddiaeth yn ffyrnig.

▼ Rhoddent bwyslais ar bwysigrwydd yr ieuenctid.

▼ Roedd ganddynt berthynas amwys â sosialaeth. Bu rhai, megis Mussolini, yn sosialwyr ar un adeg. Yn aml, cefnogai ffasgwyr awtarchiaeth (hunanddigonedd economaidd) a awgrymai'r angen am arweiniad gan y wladwriaeth.

▼ Rhoddent bwyslais ar bwysigrwydd rhinweddau milwrol, ac yn eu barn hwy roedd rhyfel yn beth naturiol (a hyd yn oed yn beth da).

▼ Credent ym mhwysigrwydd yr arweinydd, y gŵr tynghedus arwrol ac anffaeledig a ymgorfforai'r genedl.

A derbyn bod y syniadau hyn yn dylanwadu ar weithredoedd, roedd ffasgaeth yn fwy nag 'arddull' yn unig.

c) Pa Ffactorau a Arweiniodd at Gynnydd Ffasgaeth?

Datblygodd syniadau o fath ffasgaidd cyn 1914. Fodd bynnag, bu'r Rhyfel Byd Cyntaf yn gatalydd hanfodol i ddatblygiad ffasgaeth. Roedd nifer o wledydd yn anfoddog iawn ar ôl y rhyfel. Bwydai ffasgaeth ar gwynion cenedlaetholgar. Cafodd hwb gan y dioddefaint economaidd a gwendid ymddangosiadol y cyfundrefnau democrataidd. Ar ben hynny, yn sgil y rhyfel bu chwyldro comiwnyddol yn Rwsia a geisiai greu gwrthryfel dosbarth ledled Ewrop. Enillodd Ffasgwyr gefnogaeth drwy addo gwrthwynebu comiwnyddiaeth. Yn wir, dim ond yn sgil bygythiad difrifol y comiwnyddion y denai ffasgaeth gefnogaeth dorfol.

ch) Pwy oedd yn Cefnogi Ffasgaeth?

Roedd Ffasgaeth yn denu:

▼ cyn-filwyr;

▼ pobl ifanc a groesawai'r cyfle i weithredu a gwrthryfela;

▼ y dosbarthiadau canol is.

YSTYRIAETH
Pam y daeth Mussolini i rym yn yr Eidal?

2 Yr Eidal: Mussolini yn Dod i Rym

a) Beth oedd y Problemau a Wynebai'r Eidal Ryddfrydol?

Unwyd yr Eidal yn yr 1860au, ond nid oedd yn wladwriaeth unedig o bell ffordd, ac ni chawsai'r gyfundrefn Ryddfrydol fawr ddim cefnogaeth gan y bobl erioed. Yn rhyfedd iawn, nid oedd gan yr Eidal Ryddfrydol blaid ryddfrydol gref, na chwaith unrhyw gyfundrefn bleidiol fel y cyfryw. Yn lle hynny, roedd nifer fawr o garfanau yn bodoli, pob un yn clystyru o gwmpas unigolyn amlwg. Yn dilyn etholiadau, trewid bargeinion a ffurfid clymbleidiau. Fodd bynnag, roedd y rhain yn aml yn fyrhoedlog o ganlyniad i anghytundebau rhwng y gwleidyddion. Ym marn nifer cynyddol o feirniaid adain chwith ac adain dde, nid oedd gwleidyddiaeth ddemocrataidd yn ddim mwy na gêm lwgr cwbl amherthnasol i anghenion gwirioneddol yr Eidal.

i) Canlyniadau'r Rhyfel Byd Cyntaf

Yn 1915 ymunodd yr Eidal â'r rhyfel, gan gefnogi'r Cynghreiriaid. Er i'r cenedlaetholwyr gymeradwyo'r penderfyniad hwn, nid oedd pob Eidalwr yn frwdfrydig, a chondemniwyd y rhyfel gan y sosialwyr. Ni ddaeth y fuddugoliaeth rwydd ddisgwyliedig. Yn lle hynny, datblygodd rhyfel athreuliol difrifol rhwng yr Eidal ac Awstria. Yn 1918 edrychai'r Eidalwyr ymlaen at fuddugoliaeth, ond fe'u siomwyd yn fuan. Ni roddodd Cytundeb Versailles yr holl diriogaeth a addawyd i'r Eidal yn 1915. Gresynai'r cenedlaetholwyr dig at y 'fuddugoliaeth lurguniedig'. Beiwyd gwleidyddion Rhyddfrydol am fethu amddiffyn buddiannau'r Eidal.

ii) Y Bygythiad Sosialaidd

Wrth i'r sefyllfa economaidd ddirywio, tyrrai gweithwyr diwydiannol ac amaethyddol i ymuno â'r Blaid Sosialaidd. Yn 1919 cefnogodd y Gyngres Sosialaidd chwyldro, gan ddatgan: 'Rhaid i'r proletariat droi at drais er mwyn ennill rheolaeth ar y *bourgeoisie*'. Roedd anniddigrwydd a gweithgarwch Sosialaidd yn amlwg ym mhobman yn 1919-20. Parlyswyd diwydiant gan streiciau, ac yn y wlad cipiodd y gwerinwyr dir oddi ar y tirfeddianwyr mawr. Ofnai dosbarthiadau canol ac uwch yr Eidal chwyldro tebyg i chwyldro'r Bolsiefigiaid, ac nid oedd y Rhyddfrydwyr fel petaent yn gwneud dim i ddelio â'r bygythiad.

iii) Problemau Gwleidyddol

Yn 1919 cyflwynodd y gyfundrefn Ryddfrydol bleidlais i bob dyn a chynrychiolaeth gyfrannol. O ganlyniad i etholiad Tachwedd 1919, sef y cyntaf i gael ei gynnal dan y drefn newydd, cynyddodd problemau'r Eidal.
▼ Denodd y Sosialwyr draean o'r bleidlais, gan ennill 156 o seddau.
▼ Enillodd y Blaid Babyddol newydd, y *Popolari*, fwy na 100 o seddau.
▼ Enillodd y Rhyddfrydwyr tua 180 o seddau yn unig.

Ni allai'r Sosialwyr na'r *Popolari* ffurfio craidd clymblaid sefydlog. Rhwygwyd y Sosialwyr gan ddadleuon ynghylch gweithio o fewn neu'r tu allan i'r gyfundrefn. (Yn 1921 ymwahanodd yr eithafwyr, gan ffurfio Plaid Gomiwnyddol.) Felly, ymunodd carfanau o Ryddfrydwyr i greu clymbleidiau bregus, gan ddibynnu fel rheol ar gefnogaeth dirprwyon o blith y *Popolari*. Rhwng 1919 ac 1922 bu pum llywodraeth.

PROBLEMAU ECONOMAIDD A ACHOSWYD GAN Y RHYFEL

▼ Cynyddodd y ddyled wladol bum gwaith rhwng 1914 ac 1919.
▼ Cododd chwyddiant yn gyflym.
▼ Wedi 1918, cynyddodd diweithdra wrth i'r llywodraeth wario llai.

D'ANNUNZIO A FIUME

Yn 1919 arweiniodd D'Annunzio, bardd unllygeidiog a chenedlaetholwr brwd, 2,000 o wirfoddolwyr i mewn i ddinas ddadleuol Fiume (er bod y boblogaeth yn Eidalaidd i raddau helaeth, rhoddwyd y ddinas i Iwgoslafia gan gymodwyr Versailles), gan ei hawlio i'r Eidal. Cymeradwywyd ei weithred gan genedlaetholwyr: roedd wedi gweithredu, rhywbeth na wnaeth y llywodraeth Ryddfrydol. Rheolodd D'Annunzio Fiume am fwy na blwyddyn, cyn i'r llywodraeth yrru milwyr Eidalaidd i roi terfyn ar y feddiannaeth. Mabwysiadodd Ffasgwyr Eidalaidd rywfaint o 'arddull' D'Annunzio – gan gynnwys y lifrai crys du a'r saliwt Rhufeinig.

Ffigur 41 Yr Eidal, 1918-24.

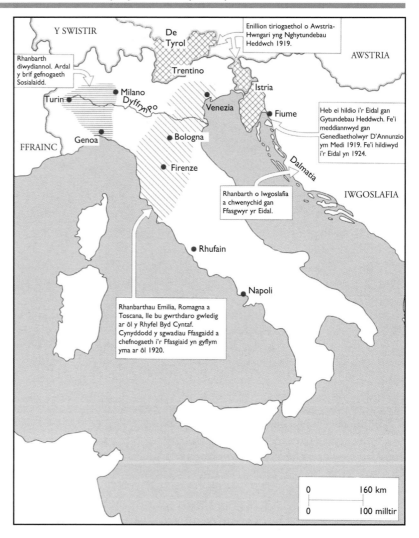

Enillion tiriogaethol o Awstria-Hwngari yng Nghytundebau Heddwch 1919.

Rhanbarth diwydiannol. Ardal y brif gefnogaeth Sosialaidd.

Heb ei hildio i'r Eidal gan Gytundebau Heddwch. Fe'i meddiannwyd gan Genedlaetholwyr D'Annunzio ym Medi 1919. Fe'i hildiwyd i'r Eidal yn 1924.

Rhanbarth o Iwgoslafia a chwenychid gan Ffasgwyr yr Eidal.

Rhanbarthau Emilia, Romagna a Toscana, lle bu gwrthdaro gwledig ar ôl y Rhyfel Byd Cyntaf. Cynyddodd y sgwadiau Ffasgaidd a chefnogaeth i'r Ffasgiaid yn gyflym yma ar ôl 1920.

Y SWISTIR   De Tyrol   AWSTRIA   Trentino   Istria   Milano   Dyffryn Po   Turin   Venezia   Fiume   FFRAINC   Genoa   Bologna   Dalmatia   Firenze   IWGOSLAFIA   Rhufain   Napoli

0   160 km
0   100 milltir

Ffigur 42 Mussolini mewn ystum nodweddiadol.

Mussolini

Roedd Mussolini (1883-1945) yn fab i of ac athrawes ysgol. Cafodd blentyndod anodd (roedd yn fwy amlwg am fwlio nag am ei allu academaidd yn yr ysgol). Yn 1912 daeth yn olygydd *Avanti*, y papur newydd Sosialaidd, gan ei ddefnyddio i ddadlau o blaid rhyfel dosbarth. Yn 1914 cefnogodd ymyrraeth yn y rhyfel ac ymadawodd â'r Sosialwyr. Pan ddiarddelwyd ef o'r blaid, sefydlodd bapur newydd, sef *Il Popolo d'Italia* (Pobl yr Eidal). Ar ôl ymuno â'r fyddin, ac yna gael ei ryddhau fel claf, dychwelodd at newyddiaduriaeth. Gan honni bod angen arweiniad cryf ar yr Eidal, ceisiodd ei bapur greu mudiad gwleidyddol newydd a fyddai'n hybu cenedlaetholdeb a diwygio cymdeithasol.

Mis penodi	Enw
Hydref 1917	Vittorio Orlando
Mehefin 1919	Francesco Nitti
Mehefin 1920	Giovanni Giolitti
Gorffennaf 1921	Ivanoe Bonomi
Chwefror 1922	Luigi Facta
Hydref 1922	Benito Mussolini

Tabl 15 Prif Weinidogion yr Eidal, 1917-43.

b) Mussolini a Thwf Ffasgaeth

i) Ffurfio'r Mudiad Ffasgaidd

Yn 1919 sefydlodd Mussolini y *Fascio di Combattimento* (neu'r Grŵp Ymladd) yn Milano. Roedd gan y Ffasgwyr cyntaf amrediad eang o gredoau ac nid oedd llawer yn gyffredin rhyngddynt ac eithrio casineb tuag at y Wladwriaeth Ryddfrydol a dirmyg tuag at y rhyfel dosbarth sosialaidd. Paratoesant raglen yn cynnwys galwadau cenedlaetholgar am Eidal ehangol a gofynion y chwith, a oedd yn cynnwys gadael i weithwyr reoli'r ffatrïoedd, dileu'r frenhiniaeth a meddiannu eiddo'r eglwys. Bu etholiad 1919 yn drychineb i'r Ffasgwyr gan iddynt fethu ennill yr un sedd. Enillodd Mussolini ddau y cant yn unig o'r bleidlais yn Milano.

ii) Problemau'r Eidal yn 1920

Yn 1920 daeth y gwleidydd profiadol Giolitti yn Brif Weinidog. Yn fuan, wynebai broblemau. Ym mis Medi cafodd ffatrïoedd ledled gogledd yr Eidal eu meddiannu gan weithwyr. Mynnodd cyflogwyr bod y llywodraeth yn gweithredu. Gan ofni y byddai'r defnydd o rym yn creu cyflafan, cadwodd Giolitti draw, gan obeithio y byddai'r feddiannaeth yn dod i ben ohoni'i hun. Dyna a fu – ond ni faddeuodd y cyflogwyr a'r ceidwadwyr i Giolitti am yr hyn a ystyrient yn llwfrdra a hunanfoddhad. Mewn ardaloedd gwledig, meddiannwyd mwy o dir. Daeth grym y Sosialwyr i'r amlwg yn etholiadau lleol 1920 pan enillodd y blaid reolaeth ar 26 o 69 talaith yr Eidal.

iii) Newid yn y Rhaglen Ffasgaidd

Wedi methiant 1919, cafodd Mussolini wared ar bron y cyfan o'i raglen, gan droi yn hytrach at fyd masnach, yr Eglwys, y tirfeddianwyr a'r frenhiniaeth, tra'n denu'r dosbarthiadau gweithiol drwy siarad am gyflogwyr ac undebau gweithwyr yn cydweithio i lywodraethu'r wlad. Gan honni eu bod yn gwrthwynebu sosialaeth yn chwyrn, dechreuodd Ffasgwyr ennill cefnogaeth yng ngogledd a chanolbarth yr Eidal. Daeth nifer o gefnogwyr Ffasgaeth o rengoedd ffermwyr a ofnai y byddai eu tir yn cael ei gyfunoli. Roedd eraill yn gyn-filwyr oedd yn anfodlon bod yr Eidal fel petai'n disgyn i ddwylo'r chwyldroadwyr Sosialaidd a oedd wedi gwneud eu gorau i danseilio ymdrech ryfel yr Eidal.

iv) Sgwadiau Ffasgaidd

Gan anobeithio oherwydd diffyg gweithredu o du'r llywodraeth, dechreuodd y dde ymladd yn ôl tua diwedd 1920. Yn Emilia a Toscana, trodd tirfeddianwyr a thrigolion dosbarth canol y trefi at sgwadiau Ffasgaidd lleol, oedd yn barod iawn i losgi swyddfeydd Sosialaidd, rhoi curfa i arweinwyr yr undebau llafur ac ymyrryd fel torwyr streic. Denwyd mwy o gefnogwyr atynt wrth iddynt ddangos eu gallu i frawychu'r Sosialwyr. Bu farw a chlwyfwyd cannoedd yn sgil y trais Ffasgaidd yn 1920-1. (Weithiau byddai gwrthwynebwyr Ffasgaeth yn cael eu sarhau trwy eu gorfodi i fwyta llyffaint byw neu yfed olew castor.) Oherwydd eu casineb tuag at sosialaeth, ni wnaeth y llywodraeth (na'r heddlu lleol) fawr ddim i atal y trais.

Nid oedd Mussolini yn gyfrifol am y sgwadiau. Roedd nifer o benaethiaid Ffasgaidd (neu *Ras*) y tu hwnt i'w ddylanwad i bob pwrpas. Ond sylweddolodd yn fuan y gallai ennill cefnogaeth tirfeddianwyr a byd masnach, a thrwy hynny gyfleoedd gwleidyddol, drwy gyfrwng y sgwadiau. Cynyddodd ei statws trwy ymddangos fel petai'n gallu rheoli'r trais, tra'n cadw pellter rhyngddo'i hun a'r sgwadiau ar yr un pryd. Derbyniai'r mwyafrif o'r *Ras* hawl Mussolini i fod yn arweinydd diamheuol y mudiad Ffasgaidd. Heb ei arweiniad, ni fyddai gan Ffasgaeth unrhyw gysondeb. Gydag ef yn arweinydd, gellid hawlio bod Ffasgaeth yn fudiad cenedlaethol gyda gweledigaeth o Eidal newydd.

v) Y Sefyllfa yn 1921-2

Yn ôl Mussolini, roedd trais yn angenrheidiol er mwyn achub yr Eidal rhag comiwnyddiaeth. Fodd bynnag, rhoddodd ei air i'r Rhyddfrydwyr nad oedd yn chwyldroadwr. Roedd Giolitti yn awyddus i dderbyn Ffasgaeth i mewn i'r gyfundrefn Ryddfrydol, ac felly yng ngwanwyn 1921 trefnodd gynghrair etholiadol â Mussolini, gan alw am etholiadau newydd. Rhoddodd y cynghrair hwn stamp parchusrwydd i'r Ffasgwyr. Etholwyd Mussolini a 34 o'i gydweithwyr, yn dilyn ymgyrch dreisgar. Y Sosialwyr, gyda 123 o seddau, oedd y blaid fwyaf o hyd, ond roedd Mussolini yn fodlon, ar ôl ennill 7 y cant o'r bleidlais a sicrhau troedle yn y senedd. Ni ddymunai fod yn is-bartner mewn clymblaid Ryddfrydol, ac felly cyhoeddodd na fyddai'r Ffasgwyr, wedi'r cwbl, yn cefnogi llywodraeth Giolitti. Ni allai neb ond y Ffasgwyr (honnai) greu llywodraeth gref, dod â'r bygythiad Sosialaidd i ben, a datrys problemau economaidd yr Eidal. Erbyn 1922 roedd gan y Blaid Ffasgaidd dros 300,000 o aelodau. Sylweddolodd arweinwyr Eglwysig y gallai Mussolini amddiffyn yr Eglwys yn well yn erbyn ymosodiadau'r Sosialwyr na'r *Popolari*. Enillwyd cefnogaeth y Brenin Victor Emmanuel yn raddol wrth i Mussolini droi oddi wrth ei weriniaetholdeb.

Ni sylweddolodd y Rhyddfrydwyr, y *Popolari* na'r Sosialwyr faint y bygythiad o du'r Ffasgwyr, ac felly ni wnaethant unrhyw ymdrech i uno. Roedd llywodraethau'n ansefydlog o hyd. Yn fuan, daeth Bonomi yn lle Giolitti, ac yna collodd ei le i Facta. Ni allai'r llywodraethau bregus ddelio â'r diffyg cyfraith a threfn. Yn ystod gaeaf 1921-2, enillodd sgwadiau Ffasgaidd rym drwy ymladd mewn nifer o ardaloedd. Cynyddodd

Mussolini ei ymdrechion i apelio at y dosbarthiadau canol, gan bwysleisio nad oedd dim i'w ofni a bod llawer i'w ennill o gefnogi Ffasgaeth. Canolbwyntiai ei areithiau ar yr hyn yr oedd Ffasgaeth yn ei wrthwynebu – sef Sosialaeth a Rhyddfrydiaeth – yn hytrach na'r hyn yr oedd yn ei gefnogi. Ei addewid sylfaenol oedd llywodraeth gref. Mae'r ffaith iddo ennill cefnogaeth y ceidwadwyr ac ar yr un pryd osgoi unrhyw rwygiadau â'r *Ras* chwyldroadol, yn brawf o'i allu gwleidyddol.

c) Yr Orymdaith i Rufain

Ym mis Hydref 1922, dan bwysau mawr o du'r *Ras* a oedd yn awyddus i ennill grym trwy drais, penderfynodd Mussolini drefnu 'Gorymdaith i Rufain'. Gyda'r nos ar 27-28 Hydref, cipiodd sgwadiau Ffasgaidd nifer o drefi a pharatodd 30,000 o'r crysau duon i ymgasglu yn Rhufain. Drwy ddangos grym, gobeithiai Mussolini y byddai'n gorfodi'r llywodraeth i ildio'u rheolaeth. Erbyn hyn, roedd agwedd y Brenin yn hanfodol. Yn ei swydd fel Cadbennaeth gallai Victor Emmanuel orchymyn i'r fyddin ddifa Ffasgaeth. Ar ôl siarad ag arweinwyr y fyddin, argyhoeddwyd y Prif Weinidog Facta y byddai'r fyddin yn gwneud ei dyletswydd ac yn amddiffyn Rhufain. Am 2.00 y bore ar 28 Hydref cytunodd y Brenin i sefydlu cyfraith ryfel, mewn ymateb i gais Facta, a dechreuodd 28,000 o blismyn a milwyr ymbaratoi i wasgaru'r colofnau Ffasgaidd. Fodd bynnag, erbyn 9.00 y bore roedd y Brenin wedi newid ei feddwl – am ei fod yn ofni rhyfel cartref – a gwrthododd arwyddo ordinhad y gyfraith ryfel. Ymddiswyddodd Facta. Pan wahoddwyd Mussolini i ymuno â llywodraeth newydd, gwrthododd dderbyn unrhyw swydd ond swydd y Prif Weinidog. Ar 30 Hydref derbyniodd wŷs i adael Milano, ac fe'i gwnaed yn Brif Weinidog.

ch) Diweddglo

Roedd problemau'r Eidal – bygythiad yr adain chwith, yr ymdeimlad o genedlaetholdeb a oedd wedi dioddef cam, y problemau economaidd a gwendid democratiaeth – wedi bodoli cyn 1915. Gwaethygodd y problemau a chrëwyd cwynion newydd o ganlyniad i'r rhyfel. Yng ngolwg nifer o Eidalwyr, roedd y Ffasgwyr yn ymddangos fel gwaredwyr posibl y wlad, ac yn cynnig yr unig ddewis arall i Folsiefigiaeth. Roedd Mussolini yn lwcus i ryw raddau: chwaraeodd gwleidyddion Sosialaidd a Rhyddfrydol i mewn i'w ddwylo. Ond bu'n gyfrifol am ei lwc ei hun hefyd. Dangosodd sgìl a dewrder, nid lleiaf wrth lwyddo i arwain y mudiad Ffasgaidd amorffaidd, a fyddai wedi gallu dymchwel yn rhwydd o ganlyniad i ddadleuon mewnol. Er nad ef oedd yn gyfrifol am y sefyllfa dreisgar yn y trefi a chefn gwlad yn 1920, gwnaeth y mwyaf ohoni ar unwaith. Roedd yn barod iawn i fachu ar y cyfle ac anghofio am ideoleg er mwyn creu cytundebau â byd masnach, yr Eglwys a'r frenhiniaeth – er gwaetha'r ffaith iddo fod yn Sosialydd, yn anffyddiwr ac yn weriniaethwr ar un adeg. Drwy gymryd gofal i beidio â'i glymu ei hun wrth unrhyw raglen bendant (ac eithrio'r angen i weithredu) crëodd fudiad oedd yn apelio at bob dosbarth. Yn ogystal, dangosodd ei allu fel propagandydd

Ai blwff oedd yr Orymdaith i Rufain?

gwych drwy orbwysleisio'r bygythiad Sosialaidd, drwy gyhuddo'r Rhyddfrydwr o anfedrusrwydd, a thrwy bortreadu'r Ffasgwyr fel cenedlaetholwyr anhunanol, oedd yn ddigon ifanc a bywiog i newid yr Eidal. Daeth Ffasgaeth â rhywfaint o steil i wleidyddiaeth yr Eidal, gan gynnig cymhelliad i'r werin a chynrychioli dynamiaeth newydd ac (ym marn llawer) iachusol. Erbyn Hydref 1922 roedd pob adran, bron, o'r sefydliad yn barod i gydweithio â Mussolini. Credai'r rhan fwyaf o'r Rhyddfrydwyr, y Brenin a'r Pab Pius XI nad oedd dewis arall ond derbyn y Ffasgwyr i mewn i'r llywodraeth.

GWEITHGAREDD

Profwch eich gwybodaeth am yr adran hon drwy ystyried y cwestiwn canlynol: 'Roedd twf Ffasgaeth yn ganlyniad i fethiannau'r Eidal Ryddfrydol yn fwy nag i rinweddau Mussolini.' Trafodwch.
Dyma rai o fethiannau'r Rhyddfrydwyr:

▼ Methiant i ddatrys problemau economaidd a chymdeithasol ar ôl 1918.
▼ Methiant i ddelio â'r bygythiad Sosialaidd.
▼ Methiant i ddelio â Mussolini.

Yn awr, rhestrwch brif rinweddau Mussolini. Dylai'r ddwy restr eich galluogi i ateb y cwestiwn.

---

3 Yr Eidal: Mussolini mewn Grym

a) Yr Unben Seneddol

Er bod Mussolini yn awr yn Brif Weinidog, nid oedd ganddo eto rym cyflawn. Er bod nifer o'r crysau duon yn gobeithio bod chwyldro Ffasgaidd ar fin cychwyn, gwyddai Mussolini na allai llywodraeth gwbl Ffasgaidd ennill mwyafrif yn y senedd, ac na fyddai'r Brenin yn caniatáu iddo gael gwared ar y senedd. Felly, yn lle hynny, ffurfiodd gabinet clymbleidiol yn cynnwys dim ond 4 gweinidog Ffasgaidd o blith 14. Tawelodd hyn feddwl llawer o Ryddfrydwyr, gan eu bod yn gobeithio y byddai Mussolini yn cael ei 'drawsnewid ' yn arweinydd parchus. Roedd gan Mussolini gynllun arall. Oherwydd difrifoldeb (neu felly yr honnai) y bygythiad Bolsiefigaidd, gofynnodd am rymoedd arbennig i ddatrys y sefyllfa. Ar ôl ennill pleidlais o ffydd anferthol yn y senedd, rhoddodd y

Brenin yr hawl iddo reoli drwy ordinhad am flwyddyn. I bob pwrpas roedd bellach yn unben. Credai'r mwyafrif o Ryddfrydwyr ei addewidion y byddai'n ildio'i rymoedd newydd ar y cyfle cyntaf. Erbyn sylweddoli eu camgymeriad, roedd hi'n rhy hwyr. Roedd yr unbennaeth wedi'i sefydlu i bob pwrpas.

Symudodd Mussolini'n gyflym er mwyn atgyfnerthu ei safle. Arestiwyd neu ymosodwyd ar filoedd o wrthwynebwyr. Drwy gydol 1922-3 bu newidiadau personél o fewn y swyddi allweddol. Yn Rhagfyr 1922 cynyddodd Mussolini ei rym dros ei blaid ei hun drwy sefydlu Cyngor Mawreddog y Ffasgwyr, y corff Ffasgaidd goruchaf, ac ef oedd yn penodi pob un o'i aelodau. Yn 1923 cyfyngodd ar ddylanwad y *Ras* drwy droi'r sgwadiau'n filisia cenedlaethol. Hefyd, apeliodd at grwpiau dylanwadol, gan ennill cymeradwyaeth sefydliad y cyflogwyr a chefnogaeth ddistaw yr Eglwys. Yn Nhachwedd 1923 cyhoeddwyd deddf etholiadol newydd. Bellach, byddai pa blaid bynnag a enillai'r mwyafrif o'r pleidleisiau yn ennill dwy ran o dair o'r seddau yn y Siambr. Cefnogwyd y gyfraith newydd gan Ryddfrydwyr (megis Giolitti) a gredai o hyd fod Mussolini yn bleidiol i ddemocratiaeth. Gyda chymorth trais ac ymyrraeth â'r pleidleisio dirgel, enillodd y Ffasgwyr 66 y cant o'r bleidlais yn etholiad Ebrill 1924. Gyda chefnogaeth o'r fath, ni allai neb, gan gynnwys y Brenin, rwystro Mussolini rhag gwneud yr hyn a ddymunai.

Ym Mehefin 1924 llofruddiwyd yr arweinydd Sosialaidd Matteotti, oedd wedi condemnio camdriniaethau Ffasgaidd yn ystod yr etholiad a chwestiynu dilysrwydd y canlyniadau, gan lindagwyr Ffasgaidd. Ymatebwyd yn chwyrn i farwolaeth Matteotti. Honnai Mussolini na wyddai ddim byd am y drosedd. Fodd bynnag, roedd gwrthwynebiad mawr i Ffasgaeth ymhlith y bobl, ac i bob golwg roedd gan ei wrthwynebwyr y cyfle i gael gwared arno. Ciliodd dirprwyon Sosialaidd a *Popolari* o'r Senedd gan sefydlu eu cynulliad eu hunain, yn y gobaith o danseilio cyfundrefn Mussolini. Methodd eu gobeithion a'u tactegau. Roedd y Brenin, y Pab a nifer o wleidyddion Rhyddfrydol yn parhau i gefnogi Mussolini. I bob golwg nid oedd dewis arall dichonadwy ar gael.

b) Unbennaeth

Aeth Mussolini ati i achub y blaen ar unrhyw wrthwynebiad pellach. Yng Ngorffennaf 1924, cryfhaodd y sensoriaeth ar y wasg ac yn Awst gwaharddodd gyfarfodydd gan wrthbleidiau. Yn awr, ymunodd y mwyafrif o'r arweinwyr Rhyddfrydol â'r gwrthbleidiau mewn protest. Roedd yn rhy hwyr. Gan deimlo'n rhwystredig oherwydd diffyg radicaliaeth Mussolini, rhoddodd arweinwyr blaenllaw Ffasgaeth rybudd olaf iddo. Os na fyddai'n cymryd camau pendant tuag at sefydlu unbennaeth, byddent yn tynnu eu cefnogaeth yn ôl. Cytunodd i wneud hynny. Ataliwyd pleidiau a phapurau newydd y gwrthbleidiau. Cyhoeddwyd ordinhad yn datgan nad oedd Mussolini yn atebol i'r senedd mwyach.

Pasiwyd deddf etholiadol newydd yn 1928. Yn awr, dewisodd Cyngor

Mawreddog y Ffasgwyr 400 o ymgeiswyr seneddol a'u gosod o flaen yr etholwyr er mwyn iddynt eu cymeradwyo. (Dim ond cymeradwyo penderfyniadau Mussolini oedd y Cyngor.) Gallai'r etholwyr gefnogi neu wrthod pob un o'r 400. Dim ond aelodau o gynghrair Ffasgaidd a'r sawl a dalai drethi uchel a gâi bleidleisio, gan ostwng nifer yr etholwyr o ddeg miliwn i dair miliwn. Yn 1929, pleidleisiodd 136,000 o etholwyr yn erbyn yr ymgeiswyr rhestredig. Ufuddhaodd y 2,864,000 arall. Roedd y Senedd yn ffug: yn hytrach na phleidleisio'n ffurfiol ar ddeddfwriaeth, bloeddiai'r dirprwyon eu cymeradwyaeth. Yn 1939 dilëodd y senedd ei hun yn gyfan gwbl, gan ildio'i lle i Siambr y Corfforaethau, oedd hefyd yn ddiystyr. Dilëwyd democratiaeth leol yn ogystal. Disodlwyd meiri etholedig gan swyddogion a benodwyd yn Rhufain.

Roedd *Il Duce* (Yr Arweinydd), fel y galwai Mussolini ei hun bellach, yn rheoli popeth. Gallai atal y Brenin rhag ymyrryd â gwleidyddiaeth (er bod gan y Brenin yr hawl mewn egwyddor i gael gwared arno), ac aeth ati i sicrhau teyrngarwch aelodau ei gabinet. Unig waith ei weinidogion oedd ufuddhau i'w orchmynion. Yn wir, Mussolini ei hun oedd yn gyfrifol am y gweinidogaethau pwysicaf yn ystod y rhan helaethaf o'i gyfnod fel unben. Nid oedd yn ddyn mor anffaeledig ag yr honnai, a chan fod popeth yn troi o'i gwmpas ef, yn anorfod ceid oedi ac anhrefn. Pan wneid penderfyniadau, fe'u gwneid yn aml heb ystyried nac ymgynghori'n ddigonol. Yn ogystal, roedd yna lawer o anghymwyster a llygredd o ganlyniad i dueddiad Mussolini i'w amgylchynu ei hun â chynffonwyr.

Ni charthwyd personél y gwasanaeth sifil na'r lluoedd arfog ar raddfa fawr. Gan sylweddoli bod mwyafrif y gweision sifil a swyddogion y fyddin o'i blaid, roedd yn barod i gydweithio â hwy, ar yr amod eu bod yn ffyddlon iddo. Yn fuan, daethant hwythau'n ymwybodol bod agwedd bro-Ffasgaidd yn gwneud llawer i hyrwyddo eu cyfle am ddyrchafiad personol. Dim ond y farnwriaeth a gafodd ei charthu. Yn fuan iawn, nid oedd y system gyfreithiol yn gallu bod yn ddiduedd.

c) Yr Eglwys

Pan oedd yn ifanc, roedd Mussolini wedi bod yn wrthglerigol iawn. Ni newidiodd ei agwedd ond sylweddolodd y byddai dod i gytundeb â'r Eglwys o fantais iddo yn wleidyddol. Cyn 1922, honnai ei fod yn cynrychioli dewis arall yn lle'r Rhyddfrydwyr gwrthglerigol a'r Sosialwyr 'annuwiol'. Ar ôl 1922 ceisiodd greu perthynas agosach fyth â'r Fatican. Enillodd ffydd y Pab drwy ailgyflwyno addysg Babyddol mewn ysgolion a chynyddu taliadau gwladol i offeiriaid. Yn sgil Cytundeb Lateran, daeth y gwrthdaro rhwng yr Eglwys a'r wladwriaeth, a fodolai ers 1870, i ben. O ganlyniad i'r Cytundeb, adferwyd grym lleyg y Pab dros Ddinas y Fatican yn gyfnewid am ei gydnabyddiaeth o Frenhiniaeth yr Eidal. Ychwanegwyd Concordat at y cytundeb a ddiffiniai rôl yr Eglwys o fewn y wladwriaeth Ffasgaidd. Pabyddiaeth fyddai'r grefydd swyddogol, ni châi clerigwyr ymaelodi â phleidiau gwleidyddol, cydnabyddid cyfreithlondeb priodasau Eglwysig gan y wladwriaeth, ac ni ellid ysgaru heb ganiatâd yr Eglwys. Y Concordat oedd rhodd fwyaf parhaol

Ffasgaeth i'r Eidal.

Er bod y Pab Pius yn cefnogi rhai o bolisïau Mussolini, roedd yn beirniadu rhai eraill – megis cyfreithiau gwrth-Semitaidd 1938. Nid oedd llawer o gefnogaeth i wrth-Semitaeth o fewn y gymdeithas Eidalaidd, na chwaith o fewn y blaid Ffasgaidd. (Dim ond 56,000 o Iddewon a drigai yn yr Eidal, ac roedd traean ohonynt yn aelodau o'r Blaid Ffasgaidd.) Nid oedd Mussolini yn casáu'r Iddewon fel y gwnâi Hitler (roedd ganddo feistres Iddewig) ond dangosodd gydlyniad drwy gyflwyno deddfau yn gwahardd priodas rhwng Eidalwyr Ariaidd ac Iddewig, ac yn gwahardd Iddewon rhag dal rhai swyddi. Galwyd Mussolini yn 'ŵr tynghedus' gan y Pab Pius un tro, ond yn awr beirniadai ef am efelychu'r Natsïaid.

ch) Rheoli'r Blaid Ffasgaidd

Roedd Mussolini yn benderfynol y byddai'r blaid Ffasgaidd yn ei wasanaethu ef, ac nid fel arall. Unwaith y daeth i reoli'r wladwriaeth, roedd yn llai agored i bwysau o du'r *Ras*. Daeth ei feistrolaeth ar y blaid yn amlwg yn eu cyngres olaf yn 1925 pan fynnodd ei bod yn dilyn ei orchmynion. Yn dilyn hyn, carthwyd anghydffurfwyr o fewn y blaid. Erbyn 1928 penodid pob swydd o fewn y blaid o bencadlys y blaid yn Rhufain. O ganlyniad, roedd y blaid dan ddylanwad llwyr ei harweinydd.

Roedd y Ffasgwyr hynny a oedd wedi gobeithio trawsnewid cymdeithas a chreu gwladwriaeth lle rheolid yr holl gyrff llywodraethol gan y blaid yn mynd i gael eu siomi. Yn lle bod Ffasgwyr yn rheoli'r wladwriaeth, tueddai swyddogion gwladol i reoli'r blaid gan ei bod yn croesawu pawb a welai bod cyfle i ennill dyrchafiad drwy ymuno â hi. Cyn hir, roedd y dynion a ddaliai swyddi pwysicaf y blaid yn fwy amlwg am eu hufudd-dod a'u gwenieithu na'u gweithgarwch a'u gallu. Trodd y blaid fwyfwy yn fiwrocratiaeth chwyddedig. Fodd bynnag, roedd ei bodolaeth barhaol yn golygu bod ganddi rywfaint o arwyddocâd. Yn anad dim, gallai herio awdurdod rhai o'r sefydliadau gwladol. Roedd cystadleuaeth gyson rhwng y ddau yn y taleithiau, lle byddai ysgrifenyddion lleol y blaid yn cystadlu am rym yn erbyn llywodraethwyr taleithiol.

d) Pa mor Boblogaidd oedd Mussolini?

O ganlyniad i'r gwaharddiad ar weithgaredd gwleidyddol y tu allan i'r Blaid Ffasgaidd, ynghyd â sensoriaeth ar y wasg, ni allai gwrthwynebwyr leisio eu barn ar ôl 1924. Roedd gwrthwynebwyr Mussolini mewn perygl o gael eu gwylio gan yr heddlu cudd newydd (yr *OVRA*), eu curo a'u carcharu. Ond nid oedd y trefedigaethau cosb a sefydlwyd gan y gyfundrefn ar ynysoedd anghysbell ar yr un raddfa â gwersylloedd crynhoi y Natsïaid neu gwlag Stalin. Roedd yr amodau'n anodd ond nid oedd y creulondeb yn systematig. Cyn 1940 ni ddienyddiwyd mwy na naw carcharor gwleidyddol.

Roedd y diffyg gwrthwynebiad sylweddol, a fodolai yn rhannol oherwydd mesurau gormesol y gyfundrefn, yn brawf hefyd o allu

Mussolini i ddylanwadu ar farn y bobl. Anogid newyddiadurwyr a deallusion, a fyddai yn ôl y disgwyl wedi gwrthwynebu cyfundrefn a gyfyngai ar ryddid yr unigolyn, i ymuno â'r gyfundrefn honno. Dyblwyd cyflog newyddiadurwyr. Cynigiodd yr Academi Ffasgaidd newydd gyflogau da i academwyr amlwg. Gan wybod y byddent yn colli eu swyddi drwy anghytuno, arhosodd y mwyafrif o'r newyddiadurwyr a'r deallusion yn dawel.

Defnyddid y gyfundrefn bropaganda i'r eithaf er mwyn ennill cefnogaeth. Sensorid papurau newydd a ffilmiau. Rheolid y radio gan y llywodraeth. Cyhoeddai'r posteri mai dyletswydd pob Eidalwr oedd 'Credu, Ymladd ac Ufuddhau'. Nid oedd y llif diddiwedd o bropaganda yn twyllo'r Eidalwyr yn llwyr. Ond roedd honiadau'r *Duce* fod yr Eidal yn llwyddiannus – o'r diwedd – yn eu plesio.

dd) Pa mor Llwyddiannus oedd Polisi Economaidd Mussolini?

i) Amaethyddiaeth

Canolbwyntiai Mussolini ar brojectau a fyddai'n hybu ei enw da neu'n helpu'r Eidal i fod yn hunangynhaliol o ran cynhyrchu bwyd. Gan alw am fuddugoliaeth yn y 'Frwydr am Rawn', gwnaeth ymdrech i leihau mewnforion gwenith. Câi ffermwyr brisiau uchel am eu grawn a chynigid grantiau iddynt er mwyn prynu'r peiriannau a'r gwrteithiau angenrheidiol. Bu'r cymhellion yn llwyddiannus. Cynhyrchwyd dwywaith cymaint o wenith yn y cyfnod 1922-39. Ac eto, roedd gwenith yn parhau i fod y trydydd mwyaf o blith mewnforion yr Eidal. Ail brif fenter Ffasgaeth oedd adennill tir. Corsydd Pontine oedd y brif enghraifft. Draeniwyd y gwernydd malaria hyn a sefydlwyd rhwydwaith o ffermydd bychain. Fodd bynnag, roedd cynlluniau adennill tir yn gyfyng o ran eu maint, ac roedd problemau amaethyddol difrifol yn aros o hyd. Ni wnaed llawer i wireddu breuddwyd Mussolini o greu dosbarth mawr o werinwyr ffyniannus a gefnogai Ffasgaeth. Yn lle hynny, roedd y rhan fwyaf o'r tir yn nwylo nifer fechan o dirfeddianwyr cefnog. Roedd tlodi'n parhau ar hyd ac ar led cefn gwlad, yn enwedig yn y de.

ii) Diwydiant

Yn ffodus i Mussolini, daeth i rym ar ddechrau cyfnod o 'ffyniant' diwydiannol. Cymerodd ei gyfundrefn y clod am y cwymp mewn diweithdra. Yn ogystal â chyflwyno system dreth symlach, denodd y Gweinidog Cyllid de Stefani fuddsoddiadau o dramor, ceisiodd dynnu'r llywodraeth allan o fyd busnes, a chreodd warged gyllidol am y tro cyntaf ers 1914 drwy dorri gwariant y llywodraeth. Er gwaetha'i lwyddiant, diswyddwyd de Stefani yn 1925. Roedd Mussolini yn argyhoeddedig y dylai gwlad gref feddu ar arian cyfred cryf, ac aeth ati i ailbrisio'r lira. Ychwanegodd hyn at ei fri ond nid oedd yn fuddiol i economi'r Eidal. Cynyddodd prisiau nwyddau Eidalaidd dramor, gan ei gwneud yn anos allforio. Drwy osod tollau uchel ar lawer o fewnforion, rhwystrodd Mussolini y defnyddwyr rhag elwa ar yr ailbrisio.

Y CESAR NEWYDD

Gwnaed ymdrech fawr i greu delwedd ysblennydd o Mussolini. Fe'i portreadwyd fel Cesar newydd, athrylith diwylliedig a gweithgar. Hawliai'r clod am bob llwyddiant a beiai eraill am unrhyw gamgymeriadau. Hoffai gael ei weld fel dyn gwrol, athletaidd a dewr – model ar gyfer pob dyn Eidalaidd. Tynnwyd lluniau ohono yn marchogaeth ceffylau, yn gyrru ceir cyflym, ac yn hedfan awyrennau. Honnid ei fod yn eithriadol o weithgar, a chlywid sôn amdano'n gweithio hyd at 20 awr y dydd. Mewn gwirionedd, âi i'r gwely'n gynnar ond gadewid y golau ymlaen yn ei astudfa er mwyn rhoi'r argraff ei fod yn dal i weithio. Ni wyddai llawer o Eidalwyr am ei olwg gwael, ei friw ar y stumog a'i syffilis, ac fe'u hudwyd gan gwlt y bersonoliaeth. Roedd eraill yn amheus, ond yn rhy ofnus i fentro lleisio eu barn.

Ni ddihangodd yr Eidal rhag effeithiau'r Dirwasgiad. Erbyn 1933 roedd nifer y di-waith wedi codi'n agos at 2 filiwn. Fodd bynnag, cynigiodd y llywodraeth fenthyciadau i ddiwydiant a chrëodd swyddi drwy ariannu cynlluniau gwaith cyhoeddus. Adeiladwyd traffyrdd (*autostrada*) newydd a thrydanwyd 5,000 km o reilffyrdd. (Roedd rhywfaint o wirionedd yn ymffrost Mussolini ei fod wedi peri i'r trenau redeg ar amser, o leiaf.) Wrth i'r Dirwasgiad gilio, cyfeiriwyd yr economi tuag at gynhyrchu milwrol a hunanddigonedd cynyddol. Ehangwyd dylanwad gwladol i'r fath raddau fel bod 80 y cant o'r gwaith adeiladu llongau a 50 y cant o'r gwaith cynhyrchu dur dan reolaeth y wladwriaeth. Fodd bynnag, roedd diwydiant yr Eidal yn gymharol gyntefig o hyd, ac yn dibynnu'n fawr ar ddefnyddiau crai a fewnforiwyd. O ganlyniad i'r gwariant mawr ar ymgyrchoedd milwrol yn Abysinia a Sbaen, roedd gan y llywodraeth ddiffygion cyllidol aruthrol ar ddiwedd yr 1930au. Gorfodwyd Mussolini i ddibrisio'r lira a chodi trethi.

iii) Y Wladwriaeth Gorfforaethol

Ceisiai Ffasgaeth gael gwared ar yr ymrysonau rhwng y cyflogwr a'r gweithwyr. Ei nod oedd gweld pawb yn cydweithio er budd pawb. Y ffordd i wneud hyn oedd drwy greu 'cyfundrefn gorfforaethol' newydd. Byddai pawb oedd yn gysylltiedig â maes penodol o weithgarwch economaidd, boed hwy'n weithwyr neu'n gyflogwyr, yn perthyn i gynghrair neu gorfforaeth. Byddai'r rhain yn cyfarfod ar wahân ac ar y cyd er mwyn dod i gytundeb ynglŷn â chyflogau, oriau ac amodau gwaith. Yna byddai'r llywodraeth yn gweithredu fel dyfarnwr, gan gyd-drefnu gwaith y corfforaethau. Yn 1930, crëwyd Cyngor Cenedlaethol y Corfforaethau, a gynrychiolai weithwyr, penaethiaid ac aelodau'r blaid. Ymffrostiai Mussolini fod y datblygiadau yn agor trydedd ffordd adeiladol rhwng cyfalafiaeth a chomiwnyddiaeth. Fodd bynnag, daeth yn amlwg yn fuan mai myth oedd y 'chwyldro corfforaethol'. Ni lwyddodd y corfforaethau i wireddu gobeithion y Ffasgwyr drwy chwarae rhan ganolog. Yn y bôn, y wladwriaeth oedd yn rheoli, a gwnaeth yn siŵr fod y cyflogwyr yn gryfach na neb. Wedi 1926 nid oedd gan weithwyr yr hawl i streicio nac i ymuno ag undebau llafur rhydd. Yn fuan, roedd hyd yn oed y diwydianwyr mawr, a oedd ar eu hennill fel rheol o ganlyniad i bolisïau'r Ffasgwyr, wedi colli ffydd yn y gyfundrefn gorfforaethol lwgr a gorfiwrocrataidd.

MUSSOLINI MEWN GRYM

1922	creu Cyngor Mawreddog y Ffasgwyr;
1923	cyfraith etholiadol newydd;
1924	Ebrill: y Ffasgwyr yn ennill yr etholiad cyffredinol; Mehefin: llofruddiaeth Matteotti;
1929	trefnu'r Cytundeb Lateran â'r Babyddiaeth;
1938	cyfreithiau gwrth-Iddewig.

Y *DOPOLAVORO*

Sefydlwyd y gymdeithas *Dopolavoro* er mwyn darparu gweithgareddau hamdden a fyddai'n peri bod gweithwyr yn mabwysiadu agwedd Ffasgaidd tuag at fywyd. Erbyn 1932 rheolai bob clwb pêl-droed, 2,208 o gymdeithasau drama amatur, a 3,324 o fandiau pres. Cododd aelodaeth y *Dopolavoro* i bron 4 miliwn. Llwyddodd yn rhannol am fod y pwyslais ar fwynhau yn hytrach na gwthio athrawiaeth Ffasgaidd.

GWEITHGAREDD

Gwnewch restr o
a) gwahaniaethau a
b) nodweddion tebyg
Ffasgaeth a Natsïaeth.
(Efallai y bydd angen i chi ailddarllen pennod 5.)

e) Prif Nodweddion Polisi Cymdeithasol Mussolini

i) Y Frwydr Ddemograffig

Nod y 'Frwydr Ddemograffig', a lansiwyd yn 1927, oedd cynyddu'r boblogaeth o 40 miliwn i 60 miliwn erbyn 1950. Byddai hyn yn sicrhau bod mwy o ddynion ar gael ar gyfer y fyddin a mwy o drefedigaethwyr ar gyfer yr ymerodraeth. Nid oedd yn rhaid i ddyn â chwech o blant dalu trethi. Yn ôl y propaganda, roedd gan Eidalwyr da ddyletswydd i fagu plant er mwyn y *Duce* (a gredai y dylai pob teulu gynnwys 12 o blant!) Roedd yn rhaid i ddynion sengl dalu trethi uchel, a rhoddid pwysau ar ferched i aros gartref. Er gwaethaf hyn, collwyd y Frwydr Ddemograffig. Disgynnodd y gyfradd genedigaethau yn yr 1930au.

ii) Rheoli'r Ieuenctid

Arweiniodd breuddwyd Mussolini am Ffasgwyr ymosodol yn lledaenu grym yr Eidal dros y môr iddo ymyrryd ym myd addysg a hyfforddiant yr ieuenctid. Gorchmynnwyd athrawon (a orfodid i dyngu llw o deyrngarwch i'r gyfundrefn) i bwysleisio athrylith y *Duce,* a dysgid disgyblion i ymfalchïo yn *Draly.* Yn 1926 sefydlwyd mudiad ieuenctid Ffasgaidd (y *Balilla*). Yn y man, daeth aelodaeth yn orfodol i bob disgybl mewn ysgol wladol. Tyngai aelodau lw i ddilyn gorchmynion y *Duce* ac i wasanaethu'r chwyldro Ffasgaidd 'gyda'm holl egni, ac os bydd gofyn, fy ngwaed'. Fodd bynnag, nid oedd yr ymdrechion i reoli ieuenctid yr Eidal yn gwbl lwyddiannus. Un ddihangfa oedd y ffaith nad oedd ysgolion preifat nac ysgolion Pabyddol yn gorfodi disgyblion i ymaelodi â'r *Balilla*. Un arall oedd fod llawer o blant yn gadael yr ysgol yn 11 oed.

f) Pa Mor Llwyddiannus oedd Mussolini?

Llwyddodd Mussolini i gyflawni ei brif amcan, sef cipio a chadw grym. Cafodd gefnogaeth sylweddol hyd at 1940. Roedd i'w weld yn arweinydd cryf, ac ymfalchïai'r Eidalwyr yn eu gwlad o ganlyniad i'w anturiaethau dramor. Cafodd rywfaint o lwyddiant economaidd: tyfodd y CGC o fwy nag un y cant y flwyddyn ar gyfartaledd rhwng 1922 ac 1940 – canlyniad da, o gofio'r Dirwasgiad. Anghofiodd nifer o Eidalwyr am yr ymosodiadau ar hawliau gwleidyddol a rhyddid yr unigolyn. Fodd bynnag, roedd terfynau i lwyddiant Mussolini. Ym marn Denis Mack Smith, roedd yn 'ymhonnwr aruthrol', yn poeni mwy am ei gyflwyno'i hun fel goruwchddyn nag am drefn weinyddol. Roedd hyn yn briodol gan nad oedd Ffasgaeth, ar y cyfan, yn fudiad digon effeithlon i reoli'r gymdeithas Eidalaidd. Roedd nifer o Eidalwyr yn parhau'n amheus o'r gyfundrefn. Dangosid ufudd-dod ar yr wyneb, ond nid gydag unrhyw argyhoeddiad mewnol. Roedd effaith Ffasgaeth ar yr economi yn gyfyngedig hefyd. Nid oedd yr Eidal yn hunanddigonol o bell ffordd yn 1940, ac nid oedd ganddi'r cryfder economaidd i gystadlu â'r Almaen neu Brydain. Roedd yr Ail Ryfel Byd, a ddaeth ag unbennaeth Mussolini i ben, yn brawf terfynol o fethiant Mussolini.

4 Sbaen: Gwreiddiau'r Rhyfel Cartref

a) Prif Broblemau Sbaen ar Ddechrau'r Ugeinfed Ganrif

i) Yr Economi

Roedd Sbaen yn eithriadol o amaethyddol, ac yn llusgo y tu ôl i'r mwyafrif o wladwriaethau gorllewin Ewrop. Yn ne Sbaen, roedd stadau enfawr yn nwylo llond llaw o dirfeddianwyr, ac yn cael eu gweithio gan weithwyr di-dir. Yng ngogledd Sbaen, ymdrechai ffermwyr gwerinol yn wyneb dyledion a phrydlesi ansicr. Cynrychiolid diwydiant y wlad gan felinau tecstilau Catalonia, diwydiannau haearn, dur ac adeiladu llongau yr ardal Fasgaidd, a chloddio glo yn ardal Asturia.

ii) Y Gyfundrefn Wleidyddol

Roedd Sbaen yn frenhiniaeth gyfansoddiadol. Er bod y grym gwirioneddol yn nwylo'r senedd (y *Cortes*) nid oedd fawr ddim democratiaeth. Rheolid yr etholiadau gan enwogion lleol drwy gyfrwng llwgrwobrwyo, bygythiadau a thwyllo canlyniadau etholiadau. Yn ddieithriad, ffurfid llywodraethau clymbleidiol gan y ddwy brif blaid, sef y Rhyddfrydwyr a'r Ceidwadwyr. O ganlyniad i'r drefn lwgr, ni chollodd yr un llywodraeth etholiad rhwng 1876 ac 1923. (O dro i dro, cyhoeddai swyddogion gorfrwdfrydig ganlyniadau'r etholiad cyn ei gynnal!) Yn Catalonia a Gwlad y Basg cynyddodd y galwadau am annibyniaeth. Roedd gan y ddau ranbarth eu hiaith a'u diwylliant eu hunain.

iii) Y Chwith

Ar y cyfan, roedd y blaid Sosialaidd, gyda'i hundeb llafur, yr *UGT*, yn gymedrol. Wynebai gystadleuaeth gref am gefnogaeth y dosbarth gweithiol o du'r Anarchwyr a'u hundeb, y *CNT*. Bwriadai'r Anarchwyr, a gefnogid yn frwd yn Catalonia ac Andalusia, ddinistrio'r wladwriaeth a sefydlu cymdeithas newydd, yn seiliedig ar gymunedau hunanlywodraethol. Gan fod Sbaen wedi'i rhannu'n ddwy garfan gwbl ar wahân – y cyfoethogion a'r tlodion – roedd anniddigrwydd yn arwain at derfysg yn aml. Sethrid yn greulon ar hyn gan y Gwarchodlu Sifil, sef heddlu arfog.

iv) Y Dde

▼ Fel arfer, gwrthwynebai Eglwys Sbaen ddiwygiadau. Drwy reoli addysg bron yn llwyr, addysgai'r rhai nad oeddent yn gwrthryfela yn ei herbyn i arddel system o werthoedd ceidwadol. Roedd y radicaliaid yn ei chasáu, ac roedd llosgi eglwysi yn nodwedd o aflonyddwch yr adain chwith.

▼ Roedd y fyddin yn un o brif bileri Sbaen geidwadol. Roedd yn rhy fawr o lawer ar gyfer y rhan fechan a chwaraeai Sbaen ym materion y byd, ac yn cynnwys gormod o swyddogion dosbarth canol ac uwch.

▼ Fel rheol, ffurfiai gwerinwyr gogledd Sbaen, oedd yn Babyddion cryf, gynghreiriau â'r dde.

Sbaen: Y prif ddigwyddiadau, 1898-1930

▼ Yn 1898, yn dilyn rhyfel yn erbyn UDA, collodd Sbaen y rhan fwyaf o'r trefedigaethau oedd yn ei dwylo o hyd, gan gynnwys Cuba a'r Pilipinas.

▼ Rhwng 1898 ac 1923 baglodd Sbaen o un argyfwng i'r llall. Nid oedd y Brenin Alfonso XIII (1885-1931) yn dymuno gweld newidiadau.

▼ Yn 1917 bu nifer o streiciau difrifol. Mynnai ymwahanwyr Catalanaidd, Sosialwyr ac Anarchwyr gyfansoddiad newydd. Daeth yr argyfwng i ben yn raddol, ond rhwng 1918 ac 1921 bu terfysgu cyson yn Barcelona a bu farw mwy na 1,000 o bobl.

▼ Yn 1921 trechwyd byddin Sbaenaidd yn Moroco'r Sbaenwyr. Sefydlwyd pwyllgor er mwyn darganfod pwy oedd yn gyfrifol am y drychineb. Er mwyn achub y blaen ar yr adroddiad, oedd yn debygol o feio'r Brenin, sefydlodd y Cadfridog Primo de Rivera, llywodraethwr milwrol Barcelona, ei hun yn unben yn 1923 drwy gyfrwng gwrthryfel di-drais.

▼ Cyflwynodd Primo gyfraith rhyfel, diddymodd y *Cortes*, gosododd sensoriaeth ar y wasg, gorfododd y *CNT* i weithredu yn y dirgel, ac ataliodd genedlaetholdeb Catalanaidd. Yn ogystal, rhoddodd gychwyn ar weithiau cyhoeddus megis adeiladu ffyrdd a chynlluniau dyfrhau. Yn 1930, ar ôl colli cefnogaeth y fyddin a'r Brenin, ymddiswyddodd a ffodd o'r wlad.

▼ Yn 1930-1 penododd y Brenin Alfonso gadfridog ac yna lyngesydd yn Brif Weinidog. Ond beirniadwyd y Brenin a'i lywodraeth yn llym gan Sosialwyr, Anarchwyr a Gweriniaethwyr. Gan dderbyn yr angen am newid, cymerodd y llywodraeth y cam cyntaf tuag at ddemocratiaeth drwy alw am etholiadau lleol. Yn Ebrill 1931 enillodd y Gweriniaethwyr bleidlais aruthrol yn y trefi. Pan ddaeth yn amlwg na fyddai'r fyddin yn ei gefnogi, ildiodd Alfonso'r goron heb aros am ganlyniadau'r ardaloedd gwledig (roedd y rhain yn dangos mwyafrif brenhinol cyffredinol!) a ffodd o Sbaen.

---

b) Gweriniaeth y Chwith 1931–3

Yn sgil etholiadau Ebrill 1931 sefydlwyd Ail Weriniaeth. Ym Mehefin, cynhaliwyd etholiadau ar gyfer *Cortes* a fyddai'n llunio cyfansoddiad newydd. Enillodd y Sosialwyr ac amrywiaeth o bleidiau Gweriniaethol fuddugoliaeth ysgubol yn erbyn y dde. Tan yr hydref, cynrychiolid pob grym a gefnogai'r gyfundrefn newydd yn y llywodraeth glymbleidiol. Yna, aeth y grym yn ôl i ddwylo clymblaid y chwith-Weriniaethwyr a'r Sosialwyr, dan arweiniad Azana, arweinydd y chwith-Weriniaethwyr.

Cytunwyd ar gyfansoddiad newydd o'r diwedd yn Rhagfyr 1931. Bwriadid ethol *Cortes* un siambr bob pedair blynedd, a byddai coleg etholiadol yn dewis pennaeth y wladwriaeth, sef Arlywydd, bob chwe mlynedd. Roedd y cymalau mwyaf dadleuol yn ymwneud â chreu rhaniad rhwng yr Eglwys a'r wladwriaeth. Daethpwyd ag addysg grefyddol mewn ysgolion a thaliadau i offeiriaid i ben, gellid dileu urddau crefyddol pe bernid eu bod yn fygythiad i'r wladwriaeth, a daeth yn haws cael ysgariad. O ganlyniad i'r diwygiadau hyn, symudodd yr Eglwys yn erbyn y Weriniaeth, gan symbylu'r dde i'w had-drefnu eu hunain yn gynt nag y gellid bod wedi disgwyl fel arall. Dieithriwyd y dde yn fwy fyth pan ganiatawyd mesur sylweddol o ymreolaeth i Gatalonia yn 1932.

Roedd diwygiadau tir yn asgwrn cynnen arall. Cefnogwyd y *CNT* a'r *UGT* yn frwd gan weithwyr amaethyddol yn y de wrth i brisiau amaethyddol ddisgyn a diweithdra godi, ac roeddent yn disgwyl pethau mawr. Er gwaethaf y rhwygiadau mawr o fewn y llywodraeth (roedd y Gweriniaethwyr yn awyddus i greu gwerin wledig annibynnol, a'r Sosialwyr o blaid sefydlu ffermydd cyfunol) rhoddwyd cychwyn ar ddiwygiadau tir yn 1931 pan waharddwyd yr arfer o droi trigolion o'u cartrefi, ac eithrio am fethu talu rhent. Yn sgil deddf a basiwyd yn 1932, gallai'r wladwriaeth feddiannu stadau ac ailddosbarthu'r tir rhwng y gwerinwyr. Er na fu'r diwygiadau yn llwyddiannus iawn, dychrynwyd nid yn unig y tirfeddianwyr mawr ond hefyd y gwerinwyr bychain a'r dosbarth canol yn gyffredinol. Credid bod hyn yn arwydd o ymosodiad chwyrn ar hawliau perchenogaeth, ac ymddangosai fel petai Sbaen yn efelychu UGSS.

Daeth gwrthwynebiad adain dde i'r Weriniaeth i'r amlwg yn fuan.
- ▼ Yn Navarre, enillodd y Carliaid gefnogaeth. Eu bwriad oedd ailsefydlu'r frenhiniaeth a choroni Don Carlos.
- ▼ Roedd swyddogion y fyddin yn gwrthwynebu'r Weriniaeth newydd a 'anogai' swyddogion i ymddeol ac a gaeodd nifer o academïau milwrol. Yn 1932 bu chwyldro dan arweiniad y Cadfridog Sanjiero. Bu'n fethiant, ond o ganlyniad, daeth yn amlwg y gallai elfennau anniddig o fewn y fyddin beri problemau.
- ▼ Erbyn 1933, y *CEDA* (sef cynghrair o grwpiau gyda'r nod o warchod buddiannau'r Pabyddion), oedd y blaid adain dde gryfaf. Tirfeddianwyr mawr oedd yn ei hariannu ac roedd llawer o werinwyr Pabyddol yn ei chefnogi. Er ei bod yn cefnogi'r Weriniaeth mewn enw, roedd ei pholisïau yn ymddangos yn wrthddemocrataidd ac o blaid ffasgaeth.
- ▼ Tra bod yr adain dde o'r farn bod y llywodraeth yn benderfynol o greu chwyldro, roedd llawer o'r chwith yn anfodlon ar arafwch y newidiadau, a bu nifer o streiciau a therfysgoedd a sbardunwyd gan yr Anarchwyr. Yn Ionawr 1933 defnyddiodd Azana filwyr i ddod â gwrthryfel Anarchaidd ger Barcelona, a streiciau dilynol ar draws ardal eang, i ben. Bu bygythiad i undod y llywodraeth pan lofruddiodd y Gwarchodlu Sifil aelodau grŵp Anarchaidd ym mhentref Casa Viejas. Pan gyflwynodd Azana fwy o fesurau gormesol, gadawodd y Sosialwyr y glymblaid.

c) Gweriniaeth y Dde, 1933–6

Gan elwa o'r rhwygiadau o fewn yr adain chwith, enillodd yr adain dde fwyafrif mawr o'r seddau yn etholiad Tachwedd 1933. Dilynwyd yr etholiad gan yr hyn a elwid gan y chwith yn 'ddwy flynedd ddu', pan wrthdrowyd diwygiadau'r ddwy flynedd flaenorol, ac ataliwyd sosialaeth ac anarchiaeth. Fodd bynnag, gellir gorbwysleisio tuedd adain dde y llywodraeth. Er mai'r *CEDA* oedd y blaid unigol fwyaf, nid oedd ganddi fwyafrif dros bawb ac ni ddaeth i rym. Yn lle hynny, daeth llywodraeth Radicalaidd i rym – gyda chefnogaeth *CEDA*.

Yn Rhagfyr 1933 darostyngwyd gwrthryfeloedd yn Barcelona a Saragossa a gafodd eu hannog gan yr Anarchwyr. Er hyn, lansiodd yr Anarchwyr streic fawr yn ddi-ofn ym Mawrth 1934. Daeth esgus am fwy o weithredu chwyldroadol ym mis Hydref 1934 pan ymunodd tri aelod o *CEDA* â'r llywodraeth. Ymunodd yr arweinydd Sosialaidd Caballero â'r Anarchwyr, gan alw am streic gyffredinol – i ragflaenu chwyldro. Llwyddwyd i ddarostwng gwrthryfeloedd yn Madrid a Barcelona yn hawdd iawn. Gwaharddwyd ymreolaeth Catalonia pan geisiodd gyhoeddi ei hannibyniaeth. Bu'n rhaid anfon y fyddin i faes glo ardal Asturia i roi terfyn ar wrthryfel difrifol gan yr adain chwith. Cafodd miloedd eu lladd, eu carcharu neu eu halltudio. O ganlyniad i'r digwyddiadau yn ardal Asturia, cynyddodd y tensiynau rhwng y chwith a'r dde. Adlewyrchwyd hyn ym mhwysigrwydd cynyddol y pleidiau Comiwnyddol a Ffalanche.

ch) Ffrynt y Bobl, Chwefror i Orffennaf 1936

Yn dilyn cyfres o sgandalau ariannol, daeth diwedd ar reolaeth y Radicaliaid a chynhaliwyd etholiadau newydd yn Chwefror 1936. Bu newid mawr o ganlyniad i symudiad bychan ym mhleidlais y bobl, ac enillodd Ffrynt y Bobl adain chwith, oedd yn cynnwys Gweriniaethwyr, Sosialwyr a Chomiwnyddion, y mwyafrif o'r seddau. Gwrthododd y Sosialwyr ymuno â'r llywodraeth, a arweinid gan Azana. Gan ofni y byddai'r cefnogaeth yn mynd i'r Comiwnyddion neu'r Anarchwyr, siaradai Caballero fel petai'n bwriadu cychwyn chwyldro, ac o ganlyniad dychrynwyd yr adain dde. Yn y cyfamser, aeth Azana ati i ailgyflwyno cyfreithiau gwrthglerigol a chynllunio i adfer ymreolaeth y Catalaniaid.

Roedd y llywodraeth newydd yn wynebu anhrefn cynyddol. Hybwyd rhywfaint o'r anhrefn gan yr adain dde, yn enwedig y Ffalanche, a fu'n ymladd â grwpiau adain chwith ar y stryd. Ond cynyddodd yr adain chwith ei gweithgarwch hefyd. Achubodd llawer o werinwyr y blaen ar addewidion y llywodraeth ynglŷn â diwygiadau tir drwy ddechrau cipio tir. Ar 1 Mai, galwodd y *CNT* am streic gyffredinol, ac ym Mehefin streiciodd grwpiau amrywiol, yn cynnwys ymladdwyr teirw a gweinyddion. Dinistriwyd degau o eglwysi. Gan gredu bod Sbaen yng nghanol newid chwyldroadol, dechreuodd yr adain dde gynllunio gwrthchwyldro.

Y fyddin oedd gobaith mwyaf yr adain dde. Roedd llawer o swyddogion yn casáu'r llywodraeth newydd ac yn barod i gefnogi chwyldro o du'r fyddin. Gwnaed cynlluniau yn galluogi garsiynau'r fyddin i sefydlu rheolaeth filwrol ledled Sbaen. Er gwaetha'r sibrydion cyson am gynllwyn yn ystod 1936, roedd y llywodraeth yn rhyfeddol o ddidaro. Ei phrif ragofal oedd symud rhai o'r cadfridogion annheyrngar i swyddi llai canolog. Anfonwyd Franco i'r Ynysoedd Dedwydd, Goded i Ynysoedd Baleares, a gyrrwyd Mola i Navarre. Fodd bynnag, nid ataliodd hyn lawer ar y cynllwyn. Gallai cynllwynwyr y fyddin ddibynnu ar gefnogaeth y brenhinwyr Alffonsaidd, y *CEDA*, y Carliaid, ac aelodau'r Ffalanche, a heidiodd i roi eu cefnogaeth ar ôl Chwefror 1936. Nid oedd fawr o gonsensws ynglŷn â pha fath o gyfundrefn ddylai gymryd lle Ffrynt y Bobl. Pan lofruddiwyd arweinydd *CEDA* poblogaidd (ar 13 Gorffennaf), perswadiwyd nifer a oedd eto heb benderfynu (gan gynnwys Franco) ei bod hi'n bryd gweithredu.

d) Pam y bu i'r Ail Weriniaeth Fethu?

Wedi 1931 roedd diffyg consensws yn Sbaen ynglŷn â phopeth bron, ac amharodrwydd i ddilyn rheolau llywodraeth ddemocrataidd. Nid oedd gan Sbaen fawr o brofiad o ddemocratiaeth, ac roedd yna eithafwyr ar y ddwy ochr a oedd yn barod i ddefnyddio trais. Er i'r Rhyfel Cartref gael ei achosi gan y sefyllfa yn Sbaen, roedd dimensiwn Ewropeaidd i'r rhyfel hefyd. Ysbrydolwyd adain chwith Sbaen gan esiampl UGSS, ac ofnent ffasgaeth: edrychai'r dde tuag at Hitler a Mussolini, ac ofnent gomiwnyddiaeth. O ystyried y rhwygiadau mawr, roedd posibilrwydd bob amser y byddai Rhyfel Cartref yn datblygu, er nad oedd yn anorfod.

SBAEN: 1931-6	
1931	cychwyn yr Ail Weriniaeth: Gweriniaethwyr y Chwith mewn grym;
1933	Gweriniaethwyr y Dde mewn grym;
1934	gwrthryfel ardal Asturia;
1935	Chwefror: ethol llywodraeth Ffrynt y Bobl; Gorffennaf: gwrthryfel y Fyddin.

GWEITHGAREDD

Ystyriwch y cwestiwn: 'Pam, wedi 1919, y disodlwyd y frenhiniaeth a democratiaeth yn Sbaen, y naill ar ôl y llall?' Gallech nodi'r pwyntiau canlynol ynglŷn â chwymp y frenhiniaeth:

▼Problemau gwleidyddol, economaidd a chymdeithasol
▼Methiant Primo de Rivera
▼Digwyddiadau 1930-1.

Rhestrwch y pwyntiau y gellid eu gwneud er mwyn esbonio cwymp democratiaeth yn 1936.

---

5   Rhyfel Cartref Sbaen

a) Y Gwrthryfel Milwrol

Penderfynwyd cynnal y gwrthryfel milwrol ar 18 Gorffennaf. Fodd bynnag, pan ddaeth y cynllwyn yn Moroco i'r amlwg, gwrthryfelodd y fyddin yno ar 17 Gorffennaf. Wedi hynny, ymledodd y chwyldro rywsut-rywsut i dir mawr Sbaen. Llwyddodd ymgyrch y gwrthryfelwyr yng ngogledd Sbaen a rhannau o Andalusia. Fodd bynnag, methodd y gwrthryfel yn y prif ganolfannau diwydiannol ac, yn bwysicach fyth, yn Madrid. Roedd sawl ffactor yn gyfrifol am lwyddiant neu fethiant y gwrthryfel:

YSTYRIAETH
Pam y bu i'r Cenedlaetholwyr ennill?

RHYFEL CARTREF SBAEN: MEDI 1936 – MAWRTH 1939

1936 Medi-Hydref; Byddin Affrica yn symud i'r gogledd; Tachwedd: methu cipio Madrid;

1937 Mawrth: Brwydr Guadalajara; Ebrill: ymgyrch y gogledd; Mehefin-Gorffennaf: methiant ymosodiadau Gweriniaethol; Hydref: Cenedlaetholwyr yn meddiannu gogledd Sbaen;

1938 Ionawr: y Gweriniaethwyr yn cipio Teruel; Chwefror: ailgipio Teruel a Chenedlaetholwyr yn gwthio ymlaen i'r Môr Canoldir; Ebrill: cyrraedd y Môr Canoldir; hollti'r rhanbarth Gweriniaethol yn ddau; Tachwedd: trechu ymosodiad yr Ebro Gweriniaethol.

1939 Ionawr: cipio Catalonia; Mawrth: meddiannu Madrid; diwedd y rhyfel.

▼ Roedd y fyddin wedi'i rhannu'n gyfartal, gyda'i hanner yn cefnogi'r gwrthryfel a'r hanner arall yn gefnogol i'r Weriniaeth.

▼ Roedd rhai o'r Gwarchodlu Sifil a'r mwyafrif o'r Gwarchodlu Ymosod (a grëwyd er mwyn sicrhau bodolaeth corff adain chwith a allai wrthbwyso'r Gwarchodlu Sifil) yn gwrthwynebu'r gwrthryfel.

▼ Roedd agwedd y boblogaeth leol yn bwysig, yn enwedig lle bodolai milisia arfog neu grwpiau paramilwrol. Er enghraifft, cyfrannodd y milisia dosbarth gweithiol at fethiant y gwrthryfel yn Madrid, a bu cefnogaeth y Carliaid yn rhannol gyfrifol am ei lwyddiant yn y gogledd.

▼ Roedd gweithredu pendant gan unigolion yn ffactor arall. Er enghraifft, enillodd y Cadfridog de Llano a llond llaw o filwyr reolaeth ar Sevilla drwy dwyll.

b) Cenedlaetholwyr yn erbyn Gweriniaethwyr

Erbyn diwedd Gorffennaf roedd Sbaen wedi'i rhannu rhwng y llywodraeth Weriniaethol a'i gwrthwynebwyr, a alwent eu hunain yn Genedlaetholwyr. Yn aml, roedd teyrngarwch y Sbaenwyr yn dibynnu ar eu lleoliad pan ddechreuodd y rhyfel. Yn gyffredinol, fodd bynnag, cefnogai'r dosbarthiadau uwch a chanol y Cenedlaetholwyr, tra cefnogai'r mwyafrif o'r dosbarth gweithiol y Weriniaeth. Roedd y gwerinwyr wedi'u rhannu'n ddwy. Er bod labrwyr di-dir y de yn cefnogi'r achos

Ffigur 43 Y Cadfridog Franco, gyda'r Cadfridog Mola i'r chwith ohono.

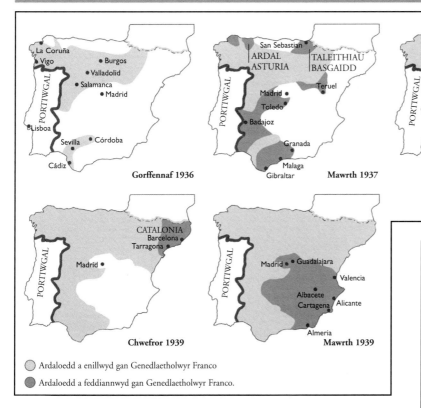

Maps labelled:

Gorffennaf 1936 — La Coruña, Vigo, Burgos, Valladolid, Salamanca, Madrid, Lisboa, Sevilla, Córdoba, Cádiz, PORTIWGAL

Mawrth 1937 — San Sebastian, ARDAL ASTURIA, TALEITHIAU BASGAIDD, Teruel, Madrid, Toledo, Badajoz, Granada, Malaga, Gibraltar, PORTIWGAL

Rhagfyr 1938 — Santander, Bilbao, Guernica, Madrid, PORTIWGAL

Chwefror 1939 — CATALONIA, Barcelona, Tarragona, Madrid, PORTIWGAL

Mawrth 1939 — Madrid, Guadalajara, Valencia, Albacete, Cartagena, Alicante, Almeria, PORTIWGAL

Ardaloedd a enillwyd gan Genedlaetholwyr Franco

Ardaloedd a feddiannwyd gan Genedlaetholwyr Franco.

Ffigur 44 Rhannu Sbaen yn 1936, 1937, 1938 ac 1939.

Gweriniaethol, roedd nifer o werinwyr gogledd a chanolbarth Sbaen yn deyrngar i'r Cenedlaetholwyr. Cefnogai'r Catalanwyr a'r Basgwyr y Weriniaeth, oedd wedi caniatáu ymreolaeth iddynt. Yn eironig iawn, mewn sawl rhan o Sbaen bu'r gwrthryfel yn fodd i sbarduno'r chwyldro yr oedd yn ceisio ei rwystro. Ledled Sbaen, lladdodd y chwith offeiriaid, tirfeddianwyr a diwydianwyr yn ddiwahân.

Roedd cludo 24,000 o filwyr profiadol Byddin Affrica, dan arweiniad Franco, mewn awyrennau i Sbaen yn ddatblygiad tyngedfennol. Yn Awst, symudodd Franco i gyfeiriad Madrid gan gipio nifer o drefi a chan ddilyn polisi bwriadol o frawychu er mwyn dychryn unrhyw wrthwynebwyr potensial. Roedd y Cadfridog Mola yn llwyddiannus yn y gogledd hefyd. Erbyn Medi roedd y Cenedlaetholwyr mewn safle gwell o lawer. Er hynny, roedd gan y Weriniaeth rai manteision pwysig:

▼ Rheolai'r mwyafrif o'r dinasoedd mawrion a'r prif ardaloedd diwydiannol.
▼ Meddai ar gronfeydd aur Sbaen.
▼ Roedd y mwyafrif o'r llu awyr a'r llynges yn deyrngar i'r Weriniaeth o hyd.

NATUR Y RHYFEL

▼ Ni allai diwydiant Sbaen gynhyrchu digon o'r arfau angenrheidiol. Roedd cymorth o dramor yn hanfodol felly.

▼ Roedd y rhyfel yn greulon. Ni chadwyd llawer o garcharorion ac ni ddangoswyd fawr ddim tosturi gan y naill ochr na'r llall tuag at boblogaethau lleol a ganfu eu hunain yng nghanol y rhyfel. O blith poblogaeth o 25 miliwn o Sbaenwyr, lladdwyd tua 175,000 o Weriniaethwyr a 110,000 o Genedlaetholwyr yn y brwydro. Yn ogystal, bu farw tua 350,000 o'r boblogaeth sifil yn sgil diffyg maeth a chlefydau. Roedd yr erchyllterau yn cynnwys ymosod ar y boblogaeth sifil gyda bomiau. Yr enwocaf o'r ymosodiadau hyn oedd bomio Guernica, tref Fasgaidd, yn Ebrill 1937, pan fu farw tua 1,500 o bobl yn ôl pob tebyg. Mae'r dadlau'n parhau ynghylch pwy fu'n gyfrifol – y Cenedlaetholwyr, yr Almaenwyr neu'r milisia Basgaidd hyd yn oed.

c) Gwendidau'r Gweriniaethwyr

i) Diffyg Undod Gwleidyddol

Drwy gydol y Rhyfel Cartref, dioddefai'r llywodraeth Weriniaethol broblemau ac argyfyngau mewnol. Un o'r problemau oedd nad oedd ganddi reolaeth lwyr. Yn ystod y gwrthryfel ffurfiwyd pwyllgorau gweithwyr ar hyd ac ar led y rhanbarth Gweriniaethol. Aeth y pŵer i'r chwith a hefyd i'r rhanbarthau, wrth i Gatalonia, Gwlad y Basg ac ardal Asturia ennill annibyniaeth lwyr, bron. Problem arall oedd y ffaith fod cefnogwyr y Gweriniaethwyr yn arddel amrywiaeth eang o ideolegau anghymarus. Ym Medi 1936 daeth Caballero yn ben ar lywodraeth glymbleidiol. Fodd bynnag, tanseiliwyd ei reolaeth gan wrthdaro rhwng y grwpiau croes oedd yn methu uno yn erbyn y gelyn.

Anogwyd twf comiwnyddiaeth gan y rhyfel. Yng Ngorffennaf 1936 roedd gan y Blaid Gomiwnyddol Sbaenaidd 40,000 o aelodau yn unig. Erbyn Hydref 1937 roedd ganddi 400,000 o aelodau. Gan ei bod yn unedig ac yn ddisgybledig, gallai ecsbloetio'r rhaniadau a fodolai o fewn pleidiau eraill, ac elwodd ar y ffaith mai UGSS oedd yr unig rym mawr a gynorthwyai'r Weriniaeth. O'r cychwyn cyntaf, bu gwrthdaro rhwng y Comiwnyddion a'r Anarchwyr a *POUM*. Gan ddilyn gorchmynion Stalin, credai'r Comiwnyddion y dylid gohirio'r chwyldro hyd nes y byddent wedi ennill y rhyfel. Fodd bynnag, honnai'r Anarchwyr a'r *POUM* bod chwyldro, a fyddai'n creu brwdfrydedd ymhlith y boblogaeth, yn rhan hanfodol o lwyddiant y Gweriniaethwyr. Ym Mai 1937, bu brwydro ar y stryd yn Barcelona am bedwar diwrnod, rhwng yr Anarchwyr a *POUM* ar y naill ochr a'r Comiwnyddion a'r Sosialwyr ar y llall.

Daeth Negrin, a ddewiswyd gan y Comiwnyddion, i gymryd lle Caballero fel arweinydd y Gweriniaethwyr. Roedd llywodraeth Negrin yn fwy unedig ond hefyd yn fwy unbenaethol. Carcharwyd neu dienyddiwyd arweinwyr *POUM* ac arweinwyr Anarchaidd. Llwyddodd llywodraeth Negrin i oroesi hyd fis Mawrth 1939 pan fu gwrthryfel milwrol yn Madrid. Roedd yr ail ryfel cartref hwn o fewn y Rhyfel Cartref yn adlewyrchu'r holl wrthdaro gwleidyddol oedd wedi blino'r Weriniaeth ers 1936.

ii) Problemau Milwrol

Yn ystod wythnosau cyntaf tyngedfennol y rhyfel, nid oedd gan y llywodraeth Weriniaethol fyddin drefnus na rheolaeth ganolog ar ymgyrchoedd milwrol. Yn gyflym iawn, ymledodd unedau milisia a oedd yn cael eu creu'n ddifyfyr ac a oedd yn aml yn gweithredu'n aneffeithlon: cynhaliodd y Weriniaeth gyfres o ryfeloedd lleol yn hytrach nag un ymgyrch bendant. Nid aeth y llywodraeth ati i osod y Fyddin Boblogaidd yn lle'r milisia hyd hydref 1936. Roedd y Fyddin Boblogaidd yn fwy effeithlon, ac yn destun casineb gwrthwynebwyr Comiwnyddiaeth.

POUM

Plaid Farcsaidd Gatalanaidd fechan ond dylanwadol iawn a feirniadai'r gyfundrefn Sofietaidd.

iii) Problemau Economaidd

Yn yr ardaloedd hynny oedd yn nwylo'r Anarchwyr, roedd pwyllgorau gweithwyr wedi dechrau rheoli a rhedeg diwydiannau, cludiant a gwasanaethau cyhoeddus, tra sefydlwyd ffermydd cyfunol yn yr ardaloedd gwledig. Fodd bynnag, ni allai'r diwydiannau cyfunol na'r ffermydd cyfunol gynhyrchu digon i gyflenwi anghenion yr economi ar gyfnod o ryfel, ac yn fuan bu raid i lywodraeth Madrid a'r llywodraeth Gatalanaidd ymyrryd yn uniongyrchol. Mae haneswyr sy'n bleidiol i'r cyfundrefnau cyfunol wedi dadlau bod llawer o'u problemau ynghlwm wrth y problemau economaidd a grëwyd gan y rhyfel. Ar y cyfan, fodd bynnag, credir bod y cyfundrefnau cyfunol wedi dal ymdrech ryfel y Weriniaeth yn ei hôl. Nid oedd yn beth ymarferol seilio economi adeg rhyfel ar gyfres o gymunedau hunanlywodraethol.

ch) Cryfderau'r Cenedlaetholwyr

i) Undod Gwleidyddol

Ym Mehefin 1936 roedd y Cenedlaetholwyr bron yr un mor rhanedig â'r Gweriniaethwyr. Nid oedd llawer yn gyffredin rhyngddynt ac eithrio eu hawydd i gael gwared ar y llywodraeth adain chwith. Yn ystod y cyfnod hwn, roedd y Cadfridogion Sanjurjo, Mola a Goded i'w gweld yn bwysicach na Franco. O fewn wythnosau, fodd bynnag, Franco oedd arweinydd y Cenedlaetholwyr. Yn ffodus iddo ef, bu farw rhai a safai yn ei erbyn, neu tanseiliwyd eu hygrededd, yn gynnar yn y rhyfel. Ond, nid lwc yn unig a barodd iddo ddod i rym mor gyflym. Roedd ei reolaeth ar Fyddin Affrica a'r ffaith ei fod yn gyfrwng ar gyfer cymorth hanfodol o'r Almaen yn hwb i'w achos. Erbyn Medi 1936 roedd y mwyafrif o'r cadfridogion yn derbyn bod angen rheolaeth unedig. Cytunodd y mwyafrif i gefnogi Franco. O ganlyniad, fe'i penodwyd yn bennaeth y wladwriaeth, gyda grym milwrol a gwleidyddol.

Er mwyn diogelu ei safle, roedd angen niwtraleiddio y Carliaid a'r Ffalanche. Erbyn 1937 roedd gan y ddau fudiad gefnogaeth eang. Roedd y Carliaid yn meddu ar filisia o 70,000 ac roedd y Ffalanche wedi cynyddu'n syfrdanol i filiwn o aelodau. Nid oedd llawer o dir cyffredin rhwng Franco a'r Ffalanche o safbwynt ideoleg. Yn ffodus i Franco, nid oedd gan y Ffalanche arweinydd effeithiol. Carcharwyd Jose Antonio de Rivera yng Ngorffennaf 1936 ac fe'i dienyddiwyd gan y Weriniaeth yn Nhachwedd 1936. Yn Ebrill 1937 cyhoeddodd Franco gyfuno'r Ffalanche a'r Carliaid. Roedd y blaid newydd, yr *FET* (*Falange Espanola Tradicionalista*) dan reolaeth Franco. Roedd rhai o'r Ffalanchwyr yn gwrthwynebu ei weithred, ond ni allent wneud llawer heb amharu ar yr ymdrech ryfel. Er mor ofalus oedd Franco i beidio â dadrithio'r Carliaid, roedd adfer y frenhiniaeth yn dod yn fwy annhebygol wrth i'r rhyfel barhau. Bu cefnogaeth yr Eglwys yn gymorth i achos Franco. Yn ôl yr arweinwyr eglwysig, roedd y rhyfel yn groesgad a fyddai'n amddiffyn gwareiddiad Cristnogol yn erbyn comiwnyddiaeth anffyddiol.

FRANCO

Ganed Franco i deulu dosbarth canol yn 1892. Graddiodd o Academi Filwrol Toledo yn 1910. Yn dilyn ei lwyddiant yn Moroco, daeth yn gadfridog ieuengaf Sbaen. Fe'i gwnaed yn Bennaeth Staff Milwrol yn 1934 ar ôl atal gwrthryfel ardal Asturia. Roedd yn grefyddol iawn ac roedd ei syniadau gwleidyddol yn syml. Credai y dylai llywodraeth weithredu yn ôl dulliau milwrol, ac nid oedd yn hoffi democratiaeth. Ar ôl dod yn arweinydd y Cenedlaetholwyr, bu mewn grym yn Sbaen hyd ei farwolaeth yn 1975.

Oedd Franco yn ffasgydd neu'n unben milwrol yn yr hen ddull?

Ffasgaidd?

▼ Roedd cyfundrefn Franco yn unbennaeth unblaid.

▼ Cyfatebai cwlt y *Caudillo* (fel y gelwid Franco) i gyltiau'r *Duce* a'r *Führer*. Roedd posteri a ffotograffau ohono i'w gweld ym mhobman.

▼ Roedd Franco yn canmol Hitler a Mussolini yn aml.

▼ Ceisiodd greu gwladwriaeth gorfforaethol. (Yn debyg i'r Eidal, bodolai ar bapur ac nid mewn ffaith.)

▼ Roedd cyfundrefn Franco yn rheoli addysg, a sefydlodd fudiad ieuenctid.

▼ Roedd ei gyfundrefn yn ormesol. Dienyddiwyd neu carcharwyd miloedd o'i wrthwynebwyr.

▼ Cafwyd gormes deallusol. Gwaharddwyd pob llyfr amheus a sensoriwyd y wasg.

Anffasgaidd?

▼ Daeth Franco i rym o ganlyniad i wrthryfel milwrol, nid oherwydd cefnogaeth plaid ffasgaidd.

▼ Bu'r fyddin yn fwy amlwg na'r Ffalanche yn Sbaen Franco erioed.

▼ Nid oedd gan Franco garisma ac nid oedd yn areithydd mawr.

▼ Roedd yr Eglwys yn chwarae rhan amlwg yn Sbaen Franco.

▼ I raddau helaeth, roedd cyfundrefn Franco yn cael ei hysbrydoli gan y gorffennol yn hytrach na cheisio sefydlu cyfundrefn gymdeithasol newydd. Ni wnaed llawer i newid bywyd economaidd neu gymdeithasol.

▼ Nid oedd gan Franco safbwyntiau hiliol cryf.

▼ Nid oedd yn arddel polisi tramor rhyfelgar. Pan ddechreuodd yr Ail Ryfel Byd, cyhoeddodd niwtraliaeth a glynodd wrth hynny.

▼ Uniaethodd â ffasgaeth Ewropeaidd dim ond am fod arno angen cefnogaeth ffasgaidd.

ii) Undod Milwrol

Ar y dechrau, wynebai'r Cenedlaetholwyr sefyllfa debyg i'r un a wynebai'r Gweriniaethwyr, gyda 'cholofnau' o filisia Carlaidd a Ffalanchaidd yn gweithredu ochr yn ochr â'r unedau milwrol arferol. Yn fuan, fodd bynnag, daeth y milisia yn rhan o'r fyddin ei hun. Yn ogystal â bod â nifer fawr o swyddogion ifanc, roedd gan y Cenedlaetholwyr rai o filwyr gorau Sbaen, ym Myddin Affrica. Gwarchodai'r fyddin hon weddill lluoedd y Cenedlaetholwyr wrth iddynt gael eu hyfforddi a'u harfogi.

iii) Manteision Economaidd

Oherwydd cefnogaeth cymuned y byd masnach, roedd gan y Cenedlaetholwyr ddigon o gredyd i allu prynu nwyddau rhyfel. Erbyn Medi 1936 roedd y Cenedlaetholwyr yn rheoli'r prif ardaloedd cynhyrchu bwyd. Yn dilyn eu llwyddiant yn y gogledd yn 1937, roedd prif ardal ddiwydiannol Sbaen bellach yn eu dwylo yn ogystal.

iv) Arweiniad Franco

Roedd Franco yn arweinydd galluog. Er bod ei dactegau gofalus yn peri i'w gynghorwyr Almaenig ac Eidalaidd anobeithio yn aml, ei amcanion pennaf oedd sicrhau sefydlogrwydd pob ardal a gwarchod ei filwyr a'i adnoddau. Bu'r strategaeth yn llwyddiannus. Talodd ei filwyr yn ôl iddo am ei ofal drostynt drwy ufuddhau yn llwyr i'w orchmynion.

d) Cymorth Tramor

Ledled Ewrop, roedd diddordeb mawr yn y Rhyfel Cartref. Ymatebodd y grymoedd mawr yn ôl eu hideoleg i raddau, ond hefyd yn y gobaith o elwa ar y rhyfel.

C Ai brwydr rhwng comiwnyddiaeth a ffasgaeth oedd Rhyfel Cartref Sbaen?

i) Anymyrraeth

Ffafriai Prydain a Ffrainc niwtraliaeth, a sefydlasant Bwyllgor Anymyrraeth a gynyddodd i 27 aelod yn y man. Gellir dadlau bod y Pwyllgor yn sefyll ar dir sigledig o'r cychwyn gan mai canlyniad ymarferol anymyrraeth oedd gwrthod yr hawl i'r Weriniaeth, sef llywodraeth gyfreithlon Sbaen, dderbyn arfau, a thrwy hynny beri ei bod yn gyfartal â'i gwrthwynebwyr gwrthryfelgar. Hyd yn oed yn ôl eu safonau eu hunain, ni fu'r Pwyllgor yn llwyddiannus iawn. Yn gwbl amlwg, aeth yr Almaen, yr Eidal ac UGSS yn erbyn ei benderfyniadau.

ii) Cefnogaeth i'r Cenedlaetholwyr

Cefnogwyd y Cenedlaetholwyr gan Bortiwgal (a anfonodd tua 20,000 o filwyr), yr Almaen a'r Eidal. Heb gymorth Hitler yn Awst 1936, ni fyddai Franco wedi gallu symud Byddin Affrica i Sbaen. Anfonodd yr Eidal tua 60,000 o filwyr, mwy na 700 o awyrennau a 950 o danciau. Anfonodd yr Almaen y Lleng Condor, sef uned yn cynnwys awyrennau, tanciau, magnelaeth a 10,000 o ddynion. Rhoddodd y cymorth hwn fantais fawr i'r Cenedlaetholwyr.

iii) Cefnogaeth i'r Weriniaeth

UGSS oedd prif gefnogwr y Weriniaeth. Er mor werthfawr oedd y gefnogaeth Sofietaidd i'r Weriniaeth, nid anfonwyd mwy na 2,000 o filwyr Rwsia i Sbaen. Yn ogystal, gwirfoddolodd tua 35,000 o ddynion – Comiwnyddion gan mwyaf – o wahanol wledydd i ymladd dros y Gweriniaethwyr, yn y gobaith o roi ergyd i ffasgaeth. Ffurfiodd y rhain y Brigadau Rhyngwladol.

GWEITHGAREDD

Ystyriwch y cwestiwn canlynol: 'I ba raddau oedd cymorth tramor yn gyfrifol am lwyddiant y Cenedlaetholwyr?' Yn gyntaf, penderfynwch pa ffactorau a arweiniodd at lwyddiant y Cenedlaetholwyr ac yna penderfynwch pa ffactor(au) yw'r pwysicaf yn eich barn chi. Efallai y byddai fy nghasgliad i yn debyg i hwn:

> Er bod cymorth tramor yn werthfawr, wrth reswm, i Franco, nid yw'n esbonio'i fuddugoliaeth ynddo'i hun. Yn y pen draw, roedd canlyniad y rhyfel yn dibynnu ar berfformiad y byddinoedd eu hunain, y rhelyw ohonynt yn Sbaenwyr. Gwendid y Weriniaeth oedd ei hanallu i drefnu byddin yr un mor effeithiol â byddin y Cenedlaetholwyr neu i sefydlu rheolaeth ganolog ar y gwahanol ffryntiau.

Beth fyddai eich casgliad chi?

YSTYRIAETHAU
Pam y bu i ddemocratiaeth oroesi yn Ffrainc? Pam oedd bywyd gwleidyddol mor ansefydlog?

6 Ffrainc: Y Drydedd Weriniaeth

Beirniadwyd y Drydedd Weriniaeth yn y cyfnod rhwng y rhyfeloedd yn llym. Dadleuwyd bod nifer o lywodraethau tymor byr wedi methu datrys problemau economaidd difrifol Ffrainc, eu bod wedi dwyn anfri ar sefydliadau seneddol y wlad, a'u bod yn gyfrifol i raddau am y rhwygiadau dwfn rhwng y dde a'r chwith. Yn ôl y ddadl hon, erbyn 1939 nid oedd Ffrainc yn barod, o safbwynt seicolegol na materol, am frwydr arall yn erbyn yr Almaen. A oes modd gweld y Drydedd Weriniaeth yn y cyfnod rhwng y rhyfeloedd mewn gwell golau?

a) Effeithiau Economaidd y Rhyfel Byd Cyntaf

Talodd Ffrainc yn ddrud am ei buddugoliaeth. Gan nad oedd ganddi gyfundrefn o drethu uniongyrchol, bu'n rhaid iddi fenthyca llawer o arian er mwyn talu costau'r rhyfel. Yn awr byddai'n rhaid talu am hynny. Bu adennill Alsace-Lorraine a'r hawl i weinyddu meysydd glo y Saar yn gymorth i ddatrys rhywfaint ar y problemau ariannol. Fodd bynnag, dibynnai llywodraethau Ffrainc ar iawndaliadau'r Almaen i dalu am adfer y rhanbarthau gogleddol drylliedig. Os na allai'r Almaen dalu, yna byddai'n rhaid i Ffrainc ddiwygio ei chyfundrefn dreth a chynyddu trethiant.

b) Gwleidyddiaeth Ffrainc yn yr 1920au

Yn etholiad 1919 enillodd y *Bloc National*, sef clymblaid o bleidiau canol ac adain dde, fuddugoliaeth dan arweiniad Clemenceau. Cyfrannodd ofn sosialaeth chwyldroadol i lwyddiant yr adain dde. Roedd chwyldro fel petai'n agos iawn yn 1919-20. Bu cynnwrf difrifol yn sgil penderfyniad Clemenceau i ymladd y Cochion yn Rwsia. Yn ffodus i Clemenceau, arhosodd y fyddin yn deyrngar a darostyngwyd yr anniddigrwydd. Yn fuan, roedd hi'n amlwg bod Sosialwyr Ffrainc yn rhanedig. Roedd rhai yn awyddus i efelychu Rwsia: ond roedd hyn yn dychryn y gweddill. Yn 1920, sefydlodd yr eithafwyr Blaid Gomiwnyddol. Oherwydd y drwgdeimlad rhwng y Sosialwyr a'r Comiwnyddion, ni allai'r chwith uno'n hawdd.

Bu tueddiad Pabyddol y *Bloc National* yn gyfrwng i ailgynnau'r brwydro rhwng y dde glerigol a'r chwith wrthglerigol. Fodd bynnag, roedd yr argyfwng economaidd yn fwy arwyddocaol na'r ddadl grefyddol, ac fe'i gwaethygwyd gan benderfyniad Poincaré yn 1923 i anfon milwyr i mewn i'r Ruhr i orfodi'r Almaen i dalu iawndaliadau. Ymddiswyddodd Poincaré yn 1924 pan wrthododd y Senedd ei gynlluniau ar gyfer cynyddu trethi. Yn etholiad 1924, daeth clymblaid Radicalaidd-Sosialaidd, sef y *Cartel des Gauches*, i rym. Daeth y Radical, Herriot, yn Brif Weinidog. Roedd gofyn gweithredu'n gyflym gan fod y llywodraeth mewn dyled fawr, gwerth y ffranc yn disgyn a chwyddiant yn rhemp. Dan bwysau o du'r Sosialwyr, o'r diwedd cynigiodd Herriot dreth o 10 y

---

PROBLEMAU GWLEIDYDDOL FFRAINC

▼ Roedd disgyblaeth bleidiol yn parhau'n llac. Yn aml, pleidleisiai'r dirprwyon yn annibynnol ar eu pleidiau.

▼ Roedd nifer fawr o bleidiau yn bodoli, yn enwedig ar y dde ac yn y canol.

▼ Roedd y rhaniadau rhwng y dde a'r chwith yn cynyddu.

	1919	1924	1928	1932	1936
I'r Dde o'r pleidiau canol	430	256	320	253	215
Radicaliaid	86	139	113	155	109
Sosialwyr Gweriniaethol	26	43	40	36	55
Sosialwyr	68	104	101	129	147
Sosialwyr Adain Chwith	–	–	5	11	–
Comiwnyddion	–	26	14	12	72
Cyfanswm y dirprwyon	610	568	593	596	598

Tabl 16 Siambr Dirprwyon Ffrainc, 1919-40.

(Noder bod modd i faint y grwpiau amrywio hyd yn oed o fewn yr un senedd, ac felly amcangyfrif yn unig yw'r ffigurau hyn.)

cant ar gyfalaf. Pan wrthodwyd ei gynnig gan y Senedd, collodd ei swydd yn 1925. Newidiodd y cabinet bum gwaith o fewn y 15 mis canlynol.

Yn 1926 ffurfiodd Poincaré lywodraeth o 'Achubiaeth Genedlaethol' i ddatrys y sefyllfa economaidd ddifrifol. Cynyddwyd hyder yn sgil codi trethi a benthyciadau tramor. Rhwng 1926 ac 1929 gwellodd yr economi yn syfrdanol. Dechreuodd yr arian mawr a wariwyd ar ailadeiladu ardaloedd drylliedig gogledd Ffrainc ddwyn ffrwyth. Roedd cyfradd twf flynyddol Ffrainc yn 5 y cant, ffynnodd masnach ac roedd diweithdra'n isel iawn. Yn awr gallai'r llywodraeth gyflwyno cynllun yswiriant gwladol ar gyfer pensiynau i'r henoed a budd-daliadau afiechyd. Fodd bynnag, mae modd dadlau y gallai Poincaré (a ymddiswyddodd yn 1929 oherwydd afiechyd) fod wedi gwneud mwy o ran diwygiadau cymdeithasol, lle roedd Ffrainc yn parhau i lusgo y tu ôl i Brydain a'r Almaen.

c) Gwleidyddiaeth Ffrainc yn yr 1930au

i) Y Dirwasgiad
Erbyn 1932 roedd economi Ffrainc yn farwaidd. Daeth iawndaliadau'r Almaen i ben ac o ganlyniad i orbrisiad y ffranc, nid oedd yn hawdd allforio. Yn fuan, roedd gan Ffrainc broblemau o ran ei mantol daliadau a'i diweithdra cynyddol. Yn 1932, ailunodd y Sosialwyr a'r Radicaliaid, gan ennill yr etholiad. Daeth Herriot yn Brif Weinidog unwaith eto. Bu gwrthwynebiad ffyrnig i'w ymdrechion i ddibrisio'r ffranc ac fe'i gorfodwyd i ymddiswyddo. Digiwyd y Sosialwyr gan lywodraeth Daladier yn 1932 am iddi dorri cyflogau gweision sifil. O ganlyniad i ddiffyg undod y chwith, newidiodd y llywodraeth nifer o weithiau – cafwyd chwe chabinet gwahanol o fewn 20 mis.

ii) Y Bygythiad o'r Adain Dde: y Cynghreiriau
Wrth i'r Dirwasgiad waethygu, cynyddodd y gefnogaeth i **gynghreiriau** adain dde. Roedd gan rai o'r cynghreiriau wreiddiau Ffrengig traddodiadol: ceisiai eraill efelychu Mussolini. Roedd y mwyafrif ohonynt yn wrth-Semitaidd. Roedd pob un yn wrthgomiwnyddol, yn gwrthwynebu'r Drydedd Weriniaeth ac yn awyddus i weld llywodraethu cadarn. Cynigiai'r cynghreiriau i gefnogwyr adain dde yr hyn a gynigiai comiwnyddiaeth i'r chwith, sef cyfle i weithredu. Fodd bynnag, ni ddylid gorbwysleisio maint y bygythiad i'r Weriniaeth o du'r cynghreiriau. Ni ddaeth arweinydd carismataidd adain dde i'r amlwg, ac roedd y dde yn Ffrainc yn parhau'n rhanedig o hyd. Dim ond tua 150,000 o bobl oedd cyfanswm aelodaeth y cynghreiriau.

iii) Helynt Stavisky
Twyllwr ariannol Iddewig oedd Stavisky. Fe'i harestiwyd am dwyll yn 1927, cyn ei ryddhau tra'n disgwyl treial. Roedd yn rhydd o hyd yn 1933 ar ôl cael ei ryddhau dros dro 19 o weithiau am fod ganddo gyfeillion dylanwadol. Yn dilyn methiant twyll ariannol newydd, fe'i harestiwyd yn Ionawr 1934 a bu farw dan amgylchiadau amheus. Yn ôl

---

Y CYNGHREIRIAU

▼ Nod yr *Action Française*, a sefydlwyd cyn 1914, oedd adfer awdurdod y frenhiniaeth a mawredd cenedlaethol. Roedd ei harweinydd, sef Charles Maurras, yn ddeallusyn yn hytrach na gweithredwr.

▼ Lluniodd y *Jeunesses Patriotes* ei hun ar ffurf plaid Ffasgaidd yr Eidal.

▼ Sefydlwyd *Solidaire Française* gan y teicŵn powdr talc François Coty.

▼ Arweiniwyd y *Croix de Feu*, y cryfaf o'r cynghreiriau, gan y Cyrnol de la Rocque. Roedd cyn-filwyr yn perthyn i'r sefydliad hwn, ac roedd ei aelodau yn geidwadwyr gwlatgar yn hytrach na ffasgwyr.

y dde, llofruddiwyd Stavisky er mwyn ei atal rhag datgelu enwau ei
warchodwyr dylanwadol. Pan wrthododd y Prif Weinidog Chautemps
sefydlu pwyllgor i ymchwilio i'r mater, trefnodd y cynghreiriau
wrthdystiadau er mwyn dangos eu gwrthwynebiad i lygredd y
Gweriniaethwyr. Ar 27 Ionawr brawychwyd Chautemps gan y torfeydd
cynddeiriog ac ymddiswyddodd. Daeth Daladier yn Brif Weinidog a
chytunodd i sefydlu pwyllgor ymchwiliol. Fodd bynnag, er mwyn
bodloni'r Sosialwyr, diswyddodd bennaeth adain dde heddlu Paris yn
ogystal. Bu terfysgoedd difrifol ar 6 Chwefror o ganlyniad i'r diswyddo.
(Ar orchymyn Stalin, ymunodd y Comiwnyddion â'r cynghreiriau yn y
terfysgu.) Bu farw pymtheg o bobl ac anafwyd cannoedd.
Ymddiswyddodd Daladier. Llwyddodd Doumergue, y Prif Weinidog
newydd, i atal rhagor o drais drwy gynnwys aelodau o'r adain dde yn ei
gabinet a hefyd drwy drefnu ymchwiliad i helynt Stavisky. O ganlyniad
i'r ymchwiliad, rhoddwyd llawer o'r bai ar y gwir bechaduriaid, sef yr
heddlu a'r farnwriaeth.

Gan orbwysleisio'r bygythiad o du'r adain dde, mynnai'r chwith fod y
digwyddiadau hyn yn arwydd o gynllwyn ffasgaidd i ddisodli'r
Weriniaeth (er hwylustod, anghofiwyd am y rhan a chwaraeodd y
Comiwnyddion yn y terfysgoedd!) Ond ni cheir tystiolaeth i ddangos
bod y cynghreiriaid wedi uno er mwyn cynllwynio i gipio awdurdod, a
dylid gweld digwyddiadau Chwefror 1934 fel pwl o gynddaredd
rhwystredig gan y dde yn erbyn y Weriniaeth, oedd mor atgas ganddynt.

iv) Ffrynt y Bobl

Canlyniad pwysicaf gweithgarwch y cynghreiriau oedd y modd y
llwyddodd i uno'r chwith. Erbyn 1935 roedd y Radicaliaid, y Sosialwyr
a'r Comiwnyddion (oedd wedi derbyn gorchymyn gan Moskva i
gydweithio â'r Sosialwyr a'r Rhyddfrydwyr yn erbyn ffasgaeth) wedi
ffurfio Ffrynt y Bobl. Roedd rhaglen y Ffrynt yn galw am ddiddymiad y
cynghreiriau a diwygiad economaidd a chymdeithasol. Yn benodol,
ymosodai ar y 'ddau gant o deuluoedd', Rhaglywiaid Banc Ffrainc, a
ymgorfforai rym cyfoeth cyfundrefnol. Yn Ionawr 1936 enillodd y Ffrynt
fuddugoliaeth etholiadol bendant, a daeth Blum, arweinydd y Sosialwyr,
yn Brif Weinidog.

Yn sgil llwyddiant y Ffrynt, codwyd gobeithion am amodau gwell i'r
gweithwyr. Ym Mai, parlyswyd yr economi gan gyfres o streiciau segur.
Llwyddodd Blum i berswadio'r cyflogwyr i wneud consesiynau mawr.
Cyflwynwyd wythnos waith 40 awr a derbyniodd gweithwyr godiad
cyflog hael a gwyliau â thâl. Hefyd, cyhoeddodd Blum ei fwriad i
wladoli'r diwydiant arfau ac i weithredu rheolaeth fwy clòs ar Fanc
Ffrainc. Yna aeth yn ei flaen i ddibrisio'r ffranc o ryw 25 y cant. O
ganlyniad, wrth gwrs, roedd cyflogwyr yn gyndyn o fuddsoddi mwy, ac
arhosodd diweithdra (a chwyddiant) yn uchel. Roedd Rhyfel Cartref
Sbaen yn broblem ddifrifol arall. Gwyddai Blum y byddai ymyrryd drwy
gefnogi'r Gweriniaethwyr yn cythruddo'r dde ac o bosibl yn achosi rhyfel
cartref yn Ffrainc ei hun. (Roedd Blum wedi gwahardd y cynghreiriau,
ond yn fuan daethant i'r amlwg eto gydag enwau newydd.) Drwy beidio

ag ymyrryd, digiodd Blum y Comiwnyddion, a roddodd y gorau i gefnogi'r Ffrynt.

Ym Mehefin 1937 ymddiswyddodd Blum pan wrthododd y Senedd roi pwerau argyfwng iddo i ddatrys problemau ariannol Ffrainc. Roedd cefnogwyr Blum yn dadlau mai ei elynion cyfalafol oedd yn gyfrifol am ei gwymp. Mae'n wir nad oedd gan fyd busnes, na'r dde yn gyffredinol, ffydd ym mholisïau Blum. Ond nid y dde yn unig oedd yn gyfrifol am ddiwedd llywodraeth Blum. Roedd y diffyg undod ar y chwith, nodwedd gyson yng ngwleidyddiaeth Ffrainc rhwng y rhyfeloedd, yn bwysig hefyd. Mae haneswyr adain chwith yn tueddu i feddwl o hyd am lywodraeth 1936-7 Blum fel trobwynt pwysig yn hanes diweddar Ffrainc, yn enwedig o ystyried ei diwygiadau cymdeithasol a'i safiad cryf yn erbyn y bygythiad ffasgaidd. Fodd bynnag, mae haneswyr adain dde yn gwadu bod bygythiad ffasgaidd mewnol yn bodoli o gwbl, ac yn cyhuddo Ffrynt y Bobl o wanhau diwydiant Ffrainc â diwygiadau drud mewn cyfnod pan oedd hi'n bwysig i'r wlad ailarfogi'n sydyn.

Yn awr, dechreuodd llywodraethau Ffrainc newid yn gyflym unwaith eto. Ni chafwyd sefydlogrwydd o unrhyw fath tan Ebrill 1938, pan ddaeth Daladier (Radical a fu'n Brif Weinidog deirgwaith cyn hynny ac yn aelod o 25 cabinet) yn Brif Weinidog. Symudodd Daladier i'r dde, gan gefnogi cynnydd aruthrol yn y gwariant ar arfau a chan adolygu rhai o ddiwygiadau 1936. O ganlyniad, daeth mwy o sefydlogrwydd i'r byd ariannol a denwyd buddsoddiadau o dramor. Ar ôl dirywio am flynyddoedd, roedd yr economi fel petai'n adfywio. Fodd bynnag, cynddeiriogwyd llawer o'r chwith gan weithredoedd Daladier. Yn Nhachwedd 1938 galwodd y Comiwnyddion am streic gyffredinol. Roedd hon yn fethiant llwyr. Ni streiciodd llawer o weithwyr a chosbwyd y rhai a wnaeth yn llym. Yn awr, roedd gan Daladier, yn wyneb y bygythiad cynyddol o du Hitler, fwy o awdurdod yng ngolwg pobl Ffrainc. Yn ôl arolygon barn yn 1938-9 roedd hwyl fwy optimistaidd drwy'r wlad, ac awydd i weithredu'n llymach yn erbyn yr Almaen.

ch) Diweddglo

Mae modd gweld Ffrainc fel gwlad ranedig a gwan drwy gydol y cyfnod rhwng y rhyfeloedd, a gweld ei threchiad trychinebus yn 1940 fel rhywbeth oedd yn deillio o wendid gwleidyddol. Gellir dadlau mai'r hyn sy'n profi cryfder cyfundrefn yw ei gallu i weithredu mewn argyfwng. Yn 1940 cafwyd y Drydedd Weriniaeth yn brin. Fodd bynnag, gellir bod yn fwy cadarnhaol ynglŷn â'r Drydedd Weriniaeth. Nid yw oes fer llywodraeth yn profi, o reidrwydd, ei bod yn wan iawn. Er i'r llywodraethau newid, fel rheol deuai'r un gweinidogion yn ôl mewn swyddi gwahanol, gan chwarae fersiwn gwleidyddol o newid cadeiriau. Gan nad oedd mwyafrif gan y grymoedd rhanedig ar y dde na'r chwith, roedd yn rhaid cynghreirio â'r canol, yn enwedig y Radicaliaid, gan fod eu harweinwyr yn aelodau cyson o'r llywodraeth. O ganlyniad, nid oedd yr eithafion, ar y chwith na'r dde, mor bwysig â hynny, er gwaethaf eu sŵn. Ni fu chwyldro mewnol. Goroesodd y Drydedd Weriniaeth (hyd 1940) i raddau helaeth am fod gan Ffrainc graidd democrataidd cadarn. Gellir dadlau bod Ffrainc wedi colli yn 1940 o ganlyniad i ffactorau milwrol yn hytrach na gwendidau democrataidd cynhenid.

GWEITHGAREDD

Ystyriwch y cwestiwn: 'Pam oedd bywyd gwleidyddol Ffrainc mor ansefydlog yn y cyfnod rhwng y rhyfeloedd?'

Trywydd awgrymedig eich ateb:
▼ Edrychwch yn fanwl ar y problemau gwleidyddol, economaidd a chymdeithasol yn yr 1920au.
▼ Edrychwch yn fanwl ar effaith y Dirwasgiad.
▼ Edrychwch yn fanwl ar Helynt Stavisky.
▼ Edrychwch yn fanwl ar y blynyddoedd 1936-9.
▼ Oedd bywyd gwleidyddol Ffrainc yn ansefydlog mewn gwirionedd?

▼ Gweithio ar yr Eidal, Sbaen a Ffrainc: 1918–39

Mae'n amlwg bod modd edrych ar bob un o'r gwledydd a drafodir yn y bennod hon yn unigol. Mae'r un mor bosibl, ac yn anos, cymharu a chyferbynnu datblygiadau pob un â'i gilydd. Er enghraifft, ystyriwch y cwestiwn canlynol: 'Pam y bu i'r Eidal ddod yn unbennaeth tra arhosodd Ffrainc yn ddemocratiaeth yn y cyfnod rhwng y rhyfeloedd?'

Y rhesymau a gynigir yn aml i esbonio pam mae gwlad yn rhoi'r gorau i ddemocratiaeth yw:

▼ bygythiad comiwnyddol mawr;

▼ cwynion gan genedlaetholwyr;

▼ problemau economaidd difrifol;

▼ gwendid democrataidd;

▼ arweinyddaeth adain dde garismataidd.

I ba raddau oedd y ffactorau cyffredinol hyn yn esbonio esgyniad Mussolini i rym? I ba raddau oedd y ffactorau cyffredinol hyn ar waith yn y Drydedd Weriniaeth? A fu erioed bosibilrwydd y gallai democratiaeth ddod i ben yn Ffrainc?

Ateb Cwestiynau Seiliedig ar Ffynonellau ar yr Eidal, Sbaen a Ffrainc: 1918–39

Mae ein rhaglen yn syml: rydym yn dymuno llywodraethu'r Eidal. Maent yn holi am ein rhaglenni, ond mae gormod ohonynt yn barod. Nid rhaglenni yw'r hyn sydd ei angen i achub yr Eidal, ond dynion a grym ewyllys ...

Mae ein safle gwleidyddol yn wan. Profwyd hynny gan argyfwng y Wladwriaeth Ryddfrydol. Rhaid i ni gael Gwladwriaeth sy'n dweud, yn syml: 'Nid yw'r Wladwriaeth yn cynrychioli plaid. Mae'n cynrychioli'r genedl gyfan, mae'n cynnwys pawb, uwchlaw pawb, yn amddiffyn pawb.'

Ffynhonnell A araith gan Mussolini yn Udine ym Medi 1922.

Nid yw Ffasgaeth ... yn gwrthwynebu'r heddlu, ond yn hytrach y dosbarth gwleidyddol llwfr ac ynfyd sydd wedi methu rhoi Llywodraeth i'r genedl dros gyfnod o bedair blynedd hir. Rhaid i'r rhai sy'n ffurfio'r dosbarth cynhyrchiol ddeall nad yw Ffasgaeth yn dymuno rhoi unrhyw beth ond trefn a disgyblaeth ar y genedl a'i helpu i adennill y nerth a fydd yn hybu cynnydd a ffyniant unwaith eto ...

Rydym yn galw ar Dduw ac ysbryd ein pum mil o feirw i dystio mai dim ond un peth sy'n ein hysgogi, mai dim ond un angerdd sy'n llosgi oddi mewn i ni – yr ysgogiad a'r angerdd i gyfrannu at ddiogelwch a mawredd ein gwlad.

Ffasgwyr yr Eidal! Ymdrechwch, gorff ac enaid, fel y gwnaeth y Rhufeiniaid! Mae'n rhaid i ni ennill! Mi wnawn. Yr Eidal am byth! Ffasgaeth am byth!

Ffynhonnell B rhan o'r gorchymyn a roddwyd i Ffasgwyr a oedd ar fin gorymdeithio i Rufain ym mis Hydref 1922.

Rwyf wedi ymuno â chi yn fy swydd fel arweinydd chwyldro cenedlaethol i roi tystiolaeth o'm cydsynio amlwg a llwyr â'ch chwyldro chithau. Hyd yn oed os na fu hynt y ddau chwyldro yn debyg, roedd yr amcan a gyflawnwyd gan y ddau yr un fath: undod a mawredd y bobl ...

Yn union fel mae pymtheng mlynedd o Ffasgaeth wedi rhoi gwedd faterol ac ysbrydol newydd i'r Eidal, mae eich chwyldro chithau wedi rhoi gwedd newydd i'r Almaen: newydd, hyd yn oed os yw, fel y gwelir yn yr Eidal, wedi'i seilio ar y traddodiadau mwyaf aruchel a thragwyddol posibl y gellir eu cysoni â gofynion bywyd modern ...

Nid yn unig y mae gan Natsïaeth a Ffasgaeth ym mhobman yr un gelynion, sy'n gwasanaethu'r un meistri, sef y Drydedd Genedlaethol [h.y. comiwnyddiaeth] ond maent hefyd yn rhannu nifer o syniadau am fywyd a hanes. Mae'r ddwy yn credu mewn trais fel grym sy'n cyfeirio bywydau pobl, fel dynamo sy'n gyrru eu hanes ... Mae'r ddwy ohonom yn mawrygu gwaith yn ei wahanol weddau, gan ei weld yn arwydd o urddas dyn; mae'r ddwy ohonom yn rhoi ein ffydd yn yr ieuenctid, ac yn mynnu ganddynt rinweddau disgyblaeth, dewrder, dycnwch, gwladgarwch, a dirmyg at fywyd moethus.

Ffynhonnell C o araith a wnaed gan Mussolini yn Berlin ym Medi 1937.

▼ CWESTIYNAU AR FFYNONELLAU

1. Yn Ffynonellau A a B, sut mae Mussolini yn cyfiawnhau'r Ffasgwyr yn cipio grym? **[6 marc]**

2. Beth ellwch chi ei ddiddwytho am egwyddorion Ffasgaidd o'r tair ffynhonnell? **[12 marc]**

3. Gan ddefnyddio'r dystiolaeth yn Ffynhonnell C a'ch gwybodaeth eich hun, esboniwch y prif nodweddion tebyg a'r prif wahaniaethau rhwng Ffasgaeth a Natsïaeth. **[12 marc]**

Pwyntiau i'w nodi ynglŷn â'r cwestiynau

Cwestiwn 1 Pa broblemau mae Mussolini yn tynnu sylw atynt? Beth mae'n addo ei wneud?

Cwestiwn 2 Yn gyntaf, canfyddwch yr hyn roedd Ffasgaeth yn ei wrthwynebu. Yna – ac mae hyn ychydig yn anos – canfyddwch yr hyn roedd Ffasgaeth o'i blaid.

Cwestiwn 3 Yn y math hwn o gwestiwn deuran, gwell trin y naill ran a'r llall yn gyfartal.

Darllen Pellach

Llyfrau yng nghyfres *Access to History* Hodder and Stoughton

Dechreuwch gyda *Fascism and Nazism* gan Robert Pearce ac *Italy, Liberalism and Fascism 1870-1945* gan Mark Robson. Mae *The Spanish Civil War* gan Patricia Knight yn ardderchog. Hefyd rhowch gynnig ar *France 1914-69: The Three Republics* gan Peter Neville.

Cyffredinol

Ar Ffasgaeth a'r Eidal, rhowch gynnig ar Bennod 11 yn *Years of Change: Europe 1890-1945* gan Robert Wolfson a John Laver (Hodder & Stoughton). Mae Pennod 10 o'r un llyfr yn rhoi cyflwyniad defnyddiol i Ffrainc.

Ar ffasgaeth, y llyfr unigol gorau yw *A History of Fascism 1914-45* gan S.G. Payne, 1995 (UCL Press). Yn ogystal, mae'n werth darllen *Fascism: A History* gan R. Eatwell, 1995 (Chatto & Windus). I ddysgu am yr Eidal, mae *Mussolini and Fascist Italy* gan M. Blinkhorn, 1994 (Routledge) yn rhagorol. Mae *Mussolini* gan M. Smith, 1983 (Granada) yn ddarllenadwy iawn.

Mae *Democracy and Civil War in Spain, 1931-1939* gan M. Blinkhorn, 1998 (Routledge) yn gyflwyniad byr da. Yn ogystal, mae *Spain's Civil War* gan H. Browne, 1996 (Longman), *The Spanish Civil War*, 1993 (Blackwell) gan S. Ellwood, *The Coming of the Spanish Civil War*, 1994 (Routledge) gan P. Preston yn werthfawr. I gael gwybodaeth am Ffrainc, rhowch gynnig ar *Politics and Society in Twentieth-Century France* gan J.F. MacMillan, 1992 (Arnold) ac *A Concise History of France* gan R. Price, 1993 (CUP).

ACHOSION YR AIL RYFEL BYD

PWYNTIAU I'W HYSTYRIED

Yn 1939, ychydig dros ugain mlynedd wedi diwedd y Rhyfel Byd Cyntaf, dechreuodd Ffrainc, Prydain a'r Almaen ryfela unwaith eto. Beth aeth o'i le? O ystyried y toreth o ddeunydd a ysgrifennwyd am ddechreuadau'r Ail Ryfel Byd, nid yw'n syndod bod dadlau ffyrnig i'w gael. Bydd y bennod hon, a ranwyd yn gyflwyniad a saith adran, yn edrych yn fanwl ar rai o'r materion allweddol. Os ydych yn astudio achosion y rhyfel, nid oes ffordd rwydd o wneud hyn: rhaid i chi weithio drwy bob adran yn ei thro.

YSTYRIAETH
I ba raddau oedd yr Ail Ryfel Byd yn 'Rhyfel Hitler'?

Am flynyddoedd wedi 1945 beiai'r mwyafrif o haneswyr Adolf Hitler am gychwyn yr Ail Ryfel Byd. Yn 1961, fodd bynnag, dadleuai A.J.P. Taylor na ddylai Hitler dderbyn y cyfan neu hyd yn oed ran o'r bai am y rhyfel. Tynnodd Taylor sylw nid at Hitler ei hun ond at uchelgeisiau ehangol yr Almaen. Yn ôl Taylor, ni lwyddodd y Rhyfel Byd Cyntaf i gyflawni – nac i gael gwared ar – yr uchelgeisiau hyn. Beiai Taylor gymodwyr Versailles, gan honni bod ail ryfel byd yn 'ddealledig' o'r funud y daeth y Rhyfel Byd Cyntaf i ben. Llwyddodd y cytundeb heddwch i chwerwi yr Almaen ond nid i leihau ei grym cuddiedig. Nid oedd Hitler, meddai Taylor, yn ddim mwy na gwladweinydd Almaenig nodweddiadol, yn ceisio cyrraedd amcanion Almaenig nodweddiadol. Cythruddwyd llawer gan lyfr Taylor. Nid oedd llawer o haneswyr yn fodlon rhyddhau Hitler o'r bai. Daliai'r mwyafrif i gredu bod polisïau Hitler o fath gwahanol i rai ei ragflaenwyr, a'u bod wedi arwain at ryfel.

YSTYRIAETH
Beth oedd y prif broblemau rhwng 1919 ac 1924?

1 Problemau, 1919–24

a) Y Broblem o Weithredu'r Cytundeb Heddwch

Dan amgylchiadau anodd, gwnaeth cymodwyr Versailles eu gorau i drefnu cytundeb parhaol (gweler Pennod 3). Nid oedd unrhyw un yn gwbl fodlon ar y canlyniadau. Fodd bynnag, gellir dadlau nad telerau'r cytundebau eu hunain oedd prif wendid yr ardrefniant, ond yn hytrach y diffyg cytuno ynglŷn â sut i weithredu'r telerau hynny. Nid oedd UDA, a wrthododd gadarnhau'r cytundeb nac ymuno â Chynghrair y Cenhedloedd, fel petai'n awyddus i gynnal y cytundeb heddwch yr ymdrechodd mor galed i'w greu. Ar ben hynny, nid oedd Prydain a Ffrainc, y ddwy wlad gyda'r cyfrifoldeb mwyaf am gynnal y cytundeb, a'r diddordeb mwyaf ynddo, yn cytuno bob amser.

b) Problem yr Eidal

Am na dderbyniodd yr holl diriogaeth a addawyd iddi yn 1915, credai'r Eidal iddi gael ei thwyllo gan y cytundeb heddwch, ac nid oedd am ymrwymo'i hun i'w gynnal. Yn 1922 daeth Mussolini i rym. Roedd yn eithriadol o genedlaetholgar ac yn benderfynol o wella safle rhyngwladol yr Eidal. Fodd bynnag, nid oedd yn siŵr sut i wneud hyn. Byddai Prydain yn sicr o wrthwynebu unrhyw ymdrechion gan yr Eidal i ehangu ei thiroedd yn y Canoldir. (Roedd y Canoldir yn rhan hanfodol o gadwyn gyfathrebu'r Ymerodraeth Brydeinig.) Er gwaethaf ei siarad rhwysgfawr, roedd Mussolini yn ofni digio Prydain. Er hyn, yn 1923-4 roedd yn barod i fentro ar nifer o anturiaethau diplomataidd, gan obeithio ennill buddugoliaethau rhad a fyddai'n hybu ei safle yn yr Eidal. Ar ôl hynny, bu Mussolini yn fwy llonydd, ac am y rhan fwyaf o'r 1920au ceisiodd ennill bri drwy gydweithio â Phrydain a Ffrainc.

c) Problem Rwsia

Roedd bodolaeth llywodraeth Folsiefigaidd Lenin yn bwydo'r gred y gallai chwyldro comiwnyddol ysgubo ar draws Ewrop. Ar ben hynny, roedd y Bolsiefigiaid wedi tyngu y byddent yn mynd â'r chwyldro dramor. Sefydlwyd y *Comintern*, sefydliad y Comiwnydd Rhyngwladol, at y pwrpas hwnnw yn Moskva yn 1919. Fodd bynnag, ar ôl 1920 derbyniai Lenin y byddai'n rhaid iddo gyd-fyw â gwledydd cyfalafol am y tro. Byddai'n cyfaddawdu yn hytrach na chythruddo. Ni wnaeth marwolaeth Lenin yn 1924 fawr o wahaniaeth i bolisi tramor Sofietaidd. Prif ddiddordeb Stalin oedd materion mewnol – sosialaeth mewn un wlad yn hytrach na chwyldro byd-eang. Er hyn, roedd llawer o amheuaeth, ar y naill ochr a'r llall, rhwng UGSS a gweddill Ewrop.

ch) Problem yr Almaen

Gwanychwyd yr Almaen yn ddifrifol ar ôl colli'r Rhyfel Byd Cyntaf. Lleihawyd ei byddin, suddwyd ei llynges a chollodd ei hymerodraeth dramor. Er hynny, roedd ganddi'r potensial i fod yn rym cryfaf Ewrop o hyd. Roedd ei phoblogaeth bron ddwywaith cymaint â phoblogaeth Ffrainc ac roedd ei diwydiant trwm bedair gwaith cymaint. Ar ben hynny, roedd y rhyfel wedi gadael dwyrain Ewrop yn rhanedig, yn wan o ran ei heconomi ac yn ansefydlog yn wleidyddol – yn agored i ddylanwad yr Almaen. Gwrthododd yr Almaen dderbyn bod Cytundeb Versailles yn ganlyniad teg a therfynol i'r rhyfel. Ar ôl 1919, roedd y penderfyniad di-ildio i newid telerau Versailles yn amlwg ym mholisi tramor yr Almaen. Mynnai rhai eithafwyr adain dde y dylai'r Almaen wrthod talu iawndaliadau, gwrthod y cymalau yn ymwneud â thiriogaeth, a diystyru'r telerau ynglŷn â diarfogi. Fodd bynnag, roedd y mwyafrif o'r cymedrolwyr yn credu mai cydweithredu â'r Gorllewin oedd y ffordd orau i newid y cytundeb heddwch. Yn wrthnysig, roedd llawer o arweinwyr y Gorllewin o'r farn fod cydweithrediad yr Almaen yn hanfodol os am gynnal y cytundeb. Yn wir, dim ond gyda chydweithrediad yr Almaen y gellid cynnal y telerau yn ymwneud â diarfogi ac iawndaliadau.

d) Problem Diogelwch Ffrainc

Ofnai Ffrainc y byddai Almaen gref yn codi o'r lludw ar ôl y rhyfel, ac felly teimlai'n anniogel. O ganlyniad, yn ychwanegol at gynnal y grym milwrol mwyaf yn Ewrop, aeth llywodraethau Ffrainc ati i greu cynghreiriau, yn enwedig â Phrydain. Fodd bynnag, nid oedd Prydain yn fodlon cadarnhau diogelwch Ffrainc drwy gynghrair milwrol. Prif ddiddordebau Prydain oedd parhad ei hymerodraeth ac ailsefydlu masnach. Âi y cyntaf â'r rhan fwyaf o'i grym, gan adael ychydig iawn ar gyfer gwarantu diogelwch Ffrainc. Roedd yr ail yn dibynnu ar Ewrop heddychlon a llewyrchus, rhywbeth a oedd, yn ei dro, yn golygu bod yn rhaid wrth Almaen lewyrchus a bodlon. Er bod Ffrainc yn mynnu bod yn rhaid gweithredu'r telerau heddwch yn y modd mwyaf llym, credai'r arweinwyr Prydeinig fod yn rhaid diwygio'r cytundeb mor fuan â phosibl.

Erbyn 1922 roedd yr Almaen mewn trafferthion o ran talu'r iawndaliadau. Penderfynodd y Prif Weinidog Poincaré weithredu. Yn Ionawr 1923, meddiannodd milwyr Ffrengig a Belgaidd y Ruhr, craidd diwydiannol yr Almaen, gyda'r bwriad o orfodi'r Almaen i gadw at ei hymrwymiadau. Ymatebodd yr awdurdodau Almaenig drwy fabwysiadu polisi o wrthwynebiad di-drais, ac o ganlyniad, parlyswyd cynhyrchu diwydiannol y Ruhr. (Er nad oedd Prydain yn hoffi gweithredoedd Ffrainc, ni chondemniodd y gweithredoedd hynny'n agored.) Er gwaetha'r pwysau ariannol a wynebai Poincaré o du Prydain a'r UD, daliodd ati'n ystyfnig, gan orfodi'r Almaenwyr i roi'r gorau i wrthwynebiad di-drais yn y Ruhr ac i dalu iawndaliadau. Fodd bynnag, nid oedd y canlyniad yn fuddugoliaeth fawr i Ffrainc. Yn 1924 cytunodd Pwyllgor Dawes y dylid lleihau'r iawndaliadau a'u talu dros gyfnod hwy.

Oherwydd diffyg cefnogaeth Prydain, chwiliodd Ffrainc am gynghreiriaid eraill. Gan fod gwledydd newydd dwyrain Ewrop hefyd yn teimlo'n fregus, roedd ganddynt yr un amcanion â Ffrainc. O ganlyniad, crëwyd cyfundrefn gynghreiriol bell-gyrhaeddol – yr **Entente** Fechan. Er bod y gyfundrefn gynghreiriol fel petai'n amddiffyn Ffrainc a grymoedd dwyrain Ewrop yn erbyn ymosodiadau, ar sawl cyfrif nid oedd gan y gyfundrefn sylwedd. Roedd gan genhedloedd yr *Entente* Fechan eu hamcanion eu hunain, amcanion a oedd yn aml yn tynnu'n groes i'w gilydd. Roedd Iwgoslafia'n cyfrif mai'r Eidal oedd y bygythiad mwyaf, tra bod România yn ofni Rwsia, a Tsiecoslofacia yn ofni'r Almaen. Ar ben

YR ENTENTE FECHAN

Sylfaen hon oedd cytundeb (yn erbyn Hwngari!) rhwng Iwgoslafia a Tsiecoslofacia yn 1920. Yn dilyn hyn, arwyddodd y ddwy wlad gytundebau â România. Yn 1921 addawodd Ffrainc a Gwlad Pwyl roi cymorth i'w gilydd pe ymosodid ar y naill neu'r llall. Cysylltwyd yr *Entente* Fechan â Ffrainc yn y lle cyntaf gyda chytundeb Ffranco-Tsiecoslofacaidd 1924 a ddarparai ar gyfer cydgymorth pe ymosodid ar y naill wlad neu'r llall. Cryfhawyd y cysylltiadau gan gytundebau Ffrengig â România (1926) ac Iwgoslafia (1927).

hynny, ni allai'r un cyfuniad o rymoedd bychain gystadlu â grym yr Almaen neu Rwsia. O ganlyniad, roedd grym y gyfundrefn *Entente* yn cyfateb i rym Ffrainc. Byddai'n goroesi dim ond cyhyd ag y byddai gan Ffrainc y nerth a'r ewyllys i amddiffyn ei chynghreiriaid.

2 Ysbryd Locarno, 1925–9

a) Gustav Stresemann

Rhwng 1923 ac 1929 rheolid polisi tramor yr Almaen gan Gustav Stresemann, cenedlaetholwr pragmatig. Yn 1927 ysgrifennodd:

Yn fy marn i, mae gan bolisi tramor yr Almaen dair tasg bwysig yn y dyfodol agos:

Yn y lle cyntaf, datrys mater yr Iawndaliadau …

Yn ail, amddiffyn Almaenwyr tramor, y 10 i 12 miliwn o'n pobl sydd bellach yn byw dan iau estron mewn gwledydd estron. Y drydedd dasg fawr yw ailgymhwyso ein ffiniau dwyreiniol; adfer Danzig, y coridor Pwylaidd, a chywirio'r ffin yn Silesia Uchaf.

Ffynhonnell A

Credai Stresemann mai'r ffordd orau o gyflawni ei amcanion oedd drwy gydweithio â Phrydain a Ffrainc. Yn ffodus i Stresemann, bu mewn grym yr un pryd ag Aristide Briand, Gweinidog Tramor Ffrainc, ac Austin Chamberlain, Ysgrifennydd Tramor Prydain. Roedd y ddau yn awyddus i wella eu perthynas â'r Almaen.

b) Locarno

Yn 1925 cyfarfu cynrychiolwyr o Brydain, Ffrainc, yr Almaen, yr Eidal, Gwlad Pwyl, Tsiecoslofacia a Gwlad Belg yn y Swistir, gan dderbyn nifer o gytundebau, a adnabyddid ar y cyd fel **Cytundeb Locarno.**

Fe'i hystyrid yn fuddugoliaeth ddiplomyddol. Roedd yr Almaen a Ffrainc fel petaent wedi cymodi. Roedd pobl yn sôn am ysbryd newydd, sef 'ysbryd Locarno', a derbyniodd Briand, Stresemann a Chamberlain Wobr Heddwch Nobel. Yn 1928 llofnododd pob un o'r grymoedd mawr Gytundeb Kellogg-Briand, yn gwahardd rhyfel. Yn sgil Cynllun Young yn 1929, rhoddwyd estyniad o 60 mlynedd ar gyfnod talu'r iawndaliadau, gan leihau'r pwysau ar yr Almaen yn fwy byth. Fel rhan o'r cynllun hwn, cytunodd Prydain a Ffrainc i dynnu allan o'r Rheindir bum mlynedd yn gynnar. Er hynny, mae modd gorbwysleisio'r gwelliant yng nghydberthynas y gwledydd. Parhaodd Ffrainc i amau bwriadau'r Almaen

YSTYRIAETH
Pam ac i ba raddau yr oedd yr awyrgylch cenedlaethol yn fwy cyfeillgar ar ddiwedd yr 1920au?

CYTUNDEB LOCARNO

▼ Byddai'r Almaen yn cael ei chroesawu i Gynghrair y Cenhedloedd.

▼ Derbyniwyd bod ffiniau gorllewinol yr Almaen â Ffrainc a Gwlad Belg yn ffiniau terfynol, ac fe'u gwarantwyd gan Brydain a'r Eidal.

Fodd bynnag, ni chytunai'r Almaen i gydnabod hynny ynghylch ei ffiniau dwyreiniol.

LLINELL MAGINOT

Cyfres o gaerau amddiffynnol a adeiladwyd er mwyn cryfhau ffin ddwyreiniol Ffrainc rhag y posibilrwydd o ymosodiad gan yr Almaenwyr. Yn rhannol o ganlyniad i brotestiadau'r Belgiaid, a hefyd oherwydd y gost, nid ymestynnwyd y llinell i'r gorllewin i ddiogelu'r ffin rhwng Ffrainc a Gwlad Belg.

---

i'r fath raddau nes dechrau adeiladu **Llinell Maginot** yn 1927. Er i Stresemann, Briand a Chamberlain gyfarfod yn gyson ar ôl 1926, ni fu fawr o gytundeb rhyngddynt.

c) Cynghrair y Cenhedloedd

Yn yr 1920au sefydlodd y Cynghrair, a leolid yn Genefa, ei hun fel sefydliad rhyngwladol gyda'r gallu i ddatrys dadleuon rhwng pwerau bychain, ac i hybu amrywiaeth eang o weithgareddau dyngarol ac economaidd. Roedd y Cynghrair yn siop siarad ddefnyddiol, gyda'r cyfarfodydd yn cynnig cyfleoedd i wladweinwyr gyfarfod a thrafod. Cafodd gefnogaeth frwd, yn enwedig ym Mhrydain. Yn ddiniwed, credai Prydeinwyr y gallai'r Cynghrair ddatrys holl broblemau'r byd yn heddychlon. Fodd bynnag, nid oedd y Cynghrair yn ddylanwadol iawn. Datrysid y problemau mawr gan weinidogion tramor Prydain, Ffrainc, yr Eidal ac (ar ôl 1926) yr Almaen. Er y gallai'r Cynghrair ddatrys dadleuon rhwng y pwerau bychain, ni allai ddelio â gweithredoedd ymosodol ei aelodau cryfaf (er enghraifft, pan gipiodd yr Eidal Corfu yn 1923).

ch) Diarfogi

Yn 1919 cafodd yr Almaen ei diarfogi gan y Cynghreiriaid. Ym marn nifer, dyma oedd y cam cyntaf tuag at ddiarfogi byd-eang. Ond ni fu'r ymdrechion i ddiarfogi yn yr 20au yn gwbl lwyddiannus.

i) Llyngesol

Yn 1922 llofnododd y pwerau llyngesol mawr Gytundeb Llyngesol Washington. Yn ôl y cytundeb, byddai llongau rhyfel mawr (llongau dros 10,000 o dunelli) yn cael eu dosbarthu rhwng y gwledydd yn ôl y cyfraddau canlynol: UDA 5: Prydain 5: Japan 3: Yr Eidal 1.75: Ffrainc 1.75. Ni fyddai unrhyw longau mawr newydd yn cael eu hadeiladu am ddeng mlynedd.

ii) Milwrol

Roedd hi'n anos o lawer trefnu cytundebau yn ymwneud ag arfau ar y tir. Y diffyg ymddiriedaeth rhwng Ffrainc a'r Almaen oedd y brif broblem. Gan wybod nad oedd yr Almaen hyd yn oed yn ufuddhau i'r telerau diarfogi a osodwyd gan Gytundeb Versailles, credai arweinwyr Ffrainc y byddai'n ffolineb o safbwynt cenedlaethol, yn ogystal â gwleidyddol, i leihau lluoedd mawr Ffrainc.

DIGWYDDIADAU, 1923-9

1923 milwyr Ffrainc a Gwlad Belg yn meddiannu'r Ruhr;

1924 lleihau iawndaliadau yn sgil Cynllun Dawes;

1925 Cynhadledd Locarno;

1926 yr Almaen yn ymuno â Chynghrair y Cenhedloedd;

1928 Cytundeb Kellogg-Briand;

1929 lleihau iawndaliadau yn sgil Cynllun Young.

---

ch) Diweddglo

Yn 1929 roedd y sefyllfa'n ymddangos yn obeithiol. I bob golwg, roedd Ffrainc a'r Almaen yn barod i ddod i gytundeb drwy drafodaeth yn hytrach na thrais. Er bod areithiau Mussolini yn rhyfelgar o dro i dro, nid oedd ei weithredoedd yn ddigon i fod yn fygythiad. Roedd UGSS yn peri annifyrrwch yn hytrach na phroblem ddifrifol. Roedd pob un o'r pwerau mawrion, bron, wedi cytuno i droi cefn ar ryfela, ac roedd

Cynghrair y Cenhedloedd i'w weld yn sefydliad effeithiol a fyddai'n sicrhau heddwch. Ysgrifennodd Winston Churchill y geiriau canlynol yn 1948, i grynhoi'r 1920au:

Er mai cysgu'n unig oedd yr hen elyniaethau, ac er bod modd clywed curiadau drwm y trethi newydd, roedd cyfiawnhad dros obeithio y byddai'r tir a enillwyd yn agor y ffordd i'n galluogi i symud ymlaen … Ar ddiwedd … [1929] roedd Ewrop yn heddychlon mewn modd nas gwelwyd ers ugain mlynedd ac nas gwelwyd eto am o leiaf ugain mlynedd arall. Roedd ymdeimlad o gyfeillgarwch yn bodoli tuag at yr Almaen o ganlyniad i Gytundeb Locarno a'r ffaith fod Byddin Ffrainc a'r lluoedd Cynghreiriol wedi tynnu allan o'r Rheindir yn gynt o lawer na'r dyddiad a drefnwyd yn Versailles. Cymerodd yr Almaen newydd ei lle mewn Cynghrair y Cenhedloedd oedd yn awr yn llai o faint. Gyda chymorth benthyciadau o UDA a Phrydain, roedd yr Almaen yn adfywio'n gyflym … roedd Ffrainc a'i chyfundrefn o gynghreiriau hefyd fel petai mewn sefyllfa gadarn yn Ewrop. Ni châi cymalau diarfogi Cytundeb Versailles eu hanwybyddu'n agored. Nid oedd gan yr Almaen lynges. Gwaharddwyd Llu Awyr yr Almaen, ac nid oedd arwydd ohono.

Ffynhonnell B

Roedd gan Sally Marks, hanesydd a ysgrifennai yn 1976, farn wahanol:

Gwyddai llond llaw o ddynion fod Locarno yn sylfaen fregus ar gyfer adeiladu heddwch parhaol. Wedi'r cyfan, dan gochl cyfeillgarwch cyhoeddus, roedd y gwir ymdeimlad yn un o wrthdaro chwerw rhwng Ffrainc ofnus, gyda'r Ewropeaid dwyreiniol anfodlon, a geisiai guddio eu cywilydd a'u dychryn, wrth ei hochr, ac Almaen ddicllon, adolygiadol, yn mynnu mwy fyth o newidiadau i'r cydbwysedd grym er ei lles ei hun. Gan mai'r Almaen oedd grym potensial cryfaf y cyfandir, cynyddai ofnau ei chymdogion yn anorfod.

Ac eto, yn gyhoeddus, roedd pawb yn dawel ac yn gwenu, ac nid oedd Ewropeaid cyffredin yn gwybod am y gwrthdaro y tu cefn i'r drysau caeedig … Roedd wyneb cyhoeddus cynhadledd Locarno a'r cytundebau eu hunain wedi creu rhith o heddwch, ac roedd y bobl gyffredin yn llawenhau. Wedi ei chamarwain gan ymddangosiad ffug, camodd Ewrop yn ddiolchgar i flynyddoedd Locarno, gan gredu bod heddwch parhaol wedi dod o'r diwedd. O ystyried yr holl flynyddoedd rhwng rhyfeloedd, dyma'r blynyddoedd gorau mae'n debyg, ond er hynny, roeddent yn flynyddoedd o rith.

Ffynhonnell C

GWEITHGAREDD

Ystyriwch y ddwy ffynhonnell uchod ac atebwch y cwestiynau canlynol:

1. Pam mae Sally Marks yn cyfeirio at flynyddoedd Locarno fel 'blynyddoedd o rith'? **[5 marc]**
2. Ym mha ffyrdd mae adroddiad Churchill yn cefnogi barn Sally Marks, os o gwbl? **[5 marc]**
3. Gwnewch sylwadau ar safbwyntiau gwahanol Churchill a Marks. **[10 marc]**

YSTYRIAETH
Beth oedd effaith y Dirwasgiad ar faterion rhyngwladol?

3 Dirwasgiad, 1929–33

Cafodd cwymp economi'r byd, yn sgil Cwymp Wall Street yn 1929, effaith fawr ar gydberthynas y gwledydd. Er i'r Dirwasgiad Mawr beri bod rhai gwledydd yn fwy heddlychlon nag erioed, o fewn gwledydd eraill daeth llywodraethau i rym a gredai mai'r ffordd i wella'r sefyllfa economaidd oedd drwy ennill tiroedd dramor. O ganlyniad, daeth yr awyrgylch rhyngwladol yn fwy bygythiol. Gwaethygwyd y sefyllfa pan fu farw Stresemann a phan gollodd Austin Chamberlain a Briand eu swyddi yn 1929.

a) Japan a Manchuria

Yn ystod yr 1920au, rheolid Japan gan gyfres o glymbleidiau rhyddfrydol, y mwyafrif ohonynt yn cefnogi cydweithrediad rhyngwladol. Fodd bynnag, roedd cenedlaetholwyr radicalaidd, a ffurfiai ran helaeth o'r fyddin, yn awyddus i weld Japan yn gofalu am ei buddiannau ei hun, yn rhydd o gyfyngiadau 'rheolau'r' Gorllewin. Effeithiodd y Dirwasgiad yn fawr ar Japan gan roi cymhelliad da dros weithredu'n filwrol. Ym Medi 1931, gan weithredu heb orchymyn gan y llywodraeth, cipiodd unedau o'r fyddin Japaneaidd rannau o Manchuria, sef talaith Chineaidd. Gan fod y bobl mor gefnogol, ni wnaeth llywodraeth Japan fawr ddim i atal y weithred.

Hon oedd yr her fawr gyntaf o du un o'r pwerau mawr i awdurdod Cynghrair y Cenhedloedd. Yn ôl Erthygl 16 o Gyfamod y Cynghrair, pe byddai un o aelodau'r Cynghrair yn 'troi at ryfel', byddai hyn yn cyfrif fel gweithred o ryfel yn erbyn aelodau eraill y Cynghrair. Er hyn, nid oedd yn glir a oedd Japan wedi 'troi at ryfel' o ddifrif mewn ardal lle roedd gwrthdaro cyson rhwng milwyr Chineaidd a Japaneaidd. O ganlyniad, ni wnaeth y Cynghrair fawr ddim ond apelio at China a Japan i gadw rhag gweithredu'n fygythiol yn y dyfodol. Ni ddylanwadwyd ar fyddin Japan gan rybuddion llafar. Erbyn Chwefror 1932 roedd wedi meddiannu Manchuria gyfan ac wedi sefydlu gwladwriaeth byped o'r enw Manchukuo.

Yn y man, sefydlodd y Cynghrair gomisiwn dan arweiniad yr Arglwydd Lytton i ymchwilio i sefyllfa Manchuria. Ym mis Hydref 1932, condemniodd Adroddiad Lytton ddulliau Japan o unioni cam (er y gellid cyfiawnhau rhai o'u cwynion) ac argymhellodd y dylid dychwelyd Manchuria i China. Japan yn unig o blith aelodau'r Cynghrair a bleidleisiodd yn erbyn argymhelliad Lytton, ac yn awr protestiodd drwy dynnu allan o'r Cynghrair ac anwybyddu ei ddyfarniad. Roedd hon yn adeg dyngedfennol i'r Cynghrair. Sut fyddai'n trin aelod a wrthodai ei ddyfarniad?

Ni weithredodd y Cynghrair. Wrth edrych yn ôl, mae'n hawdd condemnio ei anfodlonrwydd i ddefnyddio grym. Gellid hyd yn oed ddadlau bod hyn wedi arwain at yr Ail Ryfel Byd. Er hyn, roedd gweithredoedd y Cynghrair yn ddealladwy ar y pryd. Yn gyntaf, roedd yn rhaid iddo ymchwilio i'r goresgyniad Japaneaidd. Erbyn i Lytton gyflwyno ei adroddiad, roedd yn rhy hwyr i weithredu. Byddai wedi bod yn anodd i'r pwerau Gorllewinol gyfiawnhau i'w hetholwyr yr angen i 'gosbi' Japan am rywbeth a wnaeth fwy na blwyddyn ynghynt. Nid oeddent chwaith am fentro gwrthdaro yn erbyn Japan: roedd eu byddinoedd yn y Dwyrain Pell yn fychain, ac ni fyddai gwarchae economaidd yn effeithiol iawn heb gymorth UDA.

> **C**
>
> A ddylai Cynghrair y Cenhedloedd fod wedi gweithredu yn erbyn Japan yn 1931-2?

b) Diarfogi ac Iawndaliadau

O ystyried y problemau economaidd, nid oedd Prydain, yn enwedig, yn awyddus i wario ar arfau. Gan lynu'n gadarn wrth egwyddorion diarfogi a chydweithrediad rhyngwladol drwy gyfrwng y Cynghrair, roedd ganddi ffydd fawr yng Nghynhadledd Diarfogi'r Byd a gyfarfu yn Genefa yn 1932. Roedd cynrychiolwyr 60 o genhedloedd yno, gan gynnwys UDA a Rwsia. Fodd bynnag, nid oedd modd creu cyfaddawd rhwng galwad yr Almaen am gydraddoldeb a galwad Ffrainc am ddiogelwch. Er gwaetha'r methiant hwn, gobeithiai Prydain y gellid datrys cwynion eraill yr Almaen drwy drafodaeth. Ym Mehefin 1932 llwyddodd Cynhadledd Lausanne i ddileu iawndaliadau.

> **DIGWYDDIADAU, 1929-33**
>
> | | |
> |---|---|
> | 1929 | Hydref: marwolaeth Stresemann; Cwymp Wall Street; |
> | 1931 | milwyr Japan yn dechrau gweithredu'n filwrol yn Manchuria; |
> | 1932 | y Gynhadledd Ddiarfogi yn cyfarfod yn Genefa. |

4 Problemau'n Cynyddu, 1933–6

a) Bygythiad Hitler

Yn 1933 daeth Hitler i rym yn yr Almaen. Bu hyn yn achos braw, os nad dychryn, ledled Ewrop. Credai pawb y byddai'n siŵr o herio'r drefn a fodolai ar y pryd. Mae haneswyr yn parhau i anghytuno ynghylch ei fwriadau terfynol. Mae A.J.P. Taylor wedi honni mai gwladweinydd Almaenig cymharol gyffredin oedd Hitler, gyda chenhadaeth gymharol gyffredin – sef cynyddu safle yr Almaen ymhlith cenhedloedd y byd. Ym marn Taylor, roedd Hitler yn ddyn a fanteisiai ar sefyllfaoedd wrth iddynt

> **YSTYRIAETH**
> Beth oedd amcanion Hitler? I ba raddau roedd yn fygythiad i heddwch?

godi, ac anaml y cymerai'r cam cyntaf ei hun. Nid oedd yn fwy twyllodrus neu ddrwg nag unrhyw wladweinydd arall. Yn ôl Taylor, nid oedd Hitler yn awyddus am ryfel cyffredinol yn 1939: dechreuodd y rhyfel drwy ddamwain. Ychydig heddiw sy'n derbyn dadleuon Taylor yn eu cyfanrwydd. Er bod rhai **swyddogaethwyr** (gweler tudalen 155) yn credu nad oedd gan Hitler fawr o reolaeth ar bolisi tramor, ac yn dadlau nad oedd polisi Natsïaidd yn gyson mewn unrhyw ffordd, mae'r mwyafrif o haneswyr o'r farn bod polisi tramor Natsïaidd *yn* adlewyrchu dymuniadau Hitler. Mae'n amlwg bod Hitler (fel pob gwladweinydd) yn ymateb i ddigwyddiadau. O ganlyniad, roedd ei bolisi'n manteisio ar y cyfle i raddau helaeth: mae'n debyg nad oedd ganddo gynllun wedi'i drefnu bob yn gam. Fodd bynnag, mae'r mwyafrif o haneswyr yn credu bod gan Hitler fwriad pendant a dideimlad i ddisodli Versailles, creu Almaen Fwy, ennill tiriogaeth yn y dwyrain (*lebensraum*), a sicrhau safle yr Almaen fel grym mwyaf Ewrop.

b) Camau Cyntaf Hitler, 1933–4

Gan fod yr Almaen yn wan yn filwrol, yn economaidd ac yn ddiplomyddol, bu camau cyntaf Hitler ym maes polisi tramor yn rhai gofalus. Fodd bynnag, ym mis Hydref 1933 tynnodd allan o'r Gynhadledd Ddiarfogi a'r Cynghrair, gan hawlio nad oedd y pwerau eraill yn trin yr Almaen fel gwlad gydradd. Gan wybod bod yr Almaen yn ailarfogi yn anghyfreithlon, daliodd Ffrainc ati i adeiladu Llinell Maginot. Effeithiodd hyn yn fawr ar gynghreiriaid Ffrainc yn nwyrain Ewrop. Ni fyddai Ffrainc yn gallu cynnig llawer o gymorth pe byddai ei lluoedd yn crynu y tu ôl i amddiffynfeydd yn achos rhyfel.

Yn *Mein Kampf* dadleuodd Hitler y dylai'r Almaen geisio cyfeillgarwch Prydain a'r Eidal. Credai fod yr Almaen imperialaidd wedi gwneud camgymeriad mawr drwy ddieithrio Prydain. Gan gyhoeddi ei obaith y gallai'r 'ddwy genedl Almaenaidd fawr' gydweithio, ceisiodd – ond methodd – greu cytundeb ffurfiol â Phrydain. Bu'r un mor aflwyddiannus gyda'r Eidal. Bu ymweliad swyddogol Hitler â'r Eidal yn 1934 yn fethiant llwyr. Nid oedd Mussolini ac yntau'n cyd-dynnu. Gwaethygwyd y berthynas gan y digwyddiadau yn Awstria yng Ngorffennaf 1934. Yn sgil *putsch* a arweinwyd gan y Natsïaid, llofruddiwyd Dollfuss, Canghellor Awstria. Ym marn Mussolini, roedd Awstria yn un o wladwriaethau dibynnol yr Eidal, ac felly rhuthrodd ei filwyr i ffin Awstria fel rhybudd i Hitler. Ni wnaeth Hitler ddim, a bu'r *putsch* Natsïaidd yn fethiant.

c) Yr Almaen yn Ailarfogi

Ym Mawrth 1935 datganodd Hitler fodolaeth llu awyr yr Almaen, a chyhoeddodd y byddai byddin yr Almaen yn cynyddu i 500,000 o filwyr – sef pum gwaith y nifer a ganiateid. Er bod llywodraethau'r Gorllewin yn gwybod bod yr Almaen wedi bod yn anwybyddu cymalau milwrol Versailles ers blynyddoedd, nid oedd modd anwybyddu cyhoeddiad Hitler. Mewn cyfarfod yn Stresa yn Ebrill 1935 condemniodd arweinwyr

Prydain, Ffrainc a'r Eidal weithred Hitler a phenderfynwyd defnyddio trais i wrthsefyll unrhyw ymdrechion i newid y cytundeb presennol yn y dyfodol. Gelwid y cytundeb hwn yn Ffrynt Stresa.

Gan ofni bygythiad yr Almaen, dechreuodd Rwsia ymddwyn yn wahanol tuag at ddemocratiaethau'r Gorllewin. Ymunodd â Chynghrair y Cenhedloedd yn 1934, ac arwyddodd gytundebau cydgymorth â Ffrainc a Tsiecoslofacia yn 1935. Yn lle annog gelyniaeth tuag at bleidiau sosialaidd cymedrol, roedd y *Comintern* bellach yn annog y pleidiau comiwnyddol i ymuno â 'Ffryntiau y Bobl' yn erbyn ffasgaeth. Ni fu'r agwedd newydd o safbwynt polisi tramor Rwsia o fudd mawr i'r wlad. Roedd Mussolini yn gwrthwynebu unrhyw gydweithredu ag UGSS. Roedd Prydain hefyd yn amau cymhellion Stalin. Nid oedd aelodau'r adain dde ym Mhrydain a Ffrainc yn hoffi'r syniad o dderbyn cymorth y comiwnyddion i atal Hitler. Roedd yn well ganddynt helpu Hitler i atal comiwnyddiaeth.

Hyd yma, nid oedd Prydain yn gweld Hitler fel bygythiad mawr. Ym Mehefin 1935 arwyddodd Prydain a'r Almaen Gytundeb Llyngesol yn caniatáu i'r Almaen adeiladu hyd at 35 y cant o brif longau Prydain ac i feddu ar yr un nifer o longau tanfor. Gwnaeth y Cytundeb hwn niwed mawr i Ffrynt Stresa. Drwy gymeradwyo llynges Almaenig fwy o lawer na'r un a ganiatawyd gan Gytundeb Versailles, roedd Prydain fel petai'n goddef ailarfogiad yr Almaen, er gwaethaf y condemniadau gan Ffrynt Stresa. Fodd bynnag, roedd arweinwyr Prydain o'r farn fod y Cytundeb yn gymorth i greu heddwch. O ystyried y bygythiad o du Japan yn y Dwyrain Pell, nid oedd Prydain yn dymuno wynebu perygl yn nyfroedd y famwlad. Roedd y Cytundeb o leiaf yn sicrhau bod gan Brydain ragoriaeth lyngesol ar yr Almaen a oedd ddwywaith cymaint ag yn 1914.

ch) Abysinia

Gobeithiai Prydain a Ffrainc y byddai Mussolini yn gynghreiriad defnyddiol yn erbyn Hitler. Roedd ganddynt reswm da i gredu hynny. Nid oedd yr Eidal yn awyddus i weld yr Almaen yn cryfhau, ac yn fwy na dim, ofnai y byddai'r Almaen ac Awstria yn uno. Fodd bynnag, roedd gan Mussolini ei uchelgeisiau ei hun. Roedd yn awyddus i ymestyn Ymerodraeth yr Eidal drwy feddiannu Abysinia (Ethiopia), un o'r ychydig wledydd Affricanaidd oedd yn annibynnol o hyd ar reolaeth Ewropeaidd. Daeth yr esgus i'r Eidal gynyddu ei lluoedd pan fu ysgarmes rhwng lluoedd yr Eidal a lluoedd Abysinia yn 1934. Gan wybod y gallai ymosodiad niweidio'r berthynas â Phrydain a Ffrainc, gwnaeth Mussolini ymdrechion diplomyddol i sicrhau eu cefnogaeth. Roedd Ffrainc yn awyddus i aros ar delerau da â'r Eidal, ac yn Ionawr 1935 addawodd y câi'r Eidal wneud fel y mynnai yn Abysinia. Fodd bynnag, yn ystod haf 1935, dangosodd Prydain yn glir ei bod hi'n gwrthwynebu yr Eidal yn cyfeddiannu Abysinia gyfan. Er hynny, ym mis Hydref 1935, meddiannodd yr Eidal Abysinia. Ar unwaith, apeliodd Haile Selassie, Ymerawdwr Abysinia, at Gynghrair y Cenhedloedd.

Yn awr, roedd Prydain a Ffrainc mewn cyfyng-gyngor. Nid oedd gan y

Ffigur 45 Abysinia, 1934-6.

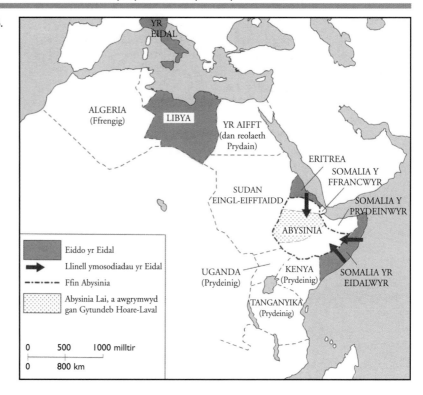

naill wlad na'r llall ddiddordeb arbennig yn Abysinia, ac nid oedd Haile Selassie yn rheolwr delfrydol o bell ffordd. Byddai gweithredu yn erbyn yr Eidal yn distrywio Ffrynt Stresa ac efallai yn gorfodi Mussolini i droi at Hitler. Ond roedd egwyddorion pwysig yn y fantol, megis ymrwymiad grymoedd y Gorllewin i gyfamod y Cynghrair. Ni ellid anwybyddu barn pobl Prydain, oedd yn wrthwynebus iawn i'r goresgyniad, o gofio bod etholiad cyffredinol ar y gorwel. Yn wreiddiol, roedd llywodraeth Prydain wedi bod yn barod i ystyried consesiynau, ond yn awr condemniodd y goresgyniad gan gefnogi'r Cynghrair yn erbyn yr Eidal. Roedd gan Ffrainc fwy o ofn colli cefnogaeth Prydain na chefnogaeth yr Eidal, ac felly gwnaeth yr un fath. Ym mis Hydref, gorfododd y Cynghrair sancsiynau economaidd ar yr Eidal. Gwaharddwyd unrhyw fewnforion o'r Eidal ac ni châi dderbyn rhai allforion. Fodd bynnag ni chafodd y sancsiynau, nad oeddent yn gwahardd olew (ar y cychwyn), fawr ddim effaith. Gan ofni y byddai Mussolini'n gweithredu'n fyrbwyll drwy gyhoeddi rhyfel, ni chaeodd Prydain Gamlas Suez – y ffordd orau o amharu ar ymdrech ryfel yr Eidal.

    Yn Rhagfyr 1935, cynigiodd Hoare a Laval, Gweinidogion Tramor Prydain a Ffrainc, gytundeb cyfaddawdol a fyddai'n caniatáu i'r Eidal dderbyn mwy na hanner Abysinia. Pan gafodd y wasg afael ar fanylion y cynllun, bu dicter mawr ym Mhrydain. I bob golwg, roedd y llywodraeth yn anwybyddu ei hymrwymiad i'r Cynghrair. Yn wyneb yr adwaith hwn, ymddiswyddodd Hoare a rhoddodd y cabinet y gorau i'r cynllun. Yn y cyfamser, meddiannwyd Abysinia gan filwyr Eidalaidd. Ym Mai 1936 daeth yn rhan o Ymerodraeth yr Eidal. Daethpwyd â'r sancsiynau yn erbyn yr Eidal i ben ond gwrthodai Prydain gydnabod y goresgyniad, rhywbeth a gynddeiriogai Mussolini.

Gellir dadlau bod y ffaith na chafodd Mussolini ei ffrwyno yn 1935-6 yn gam pendant tuag at ryfel. Petai Prydain a Ffrainc wedi bod yn barod i ymladd yr Eidal, efallai y byddai hyn wedi cryfhau safle'r Cynghrair a ffrwyno Hitler. Fodd bynnag, efallai y byddai'r dasg o drechu'r Eidal wedi bod yn anos na'r disgwyl, gan ei bod yn eithaf parod am ryfel yn 1935. Hyd yn oed pe bai wedi cael ei threchu, byddai'r chwerwder a godai o hynny yn peri ei bod yn barod i gynghreirio â'r Almaen.

d) Y Rheindir

Ym Mawrth 1936 gyrrodd Hitler filwyr Almaenig i mewn i'r Rheindir dadfilwriedig. Drwy wneud hyn, roedd yn amlwg yn torri cytundebau Versailles a Locarno. Gwyddai Hitler ei fod yn ei mentro hi. Nid oedd yr Almaen eto'n ddigon cryf i ymladd mewn rhyfel hir, a derbyniodd y lluoedd pitw a orymdeithiodd i'r Rheindir orchymyn i dynnu allan pe ceid gwrthwynebiad. Fodd bynnag, credai Hitler na fyddai Prydain na Ffrainc yn gweithredu yn erbyn yr Almaen, ac roedd ei asesiad yn gywir. Ni wnaeth Ffrainc ddim ac eithrio rhoi'r broblem yn nwylo Prydain drwy ofyn iddi a fyddai hi'n cefnogi gweithredu o du Ffrainc. Nid oedd gan Brydain unrhyw fwriad o fynd i ryfel yn erbyn yr Almaen. Ym marn y bobl Brydeinig, roedd gweithred Hitler yn anffodus o ran ei dull ond nid yn fygythiad. Mae'n debyg bod y mwyafrif o ASau yn cytuno â sylw'r

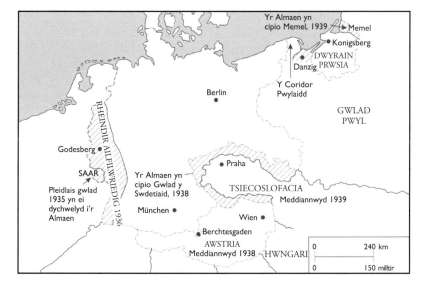

Ffigur 46 Enillion yr Almaen, 1933-9.

A ddylai Prydain a Ffrainc fod wedi gweithredu yn erbyn Hitler yn 1936?

C

AXIS RHUFAIN-BERLIN

Dyma'r term a ddefnyddiwyd i ddisgrifio'r cyfeillgarwch cynyddol rhwng yr Almaen a'r Eidal. Yn ôl ymffrost Mussolini, byddai'r ddwy genedl yn tra-arglwyddiaethu ar Ewrop, a byddai'r holl wladwriaethau eraill yn troi o gwmpas yr 'axis' hon. Yn ystod yr Ail Ryfel Byd, defnyddiwyd y gair 'Axis' i ddisgrifio'r holl bwerau a ymladdai ar ochr yr Almaen.

DIGWYDDIADAU, 1933-6

1933 yr Almaen yn tynnu allan o'r Cynghrair a'r Gynhadledd Ddiarfogi yn Genefa;

1934 Cytundeb Di-drais yr Almaen-Gwlad Pwyl;

1935 Mawrth: Hitler yn cyhoeddi ailarfogiad yr Almaen; Mehefin: Cytundeb Llyngesol Eingl-Almaenig; Hydref: yr Eidal yn goresgyn Abysinia;

1936 Mawrth: milwyr yr Almaen yn ailfeddiannu'r Rheindir; Gorffennaf: dechrau Rhyfel Cartref Sbaen.

Arglwydd Lothian bod gan yr Almaen yr hawl i gerdded i mewn i'w 'iard gefn' ei hun. Er bod modd dadlau na weithredodd Ffrainc am na chynigiodd Prydain ei chefnogaeth, mae'n ymddangos erbyn hyn nad oedd gan Ffrainc unrhyw ewyllys i fentro i ryfel, boed hynny gyda chefnogaeth Prydain neu beidio. Dechreuodd yr Almaen adeiladu amddiffynfeydd yn y Rheindir, gan ei gwneud yn anos fyth i Ffrainc weithredu yn y dyfodol. O edrych yn ôl, gellir dadlau mai dyma oedd y 'cyfle olaf' i atal Hitler heb fynd i ryfel ac mai dyma pryd y dylid bod wedi ei herio. Er hynny, mae'n debyg nad hwn oedd y cyfle olaf i atal Hitler heb fynd i ryfel. Efallai y byddai Ffrainc wedi gallu atal Hitler, ond dim ond trwy fynd i ryfel. Pe bai wedi gwneud hyn, efallai na fyddai Ffrainc wedi ennill y fuddugoliaeth rwydd a ddisgwylid gan lawer.

dd) Y Sefyllfa yn 1936

Yng Ngorffennaf 1936 dechreuodd Rhyfel Cartref Sbaen (gweler tudalen 187). Yr Almaen a elwodd fwyaf ar y rhyfel. Yn ogystal â rhoi cyfle i Hitler brofi arfau newydd, gwellodd y berthynas â'r Eidal. Ym mis Hydref 1936 cyhoeddodd Mussolini fodolaeth **Axis Rhufain-Berlin**. Yn Nhachwedd 1936 arwyddodd yr Almaen a Japan y cytundeb gwrth-Gomintern, sef cytundeb i atal ymlediad comiwnyddiaeth (ymunodd yr Eidal yn 1937). Roedd yr Almaen yn ailarfogi, roedd yr Eidal yn fygythiad yn y Canoldir, ac roedd Japan yn gref yn y Dwyrain Pell. Dan yr amgylchiadau, nid oedd gan Brydain fawr o ddewis ond dechrau ailarfogi ar raddfa fawr.

GWEITHGAREDD

Er mwyn profi eich dealltwriaeth, ystyriwch y cwestiwn canlynol: 'Pa wlad – Japan, yr Eidal neu yr Almaen – a fygythiai heddwch y byd fwyaf yn y blynyddoedd rhwng 1931 ac 1936?

Trywydd awgrymedig eich ateb:
▼ Ystyriwch ymddygiad ymosodol Japan yn Manchuria yn 1931-2.
▼ Ystyriwch weithredoedd yr Eidal yn 1935-6.
▼ Pa mor fygythiol oedd Hitler yn 1933-6?

YSTYRIAETH
Pa mor synhwyrol oedd dyhuddiad?

5 Y Tyndra'n Cynyddu, 1937–8

a) Neville Chamberlain a Dyhuddiad

Yn 1937 daeth Neville Chamberlain yn Brif Weinidog Prydain. Roedd yn benderfynol o chwarae rhan allweddol ym myd polisi tramor. Er gwaethaf ei ymddangosiad eiddil, roedd ganddo hyder a chryfder penderfyniad. Y gair a gysylltir yn annatod ag enw Chamberlain erbyn hyn yw **dyhuddiad**. Am flynyddoedd lawer wedi 1939 cafodd dyhuddiad enw drwg. Bernid bod y sawl a gefnogai ddyhuddiad yn 'ddynion euog' a lwyddodd i achosi rhyfel drwy ddilyn polisïau annoeth. Fel rheol, bernid mai Chamberlain oedd y prif ddyn euog. Mae rhai yn mynnu o hyd mai'r unig beth i'w wneud oedd sefyll yn gadarn yn erbyn Hitler: dim ond codi ei awydd wnâi dyhuddiad, gan ei annog i hawlio mwy. Yn awr, fodd bynnag, fe welir dyhuddiad mewn golau gwell. Am gannoedd o flynyddoedd bu'n egwyddor sylfaenol ym mholisi Prydain ei bod yn well datrys dadleuon drwy drafodaeth a chyfaddawd na thrwy ryfel. Roedd Chamberlain yn casáu'r syniad o ryfel, a oedd yn ei farn ef yn 'ennill dim byd, yn datrys dim byd, ac yn rhoi terfyn ar ddim byd'. Gan ddeall dymuniad Hitler i uno'r bobl Almaeneg eu hiaith yn Awstria, Gwlad Pwyl a Tsiecoslofacia, gobeithiai Chamberlain y gellid cyflawni'r newidiadau hyn heb ryfel.

Nid oedd Chamberlain yn ymddiried yn Hitler, Mussolini na'r Japaneaid. Am y rheswm hwn roedd hefyd o blaid ailarfogi. Nes y byddai Prydain wedi'i harfogi ei hun yn ddigonol, gwyddai y byddai'n 'rhaid i ni … oddef gydag amynedd a hwyliau da weithredoedd y byddai'n well gennym eu trin mewn ffordd wahanol iawn'. Nid oedd ganddo unrhyw ffydd yn Ffrainc na Chynghrair y Cenhedloedd. Roedd ganddo lai fyth o ffydd yn UGSS, ac roedd ei ddiffyg ymddiriedaeth yn Stalin gymaint â'i ddiffyg ymddiriedaeth yn Hitler. O ystyried cryfder yr ymneilltuedd Americanaidd, gwyddai nad oedd fawr o obaith y byddai'r UD yn chwarae rhan ym materion y byd. Er hyn, roedd yn optimistaidd. Ysgrifennodd yn 1937, 'Credaf y bydd y polisi dwbl o ailarfogi a pherthynas well â'r Almaen a'r Eidal yn gymorth i ni oroesi'r cyfnod peryglus hwn.'

Roedd y mwyafrif o ASau Prydain yn cefnogi dyhuddiad. Churchill oedd y gwrthddyhuddwr amlycaf. Pwysleisiodd yr angen am gyfundrefn gref o gynghreiriau ac am ailarfogi ar raddfa eang. Yn ddiweddarach, byddai'n cael yr enw o fod yn gywir ynglŷn â Hitler, tra bod Chamberlain wedi gwneud camgymeriad. Ond roedd barn Churchill yn deillio o'i ragfarnau gwrth-Almaenig ei hun yn y bôn, ac nid oedd llawer ym Mhrydain yn barod i gyd-fynd â'r hyn a ystyrid yn syniadau rhyfel-gi.

b) Cynhadledd Hossbach

Yn Nhachwedd 1937, cyfarfu Hitler â rhai o'i gadlywyddion amlycaf yng Nghynhadledd Hossbach, fel y'i gelwir, er mwyn amlinellu amcanion polisi tramor yr Almaen a'r dulliau posibl o'u cyflawni. Honnai ei fod yn benderfynol o ennill *lebensraum*, ac na ellid gwneud hynny ond drwy ryfela. Er na fyddai'r Almaen yn gwbl barod am ryfel hyd ganol yr 1940au, ni allai aros tan hynny. Pe byddai cyfle yn codi cyn hynny, byddai'n manteisio arno. Meddiannu Tsiecoslofacia ac Awstria oedd yr amcanion cyntaf. Mae llawer o ddadlau ynglŷn ag arwyddocâd Cynhadledd Hossbach. Yn ôl rhai, mae'n profi bod Hitler yn amlinellu

---

DYHUDDIAD

Yr enw a roddwyd i bolisïau yn ymwneud ag ildio i ofynion bygythiol er mwyn osgoi rhyfel. Fe'i cysylltir yn bennaf â pholisi tramor Prydain yn niwedd yr 1930au.

Y RHYFEL SINO-JAPANEAIDD

Yng Ngorffennaf 1937, ffrwydrodd gelyniaeth China a Japan gan droi'n rhyfel mawr. Meddiannodd lluoedd Japan rannau helaeth o China. Apeliodd Chamberlain yn ofer am ddiwedd i'r brwydro. Dan yr amgylchiadau, gobaith mwyaf Prydain oedd y byddai Japan yn mynd i gors mewn rhyfel athreuliol yn China, a dyna a ddigwyddodd. Ar ddiwedd yr 1930au roedd Prydain yn canolbwyntio mwy ar Ewrop nag ar y Dwyrain Pell. Fodd bynnag, ni allai Chamberlain anwybyddu'r ffaith fod problemau Ewrop a'r Dwyrain Pell yn rhyngweithio yn aml. Roedd ofn ymddygiad ymosodol Japan yn ffactor bwysig wrth geisio esbonio pam roedd Prydain yn awyddus i gymodi'r Eidal a'r Almaen.

amserlen o ymosodiadau gan yr Almaen. Ym marn eraill, nid oedd Hitler yn gwneud dim mwy na breuddwydio, yn hytrach na chyflwyno cynlluniau manwl. Yn ddi-os, ni ddigwyddodd popeth yn union fel y rhagwelai. Er hynny, yng ngaeaf 1937-8 dechreuwyd ar gyfnod newydd o safbwynt polisi Almaenig. Collodd nifer o geidwadwyr amlwg swyddi dylanwadol. Gadawodd Schacht ei swydd fel Gweinidog yr Economi ar ôl anghytuno â Hitler ynglŷn â chyflymder yr ailarfogi. Yn Chwefror 1938, daeth Ribbentrop yn Weinidog Tramor yn lle Neurath. Roedd hyder Hitler yn cynyddu, gan beri iddo ddal yr awenau yn dynnach fyth.

c) Yr *Anschluss*

Roedd Hitler yn benderfynol o uno Awstria â'r Almaen er gwaetha'r ffaith fod Cytundeb Versailles wedi gwahardd hyn yn benodol. Roedd y ffaith fod nifer o Awstriaid pro-Natsïaidd o'r un farn ag ef yn anogaeth bellach iddo. Ers 1934, roedd llywodraeth Awstria wedi ymdrechu i reoli'r Natsïaid. Wrth i Hitler a Mussolini glosio at ei gilydd, daeth yn amlwg na allai Awstria ddibynnu mwyach ar gymorth yr Eidal. Yn gynnar yn 1938, canfu heddlu Awstria gynlluniau ar gyfer gwrthryfel Natsïaidd. Drwy sathru ar hwn, byddai Awstria yn creu esgus dros oresgyniad Almaenig. Yn Chwefror 1938, penderfynodd Canghellor Awstria, Schuschnigg, ymweld â Hitler yn Berchtesgaden, cartref y Führer yn Bafaria, gan obeithio ei berswadio i atal Natsïaid Awstria. Roedd hyn yn gamgymeriad. Cafodd ei fwlio a'i fygwth i dderbyn hawliau Hitler i gynnwys Natsïaid yn ei gabinet.

Gan hyderu y byddai Awstria yn nwylo'r Natsïaid yn anorfod yn y man, nid oedd Hitler yn bwriadu gwneud unrhyw beth arall ar y pryd. Unwaith eto, fodd bynnag, daeth Schuschnigg yn gyfrwng i gyflymu digwyddiadau pan gyhoeddodd yn gynnar ym Mawrth ei fod yn bwriadu cynnal pleidlais gwlad er mwyn gweld a ddylai Awstria uno â'r Almaen. Roedd hon yn ymdrech i wrthbrofi honiad Hitler bod y mwyafrif o Awstriaid yn dymuno uno. Gan ofni y byddai'n colli'r bleidlais, mynnodd Hitler y dylid dileu'r bleidlais gwlad a bygythiodd ryfel. (Gwnaed cynlluniau ar frys ar gyfer goresgyniad: nid oedd cynlluniau'n bodoli cyn hynny!) Ymddiswyddodd Schuschnigg. Yn awr, daeth Natsïaid Awstria i rym, gan wahodd Hitler i yrru milwyr i mewn i Awstria i gadw trefn. Croesawyd lluoedd yr Almaen yn frwd. Dychwelodd Hitler i'w famwlad mewn gorfoledd, a chyhoeddodd y byddai Awstria'n cael ei hintegreiddio i mewn i'r Drydedd Reich. Yn ôl y bleidlais gwlad a gynhaliwyd gan y Natsïaid, roedd y mwyafrif helaeth o'r pleidleiswyr o blaid yr undeb (neu'r *Anschluss*).

Nid oedd Prydain a Ffrainc yn disgwyl yr argyfwng – ond nid yw'n syndod gan mai dim ond ar y funud olaf y penderfynodd Hitler weithredu. Gwyddai Chamberlain na allai newid llawer ar y sefyllfa, ac felly ni weithredodd. Nid oedd gan Ffrainc lywodraeth yn ystod cyfnod yr argyfwng, ac felly ni allai wneud dim ond protestio. Mae'n anodd dadlau bod trosedd wedi digwydd pan oedd cynifer o Awstriaid yn llawenhau o ymuno â'r Drydedd Reich. Yr hyn a achosai bryder i Chamberlain wrth ystyried yr *Anschluss* oedd nid y ffaith iddo ddigwydd,

DIGWYDDIADAU, 1937-8

1937 Mai: Chamberlain yn dod yn Brif Weinidog Prydain; Gorffennaf: Dechrau'r Rhyfel Sino-Japaneaidd; Tachwedd: Cynhadledd Hossbach;

1938 Yr *Anschluss*.

ond yn hytrach y ffordd y digwyddodd. Os gellid newid un ffin fel hyn, oni fyddai'n bosibl newid rhai eraill? Gallai Hitler gyfiawnhau'r *Anschluss* drwy honni bod llawer o Awstriaid Almaenig yn mynnu uno â'r Almaen. Y ffaith anghysurus oedd bod pobl Almaeneg eu hiaith i'w cael mewn gwledydd eraill hefyd, ac roeddent hwythau yn mynnu cael uno â'r Almaen.

> **GWEITHGAREDD**
>
> Ystyriaethau i'w trafod: Oedd yna unrhyw ddewisiadau ymarferol eraill heblaw dyhuddiad? Sut ddylai Prydain a Ffrainc fod wedi ymateb i'r *Anschluss* ?

6 Problem Tsiecoslofacia, 1938–9

> **YSTYRIAETH**
> **A ellir cyfiawnhau polisi Prydain a Ffrainc yng Nghytundeb München?**

a) Problem Gwlad y Swdetiaid

Ar unwaith, canolbwyntiodd yr *Anschluss* ei sylw ar Tsiecoslofacia, oedd bellach wedi'i hamgylchynu'n rhannol â thiriogaeth yr Almaen (gweler Ffigur 48). Dim ond hanner y 15 miliwn o bobl yn Tsiecoslofacia oedd yn Dsieciaid. Roedd hefyd yn cynnwys Slofaciaid, Hwngariaid, Rwtheniaid a Phwyliaid. Ond ffurfid y grŵp lleiafrifol mwyaf gan y 3.25 miliwn o Almaenwyr a drigai yng Ngwlad y Swdetiaid. Erbyn 1938 roedd Plaid Almaenwyr Gwlad y Swdetiaid, plaid gwbl Natsïaidd ac eithrio mewn enw, yn mynnu naill ai ymreolaeth neu undod â'r Almaen. Dangoswyd cefnogaeth yn yr Almaen pan ymosododd y wasg Natsïaidd yn ffyrnig ar y llywodraeth Dsiecaidd (gyda pheth cyfiawnhad) am erlid Almaenwyr Gwlad y Swdetiaid. Roedd Hitler yn casáu gwladwriaeth ddemocrataidd Tsiecoslofacia. Roedd ei lluoedd milwrol sylweddol yn peri y gallai hefyd fod yn fygythiad. Ym Mawrth 1938 mynnodd Hitler fod arweinwyr Swdetaidd yn galw am hawliau gan lywodraeth Tsiecoslofacia na ellid fyth eu caniatáu.

Nid oedd gan yr Arlywydd Beneš, pennaeth y wladwriaeth Dsiecaidd, unrhyw fwriad o ildio i'r gofynion hyn. Gwyddai na fyddai'r wladwriaeth Dsiecaidd yn bodoli o gwbl pe bai'n caniatáu annibyniaeth neu ymreolaeth i bob grŵp ethnig o fewn y wlad. Gan hyderu y byddai'r grymoedd Gorllewinol yn cynnig eu cefnogaeth, penderfynodd wrthsefyll yr Almaenwyr. Roedd y mwyafrif o wleidyddion y Gorllewin yn cydymdeimlo i raddau â Tsiecoslofacia. Nid oedd yn trin ei lleiafrifoedd ethnig yn dda, ond er hynny roedd wedi llwyddo i gadw ei chyfansoddiad democrataidd. Roedd rhai gwleidyddion (fel Churchill) yn credu y dylid ymladd i amddiffyn Tsiecoslofacia. Ni chytunai Chamberlain. Yn ei farn ef, roedd Tsiecoslofacia yn greadigaeth 'ffug eithriadol' ac roedd ganddo rywfaint o gydymdeimlad â'r Almaenwyr Swdetaidd. Byddai'n fodlon iawn pe bai Tsiecoslofacia'n rhoi Gwlad y Swdetiaid i'r Almaen, cyn belled â bod hynny'n digwydd mewn ffordd heddychlon. Ym Mawrth

1938, cyhoeddodd i Dŷ'r Cyffredin nad oedd gan Brydain unrhyw fuddiannau hanfodol yn gysylltiedig â Tsiecoslofacia. Nid oedd wedi'i hymrwymo ei hun i amddiffyn y wladwriaeth Dsiecaidd, ac ni allai gynnig cymorth milwrol sylweddol. Ysgrifennodd Chamberlain 'Does dim ond rhaid i chi edrych ar y map i weld na all Ffrainc na ninnau wneud dim i amddiffyn Tsiecoslofacia rhag yr Almaenwyr os ydynt yn dymuno ei meddiannu.'

Roedd Ffrainc yn fwy o destun pryder i Chamberlain na Tsiecoslofacia. Pe bai'r Almaen yn goresgyn Tsiecoslofacia, efallai y byddai Ffrainc yn ei hamddiffyn. O ganlyniad, efallai y byddai Prydain yn cael ei gorfodi i helpu Ffrainc. Mewn gwirionedd, nid oedd Daladier, arweinydd Ffrainc, yn awyddus i fynd i ryfel. Cytunai â safbwynt strategol Prydain: ni ellid amddiffyn Tsiecoslofacia. Byddai wrth ei fodd pe bai Prydain yn rhoi esgus iddo dros anwybyddu'r ymrwymiadau a wnaed gan Ffrainc yn 1935.

Ym Mai, yn sgil adroddiadau – ffug – ynglŷn â symudiadau milwyr yr Almaen, ymfyddinodd y Tsieciaid rai o'u milwyr wrth gefn a dechrau paratoi ar gyfer rhyfel. Rhybuddiwyd Hitler gan Brydain a Ffrainc ynglŷn ag ymosod ar Tsiecoslofacia. Cynddeiriogwyd Hitler. Roedd grymoedd y Gorllewin fel petaent wedi ennill buddugoliaeth ddiplomyddol am ei fod wedi dal yn ôl rhag goresgyn y wlad, er nad oedd yn cynllunio goresgyniad ar y pryd! Felly penderfynodd ddinistrio Tsiecoslofacia. Gorchmynnodd i'r arweinwyr milwrol baratoi ar gyfer ymosodiad a fyddai'n dechrau ym Medi 1938.

Cynyddodd y tyndra drwy gydol yr haf wrth i'r wasg Almaenig ymosod fwyfwy ar y Tsieciaid. Daliodd Beneš ei dir. Yn Awst, aeth cenhadaeth dan arweiniad yr Arglwydd Runciman i Dsiecoslofacia i geisio datrys yr argyfwng. Ni chyflawnwyd fawr ddim: nid oedd yr Almaenwyr Swdetaidd na'r Tsieciaid yn barod i gyfaddawdu. Erbyn Medi roedd amrywiaeth barn yn bodoli ym Mhrydain a Ffrainc. Yn ôl rhai, dylai grymoedd y Gorllewin gefnogi'r Tsieciaid: roedd eraill o'r farn y dylid osgoi rhyfel ar bob cyfrif. Daliodd Hitler ati i bwyso. Ym Medi, mynnodd hunanbenderfyniad i Almaenwyr Gwlad y Swdetiaid, gan eu sicrhau na fyddai'n eu gadael yn ddiamddiffyn nac yn amddifad. Cyhoeddodd Beneš gyfraith rhyfel yng Ngwlad y Swdetiaid. Lladdwyd nifer o Almaenwyr: ffodd miloedd i'r Almaen, gan gwyno am y gormes creulon. I bob golwg, roedd rhyfel rhwng Tsiecoslofacia a'r Almaen ar fin dechrau.

b) Cynhadledd München

Ar 15 Medi hedfanodd Chamberlain i gyfarfod â Hitler yn Berchtesgaden, mewn ymgais i gynnal yr heddwch. Daeth y ddau arweinydd i gytundeb, yn fras. Cytunodd Chamberlain i brif hawliad Hitler y dylid rhoi'r rhannau hynny o Dsiecoslofacia lle roedd mwy na hanner y boblogaeth yn Almaenwyr i'r Almaen. Yn gyfnewid, cytunodd Hitler i ymatal rhag ymosod ar Dsiecoslofacia nes y byddai Chamberlain wedi cynnal trafodaethau â Ffrainc a'r Tsieciaid. Roedd Hitler wrth ei fodd, gan ei fod yn argyhoeddedig na fyddai'r Tsieciaid yn fodlon ildio

Gwlad y Swdetiaid ac o ganlyniad, y byddai Prydain yn troi ei chefn arnynt. Ar ôl dychwelyd i Brydain, aeth Chamberlain ati i geisio argyhoeddi ei gabinet, y Ffrancwyr ac yn olaf, y Tsieciaid, y byddai cytuno â gofynion Hitler yn sicrhau heddwch parhaol. Nid oedd yn anodd perswadio'r cabinet na'r Ffrancwyr. Dychrynwyd llywodraeth Tsiecoslofacia, ond nid oedd ganddi fawr o ddewis heblaw ildio Gwlad y Swdetiaid.

Ar 22 Medi hedfanodd Chamberlain yn ôl i'r Almaen i gyfarfod â Hitler yn Bad Godesberg. Er mawr ofid iddo, mynnai Hitler yn awr nad oedd y cynigion cyntaf yn ddigonol. (Nid oedd Hitler wedi dymuno derbyn consesiynau gan y Tsieciaid!) Yn awr, byddai'n rhaid ildio darnau o diriogaeth Tsiecoslofacia i'r Pwyliaid a'r Hwngariaid ac, yn ogystal, mynnodd Hitler yr hawl i feddiannu Gwlad y Swdetiaid erbyn 1 Hydref er mwyn amddiffyn yr Almaenwyr Swdetaidd rhag creulondeb y Tsieciaid. Er bod Chamberlain yn fodlon derbyn cynigion newydd Hitler, roedd nifer o aelodau ei gabinet yn eu gwrthod. Yn awr, cyhoeddodd Daladier y byddai Ffrainc yn cadw ei haddewidion i Dsiecoslofacia. Yn ôl y disgwyl, mynnodd y llywodraeth Dsiecaidd bod cynigion Godesberg yn gwbl annerbyniol, ac aeth ati i baratoi at ryfel. Ar 27 Medi, ymatebodd Mussolini i gais gan Brydain drwy gytuno i ddefnyddio ei ddylanwad i bwyso ar Hitler i ailfeddwl. Y noswaith honno, darlledodd Chamberlain i bobl Prydain:

> Mae'n beth ofnadwy, rhyfeddol, anghredadwy, ein bod ni'n cloddio ffosydd ac yn gwisgo mygydau nwy yma oherwydd dadl mewn gwlad bell rhwng pobl sy'n ddieithriaid i ni … ni fyddwn yn petruso rhag ymweld â'r Almaen am y drydedd waith, pe bawn i'n meddwl y byddai hynny'n gwneud lles.

Ffynhonnell Ch

Daeth cyfle Chamberlain y diwrnod canlynol. Derbyniodd Hitler y cynnig o Gynhadledd y Pedwar Pŵer yn München er mwyn ceisio datrys y broblem Swdetaidd. I bob golwg, roedd Hitler wedi ildio. Ar un ystyr roedd hynny'n wir, gan y gwyddai nad oedd ei arweinwyr milwrol na phobl yr Almaen yn awyddus am ryfel.

Ar 29 Medi cyfarfu Chamberlain, Daladier, Hitler a Mussolini ym München. (Ni chafodd Beneš na Stalin wahoddiad i'r Gynhadledd.) Roedd y Cytundeb, a drefnwyd y diwrnod canlynol, yn debyg iawn i ofynion Hitler yn Godesberg. Byddai'r Almaen yn meddiannu Gwlad y Swdetiaid dros gyfnod o ddeng niwrnod yn hytrach nag un. Byddai cynhadledd rhwng y Pedwar Pŵer yn penderfynu ar union ffiniau'r wladwriaeth Dsiecaidd newydd. Roedd yn rhaid i Beneš ddewis rhwng derbyn y telerau neu ymladd yr Almaen yn ddigymorth. Dewisodd ildio. Cyn dychwelyd adref, dan bwysau gan Chamberlain, cytunodd Hitler i lofnodi datganiad yn addo y byddai Prydain a'r Almaen yn ymdrechu hyd eu heithaf i gynnal heddwch.

Ffigur 47 Cynhadledd München (ch-dd Chamberlain, Daladier (Prif Weinidog Ffrainc), Hitler, Mussolini a Ciano (Gweinidog Tramor yr Eidal).

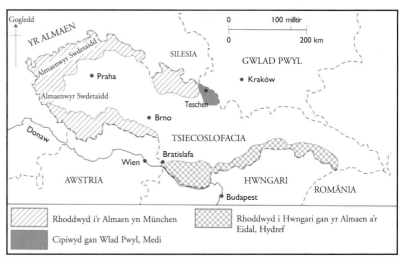

Ffigur 48 Rhannu Tsiecoslofacia, 1938.

c) München: Llwyddiant neu Fethiant?

Yn aml, ystyrir bod München yn fethiant mawr ar ran y grymoedd Gorllewinol. Ym marn nifer o haneswyr, dylent fod wedi gweithredu'n anrhydeddus drwy fynd i ryfel er mwyn amddiffyn ffrind. Fodd bynnag, roedd Chamberlain yn ystyried München yn fuddugoliaeth. Gallai hawlio iddo sicrhau y rhan fwyaf o'i amcanion, a hynny er bod ei safle ei hun yn wan. Roedd wedi llwyddo i osgoi rhyfel, roedd cwynion teg yr Almaen wedi cael eu datrys, ac roedd Tsiecoslofacia yn wladwriaeth sofran o hyd. Roedd y rhan fwyaf o bobl Prydain a Ffrainc o'r un farn â Chamberlain yn 1938. Derbyniodd Chamberlain a Daladier groeso tywysogaidd pan ddychwelasant adref. O flaen tyrfa frwd cyhoeddodd Chamberlain ei fod wedi ennill 'heddwch gydag anrhydedd'. Roedd Churchill mewn lleiafrif pan honnodd fod polisi Prydain yn 'drychineb llwyr'.

Mae canlyniad posibl rhyfel dros Tsiecoslofacia yn 1938 wedi ennyn diddordeb haneswyr byth oddi ar hynny. Cytunai llawer â Churchill y byddai wedi bod yn well petai Prydain a Ffrainc wedi ymladd yr Almaen yn 1938 yn hytrach nag yn 1939. Heb amheuaeth, nid oedd yr Almaen cyn gryfed yn 1938 ag y dychmygai arbenigwyr Prydain. Ar bapur, byddin Ffrainc oedd y gorau yn Ewrop o hyd, ac roedd byddin Tsiecoslofacia yn sylweddol hefyd. Ar ben hynny, mae'n bosibl y byddai Rwsia wedi cefnogi'r Tsieciaid. Fodd bynnag, nid oedd Prydain na Ffrainc yn barod am ryfel. Rhagwelai'r Almaenwyr y byddent yn meddiannu Tsiecoslofacia (gyda'i byddin o grwpiau ethnig rhanedig, a'i hamddiffynfeydd anorffenedig), mewn deng niwrnod. Ni allai'r lluoedd Ffrengig ar hyd Llinell Maginot fod wedi gwneud llawer i helpu. Nid oes sicrwydd chwaith y byddai Rwsia wedi helpu Tsiecoslofacia. O ystyried nad oedd Gwlad Pwyl yn barod i ganiatáu i filwyr Rwsia groesi'r wlad, ni fyddai Rwsia wedi gallu gyrru milwyr yn ddidrafferth.

Yn ddiddorol iawn, nid oedd München yn llwyddiant ysgubol ym marn Hitler. Er iddo ennill Gwlad y Swdetiaid, nid oedd wedi ennill y fuddugoliaeth filwrol a ddymunai. Nid oedd wedi ffugio: roedd wedi dymuno ymladd rhyfel cyfyngedig yn erbyn Tsiecoslofacia. Derbyniodd gytundeb trwy drafodaeth dim ond am ei fod yn rhag-weld rhyfel cyfandirol os na wnâi hynny. Yn fuan, roedd yn edifar am ei benderfyniad. Roedd Tsiecoslofacia annibynnol yn parhau i fod yn broblem ar ystlys dde-ddwyreiniol yr Almaen.

CANLYNIADAU MÜNCHEN

▼ Enillodd yr Almaen Wlad y Swdetiaid a thiriogaeth yn cynnwys 800,000 o Dsieciaid.

▼ Collodd Tsiecoslofacia Teschen i Wlad Pwyl a De Rwthenia i Hwngari.

▼ Roedd Tsiecoslofacia yn wannach o lawer ar ôl colli'r rhan fwyaf o'i hamddiffynfeydd ar y ffin a'i gallu diwydiannol.

GWEITHGAREDD

Profwch eich dealltwriaeth o'r adran hon drwy ateb y cwestiwn: 'I ba raddau y gellir disgrifio polisi Prydain a Ffrainc tuag at Tsiecoslofacia yn 1938 yn 'drychineb llwyr'?

Trywydd awgrymedig eich ateb:
▼ Pam oedd Tsiecoslofacia yn broblem yn 1938?
▼ Beth oedd polisi Prydain a Ffrainc? A oedd eu polisïau yr un fath?
▼ Beth ddigwyddodd cyn ac yn ystod München?
▼ Oedd München yn fethiant 'llwyr'?

---

7 Dyfodiad Rhyfel

a) Heddwch Anesmwyth

Nid oedd Chamberlain yn argyhoeddedig bod Cytundeb München wedi sicrhau heddwch, ac roedd yn fwy penderfynol nag erioed na fyddai unrhyw oedi wrth ailarfogi. Roedd München wedi rhoi amser iddo o

---

YSTYRIAETH
Pam aeth Prydain a Ffrainc i ryfel yn erbyn yr Almaen ym Medi 1939?

leiaf. Gan fod problem Tsiecoslofacia bellach wedi'i datrys, efallai y gellid symud ymlaen 'ar hyd y ffordd i iawn bwyll'. Yn Rhagfyr 1938, llofnododd Ffrainc a'r Almaen gytundeb yn dangos ewyllys da a pharch tuag at ffiniau, rhywbeth a oedd i'w weld yn gam cadarnhaol. Yn y cyfamser, ceisiodd Chamberlain wella'r berthynas â'r Eidal, ond heb fawr o lwyddiant.

Yn gynnar yn 1939, derbyniodd Chamberlain nifer o adroddiadau cyfrin (anghywir) yn rhag-weld y byddai'r Almaen yn gweithredu yn erbyn Gwlad Pwyl, Tsiecoslofacia, yr Iseldiroedd neu'r Swistir. Yn Chwefror, gan newid ei bolisi yn sylweddol, cytunodd Chamberlain i drafodaeth filwrol fanwl â Ffrainc. O ganlyniad, addawodd Prydain gasglu byddin fawr ynghyd, a allai ymladd ar y Cyfandir pe bai angen hynny. Hefyd, roedd Ffrainc bellach o'r farn y dylid gwrthwynebu lledaeniad y Natsïaid. Roedd llawer o Ffrancwyr yn ofni y gallai'r Almaen fod yn rhy gryf yn y gorllewin pe bai'n meddiannu mwy o dir yn y dwyrain.

b) Diwedd Tsiecoslofacia

Ar ôl München, wynebai Tsiecoslofacia broblemau mewnol difrifol. Roedd llawer o Slofaciaid yn anfodlon â gwladwriaeth a reolid gan Dsieciaid, ac fe'u hanogwyd yn fwriadol gan Hitler i geisio annibyniaeth. Ar ddechrau Mawrth cyhoeddodd yr Arlywydd Hacha, oedd wedi cymryd lle Beneš, gyfraith rhyfel. Drwy wneud yr ymdrech fentrus hon i gadw'r wladwriaeth Dsiecaidd gyda'i gilydd, roedd wedi prysuro ei chwymp. Cyfarwyddodd Hitler yr arweinwyr Slofacaidd i geisio amddiffyniad gan yr Almaen ac i gyhoeddi eu hannibyniaeth. Bellach, roedd gwlad Hacha yn dadfeilio, ac felly gofynnodd am gael cyfarfod â Hitler, gan obeithio y byddai'n ei gynorthwyo. Derbyniodd Hitler ei gais, gan ddweud wrtho ar Fawrth 15 y byddai byddin yr Almaen yn mynd i mewn i Dsiecoslofacia o fewn oriau ac mai'r unig ddewis ar ôl iddo oedd rhyfel neu feddiannaeth heddychlon. Ildiodd Hacha i fygythiadau a hawliadau Hitler. Aeth milwyr yr Almaen i mewn i Tsiecoslofacia, gan honni bod rhyfel cartref ar fin digwydd yn y wlad. Sefydlwyd protectoriaeth Almaenig dros Bohemia a Morafia a daeth Slofacia yn annibynnol mewn enw.

Er i Hitler hawlio ei fod wedi ymddwyn yn gyfreithlon, gan wneud dim mwy nag ymateb i geisiadau'r Tsieciaid a'r Slofaciaid, roedd yn amlwg ei fod wedi datgymalu cymydog bychan. Y tro hwn, fodd bynnag, ni allai hawlio ei fod yn uno Almaenwyr o fewn un wladwriaeth Almaenig. Ni fyddai Prydain na Ffrainc yn mynd i ryfel ar gyfrif yn y byd. Nid oedd gofyn i'r ddwy wlad ei hamddiffyn gan fod Tsiecoslofacia wedi cwympo o ganlyniad i rwygiadau mewnol. Er hynny, roedd Chamberlain, fel y bobl Brydeinig yn gyffredinol, wedi gwylltio oherwydd yr hyn a ddigwyddodd. Dywedodd wrth y cabinet nad oedd yn disgwyl cydweithio â Hitler eto.

c) Gwarantau i Wlad Pwyl

Daliodd Hitler ati i bwyso. Yng nghanol Mawrth, gorfododd Lithuania i roi Memel, tref a gollwyd gan yr Almaen yn 1919, yn ôl i'r Almaen.

Unwaith eto, nid ymatebodd Prydain na Ffrainc. Nid oeddent am fynd i ryfel dros Memel, dinas Almaenig yr oedd gan Hitler hawl deg iddi. Ond yna, roedd Hitler fel petai'n canolbwyntio ar Wlad Pwyl, ac roedd hynny'n fater cwbl wahanol. Roedd 800,000 o Almaenwyr yng Ngwlad Pwyl. Roedd y mwyafrif ohonynt yn byw yn y Coridor Pwylaidd a redai rhwng Dwyrain Prwsia a gweddill yr Almaen. Roedd 96 y cant o drigolion Danzig yn Almaenwyr. Er mai'r Natsïaid oedd wedi ei rhedeg ers 1934, Gwlad Pwyl a reolai fasnach y dref a chydberthynas y gwledydd. Roedd y drefn hon wastad yn debygol o greu problemau. Nid oedd unrhyw lywodraeth Almaenig, ac yn sicr nid llywodraeth Hitler, yn debygol o dderbyn y drefn yn Danzig na gwahaniad Dwyrain Prwsia am byth. Roedd llywodraethau Gwlad Pwyl yr un mor benderfynol o gadw pethau fel yr oeddent.

Bu'r berthynas rhwng yr Almaen a Gwald Pwyl yn gyfeillgar iawn ers arwyddo'r cytundeb di-drais yn 1934. Roedd yr Almaen wedi awgrymu wrth Wlad Pwyl sawl gwaith y gellid troi'r cytundeb yn gynghrair yn erbyn Rwsia, ond ni dderbyniodd Gwlad Pwyl yr awgrymiadau hyn. Polisi Gwlad Pwyl oedd osgoi ei hymrwymo'i hun i'r Almaen neu i Rwsia. Ar ôl München, gobeithiai'r Almaen y byddai Gwlad Pwyl yn dod o fewn y cylch dylanwad Almaenig. Yn Hydref 1938 gofynnodd Ribbentrop (yn gyfeillgar) i'r Pwyliaid ildio Danzig. Yn gyfnewid, byddai Gwlad Pwyl yn derbyn gwarantau ynglŷn â sefydlogrwydd ei ffiniau, a thiriogaeth yn Ukrain. Yn Ionawr 1939, cyfarfu Hitler â Beck, Gweinidog Tramor Gwlad Pwyl, gan hawlio rhywbeth ychwanegol, sef cysylltiad ffordd neu reilffordd dan reolaeth yr Almaenwyr ar draws y Coridor Pwylaidd. Er syndod i Hitler, nid oedd y Pwyliaid yn fodlon ystyried ei gynigion gan nad oeddent yn awyddus i ddod yn ddibynnol ar yr Almaen. Aeth gofynion yr Almaenwyr yn fwy taer. Roedd Hitler yn parhau i obeithio am fuddugoliaeth ddiplomyddol yn hytrach na buddugoliaeth filwrol. Er hynny, cynyddodd y tyndra. Erbyn diwedd Mawrth, clywyd sïon bod yr Almaen ar fin ymosod ar Wlad Pwyl.

Ar 31 Mawrth cynigiodd Prydain warant i Wlad Pwyl, rhywbeth na wnaeth erioed o'r blaen: os ymosodid ar y wlad heb reswm, byddai Prydain yn ei chefnogi. Cynigiodd Ffrainc warant debyg. Derbyniodd Gwlad Pwyl y ddau gynnig. Condemniwyd y gwarantau yn gyffredinol ar y pryd ac fe'u condemniwyd oddi ar hynny. O blith holl wladwriaethau dwyrain Ewrop, Gwlad Pwyl, sef unbennaeth adain dde, oedd leiaf hoff gan bwerau'r Gorllewin. Mewn gwirionedd, yn 1939 nid oedd gan Wlad Pwyl fawr o ffrindiau – ac eithrio'r Almaen! Roedd yr hyn a hawliai Hitler gan Wlad Pwyl yn fwy rhesymol na'r hyn a hawliodd gan Dsiecoslofacia yn 1938. Gellir ystyried y gwarantau fel 'sieciau gwag' a roddwyd i wlad oedd yn ddrwg-enwog am ei diplomyddiaeth ddiofal. Ar ben hynny, os deuai hi i'r pen, roedd y 'sieciau' yn ddiwerth gan na allai Prydain na Ffrainc wneud fawr ddim i helpu Gwlad Pwyl.

Er hynny, roedd Prydain a Ffrainc yn ymwybodol bod yn rhaid gwneud rhywbeth. Pwrpas y gwarantau oedd rhybuddio Hitler. Pe bai'n dal i geisio ehangu, byddai'n wynebu rhyfel ar ddau ffrynt. Nid oedd y

C

A ddylai Prydain a Ffrainc fod wedi cynnig gwarantau i Wlad Pwyl?

Y CYTUNDEB DUR

Roedd Mussolini yn benderfynol na châi Hitler ragori arno, ac felly penderfynodd yntau 'anturio'. Yn Ebrill 1939 meddiannodd lluoedd yr Eidal Albania. Yn ogystal, cyhoeddodd y dylai'r Balcanau a dwyrain y Môr Canoldir gael eu hystyried o fewn cylch dylanwad yr Eidal yn y dyfodol. Roedd geiriau a gweithredoedd ymosodol Mussolini fel petaent yn bygwth sefydlogrwydd dwyrain Ewrop ymhellach. Yn awr, rhoddodd Prydain a Ffrainc warantau i Groeg a România oedd yn debyg i'r rhai a roddwyd i Wlad Pwyl. Plesiwyd Hitler gan weithred Mussolini. Byddai uchelgeisiau'r Eidal yn y Balcanau yn siŵr o gadw grymoedd y Gorllewin yn brysur, gan roi cyfle iddo yntau ddelio â Gwlad Pwyl. Roedd cynnig Mussolini ynghylch creu cynghrair milwrol manwl yn hwb ychwanegol. Arwyddwyd y 'Cytundeb Dur' hwn ym Mai. Yn ôl y cytundeb, byddai'r naill rym yn cefnogi'r llall yn achos rhyfel.

Ffynhonnell D

gwarantau'n cynrychioli ymrwymiad llwyr i Wlad Pwyl. Credid o hyd bod modd trafod dyfodol Danzig, a gobeithiai Chamberlain ddefnyddio'r cyfuniad iawn o ddiplomyddiaeth a chadernid i fedru perswadio Hitler i drafod yn onest ac yn adeiladol. Ond canlyniad hyn oedd cynddeiriogi yn hytrach nag atal Hitler. Trodd ei gefn ar bob cytundeb â Gwlad Pwyl, a gorchmynnodd i arweinwyr ei fyddin baratoi ar gyfer rhyfel yn erbyn Gwlad Pwyl erbyn diwedd Awst.

Yn Ebrill, cyflwynwyd consgripsiwn ym Mhrydain am y tro cyntaf mewn cyfnod o heddwch. Yn y cyfamser, gweithiodd diplomyddion yr Almaen yn galed i ennill cefnogaeth llu o wledydd Ewrop, gan gynnwys Hwngari, România, Bwlgaria a'r Ffindir, neu o leiaf wella'r berthynas â hwy. Wrth i'r haf fynd yn ei flaen, cynyddodd y tyndra ynghylch Gwlad Pwyl. Yn ôl yr Almaenwyr, roedd gwarantau Prydain a Ffrainc wedi peri bod Gwlad Pwyl wedi gwrthod telerau rhesymol. Yn ogystal, cyhuddent Wlad Pwyl o roi cychwyn ar deyrnasiad braw yn erbyn Almaenwyr Pwylaidd. Er gwaetha'r gorliwio, roedd elfen o wirionedd yn y straeon hyn.

ch) Trafodaethau Eingl-Sofietaidd

Pe bai'r Almaen yn ymosod, dim ond UGSS a allai gynnig cymorth milwrol ar unwaith i Wlad Pwyl. Felly, yr unig ffordd synhwyrol y gallai Prydain a Ffrainc weithredu oedd drwy gynghreirio ag UGSS. Ar ganol yr 1930au roedd UGSS wedi ymdrechu i greu cynghrair a fyddai'n ddigon cryf i rwystro ymosodiadau'r Natsïaid. Methodd yr ymdrechion fodd bynnag. Ar ddiwedd yr 1930au ni wnaeth Ffrainc na Rwsia ymdrech fawr i gryfhau'r cytundeb amddiffyn a wnaed rhyngddynt yn 1935. Nid oedd Ffrainc yn dymuno cythruddo Prydain, yr Eidal na Gwlad Pwyl gan fod y tair yn gwrthwynebu'r cytundeb rhwng Ffrainc a Rwsia. Drwy gydol yr 1930au roedd Prydain yn wrthwynebus i unrhyw gynghreirio ag UGSS, gan amau mai gwir nod polisi Sofietaidd oedd llusgo Prydain a Ffrainc i ganol rhyfel yn erbyn yr Almaen. Ym Mawrth 1939 lleisiodd Chamberlain ei farn ynglŷn ag UGSS:

> Rhaid i mi gyfaddef fy mod yn amheus iawn o Rwsia. Nid wyf yn credu y gallai gynnal ymosodiad effeithiol, hyd yn oed petai'n dymuno gwneud hynny. Ac rydw i'n amau ei chymhellion, sydd i'w gweld yn ymwneud mwy â rheoli pawb arall na'n syniadau ni o ryddid.

Ym marn Chamberlain, roedd digon o resymau da pam na ddylid cynghreirio â Stalin, oedd yn gyfrifol am lofruddiaeth dorfol ar raddfa fwy o lawer erbyn 1939 na'r hyn a gyflawnwyd gan Hitler. Credai y gallai polisi o 'amgylchynu' yr Almaen, fel a ddigwyddodd yn 1914, arwain at ryfel yn hytrach na'i osgoi. Roedd yr wybodaeth a gafwyd gan wasanaeth cudd-ymchwil Prydain yn awgrymu bod lluoedd Rwsia yn wan o ganlyniad i garthiadau Stalin. Ar ben hynny, gallai cytundeb â Rwsia ddieithrio'r gwledydd hynny yn nwyrain Ewrop yr oedd Prydain yn ceisio ennill eu cefnogaeth. Nid oedd y gwladwriaethau hyn yn dymuno cynghreirio â Rwsia, yn enwedig os oedd y cynghrair hwnnw yn golygu y byddai milwyr Rwsia ar eu tir. Roedd perygl, hefyd, y byddai cytundeb rhwng Lloegr a Rwsia yn peri i Sbaen a Japan droi at Hitler. Fodd bynnag, erbyn 1939, roedd hyd yn oed y rhai hynny a wrthwynebai ffasgaeth a chomiwnyddiaeth fel ei gilydd yn poeni mwy ynglŷn â Hitler na Stalin. Ddiwedd mis Ebrill, dan bwysau o du Ffrainc, y wasg a'r senedd, cytunodd Chamberlain i agor trafodaethau â Rwsia. Gwnaeth hynny heb fawr o argyhoeddiad, ac roedd yn ffafrio 'cysylltiad' yn hytrach na chynghrair llawn. Ei brif amcanion oedd ceisio tawelu'r gwrthwynebiad ym Mhrydain, ac i ddefnyddio'r posibilrwydd o gynghrair rhwng Prydain a Rwsia fel rhybudd pellach i Hitler.

Mae dadlau mawr ynghylch y polisi Sofietaidd yn 1939. Ni ellir ond dyfalu amcanion Stalin. Ar yr wyneb, roedd mewn safle peryglus: roedd Hitler yn casáu Bolsiefigiaeth, ac roedd Japan yn fygythiad yn y dwyrain. Roedd Stalin yn wynebu rhyfel ar ddau ffrynt felly. Fodd bynnag, roedd y ffaith fod Prydain a Ffrainc wedi gwneud ymrwymiad i rwystro Hitler rhag symud i'r dwyrain yn golygu y gallai Stalin ddylanwadu ar y sefyllfa i raddau. Gallai fforddio pwyso am delerau da gan Brydain a Ffrainc, a hefyd geisio taro bargen â'r Almaen ar yr un pryd. Roedd mewn safle da i beidio ag ymrwymo i ddim, gan aros i weld pwy fyddai'n gwneud y cynnig gorau.

Bu'r trafodaethau rhwng Lloegr, Ffrainc a Rwsia yn gymhleth ac yn araf. Yn y man, datblygodd sefyllfa ddiddatrys pan ofynnodd y Rwsiaid a fyddai Gwlad Pwyl yn derbyn milwyr Rwsia ar ei thir *cyn* i'r Almaenwyr ymosod. Roedd y Pwyliaid yn amheus iawn o fwriadau'r Rwsiaid, ac yn gwrthod ildio ar y pwynt hwn. Roedd Chamberlain yn cydymdeimlo â Gwlad Pwyl. Yn ei farn ef, nid oedd presenoldeb milwyr Rwsia yng Ngwlad Pwyl yn beth angenrheidiol na dymunol. Hawliai'r llywodraeth Sofietaidd fod yr agwedd hon yn dangos nad oedd Prydain a Ffrainc yn trafod o ddifrif. Fodd bynnag, mae modd dadlau hefyd fod y Rwsiaid wedi gofyn am nifer o bethau na allai Prydain a Ffrainc gytuno iddynt, ac nad oedd gan Stalin unrhyw fwriad o gynghreirio â'r Gorllewin.

d) Y Cytundeb Natsïaidd-Sofietaidd

O dro i dro ers 1933, roedd UGSS wedi awgrymu wrth yr Almaen y dylid ceisio gwella'r berthynas rhyngddynt. Roedd Hitler wedi gwrthod pob cais. Nid oedd cytundeb Natsïaidd-Sofietaidd yn gwneud synnwyr o gwbl o safbwynt ideolegol. Ond yn 1939 gwelodd Hitler y byddai cytundeb â Stalin yn cryfhau ei safle, o leiaf am gyfnod byr, a gobeithiai y byddai'n dychryn Prydain a Ffrainc gymaint fel na fyddent yn cyflawni eu haddewidion i Wlad Pwyl. Drwy gydol y gwanwyn a'r haf, roedd diplomyddion Rwsia a'r Almaen wedi gweithio'n galed i ddod i gytundeb. O fewn wythnos i'w ymosodiad ar Wlad Pwyl, gyrrodd Hitler gais at Stalin yn gofyn iddo gyfarfod â Ribbentrop yn Moskva er mwyn rhoi trefn ar faterion gwleidyddol. Cytunodd Stalin. Hedfanodd Ribbentrop i Moskva ac ar 23 Awst llofnododd gytundeb di-drais Natsïaidd-Sofietaidd. Roedd cymalau cudd y cytundeb yn rhannu Gwlad Pwyl a dwyrain Ewrop yn gylchoedd dylanwad Almaenig a Rwsiaidd. Roedd y cytundeb yn ergyd drom i Brydain a Ffrainc.

Beirniadwyd Chamberlain yn hallt am fethu trefnu cynghrair â Rwsia. Yn ddi-os, nid oedd yn awyddus i drefnu'r fath gynghrair. Ond mae'n debyg na fyddai'r gwladweinydd Gorllewinol mwyaf penderfynol wedi gallu trefnu cynghrair o'r fath. Nid oedd Rwsia'n awyddus i gynghreirio â phwerau'r Gorllewin, fwy nag oedd Gwlad Pwyl yn awyddus i gynghreirio â Rwsia. Ni allai'r Gorllewin gynnig dim i Stalin ac eithrio rhyfel yn syth, ac yn y rhyfel hwnnw byddai Rwsia'n gwneud y rhan fwyaf o'r ymladd. Ar y llaw arall, cynigiai Hitler heddwch a thiriogaeth. O safbwynt Stalin, dyma'r cytundeb a fyddai'n amddiffyn buddiannau Sofietaidd orau, o leiaf yn y tymor byr. Roedd yn ceisio ennill amser yn y bôn. Fodd bynnag, drwy ganiatáu ymddygiad ymosodol y Natsïaid, gellir dadlau iddo wneud camgymeriad mawr. Er i'r cytundeb selio tynged Gwlad Pwyl, daeth ymosodiad Almaenig ar Rwsia gam yn agosach hefyd.

Heb amheuaeth, roedd y Cytundeb Natsïaidd-Sofietaidd yn ddigwyddiad tyngedfennol. Pan glywodd Hitler am yr arwyddo, trawodd y bwrdd mewn llawenydd, gan weiddi, 'Maen nhw gen i!' Gwyddai na ellid amddiffyn Gwlad Pwyl bellach, a chredai y byddai Prydain a Ffrainc yn sylweddoli hynny. Felly, roedd y ffordd yn glir i'r Almaen ymosod ar Wlad Pwyl. Bwriadwyd gwneud hynny ar 26 Awst.

dd) Cychwyn y Rhyfel

Nid oedd Hitler yn disgwyl nac yn dymuno rhyfela ar ddau ffrynt, er ei fod yn barod i fentro hynny. Disgwyliai y byddai'r arweinwyr Gorllewinol yn torri eu haddewidion i Wlad Pwyl. Fodd bynnag, daeth yn glir nad oedd Prydain na Ffrainc yn bwriadu cefnu ar Wlad Pwyl. Nid oedd Hitler yn disgwyl hyn, a chafodd ysgytiad arall pan gyhoeddodd Mussolini y byddai'r Eidal yn aros yn niwtral. O ganlyniad, penderfynodd ohirio'r goresgyniad tan 1 Medi. Yna, gwnaeth gynnig hynod i Brydain. Os gadawai i'r Almaen wneud fel y mynnai â Danzig a'r Coridor Pwylaidd, yna byddai'n cytuno i warantu'r Ymerodraeth Brydeinig. Ym marn Chamberlain, roedd y cynnig yn rhan o gynllwyn i beri rhwygiadau yn hytrach na sail ar gyfer trafodaethau difrifol, a pharhaodd i gefnogi Gwlad Pwyl. Er gwaethaf yr holl ymdrechion diplomyddol a wnaed ar y funud olaf, gwrthodai'r Pwyliaid gytuno i ofynion yr Almaenwyr. Ar 31 Awst cynigiodd Mussolini y dylid cynnal cynhadledd i geisio datrys yr argyfwng. Ymddangosai hyn fel ail München. Ond y tro hwn, daeth y cynnig yn rhy hwyr. Y noson honno, honnodd yr Almaen fod Pwyliaid wedi

ymosod ar un o'i gorsafoedd radio yn ymyl y ffin â Gwlad Pwyl. Er
mai celwydd oedd hyn, fe'i defnyddiwyd fel esgus dros fynd i ryfel. Ar
1 Medi, ymosododd milwyr yr Almaen ar Wlad Pwyl.

Daliodd Mussolini ati i gynnig cynhadledd. Er bod arweinwyr
Ffrainc yn weddol frwdfrydig, mynnodd Prydain y byddai'n rhaid i'r
Almaen dynnu ei milwyr allan o Wlad Pwyl cyn cynnal y gynhadledd.
'Rhybuddiodd' Prydain yr Almaen y byddai'n ymladd os na fyddai'r
Almaen yn rhoi'r gorau i'w hymddygiad ymosodol. Er hynny, erbyn 2
Medi nid oedd Prydain wedi cyhoeddi rhyfel eto, na hyd yn oed wedi
anfon wltimatwm i'r Almaen. Y rheswm am hynny oedd bod
Chamberlain yn awyddus i symud yr un pryd ag arweinwyr Ffrainc,
oedd yn ceisio cwblhau eu paratoadau ymfyddino cyn cyhoeddi
rhyfel. Ond ym marn nifer o ASau Prydain, roedd Chamberlain fel
petai'n ceisio osgoi ei ymrwymiadau. Ar 2 Medi mynnodd Tŷ'r
Cyffredin fod yn rhaid cyhoeddi rhyfel ar unwaith. Derbyniodd
Chamberlain yr anochel. Am 9.00 y bore ar 3 Medi rhoddodd
Prydain wltimatwm i'r Almaen. Ni ddaeth ateb gan Hitler, ac am
11.00 y bore cyhoeddodd Prydain ryfel. Cyhoeddodd Ffrainc ryfel am
5.00 y prynhawn.

e) Pa Mor Euog oedd Chamberlain?

Efallai bod Chamberlain wedi bod yn orhyderus wrth ymwneud â
Hitler, ac o bosibl ni ddeallodd derfyn ei fwriadau. Er tegwch iddo,
fodd bynnag, roedd llawer o Almaenwyr yn yr 1930au yn amau a
oedd Hitler yn golygu yr hyn a ddywedai, ac mae haneswyr yn
anghytuno o hyd ynglŷn â beth yn union oedd ei fwriadau. Nid oedd
Hitler yn twyllo fawr ddim ar Chamberlain. Ofnai ei uchelgais a'i
natur anrhagweladwy. Gwyddai, fodd bynnag, bod rhaid dewis rhwng
cydweithio neu ryfel. Ni fyddai gweithredu'n fwy llym cyn 1939 wedi
atal rhyfel: byddai wedi cyflymu'r broses. I bob golwg, dyhuddiad
oedd y polisi gorau dan yr amgylchiadau, ac nid polisi o lwfrdra
cywilyddus mohono o gwbl. Nid yw'r ffaith iddo fethu yn arwydd
nad oedd yn werth mentro. Yn wir, efallai na ddylid beio
Chamberlain am ei bolisi ond yn hytrach am fethu glynu ato hyd y
diwedd. Gellir dadlau nad oedd Prydain dan orfodaeth foesol i
ymladd rhyfel mawr dros Wlad Pwyl ac nad oedd unrhyw fudd
amlwg i'w gael o wneud hynny. A dweud y gwir, roedd dadl Hitler yn
un dda yn 1939. Efallai y dylai Chamberlain fod wedi gadael, a hyd
yn oed annog Hitler i symud i'r dwyrain yn erbyn Rwsia. Gellir
dadlau nad oedd gan rymoedd y Gorllewin fawr i'w golli a llawer i'w
ennill o ryfel rhwng yr Almaen a Rwsia. Ond nid dyma farn y
mwyafrif o bobl Prydain a Ffrainc yn 1939. Roedd y mwyafrif yn
amau Hitler ac yn meddwl ei bod hi'n hen bryd sefyll yn erbyn
polisïau ehangu yr Almaen.

DIGWYDDIADAU YN 1939

Mawrth	diwedd Tsiecoslofacia; gwarantau Prydain a Ffrainc i Wlad Pwyl;
Mai	Cytundeb Dur rhwng yr Almaen a'r Eidal;
Awst	Cytundeb Natsïaidd-Sofietaidd;
1 Medi	yr Almaen yn goresgyn Gwlad Pwyl;
3 Medi	Prydain a Ffrainc yn cyhoeddi rhyfel ar yr Almaen.

GWEITHGAREDD

Ystyriwch y cwestiwn canlynol: "Polisi anghywir a ddilynwyd gan ddynion anrhydeddus i sicrhau dibenion anrhydeddus." Trafodwch y farn hon am y polisi o ddyhuddiad a ddilynwyd yn ystod yr 1930au'.

Trywydd awgrymedig eich ateb:
▼ Diffiniwch ddyhuddiad.
▼ A oedd dyhuddiad yn beth anrhydeddus? Beth oedd y dewisiadau eraill?
▼ Sut y dyhuddwyd Hitler ar ôl 1933?
▼ Oedd dyhuddiad yn gamgymeriad?

▼ Gweithio ar Achosion yr Ail Ryfel Byd

Erbyn hyn, dylai fod gennych farn hefyd ynglŷn â phwy, neu beth, oedd yn gyfrifol am y rhyfel. I ba raddau oedd y canlynol ar fai?
▼ Cymodwyr Versailles (Ailddarllenwch dudalennau 95-101 i'ch atgoffa eich hun o'r hyn a wnaethant.)
▼ Cynghrair y Cenhedloedd (A ddylai fod wedi gweithredu'n llym yn erbyn Japan a'r Eidal?)
▼ Mussolini a militarwyr Japaneaidd (A chwaraesant ran allweddol?)
▼ Diffyg gweithredu Ffrainc (A ddylai Ffrainc fod wedi gweithredu yn 1936?)
▼ Chamberlain (A oedd dyhuddiad yn bolisi rhesymol?)
▼ Stalin (A ddylid ei feio am y Cytundeb Natsïaidd-Sofietaidd?)
▼ Hitler (Ai 'Rhyfel Hitler' oedd yr Ail Ryfel Byd?)

Ystyriwch y dadleuon o blaid ac yn erbyn pob un o'r ffactorau uchod ac yna rhowch farc allan o ddeg i bob un. (Rhowch farc uchel os ydych o'r farn fod bai mawr arnynt.) Pa dair ffactor oedd fwyaf cyfrifol am y rhyfel yn eich barn chi? Pa un oedd leiaf cyfrifol?

Ateb Cwestiynau Ysgrifennu Estynedig a Thraethawd ar Achosion yr Ail Ryfel Byd

Ystyriwch y cwestiwn canlynol, "Gwladweinydd Almaenig cymharol gyffredin gyda chenhadaeth gymharol gyffredin oedd Hitler". Ydych chi'n cytuno?'

Mae modd dadlau mai gwladweinydd Almaenig cyffredin a ddymunai unioni anghyfiawnderau (yn ei farn ef) Versailles oedd Hitler. O ganlyniad, gellir gweld ailarfogi, ailfilwroli'r Rheindir, yr *Anschluss*, meddiannu Gwlad y Swdetiaid, a hawlio Danzig a'r Coridor Pwylaidd fel polisïau Almaenig nodweddiadol. Fodd bynnag, ceir dadl i'r gwrthwyneb. Does bosib fod llawer o wladweinwyr Almaenig blaenorol wedi bod yn barod i fentro mewn ffordd mor fyrbwyll â Hitler? Does bosib fod llawer o'r farn fod rhyfel yn 'beth da'? Does bosib fod llawer yn arddel amcanion hiliol ynglŷn ag ennill *lebensraum*? Nid oes raid i chi gytuno â'm barn i – sef nad oedd Hitler yn 'gyffredin' o bell ffordd. Rydych chi yng nghwmni da A.J.P. Taylor os ydych chi'n cytuno â'r dyfyniad. Taylor oedd un o haneswyr mwyaf Prydain er (neu efallai oherwydd) bod ei safbwyntiau'n ddadleuol yn aml. Yr hyn sy'n bwysig yw eich bod chi'n dangos eich ymwybyddiaeth o'r dadleuon ac yn dweud pam mae'r dystiolaeth yn eich argyhoeddi un ffordd neu'r llall.

Ateb Cwestiynau Seiliedig ar Ffynonellau ar Achosion yr Ail Ryfel Byd

Nid oes unrhyw un wedi bod yn fwy penderfynol a di-ildio wrth ymladd am heddwch na'r Prif Weinidog. Mae pawb yn gwybod hynny … Er hyn, nid wyf yn siŵr pam yr oedd cymaint o berygl y byddai Prydain Fawr a Ffrainc yn mynd i ryfel yn erbyn yr Almaen yn awr os oeddent yn barod o'r cychwyn cyntaf i aberthu Tsiecoslofacia. Rwyf o'r farn y byddai wedi bod yn rhwydd cytuno i'r telerau a ddaeth yn ôl gyda'r Prif Weinidog, drwy gyfrwng y dulliau diplomyddol arferol, unrhyw bryd yn ystod yr haf. A rhaid i mi ddweud 'mod i'n credu y byddai'r Tsieciaid wedi gallu sicrhau gwell telerau na'r hyn a gawsant ar ôl yr holl gynnwrf petaent wedi cael llonydd a chael gwybod na fyddai pwerau'r Gorllewin yn eu cefnogi. Ni allent fod wedi cael gwaeth telerau.

Mae'r cyfan ar ben. Yn fud, yn alarus, yn unig ac yn doredig. Mae Tsiecoslofacia yn encilio i'r tywyllwch.

Ffynhonnell Dd Winston Churchill yn ysgrifennu yn *The Times*, 6 Hydref 1938.

Roedd fel petaem wedi ennill y gêm pan gyhoeddodd Chamberlain y byddai'n ymweld â'r Obersalzberg [Berchtesgaden] er mwyn cadw heddwch … Byddid wedi gallu cytuno'n rhwydd, ar sail cyfryngiad y Saeson, ynglŷn â'r ffordd y byddid yn gwahanu Gwlad y Swdetiaid a'i throsglwyddo i'n dwylo mewn modd heddychlon.

Fodd bynnag, roeddem yn cael ein rheoli gan y penderfyniad i gynnal rhyfel o ddial a dinistr yn erbyn Tsiecoslofacia. Ac felly, cynhaliwyd ail ran y trafodaethau â Chamberlain yn Bad Godesberg yn y fath fodd fel bod yr hyn y penderfynwyd arno yn sicr o fethu, er gwaethaf ein cytundeb sylfaenol. Roedd y grŵp a ddymunai ryfel, sef Ribbentrop a'r SS, ymron wedi llwyddo i gymell y Führer i ymosod. O blith nifer o ddatganiadau tebyg a wnaed gan y Führer yn fy mhresenoldeb yn ystod noson 27-28 Medi, roedd un i'r perwyl y byddai yn awr yn difodi Tsiecoslofacia. Ribbentrop a minnau oedd yr unig dystion: ni chawsant eu llefaru i effeithio ar drydydd person.

Felly, mae'r farn fod y Führer yn cynllunio blwff mawr yn anghywir. Ei ddicter yn deillio o 22 Mai, pan gyhuddwyd ef o dynnu'n ôl gan y Saeson, a barodd iddo gamu ar lwybr rhyfel. Nid wyf wedi llwyddo i ganfod pa ddylanwadau a barodd iddo yrru gwahoddiadau i gyfarfod y pedwar pŵer yn München ar 28 Medi a thrwy hynny i gamu oddi ar lwybr rhyfel.

Mae'n debyg bod yna ddau ffactor tyngedfennol: a) Ei sylw bod ein pobl yn gwylio dyfodiad rhyfel gyda rhwystroldeb mud, ac nad oeddent yn frwdfrydig o bell ffordd ... a b) apêl Mussolini ar y funud olaf, h.y. ar fore'r 28ain, pan fwriedid ymfyddinio am 2 y prynhawn.

Ffynhonnell E dyfyniad o ddyddiadur Ysgrifennydd Gwladol yr Almaen yn y Weinyddiaeth Dramor, von Weizsacke, ar 9 Hydref 1938.

"MEIN KAMPF"

Ffynhonnell F cartŵn gan David Low.

Ffynhonnell Ff Cartŵn Punch, 1938.

▼ CWESTIYNAU AR FFYNONELLAU

1. Pa mor ddefnyddiol yw Ffynhonnell Dd i haneswyr? **[10 marc]**
2. Pa oleuni mae Ffynhonnell E yn ei daflu ar weithredoedd Hitler? **[10 marc]**
3. Edrychwch yn fanwl ar gartwnau F ac Ff ac yna esboniwch neges y cartwnydd ym mhob un. **[20 marc]**
4. Defnyddiwch yr holl ffynonellau a'ch gwybodaeth eich hun i esbonio pam mae Cytundeb München yn parhau i beri dadleuon ymhlith haneswyr. **[20 marc]**

Pwyntiau i'w nodi ynglŷn â'r cwestiynau

Cwestiwn 1   Mae'r ffynhonnell hon yn rhoi rhywfaint o syniad i ni am farn Churchill ym mis Hydref 1938. A oedd y mwyafrif o bobl Prydain yn cytuno â'i safbwynt?

Cwestiwn 2   Mae Ffynhonnell E, dyfyniad o ddyddiadur gan Almaenwr dylanwadol o fewn y swyddfa dramor, yn ffynhonnell ddefnyddiol. Er bod rhai o'r safbwyntiau a adlewyrchir yn y ffynhonnell yn ddim mwy na damcaniaethau, maent yn ddiddorol iawn.

Cwestiwn 3   A yw'r cartwnyddion yn cefnogi gweithredoedd Chamberlain?

Cwestiwn 4   Mae'r ffynonellau yn mynegi safbwyntiau gwahanol ynglŷn â München. Mae gan haneswyr safbwyntiau gwahanol hefyd. Wrth gwrs, nid oes modd gwybod beth fyddai wedi digwydd petai Prydain a Ffrainc wedi mynd i ryfel yn 1938. Ni ddylai hyn ein rhwystro rhag damcaniaethu!

Darllen Pellach

Llyfrau yng nghyfres *Access to History* Hodder and Stoughton

I gael gwybodaeth am gydberthynas y gwledydd 1919-39, darllenwch *War and Peace: International Relations 1914-45* gan D. Williamson. Am fwy o wybodaeth am bolisi tramor pwerau unigol, rhowch gynnig ar *Germany: The Third Reich* gan Geoff Layton; a *Britain: Foreign and Imperial Affairs: 1919-39* gan Alan Farmer.

Cyffredinol

I gael gwybodaeth am gydberthynas y gwledydd 1919-39, dechreuwch gyda Phennod 14 o *Years of Change: Europe 1890-1945* gan Robert Wolfson a John Laver (Hodder & Stoughton). Yn ogystal, rhowch gynnig ar *The Great Dictators: International Relations 1918-39* gan E.G. Rayner yn y gyfres History at Source (Hodder & Stoughton).

Mae *Origins of the Second World War* gan A.J.P. Taylor, 1961 (Penguin) yn arbennig o dda, ond cofiwch bwyso a mesur. Mae *The Origins of the Second World War Reconsidered*, golygwyd gan G. Martel, 1986 (Unwin Hyman) yn crynhoi llawer o'r dadleuon a godwyd gan Taylor. Mae *The Origins of the Second World War in Europe* gan P.M.H. Bell, 1986 (Longman) yn rhagorol, ac felly hefyd *The Illusion of Peace: International Relations, 1918-1933* gan S. Marks 1976 (Macmillan) wrth drafod y blynyddoedd cyn dyfodiad Hitler. Mae *Versailles and After*, 1995 ac *The Origins of the Second World War* gan R. Henig, 1985 (y ddau wedi'u cyhoeddi gan Routledge) yn grynodebau da. Mae *Nazism 1919-1945 vol. 3: Foreign Policy, War and Racial Extermination*, golygwyd gan J. Noakes a G. Pridham, 1988 (Prifysgol Exeter) yn cynnwys casgliad ardderchog o ddogfennau ar bolisi tramor yr Almaen.

YR AIL RYFEL BYD A'R HOLOCOST

PWYNTIAU I'W HYSTYRIED

Yn y bennod hon byddwch yn astudio digwyddiad pwysicaf yr ugeinfed ganrif – yr Ail Ryfel Byd – ac un o ddigwyddiadau mwyaf erchyll y rhyfel – yr Holocost (ymdrech Hitler i ladd holl Iddewon Ewrop). Mae adrannau 1, 2, a 5 yn trafod digwyddiadau'r rhyfel. Mae adran 3 yn edrych yn fyr ar Drefn Newydd Hitler yn Ewrop. Mae adran 4 yn ystyried yr Holocost. Mae adran 6 yn edrych ar y rhesymau dros fuddugoliaeth y Cynghreiriaid. Yn adran 7 edrychir yn fanwl ar rai o ganlyniadau'r rhyfel. Mae'n werth darllen pob adran. Rhaid bod yn ymwybodol o'r Holocost os ydych yn canolbwyntio ar y rhyfel. Yn yr un ffordd, rhaid bod gennych rywfaint o ddealltwriaeth o'r rhyfel er mwyn deall natur yr Holocost.

Yn ei hanfod, roedd y Rhyfel Byd Cyntaf yn rhyfel Ewropeaidd a orlifodd i gyfandiroedd eraill ac a ddenodd ymyrraeth gwledydd y tu allan i Ewrop, yn enwedig UDA a Japan. Roedd yr Ail Ryfel Byd yn wahanol. Roedd cyfnod cyntaf y rhyfel, rhwng 1939 ac 1941, yn sicr yn Ewropeaidd. Tynnwyd y mwyafrif o wladwriaethau Ewrop i ganol y brwydro (dim ond Sbaen, Portiwgal, Sweden, y Swistir, Twrci ac Iwerddon a arhosodd yn niwtral). Fodd bynnag, ni ellid ei alw'n rhyfel byd go iawn hyd fis Rhagfyr 1941 pan ymunodd UDA yn sgil ymosodiad Japan ar Pearl Harbor. Ar ddiwedd ail gyfnod y rhyfel, rhwng 1941 ac 1945, roedd Ewrop yn adfeilion, roedd ei heconomi wedi'i pharlysu, ac roedd byddinoedd UDA ac UGSS wedi cyfarfod yng nghanol y cyfandir. Mae'r bennod hon yn ceisio esbonio pam y bu i'r rhyfel ddatblygu'n rhyfel byd a pham y bu i'r Cynghreiriaid ennill. Yn ogystal, mae'n ceisio edrych ar y rhesymau dros yr Holocost a darganfod pwy oedd ar fai.

1 Y Rhyfel Ewropeaidd, 1939–41

YSTYRIAETH
Pam y bu'r Almaen yn llwyddiannus, 1939-41?

a) Gorchfygu Gwlad Pwyl

Gan ddefnyddio tactegau *blitzkrieg* yn llwyddiannus iawn, torrodd yr Almaenwyr drwy Wlad Pwyl. Roedd adnoddau lluoedd Gwlad Pwyl yn brin ac nid oedd eu harweinwyr yn arbennig o alluog. O ganlyniad, fe'u maeddwyd o fewn pythefnos i bob pwrpas. Yn waeth fyth, ar 17 Medi, goresgynnodd Rwsia Wlad Pwyl o'r dwyrain. Ni allai'r Pwyliaid wrthsefyll

BLITZKRIEG

Roedd buddugoliaethau'r Almaenwyr yn 1939-40 yn ganlyniad i raddau i'r *blitzkrieg* neu 'ryfel cyflym'. Roedd sawl cyfnod yn perthyn i'r *blitzkrieg*:

▼ Ar ôl sicrhau goruchafiaeth yn yr awyr, aeth y Luftwaffe ati i fomio dulliau cyfathrebu, crynoadau o filwyr a dinasoedd mawrion.

▼ Torrodd yr adrannau moduraidd a'r adrannau arfog ysgafn drwy linellau'r gelyn, gan barhau i wthio ymlaen. Llwyddodd y gwŷr traed a'r tanciau trwm i gadarnhau a lledu'r bwlch.

LLINELL SIEGFRIED

Amddiffynfeydd Gorllewin yr Almaen.

yr ymosodiad, a rhannodd yr Almaen a Rwsia y wlad ar hyd 'Llinell Ribbentrop–Molotov' (gweler Ffigur 49). Sefydlwyd llywodraeth Bwylaidd alltud yn Llundain i geisio parhau â'r frwydr ond erbyn diwedd Medi roedd Gwlad Pwyl wedi diflannu i bob pwrpas. Yn awr, symudodd yr Almaenwyr y rhan fwyaf o'i byddin i'r gorllewin.

Ni roddodd Ffrainc na Phrydain fawr ddim cymorth i Wlad Pwyl. Roedd arafwch Ffrainc wrth ymfyddino a natur amddiffynnol ei strategaeth yn rhwystr i unrhyw weithredu pendant. Ym mis Medi, roedd llai na thraean o fyddin yr Almaen yn y gorllewin ac nid oedd amddiffynfeydd ei **Llinell Siegfried** yn gyflawn. Ym mis Hydref, cynigiodd Hitler delerau heddwch. Gan y byddai rhyfel yn erbyn yr Almaen yn gostus o ran milwyr ac arian, roedd gan Brydain a Ffrainc resymau da dros drefnu heddwch. Fodd bynnag, ychydig iawn o wleidyddion y Gorllewin oedd yn barod i ymddiried yn Hitler ac aberthu Gwlad Pwyl.

Ffigur 49 Gwlad Pwyl, y Ffindir a Norwy, 1939-40.

Tabl 17 Y cydbwysedd grym yn 1939.

	Prydain Fawr	Ffrainc	UGSS	UDA	Gwlad Pwyl	Yr Almaen	Yr Eidal
Poblogaeth (miloedd)	47,692	41,600	167,300	129,825	34,662	68,424	43,779
Incwm gwladol ($m)	23,550	10,296	31,410	67,600	3,189	33,347	6,895
Milwyr wrth gefn (miliynau)	0.4	4.6	12.0†	**	1.5	2.2	4.8
Byddinoedd cyfnod o heddwch (miliynau)	0.22	0.8	1.7†	0.19	0.29	0.8	0.8
Awyrennau (llinell gyntaf)	2,075	600	5,000†	800	390	4,500†	1,500††
Llongau rhyfel bychain	184	28	28	181	4	17	60
Llongau tanfor	58	70	150	99	5	56	100

** dim ar gael   † brasamcan   †† 1940

PARODRWYDD YR ALMAEN AM RYFEL

Nid oedd yr Almaenwyr wedi gorffen ailarfogi o bell ffordd yn 1939. Nid oedd gan yr Almaen lawer o longau tanfor, ac roedd ei byddin yn brin o foduron a thanciau. O ran offer, arfau a niferoedd, nid oedd gan yr Almaen oruchafiaeth amlwg dros luoedd cyfunol Ffrainc a Phrydain (gweler Tabl 17). Er hyn, roedd gan yr Almaen ddwy fantais allweddol:

▼ Roedd ei llu awyr (y *Luftwaffe*) yn gryfach;
▼ Roedd uwchswyddogion yr Almaen yn barod i arbrofi ag arfau a thactegau newydd.

PARODRWYDD FFRAINC AM RYFEL

Roedd gan fyddin Ffrainc system amddiffyn gref, sef Llinell Maginot. Efallai mai ei gwendid mwyaf oedd cyfeiriad meddwl ei chadlywyddion, a fethodd amgyffred gwir botensial tanciau ac awyrennau.

PARODRWYDD PRYDAIN AM RYFEL

Roedd y Llynges Frenhinol yn gryfach o lawer na llynges arwyneb yr Almaen. Cryfhawyd yr *RAF* ar ddiwedd yr 1930au, ond roedd y fyddin Brydeinig yn wan.

b) Y Rhyfel Ffug

Gelwir y cyfnod Hydref 1939 – Ebrill 1940 yn gyfnod y 'rhyfel ffug'. Arhosodd y byddinoedd gwrthwynebol y tu ôl i'w llinellau amddiffynnol. Nid oedd yr un ohonynt yn barod i gychwyn ymosodiadau mawr o'r awyr ar sifiliaid. Nid oedd gan yr Almaen ddigon o longau tanfor eto i fygwth llongau'r Cynghreiriaid, ac roedd Prydain ar ei hennill ar y môr. Gwnaeth Stalin yn fawr o'r sefyllfa. Ym mis Hydref gorfodwyd Estonia, Latfia a Lithuania i dderbyn garsiynau Sofietaidd. Yn Nhachwedd 1939 goresgynnwyd y Ffindir gan Rwsia wedi i'r Ffiniaid wrthod ceisiadau Stalin am dir. Yn groes i'r disgwyl, llwyddodd y Ffiniaid i atal lluoedd Rwsia, er bod y Rwsiaid yn gryfach o lawer. Credai nifer o wleidyddion Prydain a Ffrainc y dylid cefnogi'r Ffindir. O'r diwedd, dyfeisiwyd cynllun cymhleth i yrru 100,000 o filwyr i'r Ffindir drwy Norwy a Sweden, gan alluogi'r Cynghreiriaid i rwystro'r cyflenwad o fwyn haearn a âi o Sweden i'r Almaen. Ond ym Mawrth 1940 daeth y rhyfel rhwng Rwsia a'r Ffindir i ben, pan oedd byddinoedd y Cynghreiriaid ar fin symud. Ildiodd y Ffindir ardaloedd strategol i Rwsia. Roedd y Ffrancwyr wedi'u cynddeiriogi gan ddiffyg gweithredu y Cynghreiriaid, a bu'n rhaid i Daladier ymddiswyddo. Daeth Reynaud yn ei le.

Er na allai'r Cynghreiriaid helpu'r Ffindir mwyach, ni roddwyd gorau i'r syniad o atal mwyn haearn Sweden rhag cyrraedd yr Almaen. Yn Ebrill 1940, penderfynodd y Cynghreiriaid gau llwybr cyflenwi cyfnod y gaeaf drwy osod ffrwydrynnau yn nyfroedd Norwy. Ddiwrnod ar ôl dechrau gosod y ffrwydrynnau, goresgynnodd Hitler Ddenmarc a Norwy. Ildiodd y Daniaid ar unwaith. Ceisiodd Norwy wrthsefyll, a derbyniodd gynnig o gymorth gan y Cynghreiriaid. Ond roedd ymgyrch y Cynghreiriaid yn fethiant llwyr ac erbyn diwedd Ebrill roeddent wedi tynnu'r mwyafrif o'u milwyr allan o'r wlad. Ymddiswyddodd Chamberlain yn sgil yr ymgyrch Norwyaidd. Daeth Winston Churchill yn Brif Weinidog yn ei le.

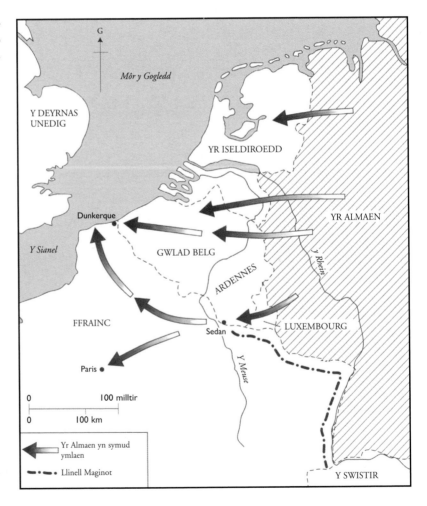

Ffigur 50 Goresgyniad yr Almaen yng ngorllewin Ewrop erbyn Gorffennaf 1940.

WINSTON CHURCHILL (1874–1965)

Erbyn 1940 roedd Churchill wedi dal y rhan fwyaf o swyddi gweinidogol y llywodraeth. Mae'r mwyafrif o'r bobl a'i hadnabyddai a'r haneswyr a'i hastudiodd yn pwysleisio ei egni diddiwedd a'i feddwl eithriadol o fywiog. O'r cychwyn cyntaf roedd yn gyson o ran ei ddewrder a'i benderfyniad. Roedd ei wisg, ei leferydd a'i ystumiau yn ecsentrig, ac enillodd a chadwodd ymddiriedaeth y cyhoedd. Mae llawer wedi pwysleisio pwysigrwydd ei areithyddiaeth. Roedd Churchill ei hun yn fwy diymhongar: 'Y genedl ei hun a'r hil a drigai ar draws y byd oedd yn meddu ar galon y llew. Yn ffodus i mi cefais y cyfle i ruo.' Roedd ei araith i Dŷ'r Cyffredin y diwrnod y daeth yn Brif Weinidog (10 Mai 1940) yn nodweddiadol o'i rethreg:

-Portread-

> Nid oes gennyf ddim i'w gynnig ond gwaed, llafur, dagrau a chwys … Beth yw ein polisi? Dywedaf wrthych: i ryfela, ar fôr a thir ac yn yr awyr gyda'r holl rym a'r holl nerth a ddaw gan Dduw: i ryfela yn erbyn gormes ffiaidd nas gwelwyd ei waeth ar unrhyw gyfnod yn ystod hanes tywyll, truenus trosedd dynol. Dyna ein polisi … Beth yw ein nod? Gallaf ateb mewn gair: Buddugoliaeth – buddugoliaeth, costied a gostio, buddugoliaeth er gwaethaf pob arswyd, buddugoliaeth, pa mor hir a chaled bynnag yw'r ffordd; oherwydd heb fuddugoliaeth ni ellir goroesi.
>
> *Ffynhonnell A*

Fe'i gelwir yn aml yn Sais mwyaf yr ugeinfed ganrif, ond mae beirniaid yn tynnu sylw at y ffaith iddo lywyddu dros ddiwedd oes Prydain fel un o bwerau mawr y byd.

Mae'r darn canlynol yn rhoi syniad am arddull Churchill.

> Roedd Churchill… fel petai bob amser wrth ei safle rheoli ar y blaenlaniad ac roedd y gynnau'n saethu'n barhaus pan siaradai; ble bynnag yr âi, dyna lle fyddai blaen y gad… roedd Churchill yn codi stêm tua deg o'r gloch y nos; yn aml byddai'n codi ei staff gofidus yn fuan ar ôl iddynt ddisgyn i'w gwelyau am 2.00 neu 3.00 y bore… Yfai alcohol … yn gyson drwy gydol y dydd ond ni châi effaith amlwg arno … gallai siarad am awr neu fwy a chyfareddu ei gynulleidfa … dyma un a ddeallai ei bwnc, a allai adrodd ffaith a ffigur a phennod ac adnod, a'r cyfan mewn rhyddiaith Saesneg ogoneddus.

Ffynhonnell B Dyfyniad o *The White House Papers of Harry L. Hopkins: An Intimate History, Volume 1, September 1939 – January 1942* gan Robert E. Sherwood (Eyre and Spottiswoode).

1874	fe'i ganed ym Mhlasty Blenheim, yn fab i'r Arglwydd Randolph Churchill (mab ieuengaf Dug Marlborough) a'i wraig Americanaidd, Jenny;
1898	brwydrodd yn Sudan;
1899	bu'n ohebydd rhyfel yn Rhyfel y Boer. Fe'i cymerwyd yn garcharor gan y Boeriaid ond llwyddodd i ddianc;
1900	daeth yn AS Ceidwadol dros Oldham;
1904	ymunodd â'r Blaid Ryddfrydol;
1910 -11	Ysgrifennydd Cartref;
1911 -15	Prif Arglwydd y Morlys;
1915	ymddiswyddodd ar ôl cael ei feio am fethiant ymgyrch Gallipoli;
1918 -9	cefnogodd ymyrraeth Prydain yn Rhyfel Cartref Rwsia;
1924 -9	Canghellor y Trysorlys i'r Ceidwadwyr.
1930	aurhoddodd rybuddion ynglŷn â pherygl Almaen Hitler;
1939 -40	Prif Arglwydd y Morlys;
1940 -5	Prif Weinidog Prydain;
1945 -51	Arweinydd yr Wrthblaid;
1951	dychwelodd fel Prif Weinidog;
1955	ymddeolodd o'i swydd fel Prif Weinidog;
1965	bu farw.

CANLYNIADAU CWYMP FFRAINC

▼ Yn awr roedd yr Almaen yn rheoli y rhan fwyaf o orllewin a chanolbarth Ewrop.

▼ Yn sydyn, ofnai'r UDA y byddai Prydain yn ildio, gan adael i'r Almaen reoli Cefnfor Iwerydd.

▼ Mewn ymdrech i gyfnerthu ei grym, cyfeddiannodd UGSS Wladwriaethau'r Baltig a Besarabia.

c) Sut a Pham y Trechwyd Ffrainc?

Ar 10 Mai goresgynnodd lluoedd yr Almaen yr Iseldiroedd a Gwlad Belg. Bedwar diwrnod yn ddiweddarach, torrodd tanciau'r Almaen (*panzers*) drwy amddiffynfeydd y Ffrancwyr yn ymyl Sedan, i'r gogledd o Linell Maginot (gweler Ffigur 50). O fewn deng niwrnod roedd y *panzers* wedi cyrraedd y Sianel, gan wahanu byddinoedd y Cynghreiriaid. Roedd niferoedd mawr o filwyr Prydain a Ffrainc wedi'u hynysu. I bob golwg, yr unig ffordd i'w hachub oedd drwy iddynt ymgilio. Erbyn dechrau Mehefin roedd tua 350,000 o filwyr y Cynghreiriaid wedi dianc o Dunkerque mewn amrywiaeth o gychod, gan adael y rhan fwyaf o'u harfau a'u cyfarpar ar eu hôl.

Ar 10 Mehefin ffodd llywodraeth Ffrainc o Baris ac ymunodd yr Eidal â'r rhyfel ar ochr yr Almaen. Er i luoedd Ffrainc ymladd yn ddewr yn erbyn yr Eidalwyr, ym mhobman arall daliodd yr Almaenwyr i symud ymlaen. Ar ôl llawer o drafod gofidus, penderfynodd llywodraeth Ffrainc ildio. Yn 84 oed, daeth Marsial Pétain yn arweinydd ar Ffrainc ac ar 21 Mehefin derbyniodd delerau cadoediad yr Almaenwyr. Meddiannwyd gogledd-orllewin Ffrainc gan fyddin yr Almaen. Arhosodd gweddill Ffrainc dan reolaeth ei llywodraeth ei hun, a leolwyd yn Vichy. Roedd yn parhau i reoli llynges Ffrainc ac ymerodraeth drefedigaethol Ffrainc.

Ar un adeg, honnai haneswyr bod morâl Ffrainc ymron wedi diflannu cyn i'r Almaenwyr gyrraedd. Mae ymchwil diweddarach yn awgrymu nad oedd hynny'n wir. Digwyddodd argyfwng 1940 oherwydd nerth a sydynrwydd ymosodiad yr Almaenwyr: ni ddigwyddodd o ganlyniad i anawsterau gwleidyddol neu rwygiadau tymor hir o fewn cymdeithas Ffrainc. Yn fuan, trodd y goresgyniad milwrol yn ddadfeiliad gwleidyddol. Ni chynigiai llywodraeth Reynaud arweinyddiaeth gref ac wrth ffoi o Baris collodd afael ar weinyddiaeth y wlad yn llwyr. Er i gadfridogion a gwleidyddion Ffrainc feio llawer o ffactorau am gwymp Ffrainc – megis y Comiwnyddion, difrod ac ymgiliad y milwyr Prydeinig o Dunkerque – erbyn hyn, mae'r mwyafrif o haneswyr yn cytuno bod methiant Ffrainc yn ymwneud â methiant ei strategaeth filwrol.

ch) Prydain yn Unig

Roedd gan Brydain gefnogaeth pob un o'r Dominiynau (ac eithrio Iwerddon) a'i Hymerodraeth. Er hynny, roedd ei sefyllfa yn ymddangos yn anobeithiol. Nid oedd fawr o obaith y byddai'n trechu'r Almaen. Yn lle hynny, ymddangosai fel petai lluoedd yr Almaen yn barod i oresgyn Prydain. Yng Ngorffennaf, lansiodd Hitler 'ymgyrch heddwch' arall. Roedd yn barod i warantu'r Ymerodraeth Brydeinig yn gyfnewid am gytundeb Prydain i dderbyn buddugoliaethau'r Almaen yn Ewrop. Gwrthododd Churchill gynnig Hitler.

Ym mis Gorffennaf, rhoddodd Hitler orchymyn i ymosod ar Brydain o'r awyr, i'w ddilyn gan ymosodiad ar draws y Sianel 'os ydym o'r farn fod Lloegr ar ei gliniau'. Roedd eisoes wedi dechrau ystyried rhyfel yn erbyn Rwsia, ac nid oedd ganddo lawer o ffydd yn *Operation Sealion*, fel y gelwid goresgyniad Prydain yn gyfrinachol. Fodd bynnag, pe bai'r

C A ddylai Prydain fod wedi trefnu heddwch yn ystod haf 1940?

Luftwaffe wedi dinistrio'r *RAF*, mae'n bosibl y byddai goresgyniad gan yr Almaen wedi cael ei drefnu'n fyrfyfyr. Felly, roedd Brwydr Prydain yn hanfodol os oedd Prydain am oroesi. Parhaodd y frwydr o Orffennaf hyd Medi 1940. Er i'r *Luftwaffe* ddod yn agos at ennill, methodd ddinistrio'r *RAF*. Drwy lwyddo i gadw ei grym, enillodd yr *RAF* Frwydr Prydain. Bu'n rhaid i Hitler ohirio unrhyw gynlluniau a oedd ganddo i oresgyn Prydain. Trodd y *Luftwaffe* ei sylw at ymosod ar ddinasoedd, yn enwedig Llundain, gyda'r nos. Er i tua 45,000 o bobl farw yn y *'blitz'*, nid oedd gan yr Almaenwyr ddigon o awyrennau rhyfel i chwalu economi na morâl sifiliaid Prydain. O ganlyniad, roedd Prydain yn parhau'n fan lle gallai eraill ymgasglu. Er hyn, roedd gan Hitler a'r Almaenwyr achos i ddathlu. Erbyn diwedd 1940, roedd y rhyfel fel petai ar ben i bob pwrpas.

> **Y BLITZ**
> Yr enw a roddwyd ar y bomio a gyflawnwyd gan yr Almaenwyr ar drefi Prydain yn 1940-1. Mae'n dalfyriad o *blitzkrieg*.

d) Chwilio am Gynghreiriaid

Roedd Churchill yn sicr y byddai America a Rwsia yn ymuno â'r rhyfel ar ochr Prydain yn y man, ac y byddai'r 'Cynghrair Mawr' hwn yn trechu'r gelyn. Yn 1940-1, fodd bynnag, ni ddangosai Stalin unrhyw gydymdeimlad tuag at Brydain. Yn wir, roedd Rwsia'n bartner masnach da i'r Almaen, gan ei chyflenwi â nwyddau crai allweddol. Fodd bynnag, roedd mwy o obaith o du'r Americanwyr. Fel y mwyafrif o Americanwyr, roedd yr Arlywydd Roosevelt yn cydymdeimlo â Phrydain. Yn 1939 roedd wedi perswadio'r Gyngres i adael i'r Cynghreiriaid brynu arfau ar delerau 'talu a chludo'. Yn dilyn cwymp Ffrainc, roedd Roosevelt yn fwy bodlon fyth i roi cymorth, ac awgrymai y gallai UDA weithredu fel 'arfdy democratiaeth'. Yn dilyn y Ddeddf Les-Fenthyg (Mawrth 1941) roedd meintiau aruthrol o adnoddau'r UD ar gael at ddefnydd Prydain. Yn fuan, roedd llynges yr UD yn hebrwng llongau masnach hanner ffordd ar draws Cefnfor Iwerydd, tra meddiannodd lluoedd yr UD Grønland a Gwlad yr Iâ er mwyn achub y blaen ar yr Almaen, pe bai'r Almaenwyr wedi ystyried gwneud hynny. Fodd bynnag, er nad oedd UDA yn niwtral o bell ffordd, roedd y mwyafrif o Americanwyr yn dymuno osgoi rhyfel o hyd.

Yn 1940 enillodd yr Almaen fwy o gynghreiriaid na Phrydain. Daeth Hwngari a România yn bartneriaid i'r Natsïaid. Ym Medi, llofnododd yr Almaen, yr Eidal a Japan y Cytundeb Triphlyg. Yn ffodus i Brydain, roedd hwn yn fynegiant annelwig o gyfeillgarwch yn hytrach na chynghrair llawn, ac nid oedd Japan fel petai'n barod eto i ymuno â'r rhyfel. Roedd Mussolini yn fwy gweithredol. Goresgynnodd yr Eidalwyr yr Aifft o Libya ym Medi 1940 ond fe'u trechwyd yn fuan gan fyddin Brydeinig lawer llai ei maint. Yn dilyn hyn, meddiannodd Prydain Somalia'r Eidalwyr ac Ethiopia. Methodd ymdrech yr Eidal i oresgyn Groeg yn Hydref 1940 hefyd. Yn awr, gyrrodd Hitler y Cadfridog Rommel a Chorfflu Affrica i Libya i gefnogi'r Eidalwyr. Yn ogystal, pwysodd yn gynyddol ar Groeg i'w gorfodi i dderbyn telerau cywilyddus. Gwrthododd Groeg. Yn Ebrill 1941 ymosododd a heidiodd yr Almaenwyr yn gyflym ar draws Iwgoslafia a Groeg, gan erlid byddin ymgyrchol Brydeinig aflwyddiannus o'r gwledydd hynny a chipio Creta hefyd. Yn y cyfamser, enillodd Rommel nifer o frwydrau yn erbyn milwyr Prydeinig yng Ngogledd Affrica.

GWEITHGAREDD

Profwch eich dealltwriaeth o Adran I drwy ateb y cwestiwn:
'Esboniwch lwyddiant yr Almaen rhwng Medi 1939 a Mehefin 1941'.

Trywydd awgrymedig eich ateb:

▼ Parodrwydd yr Almaen a'r Cynghreiriaid am ryfel;

▼ Yr ymgyrch Bwylaidd a'r *blitzkrieg*;

▼ Methiant y Cynghreiriaid a llwyddiant y Natsïaid yn 1940;

▼ Y sefyllfa erbyn Mehefin 1941.

YSTYRIAETH
Pam y bu i Hitler gyhoeddi rhyfel ar UGSS ac UDA?

2   Y Cynghrair Mawr

a) Ymgyrch Barbarossa

Ar 22 Mehefin lansiodd Hitler Ymgyrch Barbarossa – goresgyniad Rwsia. Synnwyd Stalin, a oedd wedi anwybyddu rhybuddion Prydain a'i wasanaethau cudd-ymchwil ei hun. Gwnaeth gamgymeriad mawr wrth ymddiried yn Hitler. Roedd penderfyniad Hitler i ymosod ar Rwsia yn un rhesymol (yn ôl ei safonau ei hun). Bu'n fwriad ganddo erioed i ennill *lebensraum* ar draul Rwsia. Roedd hefyd yn dyheu am ddinistrio comiwnyddiaeth. Yn ystod gaeaf 1940-1 bu nifer o ddadleuon ffyrnig rhwng yr Almaen a Rwsia yn nwyrain Ewrop. Erbyn 1941 Rwsia yn unig a allai fygwth Hitler. Ar ben hynny, drwy drechu Rwsia byddai'r Almaen yn trechu Prydain: unwaith y byddai Rwsia wedi colli byddai Prydain yn siŵr o dderbyn heddwch. Yn ôl cynghorwyr Hitler, byddai'r ymgyrch yn para deufis. Mor hyderus oedd yr Almaenwyr fel na wnaethant drafferthu storio offer at y gaeaf.

Roedd yr ymladd ar raddfa mor fawr – 146 o adrannau milwrol Almaenig, 3,600 o danciau a 2,700 o awyrennau – nes peri mai'r Ffrynt Dwyreiniol oedd maes brwydr mwyaf y rhyfel. Er gwaethaf y casineb a deimlai Churchill tuag at gomiwnyddiaeth, gwyddai mor bwysig oedd cadw Stalin fel cynghreiriad. O fewn wythnosau roedd Prydain a Rwsia wedi arwyddo cytundeb i helpu ei gilydd. Yn dawel fach, roedd nifer o arbenigwyr milwrol Prydeinig yn rhag-weld y byddai Rwsia'n cwympo'n fuan. Bu bron i hyn ddigwydd pan ddrylliwyd y Fyddin Goch gan luoedd arfog yr Almaen. Erbyn diwedd Medi 1941 roedd milwyr yr Almaen wedi cipio Kiev, rhoi gwarchae ar Leningrad a bygwth cymryd Moskva.

Er hyn, daliodd y Fyddin Goch ati i frwydro, ac yng ngeiriau Churchill, nid lleoliad y ffrynt Rwsiaidd oedd yn bwysig, ond y ffaith fod y ffrynt yn dal i fodoli. Erbyn Rhagfyr roedd milwyr yr Almaen wedi cyrraedd maestrefi Moskva. Nid aethant ymhellach na hynny. Ar 6

CRYFDER SOFIETAIDD

Ar bapur, roedd UGSS yn gref. Roedd ganddi fwy na 5 miliwn o ddynion arfog, 20,000 o danciau a thua 10,000 o awyrennau. Er hynny, lladdwyd y mwyafrif o'i chadfridogion gorau yn ystod y carthiadau. Roedd y fyddin wedi brwydro'n wael yn erbyn y Ffindir.

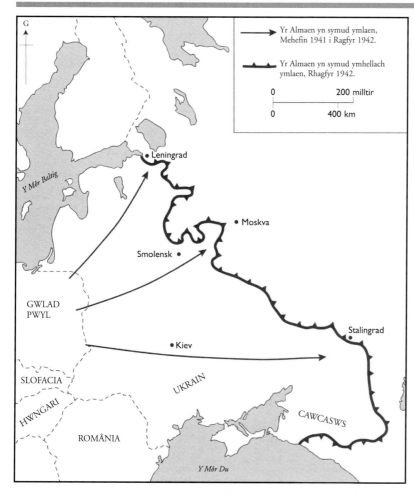

Ffigur 51 Ymosodiad yr Almaen ar UGSS, 1941-2.

Rhagfyr lansiodd y Cadfridog Zhukov wrthymosodiad Rwsiaidd. Gyrrwyd yr Almaenwyr yn ôl 200 milltir cyn dechrau dal eu tir. Byddai'r ymgyrch yn UGSS yn parhau. Hon fyddai brwydr fwyaf tyngedfennol y rhyfel, a dyma lle collwyd y nifer fwyaf o fywydau.

b) Pearl Harbor

Yn Awst 1941 cytunodd yr Arlywydd Roosevelt a Churchill ar gyd-ddatganiad o egwyddorion – 'Siartr yr Iwerydd'. Drwy wneud hynny, ymrwymodd UDA ei hun i 'ddinistriad terfynol yr ormes Natsïaidd', ac fe wnaed yn glir bod y Cynghreiriaid yn ymladd dros amredaid eang o 'hawliau' ac nid er mwyn ennill tiriogaeth. Adroddodd Churchill yn ôl i'r Cabinet Rhyfel bod Roosevelt yn barod i ryfela ond nid i gyhoeddi rhyfel. Yn ddi-os, roedd Roosevelt yn agosáu at ryfel bob yn dipyn. Wrth hebrwng llongau i ganol Cefnfor Iwerydd, bu gwrthdaro rhwng llongau'r UD a llongau tanfor yr Almaen.

GWEITHGAREDD

Ystyriwch y cwestiwn: 'Pam y bu i Hitler gyhoeddi rhyfel ar UGSS ac UDA yn 1941?' Saethwch syniadau ynglŷn â'ch prif bwyntiau. Sylwch ei bod hi'n haws deall rhesymau Hitler dros ymosod ar UGSS na deall pam y bu iddo gyhoeddi rhyfel ar UDA.

YSTYRIAETH
Pa mor llwyddiannus oedd y Drefn Newydd Almaenig?

Fodd bynnag, ymunodd UDA â'r rhyfel o ganlyniad i ddigwyddiadau yn y Cefnfor Tawel, nid yng Nghefnfor Iwerydd. Wedi 1939, dirywiodd y berthynas rhwng yr UD a Japan yn gyflym wrth i UDA geisio atal Japan rhag ecsbloetio ar y sefyllfa yn Asia. Yn 1941 gwaharddodd UDA Japan rhag derbyn ei holew ar ôl i Japan feddiannu Indo-China Ffrengig. Yn awr, byddai'n rhaid i Japan ddewis rhwng tynnu allan o China ac Indo-China, fel y mynnai UDA, neu gipio mwy o diriogaeth er mwyn cael gafael ar y nwyddau crai roedd arni eu hangen i barhau â'r ymladd. Byddai polisi o ehangu yn sicr o arwain at ryfel yn erbyn UDA. Ar 7 Rhagfyr 1941 ymosododd y Japaneaid ar Pearl Harbor yn Hawaii, gan ddinistrio rhan fawr o Lynges Cefnfor Tawel UDA. Yn ogystal, cyhoeddodd Japan ryfel ar Brydain.

Ar 11 Rhagfyr, yn ôl telerau'r Cytundeb Triphlyg, cyhoeddodd yr Almaen a'r Eidal ryfel ar UDA. Pe na bai Hitler wedi cyhoeddi rhyfel, mae'n bosibl y byddai America wedi canolbwyntio ar y rhyfel yn erbyn Japan yn hytrach na'r rhyfel yn Ewrop. Ni ellir esbonio gweithred Hitler. Mae'n bosibl nad oedd wedi llawn sylweddoli potensial milwrol UDA. Fodd bynnag, mae'n fwy tebygol ei fod yn rhag-weld y byddai rhyfel yn datblygu rhwng yr Almaen ac UDA yn anorfod yn y man. Drwy gyhoeddi rhyfel yn gynnar, gallai longau tanfor yr Almaen ymosod ar longau Americanaidd cyn i'r UD drefnu ei hamddiffynfeydd yn iawn. Beth bynnag oedd ei gymhellion, gwnaeth Hitler gamgymeriad mawr wrth gyhoeddi rhyfel ar UDA. Rhuthrodd Churchill ar draws Cefnfor Iwerydd i gyfarfod â Roosevelt. Cytunodd y ddau y dylid canolbwyntio ar drechu'r Almaen.

Yn awr, roedd y cydbwysedd grym yn pwyso yn erbyn Pwerau'r Axis. Fodd bynnag, byddai angen misoedd ar UDA i baratoi ar gyfer rhyfel. Yn y cyfamser, roedd Rwsia mewn cyflwr gwael. Roedd ei cholledion yn 1941 yn syfrdanol (5 miliwn o filwyr, 8,000 o awyrennau, 17,000 o danciau) ac roedd llawer o'i phrif ardaloedd diwydiannol a llawer o'i thir amaeth gorau dan reolaeth yr Almaenwyr. Yn gynnar yn 1942 bu'r Axis yn fwy llwyddiannus eto.

▼ Dioddefodd Prydain ac America golledion enbyd wrth ymladd y Japaneaid. Erbyn yr haf, roedd lluoedd Japan yn rheoli Malaya, India'r Dwyrain yr Iseldiroedd, Ynysoedd y Pilipinas, rhan helaeth o Byrma, ac yn bygwth India.
▼ Bu ymosodiadau Rwsia yn erbyn yr Almaen yng ngwanwyn 1942 yn drychinebus.
▼ Yng Ngogledd Affrica, goresgynnodd lluoedd yr Axis yr Aifft.
▼ Roedd llongau tanfor yr Almaen yn bygwth newynu Prydain nes iddi ildio.

3　Y Drefn Newydd

Erbyn 1942 roedd y Drydedd Reich yn tra-arglwyddiaethu ar Ewrop (gweler Ffigur 52). Roedd yr Almaen Fwy yn cynnwys yr holl bobloedd Almaeneg eu hiaith a rhai ardaloedd a gyfeddiannwyd. Roedd Ffrainc feddianedig, Gwlad Belg a rhannau helaeth o Wlad Pwyl ac UGSS dan reolaeth filwrol Almaenig uniongyrchol. Caniatawyd rhai hawliau hunanweinyddol i Norwy, Denmarc a'r Iseldiroedd ond, fel yn achos Ffrainc Vichy, Croatia a Slofacia, roeddent yn wladwriaethau dan fawd yr Almaenwyr. Roedd Hitler yn bwriadu creu **Trefn Newydd** yn seiliedig ar egwyddorion hiliol.

> **Y DREFN NEWYDD**
> Ymffrostiai Hitler y byddai'n creu Trefn Newydd ar draws Ewrop, yn seiliedig ar egwyddorion Sosialwyr Cenedlaethol.

a) Ecsbloetiaeth Economaidd

Yn economaidd, trefnwyd Ewrop yn y fath fodd fel y gallai gael ei hecsbloetio gan yr Almaen yn y tymor byr. Roedd disgwyl i'r gwledydd eraill hybu economi'r Almaen drwy ddarparu cynnyrch bwyd, nwyddau crai a thanwydd tra byddai'r Almaen yn canolbwyntio ar gynhyrchu diwydiannol. Cyflogid gweithwyr o dramor yn yr Almaen i gymryd lle yr Almaenwyr a wasanaethai yn y lluoedd arfog. (Roedd Hitler yn gwrthwynebu gwysio merched Almaenig i mewn i ddiwydiannau'r rhyfel.) Erbyn 1944 roedd 8 miliwn o weithwyr tramor yn yr Almaen – 25 y cant o'r gweithlu. Daeth rhai o'r gweithwyr hyn yn wirfoddol o

Ffigur 52 Y Reich Almaenig, 1942.

wledydd oedd yn gynghreiriaid i'r Almaen, ond daeth y mwyafrif yn erbyn eu hewyllys o wledydd meddianedig. Dylanwadai cefndir hiliol gweithwyr tramor ar y driniaeth a dderbynient. Gweithiai llawer o Rwsiaid a Phwyliaid mewn gwersylloedd llafur lle roedd y ddisgyblaeth yn llem a bwyd yn brin.

Ac eto, roedd ymdrech ryfel economaidd yr Almaen yn aneffeithlon. Rhwng 1939 ac 1941 ni fu fawr o gynnydd yng nghynnyrch milwrol yr Almaen. Roedd Hitler yn hyderus y gellid ennill y rhyfel drwy gyfrwng tactegau *blitzkrieg*, ac felly gwrthodai lansio ymdrech ryfel gyflawn – dogni llym, cyfyngu ar nwyddau traul a milwroli'r gweithlu sifil – gan gredu y gallai hynny niweidio morâl. Nid oedd unrhyw gyfeiriad unedig i'r economi Almaenig chwaith. Yn lle hynny, roedd nifer o sefydliadau yn bodoli, pob un â dylanwad annibynnol (a chystadleuol) dros gynnyrch rhyfel. Ni ddechreuodd yr Almaen ymfyddino o ddifrif hyd 1942-3. Ni wnaeth y Natsïaid y gorau o asedau economaidd a fyddai wedi gallu bod yn aruthrol o werthfawr.

b) Cydweithredu

C

Pam y bu i nifer o Ewropeaid gydweithredu â'r Natsïaid?

Ceid sawl ffurf ar gydweithredu â'r Almaen, ac amrywiai yn ôl gwlad a chyfnod. Ar un eithaf, derbyniwyd a goddefwyd presenoldeb yr Almaenwyr yn dawel. Ar yr eithaf arall, crëwyd grwpiau ffasgaidd lleol oedd yn awyddus iawn i ymuno â'r Drefn Newydd. Derbyniodd rhai ffasgwyr swyddi pwysig (er enghraifft Quisling yn Norwy), ond fel rheol roedd yn well gan yr Almaenwyr gydweithio â'r cyfundrefnau awdurdod a fodolai'n barod. O gofio mai goruchafiaeth Almaenig oedd nod y Drefn Newydd, nid oedd fawr neb ond yr Almaenwyr yn gefnogol i'r syniad. Gallai Hitler fod wedi gwneud gwell defnydd o wrthwynebiad y bobl i Rwsia a chomiwnyddiaeth yn yr ardaloedd a feddiannwyd gan yr Almaen yn 1941-2, a dylai fod wedi gwneud hynny. Roedd llawer o Wcrainiaid yn casáu Stalin a'r ffermydd cyfunol, ac felly'n croesawu'r goresgynwyr Almaenig. Fodd bynnag, oherwydd ei eithafrwydd hiliol, ni fanteisiodd ar y cyfle hwn i ennill cefnogaeth. Yn ei farn ef, roedd y Slafiaid yn isddynol, a chawsant eu trin felly. Yn fuan, trodd y croeso cynnar yn gasineb. Newidiodd polisi'r Almaenwyr yn 1943-4, ond erbyn hynny roedd hi'n rhy hwyr.

c) Gwrthwynebiad

Nid oedd pawb yn Ewrop yn barod i dderbyn presenoldeb yr Almaenwyr. Ffodd rhai dramor, gan ffurfio lluoedd megis y Ffrancwyr Rhydd, dan arweiniad y Cadfridog de Gaulle. Ymunodd eraill â grwpiau gwrthwynebu o fewn eu gwledydd eu hunain, er gwaetha'r cosbi creulon. Yn y dwyrain, cododd gwrthwynebiad ar unwaith i greulondeb eithriadol lluoedd yr Axis. Ni ddatblygodd yr un mor gyflym yn y gorllewin. Roedd y ffaith fod y mudiadau gwrthwynebu wedi'u rhannu yn chwith (a dueddai i gefnogi'r comiwnyddion) a de (yn fwy cenedlaetholgar) yn broblem fawr. Er i weithgaredd y gwrthwynebwyr, yn enwedig Tito, a ddaeth i arwain tua 250,000 o bartisaniaid yn Iwgoslafia, gadw llawer o filwyr y gelyn yn brysur yn ymladd, ar y cyfan roedd ei lwyddiant yn gyfyngedig. Bu gwrthryfeloedd agored yn erbyn yr Almaenwyr (er enghraifft yn Warszawa yn 1943 ac 1944) yn fethiannau trychinebus.

4 Yr Holocost

YSTYRIAETH
Pwy oedd ar fai am yr Holocost?

Erbyn diwedd 1941 roedd Hitler wedi penderfynu ar gynllun i lofruddio holl Iddewon Ewrop. Fel rheol, cyfeirir at y cynllun hwn fel yr **Ateb Terfynol** neu'r Holocost. Er nad hon efallai oedd y drosedd fwyaf a welwyd yn ystod yr ugeinfed ganrif (mae'n debyg bod Stalin a Mao Zedong wedi lladd mwy o bobl yn enw penderfyniaeth economaidd nag a wnaeth Hitler yn enw penderfyniaeth hiliol), roedd yn enghraifft o farbariaeth ddifrifol. Mae rhai yn parhau i hawlio na ddigwyddodd o gwbl, gan honni mai myth ydyw a grëwyd gan Iddewon a chomiwnyddion er mwyn damnio'r Natsïaid. Nid yw dadl y 'gwadwyr' yn dal dŵr, fodd bynnag, gan fod tystiolaeth doreithiog ar gael, gan oroeswyr a chyflawnwyr, sy'n dangos bod yr Holocost wedi digwydd.

> **YR ATEB TERFYNOL**
> Y term a ddefnyddid gan y Natsïaid i ddisgrifio pa bolisi Iddewig bynnag oedd yn ffasiynol. Cafwyd nifer o 'atebion terfynol' cyn yr 'Ateb Terfynol' olaf, felly, ond nid oedd pob un ohonynt yn ceisio difodi'r Iddewon.

a) Beth oedd Bwriadau Hitler yn 1939-41?

i) Cynllun Madagascar
Yng Ngorffennaf 1940 dechreuodd yr Almaenwyr gyhoeddi eu bwriad i yrru Iddewon yr Almaen a gorllewin Ewrop i Madagascar, ynys fawr oddi ar arfordir dwyreiniol Affrica. I bob golwg, roedd pawb yn cefnogi'r syniad. Nid oedd y cynllun yn un trugarog o bell ffordd. Rhagwelai'r Natsïaid y byddai llawer o'r Iddewon yn marw ar y daith neu o ganlyniad i'r hinsawdd ddigroeso ar ôl cyrraedd. Fodd bynnag, parhaodd y rhyfel yn erbyn Prydain, ac felly ni weithredwyd y cynllun.

ii) Y Sefyllfa yng Ngwlad Pwyl
Parodd goresgyniad yr Almaenwyr o Wlad Pwyl ddioddefaint mawr i Bwyliaid yn gyffredinol ac i Iddewon Pwylaidd yn benodol. Roedd bwriadau creulon Hitler yn amlwg o'r cychwyn cyntaf. Yn 1939 sefydlwyd cyrchlu arbennig, sef yr *Einsatzgruppen*, yn cynnwys dynion o'r heddlu a'r SS. Ei waith oedd ymladd yn erbyn yr 'holl elfennau gwrth-Almaenig' ac i 'ddileu natur niweidiol' dosbarth arweiniol Gwlad Pwyl. Dienyddiodd yr *Einsatzgruppen* filoedd o feddygon, athrawon, cyfreithwyr a thirfeddianwyr Pwylaidd. Drwy drechu Gwlad Pwyl, enillodd yr Almaen diriogaeth yn cynnwys 17 miliwn o Bwyliaid, 2 filiwn o Iddewon a 675,000 o Almaenwyr. Ymgorfforwyd tua hanner y diriogaeth hon yn uniongyrchol yn y Reich. Galwyd y gweddill yn Llywodraeth Gyffredinol.

Blaenoriaeth gyntaf Himmler oedd cyfanheddu tua 200,000 o Almaenwyr ethnig o UGSS, Gwladwriaethau'r Baltig a'r Llywodraeth Gyffredinol yn y tiroedd a ymgorfforwyd. I wneud lle ar gyfer yr Almaenwyr, aeth Himmler ati i alltudio Pwyliaid ac Iddewon i diroedd y Llywodraeth Gyffredinol. Rheolai'r Llywodraethwr Hans Frank y Llywodraeth Gyffredinol ar y cyd â'r *SS*, a seiliwyd y rheolaeth honno ar fraw. Gorfodwyd Iddewon Pwylaidd i wisgo Seren Dafydd, dan gosb marwolaeth. Difeddiannwyd yr Iddewon o'u heiddo i raddau helaeth, a gyrrwyd nifer i wersylloedd llafur. Gobeithiai Himmler greu tiriogaeth frodorol i Iddewon o fewn y Llywodraeth Gyffredinol, ac yn ystod gaeaf 1939-40 gyrrwyd miloedd o Iddewon i ardal Lublin – cornel bellaf y Reich. Fodd bynnag, bu'n rhaid gohirio cynllun Lublin o ganlyniad i broblemau trawsgludo (a gododd yn sgil y paratoadau ar gyfer Ymgyrch Barbarossa).

iii) Y Getos Pwylaidd
Daeth crynhoi ac arwahanu Iddewon mewn dinasoedd Pwylaidd yn rhan o bolisi'r Natsïaid yn 1939. Cred haneswyr bwriadol fod y polisi o 'getoeiddio' yn gam cyntaf tuag at ddifodi. Ar y llaw arall, mae haneswyr swyddogaethol yn credu nad oedd yr arweinwyr Natsïaidd wedi ystyried eu polisïau yn fanwl, er eu bod yn derbyn bod getoeiddio wedi cyfrannu at gyflawni'r Holocost yn y pen draw. Mae'n sicr bron nad oedd cynllun mawr ar gyfer getoeiddio yn bodoli ym Medi 1939 nac am rai misoedd wedi hynny. Mae'r hanesydd Christopher Browning, sy'n argyhoeddedig na chynlluniwyd getoeiddio er mwyn dinistrio'r Iddewon, wedi dangos bod y polisi wedi cael ei weithredu ar adegau gwahanol mewn ffyrdd gwahanol am resymau gwahanol gan awdurdodau lleol gwahanol. Sefydlwyd y geto 'seliedig' cyntaf yn Lodz yn Ebrill 1940. Ni 'seliwyd' geto Warszawa yn derfynol hyd fis Tachwedd 1940. Yn fuan, roedd yn cynnwys tua 500,000 o Iddewon. O ganlyniad, rhannai 6 o bobl un ystafell ganolig ei maint. Yn Warszawa, gostyngodd dognau bwyd i Iddewon i lai na 300 calori y dydd ar gyfartaledd (o'i gymharu â 2,310 i Almaenwyr). Roedd yno brinder tanwydd yn ogystal. O ganlyniad, dirywiodd iechyd y mwyafrif o Iddewon. Mae'n debyg bod tua 500-600,000 o Iddewon wedi marw yn y getos a'r gwersylloedd llafur yng Ngwlad Pwyl yn 1939-41.

iv) Y Sefyllfa erbyn Mehefin 1941
Nid oedd Hitler wedi dangos unrhyw dosturi tuag at elit Gwlad Pwyl nac at Almaenwyr dan anfantais gorfforol. O gofio bod yr Iddewon, yn ei farn ef, yn fwy peryglus o lawer, roedd gorchymyn yr Holocost yn fater rhwydd iddo. Hyd yma, fodd bynnag, nid oedd hil-laddiad fel petai'n rhan o bolisi'r Natsïaid. Hyd 1941, yr 'ateb terfynol' oedd gorfodi'r Iddewon i ymfudo i'r Llywodraeth Gyffredinol neu Madagascar. Nid oedd unrhyw awgrym o gynllun ar gyfer hil-laddiad yn areithiau a gweithredoedd Hitler yn 1939-40. Yn 1940 roedd Himmler o'r farn bod difodiant yn 'amhosibl'. Os nad oedd ef yn ystyried hil-laddiad, mae'n debyg nad oedd neb arall yn gwneud hynny chwaith.

Ewthanasia

Roedd y rhaglen ewthanasia yn cael ei defnyddio i guddio'r ffaith fod pobl ag anableddau meddyliol a chorfforol yn cael eu lladd. I raddau, gwnaed hyn am resymau economaidd: byddai'n gymorth i arbed adnoddau meddygol. Fodd bynnag, mae'n debyg bod awydd Hitler i greu hil bur yn bwysicach nag ystyriaethau economaidd.

Pryderai Hitler am feirniadaeth y byd a'r Almaenwyr, ac felly gwrthododd gyflwyno deddf ewthanasia. Er hynny, llofnododd ddogfen yn 1939 yn rhoi'r hawl i feddygon penodol ganiatáu 'marwolaeth drugarog' i'r sawl a ddioddefai afiechydon 'anwelladwy'. Agorwyd swyddfa ganolog yn Tiergarten Strasse Rhif 4 i oruchwylio'r rhaglen ewthanasia: ac felly fe'i gelwid yn Ymgyrch T-4 neu T-4 yn unig. Roedd yn rhaid i bob sefydliad â chleifion gydag anabledd meddyliol roi gwybodaeth benodol am eu cleifion. Ar sail yr wybodaeth hon, penderfynai tri 'arbenigwr' pwy fyddai'n marw. Symudid y rhai a ddewisid i farw i wardiau chwe ysbyty arbennig. Dechreuwyd lladd y cleifion yn ystod hydref 1939. Ar y dechrau, bu farw'r mwyafrif drwy gyfrwng gormodedd o gyffuriau. Cyn bo hir, fodd bynnag, penderfynodd meddygon T-4 y byddai gwenwyno â nwy carbon monocsid yn fwy effeithlon. Dechreuodd y gwenwyno yn 1940. Roedd y mwyafrif o staff T-4, y rheolwyr, y meddygon a'r nyrsys, yn Natsïaid teyrngar: i bob golwg, nid oedd ganddynt amheuon moesol ynglŷn â'r lladd. Er gwaethaf yr ymdrechion mawr a wnaed i guddio'r lladd, roedd y ffaith fod cynifer o bobl yn marw yn ddigon i godi amheuon. Yn 1941, condemniwyd y lladd gan nifer o arweinwyr eglwysig. Gan ofni y byddai barn y bobl yn troi yn ei erbyn, gorchmynnodd Hitler y dylid rhoi'r gorau i'r gwenwyno. Erbyn hynny, roedd mwy na 70,000 o bobl wedi cael eu lladd. Fodd bynnag, ni chafodd gorchymyn Hitler fawr o effaith. Parhawyd i ladd oedolion, ond gwnaed hynny o olwg y cyhoedd.

EWTHANASIA PLANT

Yn 1939 lluniodd tîm bychan o feddygon a biwrocratiaid ddulliau o gyflawni ewthanasia plant yn gyfrinachol. Creodd y cynllunwyr sefydlaid ffug, 'Pwyllgor y Reich', i guddio eu gweithgareddau. Yn Awst, cyhoeddwyd ordinhad yn gorchymyn bydwragedd a meddygon i hysbysu Pwyllgor y Reich am bob baban a aned â phroblemau meddygol difrifol. Rhoddid yr argraff y byddai'r wybodaeth hon yn cael ei defnyddio ar gyfer ymchwil meddygol: yn hytrach, fe'i defnyddid ar gyfer penderfynu pwy fyddai'n marw. Symudid y babanod hynny oedd i farw i glinigau arbennig lle rhoddid dos gormodol o gyffuriau iddynt neu gadewid iddynt newynu i farwolaeth.

b) Ymgyrch Barbarossa

Ym Mehefin 1941 ymosododd lluoedd yr Almaen ar UGSS. Roedd Hitler yn benderfynol erbyn hyn o gael gwared ar 'Iddew-Folsiefigiaeth'. Ym Mawrth 1941, rhoddodd gyfarwyddyd i Gadlywyddiaeth y Fyddin i 'ddileu deallusion Bolsiefigaidd/Iddewig'. Derbyniodd arweinwyr milwrol yr Almaen alwad Hitler am greulondeb digynsail. Roedd y mwyafrif yn rhannu casineb Hitler tuag at Folsiefigiaeth ac Iddewiaeth (roedd y ddau beth yn gyfystyr yn eu barn hwy) a'i gred bod yn rhaid trechu'r gelyn, costied a gostio.

Ar y cychwyn, gwnaed y rhan fwyaf o'r gwaith budr gan bedwar *Einsatzgruppen*, pob un yn cynnwys tua 1,000 o ddynion. Er i'r swyddogion dderbyn gorchmynion gan Heydrich ym Mehefin, mae dadlau o hyd ynglŷn ag union gynnwys eu gorchmynion. Mae gweithredoedd yr *Einsatzgruppen* ym Mehefin/Gorffennaf yn awgrymu na roddwyd gorchymyn ar gyfer hil-laddiad cyn y goresgyniad. Fel rheol, byddent yn casglu ynghyd ac yn saethu arweinwyr comiwnyddol a dim ond rhai dynion Iddewig. Dim ond nifer gymharol fechan o ferched a phlant Iddewig gafodd eu lladd. Mae'r hanesydd Phillippe Burrin wedi dangos na fyddai ychydig filoedd o heddweision, heb unrhyw hyfforddiant o ran technegau torfladdiad, wedi cael eu cyfrif yn ddigonol i ladd 5 miliwn o Iddewon Rwsiaidd.

c) Yr Ateb Terfynol: Y Penderfyniad

Mae Browning o'r farn fod Hitler gorfoleddus, yn hyderus fod yr Almaen ar fin trechu Rwsia, wedi gorchymyn torfladd Iddewon Sofietaidd ganol mis Gorffennaf 1941, ac ar yr un pryd wedi gofyn i Himmler greu cynlluniau i ladd holl Iddewon Ewrop. (Nid oedd fawr o wahaniaeth rhwng penderfynu lladd holl Iddewon Rwsia a phenderfynu lladd pob Iddew.) Ar 31 Gorffennaf, rhoddodd Göring, oedd yn parhau i fod yn swyddogol gyfrifol am y cwestiwn Iddewig, orchymyn i Heydrich i 'wneud yr holl baratoadau angenrheidiol … ar gyfer datrysiad llwyr o'r cwestiwn Iddewig o fewn cylch dylanwad yr Almaen yn Ewrop'. Mae Browning yn credu bod hyn yn dangos bod gorchymyn wedi cael ei roi ar gyfer hil-laddiad. Yn ôl yr hanesydd, simsanodd Hitler am nifer o wythnosau ar ôl hynny, gan newid ei hwyl yn ôl hynt a helynt y rhyfel yn UGSS. Rhwng canol Medi a chanol Hydref, aeth yr ymladd o blaid yr Almaen. Ar ryw bwynt yn ystod y cyfnod hwn, medd Browning, caniataodd Hitler i holl Iddewon Ewrop gael eu lladd.

Yn ôl haneswyr eraill (ee. Burrin a Kershaw) penderfynodd Hitler gyflawni hil-laddiad llwyr oherwydd cyfyng-gyngor yn hytrach na gorfoledd. Erbyn Medi, nid oedd Ymgyrch Barbarossa yn mynd yn ôl y cynllun. Yn ôl Burrin, penderfynodd Hitler ddiwedd Medi neu ddechrau Hydref y dylai'r Iddewon dalu am farwolaeth cynifer o Almaenwyr. Gwnaeth y penderfyniad hwn, medd Burrin, 'o ganlyniad i gynddaredd milain a ddwysawyd fwyfwy gan ei ddioddefaint o weld ei ymgyrch yn Rwsia yn methu.' Oherwydd prinder dogfennau, mae'n debyg y bydd dadlau'n parhau ynglŷn â'r ffactorau a arweiniodd at ei benderfyniad. Fodd bynnag, nid oes fawr o amheuaeth nad Hitler oedd yn gyfrifol am y penderfyniad. Nid oedd Himmler yn gweithio ar ei liwt ei hun, er bod Hitler o bosibl wedi gorchymyn iddo ddod o hyd i ateb i'r cwestiwn Iddewig heb holi gormod ynglŷn â'r manylion.

ch) Y Lladd yn UGSS

O ganol Awst ymlaen lladdwyd mwy o Iddewon Sofietaidd nag erioed o'r blaen. Yn awr, lleddid merched a phlant Iddewig fel mater o drefn. Yng Ngorffennaf, saethwyd y mwyafrif o'r dioddefwyr yn unigol gan finteioedd saethu. Erbyn Awst, roedd cannoedd o ddioddefwyr ar y tro yn cael eu gorfodi i orwedd mewn neu benlinio wrth ffos cyn cael eu saethu yng nghefn eu pennau. Cadwyd cofnodion manwl o'r dienyddio gan Karl Jager, pennaeth uned o'r *Einsatzgruppen* A. Yng Ngorffennaf 1941 lladdodd ei uned 4,293 o Iddewon, dim ond 135 ohonynt yn

ferched. Fodd bynnag, ym Medi 1941 lladdodd ei uned 56,459 o
Iddewon – 15,104 o ddynion, 26,243 o ferched a 15,112 o blant.
Digwyddodd y lladdfa enwocaf, o bosibl, yn Babi Yar ar gyrion Kiev: dros
cyfnod o dridiau, saethwyd 33,771 o Iddewon. Nid yr *Einsatzgruppen*
oedd yr unig rai i gyflawni'r lladd. Roedd y lluoedd ategol, yn cynnwys
pobl o'r Gwladwriaethau Baltig ac Ukrain, yn fodlon iawn dienyddio.
Felly hefyd filwyr Almaenig cyffredin. I bob golwg, roedd yr ymladd
ffyrnig yn UGSS wedi cynyddu creulondeb milwyr yr Almaen: ni
phetrusai fawr neb ohonynt ynglŷn â lladd Iddewon. Parhawyd i ladd
drwy gydol 1942-3. Ni oroesodd yr Iddewon hynny a gafodd fyw er
mwyn eu llafur am gyfnod hir. Erbyn 1943, mae'n debyg bod mwy na 2
filiwn o Iddewon Rwsia wedi cael eu llofruddio.

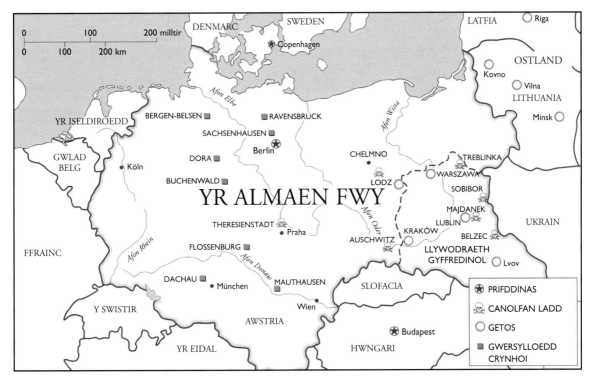

Ffigur 53 Y prif wersylloedd
crynhoi a difodi.

d) Lladd Iddewon an-Rwsiaidd

Yn Awst 1941, comisiynodd Himmler ei gynghorwyr technegol o'r *SS* i
brofi dulliau gwahanol o ladd ac i argymell y rhai mwyaf effeithlon a
'dyngarol'. Yn fuan penderfynwyd ar nwy: roedd y rhaglen T-4 wedi
sicrhau bod y dienyddwyr wedi'u hyfforddi, y dechnoleg wedi'i phrofi, a'r
dulliau gweithredu wedi'u sefydlu. Roedd Iddewon geto Lodz ymhlith y

CYNHADLEDD WANNSEE

Byddai gofyn cydlynu nifer o asiantaethau gwahanol, o fewn yr Almaen ac yn y gwledydd goresgynedig, er mwyn gallu trawsgludo miloedd o Iddewon i'r canolfannau lladd yng Ngwlad Pwyl. Er mwyn trefnu hyn, cyfarfu prif weision sifil yn Wannsee yn Ionawr 1942 er mwyn trafod materion logistaidd a materion eraill. Trefnodd y gynhadledd, a gadeiriwyd gan Heydrich, ddulliau gweithredu cyffredin ar gyfer 'ailgartrefu' holl Iddewon Ewrop yn y dwyrain. Nid oedd cofnodion y gynhadledd, a baratowyd gan Eichmann, yn cyfeirio'n benodol at ddifa. Yn ystod ei achos llys, datgelodd Eichmann fwy am y gynhadledd nag a wnaeth yn y cofnodion: 'siaradodd y dynion … am y mater yn blwmp ac yn blaen … siaradent am ladd, dileu a difa'. Nid oedd Cynhadledd Wannsee yn fan cychwyn i'r Holocost: roedd hwnnw wedi dechrau'n barod. Yn hytrach, dyma'r adeg pan gafodd y cynllun gefnogaeth rhan helaeth o lywodraeth yr Almaen.

cyntaf i gael eu gwenwyno. Yn ystod gaeaf 1941-2 aeth tîm *SS* ati i droi hen blasty yn Chelmno yn farics a siambr nwy. Dechreuodd Chelmno weithredu ar raddfa fawr yn Ionawr 1942. Canolfan ladd yn unig ydoedd: nid oedd yn wersyll llafur. Erbyn i'r ganolfan gael ei dinistrio ym Mawrth 1943, roedd 140,000 o Iddewon (a rhai miloedd o Sipsiwn, Pwyliaid a Rwsiaid) wedi marw yno. Yn y cyfamser, penododd Himmler Odito Globocnik i oruchwylio lladd yr Iddewon Pwylaidd. Trosglwyddwyd dwsinau o ddynion yr *SS* a chyn-weithwyr T-4 i Globocnik yn hydref 1941. Eu tasg oedd adeiladu a rhedeg nifer o wersylloedd difodi yn ardal Lublin.

Fel rheol, gelwir y torfladdiadau â nwy a drefnwyd ar gyfer Iddewon yn y Llywodraeth Gyffredinol yn Ymgyrch Reinhard, ar ôl Reinhard Heydrich a lofruddiwyd gan bartisaniaid Tsiecaidd ym Mai 1942. Agorodd Belzec, y gwersyll Ymgyrch Reinhard gweithredol cyntaf, ym Mawrth 1942, Sobibor ym Mai, a Treblinka, gwersyll mwy o lawer, ym mis Gorffennaf. Roedd cynllun y tri gwersyll a'r dulliau gweithredu yn gyffredin. Rhannwyd pob un o'r gwersylloedd yn ddwy ran. Roedd Gwersyll 1 yn cynnwys barics ar gyfer dadwisgo, a Gwersyll 2 yn cynnwys y siambrau nwy. Cysylltid y ddau wersyll â llwybr a elwid y 'tiwb', gyda ffens weiren bigog yn rhedeg bob ochr iddo (gweler Ffigur 54).

Yr arweinwyr Iddewig oedd yn gorfod dod o hyd i bobl y gellid eu 'hailgartrefu' (bu'n rhaid i Warszawa gyflenwi 10,000 y dydd o Orffennaf 1942 ymlaen). Roedd y trawsgludo yn brofiad echrydus. Câi pobl eu gwasgu i mewn i gerbydau cludo heb fwyd, dŵr na thoiledau. Wedi i'r cerbydau gyrraedd Belzec, Sobibor neu Treblinka, y nod oedd lladd bron pawb o'r alltudion o fewn dwyawr. Câi'r carcharorion gwrywaidd a benywaidd eu gwahanu cyn eu gyrru i mewn i'r barics i ddadwisgo. Yna fe'u gorfodid i redeg ar hyd y 'tiwb' i mewn i'r adeilad gyda'r arwydd 'Baddondai ac Ystafelloedd Mewnanadlu'. Gwthid y carcharorion i mewn i siambrau oedd yn ddigon mawr i gynnwys cannoedd o bobl. Roedd peiriant diesel yn pwmpio nwy carbon monocsid i mewn i'r siambr. Ar ôl 30 munud diffoddid y peiriant ac âi'r 'frigâd angau' (neu'r *Sonderkomando*) ati i gael gwared ar y cyrff. Er mai gwersylloedd difodi yn unig oedd gwersylloedd Ymgyrch Reinhard, yn fuan gorfodwyd gweithlu o gannoedd o Iddewon i gymryd rhan yng nghamau amrywiol y broses o ladd. Ni fyddai'r Iddewon hyn yn byw am fwy nag ychydig fisoedd fel rheol, o ganlyniad i'r gamdriniaeth a'r diffyg bwyd.

Erbyn 1942-3 roedd Himmler, i raddau helaeth, wedi cyflawni ei nod o ddifa'r holl Iddewon Pwylaidd. Erbyn Tachwedd 1943 roedd holl wersylloedd Ymgyrch Reinhard wedi cael eu cau. Bu farw tua 500,000 yn Belzec, 150-200,000 yn Sobibor, a 900 – 1,200,000 yn Treblinka. Derbyniodd Globocnik ddiolch gan Himmler 'am y gwasanaeth mawr ac unigryw a wnaethoch ar ran y bobl Almaenig drwy gyflawni Ymgyrch Reinhard'.

Roedd trawsgludo'r Iddewon i'r gwersylloedd difodi yn rhoi mwy o bwysau ar gyfundrefn reilffordd yr Almaen. Yn bwysicach fyth, roedd llai o bobl ar gael i weithio ar adeg pan oedd yr Almaen yn brin iawn o lafur.

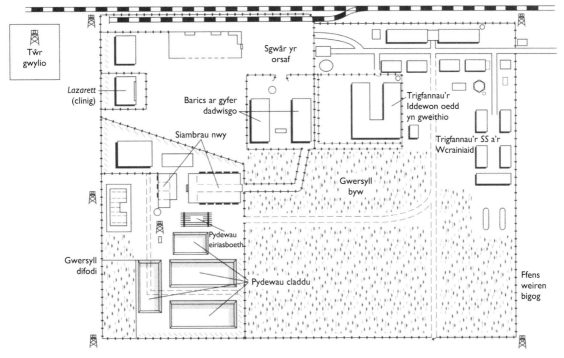

Ffigur 54 Cynllun o wersyll crynhoi Treblinka.

O ganlyniad i brotestiadau'r fyddin, diwydiant a'r awdurdodau sifil, arafwyd y rhaglen ddifodi ar gyfnodau er mwyn elwa ar lafur yr Iddewon. Yn 1941-2 dechreuodd dau wersyll, Majdanek ac Auschwitz, gyflawni dau amcan. Ar un llaw, roeddent yn ganolfannau difodi: ar y llaw arall gweithredent fel gwersylloedd llafur, lle câi rhai Iddewon fyw am gyfnod byr cyn eu difa.

dd) Auschwitz

Erbyn 1941 roedd Auschwitz wedi tyfu'n wersyll llafur enfawr, ar gyfer carcharorion Sofietaidd yn bennaf. Pan ddywedodd Himmler wrth Rudolf Hoess, cadlywydd y gwersyll, y byddai Auschwitz yn brif ganolfan ar gyfer lladd Iddewon, ni theimlai Hoess unrhyw boenau cydwybod. Roedd y Natsi eithafol hwn yn benderfynol o ddilyn ei orchmynion hyd eithaf ei allu, ac yn fuan cafodd y syniad o ddefnyddio'r nwy *Zyklon* B i wenwyno. Pan brofwyd y nwy am y tro cyntaf ar garcharorion Sofietaidd,

Ffigur 55 Y meirw Iddewig.

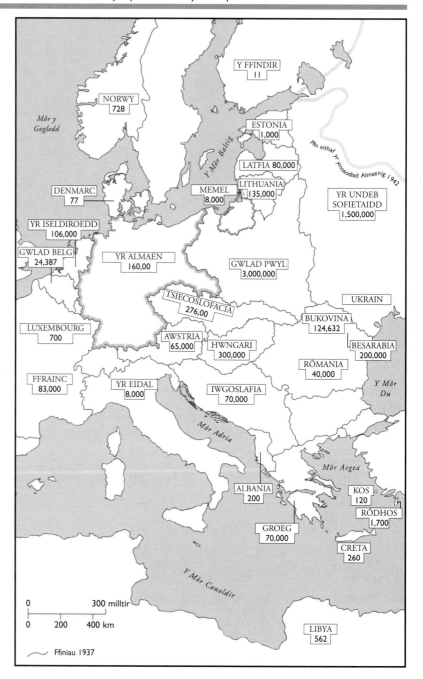

canfuwyd y gallai ladd ddwywaith mor gyflym â charbon monocsid. Symudodd Hoess leoliad y gwenwyno i wersyll newydd mwy diarffordd yn Birkenau. Dechreuodd y gweithredu yn 1942. O ganlyniad i'r cysylltiadau rheilffordd da, yn fuan tyfodd Auschwitz-Birkenau i fod yn wersyll difodi mwyaf y Natsïaid.

Roedd y broses o ladd yn ddeheuig ac yn llyfn. Wrth i'r trenau gyrraedd, penderfynai meddyg *SS* pwy oedd yn iach a phwy oedd yn afiach. Condemnid yr afiach, yr henoed, y cleifion a phlant ifanc i farwolaeth ar unwaith yn y siambrau nwy. Cludid y rhai iach (tua thraean o bob llwyth fel rheol) i un o wersylloedd llafur niferus Auschwitz (nid Iddewon oedd y mwyafrif o'r carcharorion). Fel a ddigwyddai mewn gwersylloedd ledled y rhannau o Ewrop ym meddiant yr Almaenwyr, collai'r carcharorion eu hunaniaeth, roedd eu bwyd yn wael ac yn brin, ac fe'u trinid yn fwystfilaidd. Nid oedd fawr neb yn byw am fwy nag ychydig fisoedd. Mae'n debyg bod mwy na miliwn o Iddewon ledled Ewrop wedi marw yn Auschwitz.

e) Y Sefyllfa yn 1945

Erbyn 1944-5 roedd gwersylloedd crynhoi Almaenig, a ddefnyddid cyn hynny ar gyfer carcharorion an-Iddewig, yn derbyn Iddewon a symudwyd o'r dwyrain. (Bu farw degau o filoedd yn ystod yr ymdeithio oherwydd oerni, newyn, afiechyd, a'r saethu a ddigwyddai o dro i dro.) Brawychwyd milwyr y Cynghreiriaid gan yr hyn a welsant wrth ryddhau'r gwersylloedd.

GWEITHGAREDD YMCHWIL

Rhannwch yn grwpiau. Dylai pob grŵp ymchwilio er mwyn gweld i ba raddau y cyfrannodd y canlynol at yr Holocost.

▼ Gwrth-Semitiaeth Ewropeaidd;
▼ Cydweithredwyr Gorllewin Ewrop;
▼ 'Dienyddwyr parod' Dwyrain Ewrop;
▼ Cyfrifoldeb niwtral;
▼ Cyfrifoldeb Pabaidd;
▼ Cyfrifoldeb Cynghreiriol;
▼ Goddefedd Iddewig.

Yna dylai pob grŵp adrodd yn ôl i weddill y dosbarth.

f) Cyfrifoldeb Hitler

Yn union ar ôl 1945, credai'r mwyafrif o haneswyr, fel y cred rhai haneswyr 'bwriadol' o hyd, ei bod yn fwriad gan Hitler erioed i ddileu Iddewon Ewrop. Roedd, yn syml, yn chwilio am y funud iawn i weithredu. Fodd bynnag, mae gan haneswyr swyddogaethol farn wahanol. Honnant fod 'anarchiaeth awdurdodaidd' y Drydedd Reich yn gweithredu'n fyrfyfyr fel rheol. Cred haneswyr swyddogaethol, pe edrychid y tu hwnt i ffasâd y propaganda Natsïaidd, nad oedd gan Hitler reolaeth gadarn mewn gwirionedd. Yn eu barn hwy, datblygodd polisïau Iddewig y Natsïaid o ganlyniad i bwysau gan wrth-Semitiaid radical ar raddfa leol neu gan fentrau arweinwyr Natsïaidd eraill. Yn ôl yr haneswyr hyn, roedd yr Holocost yn ganlyniad i'r sefyllfa anhrefnus yn nwyrain Ewrop ar ôl 1939, ac nid i'r ffaith fod Hitler yn ceisio cyflawni amcanion ideolegol, tymor hir.

FAINT FU FARW?

Ni fyddwn fyth yn gwybod faint oedd union nifer yr Iddewon a fu farw yn yr Holocost. Mae'r mwyafrif o haneswyr, o dderbyn canlyniadau Tribiwnlys Troseddau Rhyfel Nuremberg, yn credu i fwy na 5 miliwn farw. Digwyddodd y rhan helaeth o'r lladd yn 1942. Ganol Mawrth 1942 roedd tua 75 y cant o'r rhai fu farw yn yr Holocost yn ddiweddarach yn fyw o hyd: roedd tua 25 y cant wedi marw'n barod. Erbyn canol Mawrth 1943 roedd 75 y cant o'r rhai fyddai'n cael eu lladd wedi marw.

MARWOLAETHAU ERAILL

Bu farw miliynau o Bwyliaid an-Iddewig a sifiliaid Rwsiaidd o ganlyniad i bolisïau meddiannu, dial ac alltudio yr Almaenwyr. O blith y 5.7 miliwn o garcharorion Sofietaidd, bu farw tua 3.3 miliwn dan warchodaeth yr Almaenwyr; lladdwyd 25,000 o Sipsiwn a 6,000 o Dystion Jehofa gan y Natsïaid hefyd.

YR HOLOCOST

1939 Hitler yn awdurdodi'r rhaglen ewthanasia;
1940 Mehefin-Gorffennaf: Cynllun Madagascar;
1941 Mehefin-Gorffennaf: yr *Einsatzgruppen* yn dechrau lladd comiwnyddion ac Iddewon yn UGSS;
1942 Ionawr: Cynhadledd Wannsee; Mawrth-Gorffennaf: Belzec, Sobibor a Treblinka yn dechrau gweithredu; Mai: dechrau'r gwenwyno torfol yn Auschwitz;
1943 Hydref: diwedd Ymgyrch Reinhard;
1945 Ionawr: rhyddhau Auschwitz gan filwyr Sofietaidd.

Mae'r mwyafrif o haneswyr yn sefyll rhywle rhwng y pegynau bwriadol a swyddogaethol. Erbyn hyn, ychydig iawn sy'n credu bod Hitler wedi rhag-weld a chynllunio'r Holocost ers 1933. Fodd bynnag, mae'r mwyafrif yn credu bod ei wrth-Semitiaeth danbaid wedi chwarae rhan ganolog yn esblygiad polisi'r Natsïaid. Er na chymerai Hitler ran bersonol bob tro yn y camau penodol i 'ddatrys y cwestiwn Iddewig', rhoddai arwyddion a oedd yn pennu'r blaenoriaethau a'r amcanion. Nid yw gweithredoedd Hitler cyn 1941 yn dangos ei fod yn cynllunio hil-laddiad. Fodd bynnag, o gofio ei gasineb tuag at yr Iddewon, roedd posibilrwydd bob amser y gallai'r Holocost ddigwydd. Wedi i'r Almaen fynd i ryfel yn erbyn UGSS, roedd yn synhwyrol (yn ôl safonau Hitler) i ladd pob Iddew yn Rwsia ac yna yn Ewrop. Ni ddaeth unrhyw orchymyn penodol, wedi'i arwyddo gan Hitler, i ddifodi'r Iddewon i'r amlwg erioed. Nid yw'n debygol o wneud hynny. Er mor anghredadwy, mae'n debygol iawn nad oedd y gorchymyn i ladd miliynau o bobl yn ddim mwy nag amnaid gan Hitler ar Himmler.

ff) Himmler a'r SS

Hitler oedd awdur ideolegol a gwleidyddol yr Holocost, ond Himmler, hiliwr eithafol a biwrocrat i'r carn, oedd yn gyfrifol am droi ei syniadau'n strategaeth ddiriaethol. O ganlyniad i safle pwerus yr *SS* yng Ngwlad Pwyl a Rwsia, gallai reoli ymgyrchoedd gwrth-Iddewig bron yn llwyr. O bosibl, yr *SS* yw 'bwch dihangol' yr Almaen. Mewn gwirionedd, nid oedd llawer o ddynion yr *SS* yn cymryd rhan uniongyrchol yn yr Holocost. Nid yr *SS* oedd yr unig sefydliad â chyfrifoldeb am y lladd chwaith. Er hynny, chwaraeodd ran allweddol ac roedd yn gyfrwng perffaith ar gyfer llofruddiaeth dorfol.

g) Byddin a Heddlu yr Almaen

Derbyniodd Cadlywyddiaeth y Fyddin yr angen am weithredu llym yn erbyn Iddewon Rwsia. Roedd y fyddin yn barotach fyth i gydweithio â'r *SS* oherwydd gweithredoedd y partisaniaid. Credai swyddogion a milwyr Almaenig mai Iddewon oedd y tu cefn i weithredoedd y partisaniaid ac felly roeddent yn fodlon dial arnynt drwy eu saethu. Yn ogystal, chwaraeai bataliynau'r heddlu ran allweddol. Eu tasg oedd chwilio drwy diriogaeth feddianedig Rwsia a saethu pob Iddew y deuent ar ei draws. Mae Christopher Browning a Daniel Goldhagen wedi tynnu sylw at aelodau Bataliwn Heddlu Wrth Gefn 101. Roedd yn cynnwys trawstoriad eang o'r gymdeithas Almaenig. Nid oedd llawer ohonynt yn Natsïaid eithafol. Roedd rhai yn Gristnogion selog. Ni ellir dychmygu y gallai'r grŵp gynnwys torfleiddiaid. Ac eto, dyna a wnaeth y mwyafrif ohonynt, gan ladd merched a phlant, nid mewn ffordd amhersonol, bell ond yn agos. Lladdai'r mwyafrif heb dosturio, gan weithiau boenydio ac arteithio'r dioddefwyr. Ni chawsant eu gorfodi i wneud hyn. Ni chaent eu cosbi am wrthod cymryd rhan yn y lladdfa. Roedd y mwyafrif o'r dynion i'w gweld yn falch o'u gweithredoedd. Yn ôl Goldhagen, roedd dynion Bataliwn Heddlu Wrth Gefn 101 mor nodweddiadol o'r gymdeithas Almaenig fel bod yn rhaid derbyn y 'gwirionedd anochel', sef y byddai'r mwyafrif o'u cyd-Almaenwyr wedi gweithredu fel 'dienyddwyr parod Hitler' hefyd.

ng) A oedd yr Almaenwyr yn 'Ddienyddwyr Parod'?

i) Yr Achos o Blaid yr Almaenwyr

▼ Ceisiai Hitler sicrhau cyfrinachedd yr Holocost, efallai am ei fod yn amau na fyddai'r cyhoedd yn ei gefnogi.

▼ Ychydig o ddynion a gymerai ran yn y lladd, a ddigwyddai o olwg y mwyafrif o Almaenwyr.

▼ Honnai'r rhai a laddai nad oedd ganddynt unrhyw ddewis ond i ddilyn eu gorchmynion.

▼ Cafodd y rhyfel yr effaith o bylu teimladau moesol yr Almaenwyr, fel y gwnaeth yn achos Prydeinwyr ac Americanwyr, oedd yn dawel eu meddyliau, ar y cyfan, ynghylch bomio dinasoedd yr Almaen.

ii) Yr Achos yn Erbyn yr Almaenwyr

▼ Ychydig iawn o Almaenwyr a wrthwynebodd y gweithredu gwrth-Semitaidd ar unrhyw adeg rhwng 1933 ac 1945.

▼ Roedd llawer yn gwybod am y saethu torfol yn UGSS. Yn aml, byddai'r Almaenwyr a gyflawnai'r lladd yn dweud wrth eu teuluoedd.

▼ Honna Goldhagen bod 500,000 o Almaenwyr, o bosibl, yn uniongyrchol gysylltiedig â'r Holocost, a bod llawer o Almaenwyr yn ei gymeradwyo.

h) Diweddglo

Er bod miloedd o bobl ar hyd ac ar led Ewrop wedi cyfrannu at yr Holocost, roedd yn ymgyrch Almaenig yn y bôn. Ceisiodd yr Almaenwyr roi'r bai ar ysgwyddau Hitler ar ôl 1945. Roedd yn fwch dihangol cyfleus dim ond am mai ef oedd y prif unigolyn euog. Roedd gwrth-Semitiaeth Almaenig yn amod angenrheidiol ar gyfer yr Holocost, ond nid oedd yn ddigonol ynddo'i hun. Hitler oedd y ffactor hanfodol. Ef oedd yn gyfrifol, i raddau helaeth, am yr hyn a ddigwyddodd, a byddai'n dymuno cael ei gofio am hynny. Roedd yr hyn sy'n ymddangos yn afresymol ac yn ddrwg yng ngolwg y mwyafrif o bobl heddiw yn rhesymol ac yn dda yng ngolwg Hitler. Ar ddiwedd ei oes, honnodd mai difodiant yr Iddewon oedd ei gymynrodd i'r byd.

> **C** Pe bai Hitler wedi marw yn ystod haf 1941, a fyddai'r Holocost wedi digwydd?

5   Buddugoliaeth y Cynghreiriaid

a) Y Llanw'n Troi

i) Brwydr yr Iwerydd

Roedd y frwydr ar y môr yn allweddol bwysig. Pe bai'r llongau tanfor Almaenig wedi llwyddo, byddai Prydain wedi newynu a gorfod ildio. O ganlyniad i dechnoleg radar, datrys codau a'r defnydd o awyrennau taith hir a llongau awyrennau, collodd y Cynghreiriaid lai o longau o lawer ar ôl Mai 1943, tra collodd yr Almaen nifer fawr o longau tanfor. O hynny ymlaen, roedd Cefnfor Iwerydd yn gymharol ddiogel, gan alluogi milwyr ac adnoddau o UDA i ymgasglu ym Mhrydain.

ii) Gogledd Affrica

Ym mis Hydref-Tachwedd 1942 cafodd Rommel ei drechu gan y Cadfridog Montgomery ym mrwydr El Alamein yn yr Aifft. Gorfodwyd Rommel i ffoi ar draws Libya, a diflannodd gobeithion yr Axis o gipio Camlas Suez. Yn Nhachwedd 1942 glaniodd byddin Eingl-Americanaidd yn Moroco'r Ffrancwyr dan arweiniad y Cadfridog Americanaidd, Eisenhower. Ni allodd lluoedd Ffrainc Vichy wrthsefyll yr ymosodiad yn hir. Erbyn Mai 1943 roedd lluoedd yr Axis wedi'u gwthio i gornel o gwmpas Tunis, a chymerwyd tua 250,000 o garcharorion. Roedd y frwydr yng Ngogledd Affrica ar ben.

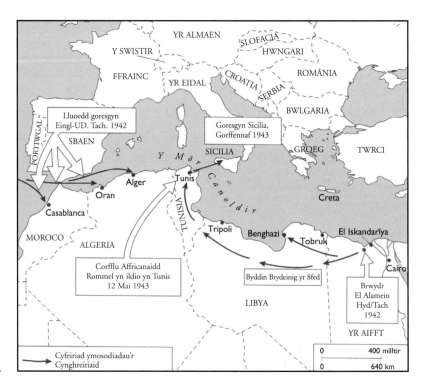

Ffigur 56 Y Canoldir, 1942-3.

iii) Rwsia

Yn ystod haf 1942 gwthiodd byddinoedd yr Almaen yn bell i mewn i dde Rwsia. Erbyn Medi 1942 roeddent wedi cyrraedd Stalingrad. Drwy gipio'r ddinas gallai'r Almaenwyr reoli'r meysydd olew Cawcasaidd, ac felly andwyo'r ymgyrch ryfel Sofietaidd. Bu brwydro ffyrnig am bum mis erchyll i gipio Stalingrad. Yn Nhachwedd, amgylchynodd y Cadfridog Zhukov yr Almaenwyr mewn symudiad gefail, gan dynhau'r cylch wrth i'r gaeaf ddod. Yn Chwefror 1943, ildiodd y 91,000 Almaenwr oedd ar ôl. Gwelir Stalingrad yn aml fel brwydr dyngedfennol y rhyfel. Mae modd cwestiynu hyn. Llwyddodd yr Almaenwyr i sefydlogi eu llinellau, ac roedd colledion y Rwsiaid wedi bod yn fawr. (Collasant fwy o filwyr ym mrwydr Stalingrad nag a gollodd UDA yn ystod yr holl ryfel). Bu canlyniadau seicolegol i'r rhyfel yn ogystal â rhai corfforol: roedd y Rwsiaid wedi profi y gallent drechu'r Almaenwyr. Ar ôl Stalingrad, enillodd y Sofietiaid fuddugoliaethau eraill. Mae'n bosibl bod buddugoliaeth y Rwsiaid yn Kursk yng Ngorffennaf 1943, sef brwydr danciau fwyaf y rhyfel, yn fwy tyngedfennol na Stalingrad. Yn dilyn brwydr Kursk, dechreuodd y byddinoedd Almaenig yn Rwsia symud yn ôl yn araf. O'r diwedd, yn Ionawr 1944, cododd y Rwsiaid warchae Leningrad. Erbyn Mawrth 1944, roeddent wedi ailfeddiannu Ukrain gyfan.

iv) Strategaeth Eingl-Americanaidd: 1943

Daliodd Stalin ati i bwyso ar y Cynghreiriaid i sefydlu Ail Ffrynt er mwyn denu'r lluoedd Almaenig o'r dwyrain. Roedd Roosevelt o blaid ymosod ar Ffrainc ar unwaith, gan gredu na ddylai'r Cynghreiriaid wastraffu amser ac egni ar feysydd y gad llai pwysig. Anghytunai Churchill, gan ofni colledion mawr. Credai y dylid gweithredu'n filwrol yn y Canoldir. Gan fod cynifer o filwyr yng Ngogledd Affrica yn barod, roedd yn gwneud synnwyr i ymosod ar Sicilia ac yna'r Eidal. Yn Ionawr 1943 cyfarfu Roosevelt a Churchill yn Casablanca. Perswadiwyd Roosevelt gan Churchill i ganiatáu i'r Cynghreiriaid lanio yn Sicilia. Cytunodd y ddau arweinydd hefyd y dylai pwerau'r Axis ildio'n ddiamod. Mae rhai haneswyr yn beirniadu'r penderfyniad hwn, gan ddadlau iddo beri i'r Japaneaid a'r Almaenwyr frwydro'n ffyrnig tan y diwedd. Ond mewn gwirionedd, mae'n debyg na wnaeth yr ildio diamod fawr o wahaniaeth gan fod yr arweinwyr Almaenig a Japaneaidd yn benderfynol o ymladd hyd y diwedd beth bynnag.

v) Yr Eidal

Yng Ngorffennaf 1943 meddiannwyd Sicilia gan fyddinoedd y Cynghreiriaid. Disodlwyd ac arestiwyd Mussolini gan Gyngor Mawreddog y Ffasgwyr, a dechreuodd llywodraeth newydd yr Eidal drafodaethau cudd i drefnu cadoediad. Erbyn hyn, roedd goresgyn tir mawr yr Eidal yn gwneud synnwyr hyd yn oed i'r arweinwyr milwrol hynny o'r UD oedd mor awyddus i ymosod ar Ffrainc ar unwaith. Dechreuodd goresgyniad y Cynghreiriaid ym Medi 1943. Ar unwaith, cyhoeddodd llywodraeth yr Eidal ei bod wedi newid ochr. Rhuthrodd yr Almaenwyr eu byddinoedd i mewn i'r Eidal, gan achub ac ailsefydlu Mussolini, ond o hynny ymlaen roeddent yn trin y wlad fel tiriogaeth feddianedig. Roedd ymosodiad y Cynghreiriaid i fyny penrhyn yr Eidal yn llafurus wrth i'r Almaenwyr symud yn ôl o un safle amddiffynnol i'r nesaf. Ond llwyddodd y Cynghreiriaid i symud i'r gogledd (aethant i mewn i Rufain ym Mehefin 1944), gan orfodi'r Almaenwyr i dynnu milwyr ac adnoddau o'r Ffrynt Dwyreiniol.

vi) Bomio'r Almaen

Yn 1943 dechreuodd cyrchoedd awyr y Cynghreiriaid ymosod ar ddinasoedd yr Almaen. Ymosododd yr UD ar dargedau penodol yn ystod y dydd, ac o ganlyniad, bu farw nifer o griwiau'r awyrennau. Bomiodd Prydain ddinasoedd yr Almaen gyda'r nos, gan wneud difrod mawr weithiau. Erbyn 1945 roedd yr Almaen wedi derbyn mwy na 300 tunnell o ffrwydron am bob tunnell a ollyngwyd ar Brydain. Fodd bynnag, mae'n debyg nad oedd ymdrech enfawr Prydain i greu Gwarchodlu Bomio yn gost effeithiol. Er i rai o'r ymosodiadau ar dargedau diwydiannol, megis purfeydd olew, lwyddo, nid amharwyd yn ddifrifol ar economi'r Almaen hyd fisoedd olaf y rhyfel. Er i fwy na hanner miliwn o Almaenwyr farw yn sgil y bomio, ni ddigalonwyd y boblogaeth sifil.

> *C*
>
> A ellid rhoi cyfiawnhad moesol dros fomio'r Almaen?

b) Y Cynghrair Mawr

Roedd y cydweithrediad rhwng Prydain, UDA a'r UGSS yn rhyfeddol o gofio cyn lleied oedd gan eu harweinwyr yn gyffredin.

▼ Roedd Roosevelt, a gefnogai ddemocratiaeth a chyfalafiaeth, yn casáu comiwnyddiaeth ac imperialaeth.

▼ Roedd Stalin yn casáu cyfalafiaeth, democratiaeth ryddfrydol ac imperialaeth.

▼ Roedd Churchill yn imperialydd i'r carn ac yn gwbl wrthgomiwnyddol.

Fodd bynnag, roedd yr arweinwyr yn barod i anghofio'r gwahaniaethau rhyngddynt er mwyn canolbwyntio ar drechu Hitler. Datblygodd y syniad o 'berthynas arbennig' rhwng Prydain ac UDA o ganlyniad i'r cyfeillgarwch personol rhwng Churchill a Roosevelt. Mae eu cyfathrebu a'u cyfarfodydd cyson yn tystio i'r math o gydweithredu na welir yn aml rhwng cynghreiriaid. Lluniodd y ddau ddyn a'u staff strategaeth gyffredin, a roddwyd ar waith gan Benaethiaid y Staff Cyfunol. Fodd bynnag, nid oedd diddordebau Prydain ac UDA yn union yr un peth. Achoswyd llawer o wrthdaro gan y ffaith fod polisi'r UD yn hybu dad-drefedigaethu Prydeinig. Erbyn 1944 tueddai Roosevelt i reoli'r cynghrair, ac ni weithredai bob amser er budd y ddau rym ym marn Churchill.

Er gwaetha'r ffaith fod y berthynas Eingl-Americanaidd dan bwysau ar brydiau, roedd yn well na'r berthynas Eingl-Sofietaidd. Nid oedd gan Churchill fawr ddim ymddiriedaeth yn Stalin ac ni lwyddwyd i gydweithredu'n strategol mewn unrhyw ffordd agos na sylweddol. Roedd ffiniau Rwsia wedi'r rhyfel yn broblem fawr. Er bod Churchill yn barod

---

CYNHADLEDD TEHERAN

Cynhadledd Teheran, a gynhaliwyd yn Nhachwedd 1943, oedd y gyntaf i Roosevelt, Churchill a Stalin ei mynychu gyda'i gilydd. O safbwynt Churchill roedd yn dipyn o drychineb. Trafododd Roosevelt yn uniongyrchol â Stalin a daeth yn amlwg fod dylanwad Prydain yn gwanhau. Prif ganlyniad y gynhadledd oedd cytundeb Churchill a Roosevelt i ymosod ar Ffrainc ym Mai 1944. (Byddai wedi bod yn well gan Churchill ymosod ar y Balcanau, a thrwy wneud hynny atal y Fyddin Goch rhag meddiannu dwyrain Ewrop i gyd.)

(ond yn gyndyn) i gydnabod safle Rwsia yng Ngwladwriaethau'r Baltig, roedd Gwlad Pwyl yn faes anghytundeb mawr. Yn 1943, cynigiodd UGSS y dylai ffin ddwyreiniol Gwlad Pwyl fod yr un fath â'r hyn a gytunwyd gan yr Almaen ac UGSS yn 1939. Byddai Gwlad Pwyl yn cael

Ffigur 57 Y 'Tri Mawr' yn Teheran: Stalin, Roosevelt a Churchill.

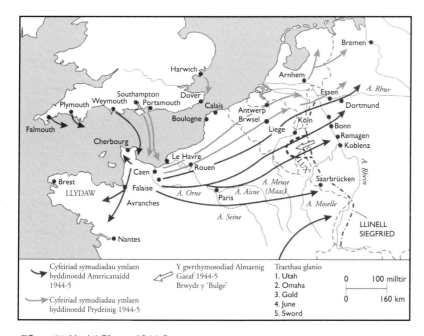

Ffigur 58 Yr Ail Ffrynt, 1944-5.

ei digolledu am ei cholledion yn y dwyrain drwy ennill tiriogaeth ar draul yr Almaen yn y gorllewin. Gwrthwynebai'r llywodraeth Bwylaidd alltud, wrthgomiwnyddol yn Llundain ildio unrhyw diriogaeth Bwylaidd a dirywiodd ei pherthynas ag UGSS yn gyflym. Gwaethygwyd y sefyllfa pan ddarganfuodd yr Almaenwyr fedd torfol yn cynnwys 10,000 o swyddogion Pwylaidd yng nghoedwig Katyn. Honnai'r Almaenwyr (yn gywir) mai'r Rwsiaid oedd wedi llofruddio'r swyddogion hyn yn 1940. Datganodd y Rwsiaid (yn anghywir) mai'r Almaenwyr oedd yn gyfrifol am yr erchyllter. Cynigiodd Pwyliaid Llundain y dylai'r Groes Goch Ryngwladol ymchwilio i mewn i'r mater. Ymatebodd y Rwsiaid drwy dorri cysylltiadau diplomataidd â Phwyliaid Llundain. Gan wybod bod datguddiadau'r Almaenwyr yn debyg o fod yn wir, sylweddolodd Churchill fod Hitler yn gobeithio gwneud defnydd o ddarganfyddiad Katyn er mwyn peri rhwyg rhwng y Cynghreiriaid. Felly anwybyddodd Prydain y gyflafan i raddau helaeth. Roedd buddioldeb yn bwysicach na moesoldeb.

c) Ymgyrch Overlord

Aeth y paratoadau mawr ar gyfer 'Ymgyrch Overlord', ymosodiad y Cynghreiriaid ar Ffrainc, yn eu blaen drwy gydol 1943-4. Erbyn haf 1944 roedd 10,000 o awyrennau, 80 llong rhyfel a 4,000 o fadau eraill yn barod, ac roedd 500,000 o filwyr yr UD ym Mhrydain. Roedd yr Almaenwyr yn disgwyl ymosodiad, ond ni wyddent pryd na ble y byddai'n digwydd. Gwnaeth Eisenhower, Pencadlywydd y Cynghreiriaid, ei orau glas i'w drysu. Ar 6 Mehefin 1944 – *D Day* – glaniodd lluoedd Eingl-Americanaidd ar draethau Normandie a sefydlu blaenlaniad. O fewn tair wythnos roedd mwy na miliwn o ddynion wedi glanio. Roedd goruchafiaeth y Cynghreiriaid yn yr awyr yn hanfodol wrth rwystro'r Almaenwyr rhag ymateb. Ar ôl wythnosau o ymladd caled, trechwyd yr Almaenwyr yn Normandie ac yna drwy Ffrainc gyfan. Rhyddhawyd Paris ar 25 Awst. Ganol Medi, symudodd milwyr y Cynghreiriaid i mewn i Wlad Belg a'r Iseldiroedd. Wrth i'r Cynghreiriaid baratoi ar gyfer yr ymosodiad terfynol, cododd anghytundeb mawr rhwng Eisenhower a Montgomery, y Cadlywydd Prydeinig . Roedd Montgomery yn argymell 'gwthiad grymus ac egnïol' i gyfeiriad y Ruhr, prif ardal ddiwydiannol yr Almaen. Fodd bynnag, dewisodd Eisenhower strategaeth ffrynt llydan. Yn Arnhem, methodd cais y Prydeinwyr i lamu'r Rhein yn yr Iseldiroedd. Erbyn yr hydref roedd y Cynghreiriaid yn sefyll yn eu hunfan o ganlyniad i broblemau cyflenwi ac amddiffynfeydd Almaenig.

ch) Y Sefyllfa erbyn 1944-5

Erbyn 1944 roedd yr Almaen yn wynebu cael ei threchu'n drychinebus. Yng Ngorffennaf, ceisiodd swyddogion Almaenig dylanwadol ladd Hitler drwy gyfrwng bom wedi'i guddio mewn bag dogfennau. Ffrwydrodd y bom ond ni laddwyd Hitler. Dibynnai yn awr ar arfau newydd yr Almaen, yn cynnwys bomiau hedfan (V-1) a rocedi (V-2). Lladdwyd miloedd o drigolion Llundain, ond ni chafodd yr arfau newydd effaith sylweddol ar ymdrech ryfel y Cynghreiriaid. Ac eithrio'r rocedi, erbyn 1944-5 roedd awyrennau'r Cynghreiriaid yn rheoli'r awyr bron yn llwyr, a bomiwyd yr Almaen yn ddidrugaredd. Yn Rhagfyr 1944 lansiodd Hitler ymosodiad annisgwyl yn erbyn yr Americanwyr yn ardal Ardennes. Er llwyddo ar y cychwyn, daeth yr ymosodiad Almaenig i ben yn fuan. Yn y cyfamser, parhaodd y Rwsiaid i symud ymlaen yn y dwyrain. Yn Awst 1944 ildiodd România ac yna'r Ffindir a Gwlad Belg. Ildiodd Hwngari yn Ionawr 1945, ac roedd Gwlad Pwyl yn rhydd o filwyr yr Almaen erbyn Chwefror 1945. Erbyn 1945 roedd gan y Rwsiaid bum milwr, chwe thanc ac 17 awyren i bob un o eiddo'r Almaenwyr.

d) Diplomyddiaeth y Cynghreiriaid, 1944-5

Roedd Gwlad Pwyl yn achos pryder i Brydain o hyd. Nid oedd Pwyliaid Llundain yn barod i gydweithio â'r Rwsiaid na chwaith â'r 'Pwyllgor Rhyddhau Cenedlaethol' – Pwyliaid Lublin fel y'i gelwid – a gefnogid gan y Rwsiaid. Gwaethygwyd y sefyllfa gan y digwyddiadau yn Warszawa yn Awst-Medi 1944. Gan ddisgwyl cymorth gan y Rwsiaid, gwrthryfelodd Pwyliaid y brifddinas yn erbyn y goresgynwyr Almaenig. Ni ddaeth cymorth gan y Rwsiaid, a sathrwyd ar y gwrthryfel yn greulon.

Pryderai Churchill yn gynyddol ynglŷn ag amcanion Rwsia a diffyg amcanion yr UD o safbwynt dwyrain Ewrop. Ceisiodd ddatrys y sefyllfa drwy greu cytundeb cydbwysedd grym henffaswin â Stalin yn Hydref 1944. Yn ôl y cytundeb, cydnabyddai Churchill dra-arglwyddiaeth Rwsia yn nwyrain Ewrop, a chytunai Stalin i reolaeth Prydain ar Groeg. Profwyd diffuantrwydd Stalin yn fuan. Ni wnaeth unrhyw ymdrech i gynorthwyo comiwnyddion lleol yng Ngroeg, ac felly sefydlwyd llywodraeth bro-Orllewinol, wedi'i hatgyfnerthu â milwyr Prydeinig. Er hyn, dechreuodd Churchill amau'r arweinydd Sofietaidd yn gynyddol wrth i'r Fyddin Goch feddiannu mwy a mwy o ddwyrain Ewrop. Roedd ofn Churchill yn bwydo'i awydd i weld Ffrainc yn ei hailsefydlu ei hun fel y gallai frwydro gyda Phrydain yn erbyn UGSS – rhywbeth a fyddai'n hanfodol petai milwyr yr UD yn cilio o Ewrop ar ddiwedd y rhyfel.

Yn Chwefror 1945 cyfarfu Churchill, Roosevelt a Stalin yn Yalta. Roedd cytundeb ar nifer o faterion, megis rhannu'r Almaen yn dri rhanbarth goresgynedig, wedi'u trefnu cyn y cyfarfod. Llwyddodd y 'Tri Mawr' i ddatrys nifer o faterion hefyd. Derbyniwyd cynnig Churchill y dylid trefnu rhanbarth milwrol i Ffrainc o fewn yr ardal a gynigiwyd i Brydain. Cytunwyd y dylid cynnal etholiadau rhydd yng ngwledydd yr Ewrop rydd. Cytunodd Stalin i ymuno â'r Cenhedloedd Unedig ac â'r rhyfel yn erbyn Japan o fewn tri mis i ddiwedd y rhyfel yn erbyn yr Almaen. Cytunwyd ar ffiniau Gwlad Pwyl hyd yn oed. Yn ei hanfod, roedd ei ffin ddwyreiniol fel y bu ym Medi 1939. Cafodd ei ffin orllewinol ei ffurfio gan afon Oder-Neisse, a olygai bod llawer o'r Almaen dan reolaeth Gwlad Pwyl.

Y RHYFEL: 1942-5

1942 Mehefin: dechrau ymosodiad haf yr Almaenwyr yn ne UGSS. Hydref: buddugoliaeth Brydeinig yn El Alamein; Tachwedd: y Cynghreiriaid yn glanio ac yn meddiannu Gogledd Affrica y Ffrancwyr;

1943 Ionawr: Cynhadledd Casablanca; Chwefror: yr Almaenwyr yn ildio yn Stalingrad; Mai: byddinoedd yr Axis yn ildio yn Tunis; Gorffennaf: buddugoliaeth y Rwsiaid yn Kursk; y Cynghreiriaid yn meddiannu Sicilia; Medi: y Cynghreiriaid yn meddiannu'r Eidal: yr Eidal yn ildio: yr Almaen yn goresgyn yr Eidal; Tachwedd: Cynhadledd Teheran.

1944 Mehefin: Glaniadau D-Day; Awst: rhyddhau Paris.

1945 Chwefror: Cynhadledd Yalta; Mawrth: byddinoedd y Cynghreiriaid yn croesi'r Rhein; Ebrill: marwolaeth Roosevelt, Mussolini a Hitler; Mai: yr Almaen yn ildio; Awst: Japan yn ildio.

Ers 1945 bu llawer o feirniadu ar gytundebau Yalta. Mae rhai haneswyr yn cytuno â barn Churchill fod Roosevelt, oedd yn marw, wedi cael ei gamarwain i'r fath raddau nes peri iddo ganiatáu gormod o gonsesiynau i Rwsia. Fodd bynnag, mae'n anodd gweld sut y gallai'r Cynghreiriaid fod wedi ennill gwell telerau. Roedd byddinoedd Rwsia eisoes yn rheoli rhannau helaeth o ddwyrain Ewrop. Prif nod Roosevelt oedd dod â'r rhyfel i ben cyn gynted â phosibl ac aros ar delerau da â Stalin ar ôl y rhyfel. Roedd Stalin o leiaf wedi'i ymrwymo'i hun i'r Cenhedloedd Unedig (gobaith mawr Roosevelt ar gyfer y dyfodol) ac i ryfel yn erbyn Japan. Nid oedd Roosevelt wedi cael ei dwyllo mewn gwirionedd. Er iddo drin Yalta fel llwyddiant ysgubol yn gyhoeddus, mewn gwirionedd roedd yn amheus iawn o fwriadau Stalin.

Er i Churchill ddychwelyd o Yalta gan ddatgan bod ganddo 'bob ffydd yn Stalin', yn fuan dechreuodd boeni am y sefyllfa yng Ngwlad Pwyl. Roedd comiwnyddion Pwylaidd i'w gweld yn canolbwyntio mwy ar arestio gelynion nag ar sefydlu hawliau sifil. Ym Mawrth 1945 ysgrifennodd Churchill at Roosevelt gan ei annog i sefyll yn gadarn ar fater UGSS. Ond roedd Stalin mewn safle pwerus. Roedd yn benderfynol y dylai gwledydd fel Gwlad Pwyl, România, Bwlgaria a Hwngari 'ddangos cyfeillgarwch' tuag at UGSS, a mynnodd nad oedd gan y Gorllewin unrhyw hawl i ymyrryd â'r dwyrain, mwy nag y dylai ef ymyrryd yn Ffrainc, yr Eidal, Gwlad Belg a'r Iseldiroedd.

dd) Trechu'r Almaen

Erbyn Mawrth 1945 roedd yr Almaen mewn sefyllfa anobeithiol. Y mis hwnnw, croesodd byddinoedd y Cynghreiriaid y Rhein a gwthio i mewn i'r Almaen. Roedd Montgomery a Churchill yn awyddus i symud ymlaen a chipio Berlin cyn i'r Rwsiaid gyrraedd, ond gwrthodai Eisenhower gyflawni'r hyn a ystyriai'n amcan gwleidyddol yn unig. Erbyn hyn, yr Americanwyr oedd yn gosod y rheolau. Roedd yr UD yn cynhyrchu chwe gwaith cymaint o arfau â Phrydain, ac roedd gan UDA fwy o filwyr yn Ewrop na Phrydain. Nid oedd Eisenhower am golli mwy o filwyr nag oedd raid. Gwnaed cynllun eisoes i rannu'r Almaen yn rhanbarthau meddianedig. Roedd Berlin yn rhanbarth Rwsia: o ganlyniad, fe'i gadawyd i'r Rwsiaid. Erbyn Ebrill roedd byddinoedd Sofietaidd wedi cipio Budapest a chyrraedd Wien. Ganol Ebrill lansiodd Zhukov yr ymosodiad olaf ar Berlin. Bu farw Roosevelt, Mussolini a Hitler oll yn Ebrill. Dioddefodd Roosevelt drawiad ar y galon, dienyddiwyd Mussolini gan wrth-Ffasgwyr Eidalaidd, a chyflawnodd Hitler hunanladdiad yn Berlin. Ildiodd yr Almaen o'r diwedd ar 8 Mai.

TRECHU JAPAN

Rhwystrwyd Japan rhag ennill tir yn ne-ddwyrain Asia a'r Cefnfor Tawel yn 1942 gan fuddugoliaethau'r llynges Americanaidd yn y Môr Cwrel ac oddi ar Ynys Midway. Erbyn diwedd 1943 ailgipiwyd Guinea Newydd, ac yn 1944 enillodd yr Americanwyr fuddugoliaeth dyngedfennol ym mrwydr forwrol Leyte. Erbyn 1945 roedd awyrennau'r UD yn ymosod ar Japan ymron fel y mynnent. Er hynny, roedd Japan fel petai'n barod i barhau â'r brwydro am fisoedd i ddod. Gan ofni y byddai'r Cynghreiriaid yn colli mwy o ddynion nag a gollwyd yn y rhyfel yn erbyn yr Almaen, penderfynodd yr Arlywydd Truman ddefnyddio arf newydd. Ar 6 Awst gollyngwyd y bom atomig cyntaf ar Hiroshima, gan ladd degau o filoedd o bobl. Er yr holl feirniadu a fu ar y weithred hon, byddai wedi bod yn anodd ymatal rhag gwneud hynny ac yn anos fyth cyfiawnhau'r ymatal yn 1945. Ddeuddydd yn ddiweddarach, cyhoeddodd Rwsia ryfel ar Japan. Y diwrnod canlynol, gollyngwyd ail fom atomig ar Nagasaki. O'r diwedd, ildiodd llywodraeth Japan.

6 Pam y bu i'r Cynghreiriaid Ennill?

a) Ffactorau Economaidd

Roedd potensial y Cynghreiriaid o ran cyfraniad cyfunol eu poblogaethau a'u diwydiant i'r rhyfel yn fwy o lawer na photensial eu gelynion. O ganlyniad i lygredd ac anghymwyster gweinyddol, methodd yr Eidal wneud defnydd effeithiol o'i hadnoddau prin. Ni wnaeth economi'r Almaen gystal ag y dylai fod wedi chwaith. Un o'r problemau oedd ei phrinder adnoddau naturiol allweddol, yn enwedig olew. Ffactor arall oedd ideoleg y Natsïaid, yn enwedig eu hamharodrwydd i wneud defnydd effeithiol o'u poblogaeth an-Ariaidd a'u merched. Yn drydydd, roedd y gorgyffwrdd a ddigwyddai rhwng asiantaethau'r Drydedd Reich yn achosi aneffeithlonrwydd. Ar ben hyn, nid oedd llawer o safoni ac ni lwyddwyd i fasgynhyrchu. Cynhyrchai gwneuthurwyr yr Almaen symiau cymharol fychan o arfau da iawn: cynhyrchai ei gelynion lawer mwy. Er enghraifft, yn 1943 defnyddiodd UGSS 8 miliwn tunnell o ddur a 90 miliwn tunnell o lo i greu 48,000 o ynau trwm a 24,000 o danciau. Ar y llaw arall, defnyddiodd yr Almaen 30 miliwn tunnell o ddur a 340 miliwn tunnell o lo i greu 27,000 o ynau trwm a 17,000 o danciau. Pan ddaeth Speer yn weinidog yn 1942, dechreuodd yr Almaen ad-drefnu ei chynhyrchu ar gyfer y rhyfel, ond erbyn hynny roedd yn rhy hwyr.

Roedd y Cynghreiriaid yn fwy trefnus o lawer wrth gynhyrchu ar gyfer y rhyfel. Erbyn 1940 roedd economi Prydain yn fwy militaraidd o lawer nag economi'r Almaen. Er colli llawer o'i hadnoddau economaidd, llwyddodd UGSS i greu economi ryfel gref a wnâi'r defnydd mwyaf o'i gweithlu gwrywaidd a benywaidd. Economi ryfel yr UD oedd yr un fwyaf llwyddiannus o bell ffordd o blith y rhyfelwyr. Erbyn 1943 roedd yn cynhyrchu mwy na chenhedloedd yr Axis ar y cyd. Gallai nid yn unig arfogi ei byddinoedd ei hun, ond hefyd roi cymorth sylweddol i'w chynghreiriaid drwy gyfrwng Les-Fenthyg.

b) Technoleg, Gwyddoniaeth a Dyfais

Roedd y gallu i gynhyrchu arfau a systemau datgelu o safon uchel yr un mor bwysig â'r gallu i gynhyrchu llawer o ddefnydd rhyfel. Ar dir, roedd cyfarpar yr Almaenwyr yn aml o well safon na chyfarpar y Cynghreiriaid. Yn yr awyr, fodd bynnag, roedd gan y Cynghreiriaid fantais dechnolegol fel arfer. Daeth datblygiadau'r Almaenwyr ym myd technoleg peiriannau jet a roced yn rhy hwyr i herio rheolaeth y Cynghreiriaid ar yr awyr. Ar y môr, defnyddiodd y Cynghreiriaid ddyfeisiau datgelu ac arfau mwy datblygedig, gan eu galluogi i drechu'r llongau tanfor Almaenig. Yn gyffredinol, roedd gan y Cynghreiriaid fwy o adnoddau at bwrpas ymchwil a datblygiad. Yn arwyddocaol, roedd yr Americanwyr wedi llwyddo i greu'r arf mwyaf datblygedig yn wyddonol o bob arf – y bom atomig.

c) Cudd-ymchwil a Thwyll

Roedd manteision y Cynghreiriaid yn cynnwys y canlynol:

▼ Roedd rhagoriaeth y Cynghreiriaid yn yr awyr yn gymorth wrth wylio o'r awyr.

▼ Derbynnid gwybodaeth ddefnyddiol gan grwpiau gwrthwynebu.

▼ Dioddefai'r Almaen o ganlyniad i ddiffyg cydgysylltu rhwng asiantaethau cudd-ymchwil cystadleuol.

▼ Roedd gwasanaethau ysbïo UGSS yn eithriadol o effeithiol.

▼ Roedd gallu datryswyr côd Prydain i godi a dehongli negeseuon radio Almaenig yn fantais bwysig.

▼ Gwnâi'r ddwy ochr eu gorau i gamarwain y gelyn ynghylch amseru a chryfder prif ymgyrchoedd. O bosibl, cafodd y Cynghreiriaid eu llwyddiant mwyaf yn 1944: roedd yr Almaenwyr yn argyhoeddedig y byddai'r Cynghreiriaid yn ymosod ar Calais, yn hytrach na Normandie.

Tabl 18 Cynhyrchiad arfau y prif bwerau, 1939-45.

	1939	1940	1941	1942	1943	1944	1945
Awyrennau							
Prydain	7,940	15,049	20,094	23,672	26,263	26,461	12,070
UDA	5,856	12,804	26,277	47,826	85,998	96,318	49,761
UGSS	10,382	10,565	15,735	25,436	34,900	40,300	20,900
Yr Almaen	8,295	10,247	11,776	15,409	24,807	39,807	7,540
Japan	4,467	4,768	5,088	8,861	16,693	28,180	11,066
Llongau mawr							
Prydain	57	148	236	239	224	188	64
UDA	–	–	544	1,854	2,654	2,247	1,513
UGSS	–	33	62	19	13	23	11
Yr Almaen	15	40	196	244	270	189	0
(llongau tanfor yn unig)							
Japan	21	30	49	68	122	248	51
Tanciau ‡							
Prydain	969	1,399	4,841	8,611	7,476	5,000	2,100
UDA	–	*c.*400	4,052	24,997	29,497	17,565	11,968
UGSS	2,950	2,794	6,590	24,446	24,089	28,963	15,400
Yr Almaen	*c.*1,300	2,200	5,200	9,200	17,300	22,100	4,400
Japan	*c.*200	1,023	1,024	1,191	790	401	142
Arfau magnelaeth §							
Prydain	1,400	1,900	5,300	6,600	12,200	12,400	–
UDA	–	*c.*1,800	29,615	72,658	67,544	33,558	19,699
UGSS	17,348	15,300	42,300	127,000	130,300	122,400	31,000
Yr Almaen	*c.*2,000	5,000	7,000	12,000	27,000	41,000	–

Mae llinellau toriad yn dangos nad oes ffigurau dibynadwy ar gael.

‡   Yn cynnwys gynau hunanyredig ar gyfer yr Almaen ac UGSS

§   Calibr canolig a thrwm yn unig ar gyfer yr Almaen, UDA a Phrydain; pob arf magnelaeth ar gyfer UGSS. Roedd cynhyrchiad magnelaeth drom UGSS yn 49,100 yn 1942, 48,400 yn 1943 a 56,100 yn 1944.

ch) Arweinyddiaeth

Roedd y gwahaniaeth yn safon yr arweinyddiaeth yn rhannol gyfrifol am fethiant yr Axis. Ni threfnodd pwerau'r Axis fecanweithiau ar gyfer cynllunio ar y cyd yn effeithiol. Mabwysiadodd yr Almaen, yr Eidal a Japan strategaethau oedd, i raddau helaeth, yn annibynnol ar ei gilydd, ac i ryw raddau, yn groes i'w gilydd. O gofio pa mor bwerus oedd yr Almaen ymhlith pwerau'r Axis, roedd gwneud penderfyniadau strategol o fewn yr Almaen yn hanfodol bwysig. Hitler oedd y ffigur allweddol. Er ei fod yn arweinydd rhyfel effeithiol rhwng 1939 ac 1942, wedi hynny aeth i ddyfroedd dyfnion. Gwnaeth benderfyniadau allweddol yn reddfol, gan anwybyddu cyngor proffesiynol bron yn llwyr, neu'n gyfan gwbl. Roedd ei awydd i ymosod ymron yn batholegol, ac yn fwy na thebyg wedi cyflymu cwymp yr Almaen.

Ar ochr y Cynghreiriaid, defnyddid mecanweithiau biwrocrataidd megis y Penaethiaid Staff Cyfunol i roi trefn ar strategaeth. Er bod anghytundebau mawr yn bodoli ynglŷn â sut y dylid ymladd y rhyfel, datryswyd yr anghytundebau bob tro. Roedd gwaith Pennaeth Staff yr UD, y Cadfridog George Marshall, a Syr Alan Brooke, Pennaeth y Staff Cyffredinol Imperialaidd, yn arbennig o effeithiol.

Ystyrir Churchill ers tro yn un o brif weinidogion gorau Prydain. Yn ddiweddar, fodd bynnag, mae haneswyr megis John Charmley wedi cwestiynu ei 'fawredd'. Yn sicr nid y Churchill a ddarlunir yn y fytholeg oedd y Churchill hanesyddol bob amser. Dywedodd Roosevelt 'Mae'n cael cant (o syniadau) y dydd, ac mae tua phedwar ohonynt yn rhai da.' Fodd bynnag, mae gan Churchill fwy o gefnogwyr na beirniaid. Roedd ei holi, ei awgrymiadau a'i ofynion diflino o leiaf yn creu ymdeimlad o fater brys ymhlith y rhai a gydweithiai ag ef. Er clod iddo, creodd dîm milwrol a fu'n llwyddiannus iawn yn y pen draw. Roedd Roosevelt yn arweinydd rhyfel penigamp. Dirprwyai'n dda, gan ymyrryd llai o lawer na Churchill, ac roedd ei ddealltwriaeth o gyfeiriad cyffredinol y rhyfel yn eithriadol. Trwy gydol y rhyfel, roedd y mwyafrif o'i brif benderfyniadau strategol yn gywir. Gwnaeth Stalin gamgymeriadau mawr iawn yn 1941-2. Wedi hynny, fodd bynnag, dechreuodd ymddiried ym marn maeslywyddion profiadol (fel Zhukov), gan hybu effeithiolrwydd gweithrediadau milwrol Sofietaidd.

d) Ewyllys

Roedd gan bob un o wladwriaethau'r rhyfel weinidogaethau propaganda neu wybodaeth a ddefnyddiai bob cyfrwng posibl, megis ffilmiau, radio, y wasg a phosteri, i geisio cynnal morâl y bobl. Nid oedd pob un yn llwyddiannus. Nid oedd gan yr Eidalwyr fawr o ewyllys i ennill. Ar y llaw arall, roedd morâl y Japaneaid yn uchel hyd 1945. Oherwydd buddugoliaethau a'r ffaith na fu gofyn am aberthau mawr, roedd morâl yr Almaenwyr yn uchel ym mlynyddoedd cynnar y rhyfel. Ar ôl 1941 manteisiodd propaganda y Natsïaid ar ofnau pobl ynglŷn â'r hyn a ddigwyddai pe bai'r Almaen yn colli. Yn ogystal, roedd cyfundrefn Hitler yn barod i ladd unrhyw un a wrthwynebai'r ymdrech ryfel. Yn wahanol i 1918, felly, ymladdodd yr Almaenwyr yn galed hyd y diwedd. Oni bai am barodrwydd trigolion y gwladwriaethau Cynghreiriol i aberthu, mae'n bosibl y byddai dycnwch y Japaneaid a'r Almaenwyr wedi gwrthweithio manteision materol y Cynghreiriaid. Roedd morâl Prydain yn uchel o'r dechrau i'r diwedd. Roedd cred Hitler nad oedd gan yr Americanwyr y rhuddin i gynnal rhyfel creulon yn anghywir. Gwnaeth y bobl Sofietaidd

CYNHADLEDD POTSDAM

Pan gynhaliwyd Cynhadledd Potsdam yng Ngorffennaf-Awst, cadarnhawyd a chynyddwyd y diffyg ymddiriedaeth rhwng y Dwyrain a'r Gorllewin. Ar y diwrnod cyntaf, honnodd yr Arlywydd Truman fod y Rwsiaid wedi torri cytundebau Yalta, a mynnodd etholiadau 'rhydd' ar draws dwyrain Ewrop. Atebodd Stalin mai materion mewnol oedd y rhain ac na ddylai'r gynhadledd ymyrryd. Pan lwyddodd prawf yr UD ar y bom atomig, roedd Truman yn llai parod i wneud consesiynau. Ni wnaed llawer o benderfyniadau: cyfeiriwyd bron pob mater at Gyngor y Gweinidogion Tramor.

aberthau a oedd bron â bod yn oruwchddynol er mwyn ennill y rhyfel, dan bwysau peirianwaith gwladwriaethol creulon.

7   Rhai o Ganlyniadau'r Rhyfel

Bu farw o leiaf 36 miliwn o Ewropeaid – tua theirgwaith y nifer a fu farw yn y Rhyfel Byd Cyntaf (gweler Tabl 19). Roedd bron i ddwy ran o dair o'r meirw yn sifiliaid. Bu farw'r mwyafrif yn nwyrain Ewrop. Yn ôl canran poblogaeth, roedd colledion Gwlad Pwyl yn fwy na'r un wlad. Bu farw tua 6 miliwn o Bwyliaid – cyfanswm o 15 y cant.

Gwnaed difrod aruthrol. Roedd y bomio o'r awyr wedi creu dinistr mawr yn rhai o ddinasoedd Prydain a'r mwyafrif o ddinasoedd yr Almaen. Yn y dwyrain, roedd pob tref, bron, rhwng Moskva a Berlin wedi cael ei bomio, ei sielio a'i gwneud yn ddiffaith. Ledled Ewrop roedd systemau cludo wedi'u chwalu i bob pwrpas, a chynnyrch diwydiannol ac amaethyddol wedi gostwng. O'r holl wledydd a fu'n ymladd, UDA yn unig oedd yn gyfoethocach erbyn diwedd y rhyfel nag yr oedd ar ei ddechrau.

O ganlyniad i'r rhyfel, symudodd poblogaethau ar raddfa nas gwelwyd yn Ewrop ers canrifoedd. Dechreuodd y broses yn gynnar yn y rhyfel, pan gyfanheddwyd Almaenwyr yn y Reich oedd wedi bod yn byw y tu allan iddi cyn hynny. Fodd bynnag, digwyddodd y mudo mwyaf ar

	Wedi ymfyddino (mil)	Milwyr a laddwyd (mil)	Sifiliaid a laddwyd (mil)
Yr Almaen	11,000	3,250	3,810
Yr Eidal	4,500	330	500
Japan	6,095	1,700	80
Y Deyrnas Unedig	8,720	452	40
Frainc	6,000	250	360
Gwlad Pwyl	1,000	120	5,300
UGSS	12,500	9,500	21500 (amcangyfrif)
UDA	14,900	407	Ychydig iawn
China	8,000	1,500	7,800
Cyfanswm y gwledydd uchod	72,700	15,600	35,800

Tabl 19 Anafedigion yn yr Ail Ryfel Byd.

ddiwedd y rhyfel. Gyrrwyd – neu ffodd – mwy na 12 miliwn o Almaenwyr i'r gorllewin. Yng Ngwlad Pwyl a Tsiecoslofacia, ychydig iawn o Almaenwyr oedd ar ôl. O ganlyniad, 'datryswyd' problem y lleiafrifoedd Almaenig yn greulon.

Collodd Ewrop ei hen safle pwerus i UDA ac UGSS. Gwanhawyd gwledydd a fu'n rymoedd trefedigaethol cyn y rhyfel i'r fath raddau fel na allent gynnal eu hymerodraethau tramor yn rhwydd. Er gwaethaf y myth poblogaidd, nid oedd y rhyfel yn llwyddiant ysgubol i Brydain. Os oedd y rhyfel yn ymdrech i achub Gwlad Pwyl, bu'n fethiant. Os cadw Ewrop yn rhydd o dotalitariaeth oedd y nod, methodd ei gyrraedd. Erbyn 1945 roedd Prydain wedi mynd i'r wal o ganlyniad i'w 'buddugoliaeth' ac wedi ildio ei safle pwerus yn y byd i UDA. Gellir honni, felly, mai awr fawr Prydain oedd ei chamgymeriad mwyaf.

▼ Gweithio ar yr Ail Ryfel Byd a'r Holocost

Drwy ddarllen y bennod hon, dylai fod gennych farn ar bob un o'r meysydd canlynol:

▼ Pam y bu'r Almaen mor llwyddiannus yn ystod y blynyddoedd 1939-41?

▼ Pam y datblygodd y rhyfel yn 'Rhyfel Byd' go iawn yn 1941?

▼ Pa mor llwyddiannus oedd Trefn Newydd y Natsïaid?

▼ A oedd Hitler wedi bwriadu cyflawni'r Holocost o'r cychwyn cyntaf?

▼ Yn ogystal â Hitler, pwy arall oedd yn gyfrifol am yr Holocost?

▼ Pam a sut y bu i'r Cynghreiriaid ennill yr Ail Ryfel Byd?

Ateb Cwestiynau Ysgrifennu Estynedig a Thraethawd ar yr Ail Ryfel Byd a'r Holocost

Ystyriwch y cwestiwn: 'Pa un o'r Cynghreiriaid oedd fwyaf cyfrifol am gwymp yr Almaen yn yr Ail Ryfel Byd?'

Saethwch syniadau ynglŷn â'r prif bwyntiau y gallech eu cynnwys. Er enghraifft:

▼ Ymladdodd Prydain am y cyfnod hwyaf a defnyddiodd adnoddau ei Hymerodraeth.

▼ Er i UDA golli'r nifer lleiaf o filwyr, roedd ei chyfraniad economaidd a milwrol yn aruthrol.

▼ Trechodd pobl UGSS eu gelyn dros gyfnod hir o amser, gan golli 30 miliwn o fywydau wrth wneud hynny. Digwyddodd 75 y cant o golledion yr Almaen ar y Ffrynt Dwyreiniol.

PRAWF NUREMBERG

Rhoddwyd yr arweinwyr Natsïaidd oedd yn fyw o hyd ar brawf yn Nuremberg o flaen tribiwnlys o farnwyr o Brydain, UDA, Ffrainc a Rwsia, ar gyhuddiadau o gyflawni troseddau rhyfel a throseddau yn erbyn dynoliaeth. Ni chynhaliwyd prawf o'r fath erioed o'r blaen, ac mae llawer wedi amau a oedd yn gyfiawn. O leiaf bu'n gyfrwng i gofnodi hanes echrydus annynoldeb y Natsïaid. O'r 22 a gyhuddwyd, dedfrydwyd 12 i gael eu crogi, carcharwyd tri am oes, carcharwyd pedwar am gyfnod hir a chafwyd tri yn ddieuog.

Ateb Cwestiynau Seiliedig ar Ffynonellau ar yr Ail Ryfel Byd a'r Holocost

Rhaid i ni, wŷr yr Almaen, fod yn ddisgybledig … Rhaid i ni ddod â phethau i ben unwaith ac am byth a setlo cyfrifon yn derfynol â'r troseddwyr rhyfel, er mwyn creu Almaen well a thragwyddol ar gyfer ein hetifeddion … Mae tri neu bedwar cyrch bob wythnos. Weithiau Sipsiwn, dro arall Iddewon, partisaniaid a gwehilion o bob math… Rydw i'n ddiolchgar am gael y cyfle i weld yr hil lygredig hon wyneb yn wyneb. Os yw tynged yn caniatáu hynny, bydd gennyf rywbeth i'w adrodd i'm plant. Roedd dioddefwyr syffilis, cripliaid, ynfydion yn nodweddiadol ohonynt … Rydym ni'n cael gwared arnynt â chydwybod glir.

Ffynhonnell C anfonwyd y llythyr hwn, a ysgrifennwyd yn Ukrain ym Mehefin 1942, gan heddwas ifanc at un o benaethiaid yr SS, cyfaill o'r un fro.

Rydw i hefyd yn awyddus i siarad â chi'n blaen am fater difrifol iawn. Gallwn drafod y peth yn agored ymhlith ein gilydd ond ni allwn fyth siarad am y peth yn gyhoeddus … rydw i'n cyfeirio at y rhaglen i symud yr Iddewon, difodiant y bobl Iddewig. Mae'n un o'r pethau hynny y mae'n rhwydd siarad amdano. 'Caiff y bobl Iddewig eu difodi', medd pob cymrawd yn y blaid … Nid oes un o'r rhai sy'n dweud hynny wedi gwylio'r peth yn digwydd, nid ydynt wedi profi'r peth. Bydd y mwyafrif ohonoch yn deall sut beth yw gweld cant o gyrff yn gorwedd ochr yn ochr, neu 500 neu 1,000. Ein gallu i ddyfalbarhau ac – ar wahân i ychydig eithriadau oherwydd gwendid dynol – aros yn bobl barchus, dyna sydd wedi rhoi rhuddin ynom. Dyma dudalen ogoneddus yn ein hanes, un na chafodd ei hysgrifennu erioed o'r blaen ac na ellir ei hysgrifennu byth … Roedd gennym hawl foesol, roedd gennym ddyletswydd tuag at ein pobl i ddinistrio'r bobl hyn a oedd yn awyddus i'n dinistrio ni.

Ffynhonnell Ch dyfyniad o araith Himmler i arweinwyr SS yn Hydref 1943.

Gofynnais i Hoess sut roedd yn dechnegol bosibl i ddifodi 2.5 miliwn o bobl. 'Yn dechnegol?' gofynnodd. 'Doedd hynny ddim yn anodd iawn – fyddai hi ddim wedi bod yn anodd difodi mwy … gellid difodi hyd at 10,000 o bobl mewn cyfnod o 24 awr … Nid oedd angen llawer o amser i ladd … y llosgi oedd yn mynd â'r holl amser. Roedd y lladd yn rhwydd; doedd dim angen gwarchodwyr, hyd yn oed, i'w gyrru i mewn i'r siambrau – aent i mewn gan ddisgwyl cawodydd, ac yn lle dŵr, caent nwy gwenwynig. Digwyddai'r holl beth yn gyflym iawn'. Adroddodd hyn mewn llais tawel, difater, didaro … 'Ond beth am yr ochr – ?' dechreuais ofyn. 'Doedd hynny ddim yn bwysig', oedd yr ateb parod, cyn y gallwn orffen fy nghwestiwn.

Ffynhonnell D Hoess, Rheolwr Auschwitz, yn cael ei gyf-weld gan seicolegydd Americanaidd ar ôl y rhyfel.

▼ CWESTIYNAU AR FFYNONELLAU

1. Sut mae Ffynonellau C ac Ch yn cyfiawnhau'r Holocost?
   [10 marc]
2. I ba raddau mae'r ffynonellau yn hybu ein dealltwriaeth o'r Holocost? **[20 marc]**

Pwyntiau i'w nodi ynglŷn â'r cwestiynau

Cwestiwn 1 Beth sy'n gyffredin rhwng y ddwy ffynhonnell? I ba raddau maent yn wahanol?

Cwestiwn 2 Mae pob un o'r ffynonellau yn rhoi syniad am agweddau Almaenig tuag at yr Holocost. A ydych chi'n credu bod yr agweddau hyn yn gyffredin ymhlith Almaenwyr?

Darllen Pellach

Llyfrau yng nghyfres *Access to History* Hodder and Stoughton

Am gefndir yr Ail Ryfel Byd, rhowch gynnig ar *War and Peace: International Relations 1914-45* gan David Williamson. Ar yr Holocost, darllenwch Benodau 4-7 o *Anti-Semitism and the Holocaust* gan Alan Farmer.

Cyffredinol

Dechreuwch gyda Phennod 15 yn *Years of Change: Europe 1890-1945* gan Robert Wolfson a John Laver (Hodder & Stoughton). Yn ogystal, ceir adroddiadau cyffredinol ardderchog o'r rhyfel yn *The Second World War* gan J. Keegan, 1989 (Viking), *The Second World War in Europe* gan S.P. MacKenzie, 1999 (Longman), *Struggle for Survival: The History of the Second World War* gan R.A.C. Parker, 1989 (OUP) ac *A World in Flames* gan M. Kitchen, 1990 (Longman). Hefyd, rhowch gynnig ar *Why the Allies Won*, 1995 (Norton) a *Russia's War*, 1997 (Penguin), y ddau gan R. Overy.

Yn ymwneud â'r Holocost, mae *The Holocaust in History* gan M. Marrus, 1989 (Penguin) a *Hitler and the Jews* gan P. Burrin, 1994 (Arnold) yn gyflwyniadau byr a da. Mae *The Final Solution: Origins and Implementations* gan D. Cesarani, 1994 (Routledge) yn gasgliad penigamp o draethodau gan nifer o brif ysgolheigion yr Holocost. Mae *Nazism 1919-1945 vol.3: Foreign Policy, War and Racial Extermination: A Documentary Reader,* golygwyd gan J. Noakes a G. Pridham, 1988 (Prifysgol Exeter) yn cynnwys casgliad rhagorol o ddogfennau. Mae *Hitler's Willing Executioners: Ordinary Germans and the Holocaust* gan D.J. Goldhagen, 1996 (Little, Brown and Company) yn gyhuddiad grymus o'r bobl Almaenig. Mae'n rhaid darllen *The Path to Genocide*, 1992 (CUP) ac *Ordinary Men: Reserve Police Battalion 101 and the Final Solution in Poland,* 1992 (HarperCollins), y ddau gan C.R. Browning. Ac yn olaf, dylech ddarllen y nofel *Schindler's Ark* gan T. Keneally, 1983 (Penguin).

EWROP A'R RHYFEL OER: 1945–90

PENNOD *9*

PWYNTIAU I'W HYSTYRIED

Wedi 1945 roedd dau archbŵer – UDA ac UGSS – yn tra-arglwyddiaethu ar Ewrop o ganlyniad i'w goruchafiaeth filwrol eithriadol ar bob cystadleuydd. Nid oedd gan Brydain, yr unig un o'r cyn-bwerau mawr Ewropeaidd i oroesi'r rhyfel heb gael ei meddiannu, yr adnoddau i gystadlu. Roedd hyn yn wir hefyd am Ffrainc. Roedd yr Almaen yn deilchion ac yn nwylo byddinoedd y Cynghreiriaid. Am y degawdau nesaf, byddai tynged Ewrop yn dibynnu ar benderfyniadau a wneid yn Moskva a Washington. Rhannwyd y bennod hon yn gyflwyniad a chwe adran. Mae adrannau 1 a 4 yn edrych yn fanwl ar y **Rhyfel Oer**; mae adrannau 2 a 5 yn canolbwyntio ar UGSS; mae adran 3 yn canolbwyntio ar ddatblygiadau yng ngorllewin Ewrop; ac mae adran 6 yn edrych ar y sefyllfa yn 1990. Gellir astudio pob adran mewn 'arwahanrwydd gogoneddus'. Fel arall, gellwch ddarllen yr holl bennod er mwyn cael golwg cyffredinol ar y cyfnod.

RHYFEL OER

Term a ddefnyddiwyd gyntaf yn 1947 i ddisgrifio'r tensiynau cynyddol rhwng UGSS a'i gwledydd dibynnol yn nwyrain Ewrop ar un ochr, ac UDA a'i chynghreiriaid yng ngorllewin Ewrop ar y llall.

Yn ystod y rhyfel, ni fu'r berthynas rhwng y gorllewin (Prydain ac UDA) ac UGSS erioed yn gynnes iawn. Fodd bynnag, anghofiwyd am yr anghytundebau i raddau, ond daethant yn fwy amlwg wrth i'r rhyfel ddod i ben. Pryderid yn arbennig ynglŷn â phwy fyddai'n llenwi'r gwactod grym yng nghanol Ewrop. Erbyn 1945 roedd y rhan fwyaf o ddwyrain Ewrop ym meddiant y Fyddin Goch, ac ni allai'r Gorllewin wneud fawr ddim ynglŷn â hynny. Ni chyflawnwyd llawer yng Nghynhadledd Potsdam yng Ngorffennaf/Awst. Gadawodd yr Arlywydd Truman y Gynhadledd wedi'i ddychryn gan amharodrwydd ymddangosiadol Stalin i gadw at y cytundebau a wnaed yn Yalta yn Chwefror 1945 neu'r egwyddorion a ymgorfforwyd yn Natganiad y Cenhedloedd Unedig (er enghraifft, fod gan bawb yr hawl i ddewis eu ffurf eu hunain ar lywodraeth). Ofnai Truman ac arweinwyr Prydain fod Stalin yn benderfynol o weld comiwnyddiaeth yn ehangu. O ganlyniad i'r anghytundebau ynglŷn â dyfodol Ewrop, dechreuodd y **Rhyfel Oer**. Er i'r Rhyfel Oer effeithio'n fawr ar y byd cyfan, dechreuodd o ganlyniad i'r sefyllfa yn Ewrop, cafodd effaith ddofn ar Ewrop, a daeth i ben yn sgil datblygiadau yn Ewrop. Y Rhyfel Oer sydd wrth wraidd y bennod hon.

1 Dechrau'r Rhyfel Oer

a) Beth oedd Bwriadau Stalin?

Wedi 1945 aeth UGSS ati i reoli rhan helaeth o ddwyrain Ewrop. A oedd hyn yn gam bwriadol gan UGSS tuag at feddiannu Ewrop gyfan (fel yr ofnai'r Gorllewin), neu a oedd yn weithred amddiffynnol (fel yr honnai Stalin)? Ar y cyfan, roedd amcanion Stalin yn ymddangos yn fwy amddiffynnol nag ymosodol. O ystyried y distryw aruthrol a wnaed i UGSS o ganlyniad i'r rhyfel, mae'n bosibl bod Stalin yn fwy ymwybodol o wendidau ei wlad na'i chryfderau. Yn fwy na dim, roedd yn benderfynol o gadw Rwsia rhag cael ei meddiannu unwaith eto. Cyn 1941 roedd y mwyafrif o wladwriaethau dwyrain Ewrop wedi bod dan reolaeth cyfundrefnau adain dde oedd wedi cynghreirio â'r Almaen. Credai Moskva y byddai'r gwladwriaethau hyn yn troi'n wrthgomiwnyddol eto pe baent yn ennill eu hannibyniaeth. Roedd Stalin yn pryderu'n arbennig am ailuniad yr Almaen, oni bai y byddai'r llywodraeth yn un y gallai ef ei rheoli. Roedd UDA, gyda'i chryfder economaidd aruthrol a'i bom atomig, hefyd yn fygythiad yn ei farn ef. Credai ei bod yn ddyletswydd arno i atal cyfalafiaeth Americanaidd rhag tra-arglwyddiaethu ar y byd. O ystyried y ffactorau hyn i gyd, credai Stalin mai'r polisi gorau fyddai creu ardal glustog o wladwriaethau cyfeillgar.

Wedi 1945, credai'r Gorllewin bod gweithredoedd y Sofietiaid yn arwydd o'u bwriad i ehangu eu tiroedd. Mae'n bosibl bod arweinwyr y Gorllewin wedi gorbwysleisio'r bygythiad Sofietaidd: ni ddeallwyd gwendid y Rwsiaid yn llawn. Er hynny, roedd ofnau'r Gorllewin yn rhai rhesymol. Drwy feddiannu dwyrain Ewrop roedd Stalin wedi torri cytundebau blaenorol. Ar ben hynny, roedd yn unben creulon na ellid ymddiried ynddo. O gofio'r gwahaniaethau ideolegol rhwng y Gorllewin ac UGSS, roedd y Rhyfel Oer yn anorfod. Os oes raid beio rhywun, fodd bynnag, mae'n debyg bod Stalin yn fwy euog na neb. Datblygodd awyrgylch o ddiffyg ymddiriedaeth yn sgil ei weithredoedd yn nwyrain Ewrop, gan gyflyru agweddau'r Gorllewin tuag at UGSS. Yn 1945 roedd Stalin yn fwy amheus o lawer o UDA nag oedd UDA ohono ef. Nid oedd ganddo fawr o achos i fod yn amheus. Er bod llawer o Americanwyr yn gwrthwynebu comiwnyddiaeth, roedd y mwyafrif yn gobeithio y byddai'r berthynas ag UGSS yn gwella.

b) Trosfeddiannu Dwyrain Ewrop gan y Sofietau

Wrth i'r Fyddin Goch symud tua'r gorllewin yn 1944-5, sicrhaodd yr arweinyddiaeth Sofietaidd fod y diriogaeth feddianedig yn dod o dan reolaeth llywodraethau oedd yn bleidiol i gomiwnyddiaeth. Dan anogaeth Moskva, aeth y llywodraethau hyn ati i wladoli diwydiant, sefydlu ffermydd cyfunol, rheoli'r cyfryngau, arestio'u prif wrthwynebwyr, a rigio etholiadau. Yn y man, cafwyd gwared ar bob gwrthwynebiad. Roedd y broses yn gyflymach mewn rhai gwledydd nag eraill (gweler Ffigur 59). Erbyn 1948 roedd pob un o'r

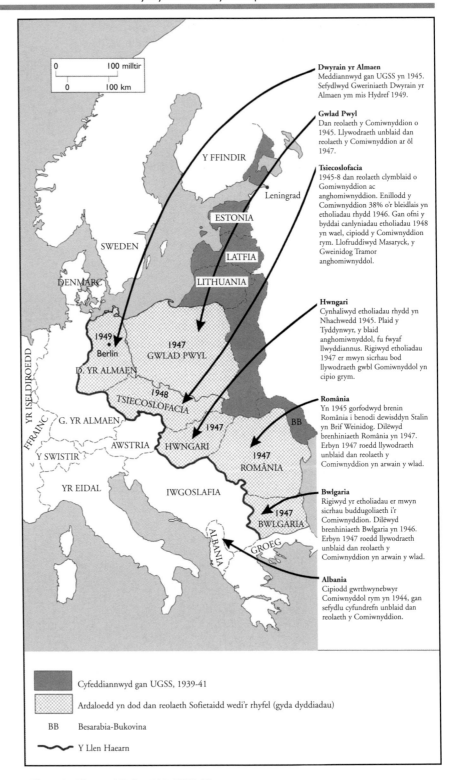

Dwyrain yr Almaen
Meddiannwyd gan UGSS yn 1945. Sefydlwyd Gweriniaeth Dwyrain yr Almaen ym mis Hydref 1949.

Gwlad Pwyl
Dan reolaeth y Comiwnyddion o 1945. Llywodraeth unblaid dan reolaeth y Comiwnyddion ar ôl 1947.

Tsiecoslofacia
1945-8 dan reolaeth clymblaid o Gomiwnyddion ac anghomiwnyddion. Enillodd y Comiwnyddion 38% o'r bleidlais yn etholiadau rhydd 1946. Gan ofni y byddai canlyniadau etholiadau 1948 yn wael, cipiodd y Comiwnyddion rym. Llofruddiwyd Masaryck, y Gweinidog Tramor anghomiwnyddol.

Hwngari
Cynhaliwyd etholiadau rhydd yn Nhachwedd 1945. Plaid y Tyddynwyr, y blaid anghomiwnyddol, fu fwyaf llwyddiannus. Rigiwyd etholiadau 1947 er mwyn sicrhau bod llywodraeth gwbl Gomiwnyddol yn cipio grym.

România
Yn 1945 gorfodwyd brenin România i benodi dewisddyn Stalin yn Brif Weinidog. Dilëwyd brenhiniaeth România yn 1947. Erbyn 1947 roedd llywodraeth unblaid dan reolaeth y Comiwnyddion yn arwain y wlad.

Bwlgaria
Rigiwyd yr etholiadau er mwyn sicrhau buddugoliaeth i'r Comiwnyddion. Dilëwyd brenhiniaeth Bwlgaria yn 1946. Erbyn 1947 roedd llywodraeth unblaid dan reolaeth y Comiwnyddion yn arwain y wlad.

Albania
Cipiodd gwrthwynebwyr Comiwnyddol rym yn 1944, gan sefydlu cyfundrefn unblaid dan reolaeth y Comiwnyddion.

Ffigur 59 Ehangiad Sofietaidd, 1939-49.

gwladwriaethau comiwnyddol – ac eithrio Iwgoslafia – yn dilyn gorchmynion Moskva. Nid oedd gan arweinydd Iwgoslafia, Tito, unrhyw fwriad o weithredu fel pyped Stalin. Yn 1948 gweithredodd Stalin yn wleidyddol ac yn economaidd er mwyn 'rhoi trefn' ar Tito. Drwy lwyddo i ddelio'n effeithiol â gwrthwynebwyr mewnol ac ennill cefnogaeth y Gorllewin, goroesodd Tito.

c) UGSS: 1945-53

Yn sgil y distryw a achoswyd gan y rhyfel, canolbwyntiodd Stalin ar ailadeiladu. Mabwysiadodd yr un strategaeth economaidd sylfaenol ag oedd ganddo cyn 1941. Anelai'r Pedwerydd Cynllun Pum Mlynedd at dwf cyflym y diwydiannau trwm. Gan hyd yn oed gymryd ymffrost a gormodiaith i ystyriaeth, cyflawnwyd ei amcanion i bob golwg. Erbyn 1950 mae'n debyg bod adeiledd diwydiannol Rwsia yn gryfach nag y bu cyn 1941. Ei phrif wendidau oedd ei hanallu i gynyddu cynhyrchedd amaethyddol a'i methiant i godi safonau byw.

Ni ddaeth cyfundrefn Stalin yn llai gormesol. Dwysawyd y propaganda a bu mwy o reolaeth ar ideoleg, yn enwedig ym myd addysg. Roedd y braw totalitaraidd yn bodoli o hyd. Yn 1948 cytunodd y Cynghreiriaid y dylid dychwelyd pob carcharor rhyfel a ryddhawyd i'w famwlad. Roedd y rhain yn cynnwys nifer o ddinasyddion Sofietaidd a ymladdodd dros yr Almaen mewn ymdrech i gael gwared ar Stalin. Fe'u gorfodwyd gan y Cynghreiriaid i ddychwelyd i'w gwledydd, a dienyddiwyd y mwyafrif ohonynt. Derbyniai hyd yn oed garcharorion Sofietaidd go iawn driniaeth lem. Symudwyd nifer ohonynt o wersylloedd Almaenig i wersylloedd llafur Sofietaidd, a chyfiawnhawyd hyn drwy ddadlau bod y ffaith iddynt oroesi yn dangos eu bod wedi cydweithio â'r sawl a'u cipiodd. Yn 1949 lansiodd Stalin garthiad arall, ar raddfa debyg i rai yr 1930au. Yna carthodd Iddewon Sofietaidd. Bu farw yn 1953, cyn carthu'r proffesiwn meddygol.

ch) Y Llen Haearn

Ni allai'r Gorllewin fabwysiadu polisi cadarn tuag at Rwsia yn 1945. Ni fyddai trigolion y Gorllewin wedi caniatáu gwrthdaro o'r newydd â chyn-gynghreiriad. Nid oedd grymoedd y Gorllewin mewn safle digon cryf i gynnal trafodaethau chwaith. Roedd y Fyddin Goch enfawr yn gymaint o fygythiad â'r bom atomig, yn enwedig wrth i UDA ddadfyddino'n gyflym. (Roedd llawer o Ewropeaid Gorllewinol yn ofni y byddai'n encilio yn ôl i'w safle ynysig.) Yn ogystal â rheoli llawer o ddwyrain Ewrop, roedd y Fyddin Goch wedi meddiannu gogledd Iran, Mongolia a gogledd Korea. Gellid rhag-weld y byddai Groeg a Thwrci yn troi at gomiwnyddiaeth hefyd o bosibl. Ym Mawrth 1946, traddododd Winston Churchill ei araith enwog am y 'llen haearn' yn Fulton, Missouri:

DIODDEFWYR STALIN: 1945-53

1945 -6	10 miliwn o garcharorion Rwsiaidd yn cael eu dienyddio neu eu cludo i wersylloedd llafur lle bu farw 5-6 miliwn;
1947 -53	miliwn yn marw o ganlyniad i garthiadau ac atalfeydd gwahanol.

Ffynhonnell A

> O Stettin yn y Môr Baltig i Trieste ym Môr Adria, mae llen haearn wedi disgyn ar draws y cyfandir. Y tu draw i'r llinell honno gorwedda holl brifddinasoedd gwladwriaethau hynafol Canolbarth a Dwyrain Ewrop: Warszawa, Berlin, Praha, Wien, Budapest, Belgrade, Bucuresti a Sofiya. Mae pob un o'r dinasoedd enwog hyn, a'r poblogaethau sy'n eu hamgylchynu, yn gorwedd o fewn y cylch Sofietaidd, ac mae pob un ohonynt yn agored mewn rhyw ffordd neu'i gilydd, nid yn unig i ddylanwad Sofietaidd ond hefyd i reolaeth gynyddol Moskva. Athen yn unig … sy'n rhydd i benderfynu beth fydd ei dyfodol …
>
>   Fodd bynnag, mewn nifer fawr o wledydd, yn bell o ffiniau Rwsiaidd a ledled y byd, mae pumed colofnau Comiwnyddol wedi eu sefydlu ac yn dilyn, mewn undod perffaith ac ufudd-dod llwyr, y cyfarwyddiadau a ddaw o'r canol Comiwnyddol …

Credai llawer fod Churchill yn gorbwysleisio'n berygl o du Rwsia. I bob golwg, fodd bynnag, roedd digwyddiadau yn mynd i wireddu ei farn yn fuan.

GWEITHGAREDD

Atebwch y cwestiynau canlynol:

1. Beth a olygai Churchill wrth gyfeirio at y 'llen haearn'? **[5 marc]**
2. Mae Churchill yn cyfeirio at ddeg prifddinas. Cysylltwch y prifddinasoedd â gwledydd Ewropeaidd. **[10 marc]**
3. Beth oedd Churchill yn ei olygu wrth 'pumed colofn'? **[5 marc]**
4. Yn eich barn chi, beth oedd cymhellion Churchill dros wneud yr araith? **[10 marc]**

Ffigur 60 Yr Arlywydd Harry S. Truman.

d) Athrawiaeth Truman

Roedd yr Arlywydd Truman, fel Churchill, yn poeni am bolisïau Sofietaidd. Dirywiodd y berthynas rhwng yr archbwerau, ac erbyn 1946-7 roedd Washington o'r farn y dylai UDA sefyll yn gadarn er mwyn atal grym y Sofietiaid rhag ymledu ymhellach. Roedd digwyddiadau'r 1930au yn awgrymu nad oedd ceisio dyhuddo unbeniaid yn bolisi llwyddiannus.

    Yn Chwefror 1947 derbyniodd Truman rybudd gan Brydain na allai fforddio talu am gynnal ei milwyr yng Ngroeg mwyach. Pe bai lluoedd Prydain yn gadael, roedd gwir berygl y byddai Groeg yn disgyn i ddwylo gwrthryfelwyr comiwnyddol. Ni allai Prydain fforddio rhoi cymorth i Dwrci chwaith – a wynebai'r un bygythiad. Penderfynodd Truman lenwi'r bwlch. Gofynnodd am $400 miliwn gan y Gyngres ar gyfer Groeg a Thwrci, gan ddadlau bod yr arian yn angenrheidiol os oedd democratiaeth am drechu totalitariaeth.

Ar y funud hon yn hanes y byd rhaid i bob cenedl, bron, ddewis rhwng dwy ffordd wahanol o fyw. Yn rhy aml, nid yw'n ddewis rhydd. Mae un ffordd o fyw wedi'i seilio ar ewyllys y mwyafrif, ac fe'i nodweddir gan sefydliadau rhydd, llywodraeth gynrychiadol, etholiadau rhydd, gwarantau yn cefnogi rhyddid yr unigolyn, rhyddid barn, rhyddid i addoli, a rhyddid rhag gormes gwleidyddol. Mae'r ail ffordd o fyw wedi'i seilio ar ewyllys y lleiafrif yn cael ei gorfodi ar y mwyafrif. Mae'n dibynnu ar fraw a gormes, gwasg a radio dan reolaeth, etholiadau wedi'u trefnu ymlaen llaw, ac atal rhyddid personol.

Credaf y dylai'r Unol Daleithiau arddel polisi o gefnogi pobl rydd sy'n gwrthsefyll ymdrechion lleiafrifoedd arfog neu bwysau o'r tu allan i'w darostwng.

Ffynhonnell B

Roedd 'Athrawiaeth Truman', fel y'i gelwir, yn dangos newid mawr ym mholisi tramor yr UD. Yn hytrach na cheisio cydweithio ag UGSS, yn awr byddai'n gwrthdaro. Nid oes llawer o benderfyniadau gwleidyddion yr UD wedi cael y fath effaith ar Ewrop. Yn y tymor byr, cytunodd y Gyngres i ariannu Groeg a Thwrci – ac ni throdd y naill na'r llall at gomiwnyddiaeth. Yn y tymor hir, roedd UDA wedi'i hymrwymo ei hun i wrthsefyll comiwnyddiaeth yn Ewrop a ledled y byd.

dd) Cynllun Marshall

Yn gynnar yn 1947 bu argyfwng economaidd mawr yn Ewrop. Roedd pobl nid yn unig yn brin o fwyd ond roeddent hefyd yn oer yn sgil y gaeaf llym anarferol yn dilyn cynhaeaf gwael 1946. O ganlyniad i'r anniddigrwydd yn Ffrainc a'r Eidal, enillodd y pleidiau comiwnyddol lleol gefnogaeth aruthrol. Roedd ganddynt enw da, yn wleidyddol ac yn foesol, oherwydd eu rhan flaengar yn y mudiadau gwrthwynebu yn ystod y rhyfel. Roedd arweinwyr yr UD o'r farn mai'r ffordd orau i atal y comiwnyddion rhag dod i rym oedd drwy ddod â'r tlodi a'r anobaith a'u cynhaliai i ben. O ganlyniad, ym Mehefin 1947, penderfynodd UDA gynnig cymorth economaidd enfawr i'r gwledydd Ewropeaidd hynny a wnâi gais derbyniol amdano. Gelwid y project hwn, a drefnwyd gan Ysgrifennydd Gwladol yr UD, George Marshall, yn Gynllun Marshall. Mewn theori, gallai UGSS, hyd yn oed, wneud cais am gymorth. Ond nid oedd Stalin yn fodlon gwneud UGSS yn economaidd ddibynnol ar UDA, ac felly gwrthododd gymryd rhan.

Cafodd Cynllun Marshall lwyddiant ysgubol. Cyfarfu arweinwyr 16 o wledydd gorllewin Ewrop ym Mharis yn ystod haf 1947 er mwyn gwneud cais am arian yr UD. Yn ystod y pedair blynedd nesaf rhoddwyd gwerth $13 biliwn o gymorth. Erbyn 1952, pan ddaeth y cynllun i ben yn swyddogol, roedd gorllewin Ewrop yn dechrau ffynnu'n economaidd. Yn ôl Churchill, roedd cymorth Marshall yn 'un o weithredoedd anwaelaf hanes'. Mewn gwirionedd, roedd o fantais i'r UD. Sicrhaodd fod gorllewin Ewrop yn rhydd o gomiwnyddiaeth. Yn ogystal, roedd o fudd economaidd i UDA. Drwy ailadeiladu gorllewin Ewrop, roedd UDA yn creu partneriaid masnachu a fyddai'n gallu prynu nwyddau'r UD a chynnig cyfleoedd i'r UD fuddsoddi ei chyfalaf.

e) Yr Almaen a Gwarchae Berlin

Yn Yalta, cytunwyd i rannu'r Almaen yn bedwar rhanbarth dan reolaeth Prydain, UGSS, UDA a Ffrainc. Yn Potsdam, cytunodd y Cynghreiriaid y byddai'r Almaen yn ailuno yn y diwedd. Yn y cyfamser, byddai'n rhaid ailadeiladu bywyd gwleidyddol yr Almaen ar 'sail ddemocrataidd' er mwyn paratoi'r Almaen ar gyfer 'cydweithrediad heddychlon, yn y diwedd, o fewn bywyd rhyngwladol'. Yn fuan, fodd bynnag, roedd y Gorllewin ac UGSS yn anghytuno ynglŷn â sut i drin yr Almaen. Roedd Stalin yn awyddus i anablu'r Almaen unwaith ac am byth, a mynnodd iawndaliadau aruthrol. Mewn cyferbyniad, oedai'r Gorllewin. Yn 1944 roedd Cynllun Morgenthau, fel y'i gelwid, wedi rhag-weld troi'r Almaen yn wlad amaethyddol yn bennaf. Fodd bynnag, rhoddwyd gorau i'r syniad hwn yn fuan. Wrth i'r hollt ddyfnhau rhwng gwledydd y Rhyfel Oer, daeth yr Almaen yn broblem anhydrin, gan rannu UDA ac UGSS. Gwyddai'r ddwy y byddai pwy bynnag a reolai'r Almaen yn rheoli Ewrop.

Yn 1945 aeth y Rwsiaid ati i gymryd cyfarpar diwydiannol o'u rhanbarth hwy yn nwyrain yr Almaen er mwyn ei ddefnyddio i drwsio'r niwed a wnaed yn UGSS. Gan fod y rhan fwyaf o fwyd yr Almaen wedi cael ei gynhyrchu yn y dwyrain, roedd y rhanbarthau gorllewinol yn brin o fwyd. Ychwanegwyd at y broblem pan gyrhaeddodd mwy na deng miliwn o Almaenwyr ychwanegol, yn ffoi o ardaloedd oedd yn nwylo'r Rwsiaid. Bu'n rhaid i Brydain ddogni bara yn fewnol er mwyn anfon grawn i'r Almaen. Yn 1947 cysylltwyd rhanbarthau UDA a Phrydain â'i gilydd mewn ymdrech i adfer yr economi Almaenig. Derbyniwyd cyfalaf angenrheidiol o Gynllun Marshall. Rhwng Mehefin 1948 a Rhagfyr 1949 cynyddodd y cynnyrch diwydiannol 125 y cant, gan roi cychwyn ar wyrth economaidd Gorllewin yr Almaen.

Erbyn 1948 roedd gan sector gorllewinol yr Almaen ei swyddogion gweithredol etholedig ei hun, yn gweithredu fel petai'n wlad ar wahân i'r sector dwyreiniol. Pryderai Stalin yn fawr am fodolaeth gwladwriaeth ddiwydiannol bwerus yng Ngorllewin yr Almaen, gyda'i chysylltiad clòs ag UDA. Fe'i dychrynwyd yn fwy byth pan glywodd am arian cyfred newydd Gorllewin yr Almaen ym Mehefin 1948. Credai Stalin fod ganddo un arf mawr. Roedd Gorllewin Berlin, a reolid gan luoedd yr UD, Ffrainc a Phrydain yn 'ynys' Orllewinol ymhell o fewn ffiniau sector Sofietaidd yr Almaen. Ar 23 Mehefin caeodd UGSS y ffyrdd, y camlesi a'r rheilffyrdd a gysylltai Orllewin Berlin â Gorllewin yr Almaen. Nid oedd y cynghreiriaid Gorllewinol yn disgwyl y gwarchae. Credai rhai cadfridogion Americanaidd y dylid defnyddio tanciau i dorri trwodd. Fel y digwyddodd, penderfynodd Truman ddefnyddio awyrennau i gyflenwi'r ddwy filiwn o drigolion yng Ngorllewin Berlin. Yn ystod yr awyrgludiad (a barhaodd am 318 o ddyddiau) ymwelodd awyrennau'r cynghreiriaid â Gorllewin Berlin bron 200,000 o weithiau, gan gludo 1.5 miliwn tunnell o danwydd, bwyd a chyfarpar. Yn hytrach nag ildio (fel y gobeithiai

Stalin) roedd UDA wedi dangos ei bod yn barod i fentro rhyfel er mwyn amddiffyn y cytundeb wedi rhyfel fel y safai yn 1948.

Ym Mai 1949 daeth Stalin â'r gwarchae i ben. Roedd wedi colli brwydr bwysig. Fe'i trechwyd mewn cystadleuaeth o rym. Yn ogystal, roedd gwarchae Berlin wedi niweidio'r ddelwedd Sofietaidd yn Ewrop. Ar ben hynny, roedd y gwarchae wedi hybu yn hytrach nag atal creu gwladwriaeth newydd Gorllewin yr Almaen. Cynhaliodd y wladwriaeth newydd, sef Gweriniaeth Ffederal yr Almaen (*FDR*), a sefydlwyd yn ffurfiol ym Mai 1949, ei hetholiadau cyntaf yn Awst. Daeth Adenauer, ceidwadwr oedd yn casáu comiwnyddiaeth, yn Ganghellor. Roedd yn benderfynol ac yn graff, a rheolodd hyd 1963. Nid oedd Stalin yn awyddus o gwbl i weld Gorllewin yr Almaen sefydlog a ffyniannus. Ym mis Hydref 1949 digolledodd ei hun drwy sefydlu Gweriniaeth Ddemocrataidd yr Almaen (*GDR*) yn Nwyrain yr Almaen, dan reolaeth y comiwnyddion. Am y 40 mlynedd nesaf byddai dwy Almaen yn bodoli. Roedd y Rhyfel Oer yn rhedeg ar hyd y llinell oedd yn eu rhannu.

f) Cyfundrefn Cytundeb Gogledd Iwerydd (*NATO*)

Yn sgil gwarchae Berlin, penderfynodd y cynghreiriaid gorllewinol ffurfio *NATO* yn 1949. Cytunodd y gwledydd hynny a arwyddodd y cytundeb, sef Gwlad Belg, Prydain, Canada, Denmarc, Ffrainc, Gwlad yr Iâ, yr

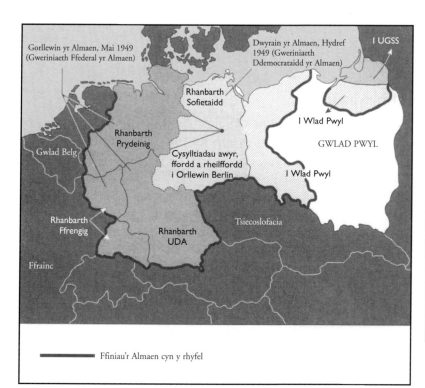

Gorllewin yr Almaen, Mai 1949 (Gweriniaeth Ffederal yr Almaen)

Dwyrain yr Almaen, Hydref 1949 (Gweriniaeth Ddemocrataidd yr Almaen)

I UGSS

Rhanbarth Sofietaidd

Rhanbarth Prydeinig

I Wlad Pwyl

GWLAD PWYL

Gwlad Belg

Cysylltiadau awyr, ffordd a rheilffordd i Orllewin Berlin

I Wlad Pwyl

Rhanbarth Ffrengig

Rhanbarth UDA

Tsiecoslofacia

Ffrainc

Ffiniau'r Almaen cyn y rhyfel

Ffigur 61 Rhannu'r Almaen 1945-9.

Y BYGYTHIAD COMIWNYDDOL: 1949–50

▼ Yn 1949 profodd UGSS ei bom atomig cyntaf.

▼ Yn 1949 cipiodd comiwnyddion Chineaidd, dan arweiniad Mao Zedong, rym yn China. Cynigiodd UGSS y dylid derbyn China Mao i'r Cenhedloedd Unedig (CU) yn lle China Genedlaethol dan arweiniad Chiang Kai-shek, oedd yn awr yn alltud ar Formosa, ac a gefnogid gan yr Americanwyr. Pan fethodd y cynnig hwn, protestiodd y ddirprwyaeth Sofietaidd drwy gerdded allan o Gyngor Diogelwch yr CU.

▼ Yn 1950 goresgynnodd Gogledd Korea gomiwnyddol Dde Korea dan sêl bendith Stalin. Gan fod y ddirprwyaeth Sofietaidd yn absennol, cytunodd y Cenhedloedd Unedig i sefydlu byddin CU a fyddai'n amddiffyn De Korea. Roedd y rhan helaeth o luoedd yr CU yn Americanaidd ond gyrrodd nifer o wledydd eraill (gan gynnwys Prydain) finteioedd i'w cefnogi. Erbyn hydref 1950 denwyd China i mewn i'r rhyfel. Er nad oedd UGSS yn cymryd rhan yn y rhyfel, rhoddodd Stalin gefnogaeth ddiplomyddol i Ogledd Korea a China. Llusgodd y rhyfel ymlaen tan 1953 ond o ganlyniad i ymdrechion lluoedd yr CU-UD, ni chwympodd De Korea i ddwylo'r comiwnyddion.

Eidal, yr Iseldiroedd, Norwy, Portiwgal ac UDA, 'y byddid yn ystyried bod ymosodiad arfog ar un neu fwy ohonynt yn Ewrop neu Ogledd America yn ymosodiad ar bob un ohonynt'. (Ymunodd Twrci a Groeg â *NATO* yn 1952.) Roedd ffurfio *NATO* yn garreg filltir ym mholisi tramor yr UD. Dyma'r tro cyntaf i UDA fod yn aelod o gynghrair milwrol mewn cyfnod o heddwch.

ff) *NATO* v Cytundeb Warszawa

Yn 1950 credai arweinwyr yr UD bod Rhyfel Korea yn strategaeth wrthdyniadol a bod Stalin yn bwriadu ymosod ar orllewin Ewrop. Digwyddodd tri pheth o ganlyniad i hyn.

▼ Anfonodd yr UD bedair adran ymladd i Ewrop.
▼ Penodwyd y Cadfridog Eisenhower yn Bencadlywydd y Cynghreiriaid ar holl fyddinoedd *NATO*.
▼ Pwysodd yr UD am gael cynnwys byddinoedd Gorllewin yr Almaen yn *NATO*. Roedd Ffrainc, yn arbennig, yn ofni adfer militariaeth Almaenig mor fuan. Nid ymunodd Gorllewin yr Almaen â *NATO* tan Mai 1955. Ymatebodd UGSS bum niwrnod yn ddiweddarach drwy ffurfio ei chynghrair milwrol ei hun – Cytundeb Warszawa.

Erbyn canol yr 1950au, felly, roedd Ewrop wedi'i rhannu'n ddwy garfan elyniaethus, yn cael eu cynnal gan gyfundrefnau economaidd gwahanol a'u hamddiffyn gan gytundebau milwrol. Parhaodd y rhaniad hwn rhwng y dwyrain a'r gorllewin hyd ddiwedd yr 1980au.

2   Datblygiadau yn Nwyrain Ewrop: 1953–64

a) Khrushchev

Cafwyd cyfnod o gydarweinyddiaeth, a ddatblygodd yn frwydr am rym, wedi marwolaeth Stalin. Erbyn 1955 Nikita Khrushchev oedd yn rheoli. Ar un cyfnod bu'n gefnogwr brwd i Stalin, ond yn awr penderfynodd Krushchev newid ei bolisïau. Yn 1956, yn 20fed Cyngres y Blaid Gomiwnyddol, ymosododd ar yr atgof o Stalin. Dan gyfundrefn Stalin, meddai Khrushchev, roedd dinasyddion Sofietaidd wedi 'dechrau ofni eu cysgodion eu hunain'. Condemniodd y carthiadau a methiannau polisi tramor Stalin. Cafodd araith Khrushchev effaith fawr, nid yn unig yn Rwsia ond ar draws bloc y Dwyrain. Diflannodd delweddau o Stalin o fannau cyhoeddus ac, i bob golwg, dad-Stalineiddio oedd y drefn. Fodd bynnag, roedd hi'n hawdd camddehongli dad-Stalineiddio, ac mae'n hawdd gwneud hynny o hyd.

i) Mwy Rhyddfrydol?

Er bod Khrushchev, gyda'i bersonoliaeth allblyg a chellweirus, yn gyferbyniad trawiadol i'r Stalin paranoiaidd, roedd yn gredwr mawr mewn trefn Gomiwnyddol. Er bod ei gyfundrefn yn fwy dyngar na chyfundrefn Stalin, roedd yn parhau'n awdurdodaidd. Rhyddhawyd miloedd o garcharorion gwleidyddol ond ni chafwyd gwared ar y Gwlag.

ii) Gwell Safonau Byw?

Gan ymffrostio y byddai UGSS yr un mor gyfoethog ag UDA yn fuan, rhoddodd Khrushchev fwy o bwyslais ar gynhyrchiad amaethyddol ac ar gynhyrchu nwyddau traul. Cyflwynwyd Cynllun Saith Mlynedd yn 1959 gyda'r bwriad o hybu diwydiant ysgafn, cemegion a phlastigion. Yn hytrach na gorfodi pobl i weithio'n galed, cynigid cymhellion iddynt. Er i'r Cynllun lwyddo i raddau, ni ddatryswyd problem y prinder tai. Yn ogystal, bu problemau ym myd amaethyddiaeth. Yn 1954 cyflwynodd Khrushchev bolisi'r 'tiroedd newydd' a geisiai dyfu cnydau mewn ardaloedd o UGSS na chawsant eu defnyddio cyn hynny. Buddsoddwyd arian mawr yn y cynllun. Fodd bynnag, o ganlyniad i gynllunio annoeth a rheolaeth wael, gwnaed camgymeriadau ac ni lwyddwyd i gyrraedd targedau. Roedd 1963 yn flwyddyn drychinebus a bu'n rhaid i UGSS fewnforio grawn o America. Erbyn canol yr 1960au roedd safonau byw UGSS yn parhau'n is o lawer na rhai'r Gorllewin.

iii) Llwybrau Gwahanol tuag at Gomiwnyddiaeth?

Yn 1955 honnodd Khrushchev fod UGSS yn cefnogi 'cydraddoldeb, anymyrraeth, parch at sofraniaeth ac annibyniaeth genedlaethol'. Yn 1956 datganodd fod nifer o lwybrau gwahanol yn arwain at gomiwnyddiaeth ac y byddai'n rhaid i'r pleidiau cenedlaethol gwahanol ddewis rhyngddynt. Ym marn llawer o Ewropeaid, roedd UGSS i'w gweld yn fwy pleidiol i oddefgarwch a rhyddid. Chwalwyd eu gobeithion yn fuan.

b) Y Gwrthryfel Hwngaraidd

Wedi etholiad 1947, a oedd wedi'i rigio, rheolwyd y wlad yn ddidrugaredd gan yr arweinydd Comiwnyddol, Rakosi. Yn 1956 cynyddodd yr aflonyddwch a'r galwadau am gael dod yn rhydd o'r bloc Sofietaidd. Gorfodwyd Rakosi i ymddiswyddo yng Ngorffennaf 1956. Roedd Gero, yr arweinydd newydd, yr un mor amhoblogaidd. Cynhaliodd myfyrwyr wrthdystiadau ym mis Hydref, gan alw ar y llywodraeth i gael gwared arno ac i ailbenodi'r diwygiwr Nagy. Ymosododd milwyr Sofietaidd ar y myfyrwyr, a enillodd gefnogaeth y fyddin Hwngaraidd wrth i'r brwydro ledaenu ar hyd ac ar led y wlad. Ffurfiwyd llywodraeth newydd, yn cynnwys aelodau nad oeddent yn gomiwnyddion, dan arweinyddiaeth Nagy. Tynnodd Khrushchev y milwyr Sofietaidd allan o Budapest, gan obeithio y byddai hyn yn rhoi terfyn ar yr aflonyddwch. Ni ddigwyddodd hynny. Pan gefnogodd llywodraeth Nagy etholiadau rhydd a rhyddid i'r wasg, gan fynegi ei bwriad i dynnu'n ôl o Gytundeb Warszawa, goresgynnwyd Hwngari gan

Ffigur 62 Nikita Khrushchev.

DECHRAU'R RHYFEL OER

1946	araith 'llen haearn' Churchill;
1947	Mawrth: yr Arlywydd Truman yn amlinellu Athrawiaeth Truman; Mehefin: Marshall yn mynegi'r angen am raglen i adfer Ewrop;
1948	UGSS yn gosod gwarchae ar Berlin;
1949	Ebrill: ffurfio *NATO*; Mai: diwedd gwarchae Berlin; Mai: creu Gorllewin yr Almaen; Hydref: ffurfio Dwyrain yr Almaen;
1950	dechrau Rhyfel Korea;
1953	marwolaeth Stalin;
1955	derbyn Gorllewin yr Almaen i mewn i *NATO*: arwyddo Cytundeb Warszawa.

Tabl 20 Cynhyrchiad grawn
UGSS, 1953-65.

Y Cynhaeaf Grawn mewn miliynau o dunelli	
1953	82.5
1954	85.6
1955	103.7
1956	125.0
1957	102.6
1958	134.7
1959	119.5
1960	125.5
1965	121.1

Seiliwyd ar A. Nove, *An Economic
History of the USSR*, 1969, a
ffynonellau Sofietaidd.

Tabl 21 Cynhyrchiad diwydiannol UGSS, 1955-65.

Diwydiant	1955	1965
Olew (miliynau o dunelli)	170	242.9
Glo (miliynau o dunelli)	390	578
Haearn (miliynau o dunelli)	33.3	66.2
Trydan (biliynau o kW)	170	507
Tractorau (miloedd)	163	355

Seiliwyd ar A. Nove, *An Economic History of the USSR*, 1969, a ffynonellau Sofietaidd.

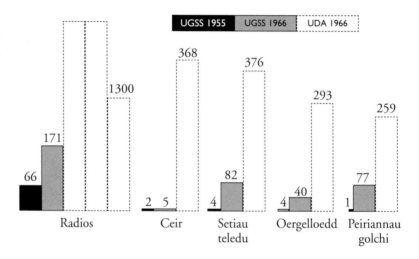

Ffigur 63 Safonau byw UGSS ac UDA, 1955-66.

200,000 o filwyr Sofietaidd a 2,500 o danciau ym mis Tachwedd.
Brwydrodd yr Hwngariaid yn galed yn eu herbyn ac apeliodd llywodraeth
Nagy yn daer am gymorth gan y Gorllewin. Er i Gynulliad Cyffredinol yr
CU gondemnio gweithredoedd y Sofietiaid, ni chynigiodd y Gorllewin
unrhyw gymorth. Cwympodd Hwngari i ddwylo'r lluoedd Sofietaidd a
sefydlwyd llywodraeth newydd a gefnogai'r gyfundrefn Sofietaidd. Mae'n
bosibl bod hyd at 30,000 o Hwngariaid wedi marw wrth frwydro; ffodd
200,000 dramor.

c) Y Rhyfel Oer yn Dadmer?

Roedd Khrushchev yn gobeithio gwella'r berthynas â'r Gorllewin.
Lleihaodd y tensiynau pan ddaeth Rhyfel Korea i ben yn 1953. Yn 1955,
tynnodd UGSS ei byddin oresgynnol yn ôl o Awstria, a bu uwchgyfarfod
cyfeillgar rhwng y prif bwerau yn Genefa. Er bod y gwrthryfel
Hwngaraidd ac argyfwng Suez (gweler tud. 284) wedi niweidio'r
berthynas, daliodd Khrushchev at ei bolisi o gydfodolaeth â'r Gorllewin,
gan ymweld â nifer o wledydd y tu allan i floc y dwyrain – yn cynnwys

UDA. Gallai ymffrostio am gampau Sofietaidd yn y gofod, yn enwedig lansio *Sputnik*, lloeren gyntaf y byd, yn 1957. Fodd bynnag, roedd yn anodd parhau i gydfodoli dan bwysau materion annatrys megis yr Almaen a'r ras arfau.

ch) Problem Berlin

Roedd bodolaeth Gorllewin Berlin yn ddraenen yn ystlys yr arweinwyr Sofietaidd. Roedd yn fwy llewyrchus o lawer na Gweriniaeth Ddemocrataidd yr Almaen (*GDR*), ac yn dwyn sylw at lwyddiant economaidd Gorllewin Ewrop. Ar ben hynny, gallai trigolion Dwyrain yr Almaen fynd yn rhwydd i Orllewin Berlin ac oddi yno i Orllewin yr Almaen. Rhwng 1949 ac 1960 gadawodd tua 3 miliwn o bobl yr *GDR* drwy Berlin. Cymhlethwyd y sefyllfa gan y ffaith nad oedd y Gorllewin yn barod i gydnabod Dwyrain yr Almaen fel gwladwriaeth sofran. Yn 1958 mynnodd Khrushchev y dylid cydnabod yr *GDR*, dod â'r rheolaeth bedwarplyg ar Berlin i ben, a phennu cyfnod o chwe mis ar gyfer trefnu dyfodol Berlin. Safodd UDA yn gadarn, gan ailddatgan yr hawl i deithio'n ddirwystr i Orllewin Berlin. Ildiodd Khrushchev rywfaint, gan dderbyn hawliau grymoedd goresgynnol y Gorllewin yn Berlin. Yn gyfnewid, mynegodd Eisenhower ei barodrwydd i ganiatáu consesiynau ynglŷn â dyfodol Berlin. Cytunodd y ddau arweinydd i gyfarfod yn 1960 er mwyn trafod ymhellach. Pan oedd y cyfarfod ar fin cychwyn, cyhoeddodd Khrushchev fod awyren sbïo U-2 Americanaidd wedi cael ei saethu i lawr dros diriogaeth Sofietaidd. Gwnaeth Khrushchev yn fawr o wrthodiad Eisenhower i ymddiheuro, a rhuthrodd allan o'r gynhadledd mewn tymer – gan golli cyfle i ddod i gytundeb ynglŷn â Berlin.

Roedd John Kennedy, arlywydd newydd yr UD, yn benderfynol o sefyll yn gadarn yn erbyn comiwnyddiaeth. Ym Mehefin 1961 cyfarfu â Khrushchev yn Wien. Mynnodd Khrushchev y dylai Berlin fod yn niwtral a dechreuodd fygwth rhyfel. Nid ildiodd Kennedy. Ar ôl y cyfarfod, ategodd Khrushchev ei ofynion, mynnodd bod UDA yn gweithredu o fewn chwe mis, a chynyddodd wariant UGSS ar amddiffyn 30 y cant. Gwrthododd Kennedy y gofynion Sofietaidd, gan orchymyn cynnydd sylweddol yng ngwasanaethau arfog yr UD. Yn sydyn, roedd rhyfel fel petai'n bosibilrwydd real. Fodd bynnag, daeth Khrushchev o hyd i ateb arall i'r argyfwng. Ar 13 Awst 1961 codwyd weiren bigog a baricedau o amgylch Gorllewin Berlin, gan gau'r ddinas oddi wrth yr *GDR*. Yn fuan, disodlwyd y weiren bigog gan rwystr mwy sylweddol – Mur Berlin. Ni allai'r Gorllewin wneud fawr ddim ond protestio.

d) Argyfwng Taflegrau Cuba

Yn 1959 cipiodd y Marcsydd Fidel Castro rym yn Cuba a dechreuodd gymryd camau i ddod â rheolaeth economaidd UDA dros yr ynys i ben. Gan weld cyfle i ennill brwydr o fewn y Rhyfel Oer, gwnaeth Khrushchev drefniadau i brynu cnwd siwgr Cuba a chynigiodd gymorth economaidd. Gobeithiai UGSS, ac ofnai UDA, y byddai creu gwladwriaeth Farcsaidd yn Cuba yn gam cyntaf tuag at ledaeniad cyflym comiwnyddiaeth drwy

---

CANLYNIADAU Y GWRTHRYFEL HWNGARAIDD

▼ Cosbwyd arweinwyr y gwrthryfel yn llym. Dienyddiwyd Nagy yn 1958.

▼ Roedd y gwrthryfel yn dangos nad oedd UDA yn barod i ymyrryd yn nwyrain Ewrop, er gwaethaf ei pharodrwydd i ymladd er mwyn atal lledaeniad comiwnyddiaeth.

▼ Siomwyd comiwnyddion ledled y byd gan weithredoedd UGSS. Gadawodd nifer o gomiwnyddion gorllewin Ewrop y blaid mewn dicter.

CANLYNIADAU MUR BERLIN

▼ Ataliodd y Mur y posibilrwydd o ryfel niwclear.

▼ Daeth llif y ffoaduriaid o Ddwyrain i Orllewin yr Almaen i ben bron yn llwyr. Drwy wneud hyn, roedd y Mur yn amddiffyn Dwyrain yr Almaen rhag y cwymp economaidd a fyddai wedi digwydd pe collid gweithwyr allweddol.

▼ Roedd y Mur yn fêl ar fysedd propagandwyr Gorllewinol a allai ddadlau (yn deg) bod comiwnyddiaeth yn beth mor ofnadwy nes bod gofyn adeiladu mur o amgylch y bobl er mwyn eu rhwystro rhag dianc.

America Ladin i gyd. Methiant llwyr fu ymdrechion yr UD i gefnogi gwrthchwyldro ym Mae y Moch yn 1961.

Yn awr, hybodd Khrushchev bresenoldeb Rwsiaidd yn Cuba, gan arwain at osod taflegrau niwclear Sofietaidd yn gyfrinachol ar yr ynys. Ym mis Hydref 1962 cadarnhaodd ffotograffau a dynnwyd gan archwiliad strategol yr UD bod safleoedd yn cael eu hadeiladu. Bu bron i'r taflegrau, oedd yno i amddiffyn Cuba yn erbyn ymyrraeth yr UD, beri i'r UD ymyrryd. Fodd bynnag, yn lle meddiannu Cuba, cyhoeddodd Kennedy y byddai yna warchae o'r môr ar Cuba nes y câi'r taflegrau eu symud, a rhybuddiodd luoedd yr UD i fod yn barod am ryfel niwclear. Gan wybod bod gan UDA fwy na chwe thaflegryn balistig rhyng-gyfandirol i bob un o eiddo UGSS, penderfynodd Khrushchev beidio â mentro mynd i ryfel, a chytunodd i symud y taflegrau Sofietaidd pe bai'r UD yn symud ei thaflegrau o Dwrci ac yn addo peidio â goresgyn Cuba. O ystyried bod UGSS wedi ildio, roedd UDA i bob golwg wedi ennill buddugoliaeth ddiplomyddol. Ar ôl 1962 dilynodd Khrushchev bolisi mwy heddychlon. Yn 1963 sefydlwyd 'llinell boeth' Washington-Moskva – cysylltiad ffôn uniongyrchol o'r Tŷ Gwyn i'r *Kremlin*. Yn ôl Cytundeb Gwahardd Arbrofi, gwaharddwyd popeth ond profion niwclear tanddaearol.

dd) UGSS a China

Ni fu fawr o gytuno erioed rhwng y ddau rym mawr o fewn y byd Comiwnyddol, a chynyddodd y drwgdeimlad Sino-Sofietaidd yn ystod yr 1950au. Dyfnhawyd y rhwygiadau ynglŷn â pholisi tramor ac ideoleg Farcsaidd gan ddadleuon am diriogaeth. Gosododd y ddwy wlad nifer fawr o filwyr ar hyd y ffiniau a redai rhyngddynt. Cafwyd ymrysonau cyson ac roedd perygl y gallai rhyfel ddatblygu. Erbyn 1964, pan ffrwydrodd China ei dyfais niwclear gyntaf, ni fu'r berthynas rhwng y ddwy wlad erioed cyn waethed. Roedd comiwnyddiaeth ryngwladol bellach yn rym rhanedig.

UGSS: 1953–64

1954	Khrushchev yn rheoli'n llwyr;
1956	y gwrthryfel Hwngaraidd;
1961	argyfwng Berlin: adeiladu Mur Berlin;
1962	Argyfwng Taflegrau Cuba;
1964	dymchweliad Khrushchev.

e) Cwymp Khrushchev

Ar y cyfan, erbyn yr 1960au roedd methiannau polisïau cartref a thramor Khrushchev yn fwy na'i lwyddiannau. Roedd wedi addo economi fwy cynhyrchiol, ond nid oedd wedi cyflawni hynny. I bob golwg roedd polisi'r tir newydd wedi methu. Roedd Argyfwng Taflegrau Cuba yn fethiant personol. Cynyddai'r anniddigrwydd o ganlyniad i'w ddull annarogan o arwain. Tra oedd Khrushchev ar ei wyliau ym mis Hydref 1964, cyhoeddodd ei elynion mai Brezhnev oedd Ysgrifennydd cyntaf y Blaid. Ymgiliodd Khrushchev i fyw bywyd tawel o olwg y byd. Roedd cyfnod Khrushchev yn flynyddoedd cymharol dda i Rwsia, gyda rhywfaint o gynnydd economaidd a mwy o ryddid. Er hyn, ni adawyd UGSS mewn safle arbennig o gryf yn economaidd nac yn rhyngwladol, ac roedd y wlad dan reolaeth Plaid Gomiwnyddol ormesol o hyd.

GWEITHGAREDD

Beth oedd effaith Khrushchev ar a) UGSS a b) y byd?

Trywydd awgrymedig eich ateb:

a) UGSS

▼ I ba raddau y gweithredwyd dad-Stalineiddio?

▼ Pa mor llwyddiannus oedd yr economi Sofietaidd rhwng 1953-64?

b) Y byd

▼ Edrychwch yn fanwl ar ymdrechion Khrushchev i gydfodoli cyn 1960.

▼ Edrychwch yn fanwl ar argyfyngau Berlin a Cuba.

3 Datblygiadau yng Ngorllewin Ewrop: 1945–90

YSTYRIAETH
Pa mor llwyddiannus oedd gorllewin Ewrop yn y cyfnod 1945-90?

a) Pam oedd Gorllewin Ewrop mor Llwyddiannus yn Economaidd?

Rhwng 1945 ac 1948 profodd y mwyafrif o wladwriaethau gorllewin Ewrop galedi economaidd. Fodd bynnag, wedi 1948 profodd ddau ddegawd o ehangu hir ei barhad. Mae'r rhesymau dros yr 'oes aur' hon o gynnydd economaidd yn cynnwys y canlynol:

▼ Parhaodd y cynnydd gwyddonol a thechnegol, a sbardunwyd gan y rhyfel mewn rhai achosion, yn gyflym wedi 1945.

▼ Gan ddilyn syniadau'r economegydd Prydeinig J.M. Keynes, gweithredodd nifer o lywodraethau'n gadarnhaol er mwyn hybu cynnydd economaidd.

▼ Roedd Cynllun Marshall yn gymorth hanfodol er mwyn adfer gorllewin Ewrop.

▼ O ganlyniad i'r cynnydd anhygoel mewn mecaneiddio ffermio a'r defnydd o wrteithiau, cynyddwyd y cynnyrch yn ôl yr hectar. Felly, rhyddhawyd rhan helaeth o'r gweithlu amaethyddol ar gyfer gweithio ym myd diwydiant neu wasanaethau. Erbyn 1960, 17 y cant yn unig o boblogaeth weithiol gorllewin Ewrop a weithiai ym myd amaethyddiaeth, o'i gymharu â 50 y cant yn 1914.

▼ Bu cynnydd yn nifer y babanod wedi'r rhyfel. Erbyn 1970 roedd poblogaeth gorllewin Ewrop wedi cynyddu o 264 miliwn yn 1940 i 320 miliwn. Roedd hyn yn hybu cynnydd economaidd.

b) Diwedd yr Ymerodraeth

Roedd gan Brydain, Ffrainc, Gwlad Belg, yr Iseldiroedd, Portiwgal a Sbaen ymerodraethau tramor yn 1945. Cwympodd pob un o'r ymerodraethau hyn ar ôl 1945. Yn 1939, rheolid 500 miliwn o bobl yn Asia ac Affrica gan Ewropeaid. Erbyn 1970 roedd y nifer wedi disgyn i 21 miliwn.

**PAM DDAETH YR
YMERODRAETHAU
EWROPEAIDD I BEN?**

▼ Roedd Prydain wedi
caniatáu annibyniaeth i
Canada, Awstralia, Seland
Newydd a De Affrica (ac
roedd rheolaeth Prydain yn
India ar fin dod i ben hefyd)
cyn 1939.

▼ Yn ystod y rhyfel, cipiodd
Japan lawer o diriogaeth
Asia a fu yn nwylo'r
Ewropeaid. Bu
buddugoliaethau Japan yn
gyfrifol am ddistrywio
dirgeledd goruchafiaeth y
bobl wynion.

▼ Wedi 1945, ni allai'r
mwyafrif o wladwriaethau
Ewropeaidd fforddio cynnal
eu hymerodraethau, yn
enwedig os oedd hyn yn
golygu ymladd rhyfeloedd
ymerodrol.

▼ Wedi 1945, cynyddodd
cenedlaetholdeb
trefedigaethol, wedi'i
sbarduno gan syniadau
ynglŷn â chydraddoldeb a
democratiaeth.

▼ Wedi 1945 nid oedd yr
ymdeimlad ymerodrol mor
gryf yn y mwyafrif o'r
gwladwriaethau
Ewropeaidd, ac roedd y
gred y dylai trefedigaethwyr
ennill eu hannibyniaeth yn
cynyddu.

▼ Os caniateid annibyniaeth i
un o'r trefedigaethau, roedd
yn anodd gwrthod yr un
hawl i drefedigaeth arall.

▼ Cefnogai UDA annibyniaeth
y trefedigaethau am
resymau ideolegol ac
economaidd.

i) Diwedd yr Ymerodraeth yn Asia

Ar ddiwedd yr 1940au cafwyd ton o ddad-drefedigaethu yn Asia a'r
Dwyrain Canol. Aeth lluoedd Ffrainc o Syria a Libanus yn 1946. Ar y
cychwyn, ceisiodd yr Iseldirwyr ymladd cenedlaetholwyr yn India'r
Dwyrain yr Iseldiroedd, ond erbyn 1948 bu'n rhaid i'r Iseldirwyr ildio a
chaniatáu annibyniaeth i wladwriaeth newydd Indonesia. Ildiodd Prydain
ei rheolaeth ar yr isgyfandir Indiaidd yn 1947 a chaniataodd
annibyniaeth i Byrma (Myanmar) a Ceylon (Sri Lanka) yn 1948.
Ymladdodd y Ffrancwyr yn greulon yn erbyn milwyr gerila comiwnyddol
yn Indo-China mewn ymdrech i ddal gafael ar eu hymerodraeth. Pan
drechodd comiwnyddion Viet Namaidd luoedd Ffrainc yn 1954 yn Dien
Bien Phu, gadawodd Ffrainc Indo-China. Rhannwyd Viet Nam rhwng y
Gogledd comiwnyddol a'r De 'rhydd'. Yn ogystal, enillodd Laos a
Cambodia eu hannibyniaeth.

ii) Argyfwng Suez

Yn 1956 cipiodd Abdul Nasser, arweinydd yr Aifft, Gamlas Suez oddi ar
ei pherchenogion, sef cwmni preifat Eingl-Ffrengig. Protestiodd Prydain a
Ffrainc ac aethant ati i gynllunio cwymp Nasser, gyda chydweithrediad
Israel. Ym mis Hydref 1956, ymosododd yr Israeliaid ar yr Aifft er mwyn
dinistrio'r canolfannau a ddefnyddid gan filwyr gerila i greu cynnwrf ar
eu ffiniau. Galwodd Prydain a Ffrainc am gadoediad. Pan wrthododd
Nasser wneud hyn, lansiodd y ddwy wlad ymosodiadau o'r awyr a glaniad
o'r môr. Digiwyd UDA am na chafodd wybodaeth am hyn ac fe'i
dychrynwyd gan ymateb ymosodol UGSS. O ganlyniad, rhoddodd
bwysau economaidd ar Brydain i'w gorfodi i dderbyn cadoediad a
drafodwyd gan yr CU. Cadwodd Nasser ei afael ar y Gamlas. Roedd
mater Suez yn symbolaidd yn y bôn: dangosodd nad oedd Prydain a
Ffrainc ymhlith grymoedd mawr y byd mwyach.

iii) Algeria

Yn 1954 bu gwrthryfel difrifol yn Algeria yn erbyn rheolaeth y
Ffrancwyr. Roedd rhai Ffrancwyr yn gefnogol i'r syniad o adael Algeria,
ond roedd eraill yn gwrthwynebu, gan ddadlau bod miliwn o bobl
Ffrengig yn byw yno. Yn 1958 roedd y llywodraeth i'w gweld yn ystyried
caniatáu annibyniaeth, ac o ganlyniad gwrthryfelodd y fyddin Ffrengig
gan fynnu bod Cadfridog de Gaulle yn arwain y llywodraeth. Roedd De
Gaulle wedi arwain y Ffrancwyr Rhydd yn ystod yr Ail Ryfel Byd, ac
wedi helpu i ailsefydlu trefn yn Ffrainc yn 1944-5. Ymddiswyddodd yn
1946 pan wrthodwyd ei gynigion ar gyfer creu arlywyddiaeth gref. Ni
ddaeth yn ôl i rym yn fuan, fel y gobeithiodd. Er gwaetha'r argyfyngau
gwleidyddol amrywiol rhwng 1946 ac 1958 – a 25 o lywodraethau
gwahanol – goroesodd y Bedwaredd Weriniaeth. Derbyniodd De Gaulle
yr arweinyddiaeth yn 1958 ar yr amod ei fod yn cael rhwydd hynt i
ddrafftio cyfansoddiad newydd a fyddai'n caniatáu mwy o rym i'r
Arlywydd. (O ganlyniad, daeth y Bedwaredd Weriniaeth i ben.)
Cymerodd y fyddin a'r ymsefydlwyr yn Algeria yn ganiataol y byddai De
Gaulle yn ymladd i gadw Algeria yn nwylo Ffrainc. Yn lle hynny,

penderfynodd ganiatáu annibyniaeth (yn 1962), gan drechu gwrthryfeloedd gan y fyddin Ffrengig yn y broses. Roedd De Gaulle wedi gallu tynnu Ffrainc allan o dwll. Mae'n debyg na fyddai'r un arweinydd Ffrengig arall wedi gallu cyflawni cymaint heb ryfel cartref.

iv) Affrica Is-Saharaidd

Yn 1945, yr unig wledydd annibynnol yn Affrica oedd Liberia a De Affrica. Erbyn 1961 roedd 24 gwladwriaeth Affricanaidd newydd eisoes yn bodoli. Roedd dad-drefedigaethu'n broses ryfeddol o gyflym a chymharol ddi-drais. Portiwgal yn unig a ymladdodd frwydr hir – ac aflwyddiannus yn y pen draw – mewn ymdrech i ddal gafael ar ei threfedigaethau Affricanaidd (gweler Ffigur 64).

GWEITHGAREDD

Ymchwiliwch: Beth oedd effeithiau cadarnhaol a negyddol
a) y trefedigaethau ar wladwriaethau Ewropeaidd?
b) gwladwriaethau Ewropeaidd ar drefedigaethau?

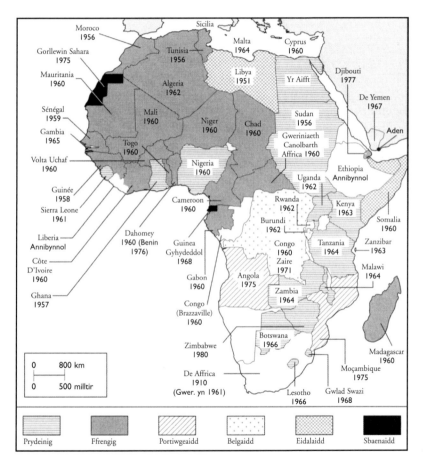

Ffigur 64 Annibyniaeth Affricanaidd.

c) Yr Ymdrechion i Uno Gorllewin Ewrop

i) Cefnogaeth i Undod

Roedd y sefyllfa yn 1945 (ac wedi hynny) yn symbyliad ac yn rhoi cyfleoedd i'r sawl a geisiai roi trefn newydd ar Ewrop. Roedd nifer o

YSTYRIAETH
Pam a sut y daeth gorllewin Ewrop yn fwy unedig?

wleidyddion Ewrop yn rhoi'r bai ar genedlaetholdeb am achosi'r Ddau Ryfel Byd. Pan ddechreuodd y Rhyfel Oer, perswadiwyd nifer o fewn democratiaethau'r Gorllewin bod yn rhaid ymdrechu'n economaidd, yn wleidyddol ac yn filwrol ar y cyd os am ailadeiladu Ewrop. Roedd rhai llywodraethau yn cefnogi cydweithrediad rhynglywodraethol ar gyfer amcanion diffiniedig a phenodol. Roedd eraill, fodd bynnag, yn cefnogi creu Unol Daleithiau Ewrop – archbŵer newydd a allai gystadlu ag UDA ac UGSS. Wedi 1945, crëwyd nifer o gyfundrefnau a hwylusodd gydweithrediad rhwng gwladwriaethau Ewropeaidd. Roedd y rhain yn cynnwys *NATO* a'r *OEEC* (y Gyfundrefn er Cydweithrediad Economaidd Ewropeaidd) a weinyddodd raglen Cynllun Marshall. Yn 1949 ffurfiodd deg gwlad Gyngor Ewrop. Mynnodd Prydain y byddai ei rôl yn annelwig a'i grym yn fach. Roedd Prydain yn argyhoeddedig y byddai'n elwa mwy wrth lynu at y Gymanwlad ac UDA. Nid oedd yn hoffi'r syniad o undod Ewropeaidd.

ii) Cymuned Glo a Dur Ewrop
Roedd llawer o gefnogwyr undod Ewropeaidd yn credu mai undod economaidd oedd y ffordd orau i greu undod gwleidyddol, a'r cam cyntaf tuag ato. Yn 1948 ffurfiodd Gwlad Belg, yr Iseldiroedd a Luxembourg Undeb Benelwcs. Yn 1950 lluniodd dau Ffrancwr, Robert Schuman a Jean Monnet, gynllun i 'uno' diwydiannau glo a dur Ewrop. (Roedd Monnet yn un o gynigwyr mwyaf brwd Ewrop unedig.) Bu Cynllun Schuman yn ysgogiad i sefydlu Cymuned Glo a Dur Ewrop (*ECSC*). Daeth y cynllun yn realiti pan lofnodwyd cytundeb yn 1951. Roedd chwe aelod i'r *ECSC* – Ffrainc, Gorllewin yr Almaen, Gwlad Belg, yr Iseldiroedd, Luxembourg a'r Eidal. Cafwyd gwared ar bob toll ar lo a dur rhwng y Chwech, a rhoddwyd y gwaith o drefnu'r gyd-raglen i 'uwchawdurdod' yn cynnwys cynrychiolwyr o'r Chwech. Credai Monnet mai'r *ECSC* oedd man cychwyn 'Ewrop unedig'.

iii) Cytundeb Rhufain
Yn dilyn llwyddiant yr *ECSC* yn hybu cynhyrchu glo a dur, argyhoeddwyd ei haelodau y dylid trefnu masnach rydd i bob diwydiant er mwyn sefydlu integreiddiad economaidd llwyr. Yn 1955 cyfarfu dirprwyon y Chwech yn Messina, a chytuno i ffurfio'r Gymuned Economaidd Ewropeaidd (*EEC*) neu'r Farchnad Gyffredin. Yn 1957 llofnodwyd Cytundeb Rhufain, yn sefydlu'r *EEC*. Yn ôl y cytundeb, byddai tolldaliadau ar gydfasnach yn cael eu dileu dros gyfnod o 12 mlynedd. Yn ogystal, byddai unrhyw rwystrau i symudiadau rhydd pobl, gwasanaethau a chyfalaf yn cael eu dileu, a byddai polisi amaethyddol cyffredin yn cael ei gyflwyno. Fodd bynnag, rhagwelwyd y byddai rhywbeth mwy o lawer na marchnad gyffredin yn datblygu. Cytunodd llofnodyddion y cytundeb eu bod yn 'benderfynol o osod seiliau undeb agosach fyth rhwng pobl Ewrop'. Byddai pum prif gorff yn gweinyddu gweithgareddau'r *EEC*: y Comisiwn, yn gyfrifol am lunio polisi; Cyngor y Gweinidogion, a fyddai'n gwneud penderfyniadau; Senedd, corff ymgynghorol yn unig; Ysgrifenyddiaeth; a Llys Barn.

iv) Cytundeb Ffrainc-yr Almaen

Roedd yr *EEC* yn llwyddiant ysgubol. Yn ystod ei degawd cyntaf, crëwyd marchnad gyffredin a ddileodd bob toll fewnol ac a bennodd un doll allanol yn erbyn y gwledydd hynny nad oeddent yn aelodau. Wrth wraidd yr *EEC* roedd *entente* hynod rhwng Ffrainc a'r Almaen. Ym marn Adenauer, Canghellor Gorllewin yr Almaen rhwng 1949 ac 1963, roedd cyfeillgarwch â Ffrainc yr un mor bwysig â chyfyngu comiwnyddiaeth. Oherwydd hyn, roedd yn barod i dderbyn yr *EEC* ar delerau Ffrainc. Caniatawyd i drefedigaethau Ffrainc dderbyn triniaeth arbennig ac roedd y **polisi amaethyddol cyffredin** yn ffafrio tyddynwyr Ffrainc. Er mai

---

Y POLISI AMAETHYDDOL CYFFREDIN (PAC)

Fe'i cyflwynwyd er mwyn amddiffyn ffermwyr Ewrop rhag cystadleuaeth o dramor, ac i gadw prisiau amaethyddol yn uchel. Gwnaeth hyn drwy bennu prisiau a phrynu unrhyw gynnyrch na allai ffermwyr ei werthu yn ôl y prisiau hynny. O ganlyniad, casglodd yr *EEC* storfeydd enfawr o gynnyrch dros ben, yn cynnwys 'mynyddoedd' o fenyn a 'llynnoedd' o win.

Ffigur 65 Twf y Gymuned Ewropeaidd.

Ffrainc a bennai fframwaith yr *EEC*, roedd yn llwyddiannus oherwydd nerth economaidd Gorllewin yr Almaen. Rhwng 1950 ac 1964 treblodd cynnyrch gwladol crynswth y wlad, gan godi'n gyflymach nag unrhyw wladwriaeth arall yn Ewrop. Erbyn 1960 roedd Gorllewin yr Almaen yn gyfrifol am bumed rhan o fasnach gweithgynhyrchion y byd.

v) Prydain a'r EEC
Ar y dechrau roedd y Chwech yn awyddus i Brydain ymuno. Gwrthododd Prydain, a welai ei hun o hyd fel un o rymoedd mawr y byd yn hytrach na grym Ewropeaidd, ac a oedd yn awyddus i barhau i brynu bwyd yn rhad o'r Gymanwlad. Pan grëwyd yr *EEC*, cymerodd Prydain y rhan flaenllaw yn sefydlu Cymdeithas Fasnach Rydd Ewrop (*EFTA*) yn 1959. Roedd yn cynnwys saith gwlad – Prydain, y Swistir, Awstria, Portiwgal, Sweden, Denmarc a Norwy. Ei nod oedd sefydlu masnach rydd ar gyfer ei haelodau. Yn fuan, daeth yn glir na ellid cystadlu â'r *EEC*. Cynyddodd cynhyrchiad diwydiannol y Chwech ymron i deirgwaith yn gyflymach na Phrydain ar ddiwedd yr 1950au. Felly, yn 1961 cyhoeddodd llywodraeth Prydain ei bod yn awyddus i ymuno â'r *EEC*. Erbyn diwedd 1962 roedd y trafodaethau fel petaent yn tynnu i'w terfyn. Fodd bynnag, yn 1963 safodd De Gaulle yn gadarn yn erbyn mynediad Prydain, gan honni nad oedd yn ddigon Ewropeaidd o ran ei meddylfryd. Roedd ei brofiadau yn ystod y rhyfel wedi peri iddo amau'r 'Eingl-Sacsoniaid' yn fawr, ac nid oedd yn hoffi perthynas arbennig Prydain ag UDA. Roedd ei ofn y byddai Prydain yn gwanhau dylanwad Ffrainc o fewn yr *EEC* yr un mor bwysig. Roedd partneriaid Ffrainc yn awyddus i dderbyn Prydain, ond yn fodlon ildio i De Gaulle yn hytrach na gweld yr *EEC* yn hollti. Pan geisiodd Prydain ymuno yn 1966-7, gwrthwynebodd De Gaulle unwaith eto.

vi) Dylanwad De Gaulle
I bob golwg, roedd De Gaulle yn tra-arglwyddiaethu ar wleidyddiaeth Ewrop drwy gydol yr 1960au. Roedd y cyfansoddiad newydd, a gyflwynwyd ganddo yn 1958, yn rhoi hawliau eang i Arlywydd Ffrainc. Fe'i hetholid gan y bobl bob saith mlynedd, ac roedd ganddo'r hawl i benodi'r Prif Weinidog, i ddiddymu'r senedd, ac i gynnal refferenda. Bellach roedd gan Ffrainc arweinyddiaeth gref, rhywbeth a groesawyd ar ôl gwleidyddiaeth anhrefnus y Drydedd a'r Bedwaredd Weriniaeth. Amddiffyn a pholisi tramor oedd prif ddiddordebau De Gaulle. Roedd ganddo awydd bron â bod yn obsesiynol i adfer mawredd Ffrainc ac i leihau dylanwad yr UD yn Ewrop. (Yn 1966 tynnodd De Gaulle Ffrainc allan o reolaeth gyfannol *NATO*, gan ddadlau bod y gyfundrefn yn cael ei defnyddio i sicrhau tra-arglwyddiaeth yr UD.) Er ei fod yn gweld yr *EEC* fel modd i ryddhau Gorllewin Ewrop o'i dibyniaeth ar UDA, roedd De Gaulle yn awyddus fod Ewrop yn parhau i fod yn gymdeithas o wladwriaethau cenedlaethol sofran na fyddent yn ildio'u hawdurdod i gyfundrefnau goruwchgenedlaethol megis y Senedd Ewropeaidd. Drwy gydol yr 1960au, gwrthwynebai De Gaulle bob ymgais i dynhau'r clymau Ewropeaidd. Dim ond ar ôl iddo ymddeol yn 1969 y bu'n bosibl cymryd camau pellach tuag at undod Ewropeaidd.

vii) Undod yn Cynyddu

Yn yr Hâg yn 1969, cytunodd y Chwech i gyd-drefnu polisi tramor, i sefydlu undeb ariannol ac i gynyddu aelodaeth y Gymuned Ewropeaidd (*EC*). (Roedd yn arwyddocaol na ddefnyddid y gair 'Economaidd' mwyach o fewn yr *EEC*.) Derbyniwyd Prydain, Denmarc ac Iwerddon o'r diwedd yn 1973. Gwnaeth Groeg, Sbaen a Phortiwgal gais i ymuno hefyd. Roedd y tair gwlad hon yn wahanol iawn i graidd diwydiannol yr *EC* ac ni fyddai'n hawdd eu cymathu. Roedd pwysau ar yr *EC* i'w derbyn am resymau gwleidyddol. Ganol yr 1970au roedd y tair gwlad yn ymdrechu i sefydlu democratiaethau (fe'u rheolid gan gyfundrefnau awdurdodaidd cyn hynny), ac fe'u derbyniwyd i'r *EC* er mwyn cadarnhau'r broses honno. Ymunodd Groeg yn 1981, a Sbaen a Phortiwgal yn 1986. Erbyn diwedd yr 1980au cymerwyd camau pellach tuag at greu mwy o undod. Yn 1987 daeth y Ddeddf Un Ewrop i rym, gan ddileu llawer o reolaethau'r ffiniau. Yn sgil Cytundeb Maastricht yn 1991, roedd gan y Senedd Ewropeaidd fwy o rym dros ddeddfwriaeth yr *EC* a gwnaed cynlluniau ar gyfer un arian cyfred Ewropeaidd erbyn 1999. Nid oedd eto'n amlwg a oedd y mwyafrif o Ewropeaid yn teimlo'n 'Ewropeaidd' mewn gwirionedd, neu a oeddent yn deyrngar i'w mamwlad uwchlaw popeth.

UNDOD GORLLEWIN EWROP

1951 sefydlu Cymuned Glo a Dur Ewrop gan Gytundeb Paris;

1957 Cytundeb Rhufain;

1963 De Gaulle yn pleidleisio yn erbyn mynediad Prydain i'r *EEC*;

1973 Prydain, Denmarc ac Iwerddon yn ymuno â'r *EC*;

1981 Groeg yn dod yn aelod o'r *EC*;

1986 Sbaen a Phortiwgal yn ymuno â'r *EC*.

GWEITHGAREDD

Saethwch syniadau: Beth oedd prif a) lwyddiannau b) fethiannau gorllewin Ewrop yn y blynyddoedd 1945-90?

4 Chwilio am *Détente*: 1968–80

YSTYRIAETH
I ba raddau y dadmerodd y Rhyfel Oer yn y cyfnod 1968-80?

Erbyn diwedd yr 1960au roedd y ddau floc Ewropeaidd yn ffaith annifyr. Nid oedd perygl mwyach y byddai'r Rhyfel Oer yn troi'n rhyfel tanbaid gan ei fod wedi rhewi'n galed. Er i'r berthynas wella rhywfaint, roedd y ddau archbŵer yn parhau'n elynion. Ymladdodd UDA ryfel blinderus er mwyn atal Gogledd Viet Nam gomiwnyddol rhag goresgyn De Viet Nam. Rhoddodd UGSS a China gymorth aruthrol i Ogledd Viet Nam, gan fwynhau annifyrrwch yr UD.

a) Y Ras Arfau

Parhaodd y ddau archbŵer â'u 'ras arfau', gan bentyrru arfau niwclear ac arfau milwrol. Roedd gan Brydain a Ffrainc ill dwy eu harfau niwclear eu hunain – er bod Prydain yn gynyddol ddibynnol ar brynu ei harfau o UDA ar ôl 1962. Er bod UDA ar y blaen o ran arfau niwclear, roedd gan UGSS fantais o safbwynt ei lluoedd confensiynol. Erbyn canol yr 1970au roedd gan aelodau Cytundeb Warszawa bron ddwywaith cymaint o ddynion a theirgwaith cymaint o danciau yn Ewrop â *NATO*.

DÉTENTE
Gair a ddefnyddir i fynegi llacio'r tensiynau rhwng y Dwyrain a'r Gorllewin.

CANLYNIADAU RHYNGWLADOL TSIECOSLOFACIA

▼ Wedi'r meddiannu, datganodd Brezhnev nad oedd UGSS yn barod i adael i unrhyw wlad gomiwnyddol roi'r gorau i gomiwnyddiaeth: pe bai hynny'n digwydd roedd gan UGSS yr hawl i'w gorfodi drwy rym i dderbyn comiwnyddiaeth. Rhoddwyd yr enw Athrawiaeth Brezhnev ar y polisi hwn.

▼ Dychrynwyd y mwyafrif o wledydd y Gorllewin gan yr ymosodiad ar Tsiecoslofacia.

▼ Roedd comiwnyddion ledled y byd yn feirniadol. Condemniodd Iwgoslafia, Albania a China y weithred Sofietaidd. Yng ngorllewin Ewrop, ni dderbyniai nifer o gomiwnyddion eu harweiniad gan Moskva mwyach. Yn yr 1970au, galwodd pleidiau comiwnyddol cryf yr Eidal a Ffrainc am fath newydd ar gomiwnyddiaeth, yn caniatáu rhyddid i lefaru ac etholiadau rhydd.

---

b) Problemau Sofietaidd

Yn 1964 daeth Brezhnev yn arweinydd ar Rwsia. Ar y cychwyn rheolai ar y cyd ag eraill, ond erbyn 1971 roedd ganddo reolaeth lawn. Wynebai broblemau cynyddol. Roedd diwydiannau UGSS a llawer o'i hamaethyddiaeth yn aneffeithlon ac roedd safonau byw yn isel o hyd. Clywid mwy o anghytuno a beirniadaeth.

c) Annibyniaeth Gomiwnyddol

Er glynu at bolisi mewnol llym, Stalinaidd, mabwysiadodd rhai o unbeniaid y Balcanau bolisi tramor mwy annibynnol. Yn Albania, ceisiodd Hoxha (1945-85) ddilyn China. Gwnaeth yr unben Românaidd Ceausescu (1965-89) yr un fath, gan fasnachu â'r Gorllewin yn ogystal. Roedd y ddau yn gyndyn o gael eu trin fel trefedigaethau Rwsiaidd gan Moskva. Er hyn, roedd Ceausescu yn ofalus i beidio â thorri amodau Cytundeb Warszawa. Nid oedd y datblygiadau yn Albania a România yn beryglus ym marn Moskva, ac ni weithredodd.

ch) 1968: Tsiecoslofacia

Roedd nifer o Dsieciaid yn siomedig oherwydd eu safon byw isel a'u diffyg rhyddid, ac ar ôl 1966 dechreuasant fynnu mwy o ddemocratiaeth. Yn 1968 daeth Dubcek yn arweinydd ar Dsiecoslofacia, gan ddisodli'r Novotny digyfaddawd. Galwyd misoedd cyntaf 1968 yn 'Wanwyn Praha' wrth i Dubcek gefnogi nifer o ddiwygiadau, gan gynnwys rhoi mwy o gyfrifoldeb i ffermydd a ffatrïoedd unigol, caniatáu mwy o ryddid i undebau llafur, a dileu'r sensoriaeth ar y wasg. Er gwaethaf datganiad Dubcek y byddai ei wlad yn parhau'n aelod ffyddlon o Gytundeb Warszawa, ofnai Brezhnev y byddai Tsiecoslofacia'n troi'n wlad fwy Gorllewinol, gan ffurfio cysylltiadau ag UDA. Nid oedd yn fodlon caniatáu i hynny ddigwydd. Roedd Tsiecoslofacia'n bwysig o safbwynt strategol. Ar ben hynny, petai'n caniatáu'r rhyddid i lefaru yn Tsiecoslofacia, byddai pobl gwledydd eraill y bloc Dwyreiniol yn mynnu'r un hawliau. Byddai hyn yn arwain at gwymp comiwnyddiaeth. Erbyn Gorffennaf roedd tanciau a milwyr Sofietaidd wedi crynhoi ar ffin Tsiecoslofacia. Ar 15 Gorffennaf gyrrodd yr arweinyddiaeth Sofietaidd lythyr o rybudd at Blaid Gomiwnyddol Tsiecoslofacia:

> Mae datblygiadau o fewn eich gwlad yn achosi pryder mawr i ni … Ni allwn adael i luoedd gelyniaethus wthio eich gwlad oddi ar lwybr sosialaeth … Mae hyn yn ymwneud ag eraill yn ogystal â chi … Mae'n achos pryder i'n gwledydd, a lofnododd Gytundeb Warszawa er mwyn gosod rhwystr anorchfygol rhyngom a'r lluoedd ymerodrol.

Ffynhonnell C

Gwaethygwyd y sefyllfa gan ymateb Dubcek. Gwahoddodd Tito, arweinydd Iwgoslafia, i Praha, a llofnododd gytundeb o gyfeillgarwch â Ceausescu, arweinydd România, hefyd. I Brezhnev, roedd hyn yn arwydd bod Dubcek yn ymbellhau o Gytundeb Warszawa. Ar 20 Awst croesodd milwyr Cytundeb Warszawa ffin Tsiecoslofacia. Y diwrnod canlynol, roeddent yn Praha. Penderfynodd llywodraeth Tsiecoslofacia beidio â'u gwrthsefyll. Gwrthdystiodd y bobl yn heddychlon ar y strydoedd, ac ni chafwyd brwydrau gwaedlyd fel rhai Budapest yn 1956. (Ni fu dial creulon chwaith.) Disodlwyd Dubcek gan Husak, arweinydd a gefnogai'r Sofietiaid, a gwaharddwyd pob gweithgarwch gwrth-Gomiwnyddol. Taflwyd Dubcek allan o'r blaid Gomiwnyddol ond ni chollodd ei fywyd na'i ryddid.

d) Cyfyngu ar Arfau Strategol

Dechreuodd Trafodaethau Cyfyngu ar Arfau Strategol (*SALT*) rhwng yr archbwerau yn 1969. Llusgodd y trafodaethau ymlaen am dair blynedd, heb fawr o lwyddiant. Yna, yn 1972 gwahoddodd Brezhnev Nixon i Moskva a llofnododd y ddau gytundeb *SALT* 1 a gyfyngai ar nifer y taflegrau amrediad pell ym meddiant y ddwy ochr. Er mai mesur dros dro yn unig oedd hwn, roedd fel petai'n arwydd o agwedd newydd ar y ddwy ochr.

Yn 1974 cyfarfu dirprwyon o UDA, Canada a phob gwladwriaeth Ewropeaidd, ac eithrio Albania, yn Helsinki i geisio datrys nifer o faterion yn codi o'r Rhyfel Oer. Yn 1975, yn gyfnewid am gydnabyddiaeth o ffiniau Ewrop wedi'r rhyfel, cytunodd UGSS i arwyddo gwarant o hawliau dynol a rhyddid gwleidyddol. Codwyd gobeithion ynglŷn â chynyddu'r *détente*. Fodd bynnag, methodd ymdrechion yr Arlywydd Carter i gysylltu'r trafodaethau *SALT* newydd â hawliau dynol. Er gwaethaf cytundeb Helsinki, parhaodd UGSS i sefyll yn gadarn yn erbyn gwrthwynebwyr blaengar, a dymchwelwyd y gobaith o greu cytundeb newydd. Aeth y ras arfau yn ei blaen.

dd) Problemau'r UD yn yr 1970au

O'r diwedd, yn 1973, penderfynodd Nixon dderbyn cadoediad yn Viet Nam. Er iddo honni bod hyn yn 'heddwch gydag anrhydedd', mewn gwirionedd roedd yr Americanwyr wedi colli. Yn 1975 cafodd Viet Nam gyfan ei meddiannu gan luoedd comiwnyddol. Yn ogystal, sefydlwyd llywodraethau comiwnyddol yn Laos a Cambodia. Collwyd ffydd yn y gyfundrefn wleidyddol yn sgil trechu UDA a sgandal Watergate, a barodd i Nixon ymddiswyddo yn 1974. Hefyd, roedd UDA bellach yn wynebu problemau economaidd difrifol. Oherwydd y codiad ym mhris olew yn sgil y rhyfel Arabaidd-Israelaidd yn 1973, cynyddodd chwyddiant a diweithdra yn UDA.

Ar ddiwedd yr 1970au roedd comiwnyddiaeth fel petai'n mynd o nerth i nerth. Yn Affrica, sefydlwyd llywodraethau Marcsaidd ym Moçambique ac Angola. Roedd disodliad ei chynghreiriad, Shah Iran, yn 1978 gan gyfundrefn Islamaidd elyniaethus yn ergyd arall i UDA.

Y RHESYMAU DROS DÉTENTE

▼ Roedd y ddwy ochr yn ofni rhyfel niwclear trychinebus na allai'r naill ochr na'r llall ei ennill.

▼ Erbyn yr 1970au roedd y ddau archbŵer yn dioddef o broblemau economaidd ac yn awyddus i dorri ar wariant ar amddiffyn.

▼ Dechreuodd y berthynas rhwng UDA a China wella yn 1971. Gan ofni canlyniadau cyfeillgarwch rhwng China a'r UD, roedd Brezhnev yn benderfynol o wella'r berthynas ag UDA. Gobeithiai'r Arlywydd Nixon y byddai perthynas agosach â China ac UGSS yn gorfodi Gogledd Viet Nam i wneud heddwch, gan adael i UDA dynnu allan o Dde Viet Nam gyda pheth anrhydedd.

▼ Roedd arweinwyr Gorllewin Ewrop o blaid *détente*, yn enwedig Willi Brandt, Canghellor Gorllewin yr Almaen rhwng 1969 ac 1974. Gweithiodd Brandt tuag at greu gwell perthynas â dwyrain Ewrop, gan gynnwys yr *GDR*. Yn ystod ei gyfnod fel Canghellor, cydnabuwyd yr *GDR* a derbyniwyd y ffin a sefydlwyd â Gwlad Pwyl yn 1945.

DIGWYDDIADAU ALLWEDDOL: 1964-80

1964 Brezhnev yn dod yn arweinydd y Sofietau;
1968 Gwanwyn Praha: y Sofietiaid yn goresgyn Tsiecoslofacia;
1972 Cytundeb *SALT* 1;
1975 Cytundeb Helsinki;
1979 milwyr Sofietaidd yn goresgyn Afghanistan.

Y RAS OFOD

Roedd UDA ac UGSS yn cystadlu yn y gofod hefyd. I bob golwg, roedd UGSS ymhell ar y blaen pan yrrodd y dyn cyntaf, Yuri Gagarin, i'r gofod yn 1961. Ymatebodd yr Arlywydd Kennedy i'r her, gan gyhoeddi y byddai UDA yn anelu at roi dyn ar y lleuad cyn diwedd y degawd. Gwariodd UDA symiau aruthrol o arian ar ddatblygiadau yn y gofod, ac yn fuan roedd wedi goddiweddyd UGSS. Yng Nghorffennaf 1969, glaniodd UDA roced yn cludo gofodwyr ar y lleuad.

Yn 1979 gyrrwyd lluoedd Sofietaidd i Afghanistan i gefnogi cyfundrefn byped yn erbyn gwrthryfelwyr Mwslimaidd. Gan boeni y byddai UGSS yn fygythiad i olew y Dwyrain Canol, galwodd Carter ar athletwyr y byd i foicotio Gêmau Olympaidd Moskva yn 1980. Chwalodd trafodaethau *SALT* II a daeth *détente* i ben. Wynebodd UDA fwy o gywilydd yn 1980 pan fethodd sicrhau rhyddid diplomyddion o'r UD a ddaliwyd yn wystlon gan Iran.

GWEITHGAREDD

Ystyriwch y cwestiwn canlynol: Pam na fu'r ymdrechion i drefnu *détente* yn fwy llwyddiannus yn y cyfnod 1968-1980?

Trywydd awgrymedig eich ateb
▼ Pam oedd y ddau archbŵer yn awyddus i gael *détente*?
▼ Pa ymdrechion a wnaed i sicrhau *détente*?
▼ Pam na wellodd y berthynas rhwng UDA ac UGSS fwy?

YSTYRIAETH
I ba raddau yr oedd Gorbachev yn gyfrifol am gwymp yr ymerodraeth Sofietaidd?

5 Cwymp yr Ymerodraeth Sofietaidd

a) Pa Broblemau a Wynebai UGSS yn yr 1980au?

I bob golwg, roedd UGSS mewn safle cryf yn 1980. Ond roedd hyn yn dwyllodrus. Yn 1980 daeth Ronald Reagan yn Arlywydd yr UD. Bu ei weinyddiaeth yn gyfrifol am adfer hyder yr Americanwyr. Roedd Reagan yn argyhoeddedig o ddrygioni comiwnyddiaeth, ac felly anogodd bolisi o wrthdaro ag UGSS. Cynyddodd wariant milwrol yr UD a heriodd UGSS i ymuno â ras arfau o'r newydd. Roedd y project 'Rhyfeloedd y Gofod' (yr enw swyddogol arno oedd *SDI – Strategic Defence Initiative*), Menter Amddiffyniad Strategol) yn symbol o'r gystadleuaeth hon. Ymchwiliai'r project i ddulliau o sicrhau rhagoriaeth niwclear America drwy ddinistrio taflegrau Sofietaidd yn y gofod. Bu'n rhaid i UGSS ddargyfeirio cyfran helaeth o'i hincwm gwladol i faes amddiffyn er mwyn cystadlu ag UDA. O ganlyniad, dirywiodd safonau byw nid yn unig yn UGSS, ond ledled dwyrain Ewrop.

Nid oedd trigolion dwyrain Ewrop ar eu colled yn llwyr oherwydd comiwnyddiaeth. Wedi 1945 newidiodd y mwyafrif ohonynt (y tu allan i'r Balcanau) o fod yn dyddynwyr i fod yn weithwyr diwydiannol. Roedd bywyd person cyffredin yn ymddangos yn well o ganlyniad i'r addysg rad ac am ddim, gofal iechyd sylfaenol a swyddi i bawb. Fodd bynnag, oherwydd anhyblygrwydd cynllunio canolog comiwnyddol, nid adeiladwyd digon o dai, ac ni chyflenwyd yr angen cynyddol am nwyddau traul. Erbyn yr 1970au ni allai diwydiannau dwyrain Ewrop gystadlu ar lwyfan y byd, ac roedd eu twf digyfyngiad wedi creu llygredd trychinebus. Ni allai'r bloc Dwyreiniol gystadlu â'r Gorllewin ym maes diwydiannau newydd fel cyfrifiaduron a thelathrebu. Roedd allbwn amaethyddol yn isel o hyd. Ar gyfartaledd, cynhyrchai ffermwyr yr UD saith gwaith cymaint o fwyd â ffermwyr Sofietaidd. Bu'n rhaid i UGSS fewnforio miliynau o dunelli o rawn, llawer ohono o UDA. Erbyn yr 1980au, felly, roedd pob un o wledydd y bloc Dwyreiniol yn gynyddol ddibynnol ar gymorth o'r Gorllewin, ac (i wahanol raddau) yng nghanol argyfwng economaidd.

Yn ogystal, wynebai UGSS broblem yn Afghanistan, lle ymladdai gwrthryfelwyr Mwslimaidd ryfel gerila llwyddiannus. Roedd sefyllfa UGSS yn Afghanistan yn yr 1980au yn debyg i sefyllfa UDA yn Viet Nam yn yr 1960au. Aeth y rhyfel ymlaen am ddeng mlynedd, gan ladd 15,000 o filwyr Sofietaidd a chan gostio tua $8 biliwn y flwyddyn i UGSS. Achosodd elyniaeth rhwng UGSS a rhan helaeth o'r byd Mwslimaidd, problem fawr o ystyried y nifer fawr o Fwslimiaid a drigai yn UGSS.

Erbyn 1980 nid oedd unbennaeth yn bodoli i'r gorllewin o'r Llen Haearn. Fodd bynnag, ledled dwyrain Ewrop roedd unbenaethau llwgr yn rheoli poblogaethau oedd yn gynyddol anniddig. Roedd rheolaeth y Comiwnyddion yn dibynnu yn y pen draw ar rym (Sofietaidd). Nid oedd y gyfundrefn gomiwnyddol yn gwbl fonolithig. Roedd arweinwyr yn tueddu i'w haddasu eu hunain i'r amgylchiadau lleol. Ar sawl cyfrif, Dwyrain yr Almaen oedd y wladwriaeth gomiwnyddol fwyaf llwyddiannus. Gweithiodd yr arweinydd eithafol, Ullbricht, yn galed i greu ymdeimlad o genedlaetholdeb, gan ddefnyddio chwaraeon fel un o'i brif arfau. Derbyniodd athletwyr lawer iawn o arian (a steroidau), gan arwain at lwyddiant yn y Gêmau Olympaidd. Fodd bynnag, roedd yr *GDR* yn wladwriaeth ffug o hyd: roedd ei safonau byw yn wael o'u cymharu â rhai Gorllewin yr Almaen. Roedd modd derbyn teledu Gorllewin yr Almaen yn y rhan fwyaf o'r *GDR*, ac o ganlyniad, cynyddodd apêl y wladwriaeth orllewinol. (Gan fod darlledu teledu wedi gwella, ac ymyrryd â derbyniad signalau radio wedi dod i ben bron yn llwyr, roedd yn anos gwahardd Ewropeaid dwyreiniol rhag derbyn gwybodaeth o'r Gorllewin.) Cynyddodd y cwynion wrth i'r ymwybyddiaeth o'r gwahaniaethau rhwng y Dwyrain a'r Gorllewin dyfu.

b) Arweinwyr UGSS

Roedd sylfaenwyr comiwnyddiaeth wedi addo math newydd ar wladwriaeth, wedi'i seilio ar degwch a chydraddoldeb. Dan arweinyddiaeth Brezhnev, crwydrodd comiwnyddiaeth Sofietaidd yn bell i ffwrdd o'r delfrydau hyn wrth i wleidyddion droi'n fwy llwgr ac wrth i rym yr heddlu cudd (y *KGB*) gynyddu. Ffurfiwyd elit newydd o swyddogion y llywodraeth ac aelodau pwysig y lluoedd arfog. Nodweddid blynyddoedd olaf Brezhnev gan farweidd-dra economaidd a phroblemau cymdeithasol cynyddol – alcoholiaeth, cyffuriau a throsedd. Pan fu farw yn 1982, daeth Andropov yn arweinydd newydd. Cefnogai ddiwygiad, gan feirniadu llygredd mewnol a galw am ddiwedd i'r ras arfau. Nid oedd ei ddylanwad yn fawr. Fisoedd ar ôl dod i rym aeth yn sâl iawn a bu farw yn 1984. Bu farw Chernenko, ei olynydd, yn 1985. Daeth Mikhail Gorbachev yn Ysgrifennydd Cyffredinol yn ei le. Yn 54 oed, ef oedd aelod ieuengaf y Politbiwro.

MIKHAIL GORBACHEV

-Portread-

I ryw raddau, roedd Gorbachev yn gomiwnydd nodweddiadol. Wrth ei gynnig fel arweinydd, dywedodd y gwleidydd di-ildio Gromyko wrth ei gydweithwyr: '*Mae gan y dyn hwn wên gyfeillgar ond danedd haearn*'. Yn 1985 datganodd Gorbachev y byddai UGSS yn llwyddo drwy '*rym esiampl ym mhob rhan o fywyd – economaidd, gwleidyddol a moesol*' gan fynnu terfyn ar '*siarad gwag, rhodres ac anghyfrifoldeb, hynny yw, unrhyw beth sy'n groes i'r norm Sosialaidd*'. Fodd bynnag, ar ôl cyfarfod â Gorbachev, datganodd y Prif Weinidog Prydeinig Margaret Thatcher, gwrthwynebydd cadarn comiwnyddiaeth: '*Rydw i'n hoffi Mr Gorbachev. Gallaf wneud busnes ag e.*' Yn 1992 disgrifiodd Gorbachev broblemau'r UGSS yn 1985:

Gwyddwn fod tasg drawsffurfio aruthrol o'm blaen. Roedd y wlad wedi'i hymrwymo i ras arfau flinedig, ac nid oedd ganddi fwy o nerth. Roedd mecanweithiau economaidd yn fwyfwy aneffeithlon o hyd. Roedd ffigurau cynhyrchu yn disgyn. Ni ellid elwa ar ddatblygiadau gwyddonol a thechnegol am fod yr economi yn nwylo'r fiwrocratiaeth yn llwyr. Roedd yn amlwg fod safon byw y bobl yn gostwng. Roedd llygredd yn cynyddu. Roeddem yn awyddus i ddiwygio drwy lansio proses ddemocrataidd. Roedd yn debyg i ymdrechion blaenorol i ddiwygio.

Ffynhonnell Ch

1931	ganwyd mewn pentref bychan amaethyddol yn ne Rwsia;
1950	dechrau astudio ym Mhrifysgol y Wladwriaeth Moskva;
1950au	ymlaen: gweithio i'r Blaid Gomiwnyddol;
1980	dod yn aelod ieuengaf y Politbiwro;
1985	dod yn Ysgrifennydd Cyffredinol y Blaid Gomiwnyddol Sofietaidd;
1989	ar y cyd ag Arlywydd Bush, cyhoeddi bod y Rhyfel Oer ar ben;
1991	colli grym.

c) Glasnost a Perestroika

Roedd Gorbachev yn benderfynol o gefnogi polisïau o *glasnost* (didwylledd) a *perestroika* (ail-luniad economaidd). Fodd bynnag, ni lwyddodd yn ei obaith i ddiwygio'r gyfundrefn economaidd Sofietaidd.

Twf Economaidd Sofietaidd, 1986-91 (ffigurau yn ôl %, o ffynonellau Sofietaidd swyddogol)							
	1986-90	1986	1987	1988	1989	1990	1991
Incwm cenedlaethol a gynhyrchwyd (%)	4.2	2.3	1.6	4.4	2.4	–4.0	–15.0
Allbwn diwydiannol (%)	4.6	4.4	3.8	3.9	1.7	–1.2	–7.8
Allbwn amaethyddol (%)	2.7	5.3	–0.6	1.7	1.3	–2.3	–7.0

Tabl 22 Twf economaidd UGSS, 1986-91.

Roedd lefelau'r llygredd a'r aneffeithlonrwydd yn ormod. Os rhywbeth, dirywiodd y sefyllfa economaidd (gweler Tabl 22). Wrth i'r economi ddadfeilio, cynyddodd y rhyddid i brotestio.

Mewn ymdrech i leihau'r gwariant ar arfau, aeth Gorbachev ati i wella'r berthynas â China ac UDA. O ganlyniad i'w ymdrechion i ddod i gytundeb â Reagan, cynhaliwyd cyfres o uwchgyfarfodydd yn 1985, 1986 ac 1987, ac yn 1987 llofnodwyd y Cytundeb *INF* (*Intermediate Nuclear Forces* – Grymoedd Niwclear Canolradd). Cytunodd UDA ac UGSS i gael gwared ar daflegrau niwclear amrediad canolig o Ewrop o fewn tair blynedd. Er mai dim ond gostyngiad o bedwar y cant yn nifer yr arfau niwclear oedd yn bodoli fu canlyniad y Cytundeb, roedd yn arwydd bod y ras arfau niwclear ar ben. Yn 1988 dechreuodd Gorbachev dynnu milwyr allan o Afghanistan a chwblhawyd y broses yn 1989. Yn 1988 cyhoeddodd doriadau mawr yn y lluoedd arfog Sofietaidd, a dangosodd yn glir hefyd nad oedd athrawiaeth Brezhnev yn weithredol mwyach. Gallai gwledydd dwyrain Ewrop wneud fel y mynnent.

ch) 1989: Blwyddyn y Chwyldroadau

Gobeithiai Gorbachev y byddai rhyddfrydoli ar draws y bloc Sofietaidd yn creu fframwaith newydd ar gyfer cydweithrediad economaidd, ac felly'n cryfhau dylanwad Rwsia. Yn lle hynny, canlyniad ei bolisïau oedd chwyldro ledled dwyrain Ewrop. Trodd ail-lunio yn ddadadeiladu. Yn 1989, ysgubwyd comiwnyddiaeth i ffwrdd ar lanw gwrthwynebiad y bobl. Dechreuodd y broses yng Ngwlad Pwyl.

i) Cydlyniad yng Ngwlad Pwyl

Gyda phoblogaeth o 35 miliwn, Gwlad Pwyl oedd gwlad fwyaf dwyrain Ewrop ac eithrio UGSS. Erbyn 1980 roedd y gwrthwynebiad i reolaeth gomiwnyddol yn gynyddol amlwg.

Yn 1980 bu anniddigrwydd drwy'r wlad o ganlyniad i gynnydd mewn prisiau. Dan arweiniad Lech Walesa, sefydlodd gweithwyr ar streic yn ierdydd llongau Gdansk undeb llafur newydd – a rhydd – o'r enw

ANNIDDIGRWYDD PWYLAIDD

▼ Roedd y mwyafrif o Bwyliaid wedi casáu rheolaeth Rwsia erioed, ac yn genedlaetholgar iawn.

▼ Roedd yr Eglwys Bwylaidd yn gwrthwynebu comiwnyddiaeth. Yn 1978 daeth aelod blaenllaw o'r eglwys yn Bab John Paul III. Roedd yn well gan lawer o Bwyliaid ufuddhau i'w hoffeiriaid yn hytrach na'u harweinwyr gwleidyddol.

▼ Roedd hen draddodiad o streicio yn erbyn y llywodraeth yn bodoli ymhlith gweithwyr ffatri Gwlad Pwyl. Yn 1956 ac 1970 newidiodd yr arweinyddiaeth a pholisïau o ganlyniad i streiciau.

▼ Yn yr 1970au benthycodd Gwlad Pwyl lawer o arian gan orllewin Ewrop. Erbyn 1980 roedd ei dyled dramorol yn fwy nag unrhyw wlad arall yn nwyrain Ewrop. Yr unig ffordd i'w thalu oedd drwy gyfyngu ar safonau byw. O ganlyniad, cynyddodd yr anniddigrwydd.

Solidarnos (cydlyniad). Yn fuan, roedd yn cynnwys 9 miliwn o aelodau, ac yn galw am ryddid i addoli a rhyddid gwleidyddol, yn ogystal ag amodau gwell i weithwyr. Yn awr, roedd arweinwyr comiwnyddol Gwlad Pwyl mewn cyfyng-gyngor: pe baent yn ceisio dinistrio *Solidarnos*, byddent yn ennyn casineb y mwyafrif o Bwyliaid; drwy gydnabod ei fodolaeth, roedd posibilrwydd y byddai'r Sofietiaid yn goresgyn y wlad. Pan fethodd ddod i gytundeb â *Solidarnos*, cyhoeddodd y Prif Weinidog newydd, y Cadfridog Jaruzelski, gyfraith rhyfel yn 1981. Arestiwyd arweinwyr *Solidarnos* (gan gynnwys Walesa). Gwaharddwyd cyfarfodydd a gwrthdystiadau. Yn 1982 ceisiodd llywodraeth Jaruzelski sefydlu undebau llafur comiwnyddol eraill yn lle *Solidarnos*. Ond ni chymerwyd yr undebau hyn o ddifrif gan neb, ac er gwaetha'r problemau, goroesodd *Solidarnos* yn gyfrin. Ni lwyddodd llywodraeth Jaruzelski i ennill cefnogaeth y bobl nac i rwystro dirywiad economaidd pellach.

Disodlwyd yr hen ddull o gomiwnyddiaeth yng Ngwlad Pwyl pan ddaeth Gorbachev i rym. Yn 1988 trefnodd Walesa a *Solidarnos*, oedd yn anghyfreithlon o hyd, wrthdystiadau yn erbyn y cynnydd mewn prisiau. O'r diwedd cytunodd Jaruzelski i gyfreithloni *Solidarnos* ac i gynnal etholiadau rhydd. Roedd etholiadau Mehefin 1989 yn drychinebus i'r Comiwnyddion. Yn y Senedd Bwylaidd enillodd *Solidarnos* 99 o'r 100 sedd. Yn Awst, daeth Mazowiecki, aelod blaenllaw o *Solidarnos*, yn Brif Weinidog. Ef oedd yr arweinydd anghomiwnyddol cyntaf ar wlad o fewn y Llen Haearn ers 1948. Mynegodd Gorbachev ei gefnogaeth i'r ildio grym heddychlon. Yn 1990 etholwyd Walesa yn Arlywydd. Roedd *Solidarnos* yn awr mewn grym.

ii) Y Gwrthryfel yn Ymledu

Yn fuan, roedd gwledydd comiwnyddol eraill wedi deall pwysigrwydd y digwyddiadau yng Ngwlad Pwyl a'r ffaith nad oedd UGSS yn barod mwyach i ddefnyddio grym i reoli'r ymerodraeth. Yn 1989 lledaenodd chwyldro yn gyflym (gweler Tabl 23). O'r dechrau i'r diwedd, gwyliwyd drama'r rhyddhad ar sgriniau setiau teledu ledled Ewrop. Yn wir, roedd y delweddau ar y teledu yn rym chwyldroadol ynddynt eu hunain gan eu bod yn ysbrydoli gweithredoedd tebyg. Yn 1989-90 cynhaliwyd etholiadau rhydd ledled dwyrain Ewrop. Nid enillodd y Comiwnyddion fwy nag 16 y cant o'r bleidlais yn unrhyw un ohonynt. Roedd Comiwnyddiaeth wedi dod i ben yn nwyrain Ewrop.

d) Ailuno'r Almaen

O ganlyniad i etholiadau rhydd Mawrth 1990 yn Nwyrain yr Almaen enillodd Plaid Cynghrair i'r Almaen fuddugoliaeth hawdd. Erbyn hyn roedd undod, prif nod y Canghellor Kohl, yn ffaith mewn egwyddor. Nid oedd ond rhaid cytuno ar ddulliau gweithredu ac amserlen, a thawelu meddyliau an-Almaenwyr a oedd yn ofni goblygiadau gwlad ailunedig. Ym Medi 1990 llofnododd Prydain, Ffrainc, UDA ac UGSS gytundeb yn ildio rheolaeth ar yr Almaen. Ar 3 Hydref 1990 ailunwyd yr Almaen. Gyda phoblogaeth o 71 miliwn ac economi fwyaf Ewrop i'r gorllewin o UGSS, roedd ganddi'r gallu yn awr i ddefnyddio'i grym, fel y

Tabl 23 Blwyddyn y chwyldroadau: 1989.

1989	Gwlad Pwyl	Hwngari	Dwyrain yr Almaen	Tsiecoslofacia	Bwlgaria	România
Ionawr	Trafodaethau argyfwng rhwng *Solidarnos* a'r Llywodraeth gomiwnyddol.			Yr heddlu yn atal protestwyr oedd yn galw am ddiwygiadau fel yr hyn a gyflawnwyd gan Gorbachev.		
Chwefror					Ffurfio undeb llafur rhydd tebyg i *Solidarnos*.	
Mawrth		Gwrthdystiadau yn galw am ryddid.				
Ebrill	Diddymu y gwaharddiad ar ar *Solidarnos*; etholiadau i'w cynnal ym Mehefin.					
Mai				Yr heddlu yn chwalu rali Calan Mai.		
Mehefin	*Solidarnos* yn ennill y mwyafrif o'r seddau yn yr etholiad.	Cynnal Angladd Wladol er mwyn claddu gweddillion Nagy.				
Awst	Tadeusz Mazowiecki, gŵr anghomiwnyddol, yn dod yn Brif Weinidog.		Miloedd yn teithio i Hwngari gan obeithio ffoi i'r Gorllewin.			
Medi		Symud y weiren bigog ar y ffin ag Awstria: miloedd o drigolion Dwyrain yr Almaen yn ffoi i'r Gorllewin; cytuno ar etholiadau rhydd.	Yr heddlu yn chwalu gwrthdystiad protest mawr yn Leipzig.		Gwrthdystiadau dros ryddid.	
Hydref		Creu gweriniaeth anghomiwnyddol.	Cyfarfodydd protest enfawr. Erich Honecker yn gorchymyn y defnydd o rym, ond Egon Krenz yn gwrthod. Krenz yn disodli Honecker.			
Tachwedd			10fed: Chwalu Mur Berlin, a ffieiddid cymaint, ar orchymyn Egon Krenz.	24ain: Protestiadau mawr. Milos Jakes a swyddogion eraill y Blaid yn ymddiswyddo ond y Comiwnyddion yn parhau mewn grym. 27ain: Streic gyffredinol yn parlysu'r wlad.	10fed: Y Comiwnydd eithafol Todor Zhivkov yn cael ei orfodi i ymddiswyddo. 18fed: Gwrthdystiadau gan brotestwyr yn galw am etholiadau rhydd a diwedd ar reolaeth Comiwnyddion di-ildio.	
Rhagfyr			Arweinyddiaeth y Blaid Gomiwnyddol yn ymddiswyddo; etholiadau rhydd i'w cynnal fis Mai nesaf.	Y mwyafrif o aelodau'r llywodraeth newydd yn anghomiwnyddion. Ethol Vaclav Havel, cyn-wrthwynebwr, yn Arlywydd.	Derbyn y diwygiadau – gan gynnwys etholiadau rhydd a ffurfio gwrthbleidiau.	17eg. Terfysgoedd. Ceausescu yn galw am ddefnyddio grym. Lleddir llawer. Y terfysgoedd yn lledaenu i Bucureşti. Y llywodraeth yn dymchwel. 25ain: dienyddio Ceausescu a'i wraig Elena.

gwnaeth yn y gorffennol. Fodd bynnag, nid oedd yn union fel y bu. Roedd wedi colli tiriogaeth yn y dwyrain, ac felly ni châi ei dominyddu gan Brwsia bellach. Yn fwy calonogol oedd y ffaith fod yr Almaen yn awr yn wladwriaeth gwbl ddemocrataidd ac yn gallu elwa ar bron 40 mlynedd o brofiad ym myd gwleidyddiaeth ddemocrataidd.

dd) Dyddiau Olaf UGSS

Wedi 1989 roedd Gorbachev mewn sefyllfa anodd. Roedd ei gynllun i ddiwygio comiwnyddiaeth wedi methu. Roedd yr economi Sofietaidd yn dirywio'n gyflym. Gwrthodwyd comiwnyddiaeth gan drigolion dwyrain Ewrop – a llawer o Rwsiaid. Yn Chwefror 1990, yn dilyn protestiadau yn Moskva, cytunodd y Blaid Gomiwnyddol i ganiatáu i'r pleidiau gwleidyddol eraill sefyll mewn etholiadau. O fewn UGSS roedd cenhedloedd gwahanol yn awr yn mynnu hunanreolaeth. I bob golwg, roedd rhyfel cartref neu chwyldro milwrol yn bosibilrwydd real. Ym mis Mai, etholwyd Boris Yeltsin, arweinydd y diwygwyr, yn Arlywydd ar Weriniaeth Rwsia. Fis yn ddiweddarach, gadawodd y Blaid Gomiwnyddol. Tua diwedd 1990 ceisiodd Gorbachev atal dadfeiliad UGSS drwy ddefnyddio grym yn erbyn cenedlaetholwyr Latfia, Estonia a Lithuania. Ar yr un pryd, penododd gomiwnyddion o'r hen ddull i swyddi allweddol yn y llywodraeth.

Er bod comiwnyddion di-ildio yn beirniadu Gorbachev am fynd yn rhy bell, roedd eraill (fel Yeltsin) yn ei feirniadu am beidio â gwneud digon i hybu democratiaeth ac economi marchnad rydd. Daeth y frwydr am rym i'w hanterth yn 1991. Erbyn 1991 roedd seneddau naw o'r pymtheg gweriniaeth Sofietaidd wedi ennill annibyniaeth sylweddol ar lywodraeth yr Undeb. Gan herio Gorbachev a'r Blaid Gomiwnyddol, aeth Gweriniaeth Rwsia ati i weinyddu ei heconomi ei hun ar wahân i'r Undeb, a chefnogai Yeltsin weriniaethau'r Balcanau, wrth i'w harweinwyr geisio annibyniaeth lwyr ar UGSS. Fodd bynnag, ym marn y cefnogwyr di-ildio roedd yn rhaid cadw'r Undeb. Ceisiodd Gorbachev gyfaddawdu drwy lofnodi cytundeb a fyddai'n cadw'r Undeb ond ar yr un pryd yn llacio'r rhwymau rhwng y gweriniaethau ac yn caniatáu annibyniaeth sylweddol iddynt. Daeth gwrthryfel eithafwyr di-ildio (a gymerodd Gorbachev yn garcharor am rai dyddiau ym mis Awst) i ben yn gyflym. Nid oedd methiant y gwrthryfel o fudd mawr i Gorbachev. Yn hytrach, cadarnhaodd awdurdod Yeltsin. Roedd yn arwydd, hefyd, o ddiwedd Cytundeb yr Undeb. Er i Rwsia, Ukrain, Belarus ac wyth gweriniaeth arall ffurfio Cymanwlad y Gwladwriaethau Annibynnol yn Rhagfyr 1991, dewisodd Gweriniaethau'r Baltig a Georgia annibyniaeth lwyr. Ni fodolai'r Undeb Sofietaidd mwyach. Diflannodd swydd Gorbachev fel Arlywydd y Sofiet, a daeth yn ddinesydd cyffredin. Arhosodd Yeltsin yn Arlywydd Gweriniaeth Rwsia.

6 Y Sefyllfa yn 1990

Roedd digwyddiadau 1989-90 yn nodi cynnwrf mawr yn hanes Ewrop, ac yn hanes y byd hyd yn oed. Yn 1989 cyfarfu'r Arlywyddion Bush a Gorbachev yn Malta i gyhoeddi diwedd y Rhyfel Oer. Yn 1990 llofnododd gwledydd *NATO* a Chytundeb Warszawa gytundeb yn datgan 'nad oeddent mwyach yn elynion'. Er hynny, ni ddiflannodd problemau'r byd o ganlyniad i ddiwedd comiwnyddiaeth, fel y gobeithiwyd. Yn lle hynny, daeth problemau newydd i'r golwg.

a) Problem Cenedlaetholdeb

Ymddangosodd neu ailymddangosodd y rhaniadau ar sail cenedl a grwpiau ethnig, a ataliwyd gan gomiwnyddiaeth, yng nghynwladwriaethau UGSS ac mewn rhannau eraill o ddwyrain Ewrop – yn fwyaf trychinebus o fewn Iwgoslafia gynt. Roedd Tito wedi llwyddo i gadw'r chwe gweriniaeth a'r ddau ranbarth ymreolaethol a ffurfiai Iwgoslafia gyda'i gilydd. Ond ar ôl ei farwolaeth yn 1980, roedd ei olynwyr yn ymddiddori'n bennaf mewn meithrin cefnogaeth ethnig o fewn eu gweriniaethau eu hunain. Roedd ymwahaniad Slovenija yn 1991 yn gymharol ddi-drais, ond mewn mannau eraill, megis Croatia, Bosna a Kosovo – bu rhyfel cartref cymhleth. Roedd 'glanhau ethnig' – enw arall am ddileu'r boblogaeth leol drwy lofruddiaeth, alltudiaeth a braw – yn gyffredin iawn drwy gydol yr 1990au.

b) Problemau yn Nwyrain Ewrop

Wynebai pob un o'r cyn-wladwriaethau comiwnyddol broblemau economaidd difrifol wrth geisio newid i economïau 'marchnad rydd'. Hefyd, cododd anawsterau pan geisiwyd sefydlu democratiaeth yn null y Gorllewin mewn cyn-wladwriaethau heddlu heb fawr o draddodiad democrataidd. Wrth i'r problemau economaidd gynyddu, roedd llawer yn hiraethu am (yr hyn a ystyrient yn) hen ddyddiau da y cyfnod Sofietaidd, gyda'i sicrwydd gwaith, bwyd rhad a pharch rhyngwladol.

c) Undod Ewropeaidd?

Wedi 1989 roedd Ewrop yn bell o fod yn unedig. Wedi i'r rhaniad ffug rhwng y Dwyrain a'r Gorllewin ddiflannu, daeth rhaniadau mwy hirsefydlog Ewrop i'r amlwg eto, megis y rhaniad rhwng yr Ewrop Babyddol a'r Ewrop Uniongred. Hyd yn oed yng ngorllewin Ewrop, roedd cenedlaetholdeb yn parhau'n gryf. Nid oedd pawb yn awyddus am fwy o undod Ewropeaidd o bell ffordd, ac roedd tueddiadau rhanbarthol yn bodoli o fewn y mwyafrif o'r gwladwriaethau cenedlaethol.

IDDEWON DWYRAIN EWROP

Er bod problemau yn ymwneud â chenhedloedd a lleiafrifoedd yn bodoli o hyd ledled Ewrop, roedd un o'r problemau hynaf fel petai wedi'i datrys. Roedd yr Holocost wedi pennu tynged Iddewon dwyrain Ewrop i raddau. Wedi 1945, denwyd llawer o'r Iddewon oedd ar ôl yn Ewrop i wladwriaeth newydd Israel. Roedd pleidiau comiwnyddol dwyrain Ewrop yn awyddus i wneud defnydd o wrth-Semitiaeth draddodiadol y bobl, ac felly yn annog ymfudiad, yn aml drwy erlid mewn dulliau anamlwg. Y canlyniad mewn rhai gwledydd (fel Gwlad Pwyl) oedd diflaniad y boblogaeth Iddewig o'r tir bron yn gyfan gwbl.

YR UNDEB EWROPEAIDD

Roedd yr *EC* (sef yr Undeb Ewropeaidd neu'r UE (*EU*) erbyn hyn) yn parhau i dyfu. Ymunodd Awstria, y Ffindir a Sweden yn 1995. Yn ogystal, roedd cyn-wladwriaethau comiwnyddol fel Gwlad Pwyl a Hwngari yn pwyso am gael eu derbyn.

ch) Ffyniant Ewropeaidd

Er gwaethaf yr holl broblemau, roedd Ewropeaid yn well eu byd yn 1990 nag ar unrhyw gyfnod yn eu hanes. Er bod gwahaniaethau aruthrol yn bodoli (yn enwedig rhwng y Dwyrain a'r Gorllewin), roedd cynnydd economaidd yn beth cyffredin ar ôl 1945. Erbyn 1990 roedd Ewropeaid yn fwy addysgedig, yn byw'n hwy, yn llai ynysig o ganlyniad i ddatblygiadau ym myd telathrebu, ac yn llawer mwy rhydd i symud. Nid oeddent o reidrwydd yn hapusach o ganlyniad i well safonau byw. Roedd y dirywiad yn nifer y sawl a âi i'r eglwys, a dymchweliad comiwnyddiaeth, wedi siglo eu hymddiriedaeth yn yr hen bethau sicr. Roedd y ffigurau yn dangos bod caethiwed i gyffuriau, hunanladdiad a throsedd yn parhau i godi'n gyflym.

▼ Gweithio ar Ewrop a'r Rhyfel Oer

Drwy ddarllen y bennod hon dylai fod gennych farn ar bob un o'r canlynol:

▼ Pwy – neu beth – oedd yn gyfrifol am y Rhyfel Oer?

▼ Pryd y dechreuodd y Rhyfel Oer mewn gwirionedd?

▼ Beth oedd effaith y Rhyfel Oer ar orllewin Ewrop?

▼ Beth oedd effaith y Rhyfel Oer ar ddwyrain Ewrop?

▼ Pa ymdrechion a wnaed i leihau tensiynau'r Rhyfel Oer yn yr 1960au a'r 1970au?

▼ Pam y daeth y Rhyfel Oer i ben?

Ateb Cwestiynau Ysgrifennu Estynedig a Thraethawd ar Ewrop a'r Rhyfel Oer

Ystyriwch y cwestiwn canlynol: 'Pam oedd yr ymerodraeth Sofietaidd wedi dymchwel erbyn 1991?' Gan gymryd golwg tymor hir, pwysleisiwch y problemau, yn arbennig y problemau economaidd, o fewn UGSS. O safbwynt y tymor canolig, canolbwyntiwch ar amcanion a gweithredoedd Gorbachev rhwng 1985 ac 1989. I ba raddau yr oedd ei bolisïau wedi cynyddu – ond heb gyflawni – disgwyliadau? O safbwynt y tymor byr, edrychwch yn fanwl ar ddigwyddiadau yn nwyrain Ewrop ac UGSS rhwng 1989 ac 1991. Yn olaf, rhaid i chi benderfynu a oedd cwymp yr ymerodraeth Sofietaidd yn anorfod hyd yn oed cyn i Gorbachev ddod i rym. I ba raddau y newidiwyd graddfa amser y broses gan ei weithredoedd?

Ateb Cwestiynau Seiliedig ar Ffynonellau ar Ewrop a'r Rhyfel Oer

PEEP UNDER THE IRON CURTAIN

Ffynhonnell D Cartŵn yn y *Daily Mail* 6/3/1946.

Ffynhonnell Dd Llinell Truman, Cartŵn yn *Punch*, 1947.

Ffynhonnell E Cartŵn yn yr *Evening Standard*, 1948.

▼ CWESTIYNAU AR FFYNONELLAU

1. Pa bwyntiau mae'r tair ffynhonnell yn ceisio eu gwneud? **[10 marc]**
2. Beth, os rhywbeth, sy'n gyffredin rhwng y tri chartŵn? **[10 marc]**

Pwyntiau i'w nodi ynglŷn â'r cwestiynau

Cwestiwn 1   Yn Ffynhonnell D, beth mae'r cartwnydd yn awgrymu sy'n digwydd? Yn Ffynhonnell Dd, beth yw ystyr gweithred symbolaidd Truman? Yn Ffynhonnell E, beth mae Stalin a Molotov yn ei wneud?
Cwestiwn 2   Nodwch fod pob un o'r cartwnau yn Brydeinig. A oes ganddynt unrhyw duedd gyffredin? Beth yw neges gyffredin y tri?

Darllen Pellach

Llyfrau yng nghyfres *Access to History* Hodder and Stoughton
Mae *Stalin a Khrushchev: The USSR 1924-64* gan Michael Lynch a *Stagnation and Reform: the USSR 1964-91* gan John Laver yn rhagorol.

Cyffredinol
Mae'r llyfrau gorau ar y cyfnod hwn yn cynnwys *Years of Division: Europe since 1945* gan John Laver, Chris Rowe a David Williamson, 1999 (Hodder & Stoughton), *Europe since 1945: A Concise History* gan R.J. Wegs ac R. Ladrech, 1991 (Macmillan), *Cold War Europe, 1945-1989: A Political History* gan J.W. Young, 1991 (Edward Arnold) ac *Europe in our Time 1945-92* gan W. Laqueur (Penguin). O bosibl, y llyfr gorau ar UGSS 1945-91 yw *The Last of the Empires. A History of the Soviet Union 1945-1991* gan J. Keep, 1995 (OUP). Yn ogystal, mae penodau olaf *A History of the Soviet Union*, gan G. Hosking, 1985 (Fontana) yn ddefnyddiol iawn.

Rhestr Termau

MYNEGAI